中国社会科学院创新工程学术出版资助项目

中国社会科学院青年学者文库·文学系列

中国社会科学院青年学者文库 · **文学系列**

戒日王研究

A Comprehensive Study on Harṣavardhana, or Śīlāditya, 590-647 AD

张 远 著

社会科学文献出版社
SOCIAL SCIENCES ACADEMIC PRESS (CHINA)

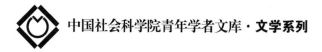

出 版 说 明

一、本丛书选收中国社会科学院青年学者的优秀学术理论著作，旨在扶植青年，繁荣学术。

二、选题范围为中国社会科学院的各个学科门类，著作范围不限，惟以学术水平和社会效益为标准。

三、国家重点课题、中华社会科学基金课题、青年社会科学基金课题、中国社会科学院重点研究课题及青年科研基金课题的成果是本丛书选收的重点。

四、入选著作的作者年龄均不超过 39 岁。

五、本丛书由“中国社会科学院出版基金”资助出版。

六、本丛书由中国社会科学院科研局组织编选。

·中国社会科学院青年学者文库·

总　序

中国社会科学院拥有一支朝气蓬勃的青年研究队伍，他们多数是毕业于本院研究生院和全国许多著名大学的博士生、硕士生，有的曾出国求学。他们接受过严格的专业训练，基础知识扎实，目光敏锐，视野开阔。目前，在经济学、哲学、宗教学、社会学、法学、国际问题、文学、语言学、史学等主要学科领域，正有越来越多的青年研究人员承担起重要的研究工作。他们中间有的已经崭露头角，有的已经成为博士生导师、学术带头人，在学科建设和发展中起着重要的作用。

在社会转型时期，社会主义市场经济既为社会科学提供了机遇，同时，研究事业也面临着诸多困难和新问题。其中一个亟待解决的困难就是学术著作出版难的问题。社会科学研究主要是通过论著的形式作用于社会，出版问题得不到解决，研究成果就难以产生其应有的社会效应，研究人员的劳动价值也就得不到社会的承认。目前，学术著作出版难已经成了一个困扰研究人员的普遍的社会现象。名家的著作尚且难出版，青年人的就更难了，对青年科研人员来说，学术成果能否被社会所接受比物质生活待遇好坏似乎更为重要。因此，如何解决好这个问题，是关系到科研队伍的稳定和研究事业后继有人、兴旺发达的根本问题。值得庆幸的是，在这样的情况下，社会科学院仍然有相当一部分青年学者兢兢业业，埋头苦干，致力于学科建设和研究事业，在比较艰苦的科研环境和条件下不断做出成绩，这是令人钦佩和感人至深的。从他们身上，不仅能看到可贵的爱国情操和献身事业的精神，还能看到社会科学研究事业乃至社会主义中国的希望。有这样的精神风貌，相信他们必将能够成为跨世纪的栋梁之才。

出版《中国社会科学院青年学者文库》既是基于学术研究事业的考虑，也是为了实实在在地帮助青年学者，解决他们学术成果出版难的问题。通过丛书的编辑出版，一方面让青年学者的辛勤所得能够得到社会的承认，另一方面让他们的成果接受社会和实践的检验和学界的评判，以利于提高他们的水平，促使他们尽快成才。繁荣学术，扶植青年，我想这是编辑《文库》的两个最重要的宗旨吧。

至于《文库》能不能起到这个作用，有没有好的社会效果，就取决于大家的努力和合作了。若干年后再来看这件事情，也许就清楚了。

胡　绳

一九九四年一月三十日

内容简介

本书是对戒日王（590~647）的系统研究。戒日王是印度历史上的著名君王，梵语戏剧史上的杰出剧作家，也是中印交流史上的重要人物。戒日王留下六件铭文、三部梵剧，是波那所撰史传小说《戒日王传》的主人公，在印度铭文和梵语文论中被一再提及，在汉语史料中也留有重要记录。玄奘西游，适逢其盛世；王玄策、蒋师仁访印，遭遇他崩殂。这位印度著名君王戒日王，也因此与中国著名帝王唐太宗紧密联系在一起。所有这些使得戒日王成为印度古典时期独一无二的史料“丰富”的国王。本书运用梵汉史料，吸收前人研究成果，从生平、家族、都城、战争、帝国疆域、宗教信仰、中印交往、文学创作等方面深入考察这位与中国密切相关又富于传奇色彩的印度君王，并尝试通过解读戒日王梵剧和波那《戒日王传》等文学作品，从跨学科的视野和“文史互证”的角度印证和补充戒日王史料，为中印文学、文化、历史的对比研究提供一个新的维度。戒日王在位四十余年，建立强大的戒日帝国，奉行自由的宗教政策，促进文学艺术的繁荣。作者认为，“王权”是贯穿戒日王一生的主线。生辰即笼罩王权的光辉；二重即位是获取王权的契机；战争和邦交是拓展王权的举措；宗教信仰和文学创作将政治军事的控制力蔓延到精神领域，最大限度地巩固了王权。戒日帝国的兴盛从各个角度诠释着戒日王的王权信仰，但这个相对稳定的短命王朝没有千秋万代而是一世而终，亦是源自王权的滥用与失衡。

目　录

Contents

缩略语表

AII = Goyal, Śrī Rāma, *Ancient Indian Inscriptions: Recent Finds and New Interpretations*. Jodhpur (India): Kusumanjali Book World, 2005.

ASWI = *Archaeological Survey of Western India*

B = G. Bühler

CII = Fleet, John Fithfull, *Corpus Inscriptionum Indicarum. Vol. III. Inscriptions of the Early Gupta Kings and Their Successors*. Varanasi (India): Indological Book House, 1970.

EI = *Epigraphia Indica*

F = John Fithfull Fleet

F5 本 = *IA* 第五卷 Fleet 博士校订版本。

F8 本 = *IA* 第八卷 Fleet 博士校订版本。

G = Gātha（颂诗）

G 本 = Śrī Rāma Goyal 校勘、翻译之《俱卢之野 - 瓦拉纳西铜牌》和《俱卢之野 - 瓦拉纳西铜印》，*AII*。

IA = *Indian Antiquary*

IEG = Sircar, Dines Chandra, *Indian Epigraphical Glossary*. Delhi (India): Motilal Banarsidass, 1966.

JRAS = *Journal of the Royal Asiatic Society of Great Britain and Ireland*

JESI = *Journal of the Epigraphical Society of India*

K = F. Kielhorn

L = Line（行）

M = R. Mookerji

MASI = *Memoirs of the Archaeological Survey of India*

MMK = *Ārya-mañjuśrī-mūla-kalpa*

MW = Monier–Williams Sanskrit–English Dictionary

N = Note（注释）

Scharpé Ⅰ = Scharpé, A., *Corpus Topographicum Indiae Antique: A Sodalibus Universitatis Gandavemis et Universitatis Lovaniensis editum Part I Epigraphical Find-spots*. Gent (Belgium): N. F. W. O., 1974.

Scharpé Ⅱ = Scharpé, A., *Corpus Topographicum Indiae Antique: A Sodalibus Universitatis Gandavemis et Universitatis Lovaniensis editum Part Ⅱ Arcaeological Sites*. Leuven (Belgium):Department Orientalistiek, 1990.

SG 本 = Shankar Goyal 校勘、翻译之《俱卢之野 – 瓦拉纳西铜牌》和《俱卢之野 – 瓦拉纳西铜印》; *JESI*, XXXI（2005），第 136~146 页。

《慈恩传》= 孙毓棠等点校，（唐）慧立等著《大慈恩寺三藏法师传》，中华书局，2000。

《大正藏》=《大正新修大藏经》，大藏出版株式会社，1934。

《法显传》= 章巽校注，（东晋）法显撰《法显传校注》，上海古籍出版社，1986。

《寄归传》= 王邦维校注，（唐）义净著《南海寄归内法传校注》，中华书局，2000。

《开元录》=（唐）智昇著《开元释教录》，《大正藏》卷五五《目录部》，T2154 号。

《求法传》= 王邦维校注，（唐）义净著《大唐西域求法高僧传校注》，中华书局，1988。

《西域记》= 季羡林等校注，《大唐西域记校注》，中华书局，2000。

《行状》=（五代）冥详著《大唐故三藏玄奘法师行状》，《大正藏》卷五〇，T2052 号。

《贞元录》=（唐）圆照著《贞元新定释教目录》，《大正藏》卷五五《目录部》，T2157 号。

波那（Bāṇa）= 波那・跋吒（Bāṇabhaṭṭa）。

印历 = 印度历（参见附录五《图表》中的《印度历十二月译名对照表》）。

凡　例

“ ḥ ” = Visarga

“ ṃ ” = Anusvāra

“ ḷ (*)” = Draviḍian ḷ（l 下两点，“l̤”）。

“ṛ (*)” = Draviḍian ṛ（r 下两点，“r̤”）。

“ ḥ (*)” = Upadhmānīya（唇音前的 visarga，h 下两点，“h̤” 或 “ḫ”），天城体 / 婆罗谜字体符号近似于“⋈”或“≍”。

“ḥ (**)” = Jihvāmūlīya（喉音前的 visarga，h 弧线上一点，“ḣ” 或 “ẖ”），天城体为“⧗”，婆罗谜字体符号近似于“᙭”或“)(”。

“°” = 省略标记。

“–” = 梵语复合词内单词的拆分符号。

“=” = 梵语句中独立语法结构之间的拆分符号。

“â”、“î”、“û”、“ê”、“ô”、“âi”、“âu” = “a”、“i”、“u” 等的连音。例如 â=a+a 或 a+ā 或 ā+a 或 ā+ ā。

“^” = 铭文中缺失的字母或音节的标记。

“[ ]” = 铭文中为原文模糊之补入字；中文史料中的注释；或译文中原文没有、为帮助理解而补入的字词。

“{ }” = 戏剧中的动作、表情等旁注。

“下划线” = 梵剧有下划线的人物说俗语（Śaurasenī），无下划线的人物说梵语。

书中译名，古已有之者尽量沿用古译，以玄奘译名为主。行文中译名统一，引文中译名保持文献原貌。例如钵逻耶伽国，玄奘作“钵逻耶伽”，慧立作“钵罗耶伽”。正文统一作“钵逻耶伽”，仅《慈恩传》引文使用“钵罗耶伽”。玄奘使用古字者，改用同音今字。例如“羯餧伽国”，引文采用奘译“羯餧伽国”，正文使用“羯陵伽国”。古未有之者或古译过于佶屈聱牙者采用新译，以意译为主，辅以音译。例如奘译“络多末知僧伽蓝”为音译，意译为“赤泥寺”。印度诸国译名可参见本书第五章《戒日帝国及疆域》第 1 节《印度诸国权力归属》中提供的异写。

序

王邦维

中国与印度的交往，至少已经有两千多年的历史。两千多年来，中国人对于印度的了解，从最早的传说，到后来相对详实的见闻，从知之不多，到知之较多，从知之不细，到知之渐细，前后留下了许多记载。中国古代的史书，提到印度，包括印度一些国家的名字和“国情”的不少，但直接提到印度国王的名字和个人事迹的却不多。这中间只有一个例外，那就是公元 7 世纪印度的国王戒日王。

中国的史书中，关于戒日王的记载，为什么相对会多一些，详细一些？仅仅是因为他在印度历史上有名吗？是，也不全是。说是，是因为戒日王的确是印度历史上一位有名的国王。说不全是，是因为戒日王如果没有与中国历史上两位同样也很有名的人物有过密切的交往，中国的史书不会讲到他这么多，他在中国也不会这样为人所知。中国的这两位人物，一位是唐代的玄奘法师，一位是唐太宗。

放开来看，公元 7 世纪之时，在中国和印度，玄奘、唐太宗和戒日王，三位都是杰出的人物。

戒日王在印度是怎样的有名呢？20 世纪的 50 年代，印度独立后不久，一些当时印度最好的历史学家合作，撰写了一部大部头，十余卷的印度通史，书名 *The History and Culture of the Indian People*，大开本，每卷约有一寸厚。其中的第三卷，书名是 *The Classical Age*，书中的一章，题目是 Harsha Vardhana and His Time。Harsha Vardhana 是谁呢？就是戒日王。这一章的撰写者不是别人，是 50 年代印度最有名的历史学家 R. C. Majumdar，而 Majumdar 也正是这部大部头印度通史的主编。至于玄奘，在《大唐西域记》里，把戒日王称为“羯若鞠阇国”国王，说戒日王从羯若鞠阇国出发，经过南征北战，把自己的势力范围扩展到了几乎整个中印度和北印度，成为当时印度的“霸主”。这一点，一定程度上得到了其他方面材料的证实，也是由于这个原因，后来的印度学者，或者把戒日王称作“羯若鞠阇国王”，或者称作“摩揭陀王”、“摩腊婆王”，或者称作“邬阇衍那的庇护者”，甚至是“北印度王”，更甚者是“五印度之王”。这些都可以说明戒日王在印度历史上的地位和影响。在印度历史上，戒日王真不是一位简单的人物。

知道戒日王这个名字，还是在三十多年前。那时我在北京大学念研究生，我们的课程之一，是学习梵语，包括选读梵语的文学作品。梵文文学作品中有一部书，叫《龙喜记》，作者是戒日王。除此之外，我当时的论文题目和研究工作，很大一部分，与唐代中国求法僧，尤其是玄奘法师和义净法师的著作有关。玄奘的《大唐西域记》和义净的《南海寄归内法传》，都有专门的段落，讲到戒日王。我因此需要了解戒日王，除了中文方面的材料，我还想看一下国外的学者有没有研究的著作。我在北大图书馆寻找，我发现，图书馆里真收藏有一本专门研究戒日王的书，作者是 D. Devahuti，书名 *Harsha: A Political Study*。这多少让我有点惊喜，因为我知道，20 世纪的 80 年代，北大图书馆收藏的外文书，50 年代前出版的不错，50 年代后的不多，中间有个明显的缺段，这本书 1970 年出版，但图书馆却有收藏。

D. Devahuti 的书，在当时看，写得不错。只是我发现，戒日王的研究，很多地方，尤其是涉及具体的历史年代，需要依凭的是中文方面的史料。但作者在中文史料的使用方面，却存在一些问题。作者不懂中文，依靠英文翻译，有的翻译得很早，已经过时，有的翻译得不好，使用起来自然会出问题。这让我当时就有一个想法，既然戒日王这么重要，什么时候，中国的学者是不是也应该在这方面做出一点贡献？不过，三十多年的实际情况是，虽然戒日王跟中国有不少的关系，中国学者对于戒日王的研究，多年来实在太少，已有的不多的一点研究，也谈不上深入。

这样的情况，如果说现在有了改变，那就是张远即将出版的这部书。张远的书，以戒日王研究为题，基础是她 2013 年 6 月在北京大学提交的博士学位论文，后来又加以补充和修改而成。这样的工作，依我所知，国内还没有人做过，国外虽然有学者做过，但涉及的往往是某一个问题或某一个方面，整体性的研究也很少。

与戒日王相关的资料，张远收集的，可以说比过去研究过这个题目的学者都更多、更全。当然，张远有一个有利的条件，后来居上，可以使用和利用晚近一些的新材料。但还有一个原因也不可以排除，就是因为我上面提到的，历史上印度的国王，没有一位像戒日王这样，与中国有过这样多的，以个人为对象的接触。因为玄奘，通过玄奘，又有唐太宗，汉文的文献中史无前例的有这么多的有关戒日王的记载，这为中国学者的研究提供了一个好的方便的切入点。张远作为一位中国学者，这是她的方便之处。

不过，切入点也只是切入点，方便也仅仅只有一点点的方便，如果不能把视野放开，不能广泛地把印度方面的资料，尤其是考古的发现，与汉文的材料结合起来，分析，考证，解读，仅仅依靠后者，要想研究戒日王，也是不可能的。做这样的研究，首先需要搭建的，是一个多语言资料、完整的研究框架，同时还要兼顾到历史、文学、宗教、考古各个方面。张远为此做了很大的努力，包括在学期间争取到机会，到哈佛大学访学一年，广泛地寻找和查阅各类资料，因此最后在研究上取得了这样的成绩。在我看来，她完成的工作，无论对于国内的印度史研究，还是印度梵语文学史的研究，还是中印关系史的研究，都有意义。

除了资料的收集，张远的研究，还包括分析问题。这方面我只举张远书中的一个例子。

玄奘法师到印度求法，在印度的那烂陀学习佛教的时候，正是戒日王的时代。戒日王是当时印度最有影响的国王，他听说在那烂陀有一位从中国来的僧人，于是约见玄奘。《大唐西域记》卷五有一段，记载了二人首次见面时的对话。

戒日王见到玄奘，第一句话就问："自何国来？将何所欲？"

玄奘回答："从大唐国来，请求佛法。"

戒日王问："大唐国在何方？经途所亘，去斯远近？"

玄奘回答："当此东北数万余里，印度所谓摩诃至那国是也。"

戒日王又问："尝闻摩诃至那国有秦王天子，少而灵鉴，长而神武。昔先代丧乱，率土分崩。兵戈竞起，群生荼毒，而秦王天子早怀远略，兴大慈悲，拯济含识，平定海内，风教遐被，德泽远洽，殊方异域，慕化称臣。民庶荷其亭育，咸歌《秦王破阵乐》。闻其雅颂，于兹久矣。盛德之誉，诚有之乎？大唐国者岂此是耶？”

玄奘回答：“然。至那者，前王之国号。大唐者，我君之国称。昔未袭位，谓之秦王。今已承统，称曰天子。前代运终，群生无主。兵戈乱起，残害生灵。秦王天纵含弘，心发慈愍，威风鼓扇，群凶殄灭，八方静谧，万国朝贡。爱育四生，敬崇三宝。薄赋敛，省刑罚。而国用有余，氓俗无宄，风猷大化，难以备举。”

戒日王于是感叹说：“盛哉，彼土群生，福感圣主！”

这一段记载，也见于玄奘弟子慧立和彦悰为他撰写的传记《大慈恩寺三藏法师传》以及其他的一些史书，包括《新唐书》、《旧唐书》，文字上虽然稍有差异，但基本一样。玄奘对这段场景的描写，颇具戏剧性。但就是因为太有戏剧性，后来的人就有了怀疑：这是不是玄奘为了讨好唐太宗，无中生有，编出来的一段故事？

说实话，最初读到这一段时，我也有疑问。所有的疑问中，最突出的一点，是玄奘与戒日王对话中提到的《秦王破阵乐》，当时的戒日王，能知道中国的《秦王破阵乐》吗？但张远对此做了分析，结论是有可能。我不敢说这绝对地正确，但张远的分析和推断，有一定的道理。古代世界物质和文化信息的交流，频密的程度往往超出我们今天的设想，中印是近邻，作为乐舞的《秦王破阵乐》，当时为印度人所知，不是没有可能。张远在她的书中讲了，《秦王破阵乐》在唐代传到了日本，也传到了吐蕃，也就是今天的西藏，这在史书中有明确的记载。时代相同或相近，如果说《秦王破阵乐》作为乐舞，能够完整地传到西藏，此前一个有关《秦王破阵乐》的消息传到了印度，我们似乎不应该奇怪。玄奘讲述的故事，是有些“歌德体”的风格，但放在中国古代的文化和话语背景下考虑，可以说有套话，但不是假话。

戒日王与唐太宗，虽然没有见面，但大唐与戒日王的国家——史书里以“摩揭陀国”相称——之间正式的外交往来，却是从这两位大国君主互派使节开始的。中印外交历史上的几位有名的人物，梁怀璥、李义表和王玄策，也都是在这个时候受命出使印度，其中的王玄策最为著名，三次出使印度，还有更多的故事。对此张远的书也做了很好的论述，她的统计，从贞观十五年（641）到贞观二十二年（648），八年之间，戒日王与唐太宗，各派出使臣三次，双方合起来共有六次之多。这真可以说是中国和印度外交的一段“黄金时代”。

张远 2006 年毕业于北京大学英语系，其后在中国社会科学院研究生院获得硕士学位。从硕士研究生阶段的学习开始，她的兴趣转向印度文学。其间她学习梵语，2009 年由黄宝生先生推荐，经过考试，重新回到北京大学，在北京大学外国语学院继续学习梵语，研究印度历史和文化。她现在在中国社会科学院外国文学研究所工作，研究印度文学和历史是她的专业。张远的这部书，既是她以往部分研究工作的总结，也是一个新的开始。我上面所讲，仅仅是书中所讨论的一两个问题，书中更多的内容，涉及印度历史、考古和梵语文学史。这方面的问题，真正做得多的，是印度的学者。印度学者关注这样的问题，一些方面他们或许有更大的发言权。张远的书以中文出版，而印度研究历史、考古以及梵语文学史的学者能读中文的很少。学术的研究，很重要的一点，是开放和交流。因此我以为，张远下一步的工作，还应该争取把她的研究成果用英语表达出来，与国外的学者做交流。我知道，为此她已经做过尝试，此前已经有用英语在印度发表的学术文章。

张远热爱学术，也很勤奋。我希望，也相信她能够继续努力，今后在学术研究中取得更好的成绩，有更多的成果。张远年轻，我以这样的话，与她共勉，她应该能接受吧？

2018 年 2 月 7 日于北京大学燕北园

戒日王研究：学术价值与方法（代前言）

“子曰：‘夏礼，吾能言之，杞不足征也；殷礼，吾能言之，宋不足征也。文献不足故也。足，则吾能征之矣。’”[①] 顾颉刚先生认为，所谓“不足征”，指史料；所谓“吾能言”，指传说。[②] 印度历史难于考察，正是由于“失之文献，收之传言”。戒日王研究，既在某种程度上符合这一规律，又是一个独特的例外。

戒日王（590~647）是印度历史上的著名君王，梵语戏剧史上的杰出剧作家，也是中印交流史上的重要人物。他在位四十余年，建立强大的戒日帝国，奉行自由的宗教政策，促进文学艺术的繁荣。戒日王留下六件铭文、三部梵剧，是波那所撰历史传记小说《戒日王传》的主人公，在印度铭文和梵语文论中被一再提及。不仅如此，他在中印物质文化交流中也贡献卓著。玄奘西游，适逢其盛世；王玄策、蒋师仁访印，遭遇他崩殂。戒日王与唐太宗频繁互遣使臣，书写了中印官方往来的重要记录。在玄奘的求法纪行和汉地的官修史书中都留下了有关戒日王的记载。所有这些使得戒日王成为印度古典时期独一无二的史料“丰富”的国王。

对于这样一位集政治、历史、宗教、文学于一身，与中国密切相关又富于传奇色彩的人物，进行全面而深入的研究无疑非常必要。研究 7 世纪印度、中国和中印交流的学者都在努力用现存文献还原戒日王朝的历史真实。考威尔（E. B. Cowell）和托马斯（F. W. Thomas）早在 1897 年就将波那的《戒日王传》译成英文[③]；戒日王三部梵剧的西文译本相继问世（参见本书第一章《导论》第 2 节《梵语史料》中

① 杨伯峻译注《论语译注》八佾第三 3.9，中华书局，1980，第 26 页。

② 顾颉刚：《古史辩自序》，河北教育出版社，2000，第 125 页。

③ Cowell, E. B., & F. W. Thomas, trans., *The Harṣa-carita of Bāṇa*. London: Royal Asiatic Society, 1897.

的《戒日王三部梵剧》)；吴晓玲在1956年将《龙喜记》译成中文①；1970年，提婆胡蒂（D. Devahuti）的《戒日王：政治研究》(*Harsha: A Political Study*)②和夏尔马（Baijnath Sharma）的《戒日王和他的时代》(*Harṣa and His Times*)③出版；1976年，另一本名为《戒日王和他的时代》(*Harsha and His Times*)④的专著问世；1985年，季羡林先生在《大唐西域记校注》前言和注释部分收集了一些与戒日王相关的史料并讨论到相关问题⑤；1986年，S. R. 戈亚尔（Śrī Rāma Goyal）撰写的专著《戒日王和佛教》(*Harsha and Buddhism*)⑥出版；2006年，尚卡尔·戈亚尔（Shankar Goyal）出版了研究戒日王的新作《戒日王：跨学科政治研究》(*Harsha: A Multidisciplinary Political Study*)⑦。此外，在研究印度古代历史和文学的著作中，都或多或少涉及戒日王及其时代。

本书在前人研究成果的基础上，借助梵、汉等原始史料，最大限度地发挥笔者作为中国学者和梵文学者的双重优势，采用跨学科研究、“文史互证”、文献研究与阐释并举的方法，全面、系统、细致、深入地考察戒日王及戒日王朝，力图对这一研究有新的贡献。

学科的交叉融合是当今学术发展的大方向。戒日王研究正是一个充分交叉融合的研究领域，涉及印度学、文献学、语言学、古文书学、历史、政治、军事、外交、文学、文化、宗教、社会、哲学、艺术、地理、考古等诸多学科，意义重大又极富挑战，要求研究者在运用传统史学研究方法的同时调动各个方面的知识和能力，运用不同领域的研究方法，全方位多角度地“直击”和“围猎”戒日王这一

---

① 〔印〕戒日王:《龙喜记》，吴晓玲译，人民文学出版社，1956。〔印〕戒日王等:《龙喜记·西藏王统记》，吴晓玲等译，台北，华宇出版社，1987。

② Devahuti, D., *Harsha: A Political Study*. London / Delhi: Oxford University Press, 1970; 1998.

③ Sharma, Baijnath, *Harṣa and His Times: Thesis Approved for the Degree of Doctor of Philosophy by the University of Jobalpur*. Varanasi (India): Sushma Prakashan, 1970.

④ Srivastava, Bireshwar Nath, *Harsha and His Times, A Glimpse of Political History During the Seventh Century A.D.*. Varanasi (India): The Chowkhamba Sanskrit Series Office, 1976.

⑤ （唐）玄奘、（唐）辩机原著，季羡林等校注《大唐西域记校注》，中华书局，2000。

⑥ Goyal, Śrī Rāma, *Harsha and Buddhism*. Meerut (India): Kusumanjali Prakashan, 1986.

⑦ Goyal, Shankar, *Harsha: A Multidisciplinary Political Study*. Jodhpur (India): Kusumanjali Book World, 2006.

主题。

“文史互证”（或称“诗史互证”）的方法，虽以陈寅恪先生为典范并已成功运用在中国古代文史的研究之中，但是在印度历史和中印交流史的研究领域却少有使用——或因印度“文献不足”；或因印度庞大的神话传说体系湮没了历史的轨迹，“能言”却“不能征”。中国古代文学常常以文载道，咏物言志；印度的文学作品则常常充满神话想象，远离历史真相——既非忧国忧民的诗史，亦非雅俗共赏的乐府。然而，当我们剥离了印度文学的虚构元素，依然会发现部分真实隐匿其中——印度文学同样能够反映印度现实，同样可以作为“文史互证”的前提。戒日王的文学创作，又与印度其他文学作品不同。戒日王或许不是最优秀的梵剧作家，然而其兼具帝王和文人的身份本身就是一个值得探讨的现象。戒日王既有波那作传，又有梵剧、铭文传世，还因与中国的密切交往数见于汉语史料。文学作品和历史文献共同勾勒出戒日王朝的基本事实，使“文史互证”成为可能。本书尝试通过解读戒日王梵剧和波那《戒日王传》等文学作品，从跨学科的视野和“文史互证”的角度印证和补充戒日王史料，从而丰富中印文学、文化、历史的研究成果。例如《戒日王传》与《西域记》等史料互证；戒日王宫廷喜剧与讲述7世纪印度宫廷生活的史料互证。需要特别指出的是，文学作品为历史事实提供史料依据的同时，历史也为文学创作提供素材。例如《璎珞传》中“幻化大火”的情节，来自萨他泥湿伐罗国“深闲幻术，高尚异能”[①]的传统；而“幻化大火”，又为曲女城法会上的“宝台失火”提供了灵感和旁证。[②]又如戒日王的宫廷喜剧，既取材于政治联姻的史实，也从一个侧面反映了印度社会政治联姻的现状（参见本书第八章《戒日王的文学创作》第3节《戒日王宫廷喜剧与政治联姻》）。

史料的校勘翻译和考证研究是科学主义的标志，备受19~20世纪学术界的推崇。现代学术研究的重心向阐释偏移。在学科交叉融合的大背景之下，文献研究与阐释并举必将成为学术发展的另一趋势。从

① 《西域记》卷四《萨他泥湿伐罗国》，第388页。

② 张远：《曲女城法会中的宝台失火与幻戏》，《文史知识》2014年第9期，第114~119页。

怀疑主义、不可知论的角度，历史真实与文献记载的史实是两个难以重合的层次；然而，追寻哲学上的确定性又是人类的本能需求。我们或许永远无法走近真实的戒日王，但我们至少可以用现有的史料努力重构文献记载中的戒日王朝。这就需要我们系统地把握材料，对现有的稀薄史料进行甄别和阐释，运用新的方法和视角，尝试从文献的夹缝中寻找戒日王的历史（参见本书第一章《导论》第1节《文献研究总论》)。而强调阐释并非忽视基础史料研究，本书附录部分提供了戒日王六件铭文、摩诃剌侘王《艾荷落铭文》全译、戒日王梵剧与波那《戒日王传》选译，这些汉译在国内均属首次。本书在对梵语文本校勘翻译、对各类原始史料甄别考证的基础上，用阐释激活史料，重构金戈铁马的戒日王朝，也可为相关研究者提供便利和参考。

学术研究，需要竭泽而渔的求索，文学创作式的想象，有罪推定般的怀疑，侦探破案式的推理，以及数学方程般的严密逻辑。本书得益于胡适先生提倡的“大胆假设、小心求证”的考证原则，顾颉刚先生“古史辨”中表现的怀疑精神，陈寅恪先生“文史互证”的研究方法，季羡林先生对中印文化交流的开拓性研究，通过细读文本，将有关戒日王的支离破碎的史料拼凑在一处，尝试最大限度地勾勒出戒日王及其时代的真实形态。

本书共分八章。

代前言《戒日王研究：学术价值与方法》，概述本书意义、研究方法、章节安排等。

第一章《导论》，总论戒日王研究的文献情况及研究历史，从梵汉史料、研究专著等方面，探讨原始史料的甄别，介绍戒日王文学的梵本、译本情况，评述前人对戒日王及其时代的研究成果。

第二章《戒日王的年代、家族及都城》，考证戒日王的生卒年代、名号、种姓、族谱、都城等基本信息，并提出自己的阐释。

第三章《戒日王即位》，考察戒日王在萨他泥湿伐罗国的武装篡权始末和在羯若鞠阇国的和平夺权过程。本章第一次从美誉王后、光增王、摄铠王和王增（二世）这四人之死入手，探讨戒日王在萨他泥湿伐罗国即位的真相，也是首次将戒日王即位过程明确地划分为两个阶段。

第四章《戒日王的战争》，论述戒日王对印度各国的征战情况，包括对羯罗拏苏伐剌那国王设赏迦的奔那伐弹那大战，对摩诃剌侘王补罗稽舍（二世）的取悦河大战等。

第五章《戒日帝国及疆域》，通过分析西域各国间的臣属关系及戒日王铭文的出土地，划定戒日王领土的大致范围及核心区域。

第六章《戒日王的王权信仰》，从佛教的佛陀崇拜和印度教的湿婆崇拜、太阳崇拜、蛇崇拜、吉祥天女崇拜等方面探讨7世纪印度的宗教信仰状况以及戒日王本人的宗教政策、信仰及实践。

第七章《戒日王与中国》，分戒日王与玄奘、戒日王与唐使、戒日王与《秦王破阵乐》三部分考察7世纪中叶的中印交往。其中对唐使官阶的探讨，前人从未涉及，是研究唐太宗一朝对印外交政策的重要佐证，《秦王破阵乐》的传播也可见出中印物质文化交流和民间、官方往来的重要发展。

第八章《戒日王的文学创作》，分著作权考、套式结构、政治联姻和宗教倾向四个部分，从外在的署名、结构和内在的思想、信仰，全面阐释戒日王文学的独特魅力。《三部梵剧著作权考》通过文本细读，考察论证三部梵剧的著作权归属。《三部梵剧的“套式结构”》在印度故事文学框架结构的理论基础上，创造性地提出了梵语戏剧文学中的套式结构理论。《戒日王宫廷喜剧与政治联姻》作为“文史互证”的实例，将戒日王的文学创作与身份、观念和历史事件相连。《〈龙喜记〉的宗教倾向》分析《龙喜记》中佛教和印度教特别是湿婆崇拜的元素，并首次提出这部戏剧的蛇崇拜倾向。

正文最后部分《戒日王：历史功过与评价》统摄八章内容，作为全书结论。

附录部分包括戒日王六件铭文和摩诃剌侘王《艾荷落铭文》的原文转写、校勘研究及汉译，《戒日王传》和戒日王梵剧选译，戒日王谱系，戒日王朝大事编年等。

中国的印度学研究者，需要在世界范围的学术领域发出自己的声音。在国际上，充分利用汉语史料和梵语史料的特殊地位，站在中印交流史和文学文化对比研究的角度与国际印度学研究者对话；在国内，提供一部不逊于印度学者和西方学者的严谨的印度学研究专著，使之成为中国学术花圃中亭亭玉立的一枝。这便是这部《戒日王研究》数年来的不懈追求。也希望能够通过对印度历史、文学和中印交往的考察，辨明中国和印度相同相异的文化特质与一些未曾明晰的历史细节，激发各领域学者对印度学研究的兴趣，为浩如烟海的梵文作品赢得更多的读者和研究者。

第一章
导论

§1 文献研究总论

戒日王因梵剧、铭文传世，因波那为之立传，因玄奘求法纪行，又因印使唐使频繁往复而成为印度古典时期独一无二的史料“丰富”的国王。本章从原始史料和研究专著两个方面考察戒日王研究资料，概述戒日王研究的历史和现状，以原始史料为重点考察对象。原始史料按照语言载体又可进一步划分为梵语史料和汉语史料。

梵语史料包括戒日王铭文（《班斯凯拉铜牌》、《俱卢之野 - 瓦拉纳西铜牌》、《俱卢之野 - 瓦拉纳西铜印》、《默图本铜牌》、《索帕铜印》、《那烂陀泥印》），戒日王钱币（248 枚银币、1 枚金币）、戒日王的三部梵剧（《龙喜记》、《妙容传》、《璎珞传》），波那的《戒日王传》、摩诃剌侘王补罗稽舍（二世）的《艾荷落铭文》等。

汉语史料包括《大唐西域记》、《释迦方志》、《续高僧传》、《法苑珠林》、《大慈恩寺三藏法师传》、《南海寄归内法传》、《大唐西域求法高僧传》、日本奈良药师寺佛足迹石铭文、《旧唐书》、《册府元龟》、《新唐书》、《资治通鉴》等。

本章第二、三节分别综述与戒日王研究相关的梵、汉史料，着重考察《戒日王传》、《西域记》、《慈恩传》等核心文献的背景及史学价值，从而为戒日王研究的深入推进奠定史料基础。

原始史料又可分为直接史料和间接史料两类。[①] 直接史料难得而可贵，最为可信；间接史料存者甚多，且为史学界研究之主力史料。本书采用的原始史料多为直接史料，可信度较高，如戒日王铭文、三部梵剧、《戒日王传》和《西域记》。此外，《释迦方志》、《续高僧传·玄奘传》、《法苑珠林》、《慈恩传》等为第三者记录的最低限度的直接史料，主体部分依附于《西域记》等记载。《旧唐书》、《新唐书》虽然是间接史料，然其涉及戒日王的部分大都来自官方记载，可与其他文献相印证，因此也具有很高的史料价值。

面对这些史料，既要通过其自身性质和相互关联判断真伪，又要剥离文学上的华丽修辞和夸张赞誉以获得信史，还要在没有佐证的情况下凭借文献的内在逻辑得出接近事实的结论。不能因为史料稀少难得，就将传说与历史、宗教与政治、吹捧与直书、耳闻与亲见混为一谈。甄别工作必不可少。"史料散在各处，非用精密明敏的方法以搜集之，则不能得。又真赝错出，非经谨严之抉择，不能甄别适当。"[②] 原始史料综述的重点在于对已收集史料的甄别审查。伪书中未必没有真实的内容，真书中未必没有虚假的记述。无论直接史料还是间接史料，都需要经过鉴别才能使用。"史料以求真为尚，真之反面有二：一曰误，二曰伪。正误辨伪，是谓鉴别。"[③]

现将前人鉴别史料的方法概述如下[④]，作为本书处理史料的指导思想。

---

① 梁启超认为"直接史料"为"当该史迹发生时或稍后时即已成立"，如《慈恩传》；"间接史料"为"与其书中所叙史迹发生时代之距离，或远至百年千年，彼所述者皆以其所见之直接史料为蓝本"，如《史记》[见梁启超《中国历史研究法》，上海古籍出版社，1998（1922年初版，1927年补编），第87~88页]。傅斯年将二者进一步概括为：直接史料即"未经中间人修改、省略、转写"，如明档案；间接史料即"已经中间人修改、省略、转写"，如《明史》[见傅斯年《史学方法导论》（傅斯年1929年在北大任教时的讲稿），载欧阳哲生主编《傅斯年全集》第二卷，湖南教育出版社，2003，第309页]。杜维运之"所谓直接史料，是与已发生的事件有直接关系的史料"。直接史料以可信度从高到低分为三类：当事人直接的记载与遗物；当事人事后的追记；同时人的记载（最低限度的直接史料）。与直接史料相对的全部即间接史料（见杜维运《史学方法论》，台北，三民书局，1986，第138页）。

② 梁启超：《中国历史研究法》，第69页。

③ 梁启超：《中国历史研究法》，第77页。

④ 参见梁启超《中国历史研究法》（1998）；傅斯年《史学方法导论》（2003）；杜维运《史学方法论》（1986）；李剑鸣《历史学家的修养和技艺》（上海三联书店，2007）。

第一，时间原则。距研究对象（即戒日王）时间上越接近，则越可信。如波那《戒日王传》撰于620年前后，玄奘《西域记》撰于645~646年。涉及戒日王即位（605/606年）的内容，波那的记述更具可信性；而涉及戒日王统治后期的内容，则要依靠玄奘提供的史料。

第二，距离原则。距研究对象空间上越接近、关系上越亲密，则越可信。如波那为印度人，对于印度的记载比玄奘更具可信度；波那又为戒日王的宫廷文人，而玄奘仅为戒日王的客人（"那烂陀远客沙门"），因而波那对戒日王宫廷、政治的记载更可能接近真实。另例玄奘记载面见戒日王始末与慧立在《慈恩传》中记载有冲突之处，则应以玄奘所述为确实。

第三，身份原则。在理论上，上述两个原则应该可以框定史料的可靠梯度。然而事实情况往往不尽如此。这是因为书写者的身份在很大程度上也影响了记载的史料价值。身份可能带来对史料来源把握的偏差或是"人在朝廷、身不由己"，也可能带来混淆真相的偏见。假定波那和玄奘都是"史德"良好的理想史家（事实可能确是如此），波那是宫廷文人，他最有可能了解戒日王宫廷内幕，在直接史料的把握上占优，然而他"寄居"戒日王宫中，不敢奋笔直书，仅能在大量的溢美之词中通过双关、暗喻透露些许实情。玄奘是求法僧，他的信息来源除亲历目睹外绝大部分是僧众传言和宗教典籍，在研究戒日王方面对于材料的占有远不及波那。再者，波那是湿婆信徒，玄奘是佛教徒，出于宗教热情他二人对戒日王宗教信仰的判断或倾向性描述很可能都不足采信。

第四，文体和写作目的。写作目的或多或少制约了文体，并直接影响到史料的真实程度。《戒日王传》是传记体小说，具有很强的虚构性。在创作过程中，戒日王或为去除弑兄嫌疑，或为扬名，都可能授意或掌控波那的文字，因而波那不得不把对于戒日王的批判降至最低或干脆引而不发。戒日王铭文为戒日王布施土地给婆罗门的官方文书，很可能为戒日王亲自草拟和签发，可以算作最为直接的史料。然而官方文书往往具有政治目的，为了歌功颂德或笼络人心，几乎不可能传达不利于统治的负面信息。《西域记》为地理志，缘于唐太宗嘱书。太宗希望了解西域各国概况，或许还包含军事上巩固边防和领土扩张的考虑。既以太宗为目标读者，为了弘法和宣教，玄奘很可能将戒日王赞美太宗的言辞加以渲染，也可能将戒日王崇敬佛法的一面大力褒扬。《慈恩传》以玄奘为主人公，目的是赞美玄奘求法弘法的感人事迹和尊贵地位，因而在文字间着力刻画戒日王对玄奘的无上尊重，还加入了诸如预言、托梦、感梦的神异内容。

第五，隐匿错乱因素之反证、旁证、假说原则。因为存在一系列隐匿错乱因素，即使目击亲睹、即使亲自口述、即使大德直书，也不可尽信。或因时间久远记忆失真，或因地域阻隔产生误解，或因如是身份决定了偏颇的信息来源或思维倾向，或因撰写目的、文体所限而言不由衷。对于伪、误、错、乱之史料，有力的反证是去伪存真的最直接方法，或搜集旁证补充纠正之，或无明确证据，则提出怀疑并立假说以待日后审定。

对于各类史料中记载相一致的部分，基本予以采纳。如遇到特殊值得怀疑之处，再辅以旁证考释。[①] 对于与基本事实向左的孤证，根据其内在逻辑又无法判断者，加注标出。对于同一史迹而史料矛盾者，亦按照上述原则判断。这些原则并非孤立运用，而需综合考量。

原始史料即中国史学家通常意义上的"史料"，研究专著则为史学家对史实之研究成果，其本身并非史料。[②] 本章第四节以时间为序评述近年来出版的有关戒日王的主要研究著作，重在把握学术史的基本脉络。

§2　梵语史料

2.1　戒日王六件铭文

铭文在历史和语言研究中的重要性，自不待言。迄今发现的戒日王铭文（均以出土地命名）包括:《班斯凯拉（Banskhera）铜牌》（627

① 如《续高僧传》和《慈恩传》，矛盾之点甚多，或甲误，或乙误，或甲乙俱误（如玄奘在贞观元年出发，而非两传记载的贞观三年）。参见梁启超《中国历史研究法》，第 84 页。

② 参见李剑鸣《历史学家的修养和技艺》，第 243 页。

年印历 9 月 16 日颁发）[①],《俱卢之野－瓦拉纳西（Kurukṣetra–Vārāṇāśi）铜牌》（628 年颁发）[②] 和《俱卢之野－瓦拉纳西铜印》（628 年颁发）[③],《默图本（Madhuban）铜牌》（630 年印历 10 月 21 日颁发）[④],以及颁发年代不详的《索帕（Sonpat）铜印》[⑤] 和《那烂陀（Nālanda）泥印》[⑥]。

戒日王铭文属于戒日王朝官方文献，很可能为戒日王亲自草拟和签发，再由使者发布到印度的不同地区，用于赠与（布施）土地和颂扬戒日王家族功绩。现存六件铭文包括三件铜牌和三件铜（泥）印，铜牌之间和铜印（泥印）之间的内容大致相同，应为依据相同模板书写而成。戒日王铜牌包含戒日王名号、族谱、政府官员设置、税收种类等细节；铜印（往往附着在铜牌上）和泥印仅包含戒日王名号和族谱。铭文虽篇幅不长，但内容繁富，反映了戒日王统治时期政治、宗教、历史、文化的诸多方面。

戒日王六件铭文的原文转写、校勘研究及汉译见附录一。

2.2 戒日王钱币

早在 1894 年，1 枚刻有 harṣadeva（喜天）的钱币首次刊登在康宁汉姆（Alexander Cunningham）的《中世纪印度钱币》（*Coins of Medieval India*）一书中。康宁汉姆认为其属于克什米尔的喜天王[⑦]；霍

---

① *EI*，IV，第 208~211 页，G. Bühler；拓片，*EI*，IV，第 210~211 页；Mookerji, Radhakumud, *Harsha: Calcutta University Readership Lectures, 1925*. London: Oxford University Press, 1926。

② *JESI*，XXXI（2005），第 136~146 页（或 Goyal, Shankar, *Harsha: A Multidisciplinary Political Study*. Jodhpur (India): Kusumanjali, 2006, 第 60~70 页）；Goyal, S. R., *Ancient Indian Inscriptions: Recent Finds and New Interpretations*. Jodhpur (India): Kusumanjali Book World, 2005，第 199~209 页，拓片，第 199 页。

③ *JESI*，XXXI（2005），第 136~146 页；Goyal, S. R., *Ancient Indian Inscriptions: Recent Finds and New Interpretations*. Jodhpur (India): Kusumanjali Book World, 2005，第 199~209 页，拓片，第 199 页。

④ *EI*，I（1888），G. Bühler，第 67~75 页；*EI*，VII（1902-1903），F. Kielhorn，第 155~160 页；拓片，*EI*，VII，第 158 页。

⑤ Fleet, John Fithfull, *CII. Vol.III. Inscriptions of the Early Gupta Kings and Their Successors*. Varanasi (India): Indological Book House, 1970. 第 230~233 页（Fleet 依据铜印原件转写和校勘）；拓片，*CII*，III。

⑥ *EI*，XXI，第 74~77 页；拓片，*EI*，XXI，第 75 页；*MASI*，Vol. 66，第 68~69 页。

⑦ *JRAS*（1903），第 547 页。

恩勒（A. F. R. Hoernle）认为其属于曲女城的戒日王；伯恩（Richard Burn）①和提婆胡蒂（D. Devahuti）②则认为霍恩勒证据不足。

2.2.1 光增王和戒日王银币

1904 年，在毗陶罗（Bhiṭaura）村出土了一个陶罐，罐子里有 1 枚金币，522 枚银币，8 枚铜币。其中 9 枚银币刻着 śrī pratapaśala（即 śrī pratāpaśīla，“吉祥热戒”），248 枚银币上刻了 śrī śaladata（即 śrī śīlāditya，“吉祥戒日”）。因光增王的称号为“热戒”，而戒日王（喜增）的称号为“戒日”，伯恩③、提婆胡蒂和尚卡尔·戈亚尔（Shankar Goyal）等学者一致认为这些钱币属于光增王和戒日王。二人的钱币被同时发现且戒日王钱币数量众多，也可证明这一猜测。银币是笈多王朝的样式，一面是人头，另一面是孔雀。除 7 枚硬币人像朝右外，其余硬币上的人像均朝左。铭文全部环绕孔雀篆刻。④

（一）9 枚光增王银币

正面：国王头像朝左。头顶正中有新月标记（穆克里王朝的钱币新月标记往往在王冠上）。日期是 sa 和 10 1（10+1）或 11。

背面：孔雀头像朝左。环绕孔雀镌刻的铭文为 vijitâvanir=avani-pati–śrī–pratapaśala–devo=jayati（赢得大地的大地之主吉祥热戒国王胜利）。国王名字 śrī–pratapaśala，部分元音标号被省略，补全为 śrī pratāpaśīla（吉祥热戒）。

（二）248 枚戒日王银币

正面：国王头像朝左。头顶的新月标记位置和形状都不尽相同。日期为 sa 和 30 1（30+1）或 30 3（30+3）。

背面：孔雀头像朝左。环绕孔雀镌刻的铭文为 vijitâvanir=avanipa-ti–śrī–śaladata–devo=jayati（赢得大地的大地之主吉祥戒日国王胜利）。⑤大多数名字刻为 śrī–śaladata，有几枚银币刻为 śrī–śaladatya，部分元音标号被省略，补全为 śrī–śīlāditya（吉祥戒日）。

---

① *JRAS*（1906），第 847 页。

② Devahuti（1998），第 272 页。

③ *JRAS*（1906），第 847 页。霍恩勒（A. F. R. Hoernle）认为这些钱币属于迦尔诃那（Kalhaṇa）笔下的克什米尔王。见 *JRAS*（1909），第 446 页注释。

④ Devahuti（1998），第 272~273 页；Shankar Goyal（2006），第 56~57 页。

⑤ Devahuti（1998），第 272~273 页；Shankar Goyal（2006），第 56~57 页。

钱币上的“sa”是梵文“saṃvat”（年）的略写。光增王和戒日王使用不同的纪年。光增王钱币记载的光增 11 年（光增王 580~605/606 年在位）为 590 年，戒日王钱币上记载的喜增 31 年、33 年（戒日王 605/606~647 年在位，606 年为喜增元年）为 636 年、638 年，均与他们的统治年限相符。①

2.2.2　戒日王金币

在印度北方邦的佛鲁克巴德（Farukhabad）出土了 1 枚戒日王的金币。直径 2 厘米，材质为黄金，与笈多王朝的金币类似，重 113.5 克（很可能原始重量为 118 克，即笈多王朝早期金币的标准重量）。②

金币正面用婆罗谜字体篆刻，共五行：

L1：parama bha

L2：ṭṭāraka mahārā

L3：jādhirāja parame

L4：śvara śrī mahārā

L5：[ja ha] rṣadeva

译为：最尊贵的王中之王最高自在主吉祥大王喜天（喜增）。

金币背面：

湿婆和波哩婆提骑坐南丁牛。湿婆有四条手臂，环绕光环，右上手臂有念珠，右下手臂放在右大腿上，左上手臂握三叉戟，左下手臂环绕波哩婆提脖颈。湿婆梳着发髻，戴着圆形耳环，在念珠上仿佛有一条盘在棍子上的蛇。波哩婆提坐在湿婆左侧，左腿搭在右腿上，看着湿婆，左手伸出，右手放在湿婆的左腿上。波哩婆提也有光环，装饰有额饰、珠串和耳环。南丁牛朝右俯坐。③

2.3 《戒日王传》

《戒日王传》（*Harṣacarita*）是波那 · 跋吒（Bāṇabhaṭṭa，简称波那，Bāṇa）撰写的长篇历史传记小说。

---

① Devahuti（1998），第 273~274 页；Shankar Goyal（2006），第 57~58 页。

② Shankar Goyal（2006），第 58~59 页。

③ Shankar Goyal（2006），第 58~59 页。

2.3.1 版本情况

《戒日王传》已出版梵本及译本情况如下：

1883 年 Vidyāsāgara 本[①]，提供了一个独立的梵本。[②]

1892 年 Parab 本[③]，包括梵文原文和详细注释。[④]

1897 年考威尔英译本[⑤]，是目前唯一的英文全译本。考威尔在英译本前言中提到的 Führer 教授尚未完成的梵文精校本[⑥]，就是 1909 年出版的 Führer 本。

1909 年 Führer 本[⑦]，包括依据多种抄本校订的梵文原文，商羯罗（Saṅkara）的梵文注释，以及 Führer 的注释。

1917~1918 年 Gajendragaḍkar 本[⑧]，共两卷，第一卷（I–IV）有单行本[⑨]。包括梵文原文，幼觉（Bālabodhini）的梵文注释，Gajendragaḍkar 的导论和注释，并附索引。

1918 年 Kane 本[⑩]，梵文精校本，附英文前言和详细的英文注释。

1934 年第一章梵本[⑪]，包括《戒日王传》第一章的梵文原文、梵文校勘和梵文注释。

---

① Vidyāsāgara, Īśvaracandra, ed., *Harshacarita*. Calcutta (India): Sanskrit Press Depository, 1883. 简称 Vidyāsāgara 本。

② 参见 Cowell（1897），前言，第 xiii-xiv 页。

③ Parab, Kāśīnāth Pāṇḍurang, & Śāstrī Dhondo Paraśurām Vaze, ed., *The Harshacharita of Bāṇabhatta: with the Commentary (Saṅketa) of Śankara*. Bombay (India): Tukaram Javaji, 1892. 简称 Parab 本。

④ 参见 Cowell（1897），前言，第 xiii-xiv 页。

⑤ Cowell, E. B., & F. W. Thomas, trans., *The Harṣa-carita of Bāṇa*. London: Royal Asiatic Society, 1897. 简称考威尔英译本。

⑥ 参见 Cowell（1897），前言，第 xiii-xiv 页。

⑦ Führer, A. A., ed., *Bāṇabhaṭṭa's Biography of King Harshavardhana of Sthāṇvīśvara: Text and Commentary*. Bombay (India): Govt. Central Press, 1909. 简称 Führer 本。

⑧ Gajendragaḍkar, S. D., ed., Bālabodhini, Sans. comm., A. B. Gajendragaḍkar, intro., *Harṣacaritam*. Poona (India): Anantarāya Pī Bāpaṭa, 1917-1918. 简称 Gajendragaḍkar 本。

⑨ Gajendragaḍkar, S. D., ed., Bālabodhini, Sans. comm., A. B. Gajendragaḍkar, intro., *The Harshacharita of Banabhatta (Uchchhvasas I to IV)*. Poona (India): A. P. Bapat & Brothers, 1918.

⑩ Kane, P. V., ed., *The Harshacarita of Bāṇabhaṭṭa (Text of Uchchhvāsas I—VIII)*. Bombay (India): Motilal Banarsidass, 1918. Delhi(India): 1986. 简称 Kane 本。

⑪ Nandakiśoraśarman, ed., Jayaśrī, comm., *Harṣacaritam: Prathama Ucchvāsaḥ*. Banārasa Siṭī (India): Caukhambā Saṃskṛta Sīriza Āphisa, 1934. 简称第一章梵本。

1943 年第一章印地梵本[①]，包括《戒日王传》第一章的梵文原文和印地语注释。

1950 年印地梵文摘要本[②]，全书只有 34 页，是《戒日王传》梵文摘要的印地语译本。

1956 年第四章印地梵本[③]，包括《戒日王传》第四章的梵文原文、印地语注释和印地语译文。注释者为 1950 年印地梵文摘要本的译者。

1985 年全本印地梵本[④]，包括梵文原文、印地语前言和印地语注释。

2010 年第一章汉译本[⑤]，由黄宝生先生翻译和注释，后附词汇表。

其中，考威尔英译本是至今唯一的英译全本，依据的版本是 Parab 本，参考 Vidyāsāgara 本等；Kane 本是比较完善是梵文精校本；黄宝生先生的第一章汉译本是第一个汉译选本。

2.3.2 写作时间

K. M. 巴尼迦（K. M. Panikkar）认为《戒日王传》在 629 年戛然而止。[⑥]

S. R. 戈亚尔（Śrī Rāma Goyal）认为《戒日王传》的撰写时间为 620 年前后。[⑦]

尚卡尔 · 戈亚尔认为《戒日王传》的写作时间在 617~625 年之间，

---

① Śrībaṭukanāthaśāstri, ed., *Bāṇabhaṭṭagrathitam Harṣacaritam: Prathamocchvāsamātram*. Vārāṇasi (India): Masṭara Khelāḍīlāla aiṇḍa Sans, 1943. 简称第一章印地梵本。

② Śukla, Brahmānanda, trans., *Harṣacaritasāra-taraṅgiṇī: arthāt Harṣacaritasāra kā Hindī anuvāda*. Vārāṇasi (India): Masṭara Khelāḍīlāla aiṇḍa Sans, 1950. 简称印地梵文摘要本。

③ Śukla, Kṛṣṇakānta, trans., Brahmānanda Śukla, comm., *Śrībāṇabhaṭṭa-praṇīte Harṣacarite caturtha-ucchvāsaḥ: 'Śrīpriyamvadā'khya (Saṃskṛta-Hindī) ṭīkayā sahitaḥ*. Vārāṇasi (India): Masṭara Khelāḍīlāla aiṇḍa Sans, 1956. 简称第四章印地梵本。

④ Mohanadevapanta, comm., *Harṣacaritam: "Chātratoṣiṇī" Saṃskṛta-Hindī-vyākhyābhyāṃ ṭippaṇyā ca samalaṅkṛtam*. Dillī (India): Motilāla Banārasīdāsa, 1985. 简称全本印地梵本。

⑤ 〔印〕戒日王：《戒日王传》第一章，黄宝生译，载黄宝生编著《梵语文学读本》，中国社会科学出版社，2010，第 520~561 页。简称第一章汉译本。

⑥ Panikkar（1922），第 80 页。

⑦ Shankar Goyal（2006），第 43 页。

但上限和下限都有待商榷。[①]

戒日王605/606年即位，六年中臣五印度。波那初晤戒日王，诸国朝贡，应在臣五印度之后，即612年之后。《戒日王传》开始撰写的时间在波那初晤戒日王之后不久，亦即612年之后。

在《戒日王传》第六章出现的象军首领室建陀笈多（Skandagupta）正是在《班斯凯拉铜牌》（627年）和《默图本铜牌》（630年）中颁布铜牌的使者。颁布铜牌之时，室建陀笈多已拥有大官员（mahā-pramātāra）和大诸侯（mahā-sāmanta）称号，这证明他在627年获得了更为重要的职位。因此可知《戒日王传》创作于627年之前。[②]

因此，《戒日王传》撰写于612~627年之间，略作620年前后。

2.3.3 主要内容

《戒日王传》共八章。

第一章《婆蹉衍那世系》，从波那祖先与辩才天女的神话传说开始，讲述波那纯洁的家族。第二章《初见喜增》，讲述波那收到戒日王兄弟克里希那来信，从婆罗门村出发前往阿契罗伐替河畔戒日王的皇家营帐，初会戒日王。第三章《帝王祖先》，以普西亚布蒂王朝的创立者花有王为主人公，讲述花有王勇斗吉祥颈蛇的传说和吉祥天女的预言。第四章《帝王出世》，王增、喜增、王圣先后降生，前部分刻画喜增出世的盛况，后部分渲染王圣的婚礼。第五章《光增王之死》，光增王病重辞世，美誉王后先行自焚。第六章《喜增的誓愿》，摄铠王遇害，王增失踪。第七章《华盖之礼》，暗示喜增即位，征服世界。第八章没有标题，可称作《完结篇》，讲述喜增救回王圣，返回军营。

---

① Shankar Goyal（2006），第43~46页。尚卡尔·戈亚尔称，波那在《戒日王传》中暗示戒日王曾布施所有，身着破衣烂衫（实为佛教文献语），证明此时戒日王至少已举行过一次无遮大会，而据玄奘记载第六次无遮大会在642年（尚卡尔·戈亚尔叙述有误，实为641年），戒日王的第一次无遮大会在617年（实为616年），故而得出617年的下限。又因玄奘在640年前后记载常叡王为戒日王的女婿，可大略推知戒日王的女儿出生于625年前后，戒日王结婚的时间也在625年前后。波那初见戒日王时，称戒日王在“梵行”，尚卡尔·戈亚尔认为“梵行”指单身，可见《戒日王传》撰写于戒日王婚前，故而得出625年的上限。而Kane认为忠于妻子的丈夫也可“梵行”，参见《戒日王传》第二章，Kane（1986），第32页注释。

② Shankar Goyal（2006），第46页。尚卡尔·戈亚尔除了将室建陀笈多出现的章数标为《戒日王传》第二章，并将《班斯凯拉铜牌》和《默图本铜牌》的颁发年代都后推一年之外，推理过程很有启发。

由于《戒日王传》仅涉及戒日王登基前后的内容，然后就戛然而止，不少学者[①]认为这是一部尚未完成的作品，但也有学者[②]认为其在结构上前后呼应，在内容上也已告一段落。

笔者认为这是一部完整而完美的集文学和史学价值于一身的作品。《戒日王传》的核心内容，就是戒日王即位的全过程。第一章是作者波那的自我介绍。第二章波那见戒日王之时，戒日王俨然已称王五印度。接下来，波那开始倒叙，从戒日王的祖先、戒日王的降生，到戒日王一生中最为精彩的部分：获得王位。第五章《光增王之死》才是整部作品主体情节的开始。戒日王即位，以美誉王后、光增王、摄铠王和王增（二世）之死作为起始，以征服世界、重获王圣（王圣梵名与王权同义）作为结局。关于戒日王的讲述在高潮处收尾。小说第八章与第二章波那开始讲述《戒日王传》的情景相呼应。波那回到听众之中，完成了他的讲述。

从结构上看《戒日王传》堪称完美；从内容上看，故事的主线是一系列死亡贯穿的戒日王即位过程及最终救回王圣（获得王权）；从写作目的来看，戒日王嘱书《戒日王传》，或许确为洗刷弑兄嫌疑、美化即位过程，而波那则用“明褒实贬”的手法在溢美之辞的掩护下昭示了戒日王的阴谋与野心。

2.3.4　作者波那

波那的自我评价是：出身高贵，才华横溢，不慕权贵，不愿侍奉。

首先，波那标榜自己是纯正的婆罗门出身，得到辩才天女真传。[③]波那撰写《戒日王传》之时刻意旁征博引，炫耀自己高超的梵语技艺和深厚的文学修养，似乎在向戒日王也向世人证明，他驾驭文字的实力不容小觑，伟大的戒日王也要靠他扬名。

① 例如 Cowell（1897），前言，第 xi 页。参见 Pathak（1966），第 30 页注释一。

② 例如 Pathak（1966），第 32 页；Shankar Goyal（2006），第 36 页。

③ 《戒日王传》第一章，波那叙述了自己的祖先婆蹉与辩才天女娑罗私婆提的儿子喝一母之乳，共同学习的情景。婆蹉得到了辩才天女的全部知识，并且种姓纯洁地传到了波那这一代。参见黄宝生编著《梵语文学读本》，第 556~559 页。

其次，波那宣称对于宫廷从不热衷①，所有效力让人厌恶②，企图将自己打造成不慕权贵的清高者，暗表权贵主动示好，自己却事出无奈。这与中国士人梦寐以求的“三顾茅庐”式的知遇之恩非常相似。

然而，波那表面的自信、傲慢和吹嘘很可能源自更深层次的自卑心理。波那或许真的出身婆罗门，不过女神下凡与吉祥天女预言转轮王一样属于神话传说，不具有史料价值。这类传说的产生分为两种情况：一种是祖祖辈辈流传下这样的说法；另一种则是渴望身份认同的自我杜撰。波那和戒日王的出身传言都倾向于后一种情形。这种自我杜撰的做法固然有策略的考虑，却也不可避免地包含了自卑的情绪。与戒日王标榜继位合法性的心理类似，波那也需要辩才天女来论证自己文学水平的权威性，以至于用了整整一章来鼓吹自己的身世和天赋才华。

获得世人认可是一个方面；获得王权的认可则象征着更高的荣誉。波那一方面做出清高的姿态，表现出对于王权满不在乎，否认他本人和祖先与王权有任何关联，而另一方面却因获得了戒日王的宠幸和财富而洋洋自得。其一，波那去见戒日王并非遭到胁迫。据说戒日王听信谗言误解了波那。波那一定要去消除这个误解。③这证明他对皇家认可非常看重。其二，戒日王的兄弟克里希那（Kṛṣṇa）传讯让波那前往宫廷澄清误解。虽然信中克里希那称他们从未谋面，然而他既然捎信给波那，又在戒日王跟前为波那辩护，就表明他与波那并不陌生；如果波那与宫廷毫无关联，也不会有人费心说关于他的谗言。这证明在收到这封信之前，波那就与宫廷有一定联系，包括与戒日王、克里希那和其他皇家成员。可以说，波那在宫廷里交了朋友也结了仇怨。其三，波那叙述生平时说自己曾“目睹宏大而迷人的宫廷（manohṛnti

① 《戒日王传》第二章，Parab（1892），第 62 页；Kane（1986），第 23~26 页；Cowell（1897），第 43~44 页。据波那所述，素昧平生的克里希那给他传讯，建议他前往宫廷效力。波那想：“我该怎么办？我的确被国王（戒日王）误解了。我的公正无私的朋友克里希那给了我这个建议。然而，所有的效力都是让人讨厌的；侍奉充满了邪恶；宫廷危险重重。”波那宣称决定前往宫廷，只是为了维护自己的名誉。

② 参见 Shankar Goyal（2006），第 37 页。当鸠摩罗王的使者鹄冲见戒日王的时候，波那又借使者之口述说了一大段侍奉的邪恶，表明自己对于各种依附状态都深恶痛绝。

③ 《戒日王传》第二章，Parab（1892），第 62 页；Kane（1986），第 23~26 页；Cowell（1897），第 43~44 页。

bṛhanti rāja–kulāni vīkṣamāṇaḥ)”[①]；在《迦丹波利》中，波那还提及他的祖先俱比罗（Kubera）的双脚被笈多国王们膜拜，他自己的老师帕蹉（Bhatsu）被穆克里王朝的国王和贵族们敬拜。[②]由此证明，波那本人、他的家族和师长与王权都不乏联系，并以亲近王权为荣。波那或许因年少轻狂，一度疏远王权，游手好闲，沦为浪荡子，在社会底层结交了形形色色的朋友（包括低种姓、诗人、画家、蛇医、赌徒、寻宝师、幻术师等）。[③]然而时过境迁，波那希望重返宫廷，通过他厌恶的“侍奉”恢复与宫廷的联系。波那与王权的关系，就像戒日王对王权的态度一样——羞于承认，却不懈追逐。在第二章起首，波那把自己比喻成想要取水的人（想要见戒日王的人），把戒日王比作深不可测的水井，然后又把引见自己的人（戒日王的兄弟克里希那）比作汲水用的拴着绳子的陶水罐。[④]这是波那文人的傲慢中流露出的卑微心态。

针对波那自我评价的重新评价为：出身高贵无凭，才华横溢是真，慕权贵，愿侍奉，内心自卑，渴望认同。

波那虽身在朝廷，却心系民生，并未运用官方视角，而是独立思考，大胆述评。《戒日王传》虽然也描绘了“宏大而迷人的宫廷”，包括琳琅满目的宫廷奢侈品和各国贡物，然而波那真正关注的是普通人的生活。波那对家乡婆罗门村做了详细的记述，包括家乡的日常祭祀和出行前的祈福仪式；波那对前往戒日王皇家营帐沿途的风景也做了极其细致的描绘；戒日王诞生和王圣出嫁之时，波那的叙述重点几乎全部落在王城民众身上；戒日王出征，波那从下层士兵和沿途百姓的接触中反衬出军民关系；戒日王进入文底耶森林寻妹，波那对文底耶森林中各派苦行者修行生活的刻画更是细致入微。从这一角度来看，波那宫廷文人的身份也值得商榷。他是身在宫廷的自由文人，或者说，一位百科全书式的史官形象。

① 《戒日王传》第一章，Parab（1892），第 48 页；Kane（1986），第 19 页；Cowell（1897），第 33~34 页。

② 参见 Shankar Goyal（2006），第 37 页。

③ 《戒日王传》第一章，Parab（1892），第 47~48 页；Kane（1986），第 19 页；Cowell（1897），第 32~33 页。

④ 《戒日王传》第二章，Parab（1892），第 49 页；Kane（1986），第 21 页；Cowell（1897），第 35 页。

综上所述，在波那的身份和性格中有诸多矛盾元素。他看起来非常高傲和自信，内心却怀着深刻的自卑；他宣称藐视王权、不愿侍奉，却一直与宫廷关系密切，渴望皇家认可，他的《戒日工传》就是最大的“侍奉”之作；他身在朝廷，却心系民生；拿朝廷俸禄，却不愿做皇家喉舌；他表面上对戒日王赞美有加，事实上却无情批判着戒日王的统治。最恰当概括波那性格的正是“矛盾”二字。波那自视甚高，有着对正直品格的追求、对世俗认可的渴望以及对于事实的基本忠诚；“侍奉”的状态约束了他的身体，却没能改变他高傲的本心；“受制于人”扭曲了他的笔，却也让他用更生动更智慧的手法揭露真相。正因波那的“矛盾”，我们才有可能透过《戒日王传》歌功颂德的溢美之词，在字里行间的控诉中勾勒出一个真实的戒日王和一个全方位的戒日王朝。

2.3.5 波那笔下的戒日王

波那将直面戒日王的段落尽量压缩，除第二章初会，书中再无波那与戒日王的直接交流。然而整部著作体现了波那与戒日王交往的全过程，也暗示了波那对戒日王的评判和波那的自由思维与戒日王王权思想的碰撞。

（一）热衷王权

波那初见戒日王的赞美比喻中，使用了几乎所有印度神灵，包括佛陀和蛇王①，其中出现最多的是象征王权的吉祥天女（Śrī或Lakṣmī）。②例如：“戒日王浑身发光，被女神拥抱，仿佛强迫他，无论多么不情愿，都登上王位。”③又例：“他像一座宝石山峰，伸展宝石双翼，臂环上的嫣红光芒犹如他双臂开辟的荣誉之路，又如同枕在他臂弯的吉祥天女耳饰的莲花淌下的蜜溪。”④其后的赞美也紧绕王权。例如：“国王（戒日王）思想平静如同善逝（Sugata，佛陀称号）；维持种

① 蛇王的比喻也与王权稳固相关。蛇王歇舍支撑大地；蛇王婆苏吉的蛇头被认为是支撑王权立柱的底座。

② 《戒日王传》第二章，Parab（1892），第78~85页；Kane（1986），第21~37页；Cowell（1897），第57，59~64页。

③ 《戒日王传》第二章，Parab（1892），第78页；Kane（1986），第31~32页；Cowell（1897），第57页。

④ 《戒日王传》第二章，Parab（1892），第81页；Cowell（1897），第60页。

姓和社会秩序如同摩奴；佩戴惩戒的权杖如同阎摩（Samavartin，公正者，阎摩称号）；统治以七大洋为腰带、以洲渚为花环的整个大地。这时，哪个人敢于扮演一个与灾难相连的邪恶角色而没有恐惧，即便只是动动这样的念头？”①

王权不仅被比喻为吉祥天女、国王之妻；王权的争夺还伴随着对真实妇女的抢掠——敌人的妻妾是胜利者最直接的战利品。波那虽然没有具体提及戒日王身边的某个女人，却也运用了与“赞美”光增王类似的比喻②，暗示戒日王在征战中掠夺敌人妻妾：“通过战弓的弦音，他俩（王增和喜增）仿佛在跟国王后宫的妃子们交谈”③。

在华丽辞藻的装饰下，波那成功地将戒日王刻画为一位热衷王权的统治者。

（二）崇尚武力

戒日王不仅热衷王权，而且崇尚武力。

波那对戒日王处胎和幼年的描绘，暗示了戒日王尚武的本性。例如，美誉王后怀着喜增、等待分娩的时候，“虽然镶嵌宝石的镜子就在手边，美誉王后也宁愿弯腰去照宝剑侧锋的反光；代替了笛子，弓弦的声音，虽然不适合女子，却在她听起来非常悦耳。她的眼睛看到笼中雄狮就心满意足。”④又例，年幼的喜增“头上戴着深黄的护身符，如同英勇的火焰喷薄欲出；身上涂了牛黄，如同天生武士的勇猛渗出；脖颈装饰了一排虎爪，用黄金相连，如同高傲的花苞从他的心中释放。”⑤

对于成年的戒日王，波那借克里希那之口评论道：“他对于友谊的理解在张开的弓箭之中，而不是在宫廷上靠他伙食中剩下的面包屑维

① 《戒日王传》第二章，Parab（1892），第 88 页；Kane（1918），第 36 页；Cowell（1897），第 66 页。

② 《戒日王传》第七章，Parab（1892），第 133 页；Cowell（1897），第 102 页，波那委婉地描绘了光增王占有敌人妻妾的情景：“在被杀死的敌人的后宫，光增王的英勇固化（具体化）成五大（地水火风空）：女人心中的火焰，女人眼中的泪水，女人口中的呼吸，女人身上的尘土，徒劳的寂寞中的空（她们空虚的心灵）”。

③ 《戒日王传》第七章，Parab（1892），第 151 页；Cowell（1897），第 118~119 页。

④ 《戒日王传》第四章，Parab（1892），第 140 页；Cowell（1897），第 109 页。

⑤ 《戒日王传》第四章，Parab（1892），第 148 页；Cowell（1897），第 115~116 页。

生的弄臣身上。”[①]这句话不仅显露出戒日王内心深处的重武轻文,还似乎暴露了波那对戒日王的不满：战友是莫逆之交；文人如同仰仗施舍的弄臣，不可能与君王成为朋友。波那仿佛在炫耀自己文学功力的同时，抱怨着自己无从改观的卑微身份。

（三）搜刮民财

戒日王的军队并非仁义之师，是否正义之师亦值得怀疑。戒日王率军征服世界途中，军队一路扰民，强抢民粮充作军饷。他们出发，鼓乐齐鸣，响彻天庭。象军、马军、公牛气势恢宏。随军成员层次不高，包括象倌、光棍、恶棍、驴倌、营帐随从、小偷、仆人、流氓和马倌。由这些“社会渣滓”组成的军队在沿途村落引起村民和商户的骚乱。士兵们相互催促和咒骂:“赶紧的，奴隶，用刀子在豆子地砍下一把饲料，我们走了之后，谁又能知道砍的人是我们?”[②]

戒日王军备奢华，治下民众却生活困苦。波那描述了戒日王随军厨房的豪华阵容：猪皮带捆绑的山羊，一串麻雀，半扇鹿肉的前半，乳兔，调味香草，竹笋；黄油牛奶的陶罐，被湿泥封住开口处，又用白布裹扎;篮子里装着火盆，烤箱，砂锅，铁叉，铜炖锅，平底煎锅。[③]乡民的牛却因营养不良而羸弱不堪。这一方面表明戒日王治下民众生活艰难，也可见出戒日王对待百姓的苛刻态度。

民众对戒日王也颇有微词。军队路过，附近村民纷纷出来一睹国王的风采。一个老者拿着水罐和花篮，水罐里盛了凝乳、糖浆和砂糖，要求保护庄稼，想要摆脱之前的邪恶统治者。有的村民大声赞美国王（戒日王），说他是正法的化身；有的村民，因为成熟的庄稼被掠夺而沮丧，带着老婆前来，哀悼他们的财产，冒着生命危险，哀伤胜过恐惧，并指责至高权威，高喊:“国王在哪里？他有什么权力成为国王？这是什么国王!”[④]同时，戒日王的朝廷还以举国同庆为名横征暴敛。光增王在王增、喜增、王圣诞生以及王圣结婚这些盛大的“国庆”场合都收获了琳琅满目的贺礼，形同苛捐杂税。戒日王也继承了

① 《戒日王传》第二章，Parab（1892），第 61 页；Cowell（1897），第 43 页。

② 《戒日王传》第七章，Parab（1892），第 228~236 页；Cowell（1897），第 199~207 页。

③ 《戒日王传》第七章，Parab（1892），第 236~237 页；Cowell（1897），第 207~208 页。

④ 《戒日王传》第七章，Parab（1892），第 237~238 页；Cowell（1897），第 208~209 页。

这一传统。在波那初见戒日王之时目睹的首领朝贡以及戒日王出征的叙述中，波那越是将贡品描绘得美轮美奂，就越表明戒日王搜刮民财冷酷无情。

值得注意的是，玄奘屡次提及戒日王慷慨布施财物。波那却对戒日王布施的描述非常节制。波那描绘戒日王军队造成的混乱场面，沿途“打谷草”，巧取豪夺，索礼纳贡，写村民犒军，重心却落在“哀悼财产”、“冒着生命危险”、“指责至高权威”，体现出官府、军队和百姓之间并不和谐的共生状态。

2.3.6　史料价值

《戒日王传》以戒日王即位为主线描绘了戒日王早期统治，其核心情节是一系列死亡贯穿的戒日王武装篡夺萨他泥湿伐罗国王位的全过程。通过章节安排和内容侧重可见，《戒日王传》创作的最初目的很可能确是美化即位过程，为戒日王洗刷弑兄等嫌疑[①]；而波那写作的真实目的则是用明褒暗贬的手法在赞美功绩的掩护下抨击戒日王的阴谋篡权及其他劣行。波那的双关和比喻使美誉王后、光增王、摄铠王和王增（二世）这四位与戒日王关系密切之人的骤然辞世充满疑云。即使戒日王可以逃脱谋杀罪名，发动兵变、篡位夺权也几乎是不争的事实。波那虽是屈身朝廷的宫廷文人，更具宫廷史官的形象。波那提到的人物，摩腊婆国的童护和春护、象军首领室建陀笈多甚至大臣婆尼都在铭文等史料中得到印证。在史料稀少的情况下，波那的《戒日王传》是研究戒日王早期统治的重要文献，具有不可替代的史料价值。

波那与戒日王关系密切，最可能接近权力核心和历史真相。用波那自己的话说，戒日王与他分享财富[②]。在戒日王统治早期，波那得到戒日王的宠幸和信任，常伴君王左右，甚至可能随军出行。波那对自己家乡婆罗门村风土人情的刻画、对戒日王宫廷起居和军队场面的描绘、对文底耶森林生活的铺张叙述等，在文献匮乏的古代印度具有极其宝贵的史料价值。依附于朝廷让波那不敢过于直率，然而恃才傲物

---

① S.R. 戈亚尔和尚卡尔·戈亚尔等学者也持此观点。参见 Shankar Goyal（2006），第 23 页。

② 《戒日王传》第二章，Parab（1892），第 91 页；Cowell（1897），第 69 页。

的本心和近似于文人良知的矛盾情绪又让他渴望随心所欲地表达自己的思想。例如，波那一边赞美光增王的功绩，一边不经意间透露他将败军将领的妻妾据为己有的事实[①]；一边铺张地叙述戒日王军队的豪华齐整，一边通过士兵的对话轻描淡写地提及军队沿途抢掠庄稼充当军饷，令居民和商旅敢怒不言、惶惶不安的情形[②]。波那披着崇敬和忠诚的伪装赢得了戒日王的信赖，内心却是对于戒日王的深深谴责。波那在大力赞扬喜增功绩、大肆渲染喜增注定为王的同时，刻意淡化甚至扭曲了王增和喜增权力交接过程中的某些细节，又"欲盖弥彰"地暗示了真相的蛛丝马迹，如同一场危险的思维游戏。波那用他的欲言又止证明了事实很可能没有铭文和《西域记》所述这么简单（参见本书第三章《戒日王即位》）。

在戒日王面前，波那高傲受到挫折，自卑更为明显，侍奉成为必然，对人民疾苦感同身受，文人墨客的使命感油然而生。[③]大概就是出于这些潜在的原因，波那对戒日王产生了某种敌意，因而抓住一切机会对戒日王及其统治做出最大程度的抨击。波那凭借深厚的文学修养将真实巧妙地埋藏在夸张而华丽、模棱两可、似非而是、机关重重的溢美之词当中。只要剥离这些文学修饰的外衣，就可以窥见真实的过往，从而挽救这段历史的真相。正如尚卡尔·戈亚尔评述的那样："波那触及生活的时候，永远精力充沛，真实大胆。他把吉祥天女描述得不可接近，嘲笑王权神圣，让王子、乞丐、士兵、隐士等都栩栩如生。……他是伪装术的专家，有数不清的双关和暗喻，以及让残酷得令人不悦的事实在枪林弹雨般的赞美中若隐若现的惊人技巧。当代史家在引用他的作品作为证据时要时刻将这些铭记于心。"如果读者不能透过这些现象的掩饰看到真实，只能是读者的失误。[④]波那的这些"掩

---

① 《戒日王传》第四章，Parab（1892），第 133 页；Cowell（1897），第 102 页。

② 《戒日王传》第七章，Parab（1892），第 228~238 页；Cowell（1897），第 199~209 页。

③ 波那一语概括了戒日王的转变和对自己的敬重，却没有过多地叙述初会之外与戒日王交往的其他细节。这让人不禁怀疑波那在宫中的地位并没有他叙述得那样"飞黄腾达"。初次会面，从戒日王武断的指责以及波那笨拙的自我辩解可以看出波那在戒日王面前颇为低三下四。无论那些让戒日王接纳波那的不可告人的细节是什么，在比自己更加高傲的戒日王面前，波那唯有曲意逢迎才能讨得戒日王的欢心。这种局面在日后的交往中很可能并没有太大的改观。

④ Shankar Goyal（2006），第 36 页。

饰的艺术”，正是波那传达事实真相的成功之处。

波那对戒日王的总体评价是负面的。华丽赞美不具有实质意义，然而每涉及具体内容，波那就运用他犀利的笔法如蝎子般猝不及防击中要害。波那成功地制造出了一个“双重”戒日王，如同带有显性基因和隐性基因的DNA。虽然真相与描述有时天差地别，波那成功地让戒日王的历史真相留存在自己的历史叙述中：戒日王篡位称制，热衷王权，崇尚武力，剥削人民。波那为戒日王展现出辉煌的帝王气象，也为后人保存了戒日王隐匿的缺憾。在与戒日王相处的过程中，波那或许没有获得高贵的地位，然而他精湛的文学造诣使得他高居梵语文学之巅。波那与戒日王相互成就了对方的声誉。

2.4　戒日王三部梵剧

署名为戒日王的三部梵剧《龙喜记》(*Nāgānanda*)、《妙容传》(*Priyadarśikā*)和《璎珞传》(*Ratnāvalī*)不仅有鲜明的文学特色，还具有丰富的历史文化研究价值。关于三部梵剧著作权的考察及结构、剧情、宗教倾向等方面的具体分析，参见本书第八章《戒日王的文学创作》。以下为三部梵剧的梵本、译本概况。

2.4.1 《龙喜记》版本情况

《龙喜记》已出版梵本及译本情况如下：

1872 年 Boyd 英译本①，《龙喜记》的第一个英译本。

1886 年 Vasāka 本②，梵文原文，有注释。

1893 年 Brahme 本③，梵文原文，有导论、注释和评论。

1897 年法译本④，《龙喜记》的第一个法译本。

---

① Boyd, Palmer, trans. & comm., E. B. Cowell, intro., *Nāgānada, or, the Joy of the Snake-World: A Buddhist Drama in Five Acts*. London: Trübner, 1872. 简称 Boyd 英译本。

② Vasāka, Bhuvana Chandra, ed., Nārāyaṇacandra Kaviratna & Navacandra Siromani, comm., *Nāgānandam*. Calcutta (India): Ramayana Press, 1886. 简称 Vasāka 本。

③ Brahme, Govinda Bahirav, & Shivarama Mahadeo Paranjape,ed., intro. & comm., *Nāgānanda*. Poona (India): Shiralkar & Co., 1893. 简称 Brahme 本。

④ Bergaigne, Abel, trans., *Nāgānanda, la joie des serpents: drame bouddhique attribué au roi Crî-Harcha-Deva*. Paris: E. Leroux, 1879. 简称法译本。

1911 年 Wortham 英译本 ①，月天《故事海》中《云乘故事》和戒日王《龙喜记》的英译合集。

1917 年 T. Śāstrī 本 ②，英文和梵文导论，梵文原文（含俗语），梵文注释。

1919 年 Kale 本 ③，梵文原文、校勘和注释，英文导论、译文、注释和附录。

1923 年 Karmarkar 本 ④，梵文原文，英文导论、译文、注释、评论和附录。这个版本在 1953 年出版增订本（浦那本）。

1923 年高楠日译本 ⑤，第一个日译本。

1932 年 C. Śāstrī 本 ⑥，梵文原文，英文译文和注释，再版加入英文导论。

1947 年 Upadhyaya 印地梵本 ⑦，梵文原文，印地语和梵语的导论和注释。1968 年再版时加入英文书题 ⑧。

1952 年坎那达译本 ⑨，英文导论和译文，坎那达语（达罗毗荼语系）译文。

---

① Harṣavardhana & Somadeva Bhaṭṭa, auth., B. Hale Wortham, trans., *The Buddhist Legend of Jīmūtavāhana from the Kathā-sarit-sāgara Dramatized in the Nāgānanda a Buddhist Drama by Śrī Harsha Deva*. London: G. Routledge & Sons, Limited; New York, E. P. Dutton & Co., 1911. 简称 Wortham 英译本。

② Śāstrī, T. Gaṇapati, ed., *The Nāgānanda of Srī Harsha Deva: with the Commentary Nāgānandavimarsinī by Sivarāma*. Trivandrum (India): Govt. Press, 1917. 简称 T · Śāstrī 本。

③ Kale, M. R., ed., *The Nagananda of Sri Harsha Deva, Edited With an Exhaustive Introduction, a New Sanskrit Comm., Various Readings, a Literal English Translation, Copious Notes and Useful Appendices by M. R. Kale*. Bombay (India): Standard Pub. Co., 1919. 简称 Kale 本。

④ Karmarkar, Raghunath Damodar, ed., *Nāgānanda of Śrīharṣa*. Mugbhat, Bombay (India): Vishvanath & Co., 1923. 简称 Karmarkar 本 ; Poona (India): Aryabhushan Press, 1953. 简称浦那本。

⑤ 戒日王:《龍王の喜び ナーガ・アーナンダム ：印度佛教戲曲》，高楠顺次郎译，东京，世界文库刊行会，1923。简称高楠日译本。

⑥ Sastri, C. Sankararama (Sī Śaṅkararāma Śāstrī), trans. & comm., *Nāgānanda: a Sanskrit Play*. Mylapore, Madras (India): Sri Balamanorama Press, 1932, 1967. 简称 C.Śāstrī 本。

⑦ Upadhyaya, Baldeva, ed., *Śrīharṣadevapraṇītaṃ Nāgānanda-nāṭakam: Bhāvārthadīpikā Saṃskṛta-Hindīvyākhyopetam*. Vārāṇasī (India): Caukhambā Saṃskṛta Sīrīja Āphisa, 1947. 简称 Upadhyaya 印地梵本。

⑧ Upadhyaya, Baldeva, ed., *Śrīharṣadevapraṇītaṃ Nāgānanda-nāṭakam*. 1968.

⑨ *Nāgānandanāṭakam (with introduction, English and Kannada translations, etc.)*. Mysore (India): Saṃskṛta Sāhitya Sadana, 1952. 简称坎那达译本。

1956 年吴晓玲译本[①]，第一个汉译本；吴晓玲译本（台北）1987 年在中国台湾出版[②]。

1957 年 Bhattacharya 藏译本[③]，藏梵逐行对勘，英文前言。

1958 年 Munshiram 德里本[④]，梵文原文，印地语注释，印刷质量很差，字迹模糊。

1970 年 Wells 英译本[⑤]，英文译本合集，包括《沙恭达罗》、《小泥车》和《龙喜记》。

1984 年甘珠尔藏译本[⑥]，根据德格、那塘版和北京版《甘珠尔》本生部中的《龙喜记》藏文译文校勘出版，藏文题名 Klu kun-du dgaḥ-ba shes-bya-baḥi zlos-gar（龙欢喜舞踊）。

1991 年 Ghoṣa 北方本[⑦]，依据北印度流传的抄本编订的梵文（含俗语）精校本，Michael Hahn 撰写英文导论，Roland Steiner 提供英文前言和译文。

2000 年 Ramachandra Aiyar 本[⑧]，梵文原文，英文导论、译文和注释。

---

① 戒日王:《龙喜记》，吴晓玲译，人民文学出版社，1956。简称吴晓玲译本。

② 戒日王等:《龙喜记 · 西藏王统记》，吴晓玲等译，华宇出版社，台北，1987。简称吴晓玲译本（台北）。

③ Bhattacharya, Vidhushekhara, ed., *Nāgānanda (Gya gar skad tu Nā-gā-nanda-nāṭaka, dpal dga' ba'i lhas mdzad pa-Bad skad tu ku Kun tu dga'ba źes bya ba'i zlos gar)*. Calcutta (India): Asiatic Society, 1957. 简称 Bhattacharya 藏译本。

④ Harṣavardhana, auth., *Śrī harṣadevapraṇītam Nāgānandam-nāṭakam*. Delhi (India): Munshiram Manohar Lal, 1958. 简称德里本。

⑤ Wells, Henry Willis, ed. & trans., *Classical Triptych: Sakuntala, The Little Clay Cart* [*and*] *Nagananda; New Renderings into English Verse*. Mysore (India): Literary Half-yearly, University of Mysore, 1970. 简称 Wells 英译本。

⑥ Dgaḥ-baḥi lha (Harṣadeva, 戒日王), auth., Śon-ston (雄敦)(藏) and Lakṣmīkara(师多杰坚)〔印〕, trans., ཀླུ་ཀུན་དུ་དགའ་བ་ཞེས་བྱ་བའི་ཟློས་གར (Klu kun-du dgaḥ-ba shes-bya-baḥi zlos-gar) (龙欢喜舞踊), 本生部通帙第 271U, No.4154. 民族出版社, 1984。简称甘珠尔藏译本。

⑦ Ghoṣa, Mādhava Candra, & Kṛṣṇa Kamala Bhaṭṭācārya, ed., Roland Steiner, trans., *The Recensions of the Nāgānanda by Harṣadeva Vol. I: The North Indian Recension*. New Delhi (India): Aditya Prakashan, 1864. 简称《龙喜记》Ghoṣa 本 ; Michael Hahn, intro., 1991. 简称《龙喜记》北方本。

⑧ Aiyar, T. K. Ramachandra, ed., *Nāgānandam Harṣadevapraṇītaṃ nāṭakam / Naganandam of Sri Harsha Deva*. Kalpathy, Palghat (India): R. S. Vadhyar & Sons, 2000. 简称卡尔帕提本。

2009 年 Skilton 本[①]，梵文原文，英文译文。

此外，还有 1887 年的印地译本[②]，1903 年的意大利译本[③]，1927 年的古吉拉特译本[④]，1945/1946 年的尼泊尔译本[⑤]，1968 年的泰卢固译本[⑥]等。

2.4.2 《妙容传》版本情况

《妙容传》已出版梵本及译本情况如下：

1884 年 Gadré 本[⑦]，梵文原文，俗语部分有梵文译文，英文的前言和注释。

1888 年 Strehly 法译本[⑧]，全书 88 页，仅颂诗和序幕部分译成了法文，译自 Gadré 本。

1906 年 Krishnamachariar 本[⑨]，梵文原文，梵文导论，英文前言。

1923 年 Nariman 本[⑩]，梵文原文（罗马体，俗语未译），英文导论，英文译文（左右页排版）。

---

① Skilton, Andrew, ed. & trans., *"How the nāgas were pleased" (nāgānanda) by Harṣa;& "The shattered thighs"(ūrubhaṅga) by Bhāsa*. New York: New York University Press, JJC Foundation, 2009. 简称 Skilton 本。

② Sītārāma, LāLā, trans., *Nāgānanda*. Benares (India): Chandra Prabha Press, 1887. 简称印地译本。

③ F. Cimmino, Palermo, 1903. 见 Winternitz, M. , *The History of Indian Literature*,Vol.III. New Delhi (India): Perrl Offset Press, 1972, 第 254 页。

④ Dalāla, Ramaṇīkalāla Jayacandabhāī, trans., *Nāgānanda*. Amadāvāda (India): Ādityamudraṇālaya, 1927. 简称古吉拉特译本。

⑤ Mādhavaprasāda, trans., *Nāgānanda*. Kathmandu (Nepal): Ne. Bhā. Pra. Samiti, 1945/1946; 2002 . 简称尼泊尔译本。

⑥ Sarma, D. Chinnikrishna, trans., *Nāgānamdaṃ*. 1968. 简称泰卢固译本。

⑦ Gadré, Vishṇu Dājī, ed., *The Priyadarśika of Śrīharshadeva*. Bombay (India), NSP, 1884. 简称 Gadré 本。

⑧ Strehly, G., trans., *Priyadarsika, pièce attribuée au roi Sriharchadéva, en quatre actes, précédes d'un prologue et d'une introduction trans. du sanskrit et du prakrit sur l'édition de vichnou Daji Gadré par G. Strehly*. Paris: E. Leroux, 1888. 简称 Strehly 法译本。

⑨ Krishnamachariar, Pandit R. V., ed., *Priyadarsika: with a Commentary and Bhūmikā by Pandit R. V. Krishnamachariar (Abhinava Bhatta Bana)*. Srirangam (India): Sri Vani Vilas Press, 1906. 简称 Krishnamachariar 本。

⑩ Nariman, G. K., & A.V. Williams Jackson & Charles J. Ogden, trans., *Priyadarśikā: a Sanskrit Drama (with an introduction notes by the two latter, together with the text in transliteration)*. New York: Columbia University Press, 1923. 简称 Nariman 本。

1928 年 Kale 本[①]，梵文原文，梵文注释，英文的导论、译文和附录。

1928 年 Kangle 本[②]，梵文原文，英文导论，英文译文，详尽的英文注释。

1928 年 Suru 本[③]，梵文原文，梵文题名，英文的导论、译文、注释和附录。

1935 年 Ramanujaswami 本[④]，梵文原文，英文的导论、译文、注释和附录。

1955 年 Miśra 本[⑤]，梵文原文，印地语注释。

此外，还有 1889 年的马拉提改译本[⑥]，Vāmanaśarmā Islāmapurakara 撰写梵文小说《快活的犊子王》，改写自戒日王的《妙容传》，其后他自己又将这部小说译成马拉提语，以及 1910 年的泰卢固译本[⑦]等。

2.4.3 《璎珞传》版本情况

《璎珞传》已出版梵本及译本情况如下：

1827 年 Wilson 英译本[⑧]，全书共两卷，第一卷是《指环印》（*Mudrārākṣasa*）英译，第二卷是《璎珞传》英译。威尔森误认为《璎珞传》的作者是 12 世纪的室利诃奢（Śrīharṣa）。

---

① Kale, M. R., ed., *Priyadarśikā of Śrīharṣadeva*. Bombay (India): Gopal Narayana & Co., 1928; Delhi (India): Motilal Banarsidass Publishers, Private Ltd., 1977; 1999. 简称 Kale 本。

② Kangle, R. P. , ed., *Priyadarśikā of Śrī Harsha*. Ahmedabad (India): C. M. Parikh, 1928. 简称 Kangle 本。

③ Suru, N. G., ed., *Priyadarśikā*. Poona (India): N. G. Suru, 1928. 简称 Suru 本。

④ Ramanujaswami, P. V., ed., *Sri Harsha's Priyadarsika*. Madras (India): V. Ramaswamy Sastrulu & Sons, 1935. 简称 Ramanujaswami 本。

⑤ Miśra, Śrīrāmacandra, ed., *Śrīharṣadevapraṇītā Priyadarśikā nāma nāṭikā: Prakāśa saṃskṛta-hindīṭīkopetā*. Banāras (India): Caukhambā Vidyā Bhavana, 1955. 简称 Miśra 本。

⑥ Islāmapurakara, Vāmanaśarmā, auth., Waman Shastri Islampurkar, trans., *Lalitawatsarāja*. Bombay (India): Wasudeva Moreshwar Potadar, 1889. 简称马拉提改译本。

⑦ Shastri, Vedam Venkataraya, trans., *Priyadarśikānāṭika, Śrīharṣakṛta Saṃskṛtanāṭikaku sarigā Vēdamu Vēṅkaṭarāyaśāstricē Tenuguna racimpaṁbaḍinadi*. Madarāsu (India): Jyōtiṣmatī Mudrākṣaraśāla, 1910. 简称泰卢固译本。

⑧ Wilson, Horace Hayman, trans., *Select Specimens of the Theatre of the Hindus (2 Volumes, Vol. I–Mudrārākṣasa, or, The Signet of the Minister; Vol. II-Ratnāvalī, or, The Necklace)*. London: Tübner, 1827; 1871; London: Society for the Renunciation of Indian Literature, 1901. 简称 Wilson 英译本。

1832 年 Committee 本①是现存最早的梵文印本，在加尔各答出版，集体编纂而成，没有具体责任人；梵文书题把 Ratnavali 写成了"Retnavali"，把"Harsha"写成了"Hersha"；书中仅有梵文原文和俗语部分的梵文译文。

1864 年 Nyāyapañcānana 本②，有梵文原文和 Śivarāma 的梵文注释。这个版本当时是加尔各答大学梵文系学士学位考试的参考教材。③

1867 年 Nigudkar 本④，梵文原文，英文导论，还有 Śāstrī Nigudkar 的注释。据卡勒（M. R. Kale）评论，这个注释不错，很有启发。

1876 年 Vidyāsāgara 本⑤，梵文原文，有注释。

1888 年 Parab 本⑥，第一版包括梵文原文和注释，1890 年增订版加入英文导论。

1895/1896 年 Manorañjanī 印地梵本⑦，有梵文原文，印地语前言，印地语译文。

1902 年 Goswami 英译本⑧，英文译文，英文注释，第二版加入英文导论。

1902 年 Chakravartī 孟加拉英梵本⑨，梵文原文，英文译文，孟加拉语译文，梵文注释和英文注释。

---

① Committee of Public Instruction, The, ed., *Retnavali; a Drama, in Four Acts*. Calcutta (India): Education Press, 1832. 简称 Committee 本。

② Nyāyapañcānana, Mahāmahopādhyāya Kṛṣṇanāth, ed., Śivarāma, comm., *Ratnāvalī*. Calcutta (India): 1864. 简称 Nyāyapañcānana 本。

③ Winternitz（1972），第三卷，第 251 页及注释。

④ Nigudkar, Narayanshastri, ed. & comm., *Ratnavali natika of Shriharsh*. Bombay (India): T. Javaji, 1867. 简称 Nigudkar 本。

⑤ Vidyāsāgara, Pandit Jivāndanda, ed. & comm., *Ratnavali: a Drama in 4 Acts*. Calcutta (India): Calcutta Sarawati Press, 1876. 简称 Vidyāsāgara 本。

⑥ Parab, K. P., & V. S. Jośī, ed., *The Ratnāvalī of Srīharshadeva*. Bombay (India): NSP (Nirṇaya-Sāgara Press), 1888 ; K. P. Parab & N. B. Godabolé, ed., NSP, 1890. 简称 Parab 本。

⑦ Manorañjanī, trans. & comm., Rāmeśvarabhaṭṭa, ed., *Ratnāvalī nāṭikā Harṣadevaviracitā*. Mumbayyāṃ (India): Srīveṅkaṭeśvara Mudraṇālaye, 1895/1896. 简称 Manorañjanī 印地梵本。

⑧ Goswami, Bidhu Bhushan, ed., comm. & trans., *The Ratnavali of Sriharsha Deva*. Calcutta (India): Kedarnath Bose, 1902. 简称 Goswami 英译本。

⑨ Chakravarti, Sris Chandra (Srīsachandra Chakravartī), ed., trans. & comm., *The Ratnavali: a Sanskrit Drama by Sriharsha*. Bengal: Hari Ram Dhar, 1902. 简称 Chakravartī 孟加拉英梵本。

1903 年 Vidyābhūṣaṇa 孟加拉英译本[①]，梵文注释，英文注释，英文译文，孟加拉语译文。译文依据的梵本为 Nyāyapañcānana 本。

1907 年 Ghate 本[②]，仅有梵文原文。

1907 年 Joglekar 本[③]，梵文原文，英文导论、译文和注释。导论十分详细，有关于著作权考证等内容。

1909 年 Cappeller 本[④]，Carl Cappeller 在 1877 年出版、在 1909 年修订的《瓔珞传》梵本。俗语对白没有梵文释义。德文前言中有简单的写本校勘信息，称此梵本主要依据六件写本校勘而成。哥廷根电子版使用的是这个版本。

1919 年 Ray 本[⑤]，梵文原文和注释，英文译文和注释。这本书虽然到 1963 年为止连续出版了五版，却在各大图书馆十分罕见。Kale 本称注释时参考了 Ray 本的第一版。

1921 年 Kale 本[⑥]，梵文原文和注释，英文导论和译文。1964 年第三版与第一版只在排版上不同。据第一版前言，Kale 本参考了 Ghate 本、Parab 本、Joglekar 本，还有一些加尔各答的版本（可能包括 Committee 本），尤其得益于 Nigudkar 本和 Ray 本的注释。

1925 年 Devadhar 本[⑦]，梵文原文（可能使用了 Kale 本），英文导论、译文、注释和附录。

---

① Vidyābhūṣaṇa, Satīśa Chandra, comm. & trans., *Notes on Ratnāvalí*. Calcutta (India): Brajendralāl Mitra, 1903. 简称 Vidyābhūṣaṇa 孟加拉英译本。

② Ghate, V. S., ed., *The Ratnavali*. Bombay (India): Padhye, Yande, Manerikar & Co., 1907. 简称 Ghate 本。

③ Joglekar, K. M., ed. & trans., *Ratnāvalī*. Vidyashrama (India): Hedvi, 1907; NSP, 1913. 简称 Joglekar 本。

④ Cappeller, C., ed., *Otto Böhtlingk's Sanskrit-chrestomathie*. Leipzig (Germany): H. Haessel, 1909，第 326~382 页。简称 Cappeller 本。

⑤ Ray, Saradaranjan, ed., comm. & trans., *Sriharsha's Ratnavali: With an Original Commentary, Translations, Notes etc.*. Calcutta (India): S. Ray, 1919; Calcutta (India): Manoranjan Ray, 1922. 简称 Ray 本。

⑥ Kale, M. R., ed., *The Ratnavali of Sri Harsha-Deva*. Bombay (India): Standard Pub. Co. 1921; 1925; Booksellers' Pub. Co., 1964; Delhi (India): Motilal Banarsidass, 1984; 1995; 2002. 简称 Kale 本。

⑦ Devadhar, C. R., & N. G. Suru, ed., *Ratnāvalī/Harṣadevaviracitā nāṭikā*. Poona (India): C. R. Devadhar, 1925. 简称 Devadhar 本。

1933 年 Lehot 法文梵本[①]，梵文原文依据 Cappeller 本，法文译文。

1935 年 C. Śāstrī 本[②]，梵文原文，英文译文和注释。

1953 年 Miśra 本[③]，梵文原文，印地语注释，1964 年版加入印地语导论。

1964 年 Lal 英译本[④]，六部作品合集，收录了《沙恭达罗》(*Abhijñānaśakuntala*)、《小泥车》(*Mṛcchakaṭika*)、《指环印》(*Mudrārākṣasa*)、《惊梦记》(*Svapnavāsavadatta*)、《后罗摩传》(*Uttararāmacarita*)和《璎珞传》。译文均由拉尔（P. Lal）提供。在他看来，戒日王在梵语戏剧史上可以与迦梨陀娑（Kālidāsa）、首陀罗迦（Śudraka）、毗舍佉达多（Viśākhadatta）、跋娑（Bhāsa）、薄婆菩提（Bhavabhūti）并称。此译本未标明《璎珞传》译文依据的梵本。

1967 年 Bhattacharya 孟加拉梵本[⑤]，梵文原文和注释，英文导论，英文和孟加拉译文。

1969 年 Śukla 印地英梵本[⑥]，梵文原文，印地语译文，英文译文。

1981 年 Shastri 孟加拉梵本[⑦]，梵语原文（孟加拉字母），孟加拉文导论和译文，三部作品合集，包括《阿摩卢百咏》、《野人和阿周那》和《璎珞传》。

---

① Lehot, Maurice, trans., *Ratnāvalī*. Paris: Les Belles Lettres, 1933; 1967. 简称 Lehot 法文梵本。

② Sastri, C. Sankararama (Sī Śaṅkararāma Śāstrī), trans. & comm., *Ratnāvalī/Harṣadevapraṇītā nāṭikā*. Mylapore, Madras (India): Sri Balamanorama Press, 1935. 简称 C. Śāstrī 本。

③ Miśra, Śrīrāmacandra, comm., *Ratnāvalī Nāṭikā: 'Prakāśa' nāmaka Saṃskṛta-Hindī-vyākhyādvayopetā*. Vārāṇasī (India): Caukhambā Saṃskṛta Sīrīja Āphisa, 1953; Ilāhābāda (India): Rāmanārāyaṇalāla Benīprasāda, 1964. 简称 Miśra 本。

④ Lal, P., ed., *Great Sanskrit Plays, in New English Transcreations*. New York: New Directions, 1964. 简称 Lal 英译本。

⑤ Bhattacharya, Ashokanath & Maheshwar Das, ed., *Ratnavali of Emperor Shri Harsha*. Calcutta (India): Modern Book Agency, 1967. 简称 Bhattacharya 孟加拉梵本。

⑥ Śukla, Rāmacandra, trans., Tāriṇīśa Jhā, comm., *Ratnāvalī-nāṭikā: sarala saṃskṛtavyākhyā, anvaya, hindī anuvāda, aṅgrejī anuvāda, vyākaraṇādika upayogī ṭippaṇī tathā vistṛta bhūmikā sahita*. Ilāhābāda (India): Benīmādhava, 1969. 简称 Śukla 印地英梵本。

⑦ Shastri, Gaurinath Bhattacharyya, ed., Prasūna Basu, trans., *Saṃskṛta Sāhityasambhāra*. Kalikātā (India): Nabapatra, 1981. 简称 Shastri 孟加拉梵本。

1998 年 Musalagāṃvakara 本[1]，梵文原文、导论和注释，印地语导论和注释。

1998 年 Goswami 本[2]，梵文原文，英文译文和注释。

2004 年 Thakur 英译本[3]，英文译文。

此外，还有 1864 年的马拉提改译本（Shivaram Shastri Khare 翻译，Krishna Shastri Chiplonkar 校订）[4]，1872 年的印地译本[5]，1878 年的 Fritze 德译本[6]，1921 年的古吉拉特译本[7]，1923 年的马拉雅拉姆译本[8]，1928 年的 Melzig 德译本[9]，1926 年的 Silva 僧伽罗译本[10]，1934 年的西班牙译本[11]，1968 年的泰卢固译本[12]，1977 年的尼泊尔译本[13]，1995 年的 Niśśanka 僧伽罗译本[14]等。

---

① Musalagāṃvakara, Rājeśvara (Rājū) Śāstrī, ed., intro. & comm., *Harṣadeva viracitā Ratnāvalī nāṭikā "Kiraṇāvalī" Saṃskṛta-Hindī-vyākhyādvayopetā*. Vārāṇasī (India): Caukhambhā Saṃskṛta Saṃsthāna, 1998. 简称 Musalagāṃvakara 本。

② Goswami, Bijoya, ed., trans. & comm., *Priyadarśikā and Ratnāvali*. Calcutta (India): Sanskrit Pustak Bhandar, 1998. 简称 Goswami 本。

③ Thakur, Ramji, ed. & trans., *Ratnāvali*. Delhi (India): Global Vision Publ. House, 2004. 简称 Thakur 英译本。

④ Khare, Shivaram Shastri, trans., Krishna Shastri Chiplonkar, rev., *Ratnavali, a Sanscrit Drama in 4 Acts*. Bombay (India): Bombay Oriental Press, 1864. 简称马拉提改译本。

⑤ Tivārī, Devadatta, trans., *Ratnāvalī*. Allahabad (India): Govt. Press, 1872. 简称印地译本。

⑥ Fritze, Ludwig, trans., *Ratnavali, oder, Die Perlenschnur: ein indisches Schauspiel*. Chemnitz (Germany): E. Schmeitzner; London: F. Wohlauer, 1878. 简称 Fritze 德译本。

⑦ Paṇḍyā, Ratipatirāma Udyamarāma, trans., *Ratnāvalī nāṭikā*. Amadāvāda (India): Jīvanalāla Amaraśī Mahetā, 1921. 简称古吉拉特译本。

⑧ Rāmavarma Rājā, Eṃ, trans., *Ratnāvali: oru navīna bhāṣānāṭikā*. Tiruvanantapuraṃ (India): Kṛṣavilāsaṃ Pṛass, 1923. 简称马拉雅拉姆译本。

⑨ Melzig, Herbert, trans., *Retnavali: Ein romantisches Schauspiel des indischen Königs Sri Herscha*. Stuttgart (Germany): Stuttgart Verlag für Orientalische Literatur, 1928. 简称 Melzig 德译本。

⑩ Silva, John de, trans., *Ratnavali or the Necklace / Ratnāvalī nāṭakaya*. Colombo (Sri Lanka): P. L. Livēris Silvā, 1926. 简称 Silva 僧伽罗译本。

⑪ Pedro Urbano González de la Calle, trans., Mario Daza de Campos, intro., *Ratnāvalī, o el Collar de Perlas*. Madrid/Góngora (Spain): Victoriano Suárez, 1934. 简称西班牙译本。

⑫ Sarma, D. Chinnikrishna, trans., *Vacana Ratnāvaḷi*, 1968. 简称泰卢固译本。

⑬ Pahalamāna Siṃha Svāra, trans., *Ratnāvalī nāṭikā: Mahārājā Śrī Harsha kṛta Saṃskṛta Ratnāvalī ko Gorakhā bhāshāntara*. Kāṭhamāḍauṃ (Nepal): Urmilā Svāra, 1977. 简称尼泊尔译本。

⑭ Niśśanka, Piyadāsa, trans., *Ratnāvalī*. Koḷamba (Sri Lanka): Ăs. Goḍagē Saha Sahōdarayō, 1995. 简称 Niśśanka 僧伽罗译本。

除上述单行本之外，戒日王三部梵剧的译本还被编入下列合集：

1948 年 Bose 英译本①，三个剧本的英译合集。

1964 年 Bae 本②，三个剧本的梵文原文和英译合集。

1977 年 Daniélou 法译本③，三个剧本的法译合集。

2006 年 Doniger 本④，《璎珞传》和《妙容传》的梵文原文（罗马体）和英文译文（左右页排版），《璎珞传》梵本依据 Kale（1964）本，《妙容传》梵本依据 Kale（1928）本，是目前最新的英译。

2006 年 Bansat–Boudon 法译本⑤，包括跋娑的《雕像》(*Les Statues*)、《灌顶》(*Le Sacre*)、《神童传》(*La Geste du jeune Krsna*)、《断股》(*Les Cuisses brisées*)、《宰羊》(*Avimaraka*)、《负轭氏的誓言》(*Les Vœux de Yaugamdharayana*)、《惊梦记》(*Vasavadatta vue en songe*)、迦梨陀娑的《沙恭达罗》(*Sakuntala au signe de reconnaissance*)、《优哩婆湿》(*Urvasi conquise par la vaillance*)、《摩罗维迦和火友王》(*Malavika et Agnimitra*)，首陀罗迦的《小泥车》(*Le Petit Chariot de terre cuite*)，戒日王的《璎珞传》(*Ratnavali*）和《妙容传》(*Priyadarsika*)，薄婆菩提的《后罗摩传》(*La Fin de la geste de Rama*)，以及跋吒·那罗延（Bhaṭṭa Nārāyaṇa）的《结髻记》(*Les Tresses renouées*)。

2.4.4 小结

戒日王三部梵剧均有不同版本的西文翻译，其中《璎珞传》的译本种类和数量最为丰富，在多部合集中都被当做戒日王代表作，与其他梵剧大家的作品相提并论。这样一部优秀剧本，尚无直接译自梵文

---

① Bose, Bela, trans., *The Dramas of Shri Harsha*. Allahabad (India): Ketabistan, 1948. 简称 Bose 英译本。

② Bae, Bak Kun, trans., *Śri Harṣa's Plays*. New Delhi (India): Indian Council for Cultural Relations; New York: Asia Publ. House, 1964. 简称 Bae 本。

③ Daniélou, Alain, trans., *Trois Pièces de Théâtre*. Paris: Buchet-Chastel, 1977. 简称 Daniélou 法译本。

④ Doniger, Wendy, trans., *"The Lady of the Jeweled Necklace"(Ratnāvalī) ; and, "The Lady Who Shows Her Love"(Priyadarśikā)*. New York: New York University Press, JJC Foundation, 2006. 简称 Doniger 本。

⑤ Bansat-Boudon, L., & N. Balbir, ed., *Théâtre de l'Inde Ancienne*. Paris: Gallimard, 2006. 简称 Bansat-Boudon 法译本。

的汉译，令人遗憾。笔者以 Kale 本（第三版，1964）为底本[①]，参照 Cappeller 本，在附录中提供《璎珞传》选译以飨读者。《妙容传》作为一部很有特色的戏剧，“胎戏”部分亦收入附录，全本汉译作为笔者承担的国家社科基金特别委托项目“梵文研究及人才队伍建设”课题《戒日王戏剧翻译与研究》的成果之一，也会尽快与读者见面。

2.5　其他梵语史料

摩诃剌侘王的《艾荷落铭文》中涉及戒日王与西遮娄其王朝摩诃剌侘王补罗稽舍（二世）的战况。铭文原文及汉译见附录二。

20 世纪初叶在南印度发现的《圣文殊师利根本仪轨》（*Ārya-mañjuśrī-mūla-kalpa*）梵文写本[②]，成书时间在 4~9 世纪，共五十五品，其中有大量内容未见于该经汉译本《大方广菩萨藏文殊师利根本仪轨经》（共二十八品，北宋天息灾译）。梵本第五十三品诸王授记品在汉译本中缺失。此品包括 1003 颂，第 345~980 颂讲述印度各地的王统史，时间跨度从释迦牟尼出世前直至波罗王朝初期，极具史料价值。[③]其中记录了高达王设赏迦与戒日王之间的冲突。

王顶（Rājaśekhara）的《诗探》（*Kāvyamīmāṃsā*，又译《诗弥曼差》，9~10 世纪）提到了戒日王。

曼摩吒（Mammaṭa）的《诗光》（*Kāvyaprakāśa*，11 世纪）注释中提及戒日王的宫廷文人达婆迦（Dhāvaka）。

安主（Kṣemendra）的《合适论》（*Aucityacāracarcā*，11 世纪）中引用了《璎珞传》中的诗歌。

---

① Kale 本汇集了 Ghate 本、Parab 本、Joglekar 本、Nigudkar 本和 Ray 本等异写，虽然异写没有注明出处，也可算作有瑕疵的精校本。退一步讲，戏剧作品充满了实践性和迁徙性，版本（抄本）的原产地很难代表某一时代或区域的特征，因而其区分在戏剧情节完整的前提下也就不那么重要。如王邦维先生所说：《璎珞传》的各个版本之间，百分之九十以上的内容是一致的。既然印度有些情况难有定论；既然印度学者如 Kale，虽未达到德国标准的严谨，但也恰符合印度文化的特性；那么使用他提供的版本也就在情理之中了。

② Śāstrī, Gaṇapati T., ed., *The Āryamañjuśrīmūlakalpa: A Mahāyāna Buddhist Work in 55 Pattras of Prose and Verse on Mystic Rituals and Incantations*. Trivandrum (India): Superintendent Govt. Press, 1920-1925. 参见 Aryamanjusrimulakalpa. In: Vaidya, P. L., *Mahayanasutrasamgraha*, Part II. Darbhanga (India): 1964.

③ 李南：《梵文金刚乘典籍》，《南亚研究》2010 年第 2 期，第 90 页。

梵语文论中涉及戒日王或引用戒日王诗作的作品还很多，此处不再一一列举。

此外，还有署名为戒日王的两篇佛赞《八大灵塔梵赞》和《妙光明赞》，疑似托伪之作。

§3 汉语史料

3.1 《大唐西域记》

《西域记》以地理志形式写成，记述西域各国概况，部分史料来自玄奘亲历亲见，部分来自听闻传说，也有部分来自玄奘熟悉的佛教文献。第一类最为可信，第二、三类或因玄奘的宗教倾向而有所侧重，或与第一类混淆而出，或为对第一类情况的附加阐释（如从戒日王素食戒杀推演出戒日王偏爱佛教），需要详加考察。具体涉及戒日王统治后期的部分，除对戒日王佛教倾向的描述外，基本予以采信。

3.1.1 史料价值概说

《西域记》是一部无可替代的研究中西交通及印度古代历史的巨著，也是中外对古代印度记载最为丰富和翔实的著作的巅峰。[①] 印度历史资料非常稀少。中国求法僧笔记引起了国际上历史、考古、宗教、艺术等领域研究者的高度重视，研究印度历史的著作更是无不提及。被引用得最频繁的就是《西域记》和《慈恩传》。玄奘不仅被 19~20 世纪的实证主义学者推崇，还被寻找东亚智慧或中国文化内核的朝圣者膜拜。玄奘的记载一度被不容置疑地放在历史层面而与批判性探讨毫无瓜葛。[②]

事实上，正因《西域记》是独一无二的巨著，对于其记载史料的批判性研究才更加必要。宁梵夫（Max Deeg）在《玄奘是否真的去过

---

① 参见《西域记》前言，第 123~126 页。

② Deeg, Max, “Has Xuanzang Really Been in Mathurā? Interpretatio Sinica or Interpretatio Occidentalia--How to Critically Read the Records of the Chinese Pilgrim”. In: Wittern, Christian, & Shi Lishan, ed., *Essays on East Asian Religion and Culture: Festschrift in honour of Nishiwaki Tsuneki on the occasion of his 65th birthday*. Editorial Committee for the Festschrift in Honour of Nishiwaki Tsuneki: Kyoto, 2007，第 35~36 页。

马图腊？》（*Has Xuanzang Really Been in Mathurā*?）[①]一文中即对《西域记》之批判研究做了尝试。虽然他提出的一些质疑无法成立，例如他认为：玄奘没有去过斯里兰卡，对斯里兰卡的记载不如在那里居住了两年的法显的记载可靠[②]；玄奘见戒日王的交谈是玄奘将中国的帝王崇拜置于印度文化框架下的虚构[③]；玄奘并没有到过马图腊，其对马图腊的描述是将法显的叙述扩充而成[④]。不过至少我们可以得到这样的启示：在历史研究中需要勇于质疑，尤其是对那些一直以来习以为常的观念。任何历史文献都不可避免地具有局限：书写者的主客观因素、写作背景、时代标记、写作目的、撰写体例等，都可能带来文献传达意义与历史事实的偏差。当历史研究者试图再现这个后现代理论宣称的"不可再现"的历史时，就必须将这些因素综合考量，而不是拘泥于表面文字。

下文即从《西域记》的嘱书者唐太宗和口述者玄奘的身份特点出发详细考察《西域记》之史学元素，并着重探讨书中涉及戒日王的史料。撰写于公元5世纪初的《法显传》为《西域记》中的信息提供了比较和复核的依据。[⑤]戒日王相关铭文也可作为对比研究的证据。《西域记》中一些史料可以与《慈恩传》互证，也有相异甚至相左的内容，

---

① Max Deeg（2007），第35~73页。

② 法显413年回到建康，三年后（416年）写成《法显传》。由于斯里兰卡内乱，玄奘并未南下，而是使用当地人（逃难者）的描述。然而玄奘记载篇幅较长，法显记录相对简略。二者的史料价值应区别对待。

③ 宁梵夫的质疑并不确实。据《西域记》卷五《羯若鞠阇国》，戒日王一开始只知道玄奘是在那烂陀寺修行的远客沙门。戒日王问玄奘从何国来。玄奘回答从大唐。戒日王问大唐在哪里。玄奘说，我说的大唐就是印度人惯称的摩诃至那。戒日王恍然大悟，并且说到秦王。这只能证明，戒日王不太习惯摩诃至那的新国号：大唐。就像是旧时中国称日本为倭。如果那时来了个日本人，说他来自Nihon（日本），中国人可能听不懂。如果他说，就是你们说的倭。人们就懂了。参见张远《〈秦王破阵乐〉是否传入印度及其他——兼与宁梵夫教授商榷》，《南亚研究》2013年第2期，第140~156页。

④ 不仅在马图腊，玄奘在很多地方都引用了佛教典故。这些佛教典故大多取材自佛经，往往与玄奘的所到之处相关。不是因为没有到过才会引经据典。对于地方风土人情（宗教仪式）的了解需要时间，而玄奘到达的绝大部分地方都是路过，没有长时间居住。如果玄奘只是路过马图腊，就无法亲历马图腊的风俗，也只能通过参阅法显的记载和其他佛教典籍或是询问当地居民来获取信息。玄奘毕竟是凡人，他的记忆可能存在偏差，也可能将持蜜猕猴的故事，由于Madhuvarṣa的缘故混淆为Mathurā。各种迹象表明，玄奘应该是到过马图腊的。

⑤ Max Deeg（2007），第36页。

参见本节《慈恩传》部分。

3.1.2 嘱书者唐太宗

唐太宗嘱书是玄奘撰写《西域记》的直接原因。《西域记》所载内容和撰成时间，也都与唐太宗直接相关。

玄奘于公元645年正月二十五日抵达长安。二月[①]，唐太宗在仪鸾殿召见玄奘，广问印度风土人情，关于“雪岭已西，印度之境，玉烛和气，物产风俗，八王故迹，四佛遗踪”，玄奘“耳闻目览，记忆无遗，随问酬对，皆有条理”。太宗“大悦”，赞美玄奘“词论典雅，风节贞峻”，然后对玄奘说：“佛国遐远，灵迹法教，前史不能委详，师既亲睹，宜修一传，以示未闻。”[②]太宗嘱书框定了《西域记》的大致内容。一年半之后的公元646年七月，玄奘进《西域记》表，呈交自己口述、辩机笔录的《西域记》十二卷。[③]

玄奘仿地理志著《西域记》[④]，在一定程度上为唐太宗、唐高宗组织对西域民族的军事行动提供了信息支持。据季羡林先生分析：隋末突厥人乘机而起，不仅威胁隋朝统治，连唐高祖李渊也不得不低头称臣。高祖和太宗深以为耻，欲雪之而后快。而想要出击突厥等威胁唐朝的西域民族，必须了解西域地理。唐太宗之所以一见面即敦促玄奘著书，原因正在于此。[⑤]据王邦维先生分析：突厥是唐朝强大的竞争者。出于军事考虑，需要巩固边境，同时开拓经营西域。唐太宗急于了解西域情况，这是《西域记》的撰写背景。当太宗得知《西域记》竣工，迫不及待想要一阅：“有云新撰《西域记》者，当自披览。”可见太宗对《西域记》的重视程度，远胜过玄奘所译经书。[⑥]

3.1.3 口述者玄奘

著者对史料影响最大。[⑦]口述者玄奘是《西域记》史学价值的决定性因素。

---

① 杨廷福：《玄奘年谱》，中华书局，1988，第211~213页。

② 《慈恩传》卷六，第128~129页。

③ 杨廷福：《玄奘年谱》，第224页。

④ 并非通常英译的“travelogue”（游记）。

⑤ 《西域记》前言，第122~126页。

⑥ 《西域记》前言，第123页。

⑦ 杜维运：《史学方法论》，第159页。

《西域记》以地理志形式书写而成，颇具信史形态，记载内容包括：国家名称、地理位置、疆域，都城；风俗；伽蓝数，僧徒数，天祠数，外道数；佛教遗迹和传说；外道遗迹和传说。《西域记》史料来源分为三类：亲眼所见；亲耳所闻；得自古书。据敬播序，《西域记》共记载了一百三十八个国家，其中玄奘“亲践者一百一十国，传闻者二十八”[①]。绝大多数国家概况为玄奘亲眼所见、亲自核实，记载相对可靠；而对于玄奘没有亲至的国家及传闻，则有事实与传说相混杂的部分，需要具体甄别。

亲见亲闻的史料极为珍贵，但其中也难免有令人难以深信的地方。“一室之事，言者三人，而其传各异。”[②]传闻既取决于讲述者，也取决于听闻者的取舍。文献引择则取决于信息来源和阅读者的侧重。这些信息来源又与玄奘的活动范围、接触人群、关注内容密不可分。因而需要考察历史书写者的史德（信用）、史识（能力）、记录时间、动机（意图）和所处地位（身份）以确定史料的可靠性和可信度。[③]

（一）玄奘的“史德”、“史识”与记录时间

杜维运将“史德”概括为“四德”：慈悲的胸怀、冒险的精神、端正的心术、客观的态度。[④]这“四德”仿佛正是为形容玄奘而创。玄奘慈悲、勇敢、正直，又极具佛教热情，如果说他看到了佛光幻象，至少他自己信以为真；如果说他记录下匪夷所思的传闻，至少他自己愿意相信。玄奘解读、重构史料的能力不会逊色于他读经、解经的能力。《西域记》口述时间为玄奘归国一年半内，虽为“事后追记”，也并未因时隔过久而失真。

（二）玄奘的动机

玄奘的关注与唐太宗的要求并不一致。玄奘涉险西行，目的是求学、求法，而非拜谒诸王、联络情谊、刺探游说或军事外交。僧徒、圣迹等佛教元素是玄奘兴趣所在；山川地理风土人情，虽也有记载，然决非重点。在《西域记》中，为了迎合唐太宗的需要，玄奘细致描

---

① 《西域记》序一，第 9 页。实际数字可能略有出入。

② 杜维运：《史学方法论》，1986，第 152 页。

③ 梁启超：《中国历史研究法》，第 89 页；李剑鸣：《历史学家的修养和技艺》，第 262 页。

④ 杜维运：《史学方法论》，第 305~319 页。

绘西域概况，反而淡化了自己求学的内容，可以说，虽有佛迹，却无佛法。《西域记》几乎完全没有涉及玄奘开宗立派的佛教思想，只能算是以地理志形态作为依托的浅显的宗教宣传手册。

同时，《西域记》又是玄奘高超智慧的体现。玄奘是一个一旦下定决心就坚定不移的人。西行之前，他一心求法；东归之后，他一心译经弘法。一路的艰难险阻，或是礼遇或是轻慢，或是挽留或是劝阻，玄奘宠辱不惊，坚若磐石。细枝末节的插曲或诱惑，根本无法撼动他的终极理想。西行求法途中，玄奘可以触犯国法偷越国境，可以赌咒发誓安抚弟子石盘陀，可以昼伏夜出如同盗贼，可谓“为求大义，不拘小节”。与译经弘法的“大义”相比，《西域记》也不过是“小节”而已。唐太宗嘱书《西域记》后，“因劝罢道，助秉俗务”①。劝玄奘还俗帮自己处理政务，一方面体现了太宗对玄奘才华的爱惜，另一方面表明太宗对佛法抱有世俗的见解。译经要得到皇帝的支持，就要让皇帝认识到佛教的重要性和尊贵地位。玄奘本人并没有撰写《西域记》助唐王攻打突厥的意愿。《西域记》之撰写，直指他东归后的终极理想：译经弘法。虽然玄奘与唐太宗的目标不一致，玄奘却可以一举两得，既满足了唐太宗巩固城防、进军西域的军事野心，又满足了自己弘扬佛法的宗教理想。不仅如此，羯若鞠阇国戒日王对唐太宗的赞颂，使唐太宗成为玄奘兴建译场、译经弘法的坚实后盾。这表明玄奘具有极高的政治才华。偷越国境之时，以及在西域各国面见国王、长官之时，玄奘因人制宜应对自如，每每化险为夷，也正是他高超政治外交才华的体现。玄奘不仅是位高僧，还是一位外交家，一位文化大使。

（三）玄奘身份

玄奘幼年出家，虔信佛法，是一名持戒谨严的佛教徒。佛教早已融入他的生活，成为他的生存状态。这使得他很难出离佛教徒的惯常思维。亲见之事，尚可能被信仰蒙蔽；听闻之事，则更需要具体甄别。

玄奘的信息来源和选择都可能影响到记载的客观性。玄奘虽然读万卷书行万里路，然而接触的人群主要在佛教范围内，并非社会上的三教九流，信息基本来自佛教团体，传说也基本为佛教系统的传说，

① 《慈恩传》卷六，第129页。

其内容大致包括：外道（天祠）蛊惑世人，贻害无穷[①]；佛教（伽蓝）积德祛灾，造福苍生[②]；诋毁、破坏佛教的恶势力必将毁灭[③]；佛教对外道论战的绝对胜利[④]。这些倾向佛教的部分正是玄奘主观上愿意接受的，也成为他的客观选择。

例如玄奘对设赏迦王的记载。据《西域记》，设赏迦王一共做了四桩恶事：一，谋害戒日王兄长王增[⑤]；二，破坏如来足迹石[⑥]；三，砍伐菩提树[⑦]；四，企图毁坏佛像[⑧]。毁佛者对佛教所能做的，无非以上几种，害死无辜的人，破坏佛教遗迹，湮灭佛法，摧毁佛像。《论语·子张》曰："纣之不善，不如是之甚也。是以君子恶居下流，天下之恶皆归焉。"《淮南子·缪称训》云："三代之善，千岁之积誉也；桀纣之谤，千岁之积毁也。"设赏迦其人，如恶名昭彰的提婆达多一样，终于成为了一个"积毁"的典型。基于设赏迦王的上述恶行，季羡林先生称其为"仇视佛法的阴谋家"，而佛教徒则宣判他"不得好死"。于是在玄奘的叙述中，设赏迦王也就真的"不得好死"了（"举身生疱，肌肤攫裂，居未久之，便丧没矣"）。然而在历史上，羯罗拏苏伐剌那国王设赏迦似乎是个"老不死"。他与戒日王交战，胜负难分，一直到619年还气焰嚣张。他真正的死因也众说纷纭。同样令人费解的是，这个

① 例如《西域记》卷一《屈支国》，第57~58页，外道天祠大龙池；《西域记》卷五《钵逻耶伽国》，第462~463页，钵逻耶伽国的"夺命"天祠。

② 很多窣堵坡都可以治病。例如《西域记》卷五《羯若鞠阇国》，第446页，曲女城附近的如来发爪小窣堵坡，"人有染疾，至诚旋绕，必得痊愈"。

③ 例如《西域记》卷一《缚喝国》，第117页，纳缚僧伽蓝，贪财罪佛者遭到报应。

④ 例如《西域记》卷一一《摩腊婆国》，第903~905页，婆罗门邑贤爱比丘破斥邪宗。

⑤《西域记》卷五《羯若鞠阇国》，第428页，"时东印度羯罗拏苏伐剌那国设赏迦王，每谓臣曰：'邻有贤主，国之祸也。'于是诱请，会而害之"。

⑥《西域记》卷八《摩揭陀国上》，第634页，"近者设赏迦王毁坏佛法，遂即石所，欲灭圣迹，凿已还平，文彩如故。于是捐弃殑伽河流，寻复本处。"

⑦《西域记》卷八《摩揭陀国上》，第670页，"近设赏迦王者，信受外道，毁嫉佛法，坏僧伽蓝，伐菩提树，掘至泉水，不尽根柢，乃纵火焚烧，以甘蔗汁沃之，欲其燋烂，绝灭遗萌"。

⑧《西域记》卷八《摩揭陀国上》，第675页，"设赏迦王伐菩提树已，欲毁此像，既睹慈颜，心不安忍，回驾将返，命宰臣曰：'宜除此佛像，置大自在天形'。宰臣受旨，惧而叹曰：'毁佛像则历劫招殃，违王命乃丧身灭族，进退若此，何所宜行！'乃召信心以为役使，遂于像前横垒砖壁，心惭冥暗，又置明灯，砖壁之前画自在天。功成报命，王闻心惧，举身生疱，肌肤攫裂，居未久之，便丧没矣。宰臣驰返，毁除障壁。时经多日，灯犹不灭。像今尚在，神工不亏"。

毕生精力从事毁佛的设赏迦王统治的羯罗拏苏伐剌那国还有伽蓝十余所，僧徒二千余人，[①]城边有赤泥寺[②]，流传着一个沙门破斥外道，国王敬重沙门才德，建寺弘扬佛法的传说。[③]既然设赏迦是羯罗拏苏伐剌那国王，他为什么没有先破坏自己国家的伽蓝和僧众，却要去拘尸那揭罗国和摩揭陀国破坏佛教遗迹呢？可见他也许并不像人们传说的那样毁佛。玄奘在《西域记》中将设赏迦王刻画成毁佛典型，有玄奘对信息的择取，也有宗教方面的考虑[④]（参见本书第三章《戒日王即位》第2节《若干天内四个人的离奇死亡》及第四章《戒日王的战争》第2节《驱逐设赏迦》）。

又例，在玄奘亲眼所见、亲耳所闻、亲身经历的曲女城法会上有两桩匪夷所思之事：婆罗门宝台纵火和婆罗门买凶行刺。从细节的分析可以得出这是戒日王自导自演的“戏中戏”，被玄奘和佛教僧众的宗教热情推波助澜。玄奘在记述中并未分开亲眼所见与亲耳所闻[⑤]（参见本书第六章《戒日王的王权信仰》第1节《戒日王与佛教》及第八章《戒日王的文学创作》第2节《三部梵剧的“套式结构”》）。

如何正确理解佛教文献，是佛教史家与宗教学者面临的共同难题。在亦宗教、亦哲学的佛法面前，叙事往往作为象征手段或文学修辞，用以抒发宗教情怀，而不再是客观的史实。因而佛教文献在用作史料时，需要格外留心，去粗取精，去伪存真，方能透过现象，把握本质。玄奘是正直的人，但也毕竟是一位佛教徒，一个凡人，所以他听到他

---

① 《西域记》卷一〇《羯罗拏苏伐剌那国》，第807~808页。参见《西域记》卷一〇《奔那伐弹那国》，第790页，设赏迦王曾经统治的奔那伐弹那国也有“伽蓝二十余所，僧徒三千余人，大小二乘，兼功习学”。

② 《西域记》卷一〇《羯罗拏苏伐剌那国》，第810页注释，玄奘译作络多末知僧伽蓝，俗语Raktamaṭṭī，即梵语Raktamṛttikā，意为赤泥。

③ 《西域记》卷一〇《羯罗拏苏伐剌那国》，第810~811页，有个“腹锢铜鍱，首戴明炬”的南印度外道，自称艺满才高，如果肚子不上个箍就爆裂了，世人被唬吓住；后一沙门，用数百言辩其三万余言；外道理屈，惭愧离开。国王深敬这位沙门才德，于是修建了这座赤泥寺。

④ 参见张远《印度设赏迦王生平考述——〈大唐西域记〉批判研究的一个实例》，《佛学研究》2014年第1期，第1~11页。

⑤ 参见张远《曲女城法会中的宝台失火与幻戏》，《文史知识》2014年第9期，第114~119页；张远：《戒日王三部梵剧的套式结构——产生及消解距离之审美特征解读》，《外国文学》2016年第6期，第82~92页。

认为正确的，记录下他愿意相信的。玄奘力图在难以抑止的宗教情绪中达到最大程度的真诚。在玄奘看似公允的叙述里，永远是佛教的胜利和外道的落败。这是玄奘的记载在用作史料时的最大弱点。佛法智慧远在文字与史实的考辨之上，对其精微要义的领悟，则需要全然不同的角度和视野。

3.1.4　涉及戒日王的史料

具体到《西域记》中涉及戒日王的史料，既要联系玄奘与戒日王的交往、玄奘与唐太宗的关系，又要结合玄奘的性格、身份、信息来源和写作意图进行剖析。

（一）玄奘记载戒日王的局限

玄奘 628/629 年到达印度，绝大部分时间身处戒日王的统治范围之内，636 年 9 月到 11 月末还在曲女城居住了三个月 ①，然而直到 640/641 年，玄奘才第一次面见戒日王。玄奘见戒日王在戒日王统治后期。玄奘并未经历戒日王的前期统治。玄奘的信息来源又相对单一：戒日王自述、官方文献、当地史料、僧众传言。这都是玄奘史料真实性的制约因素。

（二）玄奘对戒日王宗教信仰的“误解”

在玄奘的叙述中，戒日王将佛教置于极高地位。这很可能是玄奘出于自身先入为主认识的误解。恒河岸边观自在菩萨显形可能仅是佛教徒间的传言。“令五印度不得啖肉，若断生命，有诛无赦”以及“五岁一设无遮大会，倾竭府库，惠施群有”②，并非佛教特有。而玄奘均将这些现象暗示为戒日王敬佛的表现。玄奘记述戒日王每年一次供养佛教徒：“岁一集会诸国沙门，于三七日中，以四事供养，庄严法座，广饰义筵，令相攉论，校其优劣，褒贬淑慝，黜陟幽明。”③ 却也说夏安居的时候，戒日王每日布施饭食给僧众和婆罗门：“每于行宫日修珍馔，饭诸异学，僧众一千，婆罗门五百。”④ 曲女城法会为宗教辩论会，在场外道众多。无遮大会的布施对象更是包括各类人等。事实上，戒日

---

① Shankar Goyal（2006），第 52 页。

②《西域记》卷五《羯若鞠阇国》，第 429 页。

③《西域记》卷五《羯若鞠阇国》，第 429 页。

④《西域记》卷五《羯若鞠阇国》，第 430 页。

王从未将佛教徒作为唯一布施对象。印度统治者的宗教宽容政策，常常引起外国人的误解。就像欧洲的基督教传教士甚至认为阿克巴马上就会皈依基督教，玄奘也可能由于不理解印度统治者的宽容，误解了戒日王对佛教的态度。[①] 然而玄奘从未宣称戒日王皈依佛教，仅做细节上的暗示，又让人疑心这是玄奘有意“误读”或是提供了康德式的“误导性真实”（misleading truth）（参见本书第六章《戒日王的王权信仰》）。

（三）玄奘的政治考虑

玄奘面见戒日王的唯一原因是戒日王的“频请”和“强请”。[②] 而玄奘记载的与戒日王直接交谈的唯一内容却是赞美唐太宗李世民。[③] 这充分体现了玄奘需要在帝王的夹缝中生存，并确保他虔信的佛教在政权的空隙留有一席之地的努力——他不得不“为求大义、不拘小节”而“依国主、立法事”。

玄奘对戒日王礼佛的“误读”，对戒日王“仁慈”、“孝悌”的高度评价 [④] 和对宗教法会的渲染，很可能暗含了对唐太宗的“教化”。戒日王越是仁慈恭善，就越凸显出玄奘地位的尊贵，从而间接地奉承了唐王。无论是玄奘对唐太宗的赞美还是戒日王表现出的对唐王的兴趣都可以成为劝说太宗支持译经事业的良好契机。戒日王对太宗的赞美，更使得整部《西域记》不仅提供了西域情报，也从侧面映衬了大唐威泽邻邦的雄厚实力，宣扬了大唐国威。

波那《戒日王传》记载，遇到佛教大师日友（Divākaramitra）的时候，戒日王就已经“发现”了佛教。之后戒日王的所作所为，无论

---

① Shankar Goyal（2006），第 53 页。

② 《西域记》卷五《羯若鞠阇国》，第 436 页；《慈恩传》卷五，第 104~105 页。据《慈恩传》，鸠摩罗王想见玄奘，戒贤法师因戒日王相邀在先，担心戒日王怪罪，以玄奘决意回国为由拒绝了鸠摩罗王的邀请。鸠摩罗王大怒，出言恫吓。戒贤法师劝玄奘“勿惮小劳”，去见鸠摩罗王，以免遭遇“魔事”。所以鸠摩罗王也是“强请”玄奘。

③ 戒日王与玄奘的交谈可能还涉及其他内容，未见于史籍。

④ 玄奘借婆尼之口，赞美戒日王“仁慈天性，孝敬因心，亲贤允属”，又借辅臣执事之口说“物议时谣，允归明德”（人们议论纷纷流传歌谣，英明的王子应当即位）（《西域记》卷五《羯若鞠阇国》，第 428 页）。断食祈请观自在菩萨、慈悲为怀重兴佛法、垂三十年兵戈不起、倾竭府库惠施群有、素食戒杀等，都是戒日王仁慈的表现。孝悌的品性与仁慈相连。在关于戒日王的叙述中，多次提到慈父仁兄，光父业报兄仇，体现出戒日王的孝悌之情。

是聘请摩揭陀国胜军论师①，还是在那烂陀寺旁兴建鍮石精舍②，或是举行布施、法会，都是围绕着对佛教善加利用的理念。在戒日王利用佛教的同时，玄奘也“利用”了戒日王。戒日王派遣使者与唐朝建交的举动让玄奘偷渡出关的个人行为升级为官方交往。627 年秋，玄奘形单影只，西行求法。而 645 年春，玄奘一行浩浩荡荡回到长安，带有 657 部佛经，置于 520 个经箧，用 20 匹马驮回，还有 150 颗佛舍利，以及金、银、檀香木佛像。很难说戒日王和玄奘究竟谁是这场交往中的赢家，不过玄奘的确在与戒日王的交往中获益匪浅甚至受益终身。

3.1.5　小结

《西域记》具有极高的史学价值。不可否认，玄奘的记载会受到佛教叙事传统的影响。作为佛教徒的玄奘，因其具有宗教信仰的偏见，宗教理念的取舍；因其接触的人群以佛教徒居多，记述的国家，以信奉佛教的国家为详；又因其秉持着求法和传法的公心，述戒日王以溢美之词，事唐太宗有逢迎之嫌；因而，对《西域记》中涉及佛教和中印交往的内容，需要区别对待、详加考量。但玄奘力图准确再现西域地理历史的意愿毋庸置疑，所以我们倾向于相信玄奘史实性的记载。

无论如何，《西域记》为我们提供了最为详尽的古代西域诸国的记述，其中很多都是唯一的记录。作为一个研究 7 世纪印度、研究戒日王时代的学者，唯一应做的就是剥去传说的虚妄，消除宗教的影响，还原事实真相。

3.2 《大慈恩寺三藏法师传》

《慈恩传》常常与《西域记》并称，被认为是《西域记》未载史料的重要补充。以下通过《慈恩传》和《西域记》的对比研究，探讨《慈恩传》的史料价值。

3.2.1　作者身份不同

《慈恩传》共十卷。前五卷由玄奘弟子慧立撰写于 664 年玄奘过世之后。688 年，彦悰整理了慧立的前五卷，补撰后五卷，署名“沙门慧

① 《慈恩传》卷四，第 95 页。

② 《西域记》卷九《摩揭陀国下》，第 761 页；《慈恩传》卷三，第 73 页。据《慈恩传》卷四，第 98 页，精舍建于“狮子光未去前”。

立本，释彦悰笺”。[①] 与戒日王和印度相关的部分主要在前五卷，因而此处仅探讨慧立所撰部分。

《西域记》为玄奘口述，大部分属于玄奘亲历。《慈恩传》慧立五卷则绝大部分来自玄奘讲述、慧立转述，包含了很大程度的间接元素。慧立与史料的关系疏远，却与玄奘本人关系密切。慧立不仅是虔诚的佛教徒，还是玄奘的弟子。慧立不仅毫无保留、不加甄别地接受了玄奘的叙述，使原本“耳闻”和“目睹”就不够明晰的史料更为杂糅，还在弘扬佛法、强化信仰的角度增添了更多细节和传闻。这与《慈恩传》的文体和写作目的密不可分。

3.2.2 文体不同

《西域记》为仿地理志性质的著作。《慈恩传》为人物传记。不同的文体使得二者在选材上有不同的侧重。《西域记》的绝大部分内容为客观描述，而《慈恩传》以人物、事件为中心，尤其在心理、感受的刻画上，显得更为主观。《慈恩传》行文惊心动魄，可读性极强。慧立文笔深厚，非辩机可比。彦悰对慧立的评价“博考儒释，雅善篇章，妙辩云飞，溢思泉涌”正当其实。慧立过于充分地发挥了自己的笔力和文气，却削减了历史真实。

3.2.3 写作目的不同

《西域记》的写作目的为唐太宗嘱书。在客观上无论是满足唐太宗的军事野心，还是成就自己的译经弘法事业，玄奘在主观上力图真实准确地再现西域的历史地理。而《慈恩传》的写作目的则是慧立宣传、纪念、赞美甚至神化自己的老师玄奘的西行求法事迹，从而扩大佛教的影响力。这使得《慈恩传》不可避免地具有“真迹放大”的虚构性和宗教文学的杜撰性。

据慧立所载，玄奘从小聪慧，13 岁破格剃度，年纪轻轻誉满京城。28 岁偷越国境，出玉门关、过五烽，几乎每到一国都有国王相迎。这些形形色色的国王、长官对玄奘的态度也各不相同：倨傲的，热情的，先踞后恭的，威逼利诱的，玄奘也一一应对，或晓理动情，或义正辞严，彰显外交家风范。如果说《戒日王传》书写了戒日王即位过程中

① 《慈恩传》说明，第 2 页。

的血腥政变史，《慈恩传》则是书写了玄奘在西域各国的“优待”史。慧立的目标是神化玄奘，颂扬佛法。从这一角度，《慈恩传》颇具文学效果，而非史传之实，在某种程度上可以说是从历史向小说的过渡。慧立写成《慈恩传》后“藏之地府”，不敢示人，与其说是“虑遗诸美”，倒不如说是“虑溢诸美”。

《慈恩传》中还充斥着算命、感梦、托梦、显形等灵异现象。例如“有知士之鉴”的郑善果预言玄奘“必为释门伟器”[①]。“又法师初生也，母梦法师着白衣西去。”[②]“法师乃窃念在长安将发志西方日，有术人何弘达者，诵咒占观，多有所中。法师令占行事，达曰：‘师得去。去状似乘一老赤瘦马，漆鞍桥前有铁。’既睹胡人所乘马瘦赤，鞍漆有铁，与何言合，心以为当，遂即换马。”[③]玄奘何时何地对慧立说起母亲的梦和自己注定骑漆鞍有铁的瘦老赤马西行呢？每遇事实大而化之，而对细节则清晰到至微，这正是传说演变的特色：一方面出于慧立对宗教神异的信仰，一方面则是通过灵异现象增强信众的虔信之心。又如玄奘“感梦归国”，也很可能是玄奘弟子的杜撰。《西域记》中没有玄奘“感梦归国”的叙述。《慈恩传》所述梦中将戒日王描绘成佛法的庇护者；玄奘尚未见到戒日王，就已经梦兆戒日王死讯；这一梦兆又得到王玄策记载的印证。这类做法，在正史帝王的预言或征兆中屡见不鲜。

3.2.4 小结

玄奘的弟子慧立以颂扬元首的热情宣传、赞美和神化他们的“教主”玄奘，并以文学的夸张和创意，把玄奘刻画为“佛陀再世”。相比之下，玄奘比慧立要“诚实”得多。

《慈恩传》和《西域记》对于同一事件的不同叙述，特别是相互矛盾的叙述，倾向于采信《西域记》。例如《慈恩传》称戒日王夜访玄奘。《西域记》称鸠摩罗王护送玄奘拜谒戒日王。又例戒日王和玄奘对唐太宗的相继赞美[④]（参见本书第七章《戒日王与中国》第 1 节《戒日

---

① 《慈恩传》卷一，第 5~6 页。

② 《慈恩传》卷一，第 10 页。

③ 《慈恩传》卷一，第 13~14 页。

④ 参见张远《〈秦王破阵乐〉是否传入印度及其他——兼与宁梵夫教授商榷》，《南亚研究》2013 年第 2 期，第 140~156 页。

王与玄奘》及第 3 节《戒日王与〈秦王破阵乐〉》)。

对于此无彼有的叙述，如果是渲染玄奘神迹的宗教手法，应慎重对待。“私家之行状、家传、墓文等类，旧史家认为极重要之史料”，其价值不宜夸张太过。因为一人的丰功伟绩、嘉言懿行在宏观的历史中本无足轻重，更何况是一些虚荣溢美的文字，半真半假的史实？[①]《慈恩传》围绕玄奘展开，虽然一些叙述夸大失真，神化痕迹明显，但也补充了玄奘西行途中的重要细节。例如《慈恩传》记载玄奘沿途拜谒诸王，尤其对玄奘和高昌王的交往进行了浓墨重彩的渲染。对玄奘的帮助，唐太宗是锦上添花，麴文泰则是雪中送炭。《西域记》中，玄奘对高昌王只字未提，开篇第一句“出高昌故地，自近者始，曰阿耆尼国”[②]，把高昌国一笔带过。这极可能是因为唐太宗与高昌国兵戎相见。慧立写成《慈恩传》后“藏之地府”的真正原因也可能是担心其中高昌王的部分触怒唐王。[③]无论如何，慧立终于还是将玄奘与高昌王这段刻骨铭心的友谊公诸于众。

3.3 其他中文史料

《释迦方志》、《续高僧传》、《慈恩传》等均为玄奘西行史料的扩充，或为真实而《西域记》未载，或为“真迹放大”的溢美描述，或为编史者加入的增饰之语。

道宣（596~667）的《释迦方志》是地理志，撰于 658 年前后[④]。道宣与玄奘同时，参与了玄奘的译经工作。《释迦方志·遗迹篇》，颇似《西域记》节本，还收录了《西域记》中未见的史料，可以与《西域记》对勘研究。[⑤]例如《释迦方志》将玄奘所述戒日王“令五印度不得啖肉，若断生命，有诛无赦”[⑥]记述为“有啖肉者当截舌，杀生当斩

① 梁启超:《中国历史研究法》，第 51 页。

② 《西域记》卷一《序论》，第 46 页。

③ 孟宪实:《玄奘与麴文泰》，载季羡林、饶宗颐、周一良主编《敦煌吐鲁番研究》（第四卷），北京大学出版社，1999，第 99 页。

④ （唐）道宣:《释迦方志》，范祥雍点校，中华书局，2000。据《释迦方志》序，第 1 页，“惟夫大唐之有天下也，将四十载”。以唐 618 年建立，此时应为 658 年之前。

⑤ 《释迦方志》前言，第 1~2 页。

⑥ 《西域记》卷五《羯若鞠阇国》，第 429 页。

手”[①]。又例《释迦方志》载戒日王“乃与寡妹共知国事”[②]。《西域记》中没有关于戒日王妹妹的记载。《戒日王传》称戒日王在文底耶森林救出妹妹王圣，王圣想出家为尼。《慈恩传》卷五称“王有妹，聪慧利根，善正量部义”[③]，又称戒日王无遮大会布施结束后“从其妹，索粗弊衣着，礼十方佛，踊跃欢喜”[④]。为戒日王的妹妹王圣补充了珍贵史料。

道宣的另一部著作《续高僧传》初撰于贞观十九年（645），即玄奘抵达长安当年，又经二十年增补成书。《续高僧传·玄奘传》简要概括玄奘事迹，未受到尚未“出土”的《慈恩传》影响，对《西域记》所述略有补充。例如戒日王初见玄奘，迎头便问：“弟子先请，何为不来?”玄奘回答：“听法未了，故此延命”。这与《西域记》所载稍有出入，也有助于还原当时情境。

道世（?~683）的《法苑珠林》撰于总章元年（668），其中辑取了现已散佚的王玄策撰《西国行传》（十卷，又名《西国行记》、《中天竺行记》、《王玄策传》）及唐代官修《西国志》中的部分内容。“皇朝麟德三年（666）奉敕令百官撰”[⑤]之《西国志》规模庞大：“依奘法师《行传》（即《西域记》）、《王玄策传》及西域道俗，任土所宜，非无灵异。敕令文学士等总集详撰，勒成六十卷，号为《西国志》，《图画》四十卷，合成一百卷。”[⑥]因而《法苑珠林》中有未见于其他文献的史料。在涉及中印交流和王玄策出使印度的相关细节方面，《法苑珠林》的地位尤其重要。

义净（635~713）的《南海寄归内法传》和《大唐西域求法高僧传》写成于天授二年（691）[⑦]。王邦维先生指出，《寄归传》是专题考察报告，撰写目的为革新中国的戒律。其中有戒日王喜好文笔和辑成《龙喜记》的记载。《求法传》是特殊类型的僧人传记，亦可作为中印交流史料的补充。

---

① 《释迦方志》卷上，第39页。
② 《释迦方志》卷上，第39页。
③ 《慈恩传》卷五，第107页。
④ 《慈恩传》卷五，第112页。
⑤ 《法苑珠林》卷一〇〇《传记篇》第一〇，第2885页。
⑥ 《法苑珠林》卷二九《感通篇》第二一《述意部》第一，第887~888页。
⑦ 《寄归传》前言，第17页。

戒日王铭文是戒日王朝的官方文献;《旧唐书》、《新唐书》是唐朝的官方文献。《旧唐书》和《新唐书》记载了戒日王和唐太宗的六次使臣往来及戒日王死后印度国内爆发的动乱，为中印交流和戒日王统治末期的情况留下了宝贵史料。其中《旧唐书》卷一九八《西戎》“天竺”条和《新唐书》卷二二一上《西域上》“天竺”条是有关戒日王记载最为集中的地方。

在《通典》、《唐会要》、《册府元龟》、《资治通鉴》等文献中也保留了戒日王朝和中印交流的相关史料。

§4 研究专著

4.1 概述

西方学者对戒日王的研究起步较早。此处以时间为序概述如下：

1897 年，剑桥大学的考威尔（E. B. Cowell）和托马斯（F. W. Thomas）合作将波那的《戒日王传》译成英文①。这个译本在 120 多年后的今天仍然是唯一的全本英译。

1906 年，法国学者爱廷豪森（Maurice Léon Ettinghausen）也写了一部“戒日王传”，题为《戒日王，七世纪印度的帝王和诗人》（*Harsa Vardhana, empereur et poète de l'Inde septentrionale 606-648 A.D.*）②。

1922 年，潘尼卡（K. M. Panikkar）撰写论文《曲女城的戒日王》（*Sri Harsha of Kanauj: A Monograph on the History of India in the First Half of the 7th Century A.D.*）③，探讨七世纪上半叶的印度社会和历史。

1924 年，史密斯（V. A. Smith）在《印度早期历史》（*The Early*

① Cowell, E. B., & F. W. Thomas, trans., *The Harṣa-carita of Bāṇa*. London: Royal Asiatic Society, 1897.

② Ettinghausen, Maurice Léon, *Harsa Vardhana, empereur et poète de l'Inde septentrionale (606-648 A.D.)*. Londres: Luzac & Co, 1906.

③ Panikkar, K. M., *Sri Harsha of Kanauj: A Monograph on the History of India in the First Half of the 7th Century A. D.*. Bombay (India): D. B. Taraporevala Sons & Co., 1922.

History of India）第十三章①专门讨论戒日王时期的统治。

1924年，穆克吉（Radhakumud Mookerji）撰写《古代印度的人民和思想》（*Men and Thought in Ancient India*）②，其中有涉及到戒日王的部分。

1925年，穆克吉将自己在加尔各答大学关于戒日王的演讲稿以《戒日王》（*Harsha*）③为题结集出版。书中引用的史料是波那的《戒日王传》和玄奘的记载。

1937年，特里巴提（R. S. Tripathi）撰写《曲女城历史》（*History of Kanauj*）④一书，围绕羯若鞠阇国政权更迭，讲述从公元6世纪穆克里王朝直到12世纪穆斯林入侵的长达600年的历史。全书分三部分。整个第二部分都是讨论戒日王治下的羯若鞠阇国。

1954年，马宗达（R. C. Majumdar）主编丛书《印度人民的历史和文化》（*The History and Culture of the Indian People*），第三卷《古典时期》（*The Classical Age*）⑤比较详细地探讨了戒日王朝。

1958年，恰托巴底亚耶（Sudhakar Chattopadhyaya）撰写了一部关于北印度古代史的专著《北印度早期历史》（*Early History of North India : From the Fall of the Mauryas to the Death of Harṣa, C. 200 B.C.-A.D. 650*）⑥，讲述了北印度的战争和戒日帝国的扩张。

1968年，冈格尔（Vaman Dinkar Gangal）撰写《戒日王》（*Harsha*）⑦，概述戒日王生平。

1969年，阿格拉瓦拉（Vasudeva S. Agrawala）撰写了《戒日

---

① Smith（1924），第348~373页。

② Mookerji, Radhakumud, *Men and Thought in Ancient India*. London: Macmillan & Co. Ltd., 1924.

③ Mookerji, Radhakumud, *Harsha (Calcutta University Readership Lectures, 1925)*. London: Oxford University Press, Humphrey Milford, 1926; 1959; 1983; 2004.

④ Tripathi , Rama Shankar, *History of Kanauj: To the Moslem Conquest*. Delhi/Varanasi/Patna (India): Motilal Banarsidass, 1964.

⑤ Majumdar, R. C., ed., *The History and Culture of the Indian People Vol. III The Classical Age*. Bombay (India): Bharatiya Vidya Bhavan, 1954.

⑥ Chattopadhyaya, Sudhakar, *Early History of North India : From the Fall of the Mauryas to the Death of Harṣa, C. 200 B.C.-A.D. 650*. Calcutta (India): Progressive Publishers, 1958, Calcutta: Academic Publishers, 1968; Delhi (India): Motilal Banarsidass, 1976.

⑦ Gangal, V. D., *Harsha*. New Delhi (India): National Book Trust, 1968.

王的功绩》(*The Deeds of Harsha:Being a Cultural Study of Bāṇa's Harshacharita*)① 一书。这是一部从文化研究的角度考察《戒日王传》的专著。

1970 年，巴沙姆（A. L. Basham）的学生提婆胡蒂（D. Devahuti）在专著《戒日王：政治研究》(*Harsha:A Political Study*)② 中系统探讨了戒日王的政治历史，包括戒日帝国的政权、政策和扩张等方面内容。该书于 1998 年修订再版。

1970 年，夏尔马（Baijnath Sharma）撰写《戒日王和他的时代》(*Harṣa and His Times*)③，从政治、历史等角度探讨戒日王及其时代。

1976 年，室利婆窣塔瓦（Bireshwar Nath Srivastava）也撰写专著《戒日王和他的时代》(*Harsha and His Times: A Glimpse of Political History During the Seventh Century A.D.*)④ 探讨戒日王的统治。

1986 年，S. R. 戈亚尔（Śrī Rāma Goyal）撰写专著《戒日王和佛教》(*Harsha and Buddhism*)⑤，讨论戒日王与佛教的关系。戈亚尔通过一系列史料证明，虽然戒日王被玄奘刻画为佛教徒，但事实上从未皈依佛教，自始至终都是湿婆教派信徒（Śaiva）。书中还考证了波那撰写《戒日王传》的时间。

1992 年，尚卡尔·戈亚尔（Shankar Goyal）出版《戒日王时代的历史和史学》(*History and Historiography of the Age of Harsha*)⑥，考察戒日王时代的政治历史和史料编纂。

2006 年，尚卡尔·戈亚尔（Shankar Goyal）撰写《戒日王：跨学

---

① Agrawala, Vasudeva Sharana, *The Deeds of Harsha: Being a Cultural Study of Bāṇa's Harshacharita*. Varanasi (India): Prithivi Prakashan, 1969.

② Devahuti, D., *Harsha: A Political Study*. London: Oxford, Clarendon Press, 1970; Delhi & Oxford : Oxford University Press, 1983; Delhi & New York : Oxford University Press, 1998.

③ Sharma, Baijnath, *Harṣa and His Times*. Varanasi (India): Sushma Prakashan, Chaukhamba Sanskrit Series Office, 1970.

④ Srivastava, Bireshwar Nath, *Harsha and His Times: A Glimpse of Political History During the Seventh Century A.D.*. Varanasi (India): Chowkhamba Sanskrit Series Office, 1976.

⑤ Goyal, Śrī Rāma, *Harsha and Buddhism*. Meerut (India): Kusumanjali Prakashan, 1986.

⑥ Goyal, Shankar, *History and Historiography of the Age of Harsha*. Jodhpur (India): Kusumanjali Prakashan, 1992.

科政治研究》(*Harsha, A Multidisciplinary Political Study*)①，全面研究戒日王的生平和政权。

与研究戒日王生平和7世纪印度历史的论著相比，对戒日王文学作品的研究依然有很大的拓展空间。这些作品虽被译为多种文字，但系统研究并不充分，仅有寥寥数本专著：1968年，帕塔克(Suniti Kumar Pathak)对勘《龙喜记》的梵文和藏译，撰写了《〈龙喜记〉双语词汇》(*A Bilingual Glossary of the Nāgānanda*)和英文导论②。1990年，帕德玛瓦蒂(N. Padmavathy)出版了根据自己的硕士论文《迦梨陀娑和戒日王戏剧比较研究》(A Comparative Study of Kalidasa and Sri Harsavardhana's Plays)修改而成的《迦梨陀娑对戒日王的影响》(*Influence of Kālidāsa on Harṣhavardhana*)③一书，探讨迦梨陀娑和戒日王的戏剧作品在情节设置、艺术形式、语言文化、社会生活等方面的关联。1997年，斯坦纳(Roland Steiner)出版了用德语撰写的博士论文《戒日王〈龙喜记〉及印度戏剧研究》(*Untersuchungen zu Harṣadevas Nāgānanda und zum indischen Schauspiel*)④,通过《龙喜记》研究印度梵语戏剧的历史和文论。

早期研究作品讹误较多。随着学术发展，部分错误得到纠正。以下着重探讨近年来研究戒日王的几部专著。

4.2 D. Devahuti, *Harsha: A Political Study*(1970, 1998)

提婆胡蒂(D. Devahuti)是第一位对戒日王进行批判性研究的学者。⑤带着学者的强烈批判和质疑，她审视铭文、钱币、《戒日王传》等梵语史料和《西域记》、《唐书》等中文史料，基本肯定了玄奘和波那

① Goyal, Shankar, *Harsha, A Multidisciplinary Political Study*. Jodhpur (India): Kusumanjali Book World, 2006.

② Pathak, Suniti Kumar, *A Bilingual Glossary of the Nāgānanda*. Calcutta (India): Asiatic Society, 1968.

③ Padmavathy, N., *Influence of Kālidāsa on Harṣhavardhana*. Khairatabad, Hyderabad, A. P. (India): Dakshina Bharata Press, 1990.

④ Steiner, Roland, *Untersuchungen zu Harṣadevas Nāgānanda und zum indischen Schauspiel*. Swisttal-Odendorf (Germany): Indica et Tibetica-Verlag, 1997. 有英文摘要。

⑤ 参见 Shankar Goyal(2006)，第17页。

的记载，提出了不少精彩见解。[①] 总体上看，这是一部有价值、有启发的学术专著。

遗憾的是，这本书不可避免地存在一些瑕疵。据尚卡尔·戈亚尔评论，虽然提婆胡蒂宣称自己的研究重视统治者之间的关系和戒日王与邻国间的相互影响[②]，然而事实上她既没有贯彻各国比较的研究方法，也没有将一国的研究深入下去，例如她既没有阐明戒日王如何在威权与仁慈间达到平衡，也没有将戒日王的行政机构与政权发展相结合。[③]

提婆胡蒂对中文史料的误读是这部专著最大的不足。例如提婆胡蒂认为“绝大部分唐朝使臣在内政和军中都拥有很高的官衔”[④]，这是不正确的。唐太宗三次遣使，正使的官衔分别为正七品，从六品上和正七品上，随从官员多为不入品的小官（如典司门令史魏才）。据王邦维先生分析，出使西域是艰苦甚至艰险的差事，因而有权有势的朝廷重臣不愿担任[⑤]（参见本书第七章《戒日王与中国》第 2 节《戒日王与唐使》）。再例，提婆胡蒂称王玄策、蒋师仁 648 年 4 月出使，5 月到达印度[⑥]，这既与中文史料记载不符[⑦]，也不符合常理。又例，提婆胡蒂认为在 648~649 年《慈恩传》前五卷撰写之时，玄奘知道戒日王死讯，这证明戒日王死于 647 年。[⑧] 这又是对中文史料的误读。《慈恩传》前五卷撰写于 664 年玄奘过世之后，其间的“感梦归国”也不能证明玄奘在那时已经知道戒日王死讯（参见本书第二章《戒日王的年代、家族及都城》第 1 节《生卒年代》）。书中对于中文史料相互矛盾之处，既没有提起适当的注意，也未加甄别。此类例证，不胜枚举。

---

① Devahuti（1998），第 5、14 页。

② Devahuti（1998），前言，第 ix-x 页。

③ Shankar Goyal（2006），第 18 页。

④ Devahuti（1998），第 251 页。

⑤ 参见张远《古代丝绸之路上的中印交流——以唐初六次遣使时间及唐使官阶为重心的回顾》，《甘肃社会科学》2016 年第 5 期，第 140~144 页。

⑥ Devahuti（1998），第 252 页。

⑦ 据《旧唐书》卷一九八《西戎》，“（贞观二十二年）五月庚子，右卫率长史王玄策击帝那伏帝国，大破之，获其王阿罗那顺及王妃、子等，虏男女万二千人、牛马二万余以诣阙。”王玄策等返回京师、阙下献俘的时间是 648 年农历 5 月 20 日，公历 6 月 16 日。参见本书第七章《戒日王与中国》。

⑧ Devahuti（1998），第 252 页。

4.3 B. N. *Sharma, Harṣa and His Times*（1970）

与提婆胡蒂同在 1970 年出版专著的夏尔马（B. N. Sharma）却不具有批判性的视角。就像尚卡尔·戈亚尔所评论的那样，“夏尔马没有受到新史观的影响，完全按照传统的路线。”①夏尔马虽然使用了大量铭文史料，勾勒出戒日王朝的时代背景和社会文化，却盲目地将波那和玄奘的记载照单全收。例如，夏尔马引用《戒日王传》中的光增王遗言，证明光增王最宠幸次子戒日王②，全然不顾《戒日王传》的作者波那是戒日王宫廷文人的事实。对于戒日王即位始末，夏尔马也完全按照《戒日王传》的字面意思来理解。又例，夏尔马引用玄奘的记载证明鸠摩罗王对戒日王臣服③，却从未论及二人的微妙关系。

4.4 B. N. Srivastava, *Harsha and His Times*（1976）

室利婆窣塔瓦（B. N. Srivastava）与夏尔马的同名专著也是用传统的方法写成，“唯一特色就是在任何地方都没有原创性”④。室利婆窣塔瓦按照国别介绍戒日王时期印度境内诸国概况，其中前三章介绍普西亚布蒂王朝。

这本书对中文史料同样存在诸多误读。例如将中文“婆罗门客”（来自印度的使者）理解为“一个婆罗门”⑤，认为唐太宗第二次遣使返回的时间为 647 年⑥（实为 645 年），等等。

4.5 Shankar Goyal, *Harsha: A Multidisciplinary Political Study*（2006）

尚卡尔·戈亚尔对戒日王的研究涉及到政治、经济、历史、考古、文学、教育（戒日王时期那烂陀寺庙中的佛学院）、传记、宗教、历史

① Shankar Goyal（2006），第 16 页。
② Baijnath Sharma（1970），第 123~128 页。
③ Baijnath Sharma（1970），第 193 页。
④ Shankar Goyal（2006），第 20 页。
⑤ Srivastava（1976），第 79 页。
⑥ Srivastava（1976），第 81 页。

地理、政治地理（都城变迁）等诸多领域[①]，通过评述前人学者的材料和观点，提出自己的见解。这部专著学术价值很高，也很有启发。具体实例散见于本书。此处引用高希（Suchandra Ghosh）的评论："戈亚尔博士的苦功反映在这部专著上，事无巨细，殊无遗漏。"[②]

其不足之处在于，第一，对原始史料阐释不足。正如高希所说"作为评论者，我为作者提供的巨大信息感到震惊，但也为其留下的瑕疵感到遗憾，因为这些史料应该被更好地剖析、整合"[③]，尚卡尔·戈亚尔网罗了尽可能多的与戒日王研究相关的史料，但没有对这些原始史料进行充分解读。第二，对于中文史料缺乏深入考察，在理解和运用上存在不少错误。例如他认为玄奘面见戒日王的时间为 643 年[④]，实为 640 年末至 641 年。第三，虽然将《戒日王传》用作史料，但并未将戒日王的文学作品与现实结合，因而并未在真正意义上实现"文史互证"。

§5 结论

"子曰：'视其所以，观其所由，察其所安。人焉廋哉？人焉廋哉？'"[⑤]

结合前言与总论中提出的研究方法，对于戒日王及其时代的考察建筑在文献的基础之上，而文献，又与其书写者密不可分。在戒日王的宫廷文人波那、求法僧玄奘和唐朝使臣的观察和叙述中，戒日王的喜好和憎恶、支持和反对、追求和逃避，才能更好地体现；他的政治、军事、宗教、文学，他的治国方略、外交策略，与邻国的交好或敌对、交流或碰撞，乃至整个戒日帝国的时代特征，才会得到更为明晰的阐释。

西方学者对戒日王的研究起始于 19 世纪末。早期作品相对零散

① Shankar Goyal（2006），第 28~32 页。

② Ghosh, Suchandra, "Review to Shankar Goyal's *Harsha: A Multidisciplinary Political Study*", In: *Journal of the Asiatic Society Vol. 53*. Calcutta (India): 2011, 第 143 页。

③ Ghosh（2011），第 144 页。

④ Shankar Goyal（2006），第 189 页。

⑤ 杨伯峻译注《论语译注》（1980）为政第二 2.10，第 16~17 页。

且错误较多，近年来出版的专著也少有批判思维。提婆胡蒂和尚卡尔·戈亚尔的研究成果学术含量较高，颇有启发，但也难免出于自身局限存在对史料，尤其是中文史料的误读。几乎没有学者直接运用梵文和汉文史料进行研究，而是大多依赖英译。尚未出版直接运用梵汉史料系统考察戒日王生平与创作的专著。

关于戒日王早期统治的史料，以《戒日王传》最为详尽和重要；涉及戒日王朝后期的状况，以《西域记》、《慈恩传》为核心；戒日王朝的中印交往，则见于王玄策等唐使的记载，散见于《法苑珠林》、《旧唐书》、《新唐书》等中文史料。对于这些文献记载的具体内容，尤其是含糊其辞或相互矛盾的部分，需要甄别之后方可采信。本书力求汲取前人之长，规避前人之短，在7世纪印度历史、戒日王历史与文学、中印交流史等研究领域做出贡献。

第二章
戒日王的年代、家族及都城

§1 生卒年代

1.1 生辰

依据波那的记载，戒日王入胎时间可以精确到月份，诞生时间精确到时辰，出生年却模糊难考。

据《戒日王传》第四章《帝王出世》："过了一些时候，在印历雨月（nabhas）①，芭蕉花盛开，迦昙波树擎着花簇，绿草茂密丛生，莲花亭亭玉立，沙燕心花怒放，野雁默默无言，美誉王后心里想着喜增②，同时也在子宫中孕育着喜增，就像轮手黑天（Cakrapāṇi）③同时在提婆吉（Devakī）④女神的心里和子宫里产生一样。"⑤……"到了印

① 雨月，雨季中的月份名，即 śrāvaṇa-māsa，音写作室罗伐拏、室罗筏拏、室啰嚩那等，依星宿标月名为"女月"，玄奘将其划为夏季的第二个月（仲夏月），对应唐历六月，在公历七八月间。迦昙波树、绿草、莲花、沙燕、野雁等景物均形容雨月。参见《西域记》卷二《印度总述》，第 168 页，第 170~171 页注释一，第 173 页注释七；钮卫星：《西望梵天——汉译佛经中的天文学源流》，上海交通大学出版社，2004，第 90~92 页。印度古代其他月份原名及译名，参见附录五《图表》中的《印度历十二月译名对照表》。

② 双关。梵语原文 harṣa 既是戒日王乳名喜增（Harṣavardhana）的简称，又意为"欢喜"。此句还可解为"美誉王后心中产生欢喜"。

③ 直译为"手持轮者"，毗湿奴称号。这里指黑天。

④ Devaka 之女，Vasudeva 之妻，黑天之母。

⑤ 《戒日王传》第四章，Parab（1892），第 139 页；Cowell（1897），第 108 页。

历心月（jyeṣṭha 或 jyaiṣṭha）[①] 黑半月第十二天，昴宿星团（bahulā）[②] 高照，夜幕降临，夜晚初分（pradoṣa）刚过，宫闱突然传出女人的叫喊。”[③]

可知，在印历雨月（女月，公历 7~8 月间），美誉王后怀胎戒日王；次年心月（公历 5~6 月间）黑半月第十二天，夜幕降临，夜晚初分（夜晚的第一部分）刚过，昴宿星团高照，戒日王降生。

据戒日王降生后占星师的占卜和预言：“国王啊！请听！千真万确，大贤曼陀特哩王（Māndhātṛ）正是降生在这样的日子：当所有行星处于高位[④]，在行星轨道与黄道相交的吉祥时刻（lagna）[⑤]，远离灾难等各种邪性的污染。因此，在这个如此适合转轮王出生的时段里，整个世界也不会降生其他人（这时只能降生转轮王）。您这个刚出生的孩子，是七转轮王[⑥]的领袖，七大洋的统治者，一切具有七种形态（tantu）[⑦] 祭祀的举行者，带着转轮王的种种印记，拥有众宝（mahāratna）[⑧]，可与拥有七骏马者（Saptasapti，太阳）媲美。”[⑨]

可知，戒日王诞生当天的星象特征，不仅“昴宿星团高照”，而且“所有行星处于高位”、“行星轨道与黄道相交”，与大贤曼陀特哩王降生时刻的天象相仿，适合转轮王降生。

据阿卜德（Apte）计算及吠底耶（Vaidya）核实，公元 588 年到

---

① 心月，音写作逝瑟吒、誓瑟搋、咮瑟吒等，意为“满月在 jyeṣṭhā 星宿（心宿）的月”，玄奘将其划为春季的第三个月（季春月），对应唐历四月，在公历 5~6 月间。参见《西域记》卷二《印度总述》，第 168 页，第 170~171 页注释一，第 173 页注释七；钮卫星著，《西望梵天》（2004），第 90~92 页。印度古代其他月份原名及译名，参见附录五《图表》中的《印度历十二月译名对照表》。

② 等同于 kṛttikā，即昴宿、昴宿星团，拥有六颗或七颗星。

③ 《戒日王传》第四章，Parab（1892），第 141 页；Cowell（1897），第 109 页。

④ 梵语 uccasthānasthiteṣu graheṣu。考威尔译为“所有行星位于顶点（apexes）”。见 Cowell（1897），第 110 页。

⑤ 据 *MW*，即行星轨道与太阳轨道相交处，或赤道与黄道交会的点或弧，亦指吉兆、吉时。

⑥ 据 Cowell（1897），第 110 页注释二，“七转轮王”为：婆罗多王（Bharata），阿周那王（Arjuna），曼陀特哩王（Māndhātṛ），福车王（Bhagīratha），坚战王（Yudhiṣṭhira），娑伽罗王（Sagara），友邻王（Nahuṣa，又译那护沙王）。

⑦ 据 *MW*，直译为“线”；考威尔译为“形态”（form）。此处意为“祭祀仪式延续形式”。

⑧ 直译为“大宝”。据 Cowell（1897），第 110 页注释四，此处指印度传统下国王具备的“六宝”。

⑨ 《戒日王传》第四章，Parab（1892），第 141~142 页；Cowell（1897），第 110 页。

591 年四年中心月黑半月第十二天具有“昴宿星团”（bahulā）现象的是 589 年和 590 年，特别是在 590 年，这个天象持续时间长达 18 个小时。然而在这两年并未找到占星师所称“所有行星处于高位”等现象。[①]这些星象或许真实存在，或许仅为波那使用的文学修辞。

无论如何，从波那的记述看，戒日王即位之时距离“不足穿铠甲”的年龄并不遥远，可能尚未成年。[②]而戒日王即位的时间大略为 605 年（参见本书第三章《戒日王即位》第 3 节《萨他泥湿伐罗国的即位》）。这与尚卡尔·戈亚尔所称戒日王纪年“喜增纪年”（Harsha Era）开始于 606 年并不矛盾。[③]戒日王很可能于 605 年即位，于次年（606 年）改元。这种情况在中国帝王中非常普遍。如果戒日王在 605 年即位，且即位时尚未成年，戒日王出生时间应与 590 年相去不远。玄奘 640~641 年面见戒日王时，戒日王刚刚讨伐恭御陀国归来，尚处壮年，并无衰老之态[④]，也可作为佐证。

综上所述，暂将戒日王的出生年份定于 590 年。

再结合波那记载的具体时间推算：590 年的印历心月，黑半月第十二天，夜晚初分刚过。590 年心月满月日为唐历（农历）四月十五日，对应公历 5 月 24 日。黑半月为从月满到月亏。从 5 月 24 日开始后推 12 日，即 6 月 4 日。

关于“夜晚初分”，据玄奘记载，（寺院计时法）“时极短者，谓刹那也。百二十刹那（kṣaṇa）为一呾刹那（tatkṣaṇa），六十呾刹那为一腊缚（lava），三十腊缚为一牟呼栗多（muhūrta），五牟呼栗多为一时（kāla），六时合成一日一夜（昼三夜三）”[⑤]。即，120 kṣaṇa=1 tatkṣaṇa；60 tatkṣaṇa=1 lava；30 lava=1 muhūrta；5 muhūrta=1 kāla；6 kāla=1 日夜。即 1 日夜 =6 kāla=30 muhūrta=900 lava=54000

① Vaidya（1979），第 42~43 页。

② 《戒日王传》第五章，Parab（1892），第 166 页；Kane（1986），第 74 页；Cowell（1897），第 132 页。光增王派王增出击白匈奴的时候，王增已经到了可以穿铠甲的年龄。戒日王没有随军出征，而是在喜马拉雅山麓骑马。可见戒日王那时很可能没到穿铠甲的年龄。王增出征未归，光增王就去世，王增也在不久后遇害。戒日王正是在王增遇害前后即位。

③ Shankar Goyal（2006），第 313~316 页。D. C. Sircar，D. Devahuti，S. R. Goyal 等学者均赞同 Harsha Era 开始于 606 年。

④ Shankar Goyal（2006），第 162 页。

⑤ 《西域记》卷二《印度总述》，第 168 页。

tatkṣaṇa=6480000 kṣaṇa。莫尼耶·威廉姆斯（Monier-Willliams）的《梵英字典》中“2 nālikā=1 muhūrta=48 分钟 =1/30 天，1 nālikā 为 24 分钟”的说法，即来自玄奘所述六时划分法。义净也记载了日夜六时的分法，“但列三时，谓分一夜为三分也。初分后分，念诵思惟，处中一时，系心而睡”[①]。可知昼三夜三，主要用于寺院，作为勤学精进的度量。一天共六时，一时相当于四个小时。

又据玄奘记载，世俗多将日夜分为八时，每时又可分为四分：“居俗日夜分为八时。[昼四夜四，于一一时各有四分。]”[②] 这与义净所载北印度那烂陀寺漏水计时相一致，可见日夜八时并非仅限世俗，僧团也有采用，一时又可分为四椀：“始从平旦，一椀沉，打鼓一下；两椀沉，两下；三椀，三下；四椀，四下。然后吹螺两声，更别打一下，名为一时也。……夜有四时，与昼相似。总论一日一夜，成八时也”[③]。一天共八时，一时相当于三个小时。

《寄归传》又称，摩揭陀国的摩诃菩提寺（Mahābodhi-vihāra，又译大觉寺）或俱尸那城的俱尸那寺（Kuśīnāra 或 Kuśīnagara）等地，“夜同斯八，总成十六”[④]，昼夜各分八时，合为十六时。据《利论》（01.19.06-01.19.08）：“凭借 nālikā 将日夜各分八份；或者，以影子为标准。[第一份，]影长三人（pauruṣī）[⑤]；[第二份，]影长一人；[第三份，]影长四指（aṅgula）[⑥]；[第四份，]正午，影子消失。这是白天八份中的上午四份。下午四份依此类推。”[⑦] 可见，《利论》与《寄归传》中所载摩诃菩提寺和俱尸那寺采用日夜十六时的计法相一致。日夜各分八时，一天共十六时，一时相当于一个半小时。[⑧]

---

① 《寄归传》卷三，第 170 页。

② 《西域记》卷二《印度总述》，第 168 页。

③ 《寄归传》卷三，第 169 页。

④ 《寄归传》卷三，第 170 页。

⑤ 人，长度单位，即一人的高度。据 *MW*，1 人（puruṣa）=5 肘（āratni）=120 指（aṅgula）。

⑥ 据 *MW*，aṅgula 为手指的宽度，相当于八颗大麦粒相加的长度。

⑦ 《利论》1.19 讲述了国王在白天的八份时间和夜晚的八份时间中的不同职责。

⑧ R. Shamasastry 的 *Kauṭilīya's Ārthaśāstra* 英译（第 50 页）将此处译为“He shall divide both the day and the night into eight nālikā（1½ hours）”（他将日和夜各分为八个 nālikā）。周利群在博士毕业论文《〈虎耳譬喻经〉与印度早期来华的占星术》中指出此处英译有误，此处 90 分钟，并非 1 个 nālikā，而是 3 又 3/4 个 nālikā。

一天六时、八时和十六时的分法分属不同系统。不同计时系统下更小时间单位的称谓可能相同，也可能不同。此处之“初分”（pradoṣa），因“昴宿星团高照”、“夜幕降临”等说法，若按北印度夏季十六时系统之初分刚过，即晚七点半刚过，则天尚未全黑，与记载不符。或为八时系统之夜晚初分刚过，即九点刚过；或为六时系统之夜晚初分刚过，即晚上十点以后。“初分刚过”比较保守的估算为晚上十点左右。①

戒日王诞辰，换算为公历，即590年6月4日晚10点左右。

又据《戒日王传》，戒日王的兄长王增将近六岁的时候，喜增可以拉着保姆的手指走上五六步了。② 在这个时候，美誉王后怀上了王圣。③ 可见，王增将近六岁时，戒日王一岁出头，王圣尚未出生。王增约比戒日王大五岁；戒日王约比王圣大两岁④。

以戒日王生于590年6月4日推算，王增生于585/586年，卒于605/606年（参见本书第三章《戒日王即位》第2节《若干天内四个人的离奇死亡》）。王圣生于592年，卒年晚于641年。⑤

1.2 卒年

学界判断戒日王卒年主要依据中文史料。中文史料以王玄策出使、威震印度、擒获阿罗那顺⑥为中心，对戒日王逝世时间说法不一。尚卡尔·戈亚尔（Shankar Goyal）认为戒日王卒于648年之前不久，极可能是646年或647年。⑦ 杨廷福认为戒日王卒于王玄策出使之前，

① 参见 Vaidya（1979），第42页。吠底耶转引印度星象专家阿卜德教授的观点，认为从月亮与昴团星位置的角度可以佐证戒日王诞生于晚10点左右。关于戒日王降生具体时辰的记载，仅见于《戒日王传》，并无其他史料佐证。波那此处的叙述具有浓厚的文学色彩。这里对于波那叙述的梳理和推演，暂成一论，仅供参考。

② 《戒日王传》第四章，Parab（1892），第148页；Cowell（1897），第115页。

③ 《戒日王传》第四章，Parab（1892），第148页；Cowell（1897），第116页。

④ 原文为美誉王后开始怀胎王圣。按十月分娩，则戒日王比妹妹王圣年长两岁左右。

⑤ 据《慈恩传》卷五，第107页，“王有妹，聪慧利根，善正量部义，坐于王后。”可知王圣在641年玄奘会晤戒日王时还在人世。

⑥ 阿罗那顺，全名那伏帝阿罗那顺，梵名还原为 Senapati Arunāśva，Arjuna 或 Arunaśa，见 Devahuti（1998），第245页注释五；Shankar Goyal（2006），第310页注释二；Upinder Singh（2008），第550页。

⑦ Shankar Goyal（2006），第313页。

即 647 年。[①] 王忠认为戒日王卒于 648 年。[②] 这些说法与史料记载出入不大，相差两三年不等。此处通过对比解读相关史料，尝试推知戒日王卒年。

《慈恩传》玄奘“感梦归国”一节，玄奘梦见一金人说：“此处十年后，戒日王当崩，印度荒乱，恶人相害，汝可知之。”而后说：“及永徽之末，戒日果崩，印度饥荒，并如所告。国家使人王玄策备见其事。”[③] 玄奘未见戒日王，就已梦到戒日王死讯，这一梦兆又得到王玄策记载的印证。可见“感梦”很大程度上为事后追记和杜撰。慧立记载玄奘“感梦”是在杖林山胜军论师处求学两年期间[④]，确切时间为 639 年末或 640 年正月。[⑤] 史书之十年往往为约数，七、八、九、十一、十二、十三年都有可能。金人预言“戒日王当崩”的时间大致为 646~653 年间。而慧立补充说明“戒日王果崩”的时间为永徽（650~655）末年，即公元 655 年，与之前的“此处十年后”相矛盾。《大唐故三藏玄奘法师行状》记载金人曰：“汝可早归。此处却复十余年，戒日王崩，印度荒乱，恶人相害。当如此地，汝宜知之。”[⑥] 或许因为看到了慧立的“永徽末年”才将“十年”改成了“十余年”。据《旧唐书》、《新唐书》，王玄策确实带回了戒日王的死讯。也可能是因为王玄策不止一次出使印度，让慧立混淆了时间。无论“感梦”是否确有其事，无论《慈恩传》是否自相矛盾，至少依据慧立的理解可以将戒日王卒年大致划定为 646~655 年间。

据《旧唐书》卷一九八《西戎》：“先是遣右率府长史王玄策使天竺，其四天竺国王咸遣使朝贡。会中天竺王尸罗逸多死，国中大乱，其臣那伏帝阿罗那顺篡立，乃尽发胡兵以拒玄策。玄策从骑三十人与胡御战，不敌，矢尽，悉被擒。胡并掠诸国贡献之物。玄策乃挺身宵遁，走至吐蕃，发精锐一千二百人，并泥婆罗国七千余骑，以从玄策。玄策与副使蒋师仁率二国兵进至中天竺国城，连战三日，大破

---

① 杨廷福：《玄奘年谱》（1988），第 230 页。

② 王忠：《新唐书吐蕃传笺证》，科学出版社，1958，第 32~33 页。

③ 《慈恩传》卷四，第 96 页。

④ 《慈恩传》卷四，第 96 页，“法师就之，首末二年”。

⑤ 杨廷福：《玄奘年谱》（1988），第 186~187 页。

⑥ 《行状》卷一，《大正藏》卷五〇，T2052 号，第 217 页上栏。

之，斩首三千余级，赴水溺死者且万人，阿罗那顺弃城而遁，师仁进擒获之。虏男女万二千人，牛马三万余头匹。于是天竺震惧，俘阿罗那顺以归。（贞观）二十二年（648）至京师，太宗大悦，……拜玄策朝散大夫。”[①] 又，《旧唐书》卷三《太宗本纪下》：“（贞观二十二年）五月庚子，右卫率长史王玄策击帝那伏帝国，大破之，获其王阿罗那顺及王妃、子等，虏男女万二千人、牛马二万余以诣阙。使方士那罗迩娑婆于金飚门造延年之药。吐蕃赞普击破中天竺国，遣使献捷。”[②] 及《新唐书》卷二二一上《西域上》：“（贞观）二十二年，遣右卫率府长史王玄策使其国，以蒋师仁为副；未至，尸罗逸多死，国人乱，其臣那伏帝阿罗那顺自立，发兵拒玄策。”[③] 及《资治通鉴》卷一九九，唐太宗贞观二十二年（戊申，公元 648 年）条目：“五月，庚子（二十日），右卫率长史王玄策击帝那伏帝王阿罗那顺，大破之。”[④] 又，“初，中天竺王尸罗逸多兵最强，四天竺皆臣之，玄策奉使至天竺，诸国皆遣使入贡。会尸罗逸多卒，国中大乱，其臣阿罗那顺自立，发胡兵攻玄策，玄策帅从者三十人与战，力不敌，悉为所擒，阿罗那顺尽掠诸国贡物”[⑤] 等。

上述若干史料对时间的记载略有偏差。据《旧唐书》，王玄策等返回京师的时间是 648 年农历五月二十日；据《新唐书》，唐太宗派遣王玄策等出使的时间为 648 年；据《资治通鉴》，648 年农历五月二十日，王玄策大破阿罗那顺。《资治通鉴》的记载有歧义，既可理解成战胜阿罗那顺的时间，也可理解成在长安献俘的时间。参照《旧唐书》，《资治通鉴》应指献俘时间。《旧唐书》与《资治通鉴》记载吻合。如此看来，《新唐书》中所称出使时间，其实是泛指 648 年献俘的那次出使。因此，当依《旧唐书》，648 年农历五月二十日（公历 6 月 16 日），王玄策返京献俘。

又据《法苑珠林》卷二九：“粤以大唐贞观十七年（643）三月内

① 《旧唐书》卷一九八《西戎》“天竺”条，第 5307~5308 页。

② 《旧唐书》卷三《太宗本纪下》，第 61 页。

③ 《新唐书》卷二二一上《西域上》“天竺”条，第 6238 页。

④ 《资治通鉴》卷一九九《唐纪十五》，第 6257 页。

⑤ 《资治通鉴》卷一九九《唐纪十五》，第 6257~6258 页。

爰发明诏，令使人朝散大夫行卫尉寺丞上护军李义表、副使前融州黄水县令王玄策等送婆罗门客还国。其年十二月至摩伽陀国。”① 以及《求法传》卷上《玄照传》：“以九月而辞苦部，正月便到洛阳，五月之间，途经万里。”② 可知，唐使经九个月到达印度，玄照经五个月从印度返回洛阳，平均需要七个月时间。如果王玄策一行于 648 年 6 月 16 日到达长安，那么他从印度出发的时间应为 647 年 11 月前后，而他从中国出发的时间应为 647 年上半年，若算上他接受四天竺朝贡、奔往吐蕃、泥婆罗等国借兵及破敌的时日，其出发时间还应更早。又据戒日王三使到达唐都的时间为 647 年上半年，而唐太宗三使出发的时间不会早于戒日王三使到达的时间。因而唐太宗三使出发的时间应为 647 年上半年（参见本书第七章《戒日王与中国》第 2 节《戒日王与唐使》）。

647 年上半年，王玄策（第二次）出使印度；王玄策一行三十余人，先到达四天竺，得到诸国朝贡（并无“国中大乱”）；其后，“未至”中天竺，“会中天竺王尸罗逸多死，国中大乱”，乱臣阿罗那顺篡立，发胡兵擒获王玄策随从，“尽掠诸国贡物”；王玄策“挺身宵遁”，借兵大破阿罗那顺；648 年农历五月二十日（公历 6 月 16 日），王玄策返回长安，献俘阙下。

王玄策出使前，唐太宗一定没有得到戒日王逝世的消息，否则这次遣使就不会成行。甚至在王玄策“奉使至天竺，诸国（四天竺）皆遣使入贡”之时，王玄策依然没有得到戒日王死讯。中天竺王戒日王为五天竺之首，四天竺臣服。王玄策出使，诸天竺朝贡，一方面由于大唐声威，一方面也看在大唐与戒日王交好。如果五天竺“盟主”戒日王已死、乱臣阿罗那顺篡立，虽然唐朝可能不会立刻知道，四天竺必然会即刻知晓③，也会在朝贡之时透露给唐朝使臣；王玄策便不会毫无防备挺进中天竺。然而事实情况是，王玄策入中天竺，仅三十余人，

---

① 《法苑珠林》卷二九《感通篇》第二一《圣迹部》第二，第 911~912 页。

② 《求法传》卷上《玄照传》，第 10 页。

③ 参见《戒日王传》第六章，Parab（1892），第 204 页；Cowell（1897），第 173 页。据波那所述，光增王病危之时，摩腊婆国王就听到消息进攻羯若鞠阇国，并在光增王逝世当天杀死了摄铠王，夺取了曲女城，囚禁了王圣，还准备进攻萨他泥湿伐罗国。

被阿罗那顺的胡兵打得措手不及。可见四天竺朝贡之时，戒日王很可能尚在人世。而且，《旧唐书》："会中天竺王尸罗逸多死，国中大乱"；《新唐书》："未至，尸罗逸多死，国人乱"；《资治通鉴》："会尸罗逸多卒"，似乎都强调了王玄策出使与戒日王之死、阿罗那顺自立在时间上的紧密联系，甚至可能是同时发生。此外，《旧唐书》："胡并掠诸国贡献之物"；《新唐书》："遂剽诸国贡物"；《资治通鉴》："阿罗那顺尽掠诸国贡物"。均称阿罗那顺劫掠了四天竺的贡物。这也表明戒日王之死和阿罗那顺篡位极可能在诸国进贡之后。关于戒日王死因，或曰"溺死于恒河"①。这一说法来源不明。乔格莱卡（K. M. Joglekar）认为戒日王很可能死于暗杀。② 戒日王之死与乱臣阿罗那顺是否有关尚未可知。据上述各史料，此处尝试将王玄策出使遭遇各类事件顺序还原为：王玄策出使四天竺 ⇒ 四天竺纳贡 ⇒ 戒日王卒 ⇒ 阿罗那顺篡位 ⇒ 阿罗那顺夺走各国贡物。

综上所述，戒日王极可能在王玄策离开四天竺向中天竺进发之时突然死去，时间在 647 年下半年。

§2 名号：从喜增到戒日

在不同史料中，戒日王名号略有不同。

波那在《戒日王传》（620）中称戒日王为"Harṣa"（喜）（例如开篇第 21 首颂诗第一次提及戒日王）③ 或"Harṣadeva"（喜天）（例如第六章、第八章多次将 harṣa 与 deva 置于同格，即同位语）。可见"喜天"是"喜"的尊称。

戒日王铭文中，《班斯凯拉铜牌》（627）和《俱卢之野 - 瓦拉纳西铜牌》（628）中均有戒日王的签名。《班斯凯拉铜牌》中签名为：sva-hasto mama mahārājâdhirāja-śrī-harṣasya；《俱卢之野 - 瓦拉纳西铜牌》中签名为：sva-hastena mama mahārājâdhirāja-śrī-harṣasya；二者

① 《四裔年表》作："贞观二十二年（648），戒日王溺死于恒河"。转引自杨廷福《玄奘年谱》（1988），第 241 页。未见《四裔年表》，这一说法也未见于其他史料。

② Joglekar（1907，1913），《璎珞传》导论，第 xxvi 页。

③ 《戒日王传》第一章，Parab（1892），第 7 页；Cowell（1897），第 3 页。

均称戒日王作“mahārājâdhirāja–śrī–harṣa”（王中之王吉祥喜）。《默图本铜牌》（630）中没有戒日王的签名。《班斯凯拉铜牌》、《俱卢之野－瓦拉纳西铜牌》、《默图本铜牌》正文中均称戒日王为“parama–bhaṭṭāraka–mahārājâdhirāja–śrī–harṣaḥ”（最尊贵的王中之王吉祥喜）。《俱卢之野－瓦拉纳西铜印》（628）、《那烂陀泥印》以“parama–bhaṭṭāraka–mahārājâdhirāja–śrī–harṣaḥ”（最尊贵的王中之王吉祥喜）结尾；《索帕铜印》以“parama–bhaṭṭāraka–mahārājâdhirāja–śrī–harṣavarddhanaḥ”（最尊贵的王中之王吉祥喜增）结尾。《索帕铜印》是戒日王铭文中唯一出现“喜增”之处。

戒日王钱币中，出土的248枚银币均称他为“śrī śaladata（śrī śīlāditya）”（吉祥戒日）；1枚金币称他为“śrī mahārā[ja ha]rṣadeva”（吉祥大王喜天）。①

戒日王戏剧中，《龙喜记》、《妙容传》、《璎珞传》均称戒日王为“Śrī Harṣa”（吉祥喜）（出现一次，在开篇颂诗中）和“Śrī Harṣadeva”（吉祥喜天）（出现三次，两次在序幕舞台监督的对白中，一次在全剧末尾）。

中文史料中，《西域记》载，戒日王原名“曷利沙伐弹那”（Harṣa-vardhana），即“喜增”；即位后不称大王，称曰“王子”（Rājaputra或Kumāra），号“尸罗阿迭多”（Śīlāditya），即“戒日王子”（Śīlāditya Rājaputra）。②《释迦方志》载，“即统五印度之都王也，号尸罗迭多（Śīlāditya）”“初欲登位……慎勿升师子座及大王号也”。③由此可知，戒日王出生时名为“喜增”，即位之初，既不升狮子座，也不称大王。据《西域记》，戒日王登基之后即号“戒日”；据《释迦方志》，戒日王臣五印度后号“戒日”。在《旧唐书》、《新唐书》、《资治通鉴》等史料中，均称戒日王为“尸罗逸多”（Śīlāditya），即“戒日”。

综上可知，波那称戒日王为“喜”，尊为“喜天”；铭文称戒日王

---

① Shankar Goyal（2006），第55~59页。

② 《西域记》卷五《羯若鞠阇国》，第428~429页，“今王本吠奢种也，字曷利沙伐弹那［唐言喜增］，君临有土，二世三王。父字波罗羯罗伐弹那［唐言光增］，兄字曷逻阇伐弹那［唐言王增］。……即袭王位，自称曰王子，号尸罗阿迭多［唐言戒日］”。

③ 《释迦方志》卷上，第39页。

为“吉祥喜”或“吉祥喜增”；戒日王银币署名“吉祥戒日”；金币署名“吉祥大王喜天”；戏剧中称他为“吉祥喜”或“喜天”；据玄奘所述，戒日王出生时名为“喜增”，即位后号“戒日王子”（《释迦方志》称戒日王臣五印度后号“戒日”）；大多数中文史料均称戒日王为“戒日”。

玄奘关于戒日王即位后自称“戒日王子”的描述包含两个疑点。

其一，戒日王拥有“戒日”称号的时间，很可能不是即位之后，甚至不是“臣五印度”之后，而是更晚。提婆胡蒂（D. Devahuti）认为喜增在获得了曲女城的统治权之后获得戒日的称号。[①] 这多半来自玄奘的记载“即袭王位，自称曰王子，号尸罗阿迭多。”[②] 玄奘此段叙述很多地方有待商榷。戒日王在篡夺萨他泥湿伐罗国王位后不久就取得了羯若鞠阇国的控制权（参见本书第三章《戒日王即位》），但是尸罗阿迭多（戒日）的称号则可能与获得曲女城没有关联。梵文史料中出现的“戒日”称号仅见于戒日王钱币。戒日王的248枚银币（636，638）均署以“吉祥戒日”，可推知戒日王统治的大部分时间拥有“戒日”称号。戒日王于605年前后即位。波那在620年前后撰写《戒日王传》时提及戒日王的父亲光增王又号“热戒”（Pratāpaśīla）[③]，却仅以“喜”或“喜天”称呼戒日王，对“戒日”称号只字未提。至少可以认为在620年戒日王尚未获得“戒日”称号。戒日王铭文（627，628，630）在叙述光增王的时候用到了“pratāpa”（热）一词，可作为光增王“热戒”称号的佐证。铭文中未见戒日王“戒日”称号的痕迹。无法推知在铭文颁发之时“戒日”称号是否存在。玄奘留下的关于“戒日”称号的史料及戒日王自称摩揭陀王遣使来唐都发生在戒日王统治后期。戒日王获得“戒日”称号，大约在波那撰写《戒日王传》（620）之后不久。

其二，玄奘所述“不称大王、称曰王子”与铭文史料相违。铭文中，戒日王不仅自称“大王”（金币），还称“王中之王”（铜牌、铜

① Devahuti（1998），第273页；Shankar Goyal（2006），第57页。

② 《西域记》卷五《羯若鞠阇国》，第429页。

③ 《戒日王传》第四章，第八章，Parab（1892），第132、276页；Cowell（1897），第101，246页；Shankar Goyal（2006），第57页；Devahuti（1998），第273页。

印、泥印）。或许戒日王初登（萨他泥湿伐罗国和羯若鞠阇国）王位之时，确实自称“王子”，在之后“臣五印度”等征伐中才逐渐拥有了“大王”或“王中王”的称号。

结合各类史料可知，戒日王出生时名为“喜增”，简称“喜”，尊称“喜天”或“吉祥喜”；约620年之后，又号“戒日”，与喜增等名同时使用；头衔为“吉祥大王”或“最尊贵的王中之王”。

§3　种姓：吠舍还是刹帝利？

据玄奘记载，“若夫族姓殊者，有四流焉：一曰婆罗门，净行也，守道居贞，洁白其操。二曰刹帝利，王种也，[旧曰刹利，略也。]奕世君临，仁恕为志。三曰吠奢，[旧曰毗舍，讹也。]商贾也，贸迁有无，逐利远近。四曰戍陀罗，[旧曰首陀，讹也。]农人也，肆力畴垅，勤身稼穑。”①

然而印度社会现实中的种姓和职业并非如玄奘记述、婆罗门的规定有条不紊。种姓制度可以很大程度上与现实脱节而沦为一个过去时的身份符号。就像婆罗门也可耕田②,刹帝利（如释迦牟尼）也会出家。国王并不只属于刹帝利种姓。婆罗门、刹帝利、吠舍甚至首陀罗出身都可以称霸一方，成为大王。③

《西域记》中一句“今王本吠奢种也”④，将戒日王定为吠舍，极好地诠释了上述论断。玄奘认为戒日王是以吠舍出身司刹帝利之实职。甚至梵本《圣文殊师利根本仪轨》（*Ārya-mañjuśrī-mūla-kalpa*）中也称：“力量强大、军队庞大的Ha- 国王（戒日王）是吠舍种姓，打算消

---

① 《西域记》卷二《印度总述》，第197页。

② 《慈恩传》卷二，第46页，玄奘“遇一婆罗门耕地”。参见《西域记》卷四《波里夜呾罗国》，第378页注释。

③ 《西域记》卷一一《邬阇衍那国》、《掷枳陀国》、《摩醯湿伐罗国》：“王，婆罗门种也”；卷四《波里夜呾罗国》：“王，吠奢种也”；卷四《秣底补罗国》、卷一一《信度国》：“王，戍陀罗种也”。在玄奘的记述中，共三国国王为婆罗门种姓，两国国王为吠舍种姓（包括戒日王），两国国王为首陀罗种姓。刹帝利国王占绝大多数。参见《西域记》，第199页注释，第377~378页注释。

④ 《西域记》卷五《羯若鞠阇国》，第428页。

灭著名的 Soma 王（设赏迦）。”①

然而，与常规偏离的界定总会让人难以信服。率先提出质疑的是康宁汉姆（Alexander Cunningham）。他认为玄奘混淆了吠舍种姓（Vaiśya 或 Bais）和拜斯城（Vaiśa 或 Bais Rajput）。当人们称戒日王为 Vaiśya 的时候，他们的意思是“来自拜斯城的”，而不是指“属于商旅阶层”。拜斯城从勒克瑙延伸至喀拉曼尼普尔（Khara-Mānikpur），包含南奥德（Oudh）的整个区域。②康宁汉姆的观点得到了布勒（G. Bühler）的赞同。布勒补充说，Vaiśa 城（Bais Rajput）的居民称为 Vaiśya，见于波颠阇梨的《波你尼》写本。③尤其从戒日王铭文中以“v”代替“b”，以及咝音的同化和不规则音变来看，将 Bais 称为 Vais，进而混为 Vaiśa 和 Vaiśya 完全可能。

据现存资料，戒日王家族几乎全部与刹帝利种姓通婚。光增王的妻子、戒日王的母亲美誉王后（Yaśomatī）是摩腊婆国法誉王（Yaśodharman）的女儿。④在戒日王铭文中，前三代王后的头衔仅为“王后”（Devī）;《班斯凯拉铜牌》、《俱卢之野 - 瓦拉纳西铜牌》称美誉王后为“尊贵的后中之后吉祥美誉王后”（Bhaṭṭārikā Mahādevīrājñī Śrī Yaśomatī Devī），《默图本铜牌》称她为“最尊贵的后中之后吉祥美誉王后”（Parama-bhaṭṭārikā Mahādevīrājñī Śrī Yaśomatī Devī）。《戒日王传》中也记载美誉王后祖先纯洁，出身高贵，拥有“英雄之女”（Vīrajā）的称号。⑤所以美誉王后应属刹帝利。戒日王的妹妹王圣（Rājyaśrī）嫁给了羯若鞠阇国穆克里王朝的摄铠王（Grahavarman）。摄铠王上数三代都拥有“王中之王”（Mahārājâdhirāja）的封号⑥，家族地

① Śāstrī（1920-1925），*MMK* 713；Vaidya（1964），*MMK* 53.664；参见 Jayaswal（1988），第 50~51 页。

② Cunningham, Alexander, *The Ancient Geography of India Vol. I. The Buddhist Period, Including the Campaigns of Alexander, and the Travels of Hwen-Thsang*. London: Trübner, 1871，第 377~378 页。

③ *EI*，I，第 68 页注释四。

④ 参见 *JRAS*（1903），第 556 页，法誉王（Yaśodharman），又名勇日王（Vikramāditya）；Mookerji（1925），第 61、64 页。康宁汉姆（Alexander Cunningham）也笼统地提及了这点。

⑤ Shankar Goyal（2006），第 141 页。参见《戒日王传》第五章，Parab（1892），第 186 页；Cowell（1897），第 153 页，美誉王后自述出身自伟大的家庭，来自纯洁的祖先，贵为大王后。

⑥ 参见 Devahuti（1998），第 300 页；Shankar Goyal（2006），第 359 页。

位显赫。戒日王的女儿嫁给了摩腊婆国法日王（Dharmāditya）的侄子、伐腊毗国（Valabhī）的常叡王（Dhruvabhaṭṭa，音译杜鲁婆跋吒）①。常叡王也是刹帝利："今王（常叡），刹帝利种也，即昔摩腊婆国尸罗阿迭多王②之侄、今羯若鞠阇国尸罗阿迭多王之子聟，号杜鲁婆跋吒。"③依据玄奘的记载："凡兹四姓，清浊殊流，婚娶通亲，飞伏异路，内外宗枝，姻媾不杂。"④不同种姓的通婚在理论上是不被允许的。如果不是有极其特殊的情况，戒日王应属刹帝利种姓。

此外，戒日王铭文《班斯凯拉铜牌》、《俱卢之野 - 瓦拉纳西铜牌》、《俱卢之野 - 瓦拉纳西铜印》、《默图本铜牌》、《那烂陀泥印》甚至残缺不全的《索帕铜印》中都有同样的叙述："无比崇拜太阳的最尊贵的王中之王吉祥光增……确立种姓制度和社会秩序进行转轮统治。"《戒日王传》中也有相似表述。波那称赞戒日王吉祥颈国的祖先"种姓规则永不混乱"⑤,称赞戒日王"维持种姓和社会秩序如同摩奴"⑥。吠舍虽可以称王，却不是值得骄傲的事情。从铭文中戒日王对婆罗门的尊敬态度来看，戒日王推崇婆罗门制定的种姓制度，并没有打破社会阶层的意图。如果铭文中无一例外宣称光增确立种姓制度，波那以"维持种姓和社会秩序"作为对戒日王的赞美，至少证明戒日王家族属于高种姓，也就是属于《法论》⑦中规定的可以作为统治阶级的两个种姓之一。

综上所述，吠舍种姓或许可以带给戒日王"平民皇帝"的光辉，

---

① 即梅特腊迦王朝（Maitraka）第十一代国王常军王二世（Dhruvasena II），又名幼日王（Bālāditya）。参见 Devahuti（1998），第 298、301 页；Shankar Goyal（2006），第 357 页；《西域记》卷一一《伐腊毗国》，第 915 页注释一。

② 即梅特腊迦王朝第八代国王戒日王一世（Śīlāditya I），又名法日（Dharmāditya）。伐腊毗国是梅特腊迦王朝的西方分国，摩腊婆国是东方分国。

③ 《西域记》卷一一《伐腊毗国》，第 914 页。

④ 《西域记》卷二《印度总述》，第 197 页。

⑤ 《戒日王传》第三章，Parab（1892），第 104 页；Cowell（1897），第 79 页。参见 Parab（1892），第 106 页；Cowell（1897），第 81 页，"种姓的混乱在这里（吉祥颈国）停止，好像被祭火生起的烟雾形成的云降下的雨扑灭"。

⑥ 《戒日王传》第二章，Parab（1892），第 88 页；Kane（1918），第 36 页；Cowell（1897），第 66 页。

⑦ 印度有阐述社会规范的各种《法论》。此处以《摩奴法论》为例。参见蒋忠新译《摩奴法论》第十章，中国社会科学出版社，2007，第 214~218 页。

或许让他成为打破种姓制度的“众生平等”的典范，或许让他的出身与佛教产生了某种微妙的关联，然而这些都只是假象而已。我们有理由相信，戒日王家族属于刹帝利种姓。

§4 族谱及家庭

4.1 族谱

从戒日王铭文可以得出戒日王族谱的大致框架。《戒日王传》补入普西亚布蒂王朝（Puṣyabhūti）的祖先花有王（Puṣpabhūti），戒日王的父亲光增王（Prabhākaravardhana）的称号“热戒”（Pratāpaśīla），妹妹王圣（Rājyaśrī），妹夫摄铠王（Grahavarman），摄铠王的父亲阿般提伐摩（Avantivarman），此外，参照铭文补入摩腊婆国大军护王的儿子、光增王的表弟童护（Kumāragupta）和春护（Mādhavagupta），参照《西域记》补入美誉王后的侄子、戒日王的表兄兼大臣婆尼（Bhaṇḍi）[①]，戒日王的女婿常叡王（Dhruvabhaṭṭa）。[②]《释迦方志》、《慈恩传》中也提到了戒日王的妹妹王圣。

综合各类材料，得出戒日王族谱如下[③]：

① 《西域记》卷五《羯若鞠阇国》，第428页。

② 《西域记》卷一一《伐腊毗国》，第914页，“今王，刹帝利种也，即昔摩腊婆国尸罗阿迭多王之侄，今羯若鞠阇国尸罗阿迭多王之子聟，号杜鲁婆跋吒[唐言常叡]”。

③ Shankar Goyal（2006），第357页；Devahuti（1998），第298页。参见附录一《戒日王铭文及汉译》和附录五《图表》中的《戒日王谱系》。

花有 / 普西亚布蒂
（Puṣpabhūti/Puṣyabhūti）
|
……
|
（第一代）大王人增 + 金刚王后
（Mahārāja Śrī Naravarddhana Deva）|（Śrī Vajriṇī Devī）
|
（第二代）大王王增（一世）+ 仙女王后
（Mahārāja Śrī Rājyavarddhana I Deva）|（Śrī Apsaro Devī）
|
（第三代）大王日增 + 大军护王后 = 大军护
（Mahārāja Śrī Ādityavarddhana Deva）|（Śrī Mahāsenaguptā Devī）
|　（Mahāsenagupta）
|　|
|　童护 = 春护
|　（Kumāragupta）（Mādhavagupta）
|
（第四代）至尊王中王光增（热戒）+［至］尊后中后美誉 = 美誉王后的兄弟
（Paramabhaṭṭāraka Mahārājādhirāja |（[Parama]bhaṭṭārikā |
Śrī Prabhākaravarddhana Deva）|（Mahādevīrājñī 婆尼
（Pratāpaśīla）| Śrī Yaśomatī Devī）（Bhaṇḍi）
|
（第五代）至尊王中王王增（二世）= 至尊王中王喜增（戒日）= 王圣
（Paramabhaṭṭāraka Mahārājādhirāja （Paramabhaṭṭāraka （Rājyaśrī）
Śrī Rājyavarddhana II Deva）（Mahārājādhirāja Śrī +
Harṣavarddhana Deva）摄铠
（Śīlāditya）（Grahavarman）
|
（第六代）女儿 + 伐腊毗常军二世
（常叡、杜鲁婆跋吒、幼日）①
（Dhruvasena II）
（Dhruvabhaṭṭa，Bālāditya）

---

① 伐腊毗常军二世（Dhruvasena II），又名常叡（Dhruvabhaṭṭa），音译杜鲁婆跋吒，称号为幼日（Bālāditya）。参见《西域记》卷一一《伐腊毗国》，第 915 页注释一。

4.2 父亲光增王

光增王（Prabhākaravardhana），玄奘音写作“波罗羯罗伐弹那”[①]，又号“热戒”（Pratāpaśīla）[②]，生年不详，卒于605年前后（参见本书第三章《戒日王即位》第2节《若干天内四个人的离奇死亡》中的《光增王暴毙》）。

光增王的头衔为“最尊贵的王中之王”（Parama-bhaṭṭāraka Mahārājâdhirāja）。公元4世纪之后，“大王”（Mahārāja）的头衔往往用于大的封臣而非帝王。光增王上祖三代人增、王增（一世）和日增头衔均仅为“大王”（Mahārāja）而非“王中之王”（Mahārājâdhirāja）。他们很可能是后笈多王朝或某割据政权的附庸，没有独立的封地。从光增王开始，头衔变为“最尊贵”（Parama-bhaṭṭāraka）和“王中之王”（Mahārājâdhirāja），可知光增王拥有独立封地，并具有相当大的影响力。[③]王增（二世）和喜增都延续了“最尊贵的王中之王”的头衔。玄奘所称“君临有土，二世三王”[④]就是从光增王开始。

王增（一世）、日增和光增王均崇拜太阳。《戒日王传》中详细描绘了光增王敬拜太阳的求子仪式：“日出时候沐浴，穿白丝绸的衣服，头上裹着白布，在涂抹了一圈梅檀的地面上朝东方跪下，献上一束红莲，用红宝石镶嵌的金色容器盛着。在清晨、正午和黄昏，他虔诚地念诵求子的祷词，并且颂扬太阳。”[⑤]戒日王铭文中不仅称光增王无比崇拜太阳，还将他本人比作太阳：“无比崇拜太阳（paramâditya-bhakta）的最尊贵的王中之王吉祥光增美名跨越四海，用威严和慈爱折服其他首领，确立种姓制度和社会秩序进行转轮统治（pravṛtta-cakra），如同唯一的统治者，为臣民们去除痛苦（prajānām=ārtti-haraḥ），如同太阳（eka-cakkra-ratha）”（参见附录一《戒日王铭文及汉译》）。梵语“eka（一）-cakkra（轮）-ratha（车）”，直译为“一个轮子的车”，一语双

① 《西域记》卷五《羯若鞠阇国》，第428页。

② 《戒日王传》第四章、第八章，Parab（1892），第132、276页；Cowell（1897），第101、246页。

③ *EI*, I，第69页。

④ 《西域记》卷五《羯若鞠阇国》，第428页。

⑤ 《戒日王传》第四章，Parab（1892），第135页；Cowell（1897），第104页。

关，既指唯一的统治者，与前句“进行转轮统治”相连；又指太阳的马车（独轮车），引申为太阳，与后句“去除人民苦难”相连。

光增王军队实力雄厚，极其崇尚武力。“光增王的军队漫山遍野。在山丘和低谷的每一边，在丛林草窠，在果园蚁垤，在高山和洞穴，他的军队的大道铺满大地，为了帮助他的臣民。”[①]“他认为一场愤怒的突袭是礼物，战争是恩惠，临近的战役是节日，敌人是宝贝，敌人的统帅是繁荣的顶点，对决的挑战是恩赐，猛攻是喝彩，刀光剑影落下如财富雨。”[②]光增王是“匈奴鹿儿的雄狮，印度国王的热病，沉睡的古吉拉特的搅扰者，犍陀罗王香象的瘟疫，腊吒（Lāṭa）地区无政府状态的抢劫者，摩腊婆辉煌藤蔓的利斧”[③]，曾发动对匈奴、古吉拉特、犍陀罗、腊吒（Lāṭa）、摩腊婆等地的战争并取得胜利。光增王嫔妃众多[④]，其中包括掳掠的敌人妻妾。“在被杀死的敌人的后宫，光增王的英勇固化成五大（地水火风空）：女人心中的火焰，女人眼中的泪水，女人口中的呼吸，女人身上的尘土，徒劳的寂寞中的空（她们空虚的心灵）”。[⑤]美誉王后是光增王的大王后，也是戒日王兄妹三人的生母。

4.3　母亲美誉王后

美誉王后（Yaśomatī），音写作“耶输摩提”，头衔为“[最]尊贵的后中之后吉祥美誉王后”（[Parama]bhaṭṭārikā Mahādevīrājñī Śrī Yaśomatī Devī），有“英雄之女”（Vīrajā）的称号[⑥]，生年不详，卒于605年前后，在光增王病危时投火殉夫（参见本书第三章《戒日王即位》第2节《若干天内四个人的离奇死亡》中的《美誉王后“殉夫”》）。

美誉王后出身高贵，父母可能都崇拜太阳。[⑦]大臣婆尼（Bhaṇḍi）

① 《戒日王传》第四章，Parab（1892），第133页；Cowell（1897），第101页。

② 《戒日王传》第四章，Parab（1892），第133页；Cowell（1897），第102页。

③ 《戒日王传》第四章，Parab（1892），第132页；Cowell（1897），第101页。

④ 《戒日王传》第五章，Parab（1892），第184页；Cowell（1897），第151页，美誉王后在殉夫前拜别其他王妃。

⑤ 《戒日王传》第四章，Parab（1892），第133页；Cowell（1897），第102页。

⑥ Shankar Goyal（2006），第141页。

⑦ 《戒日王传》第四章，Parab（1892），第138页；Cowell（1897），第106页，光增王认为太阳神送给他三个孩子，对美誉王后说，“你父母的祈祷得到了回答”。由此可知美誉王后的父母很可能也崇拜太阳。

为美誉王后的兄弟所生。[1] 美誉王后是光增王的大王后，[2] 分别于 585/586 年、590 年、592 年生下王增（二世）、喜增（戒日王）和王圣。

4.4 长兄王增（二世）

戒日王的长兄王增（二世）（Rājyavardhana II），玄奘音写作“曷罗阇伐弹那”，头衔为“最尊贵的王中之王”（Parama-bhaṭṭāraka Mahārājâdhirāja），生于 585/586 年间，卒于 605 年或 606 年初。关于王增（二世）的即位和遇害，各类史料疑窦重重（参见本书第三章《戒日王即位》第 2 节《若干天内四个人的离奇死亡》中的《王增遇害》）。

戒日王铭文中称王增（二世）崇信佛教，乐善好施，又不无矛盾地赞颂他征战的功绩。以《班斯凯拉铜牌》为例，简短的铭文（共 18 行）中有 3 行是赞美王增（二世），甚至比赞美光增王和喜增的篇幅还要长：

> [王增（二世）] 洁白的荣誉花丝 [3] 遍及全球，拥抱俱比罗（Dhanada）[4]、伐楼那和因陀罗等世界保护者的光辉，施舍正当获得的无数钱财和土地，完全满足请愿者的心，他的行为超越过去首领，是最虔诚的佛教徒，犹如佛陀，唯一的爱染是他人的利益。（L4–L5）

> 战争中，吉祥天护（Devagupta）等国王，仿佛难驯的战马，
> 在他的鞭打下低眉顺眼，统统被收监；
> 铲除敌人，赢得大地和人民的爱戴，
> 在敌军营帐，他抛弃生命，由于高尚的誓愿。（L6）

依据戒日王铭文特别是王增（二世）的头衔和《西域记》的记载，均可以断定王增率先继承了王位。光增王以自己祖父的名字命名长子，也表明

① 《戒日王传》第四章，Parab（1892），第 149 页；Cowell（1897），第 116 页。

② 《戒日王传》第五章，Parab（1892），第 186 页；Cowell（1897），第 153 页，美誉王后自述出身自伟大的家庭，来自纯洁的祖先，贵为大王后。参见 Shankar Goyal（2006），第 141 页。

③ 印度传统下，美好的名誉被认为是白色的。此处将荣誉喻为洁白的花丝。

④ 赐予财富者，财神俱比罗（Kubera）的称号。

他很可能希望传位给长子。然而《戒日王传》从未明确提及王增即位一事，宣称光增王在临死时希望喜增即位，并用一系列征兆暗示喜增注定为王。

《戒日王传》中王增的形象经历了几次转折。波那先是将王增和喜增一并描绘为崇尚武力的浴血战士：美誉王后感梦受胎之时，梦见两个放光的童子（王增和喜增）"戴着王冠，耳环，臂饰，铁甲，手握宝剑，他们的身上沾染了鲜血"[①]；两兄弟长大成人后，"一群邪恶的国王，无论多遥远，都在他俩（王增和喜增）火热的愤怒下凋零；一天天，他俩握宝剑的手沾染血污，仿佛是为了熄灭国王们英勇的火焰"[②]；光增王在逝世之前还派遣王增前往北方攻打白匈奴。紧接其后，波那笔锋一转，王增突然自述因双亲辞世，悲痛欲绝，不愿即位，渴望出家隐居："我渴望在净修林用山巅流淌的纯洁清泉洗涤思想中挥之不去的情感灰尘，如同洗去衣服上紧紧附着的油污。[③]就像补卢（Pūru）听从父亲的命令接受衰老[④]，即使衰老令人厌恶，也离开青春的幸福。因此，请你治理我的王国。请把胸膛献给王权（吉祥天女），如同全然抛弃童年嬉戏的狮子（黑天）[⑤]！我将不再用剑。"[⑥]然而，当王增得知妹夫摄铠被杀、妹妹遭人囚禁，他立即放弃了隐居念头，奔赴战场，直至最终丧命。

4.5　妹妹王圣

戒日王的妹妹王圣（Rājyaśrī），音写作"罗阇室利"，生于592年，605年前后[⑦]嫁给羯若鞠阇国国王阿般提伐摩的长子摄铠[⑧]，没有留

① 《戒日王传》第四章，Parab（1892），第137页；Cowell（1897），第105页。

② 《戒日王传》第四章，Parab（1892），第151页；Cowell（1897），第118~119页。

③ 双关，梵语 sneha-mala，既为"感情的污垢"，又为"油和泥"。

④ 耶亚提（Yayāti）受到诅咒提前变老，并得到许可将这个诅咒转移到任何同意接受的人身上。他的小儿子补卢（Pūru）自愿接受了这个"衰老"诅咒。参见 Kane（1986），第497~498页。

⑤ 双关，梵语 hari，既为"狮子"，又为"诃利"（黑天的称号）；梵语 lakṣmī，既为"王权"，又为"吉祥天女"（黑天的爱人 Rukmiṇī 是吉祥天女的化身）。

⑥ 《戒日王传》第六章，Parab（1892），第199~203页；Kane（1918），第38~40页；Kane（1986），第93~95页；Cowell（1897），第168~173页。

⑦ 《戒日王传》第五章，Parab（1892），第169页；Cowell（1897），第135页，"戒日王得知父亲病重的消息回到首都，节庆的气氛已经没有了。光增王病重在王圣出嫁后不久"。

⑧ 《戒日王传》第四章，Parab（1892），第155~156页；Cowell（1897），第122~123页，"阿般提伐摩的长子摄铠王子，前来提亲。在一个吉祥的日子，当着所有皇亲国戚的面，光增王把订婚水倒在摄铠求婚使者手中"。

下子嗣[①]，卒于641年之后。王圣出嫁时约为13岁，与印度童婚传统相符，也可由此验证戒日王生年为590年基本可靠。

王圣的事迹见于《戒日王传》、《释迦方志》和《慈恩传》，未见于戒日王铭文和《西域记》。据《戒日王传》，王圣新婚不久，丈夫摄铠被杀，羯若鞠阇国陷落。王圣先是遭到囚禁，然后逃入文底耶森林。因父母辞世、丈夫和兄长遇害、没有孩子，王圣一度轻生，在投入祭火前被戒日王救下。这时王圣希望出家为尼，又被戒日王劝阻。戒日王带着王圣回到了位于恒河岸边的军营（参见本书第三章《戒日王即位》第2节《若干天内四个人的离奇死亡》及第4节《羯若鞠阇国的即位》)。《释迦方志》记载戒日王“乃与寡妹共知国事”。[②]《慈恩传》卷五称“王有妹，聪慧利根，善正量部义，坐于王后。闻法师序大乘，宗涂奥旷，小教局浅，夷然欢喜，称赞不能已”[③]。又称戒日王在无遮大会布施结束后“从其妹，索粗弊衣着，礼十方佛，踊跃欢喜”[④]。由此可知，在玄奘会晤戒日王之时，王圣尚在人世，辅佐戒日王政事，并已皈依佛教，原本信奉小乘正量部，听闻玄奘论法后改尊大乘。

§5 都城

据吠底耶（C. V. Vaidya）分析，在雅利安佛教时期（Aryo-Buddhistic Period，300BC-648AD），摩揭陀国的华氏城是印度的政治中心；在印度教时期（Hindu Period，648AD-1200AD），曲女城是印度的政治中心。[⑤]

据尚卡尔·戈亚尔（Shankar Goyal）分析，笈多王朝的中心，不在比哈尔，而是在北方邦的东部，以钵逻耶伽（Prayāga）为最初的首

---

① 《戒日王传》第八章，Parab（1892），第284页；Cowell（1897），第254页，“王圣说，她‘既没有丈夫也没有儿子’”。

② 《释迦方志》卷上，第39页。

③ 《慈恩传》卷五，第107页。

④ 《慈恩传》卷五，第112页。

⑤ Vaidya, C. V., *History of Mediaeval Hindu India Vol. I. Rise of Hindu Kingdoms*. New Delhi (India): Cosmo Publications, 1921; 1979, 第iii页。

都。笈多王朝后期，权力中心西移至曲女城，最后建都德里。[①]政治中心从北方邦东部到摩揭陀再到羯若鞠阇国的迁移，很可能来自匈奴人从西北方向入侵带来的压力，也可能源自对资源的掠夺。[②]

戒日王统治时期位于印度古代历史分期的重要交汇点，正体现了印度政治中心在传统华氏城和新兴曲女城之间的更替和摇摆。据《戒日王传》，光增王的都城为萨他泥湿伐罗城，戒日王继承王位时，都城也应为萨他泥湿伐罗城;《戒日王传》中的“皇家营帐”和铭文中屡次提及的“胜利军营”，与戒日王时期的政治中心密切相关；据《西域记》，羯若鞠阇国的都城为曲女城，而戒日王为羯若鞠阇国国王；据《旧唐书》、《新唐书》，戒日王自称摩揭陀王，都城或许与摩揭陀国有关。

5.1　光增王都城萨他泥湿伐罗城

《戒日王传》第三章明确指出萨他泥湿伐罗城（Sthāṇvīśvara）是吉祥颈国（Śrīkaṇṭha）的国都[③]，而吉祥颈国的花有王是普西亚布蒂王朝的祖先。《戒日王传》第四章对光增王国都的描绘，也是指萨他泥湿伐罗城。既然光增王的国都为萨他泥湿伐罗城，王增（二世）继承了光增的王位，戒日王继承了王增（二世）的王位，王权更替时间不足一年，那么在605/606年戒日王即位之时，国都也应在萨他泥湿伐罗城。

5.2　“皇家营帐”与“胜利军营”

除了萨他泥湿伐罗城，《戒日王传》中还提到了另一种与戒日王政治中心相关的地名：皇家营帐（Skandhāvāra）。

波那初见戒日王即在皇家营帐。从波那家乡婆罗门村步行到戒日王的皇家营帐，需要三天时间。[④]波那渡过神圣的福车河（Bhāgīrathī，恒河别称或恒河支流），在名为杖宅（Yaṣṭigṛhaka 或 Yaṣṭigrahaka）的森林村落过夜。第三天，波那到达了皇家营帐：“他（波那）来到坐落在阿契罗伐替河（Ajiravatī）边、曼尼塔罗（Maṇitāra 或 Maṇipura）

---

① Shankar Goyal（2006），第91~92页。

② Shankar Goyal（2006），第33页。

③ 《戒日王传》第三章，Parab（1892），第107页；Cowell（1897），第81页。

④ 《戒日王传》第二章，Parab（1892），第62~64页；Cowell（1897），第44~46页。

附近的皇家营帐（Skandhāvāra），在王宫（Rājabhavana）附近停住脚步。”[①]又据《戒日王传》第二章，波那离开皇家营帐，在朋友家小住了几日，戒日王改变了看法，热情地接纳了他，并与他分享财富。[②]及《戒日王传》第三章，波那得到戒日王的接纳，在皇家营帐居住了一段时日，然后“初秋，波那离开皇家营帐，回到婆罗门村探望亲人”[③]。波那面见戒日王及接受戒日王供养期间，戒日王一直居住在皇家营帐。

戒日王的皇家营帐在阿契罗伐替河（Ajiravatī）沿岸的曼尼塔罗（Maṇitāra 或 Maṇipura）附近。北憍萨罗国的舍卫城（Śrāvastī，音写为室罗伐悉底）即位于阿契罗伐替河畔，是北印度的商业中心之一，通王舍城以及西南方各处的三条重要商道在此地会合。[④]据颁发于630年的《默图本铜牌》，戒日王将舍卫城（Śrāvastī-bhukti）持瓶镇（Kuṇḍadhānī-vaiṣayika）苏摩瓶村（Somakuṇḍakā-grāma）的土地布施给两位婆罗门，证明戒日王曾统治此地。据玄奘记载：“室罗伐悉底国周六千余里。都城荒顿，疆埸无纪。宫城故基周二十余里。虽多荒圮，尚有居人。谷稼丰，气序和。风俗淳质，笃学好福。伽蓝数百，圮坏良多。僧徒寡少，学正量部。天祠百所，外道甚多。”[⑤]玄奘对这里“僧徒寡少”、“外道甚多”的描述，以及“学正量部”的描述（戒日王的妹妹王圣即“善正量部义”），都十分符合戒日王的统治特色，且这里“宫城故基周二十余里”，在玄奘到达时“虽多荒圮”，却“尚有居人”，可见宫城荒废并不太久，颇似戒日王旧都的情形。

结合波那对“皇家营帐”各国使者汇聚朝贡盛大场面的铺张描绘，这里很可能是戒日王在620年前后的临时国都。戒日王曾在这里处理政务，会见各国使臣，接受朝贡。

戒日王在登基之前就已有不同于光增王都城萨他泥湿伐罗城的行宫。例如：“这天，他（喜增）打猎的时候心不在焉。日中时分，他回到宫殿

① 《戒日王传》第二章，Parab（1892），第64页；Kane（1918），第26页；Cowell（1897），第46页。

② 《戒日王传》第二章，Parab（1892），第91页；Cowell（1897），第69页。

③ 《戒日王传》第三章，Parab（1892），第91页；Cowell（1897），第70页。

④ 《西域记》卷六《室罗伐悉底国》，第483页注释一。

⑤ 《西域记》卷六《室罗伐悉底国》，第481页。

(Bhavana)。”① 在这里，戒日王收到使者来信，得知光增王病危。这个宫殿距离光增王所在的国都（萨他泥湿伐罗城）骑马两日左右的距离。②

《戒日王传》第八章将近尾声的时候提到了另一个“营地”：“黎明时分，国王（喜增）打发旋风（Nirghāta，戒日王在文底耶森林的向导）离开。旋风带着衣服、装饰等礼物，心满意足地走了。国王则带着阿阇梨（日友）和自己的妹妹（王圣），经过一些跋涉，返回坐落在恒河岸边的营地（Kaṭaka）。”③ 这个营地坐落在恒河岸边，明显是不同于舍卫城附近皇家营帐的另一处营地。戒日王在出征途中遇到“押送被王增（二世）打败的摩腊婆大军俘虏的婆尼在附近驻扎”，戒日王派遣婆尼攻打高达国，自己前往文底耶森林营救妹妹④，之后又带着妹妹和日友返回营地，可见这处营地与曲女城相去不远。然而《戒日王传》自始至终都没有将曲女城视作戒日王都城，也就是说，在620年前后，戒日王并未以曲女城作为国都。

戒日王铭文中屡次提及的“胜利军营”（Jaya-skandhāvāra）与波那初见戒日王的“皇家营帐”（Skandhāvāra）使用同一个梵语词。《班斯凯拉铜牌》中说：“来自吉祥增长峰（Varddhamānakoṭī 或 Vardhamāna-koṭī）的胜利军营，[军营]由伟大的船、象、马组成。”《俱卢之野－瓦拉纳西铜牌》中说：“住在吉祥增长峰，来自由伟大的船、象、马组成的胜利军营。”《默图本铜牌》中说：“来自劫毕提迦（Kapitthikā）⑤ 的胜利军营，[军营]由伟大的船、象、马组成。”这些铭文中的“胜利军营”，有的在增长峰（Varddhamānakoṭī），有的在劫毕提迦（Kapitthikā，劫比他国），具体位置无从考证。不过既然戒日王家族来自这里，戒日王铭文颁发自这里，可推知这些地方具有相当的政治地位。

《戒日王传》描绘了戒日王的多处“皇家营帐”或“行宫”。例如

---

① 《戒日王传》第五章，Parab（1892），第167页；Cowell（1897），第133页。

② 据波那所述，仿佛喜增只走了一天一夜（中午见到狮子遭火的景象，回到营帐，收到使者来信，骑马启程，度过一夜，第二天中午到达国都）。不过从婆尼的话来看（王子三天没有进食），从喜增接到使者的来信到见到光增王，过了三天时间。如果婆尼的话意为首尾三日，即从第一天中午到第三天正午时分进入国都，则喜增骑马赶路的时间为一天两夜。见《戒日王传》第五章。

③ 《戒日王传》第八章，Parab（1892），第289页；Cowell（1897），第258页。

④ 《戒日王传》第七章，Parab（1892），第253~254页；Cowell（1897），第223~224页。

⑤ 梵语 kapitthikā，来自 kapittha（=kapi+stha），意为“猴子居住之地”，引申为“劫毕他树”。此处为地名。

坐落在阿契罗伐替河沿岸曼尼塔罗附近的"皇家营帐"。戒日王早年在这里处理政务，接见来使，会见波那。这个皇家营帐类似于戒日王的临时都城。又如戒日王出征前召集象军处[①]，出征途中位于萨他泥湿伐罗城与曲女城之间的接见鸠摩罗王使者处[②]，以及坐落在恒河岸边曲女城附近的营地，等等。这些"皇家营帐"与铭文中的"胜利军营"一样，均在某种程度某个阶段起到政治中心的作用。一方面可见戒日王处处安营，行宫众多；也从侧面论证了戒日王"象不解鞍，人不释甲"[③]的执政状态。

5.3 羯若鞠阇国都城曲女城

羯若鞠阇国和曲女城对应的梵文是Kanyākubja，此处以音译（羯若鞠阇）作为国名，以意译（曲女）作为城名；kanyā意为"少女"，kubja意为"曲背"；kanyā一词，元音经强化或弱化，又产生了几种不同的拼写：Kanyakubja，Kānyakubja和Kānyākubja。梵语的曲女城很可能源自巴利语Kannakugga或Kaṇṇakujja在转写时出现的讹误，其真实含义并非"曲女"，而为"卷耳"（karṇa-kubja）。[④]

Kanyākubja或Kaṇṇakujja等对应的音译包括"羯若鞠阇"、"伽那慰阇"、"葛那鸠遮"、"迦那鸠阇"、"鞬拿究拨阇"等。

Kanauj及其众多异写[⑤]，音译为"罽饶夷"、"葛那及"、"卡瑙季"等，古时为Kanyākubja的俗称[⑥]，与Kanyākubja通用；亦为曲女城遗址

---

① 《戒日王传》第六章，Parab（1892），第219~220页；Cowell（1897），第189~190页。

② 《戒日王传》第七章，Parab（1892），第240~241页；Cowell（1897），第211页。

③ 《西域记》卷五《羯若鞠阇国》，第429页。

④ 季羡林先生认为道宣《续高僧传·达摩笈多传》中的"鞬拿究拨阇"是曲女城的另一种音写。道宣也记载"鞬拿究拨阇"属于"中贤豆界"。其大略为曲女城之所在。道宣紧接在"鞬拿究拨阇城"后注曰"此云耳出"。圆照也在《贞元新定释教目录》中的"鞬拿究拨阇城"后加注"隋云耳出"。依据二人注释，国号"鞬拿究拨阇"的意思不是"曲女"，而是"耳出"。"出"又很可能为"屈"之异写，即"耳屈"。进而比对《四分律》中的"伽那慰阇"与《巴利律》该处地名，可知曲女城对应巴利语之"Kannakugga/Kaṇṇakujja"，即梵文"Karṇakubja"，意为"卷耳"。参见张远《印度曲女城传说源流考辨》，载穆宏燕主编《东方学刊2014》，河南大学出版社，2014，第235~252页。

⑤ 参见M. Monier-Williams, *A Sanskrit-English Dictionary*, 第249页。这些拼法包括Kanauj，Kannauj，Kanoj，Kinoge，Kinnoge，Kinnauj，Kunnoj，Kunnouj，Kunowj，Canauj，Canowj，Canoje，等等。

⑥ 章巽校注《法显传校注》，上海古籍出版社，1986，第69页。

所在地的今称。

此外，曲女城还有若干别称。

（一）拘苏磨补逻（Kusumapura）[①]

Kusuma 为花，pura 为宫城。据《西域记》，羯若鞠阇国都城原名拘苏磨补逻，意为花宫。[②]

（二）大升城（Mahodayā，Mahodaya 或 Mahodayapura）

据《罗摩衍那》和《摩诃婆罗多》，香茅芯（Kuśanābha）建立的大升城就是后来伽亭王（Gādhin 或 Gādhi）统治的曲女城。

（三）伽亭之城（Gādhipura 或 Gādhinagara）

这一称谓来自《摩诃婆罗多》等。伽亭王（Gādhin 或 Gādhi）曾经是曲女城的统治者。

（四）香茅原（Kuśasthala）

Kuśa 为香茅、拘舍草，音译拘舍、俱舍等，sthala 为干地。这一称号本意为生长拘舍草的地方。《戒日王传》中就曾以香茅原代称曲女城。[③] 又依《摩诃婆罗多》、《罗摩衍那》、《薄伽梵往世书》等所述，香茅（Kuśa）是伽亭王的祖父。这个别称还可以解释为国王香茅之地。

（五）马津、马圣地（Aśvatīrtha）

Aśva 为马，tīrtha 为渡口。这一称谓来自《摩诃婆罗多·教诫篇》："顷刻之间，一千匹皎如月光的骏马便从恒河水中精神抖擞，奔腾而出。从此以后，曲女城附近高高的恒河岸便被人们称作马津。"[④]

据波那记载，戒日王继承王位时，国都在萨他泥湿伐罗城。曲女城先是处于穆克里王朝阿般提伐摩的统治下。普西亚布蒂王朝通过联姻，与羯若鞠阇国结成同盟。阿般提伐摩死后，他的长子摄铠继承王

---

① Shankar Goyal（2006），第 92 页，尚卡尔·戈亚尔认为曲女城的别称还包括 Puṣpapura，意为花城。

② 《西域记》卷五《羯若鞠阇国》，第 425 页。

③ 《戒日王传》第七章，Parab（1892），第 253 页；Cowell（1897），第 224 页。考威尔将 Kuśasthala 直接翻译成了 Kānyakubja。

④ 《摩诃婆罗多》（第六卷），第 17 页。*Mahābhārata* 13.4.15-13.4.17."马津"一句梵文原文为：adūre kanyakubjasya gaṅgāyās=tīram=uttamam=aśvatīrthaṃ tad=adyâpi mānavāḥ paricakṣate (13.4.17) 神马出水处在恒河岸边，距曲女城不远。因而"马津"、"马圣地"等也常用来指曲女城。

位。摄铠王与王增（二世）相继遇害后，“曲女城被笈多（Gupta）[1]占领”。[2]《戒日王传》并未交代曲女城的最后归属。

据玄奘记载，羯若鞠阇国（Kanyākubja）大都城旧称拘苏磨补罗（Kusumapura），后因大树仙人的传说更名为曲女城（Kanyākubja）。曷利沙伐弹那（Harṣavardhana，喜增，即戒日王）是统治曲女城的王。曲女城是羯若鞠阇国国都，似乎言下之意，曲女城是戒日王的都城。季羡林先生在《羯若鞠阇国》的注释中说“玄奘时曲女城是戒日王的首都”[3]，又在《摩揭陀上》的注释中说，7世纪初玄奘到达时，称雄于北印度的戒日王，即曷利沙伐弹那，其先世也曾向笈多王朝称臣，戒日王时首都已移至曲女城。[4]大约就是从玄奘的记述中推演而来：羯若鞠阇国国王是戒日王＋羯若鞠阇国都城是曲女城 ⇒ 戒日王都城是曲女城。尚卡尔·戈亚尔（Shankar Goyal）也称，在政治中心从东到西迁移的大趋势下，曲女城在穆克里王朝、普西亚布蒂王朝和耶输伐摩时期成为帝国首都就非常自然了。[5]

然而据《西域记》卷五《羯若鞠阇国》记载，戒日王在曲女城举行佛法辩论会，驱逐五百婆罗门后，“于是乃还都也。”这时戒日王身在曲女城。如果曲女城是戒日王都城，为什么戒日王还需要“还都”呢？曲女城法会之后，戒日王前往钵逻耶伽举行无遮大会。“还都”是否暗示着钵逻耶伽才是戒日王真正的国都呢？

事实上，玄奘或任何记载从未明确说曲女城是戒日王的国都。玄奘详细记述曲女城，不是因为它是戒日王的首都，而是因为曲女城法会在这里举行。这里佛教盛行，大乘小乘争鸣。在玄奘记载的138个国家中，僧徒上万人的国家有10个，除去昔日的乌仗那国（僧徒万八千人），以及南印度的三国达罗毗荼国（万余人，上座部）、僧伽罗国（二万余人，大乘及上座部）和恭建那补罗国（万余人，大小二乘），剩下的六国是：羯若鞠阇国（万余人，大小二乘）；摩揭陀国（万有余

① 很可能是戒日王铭文中提到的天护（Devagupta，音译为提婆笈多）。天护杀死摄铠王，被王增击败，在王增遇害后又卷土重来。

② 《戒日王传》第七章，Parab（1892），第253页；Cowell（1897），第224页。

③ 《西域记》卷五《羯若鞠阇国》，第425页。

④ 《西域记》卷八《摩揭陀国上》，第622页注释一。

⑤ Shankar Goyal（2006），第91~92页。

人，大乘）；乌荼国（万余人，大乘）；憍萨罗国（万人，大乘）；摩腊婆国（二万余人，小乘正量部）；信度国（万余人，小乘正量部）。这样看来，即使曲女城不是国都，戒日王选在曲女城举行法会也不足为奇。如果羯若鞠阇国都城为曲女城、戒日王是羯若鞠阇国国王可以推演出曲女城是戒日王的国都，那么戒日王同时还是萨他泥湿伐罗国、钵逻耶伽国、摩揭陀国等国的国王，是否可以推演出这些王国的“都城”也是戒日王的国都呢？戒日王在钵逻耶伽国的大施场举行五年一度的无遮大会，其盛大场面，较曲女城法会应是有过之而无不及。或许羯若鞠阇国只是戒日王治下的一个行省，曲女城则是它的省会城市。

再以摩揭陀国为例。戒日王对摩揭陀国觊觎已久，并最终将其收入囊中。戒日王企图延请摩揭陀国的胜军论师作为自己的国师，未果：“摩揭陀主满胄王钦贤重士，闻风而悦，发使邀请，立为国师，封二十大邑，论师不受。满胄崩后，戒日王又请为师，封乌荼国八十大邑，论师亦辞不受。王再三固请，亦皆固辞，谓王曰：‘胜军闻受人之禄，忧人之事。今方救生死荣缠之急，岂有暇而知王务哉？’言罢揖而出，王不能留。”[①] 戒日王在摩揭陀国那烂陀寺附近兴建鍮石精舍，“初狮子光未去前，戒日王于那烂陀寺侧造鍮石精舍，高逾十丈，诸国咸知”。[②] “贞观十五年（641），尸罗逸多（戒日王）自称摩伽陀王，遣使朝贡”。[③] 从“自称”摩伽陀王（即摩揭陀王）可知，戒日王更倾向于认同自己摩揭陀王这个身份，以摩揭陀国而非羯若鞠阇国来代称印度，这大概是因为赫赫有名的阿育王就是摩揭陀国国王的缘故。

玄奘在《西域记》中记载了摩揭陀国的三个故都。

（一）华氏城（Pāṭaliputra，波吒厘子城）

“殑伽河南有故城，周七十余里，荒芜虽久，基址尚在。昔者人寿无量岁时，号拘苏摩补罗城（Kusumapura）。[唐言香花宫城。] 王宫多

① 《慈恩传》卷四，第 95~96 页。

② 《慈恩传》卷四，第 98 页；参见《慈恩传》卷三，第 73 页，那烂陀寺西北“有过去四佛坐处。其南鍮石精舍，戒日王之所建，功虽未毕，详其图量，限高十馀丈”；《西域记》卷九《摩揭陀国下》，第 761 页，“其南鍮石精舍，戒日王之所建立，功虽未毕，然其图量一十丈而后成之”。

③ 《旧唐书》卷一九八《西戎》“天竺”条，第 5307 页。参见《新唐书》卷二二一上《西域上》“天竺”条，第 6237 页，“贞观十五年，（戒日王）自称摩伽陀王，遣使者上书”。

花，故以名焉。逮乎人寿数千岁，更名波吒厘子城（Pāṭaliputra）。[旧曰巴连弗邑，讹也。]”①

（二）上茅宫城（Kuśâgrapura，矩奢揭罗补罗城，旧王舍城）

“从此大山中东行六十余里，至矩奢揭罗补罗城（Kuśâgrapura）。[唐言上茅宫城。]上茅宫城，摩揭陀国之正中，古先君王之所都，多出胜上吉祥香茅，以故谓之上茅城也。崇山四周，以为外郭。西通峡径，北闢山门，东西长，南北狭，周一百五十余里。内城余趾（址）周三十余里。”②

（三）王舍城（Rājagṛha，曷罗阇姞利呬城）

“石柱东北不远，至曷罗阇姞利呬城（Rājagṛha）。[唐言王舍。]外郭已坏，无复遗堵。内城虽毁，基址犹峻，周二十余里，面有一门。”③

有趣的是，曲女城（Kanyākubja）和摩揭陀国的华氏城（Pāṭaliputra）都有一个旧称叫拘苏磨补罗（Kusumapura，意为“花宫”）。曲女城的别称“香茅原”（Kuśasthala）和摩揭陀国古都旧王舍城“上茅宫城”（Kuśâgrapura）都与香茅有关，且王舍城（Rājagṛha）遗址就在华氏城附近，与舍卫城（Śrāvastī）通商密切。这些都值得注意。从玄奘的记载来看，摩揭陀国的三个故都均呈现出荒废之态，似乎已不再具有行政职能。

其实无论在哪个行宫戒日王都不曾久住。戒日王并非长期居住在曲女城。波那初次拜会戒日王是在阿契罗伐替河沿岸、曼尼塔罗附近的“皇家营帐”。戒日王在羯朱嗢祇罗国建筑行宫，用于巡视东印度时处理政务。④在钵逻耶伽国设大施场⑤，那里也应有戒日王的行宫。这些都是戒日王时期相对重要的城市。《西域记》载，戒日王“巡方省俗，不常其居，随所至止，结庐而舍。唯雨三月，多雨不行”。⑥也就是说，戒日王平时都在各处巡查（或征战），随所到处安营扎寨，只有雨

① 《西域记》卷八《摩揭陀国上》，第623页。

② 《西域记》卷九《摩揭陀国下》，第717~718页。

③ 《西域记》卷九《摩揭陀国下》，第743页。

④ 《西域记》卷十《羯朱嗢祇罗国》，第789页。

⑤ 《西域记》卷五《钵逻耶伽国》，第463~464页。参见《西域记》卷七《婆罗痆斯国》，第557~558页。临近钵逻耶伽国的婆逻痆斯国，风俗与玄奘记载的萨他泥湿伐罗城十分相似。

⑥ 《西域记》卷五《羯若鞠阇国》，第430页。

季的三个月住在某处行宫里。“国都”在《汉语大词典》中的定义是，“一国最高政权机关所在地，是全国的政治中心”。如果戒日王一年中仅有四分之一的时间待在一个不确定的行宫里，那么戒日王治下的北印度可能就不存在一个全国性的作为最高政治中心的都城，而是各自繁荣的大都市而已。

或许如同中国唐朝的东都洛阳、西都长安一样，曲女城是戒日王众多“都城”或政治中心之一；或许戒日王朝的确处于政治中心从东向西迁移的大趋势的风口浪尖，然而这并不妨碍戒日王“无中心”的摇摆状态。即使无法确定曲女城是否具有都城的地位，但至少可以知道，曲女城是戒日王治下一个非常重要的城市。商旅在这里齐聚，学术在这里争鸣，宗派在这里繁荣。戒日王在何时、用何种方式获得了曲女城的控制权将在本书第三章《戒日王即位》中详细考察。

§6　结论

戒日王生于590年印历心月黑半月第十二天夜晚初分过后，即公历590年6月4日晚10时左右；在605年前后即位，606年改年号为喜增元年；卒于647年下半年；父亲光增王，生年不详，卒于605年前后，崇拜太阳，崇尚武力，妻妾众多；母亲美誉王后（大王后），生年不详，卒于605年前后（光增王卒前）；兄长王增（二世），生于585/586年间，卒于605年或606年初；妹妹王圣，生于592年，605年前后出嫁，卒年晚于641年，皈依佛教，善小乘正量部，后改尊大乘。戒日王出生时名为“喜增”，简称“喜”，尊称“喜天”或“吉祥喜”；约620年之后，又号“戒日”，与喜增等名同时使用；头衔为“吉祥大王”或“最尊贵的王中之王”。戒日王种姓为刹帝利。戒日王族谱及父母兄妹概况见本章第四节，其他戒日王时代相关谱系参见附录五《图表》中的《戒日王谱系》。光增王都城在萨他泥湿伐罗城；戒日王即位之时，都城也为萨他泥湿伐罗城；戒日王早在即位之前就拥有自己的行宫；波那会晤戒日王所在的“皇家营帐”，坐落在阿契罗伐替河沿岸的曼尼塔罗附近，距舍卫城不远，很可能是戒日王620年前后的临时都城；戒日王“行宫”众多，曲女城是其中之一；究竟哪里才是戒日王真正的都城，尚不可知，也或许并不那么重要，萨他泥湿伐罗城、“皇家营帐”（舍卫城等）、曲女城、钵逻耶伽、羯朱嗢祇罗等城市，都在戒日王统治的不同时期、在政治、经济、文化、宗教的不同方面扮演着各自的角色。

第三章

戒日王即位

§1 问题的提出

1.1 相关史料概说

涉及戒日王即位的主要史料有波那的长篇历史传记小说《戒日王传》、戒日王铭文和玄奘的《西域记》。其中以《戒日王传》最为详尽，《西域记》次之，铭文相对简短。

《戒日王传》共八章，主体部分正是讲述戒日王即位的全过程。

《西域记》卷五《羯若鞠阇国》详述了戒日王即位始末："今王本吠奢种也，字曷利沙伐弹那[唐言喜增]（Harṣavardhana）。君临有土，二世三王。父字波罗羯罗伐弹那[唐言光增]（Prabhākaravardhana），兄字曷逻阇伐弹那[唐言王增]（Rājyavardhana）。王增（二世）以长嗣位，以德治政。时东印度羯罗拏苏伐剌那[唐言金耳]（Karṇasuvarṇa）国设赏迦王[唐言月]（Śaśāṅka）每谓臣曰：'邻有贤主，国之祸也。'于是诱请，会而害之。人既失君，国亦荒乱。时大臣婆尼[唐言辩了]（Bhaṇḍi）职望隆重，谓僚庶曰：'国之大计，定于今日。先王之子，亡君之弟，仁慈天性，孝敬因心，亲贤允属，欲以袭位。于事何如？各言尔志。'众咸仰德，尝无异谋。于是辅臣执事咸劝进曰：'王子垂听。先王积功累德，光有国祚。嗣及王增，谓终寿考，辅佐无良，弃身雠手，为国大耻，下臣罪也。物议时谣，允归明德，光临土宇，克复亲雠，雪国之耻，光父之业，功孰大焉，幸无辞矣！'王子曰：'国嗣之重，今古为难。君人之位，兴立宜审。我诚寡德，父兄遐弃，推袭大位，其能济乎？物议为宜，敢忘虚薄！今者殑伽河岸有观自在菩萨像，既多灵鉴，愿往请辞！’即至菩萨像前断食祈请。菩萨感其诚心，现形问曰：‘尔何所求，若此勤恳？’王子曰：‘我惟积祸，慈父云亡，重兹酷罚，仁兄见害。自顾寡德，国人推尊，令袭大位，光父之业。愚昧无知，敢希圣旨！’菩萨告曰：‘汝于先身，在此林中为练若苾刍，而精勤不懈。承兹福力，为此王子。金耳国王既毁佛法，尔绍王位，宜重兴隆，慈悲为志，伤愍居怀。不久当王五印度境。欲延国祚，当从我诲，冥加景福，邻无强敌。勿升师子之座，勿称大王之号！’于是受教而退，即袭王位，自称曰王子，号尸罗阿迭多［唐言戒日］（Śīlāditya）。于是命诸臣曰：‘兄雠未报，邻国不宾，终无右手进食之期。凡尔庶僚，同心戮力！’遂总率国兵，讲习战士，象军五千，马军二万，步军五万，自西徂东，征伐不臣。”①

戒日王铭文现存六件，包括三个铜牌、两个铜印、一个泥印（参见本书第一章《导论》第2节《梵语史料》中的《戒日王六件铭文》和附录一《戒日王铭文及汉译》）。三个铜牌内容相近，涉及戒日王即位的相关细节。以年代标识最早的《班斯凯拉铜牌》（公元627年）为例：“他（光增王）和名誉纯洁的吉祥美誉王后得到合法儿子，最尊贵的王中之王吉祥王增（二世）；［王增］洁白的荣誉花丝②遍及全球，拥抱俱比罗（Dhanada）③、伐楼那和因陀罗等世界保护者的光辉，施舍正当获得的无数钱财和土地，完全满足请愿者的心，他的行为超越过去首领，是最虔诚的佛教徒，犹如佛陀，唯一的爱染是他人的利益。

战争中，吉祥天护（Devagupta）等国王，仿佛难驯的战马，/在他的鞭打下低眉顺眼，统统被收监；/铲除敌人，赢得大地和人民的爱戴，在敌军/营帐，他抛弃生命，由于高尚的誓愿。

他的弟弟是他的合法继承人，一心侍奉大自在天（湿婆）、如大自在天一般同情一切众生的最尊贵的王中之王吉祥喜［增］（戒日王）。”

三种史料，一致的内容为：光增王是王增（二世）和喜增（戒日

① 《西域记》卷五《羯若鞠阇国》，第428~429页。

② 印度传统下，美好的名誉被认为是白色的。此处将荣誉喻为洁白的花丝。

③ 赐予财富者，财神俱比罗（Kubera）的称号。

王）的父亲；王增是戒日王的兄长；戒日王遭遇家庭变故，光增王过世后，王增也遇害身亡；戒日王继承了王位。然而诸多不一致之处也相当明显，让人难以忽视。戒日王铭文属官方文献，内容以王族谱系和功绩为主。如果戒日王即位真的包含不可告人的秘密，绝不会坦率地镌刻在铭文之中。玄奘在628/629年到达印度，面见戒日王又是在十余年后的640/641年，戒日王如何登基，早已成为陈年旧事。作为一个外国和尚，玄奘的记载也只能是道听途说。只有作为戒日王宫廷文人的波那最可能接近权力核心和历史真相（参见本书第一章《导论》第2节《梵语史料》中的《戒日王传》）。在考察戒日王即位始末的方面，《戒日王传》最为可信。波那通过铺张的叙述和文学修辞，既披露了玄奘并不知晓的历史往事，又暗示了官方文献中并未透露的事实真相，为戒日王即位过程补充了大量细节。《西域记》和戒日王铭文作为旁证，也具有相当重要的史料价值。

1.2　是萨他泥湿伐罗国，还是羯若鞠阇国？

如果细致比对波那《戒日王传》与玄奘《西域记》中的史料，会发现二者除了戒日王父兄的名字一致之外，对即位过程的记载大相径庭。如下表所示：

	波那《戒日王传》	玄奘《西域记》
即位国家	萨他泥湿伐罗国	羯若鞠阇国
即位地点	娑罗私婆提河附近	恒河附近
宗教信仰	以印度教湿婆崇拜为主①	正邪二道，佛教徒居多②
即位背景	王增（二世）出征，生死未卜	“人既失君，国亦荒乱”③
即位合法性	吉祥天女预言 父王偏爱 兄长让贤	“先王之子，亡君之弟”④（《西域记》） 亡君遗孀之兄；亡君旧友辅政 （《戒日王传》）

① 据《戒日王传》描述，此处湿婆崇拜盛行；参见《西域记》卷四《萨他泥湿伐罗国》，第388页，“伽蓝三所，僧徒七百余人，并皆习学小乘法教。天祠百余所，异道甚多”。

② 《西域记》卷五《羯若鞠阇国》，第423~424页，“邪正二道，信者相半（伴）。伽蓝百余所，僧徒万余人，大小二乘兼功习学。天祠二百余所，异道数千余人”。

③ 《西域记》卷五《羯若鞠阇国》，第428页。

④ 《西域记》卷五《羯若鞠阇国》，第428页。

续表

	波那《戒日王传》	玄奘《西域记》
即位拥护者	老臣狮吼 象军统帅室建陀笈多 （婆尼不在身边）	大臣婆尼
吉兆	婆罗门献金印 鸠摩罗王使者献宝华盖 佛教大师日友献珍珠璎珞	观自在菩萨显形说因缘
即位手段	武装政变	和平交接

产生这种差异的原因之一是波那铺张的文学修辞和玄奘的佛教信仰带来的叙事与史实的偏差。例如戒日王获得金印、华盖、璎珞等象征王权的贡物很可能并非史实，而是波那的文学想象；同样，断食祈请恒河岸边的观自在菩萨像，也更像是来自佛教系统的传说。

另外的原因是因年代久远而产生混淆。例如玄奘在《羯若鞠阇国》称“君临有土，二世三王”，指光增、王增和喜增。普西亚布蒂王朝和穆克里王朝虽然通过联姻结成了同盟关系，但是羯若鞠阇国的实际控制权还是掌握在穆克里王朝的阿般提伐摩及其长子摄铠王手中。据《戒日王传》，“就在传出光增王死讯的当天，摩腊婆王夺取了摄铠王的生命和他的全部美德。”[①] 光增王没有机会统治羯若鞠阇国。“二世三王”并非具体到羯若鞠阇国而言，而是一个笼统的概念。又如“（戒日王）于是受教而退，即袭王位，自称曰王子，号尸罗阿迭多[唐言戒日]”。然而据铭文等史料，可知戒日王的称号包括“大王”和“王中之王”，并非“王子”，且“戒日”的名号也并非在即位之初就已获得（参见本书第二章《戒日王的年代、家族及都城》第2节《名号：从喜增到戒日》）。

然而，即使波那与玄奘运用不同的文体、怀抱不同的信仰又时隔二十余年，也不应产生如此巨大的差异。笔者认为，二者记载相左的最主要原因是，《戒日王传》和《西域记》中记载的并非同一事件，而是对于两个不同国家的两个分别的即位事件：戒日王“继承”（篡夺）萨他泥湿伐罗国王位和“继承”（攫取）羯若鞠阇国控制权。季羡林先生曾指出玄奘记载混乱。戒日王如果继承光增王王位，则应继承萨他泥湿伐罗国，而非羯若鞠阇国王位。彼得·罗伯（Peter Robb）则说出

① 《戒日王传》第六章，Parab（1892），第204页；Cowell（1897），第173页。

了问题的关键，“戒日王在兄长和妹夫死后，继承了普西亚布蒂和穆克里两个王朝的王位”。[①]就算可以将细节上的差异搁置不提，即位国家的不同也很难忽略不计。《戒日王传》中，光增王的国都是萨他泥湿伐罗城，无论王增还是喜增继承的都应该是萨他泥湿伐罗国的王位；《西域记》中讨论的则是羯若鞠阇国王位的归属问题。玄奘记载虽有混乱，但对于戒日王即位国家的记载是一致的。也就是说，波那记载的是戒日王篡夺萨他泥湿伐罗国的前因后果；而玄奘所述的原本就是戒日王攫取羯若鞠阇国的过程。

第一，即位国家不同是二者叙述的最大不同。

第二，居住在森林里的佛教大师日友（Divākaramitra）与恒河岸边的观自在菩萨像虽然同样具有佛教元素，但日友敬献璎珞与观自在菩萨显形的情节迥然不同。

第三，戒日王在萨他泥湿伐罗国的即位得到老臣狮吼将军（Siṃhanāda）和象军统帅室建陀笈多（Skandagupta）的支持，这时婆尼（Bhaṇḍi）并不在戒日王身边；而戒日王在羯若鞠阇国的即位得到了婆尼的拥护。尚卡尔·戈亚尔（Shankar Goyal）认为婆尼劝说戒日王接受的是羯若鞠阇国政权。一来，如果是针对萨他泥湿伐罗国，则没有劝说的必要。王增过世，未留子嗣，兄死弟承，何用劝说？二来，戒日王在恒河岸边祈请观自在菩萨像，也是属于曲女城的景象，而非萨他泥湿伐罗城。萨他泥湿伐罗国以信仰湿婆为主，很难见到观自在菩萨像，且毗邻娑罗私婆提河，而非恒河。[②]由此可见时任萨他泥湿伐罗国大臣的婆尼劝说戒日王接受的不是萨他泥湿伐罗国王位，而是羯若鞠阇国王位。

第四，即位萨他泥湿伐罗国，涉及美誉王后、光增王和王增（二世）之死；即位羯若鞠阇国则与摄铠王之死密切相关。玄奘之前讲述戒日王家族及王增遇害，旨在介绍即位背景。从“人既失君，国亦荒乱”[③]一句才正式转入叙述戒日王在羯若鞠阇国即位的始末。“国”无疑指羯若鞠阇国；“君”，虽可勉强指被害的“王增”，但从事实上看应该

① Robb, Peter, *A History of India*. New York: Palgrave MacMillan, 2011，第 42 页。

② Shankar Goyal（2006），第 186 页。

③ 《西域记》卷五《羯若鞠阇国》，第 428 页。

指羯若鞠阇国原来的国王摄铠。

可以肯定，戒日王“继承”（篡夺）萨他泥湿伐罗国王位与“继承”（攫取）羯若鞠阇国王位是两个不同时间、不同地点的全然不同的“即位”事件。二者在时间上紧密衔接、前后相续，在手段和过程上也具有一致性和关联性。这也是此前学者倾向于将二者混为一谈的重要原因。波那《戒日王传》在戒日王继承萨他泥湿伐罗国王位后戛然而止。结尾处戒日王带着王圣和日友（Divākaramitra）返回恒河岸边营地，攻打高达国的婆尼即将凯旋，戒日王获得羯若鞠阇国的控制权指日可待。玄奘所述戒日王攫取羯若鞠阇国王位，正是紧接在波那的叙述之后发生的事。

本章集中探讨戒日王在萨他泥湿伐罗国和羯若鞠阇国的二重即位始末。先从若干天内四个与戒日王密切相关之人的离奇死亡说起。

§2　若干天内四个人的离奇死亡

戒日王是印度古代著名君王，也是中印交流史上的重要人物。641年至648年间，戒日王与唐太宗频繁互遣使臣，书写了中印官方往来的重要记录。[①]有趣的是，让这两位帝王相连甚至相惜的不仅在官方层面，还包括一个他们双方可能都不知晓的内在契合。举国震惊的“玄武门之变”[②]使唐太宗获得了至尊之位。接下来的研究即将表明，戒日王的即位过程很可能同样包含着激烈的冲突和对亲族的杀戮。这也给这两位频繁交往的中印帝王甚至中国和印度这两个古老而神秘的国度，

① 关于戒日王与唐太宗的官方交往及唐初六次印中遣使的相关细节，参见本书第七章《戒日王与中国》，并参见张远《〈秦王破阵乐〉是否传入印度及其他——兼与宁梵夫教授商榷》，《南亚研究》2013年第2期，第140~156页；《戒日王与中国——一位印度名王的故事》，《文史知识》2013年第11期，第16~21页；《三次遣使中国的印度戒日王》，《光明日报》2015年2月16日第16版；《唐初印中遣使若干细节考辨——取熬糖法、献菩提树、破阿罗那顺和翻老子为梵言》，《中国典籍与文化》2016年第2期，第61~66页；《古代丝绸之路上的中印交流——以唐初六次遣使时间及唐使官阶为重心的回顾》，《甘肃社会科学》2016年第5期，第140~144页。

② 《旧唐书》卷二《太宗本纪上》，第29~30页，626年6月，唐太宗李世民杀死兄长李建成和弟弟李元吉，迫使父亲李渊立自己为太子，8月，李渊传位给李世民，史称“玄武门之变”。同类事件还可参见《隋书》第四册，列传第十文四子，第1238页，604年隋文帝暴毙，疑似杨广谋害，杨广又伪造父亲诏书，赐死兄长杨勇。

又平添了几分神秘的色彩。

光增王突然病重，美誉王后因不希望成为寡妇而率先“殉夫”；当日，光增王暴毙；得知光增王死讯，摩腊婆王趁机攻打羯若鞠阇国（曲女城），杀死光增王女儿王圣的丈夫摄铠王，囚禁王圣；得知摄铠王死讯，王增（二世）出征曲女城寻找妹妹，为妹夫报仇，不幸遇害。美誉王后“殉夫”、光增王暴毙、摄铠王被杀、王增（二世）遇害均见于《戒日王传》；王增遇害还见于铭文和《西域记》。这四个事件紧密相连、因果相续，以戒日王获得萨他泥湿伐罗国和羯若鞠阇国王位作为结局。

2.1 美誉王后“殉夫”

戒日王的母亲美誉王后死于“殉夫”，却是先于光增王而死。这与通常意义上的“殉夫”概念极不相符。“殉夫”，指丈夫死后，妻子也跟随死去的行为，所以常常称作“寡妇殉夫”。未成寡妇先行“殉夫”实属罕见。美誉王后之死，很可能另有隐情。

第一，“殉夫”一说并不成立。

波那称美誉王后希望在成为寡妇之前死去。但是她如何确信自己一定会成为寡妇呢？在美誉王后“殉夫”的一天前，戒日王召集的医生们都说光增王不日即将痊愈。只有一个年轻医生，许诺告诉戒日王实情，却在第二天清晨自杀。那么，美誉王后如何得知光增王病危将死？就算光增王病重，也还一息尚存。她的行为，与其说是为爱“殉夫”，倒不如说是“咒夫”早死。

第二，“殉夫”行为并非自愿。

波那称美誉王后为名誉“殉夫”。喜增请求母亲不要赴死。美誉王后说，“我出身伟大的家庭，来自纯洁的祖先，美德是我的嫁妆。我要在成为寡妇之前死去。儿子啊！不要让我做不名誉的事情。”[①] 美誉王后这个为名誉“殉夫”的举动包含若干疑点，很可能受到了某种程度的胁迫。首先，波那提到美誉王后含泪拜别其他嫔妃[②]，可见光增王嫔妃

---

① 《戒日王传》第五章，Parab（1892），第 185~187 页；Cowell（1897），第 152~154 页。

② 《戒日王传》第五章，Parab（1892），第 184 页；Cowell（1897），第 151 页。

众多。戒日王在《妙容传》中写到文底耶幢王被优填王的军队杀死后，他的妻子们全部殉夫而死。[①] 波那在《戒日王传》王圣准备投火自焚的段落提到连她的侍女都准备随她赴死。那么，为什么光增王的其他嫔妃没有“殉夫”而仅有美誉王后一人？其次，从美誉王后与草木、儿女辞别的感人场面[②]，可以感受到她对生活的热爱和对生命的眷恋；相比之下，虽然戒日王对梦兆中母狮投入烈火的解释是出于爱情，但在美誉王后的独白中，几乎没有提及对光增王的爱恋。最后，“殉夫”在7世纪的印度并不是必须完成的仪式。王圣在摄铠王死后并未殉夫。王圣在文底耶森林决定投火自焚也不是为了殉夫，而是出于失去亲人的绝望，包括丈夫已死，而自己没有孩子；父母辞世；失去兄长。这些理由对美誉王后均不成立。她有三个孩子，其中两个儿子均有可能继承王位；她的父母在前文提到曾为她祈求子嗣，很可能健在；她的兄弟是婆尼的父亲，也可能健在。在这种情况下，美誉王后如何会“自愿”提前“殉夫”呢？

第三，美誉王后可能是“子贵母死”的牺牲品。

美誉王后表面看来是最远离王权的角色，似乎超然世外、与世无争。其实并非如此。光增王是个好色的君王，后宫嫔妃众多，还有虏获的敌人妻妾。美誉王后出身高贵，在光增王的众多后妃中脱颖而出一跃成为大王后，证明她绝非等闲。美誉王后得到光增王的宠幸，贵为群妃之首，在后宫呼风唤雨。在戒日王的《妙容传》和《璎珞传》中，均有大王后（仙赐）囚禁（甚至秘密监禁）国王情人的情节。这证明大王后为了稳固自己的地位，会采取一些比较激烈的手段，甚至不惜与国王作对。随着王增、喜增相继出世并成为光增王最可能的继承人，随着王圣嫁入羯若鞠阇国王室成为维系两国政治同盟的坚实纽带，美誉王后可谓母以子（女）贵，权力膨胀到整个宫廷。不仅如此，她还把自己兄弟的儿子婆尼安插在重要位置，掌管内政要事和兵权。就在投火殉夫之前，她还镇定自若地给大臣下达命令。[③] 美誉王后在萨他泥湿伐罗国的地位，虽不至垂帘听政，也是举足轻重。因此，如

---

① 《妙容传》第一幕，Kale（1928），第7页。

② 《戒日王传》第五章，Parab（1892），第182~187页；Cowell（1897），第149~155页。

③ 《戒日王传》第五章，Parab（1892），第183页；Cowell（1897），第151页。

果国家面临政权更迭，恐怕会最先从这个人脉深广、权力巨大的美誉王后下手。[①]在印度很多殉夫的举动都带有胁迫性质。更何况美誉王后“殉夫”之时，光增王并没有死，甚至不能确定一定会死。所以波那使用“在成为寡妇之前死去”的说辞显得苍白无力。更可能是光增王或顾命大臣担心某种外戚专权局面的发生而趁机赐死美誉王后。

有趣的是，摩腊婆国大军护的妹妹嫁给了光增王的父亲日增；王增、喜增的妹妹嫁给了摄铠王。萨他泥湿伐罗国是摩腊婆国的外戚，羯若鞠阇国是萨他泥湿伐罗国的外戚。姻亲关系并没有阻止他们交战。波那赞美光增王功绩的时候就曾说他是“摩腊婆光辉藤蔓的利斧”[②]，证明萨他泥湿伐罗国曾与摩腊婆国交战，并以光增王的胜利而告终。这也从另一角度论证了印度宫廷对于外戚权力的提防和恐惧。戒日王则是干脆利用这种关系攫取了羯若鞠阇国政权。戒日王将女儿嫁入伐腊毗国，也未能避免两国交战。

美誉王后之死，很可能是权力更迭风暴的前奏。波那将事情处理为美誉王后为名誉自愿受死，言下之意或可商榷；其余史料均未涉及；或有蹊跷，只能暂且存疑。

2.2　光增王暴毙

光增王暴毙，亦有诸多疑点。

第一，光增王之死未卜先知。

戒日王在收到光增王病危书信前，就预感父母会双双辞世：喜增看到一只雄狮在森林大火中燃烧，火焰红透整个天空。一只母狮子离开它的幼崽，纵身一跃跳入火中。[③]这预示光增王热病发作，美誉王后自焚殉夫。此后又有一系列凶兆，预示光增王将死：左眼跳；信使皮肤黝黑；鹿从右向左奔跑，预示着狮子的死讯；乌鸦在秃树上对着日轮嘎嘎叫着，仿佛撕裂王子的心；一个天衣派耆那教徒，身上插着孔

① 田余庆先生在《拓跋史探》中曾讨论子贵母死的案例。为了防止外戚干政的情况发生，北魏的拓跋珪建立了子贵母死的制度。这与印度绝大多数殉夫制度并不相同，但是与美誉王后的情形却有几分相似。美誉王后的“殉夫”如同印度式子贵母死的悲剧。美誉王后很可能死于权力的争夺，甚至与王增的即将掌权紧密相关。

② 《戒日王传》第四章，Parab（1892），第 132 页；Cowell（1897），第 101 页。

③ 《戒日王传》第五章，Parab（1892），第 166~167 页；Cowell（1897），第 132~133 页。

雀翎，涂抹了黑灰，如同将一整天的污垢都涂抹在身上[①]；没有人唱歌，没有人跳舞，甚至在梦中也不着装饰；到处都预示着伟大的灵魂即将陨落，每个生灵心中都带着国王将死的忧愁；大地震动；大海沸腾；天庭出现彗星；天空覆盖乌云；家族女神头上冒烟；乌鸦叫，并且在后宫盘旋；鹫鹰落在白色华盖的正中，用喙子啄去如同王国生命的红色宝石。[②]这些预兆与王子降生和婚礼的吉兆不同。怀胎期待着分娩，婚礼期待着顺利举行，而病重之人并不一定会死去。讽刺的是，婚礼中一切征兆预示吉祥，摄铠王却在不久之后一命呜呼，王圣还没有成为母亲就当了寡妇。可见征兆并不一定可靠。而喜增的预感，却如同身临其境般确凿地指向光增王的必死无疑。

第二，事件发生紧凑，时间短暂。

王圣出嫁不久，王增出征；王增出征不久，光增王病重。从喜增接到使者来信到见到光增王，大约过了三天时间。喜增在正午时分进入国都[③]；见过光增王之后，在黄昏时分[④]召集所有御医询问光增王病情；在光增王寝宫待了一夜；第二天清晨，小医生投火自焚，白天过去，喜增在痛苦中度过夜晚；第三天，喜增得知美誉王后决定投火"殉夫"[⑤]；当日，美誉王后"殉夫"；傍晚，光增王对喜增说完遗言后，也驾鹤西去；光增王的灵柩被连夜抬到娑罗私婆提河边等待火葬[⑥]；第四天清晨，喜增主持火葬[⑦]。从喜增得知父亲病重到回到都城，途中大约两到三天；从喜增回到都城到父亲病逝，也仅有三天时间。都城从刚刚的举国同庆过度到举国同悲。[⑧]光增王刚刚欢天喜地嫁了女儿，送长子上战场抗击白匈奴，然后就骤然生病死去。

---

① 《戒日王传》第五章，Parab（1892），第167~169页；Cowell（1897），第133~135页。在印度，左眼跳是凶相；右眼跳预示好运；深色象征厄运。以上都是不祥之兆。

② 《戒日王传》第五章，Parab（1892），第179~181页；Cowell（1897），第146~148页。以上均象征厄运。

③ 《戒日王传》第五章，Parab（1892），第169页；Cowell（1897），第135页。

④ 《戒日王传》第五章，Parab（1892），第176页；Cowell（1897），第143页。

⑤ 《戒日王传》第五章，Parab（1892），第181~182页；Cowell（1897），第148~149页。

⑥ 《戒日王传》第五章，Parab（1892），第189~190页；Cowell（1897），第158页。印度的火葬没有停尸的时间，通常是死后一天内火化。

⑦ 《戒日王传》第五章，Parab（1892），第191~192页；Cowell（1897），第160页。

⑧ 《戒日王传》第五章，Parab（1892），第169页；Cowell（1897），第135页。

第三，知情小医生之死。

喜增见光增王之后，把主治医师叫到跟前，询问父亲病情。大部分医生都说光增王不日即可痊愈。只有一个名唤味来（Rasāyana）的年轻医生含泪不语。喜增说，“我的朋友，告诉我实情。”味来说，“明天清晨，我告诉您您父亲的实情。”第二天清晨，喜增听到小王子们喊着“味来”的名字，得知小医生已投火自焚。[①] 喜增赞美小医生自焚的举动是因为不愿说出“不受欢迎的话”，这并不能解释小医生突如其来的死讯。主治医师的回答是否隐瞒了光增王的病情？答案应该是否定的。如果光增王想隐瞒病情，又为何要送信给喜增？最可能的情况是，光增王的病本无大碍。然而小医生的出现使得光增王的暴毙充满疑窦。小医生死后，光增王病情急转直下，不足两天就一命归西。小医生打算说什么？小医生之死与光增王之死有何关联？波那提供的线索过于有限，已不足以解答这些疑惑。

第四，波那对戒日王辞别母亲的描写生动入理，对王增赶回王城奔丧的肖像描写更是感人至深，对戒日王因父亲病重而痛苦的描写却苍白无力。可以明显感到王增对父亲过世的悲伤远大于喜增；戒日王因母亲过世而痛苦，对光增王之死的反应却并不强烈。

> 以悲伤为传令官，王增回来了。王子（王增）满身尘土，如同大地这个无助的遗产已经将他的身体作为了避难所。白色的纱布包裹着他出击白匈奴所负的箭伤，装点他的身体如同即将降临的王权。他的肢体瘦削，如同为了挽救老国王的生命而为忧伤之火奉献了自己的血肉。他头上没有戴王冠，头发凌乱，宝珠丢失，仿佛悲伤地登上了王位。他的额头由于酷热流汗，如同渴望接触父亲的双足而悲伤哭泣。他用泪水之河不停地泼洒大地，如同大地因失去了国王而昏迷不醒。他的圆唇上，槟榔叶的色彩退却，仿佛这颜色被他炽热的呼吸溶解。饰品只剩下护身符，他的双耳仿佛被新近听到的父亲的死讯而产生的悲伤之火烧灼。他的脸上长出了胡子茬，流苏映衬着黑色的眸子，低垂着，看起来由于生

① 《戒日王传》第五章，Parab（1892），第176~179页；Cowell（1897），第143~145页。

长的哀痛而更为黝黑。他如同一只雄狮，在山峰（国王）崩塌后没有了居所；如同白天，由于太阳的下沉而步入黑夜。①

当描绘喜增在光增王病中的反应时，波那称喜增痛苦、流泪，用了三次“心碎成千瓣”，显得语枯词穷；一系列不祥的征兆没有带来悲伤的情绪，反而增加了阴森恐怖的气氛；病重的光增王仿佛行将就木；②美誉王后坐在光增王床边，眼睛红肿哭泣，形同寡妇③；光增王如同死神环绕；召集御医询问，仿佛要确定光增王的死讯。波那细致描绘了喜增眼中的光增王令人厌烦的形象：光增王把侍女支使得团团转，一会儿要扇风，一会儿要喝水，一会儿要敷冰，一会儿要揉腿。波那这样列举了 20 个侍女。④喜增并没有像《龙喜记》中标榜的好儿子那样在父亲床前尽孝，而是沉浸在一种焦躁的情绪里。喜增在光增王死后，很快就从“悲痛”中恢复过来。波那描写王增的嘴唇“失去血色”，而喜增的嘴唇是“依然有槟榔叶的颜色”。王增赶回家之前，未出半月时间，喜增就已在大臣们的劝说下放弃了悲痛、禁食和禁欲：“在古老家族的年轻贵族、可敬而可靠的导师、精通天启、传承和史诗的老婆罗门、博学的皇家顾问、通晓教理的苦行者（皇家僧侣）、吠檀多学者、神话学家这些忠实支持者的帮助下，喜增不再悲痛，不再拒绝进食，开始享受生活。”⑤

第五，戒日王返回都城的次日清晨打发快骆驼给兄长送信。⑥如果光增王的信使没有送信给长子王增，这不合情理。如果光增王同时发信给两个王子。使者经三天送达戒日王，戒日王经三天到达国都，再三天光增王过世，次日火葬。十天时间王增依然没有赶回，也不合情理。如果只有喜增收到了光增王使者的信，不排除光增王佯装生病试探喜增的可能。如果王增收到的是喜增使者的信，也可能是喜增的信使阻碍了王增在光增王过世前回到都城。

第六，光增王临死时只有喜增在场，遗言中对喜增赞美之至，暗

① 《戒日王传》第六章，Parab（1892），第 196~197 页；Cowell（1897），第 165~167 页。
② 《戒日王传》第五章，Parab（1892），第 173~175 页；Cowell（1897），第 140~141 页。
③ 《戒日王传》第五章，Parab（1892），第 174 页；Cowell（1897），第 141 页。
④ 《戒日王传》第五章，Parab（1892），第 177~178 页；Cowell（1897），第 144~145 页。
⑤ 《戒日王传》第五章，Parab（1892），第 193~194 页；Cowell（1897），第 162~163 页。
⑥ 《戒日王传》第五章，Parab（1892），第 178 页；Cowell（1897），第 145 页。

示传位给喜增，对王增竟只字未提。[①]这样的遗言几乎不可能出自光增王之口。

> 国王（光增王）双目紧闭[②]，听到不停哭泣的声音，恢复知觉，平静地对他（喜增）说："儿子啊！请不要这样！你可不是这样内心软弱的人。内心强大的确是世人的首要支柱，然后才是王族血统（世人首先依附于内心强大者，而后才是出身高贵者）。你是诸勇士的领袖，一切优越性质的归宿，哪里容得下软弱？如果说'你是家族明灯'，仿佛是对你贬低，因你的光辉如同太阳；如果说'你是人中雄狮'，仿佛是对你谴责，因你兼具敏锐的智慧和巨大的勇气；如果说'大地是你的'，仿佛是重复，因你具有象征转轮王的印记；如果说'请俘获吉祥天女'，仿佛恰恰相反，因为正是吉祥天女亲自俘获了你；如果说'请占领这个世界'，仿佛过于卑微，因你渴望征服两个世界；如果说'请占有宝藏'，仿佛毫无用处，因你以积聚月光一样的纯洁荣誉为唯一目标；如果说'请征服诸侯王'，仿佛没有意义，因你已凭借美德的会聚征服世界；如果说'请担负起王国的重担'，仿佛是错误的命令，因你已习惯于三界的重担；如果说'请保护臣民'，仿佛是复述（anuvāda）[③]，因你用长长的手臂之闩庇护十方之门；如果说'请保护随从'，仿佛顺理成章，因你与世界的保护者相媲美；如果说'请操练兵器'，因你前臂印有一行行弓弦磨出的茧子标记，还有什么可说？如果说'请不要轻率'，我的声音仿佛无处容身，因你在如此年轻的时候就能控制感官；如果说'请全歼诸敌'，仿佛是对你担忧，因你的威力与生俱来。"这样说着，王中雄狮永远地闭上了眼睛。[④]

---

① 《戒日王传》第五章，Parab（1892），第 187~188 页；Kane（1918），第 31~32 页；Kane（1986），第 86~87 页；Cowell（1897），第 155~156 页。

② 梵语 uparudhyamāna-dṛṣṭiḥ，直译为"视线被阻碍的"，据 Kane（1986），第 474 页。参见 Cowell（1897），第 155 页注释一，Kailāśe 译为"意识被阻碍"或"眼睛向上看"。

③ 据 Kane 注释，重申、阐释、举例说明吠陀仪轨的段落，称为"anuvāda"。见 Kane（1986），第 475 页。

④ 《戒日王传》第五章，Parab（1892），第 187~188 页；Kane（1918），第 31~32 页；Kane（1986），第 86~87 页；Cowell（1897），第 155~156 页。

第七，波那关于太阳的奇怪比喻，一语双关。

“光增王辞世的时候，太阳也失去了光芒，如同失去生命。他（太阳）低垂着脸，仿佛夺去国王的生命是他自己的罪过，而他因此而羞愧；仿佛被君王驾崩的忧愁之火灼烧，他呈现出红铜色；他慢慢从空中西沉，如同顺从了大地的意愿前来探望；仿佛为君王汲水，他坠向西海；掬水过后，他的一千只手（光芒）变得通红，如同被忧愁灼烧。”[①] 从字面上看，这是纯粹的环境描写：光增王逝世的时候是黄昏，太阳呈现红铜色，西沉入海，仿佛为光增王汲水，接触大地，仿佛前来探望。太阳同时用来比喻戒日王：喜增前来探望，满心忧愁，两眼通红，在光增王的葬礼上为他掬水，又获得了大地（王位）。夜间过去，清晨到来。对于鸡鸣、鸟飞、晨星、白月的描写，虽然带着忧伤，却更多的是如同新生一般的欣喜感觉。然后波那说，“如同我的国王喜增，太阳升上天庭；如同王权更迭，夜晚发生了改变（变成了白天）”。[②] 这里，太阳再一次用来比喻戒日王。似乎暗示光增王死后，喜增必然即位的事实。那么“他（太阳 / 喜增）低垂着脸，仿佛夺去国王的生命是他自己的罪过，而他因此而羞愧”，这句比喻就蕴含深意：热病夺去国王的生命，仿佛发热的太阳也有罪过；国王病逝，仿佛是喜增的罪过。为什么波那会用这样的隐喻暗含对喜增的指控呢？这很可能是确凿的谴责。

结合上述诸多疑点，光增王之死可能另有隐情。戒日王并非没有弑父的动机：一方面是他对权力的渴望（王权信仰）；一方面是他在兄长阴影下的嫉恨和不满。没有到“适合穿铠甲的年龄”，不能像兄长一样带兵打仗，没有兄长的显赫战功，无法得到父亲的信任和认可，也没有被托付整个王国，但喜增的内心深处却又无比高傲，渴望得到父亲的赞美和宠爱，渴望胜过兄长，渴望获得王位。当事与愿违，渴望与现实的差距让喜增在心灵上与父亲疏离，也使他对父亲产生了敬畏和爱之外的复杂情感。母亲美誉王后已死，喜增再无顾忌。这些都可

---

① 《戒日王传》第五章，Parab（1892），第 188~189 页；Cowell（1897），第 156 页。

② 《戒日王传》第五章，Parab（1892），第 191 页；Cowell（1897），第 159~160 页。

能成为戒日王弑父的直接动机。然而那个知情小医生已死，没有人可以透露光增王病重的实情。也没有更确凿的证据指称戒日王犯下了这桩凶案。

2.3　摄铠王被杀

据《戒日王传》，“就在传出光增王死讯的当天，摩腊婆王夺取了摄铠王的生命和他的全部美德。”[①]

摄铠王（Grahavarman）被杀，也有若干疑点。

第一，时间上过于迅速。

位于印度半岛西侧的摩腊婆王似乎是在第一时间得知了萨他泥湿伐罗国光增王逝世的消息，然后迅速出兵攻打曲女城，又立刻杀死了摄铠王。王增出击白匈奴，日夜兼程尚未赶回，摩腊婆王已经得到光增王死讯、攻陷曲女城、杀死摄铠王、囚禁王圣。王增回到都城当天，刚好得知摄铠王遇害的消息。速度之快令人难以置信。

第二，摩腊婆国地位特殊。

《戒日王传》中“摩腊婆王”共出现两次。第一次是摩腊婆王将儿子童护（Kumāragupta）和春护（Mādhavagupta）送到萨他泥湿伐罗国。[②]童护和春护的父亲是大军护王（Mahāsenagupta，音译摩诃犀那笈多）。大军护王很可能是光增王的母亲大军护王后的兄弟，光增王的舅舅，所以童护和春护是光增王的表弟。大军护王将两个王子送到萨他泥湿伐罗国，鞍前马后侍奉王增、喜增，他们的关系可谓亲上加亲。春护跟喜增一起进文底耶森林寻找王圣：“喜增心中充满虔诚，右手放在春护肩头，在几个纳贡首领的陪同下，步行前去拜访日友牟尼。”[③]这证明在摄铠遇害之后两国的亲密关系并没有破裂。第二次是摩腊婆王攻陷曲女城，杀死摄铠王，被王增击败。[④]据戒日王铭文，王增曾大败一个叫天护（Devagupta，音译提婆笈多）的国王。通常认为这个铭文

① 《戒日王传》第六章，Parab（1892），第 204 页；Cowell（1897），第 173 页。

② 《戒日王传》第四章，Parab（1892），第 152~153 页；Cowell（1897），第 119 页。

③ 《戒日王传》第八章，Parab（1892），第 265 页；Cowell（1897），第 235 页。

④ 《戒日王传》第六章、第七章，Parab（1892），第 204，208，253~254 页；Cowell（1897），第 173，177~178，223~225 页。

中的天护就是《戒日王传》中攻陷曲女城、杀死摄铠王的摩腊婆王。[①]在后期笈多王朝的谱系中，有大军护、童护和春护，却未见天护的名字。天护很可能是摩腊婆国大军护王手下的大将，获得了 Rāja（王）的称号，并未正式称王；天护还应该是比较重要的将领，不然不会出现在戒日王铭文王增的功绩中。所以，波那笔下的两个摩腊婆王，第一个是大军护，第二个是天护。尚卡尔·戈亚尔（Shankar Goyal）认为二者是摩腊婆国两股对立的势力，正是由于天护王在摩腊婆崛起，才使得大军护王把童护和春护送到萨他泥湿伐罗国避难。[②]但既然波那笼统称他们为“摩腊婆王”，可见这两股势力并未完全决裂，而是依然归属在摩腊婆政权之下。

有趣的是，摩杜苏丹（Madhusudan）的有觉（Bhāvabodhini）在注释《摩由罗百咏》时称：“吉祥喜[增]大王（Mahārāja Śrīharṣa）是摩腊婆国王，邬阇衍那国王的庇护者，诗人中的翘楚，名为《璎珞传》的宫廷喜剧的创作者。他的宫廷里，两个为首的大诗人是波那（Bāṇa）和摩由罗（Mayūra）。”[③]其中称戒日王是摩腊婆国王。戒日王何时获得摩腊婆国控制权及“摩腊婆国王”的称号已无从知晓，但可以确定，戒日王与摩腊婆国有着千丝万缕的联系。

第三，摄铠王与弟弟妙誓铠（或妙月铠）关系并不融洽。[④]

《穆克里那烂陀泥印》是妙誓铠（Suvratavarman）留下的唯一史料。其中虽然提到了父亲阿般提伐摩（Avantivarman），却没有提及兄长摄铠。这或许证明了妙誓铠在感情上与摄铠的疏离。阿般提伐摩将羯若鞠阇国留给长子摄铠，将摩揭陀国分封给小儿子妙誓铠。阿般提伐摩死后，妙誓铠遂自立为王，依附高达国，与设赏迦王关系密切。穆克里家族和高达国的对立由来已久。至少在伊沙那伐摩（Īśānavarman）时期就是如此（他的功绩之一就是战胜高达人）。[⑤]妙誓铠的倒戈对穆克里家族是一个致命的打击。摩腊婆王杀死摄铠，又与设赏迦王

① Bühler 博士（《默图本铜牌》）和 Joglekar（《璎珞传》导论，第 xxii 页）等学者确信杀死摄铠王的凶手就是铭文中提到的吉祥天护（Devagupta）。

② Shankar Goyal（2006），第 183 页。

③ Joglekar（1913），《璎珞传》导论，第 xv 页；Kale（1928），《妙容传》导论，第 xxii 页。

④ 参见 Devahuti（1998），第 35~36 页。

⑤ Shankar Goyal（2006），第 182 页。

合谋杀害王增，妙誓铠并非不可能知情，甚至可能参与其中。西卡尔（D. C. Sircar）认为妙誓铠在摄铠死后被设赏迦王和天护王（东摩腊婆王）扶植为羯若鞠阇国国王，然后被戒日王驱赶。[①]然而更可能的情况是，妙誓铠一直留在摩揭陀国，从未获得羯若鞠阇国政权。妙誓铠的统治非常短暂。606年前后摩揭陀国已落入设赏迦王之手。[②]没有证据表明妙誓铠曾获得羯若鞠阇国政权。妙誓铠极可能也在这场谋害摄铠的阴谋漩涡中断送了性命。或许他既是被利用的工具，又是被抛弃的牺牲品。

第四，摩腊婆王天护杀死摄铠王，究竟是谁能在这场阴谋中分一杯羹？

戒日王争夺曲女城，除了他天然的野心，还有战略方面的考虑。羯若鞠阇国位于恒河河谷，地势险要，易于攻防，又非常富饶，是北印度主要商道及印度与境外贸易商道的交会处。[③]任何一位志在王权的帝王都会对曲女城这样的天然沃土怀抱野心。光增王将女儿王圣许配给羯若鞠阇国摄铠王，体现出了萨他泥湿伐罗国对羯若鞠阇国的看重和拉拢，提防和垂涎。一旦王圣生下子嗣，继承王位，羯若鞠阇国与萨他泥湿伐罗国的结盟就会坚不可摧，这块天然沃土也就会成为囊中之物。这正是这场政治联姻的目的所在。摄铠王的早夭对已死的光增和守寡的王圣来说完全没有好处。摄铠王遇害时，王增正在从抗击白匈奴的战场兼程赶回的途中，刚回到国都就发现妹夫被杀。他立刻出兵讨伐，大败天护，缴获了军队和战利品[④]，自己却惨遭毒手。摄铠王之死不仅没有带给王增任何益处，还导致他最终丧命。

戒日王是摄铠王之死的唯一受益者。摄铠王一死，戒日王便迅速攫取羯若鞠阇国政权。天护进攻羯若鞠阇国和杀死摄铠王很可能得到了大军护王和戒日王的共同认可。摩腊婆国大军护王与萨他泥湿伐罗国沾亲带故，他的儿子在戒日王身边（如同质子），因而他不会做出与

---

① *IEG*，第215页。

② Devahuti（1998），第35~36页。

③ Shankar Goyal（2006），第188页。

④ 《戒日王传》第六章，Parab（1892），第204~205，208页；Cowell（1897），第174~175，177~178页。

戒日王为敌之事；天护是摩腊婆国大将，应听命于大军护王。奇袭曲女城，杀死摄铠王，这甚至可能是大军护王、天护、春护（童护）和戒日王为了获得羯若鞠阇国控制权而导演的戏中戏。天护攻陷曲女城、杀死摄铠王之后，囚禁王圣，其实是对王圣的一种保护。如果按照光增王的逻辑，早已将敌人的妻妾据为己有。王圣或许隐约感到喜增与突袭曲女城有关，这就更能解释她的出逃、寻死、出家和对喜增的敌意。无论如何，摩腊婆国的天护杀死了摄铠王，而戒日王没有对摩腊婆国表现出应有的愤怒。天护依然逍遥法外；大军护王的儿子春护依然陪伴在喜增左右；若干年后，摩腊婆国法日王的侄子，伐腊毗国的常叡王，被戒日王收做女婿。王圣失败的婚姻可能不过是收编羯若鞠阇国的代价，摄铠王之死则可能是戒日王即位途中的众多阴谋之一。

摄铠王被杀，无论通过何种途径，都是戒日王获得羯若鞠阇国控制权的关键因素；与之相连的王增遇害，则是戒日王篡夺萨他泥湿伐罗国王位的重要环节。

2.4　王增遇害

1943 年，马宗达（R. C. Majumdar）提出猜测：虽然设赏迦王直接杀死了王增，但戒日王很可能参与了杀害兄长的阴谋。王增遭遇危险的主要原因是大臣婆尼失职。婆尼是戒日王的亲信。戒日王和设赏迦王都是湿婆信徒，而王增是佛教徒。他们可能因宗教信仰勾结在一起，合谋铲除异己（佛教徒王增）。[①]湿婆信徒戕害佛教徒的说法虽然缺乏依据，不过大臣婆尼的确是戒日王的亲信。婆尼是美誉王后兄弟的儿子，戒日王的表兄，一度掌管萨他泥湿伐罗国的内政和兵权。《西域记》记载了婆尼发表的劝进演说："时大臣婆尼，职望隆重，谓僚庶曰：'国之大计，定于今日。先王之子，亡君之弟，仁慈天性，孝敬因心，亲贤允属，欲以袭位。于事何如？各言尔志。'众咸仰德，尝无异谋。"[②]

1966 年，帕塔克（V. S. Pathak）指出，在中世纪印度，当王子违反了"长子继位"的法则，通过废除或杀死兄长攫取王位，为了维护

① Majumdar, R. C., ed., *The History of Bengal*. Vol. I. Dacca (Bengal): The University of Dacca, 1943，第 76 页；参见 Shankar Goyal（2006），第 155 页。

② 《西域记》卷五《羯若鞠阇国》，第 428 页。

他的名誉和王位的合法性，他的宫廷传记作者会使用如下三个文学手法：天神预言幼子成为转轮王；父亲希望幼子即位；长子愚钝或不愿即位。[①] 王增之死扑朔迷离，而波那在《戒日王传》中使用了上述一切手段让戒日王的继位合法化。[②]

1970 年，提婆胡蒂（D. Devahuti）发现，在《戒日王传》中，从光增王病重到王增意外身亡这一部分的转折很不自然。无论波那多么巧妙地操纵文字，依然不可避免地显示出其间的一些段落对于男主人公戒日王来说不甚光彩。尽管波那记载光增王希望喜增继承王位，然而光增王剥夺长子继承权的原因依然难解。提婆胡蒂还提出了一系列疑问，包括：既然喜增表现出即位的痛苦，他为什么还要僭越兄长即位？大臣婆尼是否是王增失去王位的关键人物？为什么在如此短暂的时间内发生了如此多的事件？以及在玄奘等人的记述中，戒日王的篡位如何变成了王增死后的合法继承？[③]

1986 年，S. R. 戈亚尔（Śrī Rāma Goyal）的论述几乎坐实了关于戒日王害兄的猜测。[④] 戈亚尔认为波那不仅使用了帕塔克提供的全部“合法性”借口，还用一切征兆极力宣扬戒日王是命中注定的继承人和转轮王。然而，在成功将戒日王包装为合法继承人之时，波那却又仿佛不经意地提及：“像天神之主因陀罗一样，（喜增）仿佛忙着抹去弑兄的污点”（amarapatir=iva-agraja-vadha-kalaṅka-prakṣālana-ākulaḥ）[⑤]。印度神话中，因陀罗杀死了他的兄长众色（Viśvarūpa）。[⑥] 据此，戈亚尔

---

① Pathak（1966），第 45 页注释；参见 S. R. Goyal（2006），第 38 页。例如波那的《戒日王传》（*Harṣacarita*），毗尔诃那（Bilhaṇa）的《遮娄其王传》（*Vikramāṅkadevacarita*），月主（Someśvara）的《遮娄其盛世》（*Vikramāṅkābhyudaya*）以及众多其他传记作品。

② Pathak（1966），第 18~21 页；参见 Shankar Goyal（2006），第 155 页。

③ Devahuti（1970，1998），第 82~83 页；参见 Shankar Goyal（2006），第 156~157 页。

④ S. R. Goyal（1986），第 75~85 页；参见 Shankar Goyal（2006），第 157~158 页。

⑤ 《戒日王传》第七章，Parab（1892），第 233 页；Kane（1986），第 111 页；Cowell（1897），第 204 页。这句话具有双关含义。梵语 agraja，既为“兄长”，又为“婆罗门”。Kane 注释说，喜增企图抹去弑杀兄长的罪行，如同因陀罗企图抹去杀死婆罗门的罪行。因为因陀罗曾杀死 Tvaṣṭṛ 的儿子 Vṛtra，一个婆罗门，并通过举行马祭涤清了罪行。参见 Kane（1986），第 549 页。而 S. R. Goyal 将这句话解为喜增企图抹去弑杀兄长的罪行，如同因陀罗企图抹去杀死兄长的罪行。因为因陀罗曾杀死众色（Viśvarūpa），他的兄长。

⑥ 众色（Viśvarūpa）的父亲和因陀罗的创造者都是 Tvaṣṭṛ，因而众色是因陀罗的兄长。因陀罗砍掉了众色的三个头颅。

认为戒日王让波那撰写《戒日王传》就是为了逃脱弑兄的指控。[①]事实上，波那的真实目的不是替戒日王遮掩，而是既使自己免于杀身之祸，又通过巧妙的措辞将戒日王的罪行昭显于天下。

尚卡尔·戈亚尔（Shankar Goyal）在2005年[②]和2006年[③]两次强调戒日王谋害兄长是铁定事实。

在前人研究的基础之上，此处将涉及王增之死的史料对比分析如下。

据《戒日王传》第六章，王增带着婆尼和一万骑兵出征曲女城；喜增手握象军兵权。当晚，喜增感梦，不仅暗示了王增之死，还预兆了王权更迭："风夹杂着大量尘土和砾石碎片发出狂吼，仿佛将大地运往某处，宣告王国的变迁。"[④]若干天后，王增的骑兵长官恭达罗（Kuntala）带来一个人："从他那里，喜增得知，兄弟（王增）虽然轻而易举战胜摩腊婆军队，却中了高达王的诡计，抛弃武器，独自一人，深信不疑，在自己的住所遭遇不幸。"[⑤]而后，狮吼将军（Siṃhanāda）说："国王（喜增）啊！人中因陀罗（光增王）已仙逝，王增的生命被邪恶的高达蛇噬啮，在这个巨大毁灭[⑥]发生的时候，你是仅剩的支撑大地的蛇王歇舍（Śeṣa）[⑦]。"[⑧]

据《戒日王传》第七章，婆尼带着俘虏的天护军队和战利品逃回："婆尼牵着一匹马，带着几个出身高贵的侍从，来到国王门前。婆尼衣服满是泥土，胸膛插满敌人的箭簇，仿佛是为了防止心脏爆裂而环绕着镶入了许多铁楔子；虬髯贴在胸前，就像是对主人的尊重铭刻胸中；他显示着悲伤的印记：因奋力征战，手臂上的吉祥臂环摇摇欲坠，成了唯一残破的装饰；枯萎的下唇涌出长久的叹息的潮水，因忘

---

① Shankar Goyal（2006），第23页。

② *JESI*，XXXI（2005），第136~146页。

③ Shankar Goyal（2006），第155~159页。

④《戒日王传》第六章，Parab（1892），第207~208页；Kane（1918），第52~53页；Kane（1986），第97~98页；Cowell（1897），第176~177页。

⑤《戒日王传》第六章，Parab（1892），第208页；Cowell（1897），第178页。

⑥ 梵语mahāpralaya，意为一个劫波（Kalpa）结束之时的巨大毁灭。

⑦ 双关，梵语śeṣaḥ，既为所剩、仅存；又指支撑大地的蛇王歇舍，与前文"为了支撑大地"（dharaṇī-dhāraṇāya）呼应。

⑧《戒日王传》第六章，Parab（1892），第215页；Cowell（1897），第185页。

记吃槟榔而色彩黯淡，如同用忧伤之火烤炙内心的火炭；仿佛因为抛弃主人而偷生的罪过和耻辱而用泪水面纱遮掩住脸庞；仿佛用绵长的叹息喷吐出双臂的徒劳无功的怒火，他的四肢软弱无力，羞愧地蜷缩着；他仿佛一个罪犯（pātakin），仿佛一个凶手（aparādhin），仿佛一个叛徒（drohin）；仿佛遭到劫掠，仿佛受到蛊惑；就像一头战无不胜的大象，因群主（象王）倒下而悲伤；就像莲花池，因太阳西沉而不再美丽；就像德罗那之子，因坚战失去财产而精神沮丧；就像被夺走珍宝的大海。”[①] “过了些许时间，戒日王询问兄弟（王增）的遇害经过。婆尼如实讲述事情发生的始末。然后，戒日王问，‘王圣的遭遇如何?’婆尼再次回答：‘国王啊！我听人们说，在王增国王仙逝后，香茅原（Kuśasthala，即曲女城）被一个叫笈多的人攫取，王圣王后逃出监狱，带着随从进入文底耶森林。已派去许多搜寻者，但他们至今还没有回来。’”[②]

据戒日王铭文：

> 战争中，吉祥天护等国王，仿佛难驯的战马，
> 在他的鞭打下低眉顺眼，统统被收监；
> 铲除敌人，赢得大地和人民的爱戴，在敌军
> 营帐，他抛弃生命，由于高尚的誓愿。（1）

据《西域记》：“王增以长嗣位，以德治政。时东印度羯罗拏苏伐剌那［唐言金耳］国设赏迦王［唐言月］每谓臣曰：‘邻有贤主，国之祸也。’于是诱请，会而害之。”[③]

上述史料略如下表：

王增遇害	《戒日王传》	铭文	《西域记》
谋害者	高达王（设赏迦王）	未提及	羯罗拏苏伐剌那国设赏迦王及其同谋
遇害原因	不详	由于高尚的誓愿	邻有贤主，国之祸也

① 《戒日王传》第七章，Parab（1892），第 253 页；Cowell（1897），第 223~224 页。
② 《戒日王传》第七章，Parab（1892），第 253~254 页；Cowell（1897），第 224 页。
③ 《西域记》卷五《羯若鞠阇国》，第 428 页。

续表

王增遇害	《戒日王传》	铭文	《西域记》
遇害地点	自己的营帐	敌军的营帐	未提及
遇害时间	摄铠王死后	戒日王即位萨他泥湿伐罗国之前	戒日王即位羯若鞠阇国之前
遇害过程	中了高达王的诡计，抛弃武器，独自一人，深信不疑，在自己的住所遭遇不幸	在敌军的营帐抛弃生命	诱请，会而害

综上可见：

第一，王增遇害地点记载不一致。

《戒日王传》记载王增“在自己的住所（营帐）”（sva-bhavane，依格）遭遇不幸，铭文中却说他是“在敌人的营帐”（arāti-bhavane，依格）抛弃生命，《西域记》中的“诱请”，也似乎暗含着离开驻地去往另外的地点。王增究竟是在自己军中遇害，还是在敌人军中遇害？这个原本不容易混淆的细节却产生矛盾，可见王增遇害另有隐情。铭文为官方记载。玄奘说法含混不清。波那的记载更有可能揭示真相。这里倾向于接受波那的说法，即，王增在自己的营帐遇害。

第二，王增遇害时间不详。

铭文暗示，王增死后喜增即位。王增遇害的时间应在戒日王即位萨他泥湿伐罗国之前。

《西域记》称王增遇害时间在戒日王即位羯若鞠阇国之前。戒日王先即位萨他泥湿伐罗国，后即位羯若鞠阇国。铭文中王增遇害时间下限早于《西域记》。

《戒日王传》中王增遇害的时间取决于第一个信使传达的信息。对于王增遇害，铭文中使用的梵文是“prāṇān-ujjhitavān”（抛弃生命），而《戒日王传》中却使用 vyāpāditam，为 vi-ā-√pad 的致使过去分词，可以理解为死亡，也可解为受重伤。狮吼将军的话也具有歧义。喜增的不祥梦兆和之后的态度，似乎表明他认为王增已死。然而，如果王增彼时已死，戒日王即位出征，那么就产生了如下疑点：如果使者报信时王增已死，为什么戒日王没有询问报信人兄长遇害的经过，却要等到婆尼逃回时再详细询问？如果使者报信时王增已死，为什么戒日王出征之时没有打出为兄报仇的旗号，却是说征服世界，直到救下王圣，才说报仇？戒日王在光增王旧臣狮吼将军和象军统帅室建陀笈多的宣誓效忠下，调动象军，准备进军曲女城，征服世界。途中遇到一系列凶兆。如黑羚羊狂奔，豺狼凄凉地游走，流星，龙卷风。[①] 从光增王逝世前的征兆来看，这些凶兆一方面预示王增必死无疑，另一方面却也暗示了王增未死——如果王增已经遇害，就不再需要死亡征兆了。因而，波那想要传达的真实情况应该是此时王增生死不明。而喜增和狮吼等人，以“宣判”王增死亡的方式率军出征。[②] 在曲女城附近，婆尼带着被王增打败俘虏的摩腊婆军队前来。喜增遣散随从，在下榻的营帐静候婆尼。[③] “遣散随从”，颇有中国“屏蔽左右”的味道，是帝王跟心腹商讨秘密事宜时的惯用手法。恐怕直到这时，婆尼才带来了王增确切的死讯。王增的死亡时间应该在使者传讯后到婆尼逃回之间。

第三，王增遇害过程不详。

婆尼究竟对王增遇害的过程知道多少呢？波那轻描淡写地说：“戒日王询问兄弟（王增）的遇害经过。婆尼如实讲述事情发生的始末。”[④] 与铺张地叙述很多琐事相比，波那的反常举动本身就表明了王增遇害过程的可疑。

婆尼又如何能知道王增遇害的全部经过？王增遇害时，婆尼是否在场？如果在场，他怎能见死不救、自己活着逃脱？如果不在场，婆尼了解到的真相，如何能比之前泪流满面的信使知道得更多？这更证明王增死亡的时间在信使之后，在喜增即位和出征之后，在婆尼逃回之前。戒日王一出征即得到许多象征王权的宝物，这表明在出征之时戒日王已成为萨他泥湿伐罗国事实上的统治者，进而证明戒日王在王增遇害之前就篡夺了萨他泥湿伐罗国王位而非铭文和《西域记》宣称的“兄死弟承”。

---

① 《戒日王传》第六章，Parab（1892），第 224~225 页；Cowell（1897），第 194~195 页。

② 就像中国的皇帝如果被外敌扣押成为人质，国内会另立他的兄弟或儿子等作为新皇帝，那个生死未卜的人质皇帝就会自动报废。

③ 《戒日王传》第七章，Parab（1892），第 252~253 页；Cowell（1897），第 223 页。

④ 《戒日王传》第七章，Parab（1892），第 253 页；Cowell（1897），第 224 页。

据铭文和《西域记》记载的时间顺序：王增死；喜增即位；发誓为兄报仇，开始征服世界。然而依据《戒日王传》的暗示，顺序更可能是：王增中了埋伏，生死未卜；喜增即位，发誓征服世界；婆尼归来，"告知"王增死讯；喜增进而发誓为兄报仇。

王增的"让位"宣言（译文见附录三《波那〈戒日王传〉选择》中的"王增让位"）显露出他对弟弟的试探和猜疑，颇有"煮豆燃萁"之感。光增王"不可能"的遗言，或许解释了喜增对父亲复杂情感的来源和对兄长的嫉恨；王增虚情假意的"让位"和敌意更加强了喜增害兄的动机。对于戒日王害兄的指控，戒日王的亲信婆尼具有最大嫌疑。

第一，喜增对大臣兼表兄婆尼的亲近程度远胜过胞兄和胞妹。婆尼落魄归来，"敬重"兄长的戒日王并未对"弃主偷生"的婆尼表现出丝毫愤怒和怀疑："喜增起身前去沐浴。婆尼剃掉长须，也沐浴更衣，接受衣服、鲜花、油膏和装饰作为恩宠。喜增与他一起进食，并跟他独处了这天里剩下的时光。"① 可见戒日王与婆尼情同手足，胜过手足。王圣决意投火并非殉夫。摄铠王死后她选择逃跑，游荡多日才决定自杀。一方面出于痛苦和绝望，一方面也与兄长王增之死相关。她先得到父母的死讯，然后是丈夫被杀，最后才是兄长遇害。② 这时喜增已"继承"萨他泥湿伐罗国王位，王圣不能算孤苦无依，然而她决心寻死。投入祭火前王圣向丈夫摄铠王、母亲美誉王后、父亲光增王和兄长王增祈愿，却唯独没有向喜增祈愿，只是让风为喜增捎信，最后自语："哦！王后啊！现在喜增国王驾到，你该开心了吧！"③ 语气似含嘲讽。喜增的出现并未消除王圣的悲痛。王圣虽打消死念，却请求喜增准许她出家。④ 这证明王圣对父亲、丈夫和大哥王增感情很深，对二哥喜增却不甚亲密。从另一角度来讲，由于印度女子地位低下，依附于父亲、丈夫、兄弟，没有任何权力。王圣似乎在用寻死或出家作为

① 《戒日王传》第七章，Parab（1892），第 254 页；Cowell（1897），第 224 页。

② 《戒日王传》第八章，Parab（1892），第 274，280~281 页；Cowell（1897），第 244，251 页。

③ 《戒日王传》第八章，Parab（1892），第 276~278 页；Cowell（1897），第 246~249 页。

④ 《戒日王传》第八章，Parab（1892），第 284 页；Cowell（1897），第 254 页。

无声的反抗。王增信奉佛教。王圣也倾向佛法，最后皈依佛门。[①]而戒日王的“众神都应供养”难以捉摸（参见本书第六章《戒日王的王权信仰》）。兄妹三人之中，戒日王成了明显被孤立的一方。很可能是由于兄妹关系不甚融洽，戒日王不得不在大臣婆尼那里寻找亲情，并且听任设赏迦王谋害王增，如果不是诱导或参与谋划。

第二，婆尼与王增遇害密切相关。喜增出兵之时，王增未死；王增的骑兵长官恭达罗和大臣婆尼都“弃主偷生”；王增的军队、军队首领甚至降军和缴获物资都健在，遇害的只有王增一人。王增只身赴险，而婆尼却带着军队逃回。王增遇害，婆尼所做的恐怕不只是“弃主偷生”和“见死不救”，甚至还可能“推波助澜”。波那运用一系列比喻，说婆尼“仿佛因为抛弃主人而偷生的罪过和耻辱而用泪水面纱遮掩住脸庞”，称婆尼为“罪犯”、“凶手”、“叛徒”，很可能是确实的指责。据《西域记》，辅臣执事劝进时说“嗣及王增，谓终寿考，辅佐无良，弃身仇手，为国大耻，下臣罪也”[②]。虽为谦辞，也暗示了王增“弃身仇手”源自“辅佐无良”。关于王增之死的记载，《戒日王传》与《西域记》都暗含着阴谋和诱骗。如果可以让王增深信不疑、放下武器，那么一定需要一个他信赖的人，也就是自己人。《西域记》中的“会而害”，又隐含“合谋”之意。如果说高达王亲自实施诱杀王增的行动，那么婆尼很可能就是那个同谋。戒日王的篡权在王增遇害之前，因而戒日王极可能是婆尼“背叛”王增的幕后主使。

第三，喜增征服世界的野心大于为兄报仇的悲痛。王增出征为妹夫报仇；喜增出征为王增报仇。然而事实上，获悉兄长遭到不幸（生死未卜），喜增立刻被统治世界的野心占据：“喜增处理了全部日常事务，完全恢复了常态”。[③]喜增宣布，为了实现征服世界的大业，他没有时间为兄长哀悼。虽然他发誓不除掉高达王就投火自焚，然而十多年之后的619年[④]，喜增早已称王五印度，高达王依然欢蹦乱跳地留下不

---

① 参见《慈恩传》卷五，第107页，曲女城法会上“王有妹，聪慧利根，善正量部义，坐于王后。闻法师序大乘，宗涂奥旷，小教局浅，夷然欢喜，称赞不能已”。戒日王的妹妹王圣原本信奉小乘正量部，听闻玄奘论法后改尊大乘。

② 《西域记》卷五《羯若鞠阇国》，第428页。

③ 《戒日王传》第六章，Parab（1892），第217页；Cowell（1897），第188页。

④ 见*EI*，VI，第143~146页，《设赏迦铜牌》。

可一世的铭文。可见喜增为兄复仇的誓言，如同他携妹出家的口号一样没有兑现。

美誉王后感梦受胎之时，梦到在太阳的轮盘中有两个放光的童子，照亮天地。他们戴着王冠、耳环、臂饰、铁甲，手握宝剑，身上沾染着鲜血。整个世界匍匐在他俩脚下，双手合十礼敬他们。他们跟着一个如同月亮化身的侍女，如同日光一般降临大地。他们用宝剑割开美誉王后的子宫，钻进了她的身体。[①]此后，美誉王后先后生下了王增、喜增和王圣。两人身上沾染鲜血，一方面表明浴血沙场，建功立业；另一方面却也是兄弟相残的隐喻。波那借狮吼将军之口说出的双关隐喻更是富含深意。“国王（喜增）啊！人中因陀罗（光增王）已仙逝，王增的生命被邪恶的高达蛇噬啮（duṣṭa-gauḍa-bhujaṅga-jagdha-jīvite ca rājyavardhane），在这个巨大毁灭[②]发生的时候，你是仅剩的支撑大地的蛇王歇舍（Śeṣa[③]）。”[④]被指杀害王增的高达王被比喻为蛇（bhujaṅga），而随后戒日王竟被比喻为蛇王（Śeṣa）。这不能不说包含着对戒日王与高达王暗中勾结的控诉。

综上所述，王增遇害时间很可能在戒日王即位萨他泥湿伐罗国之后，即位羯若鞠阇国之前，也就是从使者报信到婆尼逃回之间；遇害地点，极可能是在王增“自己的营帐”，铭文中的“敌军营帐”不甚可信；王增之死，为合谋诱杀，高达王设赏迦为实施者，婆尼难辞其咎，戒日王难逃干系。

2.5 小结

若干天内，所有与即位相关的人都仓促死去：美誉王后“殉夫”，光增王暴毙，摄铠王遇害，刚刚即位的王增中了埋伏。光增王还有其他儿子，不是美誉王后所生。《戒日王传》第二章中派遣使者送信给波那的就是戒日王的兄弟克里希那。波那曾提到光增王的情妇们[⑤]，又说

---

① 《戒日王传》第四章，Parab（1892），第 137 页；Cowell（1897），第 105 页。

② 梵语 mahāpralaya，意为一个劫波（Kalpa）结束之时的巨大毁灭。

③ 双关，梵语 śeṣaḥ，既为所剩、仅存，又指支撑大地的蛇王歇舍，与前文“为了支撑大地”（dharaṇī-dhāraṇāya）呼应。

④ 《戒日王传》第六章，Parab（1892），第 215 页；Cowell（1897），第 185 页。

⑤ 《戒日王传》第五章，Parab（1892），第 172 页；Cowell（1897），第 138 页。

光增王葬礼上小王子们坐在没有垫子的地上[①]，可见他们年龄尚幼，对王位暂不构成威胁。于是，所有可能的王位继承者，霎时间只剩下喜增一人。

从表面上看，杀死美誉王后的是“殉夫”的念头，杀死光增王的是病魔，杀死摄铠王的是摩腊婆大将天护，杀死王增的是高达王设赏迦。但是，不能排除戒日王与这些阴谋的关联。抛开波那令人生疑的细节叙述，从结局上看，戒日王是最终的获益者：亲人的罹难带给戒日王的，不是过度悲伤，而是地位、财富和权力的如日中天。

在人口被视作财富和力量的古代社会，征战的目的往往不是杀死敌人，而是让他们臣服纳贡[②]；对于他们的妻子，则是收归俘虏或纳为侍妾；然而在王位的争夺上，却是不共戴天的血腥杀戮——弑父、弑兄、亲族相残的现象屡见不鲜。

604 年，隋文帝暴毙，疑似杨广谋害，杨广又伪造父亲诏书，赐死兄长杨勇。[③]

穆克里王朝的妙誓铠也似与兄长摄铠势不两立。

626 年 6 月，唐太宗李世民“玄武门之变”，杀死兄长李建成和弟弟李元吉，迫使父亲李渊立自己为太子；8 月，李渊传位给李世民。[④]

628 年 2 月，波剌斯萨珊王朝的胡斯洛二世被儿子卡瓦德下令杀死，为巩固王位，卡瓦德杀死了自己的所有（17 个）兄弟。[⑤]

628 年，活国的叶护可汗之子、高昌王妹婿呾度设被其子勾结少妻药杀，该子娶母自立。[⑥]

628 年 12 月，西突厥统叶护可汗为其伯父所杀。[⑦]

据颁发于 634/635 年的《艾荷落铭文》（参见附录二《摩诃剌侘王

---

① 《戒日王传》第五章，Parab（1892），第 190 页；Cowell（1897），第 158 页。

② Shankar Goyal（2006），第 176 页，“Dharma-vijaya，法战，或者说正义之战，并非过多杀戮，而往往是胜利者在接受失败者投降和臣服之后将其释放。很多时候，胜利者（盟主）容许半独立的权力存在于帝国中心。”从王增对待天护，以及婆尼和戒日王对待设赏迦王的做法便可得知。

③ 《隋书》第四册，列传第十文四子，第 1238 页。

④ 《旧唐书》卷二《太宗本纪上》，第 29~30 页。

⑤ 李铁匠：《伊朗古代历史与文化》，江西人民出版社，1993，第 268 页。

⑥ 《慈恩传》卷二，第 31 页；杨廷福：《玄奘年谱》（1988），第 128 页。

⑦ 杨廷福：《玄奘年谱》（1988），第 140 页。

〈艾荷落铭文〉及汉译》）：

“福主（Maṅgalīśa）的长兄称铠（一世）（Kīrtivarman I）之子，拥有那护沙王（Nahuṣa）的威严，/ 名为补罗稽舍（二世）（Pulakeśin II），得到吉祥天女的宠幸；当他 / 得知尊贵的叔叔（福主）对自己满怀敌意，他决心 / 自我流放，云游四方，潜心修行。（14）”

“放逐中，他（补罗稽舍）运用蓄积已久的计谋、努力和能量彻底摧毁福主的各种武装；/ 福主失去了偌大的王国和生命，也失去了自己儿子继承王位的希望。（15）”

摩诃剌侘王补罗稽舍（二世），也就是与戒日王同时期的南印度王，在即位前杀死了自己的叔叔和表兄弟。

贞观年间，尼波罗王那陵提婆的父亲被叔父杀死，那陵提婆投靠吐蕃。①

同在七世纪的戒日王，无法确定他对母亲美誉王后的死是否负有责任，但其对父亲光增王、妹夫摄铠王、兄长王增之死，具有极大的谋害嫌疑。

以下着重分析戒日王在萨他泥湿伐罗国和羯若鞠阇国的二重即位始末，结合各类史料，试图还原一千四百多年前的历史真相。

§3　萨他泥湿伐罗国的即位

如前所述，王增之死扑朔迷离。戒日王在萨他泥湿伐罗国的即位并非顺理成章的兄死弟承，而是篡权，其中甚至包含着武装政变的元素。

3.1　即位时间

戒日王在萨他泥湿伐罗国即位的时间大约为 605 年。

据《慈恩传》卷五，“（戒日）王曰：‘弟子嗣承宗庙，为天下主，三十余年，常虑福德不增广，往因不相续，以故积集财宝，于

① 《旧唐书》卷一九八《西戎》“尼波罗”条，第 5290 页；《新唐书》卷二二一上《西域上》“尼波罗”条，第 6214 页。尼波罗，梵文 Nepāla，又译泥婆罗、你波罗，尼八剌等、位于今尼泊尔加德满都谷地。

钵罗耶伽国两河间立大会场，五年一请五印度沙门、婆罗门及贫穷孤独，为七十五日无遮大施。已成五会，今欲作第六会，师何不暂看随喜。”①

戒日王于公元641年农历三月至五月举行第六次五年大会（无遮大施），则第一次五年大会应为二十五年前的616年农历三月至五月，即从611年至616年这五年国库收入的布施大会。以此类推，戒日王准备举行无遮大施的时间应为611年上半年（农历三月至五月），或者说，戒日王在611年就具备了筹备无遮会的实力。

又据《西域记》卷五，“象不解鞍，人不释甲，于六年中，臣五印度。”②

戒日王即位后，用六年时间统一北印度，获得了相对稳定的政治局面。在“象不解鞍，人不释甲”的征战中举行耗资巨大的五年大会颇不现实。如果戒日王于611年农历三月至五月开始积累府库，准备举行第一次五年大会，这很可能是在即位六年（即“臣五印度”）之后。“六年中”，即小于六年。因而戒日王的即位时间应在605年农历三至五月到606年农历三至五月之间，即605年下半年，不排除606年年初的可能。

这与尚卡尔·戈亚尔（Shankar Goyal）所称戒日王纪年“喜增纪年”（Harsha Era）开始于606年并不矛盾。③很可能是戒日王于605年即位，于次年（606年）改元。这在中国帝王中非常普遍。

据《戒日王传》暗示，王增遇害的时间顺序更可能是：王增遇袭，生死不明；戒日王即位，发誓征服世界；婆尼归来，“告知”王增死讯；戒日王发誓为兄报仇。

因而，戒日王即位的时间在光增王、摄铠王死后，王增死前，即，王增带着婆尼和骑军出征之后，戒日王得到使者传讯后不久，以老臣狮吼将军、象军统领室建陀笈多宣誓效忠为标志，伴随着获得象征王

① 《慈恩传》卷五，第110~111页。参见《西域记》卷五《羯若鞠阇国》，第429页，“垂三十年，兵戈不起”。

② 《西域记》卷五《羯若鞠阇国》，第429页。

③ 参见Shankar Goyal（2006），第313~316页。西卡尔（D. C. Sircar）、提婆胡蒂（D. Devahuti）、S. R. 戈亚尔（Śrī Rāma Goyal）等学者均赞同喜增纪年（Harsha Era）开始于606年。

权的金印、宝华盖和珍珠璎珞。

3.2 武装篡权

戒日王“继承”萨他泥湿伐罗国王位，其实是暗潮汹涌的武装政变，有将军狮吼、象军统领室建陀笈多、大臣婆尼和摩腊婆王子春护的拥护；更得到婆罗门、佛教徒等宗教界人士及以鸠摩罗王为代表的盟国的支持。

3.2.1 狮吼、室建陀笈多、婆尼、春护宣誓效忠

王增带着婆尼和一万马军出征曲女城，凶多吉少。喜增此时调动萨他泥湿伐罗城内象军朝曲女城进发，趁乱发动兵变，准备称王天下。这一兄长未死就兴兵起事的情形，与美誉王后在光增王未死之时就决意“殉夫”的举动异曲同工。

戒日王得到将军狮吼（老臣）、象军统领室建陀笈多（新臣）、大臣婆尼（亲信）和摩腊婆王子春护（亲信）的大力支持，发动兵变，篡夺王位。这四人便是戒日王即位的首要功臣。参与兵变的“次子党”成员虽不丰富，但各个身居要职。

将军狮吼（Siṃhanāda）是光增王旧臣，德高望重，在兵变中最大程度地稳固了军心。据《戒日王传》，得知王增失踪的消息后，正是他劝说戒日王称王天下。“狮吼对喜增说，不要只想着报复高达王（用懦夫像月亮影射高达王的名字设赏迦），而是要让人不敢步他后尘。”[①] 喜增发誓征服世界，并让大臣阿般提（Avanti）把他的战书刻成铭文。

象军统领室建陀笈多（Skandagupta）执掌象军兵权。象军驻扎在首都萨他泥湿伐罗城，是发动兵变的主力。听闻喜增召见，室建陀笈多“不及备象，小跑着赶来喜增营帐。”[②] 他依照吩咐，立刻集合象军供戒日王调遣。室建陀笈多在戒日王登基前后是象军统帅；在波那写《戒日王传》的时候已是举足轻重的大臣；在627年颁发的《班斯凯拉铜牌》和630年颁发的《默图本铜牌》中，室建陀笈多已经一跃成为称霸一方的大官员大诸侯（mahā-

---

① 《戒日王传》第六章，Parab（1892），第212~216页；Cowell（1897），第182~186页。

② 《戒日王传》第六章，Parab（1892），第219~220页；Cowell（1897），第189~190页。

pramātāra-mahā-sāmanta-śrī-skandaguptaḥ），作为戒日王的特使，地位显赫。室建陀笈多的平步青云应该与支持戒日王兵变紧密相关。

大臣婆尼（Bhaṇḍi）是戒日王表兄，从王增出征白匈奴一直到王增回到国都这段时间都陪伴在戒日王身边，与戒日王一同经历了美誉王后、光增王辞世和摄铠王遇害；然后，婆尼随王增大军出征曲女城，染指马军兵权，洞悉王增举动，参与谋害王增；王增死后，婆尼带着天护降军增援戒日王；据《西域记》，在羯若鞠阇国“人既失君，国亦荒乱”的时候，也正是婆尼率先拥戴戒日王即位。

春护（Mādhavagupta）是摩腊婆王子，与戒日王沾亲带故，效忠戒日王。天护是摩腊婆大将。如果天护与春护是一路兵马，而天护杀死了摄铠王，那么春护可能也参与了这一行动。铭文和《戒日王传》均称王增轻易击败摩腊婆王（天护），但也不能排除天护佯败以协助戒日王谋害王增的可能。婆尼带着天护降军加入喜增军队的举动与鸠摩罗王献宝乞求同盟类似，更像是摩腊婆国的主动增援。天护究竟是被迫投降还是主动投诚尚不可知。

狮吼和室建陀笈多的支持，象征着戒日王控制了萨他泥湿伐罗国都城的兵权；将军狮吼“宣判”王增死刑，敦促戒日王征服世界；象军统领室建陀笈多响应戒日王号召，宣誓效忠；进而，操控王增身边马军兵权的婆尼勾结高达王合谋杀害王增，并带领王增残部（王增缴获的摩腊婆军队）加入戒日王的出征阵营。这便是戒日王发动武装政变篡夺王位的始末。

3.2.2　金印、宝华盖、瓔珞、王圣象征王权

在出发征服世界的途中，戒日王先后得到了三件象征无上王权的宝物。

出发前，戒日王曾逗留在距首都萨他泥湿伐罗城不远、邻近娑罗私婆提河的大寺庙。附近村落的婆罗门带着随从献给戒日王一枚金印，上面刻着一头公牛。国王接过金印。金印从国王手中滑落，朝下落在娑罗私婆提河岸半干而柔软的河滩上，将印章上的图案和字母印上河滩。大臣们担心这是不吉祥的征兆，心中忧虑。戒日王却心中欢喜，他想：“愚钝的人看不懂实际情况。这个征兆表明大地会印上我独一无

二的印记。而乡民却做另外的解释。”戒日王于是赏给婆罗门一百个村庄，包括一千亩土地。[①]

行军途中，鸠摩罗王（日胄）的使节鹄冲（Haṃsavega）为戒日王献上一顶洁白的宝华盖，顶部绘有展翅的天鹅标记。[②]

行军接近尾声，戒日王救回了王圣。佛教大师日友（Divākaramitra）献给戒日王一串由月亮的眼泪凝结而成的珍珠璎珞，具有解毒的神奇功效，协助戒日王永远救助众生。[③]

金印、宝华盖和珍珠璎珞都象征王权。家居的婆罗门献上金印；国王献上宝华盖；出家的佛教徒献上珍珠璎珞。这象征着在家和出家的修行者、宗教界和世俗界，都承认了戒日王的无上地位，也标志着戒日王在萨他泥湿伐罗国的即位正式完成。不仅如此，戒日王救回王圣的事实也具有文学隐喻。正如帕塔克（V. S. Pathak）指出的，波那正是以戒日王的妹妹王圣（Rājyaśrī）作比喻，意在描绘戒日王对王权（rājyaśrī）的追逐。[④] 王圣的梵文为 Rājyaśrī，直译为“王国的吉祥天女”或“王国的光辉”（即王权）。摄铠娶王圣却命丧黄泉；天护将王圣囚禁在曲女城，王圣逃脱；王增去救王圣却遭人杀害。这些都象征了对王权的争夺。只有戒日王成功地救回了王圣，并把她带回军营。这预示着戒日王“臣五印度”的开始。

然而，从另一角度来讲，这三个宝物以及王圣，虽象征无上权力，却也隐藏玄机。金印刚刚到手就坠落在地；鸠摩罗王的使者鹄冲在进献了宝华盖之后，对于不平等联盟和阿萨姆（迦摩缕波国）的附属地位不满而牢骚满腹；珍珠璎珞虽有解毒等奇效，却是月亮出于相思滴落的眼泪凝结而成；戒日王刚刚救回王圣，王圣就渴望出家，戒日王软硬兼施才勉强将她留在身边。可见这些“珍宝”并不完美，而是都包含了某种缺憾。这些缺憾的隐喻很可能与喜增获得王权的手段相连（宝华盖），也不谋而合地预示了戒日王的意外身死（金印坠地）和他死后王国分崩离析的结局（珍珠璎珞）。

---

① 《戒日王传》第七章，Parab（1892），第 227~228 页；Cowell（1897），第 198~199 页。
② 《戒日王传》第七章，Parab（1892），第 241 页；Cowell（1897），第 211~212 页。
③ 《戒日王传》第八章，Parab（1892），第 281~282 页；Cowell（1897），第 251~252 页。
④ Pathak（1966），第 49 页。

戒日王的兵变除了得到狮吼、室建陀笈多、婆尼和春护的支持之外，还得到部分婆罗门（金印）、鸠摩罗王（宝华盖）和“超然世外”（事实上趋炎附势）的佛教大师日友（珍珠瓔珞）的支持。在“次子党”的拥护下，戒日王成功地发动兵变，篡夺王位，谋害兄长，臣五印度。一旦喜增王权在手，他关心的就是如何美化自己即位的过程了。

3.3　合法性宣传

戒日王武装政变登位，又具有弑父弑兄嫌疑，因而迫切需要文饰继承王位的合法性。

3.3.1　预言和吉兆

预言，虽然名为事件发生之前的预先推断，但史书中的预言常常滞后，为后人秉承“成王败寇”的思想编纂而成。中国帝王往往在怀胎之时就有盘龙、祥云、天神入胎，幼年时更是有种种吉兆异相。印度的戒日王也不例外。当他成功地篡夺大权，也要通过预言、吉兆等手段，来加强合法性的宣传。

（一）吉祥天女预言转轮王

戒日王的祖先花有王打败吉祥颈蛇之后，在宝剑的中心出现一个女神。这个女神就是普西亚布蒂家族的守护女神吉祥天女。吉祥天女预言道：

“‘由于这个极其慷慨（英勇）的举动，由于对尊贵湿婆大神的殊胜膜拜，您（花有王）仿佛是大地上的第三日月（除了太阳和月亮之外的第三个发光星球），将创造绵延不绝的伟大王族，充满纯洁、吉祥、真诚、慷慨（自由）、坚定、热情的精英，繁荣日日增长。其中会出现一位名为喜[增]（Harṣa）的转轮王，他是一切洲渚的统治者，如同诃利月（Hariścandra）[①]；渴望征服三界，如同第二个曼陀特哩（Māndhātṛ）[②]，为了他，我的手将自动抛弃莲花，拿起拂尘。’说完，她

① 据 Kane（1986），第 367 页注释，诃利月是整个大地（除 Kāśī 地区之外）的统治者。Kāśī 地区在湿婆的管辖之下。

② 据 Kane（1986），第 368 页注释，曼陀特哩在征服大地之后，还渴望征服天国。

消失不见。”①

在戒日王铭文中，光增、王增、喜增都有“王中之王”的称号。吉祥天女在普西亚布蒂王朝尚未建立之时就预言喜增，在证明喜增注定为王的同时恰恰达到了适得其反的效果：其他人的王位不证自明；只有喜增的合法性需要证明——也就是说，只有喜增的王位欠缺合法性。

（二）美誉王后感梦受胎

美誉王后梦到在太阳的轮盘中有两个放光的童子，照亮天地。他们戴着王冠、耳环、臂饰、铁甲，手握宝剑，身上沾染着鲜血。整个世界匍匐在他俩脚下，双手合十礼敬他们。他们跟着一个如同月亮化身的侍女，如同日光一般降临大地。他们用宝剑割开美誉王后的子宫，钻进了她的身体。② 此后，美誉王后先后生下了王增、喜增和王圣。

（三）喜增诞生吉相及占星师预言

“国王啊！请听！千真万确，大贤曼陀特哩王（Māndhātṛ）正是降生在这样的日子：当所有行星处于高位③，在行星轨道与黄道相交的吉祥时刻（lagna）④，远离灾难等各种邪性的污染。因此，在这个如此适合转轮王出生的时段里，整个世界也不会降生其他人（这时只能降生转轮王）。您这个刚出生的孩子，是七转轮王⑤的领袖，七大洋的统治者，一切具有七种形态（tantu）⑥祭祀的举行者，带着转轮王的种种印记，拥有众宝（mahāratna）⑦，可与拥有七骏马者（Saptasapti，太阳）媲美。”⑧

---

① 《戒日王传》第三章，Parab（1892），第 126~127 页；Kane（1918），第 53~54 页；Kane（1986），第 53~54 页；Cowell（1897），第 96~97 页。

② 《戒日王传》第四章，Parab（1892），第 137 页；Cowell（1897），第 105 页。

③ 梵语 uccasthānasthiteṣu graheṣu。考威尔译为“所有行星位于顶点（apexes）”。见 Cowell（1897），第 110 页。

④ 据 *MW*，即行星轨道与太阳轨道相交处，或赤道与黄道交汇的点或弧，亦指吉兆、吉时。

⑤ 据 Cowell（1897），第 110 页注释二，“七转轮王”为：婆罗多王（Bharata），阿周那王（Arjuna），曼陀特哩王（Māndhātṛ），福车王（Bhagīratha），坚战王（Yudhiṣṭhira），娑伽罗王（Sagara），友邻王（Nahuṣa，又译那护沙王）。

⑥ 据 *MW*，直译为“线”；考威尔译为“形态”（form）。此处意为“祭祀仪式延续形式”。

⑦ 直译为“大宝”。据 Cowell（1897），第 110 页注释四，此处指印度传统下国王具备的“六宝”。

⑧ 《戒日王传》第四章，Parab（1892），第 141~142 页；Cowell（1897），第 110 页。

3.3.2 光增王“偏爱”和王增“让贤”

印度实行长子继承制。印度国王死后，他的合法继承人是长子，然后才是次子和其他儿子。波那曾记载摄铠是阿般提伐摩的长子。阿般提伐摩死后，摄铠继承羯若鞠阇国王位。玄奘也记载“王增以长嗣位，以德治政”[①]。

戒日王在兄长王增很可能还健在的时候就获得王位，完全不具有继承王位的合法性，因而需要仰仗其他手段变次子继承的“非法”为“合法”。

（一）喜增在即位前已战功赫赫美名远扬

《戒日王传》描绘了一群邪恶的国王，无论多遥远，都在他俩（王增和喜增）火热的愤怒下凋零；一天天，他俩握宝剑的手沾染血污，仿佛是为了熄灭国王们英勇的火焰；通过战弓的弦音，他们仿佛在跟国王们后宫的妃子们交谈。于是，王增和喜增的名声远播大地，在很短的时间，甚至传播到其他的大洲和岛屿。[②]

这一记载事实上没有把王增摒除在外。尤其值得注意的是，在喜增即位之前，王增的战功或许有迹可循，喜增的功绩却无从谈起。那时喜增不足 16 岁；王增不足 20 岁。据波那之后的记载，王增出击白匈奴的时候刚刚到穿铠甲的年龄，那是王增第一次带兵打仗；而喜增不能随军出征（未到穿铠甲的年龄），只能在婆尼的陪伴下在喜马拉雅山麓骑马[③]；喜增即位后进军曲女城才是他的第一次出征。这里赞美戒日王莫须有的战功，也达到了如吉祥天女和占星师预言一般适得其反的效果。

（二）光增王希望传位给次子

病重的光增王对喜增说：“在你身上，寄托着我的幸福，我的王国，我的王位，还有我的生命；不仅是我一个人的，也是全体国民的。你拥有统治四海的标记。仅仅通过让你降生，我就已经完成了我的使命，我已经从渴望生的束缚中解放出来。仅仅是顺从医生的旨意，喝他们为我准备的药罢了。你通过人民的美德降生来保护大地，父亲不过是

① 《西域记》卷五《羯若鞠阇国》，第 428 页。

② 《戒日王传》第四章，Parab（1892），第 151 页；Cowell（1897），第 118~119 页。

③ 《戒日王传》第五章，Parab（1892），第 166 页；Cowell（1897），第 132 页。

让你降生到人间的手段。国王的亲人是人民，而不是他的父母兄弟。”[①]

光增王在临死之前又对喜增说出了“不可能的遗言”[②]（译文参见附录三《波那〈戒日王传〉选译》中的“光增王遗言”），对喜增赞美之至，却对长子王增只字未提，象征性地将王位传给了喜增。

光增王偏爱次子的说法不能成立。铭文等史料证明光增王事实上传位给了长子王增，从而有效地驳斥了波那宣称光增王希望传位给次子的叙述。波那虽然从未明确提及王增即位，但也曾两度暗示王增继承了光增王王位。其一，在美誉王后感梦受胎之时，波那明确记述了两个王子头戴王冠，世界匍匐在二人脚下。其二，在王增渴望让位出家一节，如果王增没有继承王位，就不存在让位一说。可见王增已经即位。光增王派王增出击白匈奴，也表明了他对王增实力的肯定：“一天，国王（光增王）派遣身穿铠甲（到达适于穿铠甲年龄）的王增出击白匈奴，如同雄狮派狮仔进攻鹿群；王增率领大军，带着辅臣元老和忠心耿耿的诸侯，向北方进发。”[③]可见，现实中的光增王不可能说出与“传位喜增”相类似的话（更可能是让喜增辅佐兄长），也很难赞美喜增高过王增。

从逻辑上推理，光增王病危的时候，喜增 15~16 岁，王增 19~20 岁，邻国遭到侵略，强敌直逼国境。在这种“生死存亡之秋”，光增王怎么会把王位留给几乎未成年的喜增，而不是更年长也更具有战斗经验的王增呢？

（三）王增渴望让位出家

从抗击白匈奴的战场返回王城的第二天清晨，当着所有国王，王增对站在身边的喜增说：

“贤弟！你是师长训诫（父命）的沃土（合适人选）。你从小就能把握父亲的心思，如同撑起美德的旗帜（牵住带绳的旗幡）[④]。正因你如此顺从，我这屈从于命运的安排而冷酷无情的心，想要对你说这些

---

① 《戒日王传》第五章，Parab（1892），第 175~176 页；Cowell（1897），第 142~143 页。

② 《戒日王传》第五章，Parab（1892），第 187~188 页；Kane（1918），第 31~32 页；Kane（1986），第 86~87 页；Cowell（1897），第 155~156 页。

③ 《戒日王传》第五章，Parab（1892），第 166 页；Kane（1986），第 74 页；Cowell（1897），第 132 页。

④ 双关，梵语 guṇavat，既为“具有美德的”，又指“有绳子的”。

话。不要执著于邪佞，其在幼稚中轻易产生，与感情相背离。不要像傻瓜一样阻碍我的企图。听着！你不是不知道世俗的传统。三界的保护者曼陀特哩（Māndhātṛ）死后，他的儿子补卢古侘（Purukutsa）做了什么？用眉毛藤（弯弯的眉毛）指挥十八洲渚的迪利波（Dilīpa）死后，他的儿子罗怙（Raghu）[①]做了什么？在阿修罗大战中登上天神之车的十车王（Daśaratha）死后，他的儿子罗摩（Rāma）做了什么？牛蹄印遍及四海（以牛蹄踩出的水洼为四海）的难车王（Duṣyanta）死后，他的儿子婆罗多（Bharata）做了什么？好了，到此为止。我们的祖父名号唤起吉祥，曾举行一百余次祭祀，祭祀的浓烟熏黑了婆薮之主（Vāsava，因陀罗称号）的青春；我们的父亲在他的尊贵父亲辞世之后，难道没有担负起王国重任？确实，智者们将被忧伤征服者视为懦夫。因为忧伤的领域属于妇人。尽管如此，我该怎么办？或者源于自己的天性，或是懦弱的秉性，或是女子般的脆弱，我饱受丧父之痛火焰的灼烧。因为，我的山峰（国王）完全倾覆；我的眼泪汹涌如流水；伟大的光芒陨落（如同日落）；十方陷入暗夜；智慧之光消失；我的心被烧灼；我的明辨仿佛害怕烧到自己，即使在梦中也不出现；我的坚定出于极度忧伤（火焰）完全消融，如同被强烈火焰炙烤的紫胶；我的思维一个字一个字地（一步步）模糊，如同被毒箭射中的母鹿一步步走向昏迷；我的记忆躲在远处游荡（远去），如同厌世者；我的意志离去，如同母亲（美誉王后）随父亲而去；我的痛苦一天天增长，如同被高利贷商经营的财富；我的身体仿佛充满忧伤之火的浓烟汇聚而成的云，落下滂沱泪雨。'五种姓（pañcajana）[②]死后归于五大（pañcatva）[③]。'这个童言并不真实。父亲只归于火，因而将我如此烧灼。难以抑止的忧伤如同叛乱者，拘禁了这个怯懦的心；仿佛海中之火烧灼大海、雷电击毁山峦、月亏侵蚀月圆、罗睺吞噬太阳一般，炙烤、撕裂、消磨、吞噬了我。我的心仅凭泪水无法承受弥卢山一样的

---

① 波那此处采用了迦梨陀娑《罗怙世系》中的谱系。据《罗摩衍那》，迪利波的儿子是福车王（Bhagīratha），福车王的儿子是迦拘蹉（Kakutstha），迦拘蹉的儿子是罗怙。参见 Kane（1986），第 495 页。

② 直译为"五个种姓"，Kane 注释为四雅利安和尼沙陀人（Niṣāda，非雅利安人）。此处指所有人。见 Kane（1986），第 496 页。

③ 即地、水、火、风、空五种基本元素。

伟大人物倾覆。我的鹧鸪眼看到王权而闪躲①，如同鹧鸪的眼睛看到毒药而变色。我的思想渴望抛弃吉祥天女，她不高贵，被家族摒弃②，如同身着杂色尸衣、吸引看客③的旃陀罗女④。我如同一只鸟⑤，不能在这个被烧毁（不吉祥）的家中停留哪怕一刻。我渴望在净修林用山巅流淌的纯洁清泉洗涤思想中挥之不去的情感灰尘，如同洗去衣服上紧紧附着的油污⑥。就像补卢（Pūru）听从父亲的命令接受衰老⑦，即使衰老令人厌恶，也离开青春的幸福。因此，请你治理我的王国。请把胸膛献给王权（吉祥天女），如同全然抛弃童年嬉戏的狮子（黑天）⑧！我将不再用剑。”这样说完，他从持剑人的手中拿过自己的长剑⑨，掷在地上。⑩

（四）喜增的心理活动

听了兄长的话，喜增沉默不语。波那细致入微地刻画了喜增的心理活动：

“敬爱的兄长难道是发怒了，因为某个好事者背地里说了我什么？还是他想用这种方式试探我？或者这种心智错乱由悲痛而生？或者，他难道不是我敬爱的兄长？还是他说的是一个意思，而我的听觉感官被忧伤掏空而听成了别的意思？或者，敬爱的兄长想的是一个意思，用嘴说的却不一样？或者，这是命运的摧毁方式，带来整个家族

---

① 双关，梵语 virakta，既为“避开”，又为“变色”。Kane（1986），第 497 页注释为“变红”。人们认为鹧鸪的眼睛看到毒药会变红。

② 双关，梵语 vaṃśa-bāhya，既为“在（高贵）家族之外的”，又为“被竹子承载的”（=vaṃśa-vāhya）。旃陀罗将全部个人财物挑在竹竿上。参见 Kane（1986），第 497 页。

③ 双关，梵语 rañjita-raṅga，既为“颜色被染的”，又为“观众被吸引的”。

④ 梵语 janaṅgamānām（pl，gen），意思不够顺畅。梵语 janaṅgama/janaṅgamā，=Cāṇḍāla/Cāṇḍālā，旃陀罗（女）。此处或更为 janaṅgamām（旃陀罗女），或依 Kane 更为 janaṅgamāṅgām（旃陀罗女）。旃陀罗捡拾裹尸布为衣。参见 Kane（1986），第 497 页。

⑤ Kane（1986）本梵语作 śakuliḥ，或可解为“śakulin”（鱼）之误。此处 Cowell 和 Kane 均译为“鸟”，可知原文应为“śakuniḥ”。

⑥ 双关，梵语 sneha-mala，既为“感情的污垢”，又为“油和泥”。

⑦ 耶亚提（Yayāti）受到诅咒提前变老，并得到许可将这个诅咒转移到任何同意接受的人身上。他的小儿子补卢（Pūru）自愿接受了这个“衰老”诅咒。参见 Kane（1986），第 497~498 页。

⑧ 双关，梵语 hari，既为“狮子”，又为“诃利”（黑天的称号）；梵语 lakṣmī，既为“王权”，又为“吉祥天女”（黑天的爱人 Rukmiṇī 是吉祥天女的化身）。

⑨ 梵语 nistriṃśa，Kane（1986），第 498 页注释为“长度超过三十指的剑”。

⑩ 《戒日王传》第六章，Parab（1892），第 199~201 页；Kane（1918），第 38~40 页；Kane（1986），第 93~95 页；Cowell（1897），第 168~173 页。

的毁灭？或者，暗示了我积累的所有功德消逝？或者，一切不祥的行星环绕嬉戏？或者，他（王增）仿佛一个卑贱者，开着对父亲之死漠不关心的迦梨时代的玩笑①；他命令我做任何事，仿佛我不是花有王的后人，仿佛我不是父亲的儿子，仿佛我不是他自己的弟弟，仿佛我没有感情；仿佛让没有劣迹、品行良好的人犯罪；仿佛让好仆人饮酒；仿佛让善人背叛主上；仿佛让贤妻失贞；他是在让我做非常困难的事。全部诸侯被英勇和傲慢之酒灌醉，他们的封地如同大海，父亲（光增王）如同搅动大海的曼陀罗山②；父亲仙逝之时，或者前往净修林，或者穿上树皮衣，或者投身苦行，才是相宜。然而，这个对我下达的国王诏令，炙烤已经烧焦的我，仿佛炭火雨落在旱灾侵袭的龟裂大地。这不像是可敬兄长的所为。即使不高傲的强者、不乞讨（不贪婪）的婆罗门、不易怒的苦行者、不淘气的猴子、不嫉妒的诗人、不偷盗的商人、不虚伪的爱人③、不贫穷的善人、不刻薄的富人、不讨嫌的悭吝鬼④、不杀生的猎人、通晓婆罗门学识的冥想者、幸福的奴仆、感恩的赌徒、不贪吃的流浪汉⑤、言辞俊美的奴隶、讲真话的大臣、教育良好的王子，这些人在世上都难得，不过敬爱的兄长正是我的老师（我因受到兄长的教育而成为“教育良好的王子”）。确实，王中香象这般的父亲与世长辞；长兄的双腿和手臂如壮阔的石柱却徒劳无果，战胜诸王，却在青春韶年抛弃王国，前往净修林；在这种时候，谁会渴望这个被全世界的泪水玷污的名为‘大地’的泥球？甚至，哪个旃陀罗会渴望这个名为‘吉祥天女’的老鸨⑥，她在英雄家中干着杂务，低贱的举止在一切邪恶的暴富者变得骄横的表情中暴露无余？敬爱的兄长如

① 梵语 tāta-vināśa-niḥśaṅka-kali-kāla-krīḍitaṃ，Cowell 译为“这是迦梨时代的玩笑，不关心父亲之死”；Kane 译为“具有父亲之死的无畏的迦梨时代是他的玩笑”，并注释说光增王曾将 Kali 放在脸颊上。

② 此处将光增王比喻成曼陀罗山，搅动诸侯（大海），获得贡物（宝石）。

③ 梵语 priyajānir-akuhanaḥ，Cowell 和 Kane 均译为“不嫉妒的丈夫”；Kane（1986），第 499 页注释为“喜爱妻子的丈夫”。

④ 梵语 kīnāśa，Cowell 和 Kane 均译为“穷人”，*MW* 译为“农民”或“吝啬鬼”。

⑤ Kane（1986）本正文无。据 Kane 本注释。

⑥ 梵语 kumbha-dāsī，直译为“水罐女奴”，指“妓女”或“老鸨”。据 Kane（1986），第 500 页注释，吉祥天女寻找英雄的事迹如同老鸨。吉祥天女造访邪恶者，使他们获得财富而露出得意傲慢的表情，因而吉祥天女应为邪恶者的洋洋自得负责。

何有这样极其不当的想法？在我身上究竟发现了什么瑕疵？难道妙友之子（Saumitri，罗什曼那）从他的思想中失落？难道狼腹（Vṛkodara，怖军称号）等人也被他遗忘？[①]敬爱的兄长位及国君；他原本并非不顾忠诚之人，原本并非只苛求自己的利益。而且，在敬爱的兄长前往净修林的时候，谁会渴望活着？谁又会贪念大地（王权）？狮子擎着可爱的鬃毛，面容好似明媚骄阳；鬃毛浸润了醉象颞颥汁液的光芒；利爪如同雷电尖锋，凝掌猛击，撕碎醉象；这狮子离开山中巢穴，在林中游荡，谁来保护他背后的容身地方？因为英勇是威力的盟友。轻佻的吉祥天女，破烂衣衫遮掩双乳，手持一捆捆拘舍草、鲜花、柴薪和树叶，仿佛林中母鹿（口衔拘舍草、鲜花、柴薪、树叶）；如果装扮成衰老模样的吉祥天女如同坠入衰老这个陷阱的母鹿[②]，没有被一同带入净修林，可敬的兄长打算如何处置她？我的种种辩驳岂非徒劳？我将沉默地追随敬爱的兄长。在净修林苦行将豁免僭越父兄之命的罪过。”这样想着，下定决心，喜增默然垂首侍立，意念已率先前往净修林。[③]

王增“弃剑隐居”的宣言言不由衷，喜增的沉默以对同样如此。

表面上看，王增宣布让位给喜增，喜增拒而不受，认为王增陷他于不义，抱怨王增弃位出家的决定。事实上，王增的话矛盾重重，转折突兀，不是让位，而是试探；喜增的心理活动则充满猜忌，很大程度上与对待政治对手的心态相似，而不像是对待“敬爱兄长”的回应。王增宣称因父母辞世，过度悲伤，无法即位。喜增如果在此时同意即位，就等于向天下证明自己不如兄长悲伤，从而背上不仁不孝的罪名。更深层次的原因是，王增刚刚带兵归来，身边都是效忠于他的将领。如果喜增表现出对于王权的过分热衷，暗地里对王位的争夺就会浮出水面而成为真刀真枪的血战。

童年和少年王增崇尚武力，与光增王相似，与喜增无异；王增刚

① 罗摩（Rāma）的弟弟罗什曼那（Lakṣmaṇa），般度五子中坚战（Yudhiṣṭhira）的弟弟怖军（Bhīmasena）、阿周那（Arjuna）、无种（Nakula）、偕天（Sahadeva）均为优秀弟弟的典范。

② 双关，梵语 jarā-jālinī，既为“（吉祥天女）在衰老的掩饰下”，又为“（野鹿）陷入衰老这个陷阱”。衰老的比喻意味着吉祥天女应陪伴王增老去。印度传统中，年老的国王将王位留给子嗣然后进入山林隐居（遁世期）。参见 Kane（1986），第 501 页。

③ 《戒日王传》第六章，Parab（1892），第 201~203 页；Kane（1918），第 38~40 页；Kane（1986），第 93~95 页；Cowell（1897），第 171~173 页。

刚攻打白匈奴归来，身上带着箭伤的荣誉，这证明他对征战和王权均不排斥。依王增前半段话的逻辑，这些国王都是在父亲过世后继承王位，因为坚强的男子战胜悲痛，只有女人才会被悲伤俘虏。这让王增即位顺理成章。而他之后所说的妄自菲薄之言，坦承自己出于女人般的情感，悲伤过度，无法即位，就显得缺少铺垫。如果王增确实说过类似的话，其真实原因很可能是试探喜增的忠诚。王增的弃剑，不是宣誓放弃武力，而是如孙权斫桌角般隐含着宣战。王增继承王位的事实，也从行动上反驳了他渴望出家的叙述。

王增从抗击白匈奴的战场返回之前，喜增曾想："希望我的兄长得知父亲的死讯不要出家！希望他不要认为大地就此无主！希望他想起自己（ātmānaṃ）！"[①] 喜增如何知道王增会因父母辞世渴望出家？"王增渴望出家"的叙述竟然最先出现在喜增的心理活动之中，可见这是喜增的心愿而非王增的本意。这段话还包含双关。"无主的大地"等待的"主人"，究竟是王增还是喜增？"想起自己"中的"自己"究竟指王增自己还是喜增自己？波那此处的精彩描述，表明了喜增对王增态度一厢情愿的阐释和喜增对于王位的不懈追逐。

3.3.3 孝道与篡权

最后谈谈戒日王宣扬的"孝道"与篡权的关联。

波那的《戒日王传》达到了在表面上美化戒日王篡权的目的。然而传说不够有力，事实不够清晰，谎言没有根基，于是戒日王又开辟了一个自我陶醉的渠道："孝道"。

戒日王在不足 16 岁的时候就父母双亡，妹夫、兄长遇害。在他的生活中并没有过多履行"孝"的时间。戒日王把精力和笔墨放在宣扬"孝道"之上，旨在获得象征性的名声，与实际行为无关。

铭文之中，戒日王表达了对父母和兄长的无上敬重："为了[我的]父亲最尊贵的王中之王吉祥光增王[的美德和荣誉的增长]，为了[我的]母亲最尊贵的后中之后吉祥美誉王后[的美德和荣誉的增长]，为了[我的]最优秀的兄长、最尊贵的王中之王吉祥王增王的双足的美德和荣誉的增长……"（参见附录一《戒日王铭文及汉译》）。

① 《戒日王传》第五章，Parab（1892），第 194 页；Cowell（1897），第 162~163 页。

《戒日王传》的表面叙述也刻画了戒日王对父兄的无比敬爱。

《龙喜记》中有大量颂诗宣扬孝道，与戒日王本人的理论非常吻合。云乘的两首出场诗正是讲孝道。“青春无常”与“用无常的青春孝敬父母”紧密相连；“王位可舍”也是说“王位”的快乐不如侍奉双亲带来的愉悦。

我不是不知晓，青春是欲望的居所，注定会
云散烟消；世上谁不知它与分辨善恶相驰背道？
尽管它应遭指责，却并非一无是处，如果用青春
虔诚地侍奉双亲，调服感官，就会喜乐无尽。（1.6）
在父亲跟前，脚踏泥土地也熠熠生辉，狮子宝座如何能比？
按摩父亲双足的幸福，纵有［其他］国王［的侍奉］怎能企及？
分享三界获得的满足如何比得上［咀嚼］双亲的剩饭？
抛弃了双亲，王权不过是痛苦，哪里有美德可言？（1.7）[①]

在《龙喜记》中，由于云幢王与光增王一样崇拜太阳，云乘又慈悲为怀，拯救众生（众蛇），所以云乘太子或多或少影射了戒日王本人。值得注意的是，云乘是云幢王唯一的儿子和太子。云幢王并没有其他的孩子。所以，无论戒日王在铭文中如何赞颂自己的兄长或是表达对兄长的尊敬，《龙喜记》暴露了他的潜意识：他希望自己是独子，而且是唯一的法定继承人；他不希望一个兄长的存在。儒家思想中总是将“孝”（顺父母）与“悌”（敬兄长）相提并论。对“孝”大肆宣扬，对“悌”却暗自抵制，这个“孝”的感情恐怕也就没有那么真挚了。并且《龙喜记》中的“孝道”在保护蛇族、在取悦天神的舍生苦行面前让位，客观上成了换取世俗权力的筹码。为救蛇族，云乘舍弃生命的同时也抛弃了孝敬父母的义务，甚至置双亲生命于不顾。这与“孝道”的精神背道而驰。

---

① 参见《龙喜记》德里本（Harṣavardhana, auth., *Śrī harṣadevapraṇītam Nāgānandam-nāṭakam*. Delhi: Munshiram Manohar Lal, 1958）、卡尔帕提本（Ramachandra Aiyar, T. K., *Nagananandam of Sri Harsha Deva: A Sanskrit Drama with English Translaton, Notes and Introdution*. Kalpathy-Palghat: R. S. Vadhyar & Sons, 2000），第一幕。

在戒日王铭文、《戒日王传》、《龙喜记》中的“孝道”，体现了戒日王一以贯之的思维逻辑。在即位之前，“孝道”是现实中戒日王与兄长王位之争的体现。如何能让父王传位给自己？证明实力是一个方面，然而最为直接的方法就是表现出自己对父母的孝顺和彻底服从。在即位之后，继续宣扬“孝道”，则是对即位过程的美化和对违背“孝悌”举动的最好掩饰。

“孝道”之于喜增，不过是如“佛教”一般的统治工具而已——戒日王希望人民相信，自己却不会遵行。频繁地宣扬“孝道”，虽不能弥补无法尽孝的事实，却可以掩盖阴谋篡权的罪行。

从预言到吉兆，从光增王“偏爱”到王增“让贤”，乃至自始至终地宣扬“孝道”，这些合法性宣传均表明戒日王即位很可能缺乏某种合法性，因而才需要殚精竭虑地从各个角度加以“证实”。

3.4 小结

戒日王铭文和《西域记》均表明王增曾正式继承王位。《戒日王传》虽未描绘王增即位过程，甚至造成了王增并未即位的错觉，却也暗示了王增即位的事实。因此，三个史料趋于一致地指向王增确实即位。王增继承的是光增王的萨他泥湿伐罗国王位。

王增即位不容置疑。那么波那淡化王增即位、宣扬喜增注定为王、光增王偏爱次子、王增渴望出家等就只能有一个目的——使喜增的即位具有合法性。然而“兄死弟承”的即位模式在印度本来就非常普遍且具有合法性，因而也就从侧面证明戒日王在萨他泥湿伐罗国的即位其实并非“兄死弟承”，而是“兄在弟篡”。

波那为戒日王继位合法性提供了大量宣传材料：在超现实层面，吉祥天女预言、美誉王后感梦、吉兆和占星师预言证实戒日王注定称王；在现实层面，喜增战功、光增王“偏爱”、王增“让贤”以及喜增出征途中获得的金印、宝华盖、珍珠璎珞等象征王权的宝物，都表明戒日王即位众望所归。《戒日王传》将王增即位轻描淡写到难以察觉，又运用各种征兆让人相信王增必死无疑，仿佛王增根本未及即位就一命呜呼，前后矛盾、避重就轻、疑点重重，让人不得不怀疑“整部《戒日王传》仿佛就是为了洗刷戒日王弑兄篡位的罪名”[①]。如同古代中国，那些正常即位的帝王，往往记载相对简单；而越是乱世枭雄、开国皇帝、篡位之君，正史记载或是民间流传的种种传说、预言、征兆就越是丰满。如果真如铭文所称，喜增是王增的“合法继承人”，又如《西域记》所述，王增遇害后，喜增被群臣推举为王，波那大可省去这些麻烦，将事实娓娓道来。波那“为喜增讳”、论证“合法性”的举动，恰好证明喜增的即位欠缺通常意义的合法性。

戒日王在萨他泥湿伐罗国即位的手段是通过武装政变。老臣、新臣和亲信的支持使戒日王的兵变成为可能。掌握了兵权的戒日王即刻出征，扬言称霸天下。盟国和宗教势力的支持更令他如虎添翼。这时，婆尼则勾结高达王谋害了王增。这便是戒日王在萨他泥湿伐罗国先篡位、再害兄的即位始末。

§4　羯若鞠阇国的即位

4.1　戒日王之前曲女城的归属

阿般提伐摩（Avantivarman）与光增王、大军护王属于同时期人。据穆克里王朝铭文，阿般提伐摩在580~600年统治羯若鞠阇国和摩揭陀国。[②]

摄铠（Grahavarman）遣使向王圣提亲之时，波那称他为“阿般提伐摩长子”[③]。在王圣婚礼上，波那描绘了光增王等人，却对阿般提伐摩只字未提，可见阿般提伐摩并未出席摄铠的婚礼，很可能已经过世。王圣的侍从允同（Saṃvādaka）前来通报摄铠死讯的时候，称他为“摄铠王”（Grahavarman Deva）[④]，也可推知这时摄铠已继承王位。戒日王即位时间为605年前后。据此推算，阿般提伐摩在600~604年间过世。[⑤]

① Shankar Goyal（2006），第23页。

② Devahuti（1998），第35页。

③ 《戒日王传》第四章，Parab（1892），第156页；Cowell（1897），第122~123页。

④ 《戒日王传》第六章，Parab（1892），第204页；Cowell（1897），第173页。

⑤ 参见Devahuti（1998），第35~36页。

摄铠王遇害的时间为光增王死后，王增遇害前，也是在 605 年前后。摄铠王统治羯若鞠阇国的时间约为 600~605 年。

摄铠王是阿般提伐摩的长子，没有留下子嗣。[①] 据那烂陀出土的《穆克里那烂陀泥印》[②] 第 6~8 行，“阿般提伐摩与……王后的儿子妙[誓铠]”[③]，可知，妙誓铠（Suvratavarman）是阿般提伐摩的儿子、摄铠王的弟弟。那么，摄铠王的弟弟妙誓铠是否有可能继承羯若鞠阇国王位呢？

马宗达（R. C. Majumdar）认为，摄铠王死后，他的弟弟妙誓铠得到设赏迦王庇护，继承了羯若鞠阇国王位。[④]

西卡尔（D. C. Sircar）认为妙誓铠很可能在摄铠王死后被设赏迦王和东摩腊婆王天护扶植起来（成为羯若鞠阇国国王），然后遭到戒日王驱赶。[⑤]

尚卡尔·戈亚尔（Shankar Goyal）认为妙誓铠在摄铠王死后还活着，是夺取曲女城王位的有力人选。摩揭陀国后来的统治者满胄王，很可能也是穆克里王朝的后人、摄铠王的兄弟，因而也是可能的合法继承人。不仅如此，阿般提伐摩还可能有别的儿子。[⑥]

提婆胡蒂（D. Devahuti）则认为，妙誓铠并未统治过羯若鞠阇国，而只是短暂地统治过摩揭陀国。摩揭陀国罗塔斯宫（Rohtas-garh）岩壁留下的铭文（*CII*，III，No.78）显示，设赏迦王在 606 年前后就获得了摩揭陀国的控制权。这证明 606 年妙誓铠已死，且很可能先于

① 《戒日王传》第八章，Parab（1892），第 284 页；Cowell（1897），第 254 页，王圣说，她“既没有丈夫也没有儿子”。

② 《穆克里那烂陀泥印》，见 Ghosh, A., *EI*, Vol. 24, 第 283~285 页；参见 Sircar, Dines Chandra, *Selected Inscriptions Bearing on Indian History and Civilization Vol. II. From the Sixth to the Eighteenth Century A.D.*. Delhi/Varanasi/Patna(India): Motilal Banarsidass, 1983, 第 215~216 页；Thaplyal, Kiran Kumar, *Inscriptions of the Maukharīs, Later Guptas, Puṣpabhūtis and Yaśovarman of Kanauj*. New Delhi(India): Indian Council of Historical Research, 1985, 第 154~155 页。

③ 《穆克里那烂陀泥印》残缺不全，阿般提伐摩儿子的名字仅保留 Suvra 或 Suca。N. P. Chakravarti 将之还原为 Sucandravarman（妙月铠）；D. C. Sircar 据 *Āryamañjuśrimūlakalpa*（第 613 颂），Suvrata 位于 Graha 之后，将之还原为 Suvratavarman（妙誓铠）。此处依 Sircar 的说法。

④ Majumdar（1954），第 99~102 页。

⑤ Sircar（1983），第 215 页。

⑥ Shankar Goyal（2006），第 187 页。

摄铠。[1]

笔者认为妙誓铠一直留在摩揭陀国，从未获得羯若鞠阇国政权。没有证据表明妙誓铠曾统治过羯若鞠阇国。

605/606 年，羯若鞠阇国政权几经更迭。

据《戒日王传》，王圣的侍从说，“就在传出光增王死讯的当天，摩腊婆王夺去了摄铠王的生命连同他的全部美德。”摩腊婆王还准备发动对萨他泥湿伐罗国的侵略。[2] 可见摄铠王死后，摩腊婆王（天护）占领了曲女城。

王增于是带上婆尼，率军出征。不久之后，王增骑兵长官回来报信说“王增轻而易举战胜了摩腊婆军队，却中了高达国王的计谋。”[3] 据戒日王铭文，王增的功绩包括战胜“吉祥天护”。这个天护王很可能就是杀死摄铠王并被王增轻而易举战胜的摩腊婆王。据《西域记》，王增为羯罗拏苏伐剌那国设赏迦王所害，即此处的高达王。王增战胜摩腊婆军队后，在遭遇高达王谋害前，可能曾短暂地进驻曲女城。

在戒日王出征途中，婆尼带着王增俘获的摩腊婆军队和战利品请戒日王检阅，并汇报说，“在王增国王仙逝后，香茅原（曲女城）被一个叫笈多（Gupta）的人攫取，王圣王后逃出监狱，带着随从进入文底耶森林。已派去许多搜寻者，但他们到现在还没有回来。”[4] 戒日王随即派婆尼带领军队，进攻高达国，自己亲自带人前往文底耶森林寻找王圣。这表明王增死后，笈多占领了曲女城。

进而，羯若鞠阇国如何从“笈多占领”到“人既失君，国亦荒乱”[5] 的无主状态呢？

波那没有说明“笈多”（Gupta）的身份。大军护（Mahāsenagupta）、天护（Devagupta）等王均以“护”（笈多）结尾，这个人可能与后期笈多王朝（摩腊婆国）相关；印度两军交锋，往往以对方的臣服为目标，而非杀死敌人，因而也可能是被王增战胜但并未杀死的吉祥天

① Devahuti（1998），第 36 页。

② 《戒日王传》第六章，Parab（1892），第 204 页；Cowell（1897），第 173 页。

③ 《戒日王传》第六章，Parab（1892），第 208 页；Cowell（1897），第 177~178 页。

④ 《戒日王传》第七章，Parab（1892），第 253~254 页；Cowell（1897），第 224 页。

⑤ 《西域记》卷五《羯若鞠阇国》，第 428~429 页。

护卷土重来；从高达王谋害王增，及戒日王命令婆尼进攻高达国来看，笈多也可能为高达国属臣[①]；戒日王铭文提及的官员中，室建陀笈多（Skandagupta）、黑护（Kṛṣṇagupta）、自在护（Īśvaragupta）均以“笈多”结尾，因而不排除这个人听命于戒日王的可能。

这里更倾向于认为笈多是高达国的属臣。王增既是被高达王害死，那么高达王没有理由不在政治、经济地位如此重要的曲女城安插自己的人马；摩腊婆军队既已被王增打败，又由婆尼接管了俘虏（军队）和战利品，应该没有余力再次攻城掠地。如果笈多隶属于高达王，那么也就解释了戒日王下令让婆尼进攻高达国的动机，除了表面上“为兄复仇”的口号，实为去除羯若鞠阇国的现任统治者，以便他自己将羯若鞠阇国纳入囊中。因此，可以从戒日王“继承”无主的羯若鞠阇国王位推知《戒日王传》和《西域记》中均未提及的婆尼讨伐高达国的战果：婆尼凯旋而回，高达王被驱赶到更远的地方，高达王安插在羯若鞠阇国的统治者笈多也只得仓皇逃窜。这便是戒日王在羯若鞠阇国即位的背景。

综上可知，摩腊婆王天护杀死穆克里摄铠王，占领了羯若鞠阇国；王增击败天护后，俘虏了他的军队和物资，短暂进驻曲女城；高达王设赏迦杀死王增后，一个叫笈多的人占领了曲女城；笈多被婆尼驱赶，羯若鞠阇国落入戒日王手中。曲女城的归属依次为：阿般提伐摩（580~600）⇒ 摄铠（600~605/606）⇒ 天护（605/606）⇒（王增）（605/606）⇒ 笈多（605/606）⇒“人既失君，国亦荒乱”（605/606）⇒ 戒日王（605/606~647）。

4.2　即位时间

戒日王获得羯若鞠阇国控制权的时间很可能在606年前后，也就是戒日王在萨他泥湿伐罗国即位后不久。在时间上，两场即位紧密衔接，前后相续，就像十八天（二十一天）曲女城法会和七十五天钵逻耶伽大施一样，虽然时间紧密相连，却是两个全然不同的事件。据乔

---

① Shankar Goyal（2006），第184页，尚卡尔·戈亚尔认为设赏迦王在谋害王增后从曲女城逃离，留下其他人（笈多）掌管曲女城。

格莱卡（K. M. Joglekar）分析，戒日王在606年前后获得了羯若鞠阇国的控制权，并将其附着在萨他泥湿伐罗国的统治上。[①] 从那以后，戒日王就成了玄奘笔下的“羯若鞠阇国王”。

戒日王在文底耶森林救下妹妹王圣，带着王圣和佛教大师日友回到恒河岸边营地的时候，就仿佛预示了即将发生在羯若鞠阇国的权力更迭。戒日王在进入文底耶森林之前派遣婆尼攻打高达国。婆尼得胜凯旋之时，应该就是他拥护戒日王“继承”羯若鞠阇国王位的时候。

另外，戒日王获得“尸罗阿迭多”（戒日）的称号，应在620年之后，与他获得羯若鞠阇国控制权并无关联。

4.3 “和平”夺权

从玄奘的记载来看，戒日王获得羯若鞠阇国政权的方式，不是通过武力，而是依靠和平的手段。

吠底耶（C. V. Vaidya）认为，戒日王带着守寡的妹妹、打着共同治理的旗号获得了羯若鞠阇国王位。[②] 提婆胡蒂（D. Devahuti）认为戒日王通过谦逊谨慎的姿态赢得了曲女城老臣和官僚的支持。[③] 尚卡尔·戈亚尔（Shankar Goyal）认为戒日王利用萨他泥湿伐罗国与羯若鞠阇国民众宗教信仰的差异，兼用外交手腕，攫取羯若鞠阇国政权。[④]

笔者认为，戒日王攫取羯若鞠阇国政权的手段是以武力为基础的和平演变。第一，戒日王很可能参与了摩腊婆王（天护）奇袭曲女城和杀死摄铠王的阴谋；第二，王增打败了直接杀死摄铠王的天护，缴获的军队和物资又被婆尼接管；第三，戒日王派婆尼出击高达国，去除了高达王在羯若鞠阇国的残余势力，驱逐了笈多。之前的军事行动取得的成果及军队的威慑力是戒日王使用政治、外交、宗教等手段和平接收羯若鞠阇国的前提。这些和平手段包括（1）作为亡君遗孀的法定监护人，火中救妹，“与寡妹共知国事”[⑤]；（2）亡君旧友、佛教大师

① Joglekar（1913），《璎珞传》导论，第 xxiv 页。
② Vaidya（1979），第 7~9 页。
③ Devahuti（1998），第 83 页注释一。
④ Shankar Goyal（2006），第 182，188 页。
⑤ 《释迦方志》卷上，第 39 页。

日友辅政，巩固合法性；（3）婆尼劝进；（4）观自在菩萨现形。

4.3.1　亡君遗孀之兄

王位承袭，首选长子继承，然后是国王的其他儿子；如果国王没有子嗣，则是兄弟（弟弟）即位；然后才是家族的其他男性，但通常不包括外戚（即妻子的兄弟等）。[①]

如果说戒日王在萨他泥湿伐罗国的即位是通过父亲传位、兄长弃位等方式，打破长子继承，将不甚合法的“次子继承”合法化；那么在羯若鞠阇国的即位则可能是通过“与寡妹共知国事”的方式，变不甚合法的“外戚干政”为合法的“共同执政”。正如夏尔马（Baijnath Sharma）所述，波那的《戒日王传》在戒日王重获王圣之后封笔，如果不是因为波那急于撰写《迦丹波利》而对《戒日王传》丧失了兴趣，就是因为他觉得戒日王攫取原本属于妹妹的王国，行为令人不齿。而戒日王，为了弥补这个耻辱，不得不扮演妹妹监护人的角色，与妹妹共同执掌王权。[②]《释迦方志》所载戒日王“乃与寡妹共知国事”[③]即表明了戒日王统治羯若鞠阇国的“携遗孀以令诸侯”的模式。不仅如此，从婆尼的拥护演说可见，戒日王甚至可能通过妹妹获得了“亡君之弟”的身份。戒日王长王圣2岁。王圣13岁出嫁。摄铠王很可能比戒日王年长。这就更方便了戒日王在摄铠王死后以“王弟”的身份控制羯若鞠阇国。

戒日王的妹妹王圣是亡君遗孀。摄铠王遇害，羯若鞠阇国政局动荡，王圣是戒日王攫取羯若鞠阇国政权并获得合法地位的重要筹码。[④]戒日王扮演监护人和保护者的角色“火中救妹”，在某种程度上赢得了当地民众的同情和支持。[⑤]悲痛欲绝的王圣企图投火自焚，被戒日王和日友大师救下后，她放弃了死念，请求戒日王准许她出家为尼：“您的到来阻止了我坚决赴死，虽然我已在成功边缘；那么就让我带着我的不幸加入僧团吧。”喜增听后，沉默良久。[⑥]这时，沦为“宫廷僧人”的

---

① Shankar Goyal（2006），第186~188页。参见Devahuti（1998），第83页。

② Baijnath Sharma（1970），第159~162页。

③ 《释迦方志》卷上，第39页。

④ Shankar Goyal（2006），第42页。

⑤ Shankar Goyal（2006），第188页。

⑥ 《戒日王传》第八章，Parab（1892），第284页；Cowell（1897），第254页。

佛教大师日友开始劝说王圣停止悲痛，听从喜增的命令，放弃出家的念头："一个神圣的冥想者的生活的确是一切忧愁最好的慰藉；这是智者的归宿。然而他（喜增）阻止了你的渴望，因为你一定要按照他的意愿行事。无论你将他看成兄弟，长辈，亲人，贤人，或是国王——你都要在任何情况下服从他的命令。"然后，戒日王宣布了自己的"出家誓言"："我的妹妹，如此年轻，如此厌倦了不幸。我一定要好好照顾她一段时间，即使这意味着荒疏国事；然而，我要在世人面前发誓，我不得不服从我的举起的右手摧毁杀死我兄长的狂傲敌人，不能忍受遭受的羞辱，我将我的全部灵魂交付给正义的复仇事业。您（日友）是否可以在我的事业中协助我一段时间？把您的身体托付给我。从今天开始，当我许下诺言，慰藉我的臣民走出父王死讯的悲痛，我希望她能留在我身边，被你正确的法教和无欲的指导所安慰。你的法教可以带来有益的知识，你的建议平静心情，你的佛法去除世俗的情欲。最终，当我完成了我的计划（俗世任务），我将携妹妹一起加入僧团。"①

戒日王阻拦妹妹出家的真实原因并非因妹妹年轻，遭受诸多不幸，需要他的照顾，而是出于政治考虑。戒日王替兄即位，妹妹的支持非常重要；戒日王觊觎羯若鞠阇国王位，更需要妹妹的协助。王圣不必像婆尼一样发表煽动性拥护演说，而是仅出现在戒日王身边就完成了"支持"的任务。对于戒日王来说，妹妹无论"投火自焚"还是"出家"都会有损他"继承"萨他泥湿伐罗国和羯若鞠阇国王位的合法性。在遭到妹妹出家"胁迫"的情况下，戒日王许下"携妹出家"的誓言，成功延缓了妹妹出家。在玄奘的记载中，王圣最终还是皈依了佛门，而戒日王的出家誓言却始终没有兑现。

4.3.2 亡君旧友辅政

佛教大师日友（Divākaramitra）同样是戒日王获得羯若鞠阇国政权的重要辅助。

首先，日友是羯若鞠阇国已故国王摄铠的童年好友。日友同意随戒日王进宫辅佐政事，证明了他对戒日王统治的高度认可，也暗示或

① 《戒日王传》第八章，Parab（1892），第 288 页；Cowell（1897），第 257~258 页。

间接代表了摄铠王本人的认可。

其次，日友是佛教大师。羯若鞠阇国是佛教兴盛之地，与光增王治下外道盛行的萨他泥湿伐罗国大相径庭。佛教大师不仅是戒日王宫廷的组成部分，还是人民信仰的精神领袖。这不仅奠定了戒日王以佛教统治羯若鞠阇国的基础，也体现出戒日王在治理不同区域时宗教政策的不同侧重。尚卡尔·戈亚尔（Shankar Goyal）认为，戒日王是湿婆信徒，却去劝请观自在菩萨，正证明曲女城的民众大多信仰佛教。①

因此，日友以其特殊的身份维系着戒日王与亡君摄铠在执政层面的联系，是戒日王的宫廷僧人，是佛教信徒的精神领袖，为戒日王的统治出谋划策，成为仅次于王圣的合法性证明。日友献给戒日王的珍珠瓔珞具有解毒的神奇功效，不仅协助戒日王永远救助众生②，更是无上王权的象征。日友对戒日王获得羯若鞠阇国王位的巨大贡献是劝服王圣暂时放弃出家的念头，留在戒日王身边“共知国事”，从而成功地将“王权”留在戒日王身边。日友的世俗职能事实上与他佛教徒的身份并不相容，不过这可能正是波那这个湿婆信徒所理解的佛教徒的处事状态。

4.3.3　婆尼劝进

玄奘所述之“人既失君，国亦荒乱”，“国”无疑指羯若鞠阇国；“君”，虽可勉强指被害的王增，但从事实上看应该指羯若鞠阇国原来的国王摄铠。王增在打败天护之后很快遇害，虽曾短暂接管羯若鞠阇国，但不能算严格意义上的即位之君。婆尼口中的“国之大计，定于今日”，“国”也应指羯若鞠阇国。“先王之子，亡君之弟”则是采取了“偷梁换柱”的策略。婆尼实际在说：“（羯若鞠阇）国之大计，定于今日。（萨他泥湿伐罗国）先王之子，（萨他泥湿伐罗国）亡君之弟，……（我）欲以（其）袭（羯若鞠阇国）（王）位。”之后戒日王假意推辞的话也可补全为：“我诚寡德，父（光增）兄（王增、摄铠）遐弃，推袭（羯若鞠阇国）大位，其能济乎？”和“我惟积祸，慈父（光增）云亡，重兹酷罚，仁兄（王增、摄铠）见害。自顾寡德，（羯

① Shankar Goyal（2006），第 184，188 页。

② 《戒日王传》第八章，Parab（1892），第 281~282 页；Cowell（1897），第 251~252 页。

若鞠阇）国人推尊，令袭（羯若鞠阇国）大位，光父（光增）之业。”[①]

另据《戒日王传》推测，摄铠王很可能比戒日王年长，戒日王在事实上也可能称摄铠为“兄”。因而“仁兄”不仅指称王增，还可能兼指摄铠。婆尼拥护戒日王以“王弟”身份继承羯若鞠阇国王位，其实是一种外交辞令。亡君遗孀之兄属于外戚。外戚当权，在华夏文化遭到排斥，在西域文化中也不会得到支持。“王弟”则是更加委婉中听的说法。“克复亲仇，雪国之耻”也可兼与摄铠被杀（为妹夫报仇，为羯若鞠阇国雪耻）和王增遇害（为兄长报仇，为萨他泥湿伐罗国雪耻）两个事件相连。

既然穆克里家族与普西亚布蒂家族联姻，那么两国的同盟关系也让羯若鞠阇国在某种程度上成为了两个家族的共同财产。因而也可以说戒日王继承羯若鞠阇国是“光父（光增）之业”。王位甚至妻室的兄死弟承，在印度都十分常见，可以算是一种法定继承。只是外戚继承略显牵强。因而戒日王既表现出兄妹情深的监护人姿态，又做出假意推辞、祈请菩萨的政治家姿态。

吠底耶（C. V. Vaidya）认为，戒日王不具有继承羯若鞠阇国王位的合法性，不过是带着守寡的妹妹、打着共同治理的旗号篡权。这使得戒日王死后羯若鞠阇国陷入的混乱场面更容易理解。[②]

提婆胡蒂（D. Devahuti）认为，戒日王拒绝接受羯若鞠阇国王位，不是因为缺乏自信，而是因为习俗要求王位应该传给穆克里家族的后人。在这种情况下，戒日王表现出的谦逊谨慎而非张扬跋扈，为他赢得了曲女城老臣和官僚的支持。[③]

尚卡尔·戈亚尔（Shankar Goyal）认为，戒日王“勉强”接受王权，不过是政治家的姿态，去祈请观自在菩萨，同样源自政治家的手段。如果说他是帮助他的妹妹摄政，他本人对于王位没有渴望，则完全是无稽之谈。[④]

---

① 《西域记》卷五《羯若鞠阇国》，第 428~429 页。

② Vaidya（1979），第 7~9 页。

③ Devahuti（1998），第 83 页注释一。

④ Shankar Goyal（2006），第 187~188 页；参见 Smith（1908），第 312 页；Smith（1924），第 350~351 页；Ghosh（1948），第 314 页，“显而易见，戒日王掠夺了妹妹的王国”。

事实上，婆尼拥护和戒日王推脱的说辞都是一种外交表演。在古代中国，几乎历朝历代都有这样的“潜规则”：父皇去世后，皇太子无论多么迫不及待都要显得悲痛不已，难以即位。大臣要再三劝进，“劝说”太子放弃个人悲痛，以社稷为重、登临大宝。因而，婆尼劝进，也是要给戒日王一个推辞的借口。在群龙无首的时候，任一个略有领导才能的人振臂一呼，都会一呼百应。戒日王正是利用曲女城民众的这类心理，与大臣婆尼上演了一场和平夺权的“外交戏”。

4.3.4 观自在菩萨现形

据《西域记》，喜增在观自在菩萨像前断食祈请，菩萨现形，对喜增说:“汝于先身，在此林中为练若苾刍，而精勤不懈。承兹福力，为此王子。金耳国王既毁佛法，尔绍王位，宜重兴隆，慈悲为志，伤愍居怀。不久当王五印度境。欲延国祚，当从我诲，冥加景福，邻无强敌。勿升师子之座，勿称大王之号!”（喜增）于是受教而退，即袭王位，自称曰王子，号尸罗阿迭多[唐言戒日]。①

观自在菩萨称戒日王前生为练若比丘，这是典型的佛教叙事；观自在菩萨让戒日王“勿升师子之座，勿称大王之号”，而戒日王受教“自称曰王子”，这与铭文中戒日王的称号“最尊贵的王中之王”相违。无论在波那记载的时代还是玄奘所述的时代，戒日王都未曾皈依佛教。如果说戒日王希望就即位一事断食祈请观自在菩萨，如果这不是佛教徒一厢情愿的叙述，那么这就是一场戒日王为了迎合曲女城佛教信徒而进行的政治演出，与他在曲女城法会上“宝台纵火”和“捉放刺客”的“戏中戏”如出一辙（参见本书第八章《戒日王的文学创作》第2节《三部梵剧的“套式结构”》)。

4.4 小结

如果说敌人的敌人是朋友，那么摩腊婆王天护和高达王设赏迦是战时同盟。天护杀死摄铠王，王增打败天护，虏获了军队和战利品，短暂地进驻曲女城，但很快被设赏迦等人谋害。曲女城落入很可能是高达国属臣的笈多之手。摄铠王的弟弟妙誓铠此时可能已死，或尚在

① 《西域记》卷五《羯若鞠阇国》，第429页。

摩揭陀国，并未涉足羯若鞠阇国王权。戒日王派遣婆尼攻打高达国。占领曲女城的笈多大概就是在这时仓皇逃窜，羯若鞠阇国于是成为“人既失君，国亦荒乱”的无主之地。羯若鞠阇国失掉的“君”，事实上包括摄铠、天护、王增和后来的笈多。正是在戒日王救得妹妹，返回恒河岸边营地后不久，《戒日王传》的记载戛然而止，《西域记》中婆尼劝说戒日王“继承”羯若鞠阇国王位的记载在时间上恰好紧随其后。于是，戒日王以亡君遗孀之兄（或者说亡君之弟）的身份，依靠亡君旧友辅政，大臣婆尼劝进，在恒河岸边断食祈请观自在菩萨像，完成了在羯若鞠阇国的即位。

戒日王攫取羯若鞠阇国的方式可以说兼文兼武，在军事实力的基础上，运用政治、外交、宗教等手段逐步完成，以和平交接为主，但与之前的武力争夺密不可分。

§5　结论：戒日王即位始末

印度与中国在史学发达程度上无法相比。“玄武门之变”举国惊闻。唐太宗李世民杀死兄长李建成和弟弟李元吉，逼父亲李渊退位，在正史中均有记载。弑兄杀弟夺权的事实并没有妨碍唐太宗成为伟大帝王。

在戒日王即位的过程中，各种突发事件接踵而来。萨他泥湿伐罗城和曲女城的变故均与戒日王紧密相关，并且使戒日王直接受益。然而这些政权交迭的高层阴谋知情人甚少，很快就消失在浩如烟海的历史往事中，仅在波那狡黠的字里行间留有只言片语。

5.1　戒日王弑父、弑妹夫、弑兄嫌疑

戒日王铭文中提到王增战胜吉祥天护等国王的功绩和在敌军营帐中遇害；《西域记》中记载王增被设赏迦王诱杀；《戒日王传》中称王增被高达王杀害。光增王病逝及摄铠王遇害仅见于《戒日王传》。

无法证明戒日王与这三人之死直接相关，但也无法证明全然无关。相关性包括亲手杀害、授意谋杀、见死不救、泄露情报等。

（一）光增王之死扑朔迷离

光增王骤然辞世，很可能是戒日王阴谋篡权的开始。一切疑点，尤其是小医生味来投火自焚、光增王病情急转直下、王增迟迟未归等，都与戒日王相关。戒日王抵达都城的第二晚在父亲身旁度过，光增王临死时只有戒日王在场。对于光增王的非正常死亡戒日王具有最大嫌疑——可能是通过投毒、换药等手法授意谋杀；也可能授意不成，亲下杀手；但也不能排除戒日王无辜的可能。

美誉王后不大可能是“殉夫”而死。她或许死于宫廷的政治斗争，或许死于光增王等人对于外戚掌权的恐惧。美誉王后之死与戒日王无关，却可能成为诱发戒日王弑父及接下来一系列篡权行为的动因。

（二）摄铠王被杀

羯若鞠阇国摄铠王突然遇害，下杀手的竟然是依附萨他泥湿伐罗国、与戒日王家族关系密切的摩腊婆王；王增死后，一个叫做笈多的身份不明者获得了羯若鞠阇国控制权；婆尼率军攻打高达国；羯若鞠阇国最终被戒日王纳入囊中。

童护和春护是戒日王的亲信，又与天护关系密切，这个错综复杂的联络网让他们合谋杀害摄铠王成为可能。据穆克里家族铭文，从摄铠王的曾祖父开始，就接连三代拥有“王中之王”的称号，可见羯若鞠阇国实力不容小觑。光增王正是因为这个原因与羯若鞠阇国政治联姻。设赏迦王的话“邻有贤主，国之祸也”正可以恰如其分地解释光增王对羯若鞠阇国的提防和拉拢；对羯若鞠阇国王位的觊觎也可能正是戒日王打算除掉摄铠王的动机。位于印度西部的摩腊婆国与羯若鞠阇国相去较远，既缺乏攻打羯若鞠阇国的理由，也很难在没有外援的情况下长途跋涉、顷刻间攻陷城防坚固的曲女城。“曲女城之变”，戒日王可能是在第一时间向摩腊婆王透露了光增王已死的情报，于曲女城内制造混乱，导致城池陷落，摄铠王被杀；也可能派童护或春护前往接应，与天护合力攻破曲女城。

（三）王增遇害

戒日王铭文中说王增在敌人营帐捐弃生命，但没有给出敌人的名字。《戒日王传》称摩腊婆王杀死了摄铠王，王增大败摩腊婆王，高达王诱杀王增。[1]摩腊婆王即戒日王铭文中的吉祥天护。

《西域记》中记载羯罗拏苏伐剌那国（金耳国）设赏迦王（Śaśāṅka）“于是诱请，会而害之”[2]，没有提及摄铠王之死。设赏迦王即《戒日王传》中的高达王。

从三个史料中可以得出的确切结论是：王增之死，一方面涉及到诱骗的计谋——戒日王铭文中的“敌军营帐”，《戒日王传》中王增马军使者和婆尼的叙述以及对高达王生性狡诈的评价，《西域记》中的“诱请”；另一方面来自多股势力的合谋——《戒日王传》中与王增为敌的两股势力摩腊婆王和高达王，《西域记》中的“会而害之”。

诱请的前提是信任，轻信或误信，所以诱骗的计谋暗藏着一个王增信赖的人对他的背叛。引用王增马军统领使者的话，王增遇害前的状态是“没有武器、深信不疑、独自一人”。这不像是交战的状态，更像是会友。

至于合谋，在《西域记》中仅提到设赏迦王（高达王）；在《戒日王传》中叙述了王增与摩腊婆王作战，又被高达王所害，所以合谋的两股力量可能是摩腊婆王和高达王。但是这两股力量无法获得王增的信任。无论摩腊婆王还是高达王都无法让王增“没有武器、深信不疑、独自一人”。因而应加入第三股力量，那就是来自萨他泥湿伐罗国的力量。

无论“诱请”还是“合谋”，都指向一个曾得到王增信赖的背叛者。这个人可能是婆尼，可能是童护或春护，也可能是其他人；他们或是向王增提供虚假情报或隐瞒军情任凭王增只身赴险，或是将王增引入敌人的“鸿门宴”，或是在关键时刻按兵不动，或是干脆亲下杀手。戒日王兵变称王之时，王增生死未卜。戒日王已经称王，也就不容得王增再“起死回生”。

如果天护与春护属于摩腊婆国的同一股势力，春护和戒日王关系紧密，那么天护很可能是合谋的一个环节。王增大败天护分两种情况：天护确实败北和天护为诱敌深入佯装兵败。如果天护确实败北，则无

---

① 《戒日王传》第六章，第七章，Parab（1892），第 208，215~217，253~254 页；Cowell（1897），第 177~178，185~187，224 页。

② 《西域记》卷五《羯若鞠阇国》，第 428 页。

法解释他留下全部兵马却独自逃逸；这些战利品经婆尼之手辗转到戒日王处也十分可疑。如果天护佯装兵败，将王增诱入设赏迦王圈套，天护的军队和战利品则可能是如鸠摩罗王的贡品一样作为送给戒日王的登基贺礼。由此可以推测出合谋杀害王增的另一种可能：戒日王藏于暗处；天护冲在阵前，军队和战利品均为诱饵；婆尼率军收获战利品，引开大军，按兵不动；王增孤身一人被设赏迦王杀害。这可以说是借刀杀人。设赏迦王背负了全部罪过，戒日王不仅得到了王位，还得到了正义复仇的旗号和称王北印度的借口。

戒日王具有谋杀其父光增王、妹夫摄铠王、兄长王增的巨大嫌疑：此三人均可能威胁到戒日王即位，均为非正常死亡；戒日王的目的是获得王位；手段是文武并举。

美誉王后感梦受胎之时，梦到在太阳的轮盘中有两个放光的童子，照亮天地。他们戴着王冠、耳环、臂饰、铁甲，手握宝剑，身上沾染着鲜血。[①] 两个童子身上沾染鲜血，一方面表明王增和喜增浴血沙场，建功立业；另一方面却也是兄弟相残的隐喻。

波那关于太阳的奇怪比喻，一语双关。“光增王辞世的时候，太阳也失去了光芒，如同失去生命。他（太阳）低垂着脸，仿佛夺去国王的生命是他自己的罪过，而他因此而羞愧；仿佛被君王驾崩的忧愁之火灼烧，他呈现出红铜色；他慢慢从空中西沉，如同顺从了大地的意愿前来探望；仿佛为君王汲水，他坠向西海；掬水过后，他的一千只手（光芒）变得通红，如同被忧愁灼烧。”[②] 从字面上看，这是纯粹的环境描写：光增王逝世的时候是黄昏，太阳呈现红铜色，西沉入海，仿佛为光增王汲水，接触大地，仿佛前来探望。太阳同时用来比喻戒日王：喜增前来探望，满心忧愁，两眼通红，在光增王的葬礼上为他掬水，又获得了大地（王位）。夜间过去，清晨到来。对于鸡鸣、鸟飞、晨星、白月的描写，虽然带着忧伤，却更多的是如同新生一般的欣喜感觉。然后波那说，“如同我的国王喜增，太阳升上天庭；如同王权更迭，夜晚发生了改变（变成了白天）”。[③] 这里，太阳再一次用来比喻戒

① 《戒日王传》第四章，Parab（1892），第 137 页；Cowell（1897），第 105 页。

② 《戒日王传》第五章，Parab（1892），第 188~189 页；Cowell（1897），第 156~158 页。

③ 《戒日王传》第五章，Parab（1892），第 191 页；Cowell（1897），第 159~160 页。

日王。似乎暗示光增王死后，喜增必然即位的事实。那么“他（太阳/喜增）低垂着脸，仿佛夺去国王的生命是他自己的罪过，而他因此而羞愧”，这句比喻就蕴含深意：热病夺去国王的生命，仿佛发热的太阳也有罪过；国王病逝，仿佛是喜增的罪过。为什么波那会用这样的隐喻暗含对喜增的指控呢？这很可能是确凿的谴责。

波那借狮吼将军之口说出的双关隐喻更是富含深意：“国王（喜增）啊！人中因陀罗（光增王）已仙逝，王增的生命被邪恶的高达蛇噬啮（duṣṭa-gauḍa-bhujaṅga-jagdha-jīvite ca rājyavardhane），在这个巨大毁灭[①]发生的时候，你是仅剩的支撑大地的蛇王歇舍（Śeṣa）[②]。”[③]被指杀害王增的高达王被比喻为蛇（bhujaṅga），而随后戒日王竟被比喻为蛇王（Śeṣa）。这不能不说包含着对戒日王与高达王暗中勾结的控诉。

更有趣的是，象军统帅室建陀笈多吹捧戒日王所做之事都符合普西亚布蒂家族的高贵传统之后，又说王增遇害展现了人类不可预知的邪恶；然后举例证明这种不期而至的谋杀在历史上随处可见。其中有一对相连的例子：依赖女人的羯陵迦的贤军（Bhadrasena）死于他的兄弟勇军（Vīrasena）之手，因勇军悄悄钻进了大王后的宫墙；躺在母亲的床垫上，迦卢霜王（Karūṣas）达塔罗（Dadhra）的儿子杀死了他的父亲，因他正准备传位给另一个儿子。[④]前一个例子是弑兄，后一个例子是弑父，并且明白地提到王位之争，仿佛在影射戒日王篡权的完整过程。

5.2 萨他泥湿伐罗国与羯若鞠阇国的二重即位

戒日王在萨他泥湿伐罗国的即位，其实是伴随着父兄辞世的暗潮汹涌的武装政变，有将军狮吼、象军统领室建陀笈多、摩腊婆王子春护、大臣婆尼的拥护，更得到婆罗门、佛教徒等宗教界人士及以鸠摩罗王为代表的盟国的支持；戒日王在羯若鞠阇国的即位，可以说兼文

① 梵语 mahāpralaya，意为一个劫波（Kalpa）结束之时的巨大毁灭。

② 双关，梵语 śeṣaḥ，既为所剩、仅存，又指支撑大地的蛇王歇舍，与前文“为了支撑大地”（dharaṇī-dhāraṇāya）呼应。

③ 《戒日王传》第六章，Parab（1892），第 215 页；Cowell（1897），第 185 页。

④ 《戒日王传》第六章，Parab（1892），第 223 页；Cowell（1897），第 193 页。

兼武，虽表面看来为和平演变，事实上是在军事实力的基础上，以武力造成了“人既失君、国亦荒乱”的局面，进而运用政治、外交、宗教等手段逐步实现对羯若鞠阇国的控制。

这两个截然不同的即位事件，既有具体手法的不同，又具有惊人的相似性。

第一，二者均包含着阴谋和死亡，需要制造合法性并将之不断强化。在萨他泥湿伐罗国的即位，戒日王运用的是预言、吉兆、光增王“偏爱”、王增“让贤”等手段，辅以“孝道”理论、对父兄的尊重、誓雪国耻家仇等，证明自己的合法性；在羯若鞠阇国的即位，戒日王标榜与亡君遗孀兄妹情深，以她的监护人、保护者、拯救者自居，甚至以“亡君之弟”自诩，加之亡君旧友兼佛教大师日友辅政，大臣婆尼拥护和恒河岸边观自在菩萨现形等手法，强化了即位的合法性。

第二，二者均为以武力为基础、披着和平演变外衣的武装夺权。在萨他泥湿伐罗国，将军狮吼和象军统领室建陀笈多宣誓效忠，让戒日王的阴谋篡权摇身一变成“兄死弟承”；在羯若鞠阇国，王增打败天护，遭到设赏迦王谋害，婆尼驱赶高达王（设赏迦），笈多仓皇逃窜，才为戒日王创造了“人既失君，国亦荒乱”的局面。

若干天内，所有与王位相关之人都仓促死去：美誉王后“殉夫”，光增王暴毙，摄铠王遇害，刚刚即位的王增中了埋伏。抛开波那令人生疑的细节叙述，从结局上看，戒日王是最终的获益者：亲人的罹难带给他的，不是过度悲伤，而是地位、财富和权力的如日中天。正如唐太宗，骨肉相残的登基始末并不能掩盖其一生的辉煌。萨他泥湿伐罗国和羯若鞠阇国是戒日王最初的根据地，也是他霸业的基础。戒日王篡位萨他泥湿伐罗国和夺位羯若鞠阇国后，凭借父兄的军队和鸠摩罗王的结盟，通过六年“象不解鞍，人不释甲”的征战，他的戒日帝国终于初具规模。

第四章

戒日王的战争

§1 “垂三十年，兵戈不起”的神话

玄奘所述戒日王治下“垂三十年，兵戈不起”[①]并非真实。戒日王“屡率五印度甲兵及募召诸国烈将，躬往讨伐”[②]摩诃剌佗王；戒日王“倚恃强力”掠夺迦湿弥罗国佛牙；在玄奘见戒日王之前，戒日王正在羯朱嗢祇罗国巡查,因为他刚刚“讨恭御陀还”[③]。联系到戒日王在“五岁一设”的“无遮大会”上“唯留兵器，不充檀舍”的做法，戒日王的“垂三十年”，不是“兵戈不起”，而是“南征北战，枕戈待旦”。

1.1 崇尚武力的本性

波那巧妙地刻画了戒日王的父亲光增王尚武的本性和雄厚的军队实力。“光增王的军队漫山遍野。在山丘和低谷的每一边，在丛林草窠，在果园蚁垤，在高山和洞穴，他的军队的大道铺满大地，为了帮助他的臣民。”“他（光增王）认为一场愤怒的突袭是礼物，战争是恩惠，临近的战役是节日，敌人是宝贝，敌人的统帅是繁荣的顶点，对决的挑战是恩赐，猛攻是喝彩，刀光剑影落下如财富雨。”波那一边宣称光增王仁慈到甚至不愿伤害一个口中含着稻草（投降）的敌人，甚至不愿在战场的刀锋中映出身影（不愿在战场上出现）；一边铺张地描

① 《西域记》卷五《羯若鞠阇国》，第 429 页。

② 《西域记》卷一一《摩诃剌侘国》，第 891 页。

③ 《慈恩传》卷五，第 105 页。

绘他征服的邻邦，称他作“匈奴鹿儿的雄狮，印度国王的热病，沉睡的古吉拉特的搅扰者，犍陀罗王香象的瘟疫，腊吒（Lāṭa）地区无政府状态的抢劫者，摩腊婆辉煌藤蔓的利斧”。[①]

同样，波那也刻画了戒日王仿佛遗传自光增王的对武力的天生推崇。美誉王后怀着喜增、等待分娩的时候，“虽然镶嵌宝石的镜子就在手边，她也宁愿弯腰去照宝剑侧锋的反光；代替了笛子，弓弦的声音，虽然不适合女子，却在她听起来非常悦耳。她的眼睛看到笼中雄狮就心满意足。”[②]年幼的喜增“头上戴着深黄的护身符，如同英勇的火焰喷薄欲出；身上涂了牛黄，如同天生武士的勇猛渗出；脖颈装饰了一排虎爪，用黄金相连，如同高傲的花苞从他的心中释放。”[③]

波那对喜增的描述暗示了戒日王与光增王相似的本性：不是慈悲，而是尚武。

1.2　戒日王的誓言

戒日王在即位之前和即位之初曾多次发誓。誓言具体内容如下。

（一）发誓苦行

据《戒日王传》第六章《喜增的誓愿》，王增发表“让位”宣言后，戒日王想：“我将沉默地追随敬爱的兄长。在净修林苦行将豁免僭越父兄之命的罪过。”这样想着，下定决心，喜增默然垂首侍立，意念已率先前往净修林。[④]

借用波那初见戒日王之时的评论：“喜增浑身发光，被女神拥抱，仿佛强迫他，无论多么不情愿，都登上王位。他许下了苦行的誓言，并且没有背离他的誓言。他的宝座坚硬如剑锋，紧紧附着责任，超越在坎坷不平的国王道路上跌倒的恐惧。”[⑤]波那所述的“苦行誓言”正是指戒日王发誓前往净修林的誓言。

---

① 《戒日王传》第四章，Parab（1892），第 132~133 页；Cowell（1897），第 101~102 页。

② 《戒日王传》第四章，Parab（1892），第 140 页；Cowell（1897），第 109 页。

③ 《戒日王传》第四章，Parab（1892），第 148 页；Cowell（1897），第 115~116 页。

④ 《戒日王传》第六章，Parab（1892），第 199~203 页；Kane（1918），第 38~40 页；Kane（1986），第 93~95 页；Cowell（1897），第 168~173 页。

⑤ 《戒日王传》第二章，Parab（1892），第 78 页；Cowell（1897），第 57 页。

（二）发誓征服世界

据《戒日王传》第六章《喜增的誓愿》，戒日王出征前，发誓征服世界："我嫉妒的双臂渴求地看着支撑大地的蛇王；当群星升起，我的眉宇高扬，希望镇压它们；我的双手揪住不肯臣服的大山的额发；我的心要让太阳的手臂（光线）摇动我的拂尘；因国王称号的存在而愤怒，我的双脚急于踏上国王的胸膛当作脚凳；我的双唇渴望宣布将天国的领土充公的法令！我还要经受多少磨难！我的思想，激情澎湃，没有了哀悼的空间！不，只要这个卑鄙的高达王，世人唾弃的恶棍，插在我心头的荆棘，应遭千刀万剐却一息尚存，我就羞于哭泣，我的双唇无助而干涸如同一个阉人！在我唤起敌人的妻妾颤抖的眸子狂风骤雨般的泪雨之前，我的双手如何能捧起祭水？让我的双眸积聚泪水，直到它们看到邪恶的高达王火葬柴火上腾起的烟云！请听！这就是我的誓言：我以仁兄足上的灰尘起誓，我若不在有限的时日之内从大地上铲除高达王，并且让恃武骄纵的国王的脚镣撞击出声响，我就会如飞蛾一般将此戴罪之身投入烈火！"①

然后，戒日王命令大臣阿般提（Avanti）将自己的誓愿刻成铭文，昭告天下："直到东山，那里太阳的车轮飞驰而过，惊得乾闼婆们四下逃散；直到三峰山（Suvela，山名，即 Trikūṭa），那里罗摩的利斧摧毁了僧伽罗国的三峰城；直到西山，那里的洞穴回荡着伐楼那因迷醉而跌跌撞撞的情人足环的声响；直到香醉山（Gandhamādana），那里药叉女使用的香檀芳香弥漫洞穴居所。让所有国王的手准备好奉献贡物或握住宝剑，拿起拂尘或夺取大地；俯首称臣或弯弓搭箭；他们的耳畔享受我的法令，或他们弓弦的颤音；他们的头顶，以我足上的灰尘，或是战士的头盔加冕；合十祈愿的双手，或集合大象的军队；松开握紧的拳头，或释放箭弩；握住长矛，或是权杖；用我足甲的反光照见自己，或是用他们的剑锋！我将出征。如同一个跛足者，在我的双足未被每个洲渚的油膏涂抹、未被所有国王冠冕上宝石的光辉照耀之前，我如何能够止歇？"②

---

① 《戒日王传》第六章，Parab（1892），第 216~217 页；Cowell（1897），第 186~187 页。

② 《戒日王传》第六章，Parab（1892），第 217 页；Cowell（1897），第 187~188 页。

（三）发誓出家

据《戒日王传》第八章，戒日王对佛教大师日友和妹妹王圣许下“出家誓言”：“我的妹妹，如此年轻，如此厌倦了不幸。我一定要好好照顾她一段时间，即使这意味着荒疏国事；然而，我要在世人面前发誓，我不得不服从我的举起的右手摧毁杀死我兄长的狂傲敌人，不能忍受遭受的羞辱，我将我的全部灵魂交付给正义的复仇事业。您（日友）是否可以在我的事业中协助我一段时间？把您的身体托付给我。从今天开始，当我许下诺言，慰藉我的臣民走出父王死讯的悲痛，我希望她能留在我身边，被你正确的法教和无欲的指导所安慰。你的法教可以带来有益的知识，你的建议平静心情，你的佛法去除世俗的情欲。最终，当我完成了我的计划（俗世任务），我将携妹妹一起加入僧团。”①

（四）发誓报仇

据《西域记》卷五，“（戒日王）于是命诸臣曰：‘兄雠未报，邻国不宾，终无右手进食之期。凡尔庶僚，同心戮力！’”②

综上所述，戒日王的誓言主要包含苦行（出家）、报仇、征服世界三方面内容。略如下表：

	苦行（出家）	报仇	征服世界
发誓苦行	√	×	×③
发誓征服世界	×	√	√
发誓出家	√	√	×
发誓报仇	√④	√	√

戒日王誓言具体内容的差异，源自发誓场合和转述者的不同。戒日王发誓苦行的本意是将苦行与王权对立，而玩弄辞藻的波那则是将苦行与王权相连，认为戒日王获得王权（征服世界）也是一种苦行；发誓出家和发誓报仇中的苦行内容，事实上直指复仇和征服世界；“携妹出家”的誓言，则始终没有兑现。因此苦行并不在戒日王的考虑范

① 《戒日王传》第八章，Parab（1892），第 288 页；Cowell（1897），第 257~258 页。

② 《西域记》卷五《羯若鞠阇国》，第 428~429 页。

③ 戒日王发誓苦行的原意是将苦行与征服世界对立起来，要苦行，不要王权。而波那其后的阐释，则是将二者相连，认为戒日王获得王权（征服世界）也是一种苦行。

④ “无右手进食之期”及“象不解鞍，人不释甲”可以被理解为一种苦行。

畴，戒日王誓言的主体部分为复仇和征服世界；而复仇，只是征服世界的合法性依据，就像在形形色色的战役中，打击高达王只是戒日王征服世界途中一个很小的方面。虽然戒日王誓言有很多不同的版本，但是其核心内容只有一个，那就是凭借武力征服世界，这正是贯穿戒日王一生的理念。

1.3 战争如影随形

戒日王发动的战争，究竟有多大成分是正义的复仇之战呢？其实更多的是赤裸裸的侵略，就像《妙容传》中优填王对文底耶幢王的侵略一样。正如提婆胡蒂评论的那样："任何新即位的印度帝王都不会满足于继承的土地，而是希望将疆域尽可能扩张到最大。"①

波那概括了戒日王早年的征战功绩②：

"喜增是诸神之王，享有一切洲渚。在他之前，不存在没有耻辱污渍的王国。

请听听喜增的这些神奇功绩。

例如：

（1）就像因陀罗（Balajit）③砍去大山（kṣitibhṛt）④的翅膀，让移动的群山不能动弹；凭借力量取胜的戒日王除掉国王的党羽（军队），让活跃的诸王旗鼓俱偃。

（2）就像生主（Prajāpati）⑤把大地（kṣamā）⑥放在大蛇（bhogin）⑦歇舍（Śeṣa）⑧的蛇冠（maṇḍala）⑨上；众生之主喜增将宽容置于其他国王的领地。

① Devahuti（1998），第 95 页。

② 《戒日王传》创作于 612~627 年间，因而此处的戒日王功绩不晚于 627 年。参见本书第一章《导论》第 2 节《梵语史料》中的《戒日王传》。

③ 双关，直译为"凭借力量取胜者"，既是因陀罗称号，又指喜增（戒日王）。

④ 双关，直译为"支撑大地者"，既指大山，又指国王。

⑤ 双关，既指由梵天所造用于创造世界的生主，又指众生之主喜增（戒日王）。

⑥ 双关，来自词根√kṣam，既为大地，又为忍耐。

⑦ 双关，既指蛇（卷曲者），又指国王（享受者）。

⑧ 双关，既指支撑大地的蛇王歇舍，又意为其余。

⑨ 双关，既指蛇冠，又指领地。

（3）就像毗湿奴（Puruṣôttama）[1]搅拌大海（Sindhurāja）[2]，获得吉祥天女；人中魁首喜增击溃信度国王，占有吉祥天女。

（4）就像婆离（Balinā）[3]解救了大山（bhūbhṛt）[4]，释放了缠绕大山的巨蛇（Mahānāga）[5]；力大无穷的喜增解救了国王，释放了围困国王的大象。

（5）就像天神为鸠摩罗（Kumāra）[6]灌顶；喜增加冕王子（为童子王加冕）。

（6）就像鸠摩罗主（Svāmin）[7]一击打倒魔鬼阿罗提（Ārāti）[8]宣示力量；喜增一击打倒敌人。

（7）就像人狮毗湿奴（Narasiṃha）[9]用狮爪撕碎敌人彰显英勇，人中雄狮喜增徒手击溃敌人。

（8）就像湿婆（Paramêśvara）[10]握住来自雪山的难近母（Durgā）[11]的手（kara）[12]（娶她为妻），至高无上的喜增攫取难以企及的雪山领地的贡物。

（9）就像毗湿奴（Lokanātha）[13]在十方之门设立世界的守护者，将整个大地（Bhuvanakośa）[14]分配给上古诸王（Agrajanman）[15]，世界之主

---

① 双关，既是毗湿奴的称号，又意为人中最优秀者，指喜增（戒日王）。

② 双关，既指“诸河之王”，意为大海；又指信度国王。

③ 双关，为 bali（婆离）或 balin（大力者）的具格，前者指曾参与搅乳海的摩诃婆离（Mahābali），后者指喜增（戒日王）。

④ 双关，直译为“支撑大地者”，既指大山（曼陀罗山），又指国王（童子）。据 Cowell 注释，国王名为 Śrīkumāra（吉祥童子，即童子王 / 鸠摩罗王）或 Kumāragupta（童护）。童子王曾遭大象鼻子围困，被戒日王救出。

⑤ 双关，既指大蛇婆苏吉（Vāsuki），又指大象傲俊（Darpaśāta）。

⑥ 双关，既指童子王 / 鸠摩罗王，又指王子。Cowell 将后者解为喜增（戒日王）为小王子灌顶。

⑦ 双关，本意为“主人”，据 Cowell 注释，既指鸠摩罗王，又指喜增（戒日王）。

⑧ 双关，据 Cowell 注释，既指被鸠摩罗王杀死的魔鬼阿罗提，又意为敌人。

⑨ 双关，既指毗湿奴称号“人狮”，又为“人中雄狮”，指喜增（戒日王）。

⑩ 双关，既是湿婆的称号，又是至高无上的君王，指喜增（戒日王）。

⑪ 双关，既指湿婆之妻“难近母”，又为形容词“难以接近的”，修饰雪山领地。

⑫ 双关，既意为“手”，又指属地上缴的税收、贡物。

⑬ 双关，既是毗湿奴的称号，又意为“世界之主”，指喜增（戒日王）。

⑭ 双关，既指大地，又指世界的宝藏。

⑮ 双关，直译为“最先出生的”，既指先人，又指婆罗门。

喜增把全世界的财富分发给婆罗门。”①

从波那的叙述可知：

第一，战争带给了戒日王极高的荣誉。

第二，戒日王曾战胜信度国王。

第三，戒日王曾获得北部雪山领域的控制权。

第四，戒日王与鸠摩罗王结成同盟。

玄奘记载了戒日王在羯若鞠阇国即位之后的征战：

“遂总率国兵，讲习战士，象军五千，马军二万，步军五万，自西徂东，征伐不臣。象不解鞍，人不释甲，于六年中，臣五印度，既广其地，更增甲兵，象军六万，马军十万。”②

从玄奘的叙述可知：

第一，戒日王早期的战争持续了六年。

第二，战争的结果是开拓了疆土，扩充了兵力。

第三，战争自西向东展开。

又据《旧唐书》卷一九八：“当武德中（618—626），其国（天竺）大乱。其嗣王尸罗逸多练兵聚众，所向无敌，象不解鞍，人不释甲，居六载而四天竺之君皆北面以臣之，威势远振，刑政甚肃”③；及《新唐书》卷二二一上：“武德中，国大乱，王尸罗逸多勒兵战无前，象不弛鞍，士不卸甲，因讨四天竺，皆北面臣之。”④

《新》、《旧唐书》所称“武德中”及“居六载”如果不是对玄奘记载的误读，则表明戒日王在618~626年间亦投身于若干战事。

上述史料都只是对戒日王统治早期功绩的概述。戒日王从继承父兄基业，获得了萨他泥湿伐罗国和羯若鞠阇国的控制权，到巩固统治，发展成为相对辽阔的戒日帝国，经历了无数次大大小小的战争。

提婆胡蒂（D. Devahuti）认为戒日王一生征战，第一阶段是向东

① 《戒日王传》第三章，Parab（1892），第100~101页；Kane（1918），第40页；Cowell（1897），第75~76页。

② 《西域记》卷五《羯若鞠阇国》，第429页。

③ 《旧唐书》卷一九八《西戎》“天竺”条，第5307页。

④ 《新唐书》卷二二一上《西域上》“天竺”条，第6237页。

扩张，以奔那伐弹那（Puṇḍravardhana）[①]大战为高潮，获得了从羯若鞠阇国到高达国之间的土地，时间在 606 年或 607 年间；第二阶段是向西扩张，获得萨他泥湿伐罗国以西直到磔迦国的区域，以上两个阶段构成了玄奘所述的六年大战；第三阶段是吞并孟加拉地区，时间在 623 年前后；第四阶段是戒日王与伐腊毗之间的战争，在 630 年左右，为戒日王出击南印度做准备；第五阶段是戒日王与摩诃剌侘王补罗稽舍（二世）的取悦河（Narmadā）大战[②]，在 630 年之后，以戒日王失败告终；第六阶段是戒日王攻击克什米尔，强抢佛牙，在 635 年前后；戒日王最后的攻伐是征服奥里萨地区，包括乌荼和恭御陀，时间约在 640 年。

尚卡尔·戈亚尔（Shankar Goyal）对提婆胡蒂的结论提出了若干不同意见。例如提婆胡蒂认为戒日王的军队在 606 年或 607 年赶赴奔那伐弹那与设赏迦王决战需要途经摩揭陀国，因而在那之前戒日王一定已经占领了摩揭陀国。满胄王获得摩揭陀国是由于戒日王的册封。[③]尚卡尔·戈亚尔则认为戒日王在满胄王死后才获得摩揭陀国的控制权，时间在 637 年之后。[④]又如奔那伐弹那大战，尚卡尔·戈亚尔认为该战役时间在 620 年左右，而非提婆胡蒂所称 606 年或 607 年，因为戒日王即位之初不具备战胜设赏迦王的实力。[⑤]

下文集中考查戒日王一生中的重要攻伐。

§2　驱逐设赏迦

2.1　与鸠摩罗王结盟

鸠摩罗王（Kumāra），《西域记》作“婆塞羯罗伐摩”（Bhāskara-varman），意为“日胄”，号“拘摩罗”（《慈恩传》作“鸠摩罗”），意为

① 参见《西域记》卷一〇《奔那伐弹那国》，第 791 页注释一。《阿育王经》音写作“分那婆陀那”，意译为“甘蔗增”、“正增长”。

② Devahuti（1998），第 95~128 页。

③ Devahuti（1998），第 100~101 页。

④ Shankar Goyal（2006），第 191 页。

⑤ Shankar Goyal（2006），第 193 页。

“童子”，是迦摩缕波国（Kāmarūpa）国王。

鸠摩罗王是戒日王征服世界途中最早的同盟。依据波那的记载，戒日王即位之初即与鸠摩罗王结盟，时间应在 605 年前后。

尚卡尔·戈亚尔（Shankar Goyal）认为，在戒日王即位之初，设赏迦王正如日中天。东边，设赏迦王成功地侵犯了迦摩缕波国，俘虏了鸠摩罗王和他的兄弟；西边，设赏迦王又在谋杀摄铠王（以及王增）之后占据了羯若鞠阇国。鸠摩罗王的使者如何穿越广阔的高达国占领区来到戒日王身边？鸠摩罗王能从这样的联盟中得到什么益处呢？玄奘记载的两人的联盟，至少应在戒日王获得了孟加拉的控制权之后。然而在波那的记述中，仿佛这是发生在戒日王登基之初的事。这类时间顺序颠倒的情况在《戒日王传》中并不罕见。[①] 笔者认为尚卡尔·戈亚尔的推测证据不足。戒日王派遣婆尼出击设赏迦王，其后又与设赏迦王在奔那伐弹那决战，这均发生在戒日王即位后不久。鸠摩罗王与设赏迦王为敌。戒日王在即位之初与鸠摩罗王联盟，正可以使设赏迦王腹背受敌，因而完全可能。

波那在《戒日王传》第七章《华盖之礼》浓墨重彩地渲染了鸠摩罗王派遣使者鹄冲（Haṃsavega）献上贡品，要求与戒日王结盟的场景：戒日王前往文底耶森林营救妹妹的途中，阿萨姆国（即迦摩缕波国）刚刚即位的鸠摩罗王（Bhāskaravarman，日胄）[②] 派遣密使鹄冲（Haṃsavega）前来与戒日王结盟，献上白色宝华盖，戒日王欣然接受。[③]

《释迦方志》卷上也谈及戒日王和鸠摩罗王联军攻打设赏迦王：“（戒日）王乃共童子王（鸠摩罗王）平殄外道月王（设赏迦王）徒众。”[④] 终其一生，戒日王与鸠摩罗王一直保持着或远或近的同盟关系。（参见本书第五章《戒日帝国及疆域》第 3 节《戒日王与印度境内诸国

---

① Shankar Goyal（2006），第 40~41 页。

② 即《西域记》中的婆塞羯罗伐摩，又译日胄，鸠摩罗王别称。据《戒日王传》第七章，Parab（1892），第 248~252 页；Cowell（1897），第 219~223 页，鸠摩罗王的使者鹄冲对戒日王说：“请您接受我们的爱戴，想想阿萨姆国王在几天前已死。”可见在 606 年前后，阿萨姆的老国王已经辞世，鸠摩罗王继承了王位。

③ Shankar Goyal（2006），第 36 页。

④ 《释迦方志》卷上，第 39~40 页。

的关系》)

2.2 婆尼攻打高达国

戒日王派遣婆尼攻打高达国的时间在605年前后。这时戒日王已"继承"萨他泥湿伐罗国王位，并也已与鸠摩罗王结盟，只是尚未获得羯若鞠阇国王位。

据《戒日王传》第七章，戒日王对婆尼说："我现在就放下我的全部事务，亲自带人寻找（王圣）。请您带领军队，进攻高达国。"①

在戒日王进入文底耶森林寻找妹妹王圣的时候，婆尼率领军队攻打高达国。戒日王此时的全部兵力包括王增留下的马军，王增缴获的摩腊婆王（天护）的军队，以及原来驻守萨他泥湿伐罗城的象军。婆尼带走了一部分兵力。戒日王救下妹妹后返回恒河岸边："国王（喜增）则带着阿阇梨（日友）和自己的妹妹（王圣），经过一些跋涉，返回坐落在恒河岸边的营地（Kaṭaka）。"②这个营地应该也驻扎了戒日王的部分军队。

没有史料记载婆尼出击高达国的结果，也没有史料表明婆尼的这次出击得到了鸠摩罗王的策应。一种可能是婆尼取得了胜利，驱赶了设赏迦王在羯若鞠阇国的残余势力；另一种可能则是婆尼并没有与设赏迦王正面交战。婆尼带领军队返回羯若鞠阇国，与戒日王的军队再度会合。此时婆尼拥护戒日王"继承"了羯若鞠阇国王位。在那之后，戒日王亲率大军，在大名鼎鼎的奔那伐弹那大战中一举击败设赏迦王。

2.3 奔那伐弹那大战

2.3.1 两段史料

撰写于9世纪初叶的梵本《圣文殊师利根本仪轨》（*Ārya-mañjuśrī-mūla-kalpa*）中记载了奔那伐弹那（Puṇḍravardhana）大战的经过：

"他（王增）的弟弟是名为Ha-（Hakārākhya，名字以ha音起始，即Harṣavardhana，喜增）的无双英雄，将会崛起；他集合庞大的军

---

① 《戒日王传》第七章，Parab（1892），第253~254页；Cowell（1897），第224页。

② 《戒日王传》第八章，Parab（1892），第289页；Cowell（1897），第258页。

队，英勇征服世界。力量强大、军队庞大的 Ha- 国王（喜增）是吠舍种姓，打算消灭著名的月王（Somākhya，即设赏迦王）。那时，他们向东行进，来到名为奔那（Puṇḍra，即 Puṇḍravardhana，奔那伐弹那的略称）的上城。出于刹帝利法和家族的仇恨，他失去了品性。慈悲、向善（以正法为目标）、博学的他杀生无数，众生受到压迫和监禁。他驱赶恶贯满盈的月王（设赏迦王），禁止月王离开自己的国家。Ha- 国王（喜增）撤军，在篾戾车国受到尊敬；Ha- 国王功德圆满，具有财富和正法的祝福。”①

《续高僧传》卷四也记载了戒日王与设赏迦王（Śaśāṅka）交战的情况：

“先有室商佉王（Śaśāṅka，即设赏迦王），威行海内，酷虐无道，刘残释种，拔菩提树，绝其根苗。选简名德三百余人留之，余者并充奴隶。戒日深知树于祸始也，与诸官属至菩提坑立大誓曰：‘若我有福，统临海内，必能崇建佛法，愿菩提树从地而生。’言已寻视，见菩提萌，坑中上踊。遂回兵马，往商佉（设赏迦王）所。威福力故，当即除灭。所以抱信诚笃倍发由来。还统五方，象兵八万。军威所及，并藉其力。”②

2.3.2 时间

奔那伐弹那大战的时间约在 606 年至 611 年间。原因如下：

第一，据玄奘记载，先称设赏迦王谋害王增，又称戒日王发誓“兄雠未报，邻国不宾，终无右手进食之期”，最后指向“于六年中，臣五印度”。③玄奘的言下之意为“报兄仇、征高达”的战争在戒日王即位后六年之内结束，也就是在 606 年至 611 年的六年之间。

奔那伐弹那大战之后，设赏迦王被禁锢在羯罗拏苏伐剌那国，不可能再统治摩揭陀国。如果奔那伐弹那大战在 606 年至 611 年间举行，那么据此可知，619 年颁发的《设赏迦铜牌》④不可能来自摩揭陀国（更

---

① Śāstrī（1920-1925），*MMK* 712-717；Vaidya（1964），*MMK* 53.663-53.668；参见 Jayaswal（1988），第 50~51 页。

② 《续高僧传》卷四《玄奘传》，《大正藏》卷五〇，T2060 号，第 449 页中栏至下栏。

③ 《西域记》卷五《羯若鞠阇国》，第 428~429 页。

④ 见 *EI*，VI，第 143~146 页，《设赏迦铜牌》。出土地不详。

可能来自羯罗拏苏伐剌那国），因而也不能作为设赏迦王统治摩揭陀国的证据。然而此时戒日王也并未获得摩揭陀国的直接控制权。在奔那伐弹那大战前后，戒日王与摩揭陀国的关系很像是光增王过世之前萨他泥湿伐罗国与羯若鞠阇国的关系，二者结盟，具有某种程度的共同利益（参见本章第 3 节《占领摩揭陀》）。

第二，戒日王入文底耶森林寻妹之时，命婆尼率军攻打高达国，证明戒日王征服世界心切。因而戒日王再度亲率大军攻打高达国的时间必不久远。戒日王第一次出征途中即与鸠摩罗王结盟，《释迦方志》中“王乃共童子王（鸠摩罗王）平殄外道月王（设赏迦王）徒众”[①]的记载也证实了二者在时间上的紧密联系。

第三，尚卡尔·戈亚尔指出的戒日王不具备战胜设赏迦王条件的说法并不成立。戒日王有父兄留下的基业，更有正义复仇的口号。俗话说，哀兵必胜。这都使得戒日王具备在即位之初就战胜设赏迦王的条件。同时，戒日王急需通过一场战争确立自己的威信，毕竟他 16 岁即位，寸功未立，而光增王的老臣，包括追随王增出征的大臣，都期待戒日王有所表现。

2.3.3　战况

从《圣文殊师利根本仪轨》的记载可知：

第一，戒日王亲率大军攻打设赏迦王，战场在高达国境内的奔那伐弹那城。奔那城很可能是高达国当时的国都。

第二，戒日王大获全胜，并在高达国大开杀戒。

第三，戒日王并未杀死设赏迦王，而是禁止设赏迦王离开高达国（羯罗拏苏伐剌那国）。也就是说，在奔那伐弹那大战之后，设赏迦王不可能再统治摩揭陀国，但很可能还享有高达国的控制权。

这段叙述最大的疑点就在于波那所载戒日王发誓征服世界时曾说：“让我的双眸积聚泪水，直到它们看到邪恶的高达王火葬柴火上腾起的烟云！”言下之意，他打算杀死高达王。而此时，戒日王“杀生无数”，却放“仇人”设赏迦王一条生路。这一方面证实了第三章《戒日王即位》中的猜测，设赏迦王不过是戒日王出兵征服世界打出的正义性幌

① 《释迦方志》卷上，第 39~40 页。

子，而并非谋杀王增的真正凶手；另一方面，经过这次战役，高达国的实力被最大程度地削弱，设赏迦王本人也被禁锢在高达国，将不再成为戒日王征服世界的阻碍，那么设赏迦王的生与死也就无关重轻。

据《续高僧传》，戒日王在菩提树坑发誓后与设赏迦王决战。这表明在决战之前，戒日王已经获得了摩揭陀国的控制权。由于戒日王是否曾在菩提树坑发誓尚且存疑，这个推论未必成立。然而提婆胡蒂指出戒日王的军队在606/607年赶赴奔那伐弹那与设赏迦王决战需要途经摩揭陀国，因而在那之前戒日王一定已经占领了摩揭陀国。[①] 这个主张恰与上述推论不谋而合。

2.4 设赏迦之死

关于设赏迦王之死，有以下几种说法：

据《西域记》："设赏迦王伐菩提树已，欲毁此像（如来成佛像）。既睹慈颜，心不安忍，回驾将返，命宰臣曰：'宜除此佛像，置大自在天形。'宰臣受旨，惧而叹曰：'毁佛像则历劫招殃，违王命乃丧身灭族，进退若此，何所宜行！'乃召信心以为役使，遂于像前横垒砖壁，心惭冥闇，又置明灯。砖壁之前画自在天。功成报命。王闻心惧，举身生疱，肌肤攫裂，居未久之，便丧没矣。"[②]

据《续高僧传》：戒日王发愿后，菩提树复萌，戒日王回马再战设赏迦王，"威福力故，当即除灭"。[③]

据《圣文殊师利根本仪轨》："这个月王（Somākhya，设赏迦王）是婆罗门，享受着天神和凡人的极高荣誉。他布施给婆罗门，统治国家十七年零一个月零七八天。他面部生疮（mukha-roga-samākula，直译为"感染面部疾病"），被蛆虫噬啮，最后下了地狱。那时，他的城池土崩瓦解，无人居住，遭到吞并。这个国王（设赏迦）受到人们咒语的诅咒，发烧昏迷，最终死去。"[④]

---

① Devahuti（1998），第100~101页。

② 《西域记》卷八《摩揭陀国上》，第675页。

③ 《续高僧传》卷四《玄奘传》，《大正藏》卷五〇，T2060号，第449页中栏至下栏。

④ Śāstrī（1920-1925），*MMK* 724，735；Vaidya（1964），*MMK* 53.672-53.676；参见 Jayaswal（1988），第50~51页。

《西域记》和《圣文殊师利根本仪轨》均称设赏迦王死于一种奇怪的皮肤病。《续高僧传》虽可理解为在战争中被杀，但结合前文对奔那伐弹那大战的叙述，戒日王取得胜利，消灭了设赏迦王的军队，却并未消灭设赏迦王的肉体。历史的真实很可能是设赏迦王最终“寿终正寝”。

设赏迦王逝世的时间在 619 年①之后，很可能在 622 年②。

§3 占领摩揭陀

设赏迦王在奔那伐弹那大战前后就丧失了对摩揭陀国的控制权。戒日王对设赏迦王取得的胜利，与戒日王最终占领摩揭陀国并无必然联系。戒日王对于摩揭陀国的征服建立在军事实力的基础之上，与满胄王关系密切，也可能与驱逐设赏迦王的军事行动间接相关。

3.1 摩揭陀国的权力更迭

阿般提伐摩（Avantivarman）与光增王、大军护王属同时期人。据穆克里王朝铭文，阿般提伐摩在 580 年至 600 年统治羯若鞠阇国和摩揭陀国。③

600 年前后至 606 年，阿般提伐摩的幼子妙誓铠（Suvratavarman）统治摩揭陀国。在那烂陀出土了妙誓铠的泥印。④

606 年开始，设赏迦王（Śaśāṅka）获得了摩揭陀国的控制权。⑤关于设赏迦王摧毁摩揭陀国佛足迹石、砍伐菩提树、企图破坏佛像的传说，也证明设赏迦王曾经统治过这里。奔那伐弹那大战彻底结束了设赏迦王在摩揭陀国的统治，或者说，在奔那伐弹那大战之前，设赏迦

---

① 见 *EI*，VI，第 143~146 页，《设赏迦铜牌》。

② Devahuti（1998），第 36 页，设赏迦王在摩揭陀国罗塔斯宫（Rohtas-garh）岩壁留下的铭文（*CII*，III，No.78），证明他在 606 年前后获得了摩揭陀国的控制权。如果设赏迦王在位的时间为 17 年零 1 个月零 7、8 天，那么设赏迦王逝世的时间应在 622 年前后。

③ Devahuti（1998），第 35 页。

④ 参见 Ghosh, A., *EI*, Vol. 24, 第 285 页；Sircar, Dines Chandra, *Selected Inscriptions Bearing on Indian History and Civilization Vol. II. From the Sixth to the Eighteenth Century A. D.*. Delhi/Varanasi/Patna(India): Motilal Banarsidass, 1983, 第 215~216 页；Thaplyal, Kiran Kumar, *Inscriptions of the Maukharīs, Later Guptas, Puṣpabhūtis and Yaśovarman of Kanauj*. New Delhi(India): Indian Council of Historical Research, 1985, 第 154~155 页。

⑤ Devahuti（1998），第 36 页，设赏迦王在摩揭陀国罗塔斯宫（Rohtas-garh）岩壁留下的铭文（*CII*，III，No.78），证明他在 606 年前后获得了摩揭陀国的控制权。

王就很可能已经丧失了对摩揭陀国的控制，也可能是设赏迦王迫于戒日王的军事压力主动放弃了摩揭陀国。因此，设赏迦王对摩揭陀国的统治结束于611年之前。

设赏迦王之后，满胄王（Pūrṇavarman）继任摩揭陀王。

满胄王在631年之前过世。①

满胄王死后，戒日王才真正获得摩揭陀王的称号。

摩揭陀国的权力更迭略如下表：

摩揭陀国王	开始	结束
阿般提伐摩（Avantivarman）	580年	600年前后
妙誓铠（Suvratavarman）	600年前后	606年
设赏迦（Śaśāṅka）	606年	611年之前
满胄王（Pūrṇavarman）	设赏迦王之后	631年之前
戒日王（Śīlāditya）	631年之前，满胄王死后	647年

3.2 戒日王与满胄王的关系

戒日王与满胄王的关系是戒日王获得摩揭陀国王位的核心。

《续高僧传》卷四称满胄王是戒日王之兄："戒日之兄满胄王"②。

《法苑珠林》卷二九称满胄王是戒日王的女婿："(摩揭陀国)王即戒日之女婿也"。③

《西域记》卷八记载："摩揭陀国补剌拏伐摩王[唐言满胄](Pūrṇavarman)，无忧王之末孙也。"④提婆胡蒂认为满胄王更像是穆克里王朝（Maukhari）的后裔（Maukharika）而非孔雀王朝（Maurya）后裔。"无忧王之末孙"的说法很可能是因为穆克里族后裔（Maukharika）的俗语拼写为Mohariya，被玄奘理解成了Maurya（孔雀）；也可能源自佛教意义上的比喻：满胄王让菩提树复苏，就像阿育王振兴佛法。依照提

① 据杨廷福著，《玄奘年谱》(1988)，第159~173页，631年玄奘到达摩揭陀国，旋即巡礼摩揭陀国佛迹至631岁末。《西域记》卷九《摩揭陀国下》，第761页，那烂陀寺附近，"垣外有铜立佛像，高八十余尺，重阁六层，乃得弥覆，昔满胄王之所作也。"玄奘所见满胄王所造铜立佛像，也是在631年。因此，满胄王过世应在631年之前。

② 《续高僧传》卷四，《大正藏》卷五〇，T2060号，第451页。

③ 《法苑珠林》卷二九《感通篇》第二一《圣迹部》第二，第904页。

④ 《西域记》卷八《摩揭陀国上》，第670页。

婆胡蒂的说法，戒日王在占领羯若鞠阇国之后，为了安抚穆克里家族，于是将摩揭陀国分封给了穆克里家族的满胄王。[①]

汉文史料倾向于认为满胄王与戒日王有亲缘关系。戒日王的妹夫摄铠王（Grahavarman）正是穆克里家族后裔，从姓氏的拼写来看，满胄王（Pūrṇavarman）确实可能来自穆克里家族，所以也算与戒日王沾亲带故。满胄王死后，戒日王接手了摩揭陀国。二人似乎并未发生战争，也从侧面证实二人关系并非敌对。

戒日王在穆克里摄铠王死后以“亡君之弟”的身份“继承”了羯若鞠阇国，这很可能与他在穆克里满胄王死后“继承”摩揭陀国异曲同工。戒日王获得摩揭陀国的控制权，或许没有经过战争，然而戒日王武力驱逐设赏迦王，很可能间接地产生了摩揭陀国易主的结果。

3.3　戒日王自称摩揭陀王

满胄王死于631年之前。其后，戒日王自称摩揭陀王。

玄奘于631年到达摩揭陀国，旋即巡礼摩揭陀国佛迹至631年岁末。[②]玄奘记载那烂陀寺附近，“垣外有铜立佛像，高八十余尺，重阁六层，乃得弥覆，昔满胄王之所作也。”[③]玄奘见到满胄王所造铜立佛像的时间也是631年。因此，满胄王过世应在631年之前。

631年，玄奘记载戒日王在摩揭陀国那烂陀寺附近建有鍮石精舍，尚未完工：“（那烂陀寺附近大精舍）其南鍮石精舍，戒日王之所建立，功虽未毕，然其图量一十丈而后成之。”[④]玄奘见到鍮石精舍之时，精舍尚未完工，可见戒日王开始修建的时间也应在631年之前。

---

① Devahuti（1998），第100页。

② 杨廷福：《玄奘年谱》（1988），第159~173页。

③ 《西域记》卷九《摩揭陀国下》，第761页。

④ 《西域记》卷九《摩揭陀国下》，第761页；参见《慈恩传》卷三，第73页，那烂陀寺西北“有过去四佛坐处。其南鍮石精舍，戒日王之所建，功虽未毕，详其图量，限高十馀丈”；《慈恩传》卷四，第98页，“初狮子光未去前，戒日王于那烂陀寺侧造鍮石精舍，高逾十丈，诸国咸知”；《释迦方志》卷下，第74页，“次南鍮石精舍，高八十尺，戒日王造，今犹未了”。另，《释迦方志》卷下，第74页，“次北大精舍，高二十馀丈，戒日王造，庄严度量及中佛像，同菩提树下精舍也”，而据《西域记》卷九《摩揭陀国下》，第760~761页，“观自在菩萨精舍北有大精舍，高三百馀尺，婆罗阿迭多王（Bālāditya）之所建也。庄严度量及中佛像，同菩提树下大精舍”。《释迦方志》中之“戒日王”（尸罗阿迭多王），恐为《西域记》中“婆罗阿迭多王”之讹。

633 年，那烂陀寺戒贤法师遣婆罗门，戒日王封以三邑："（法师）还归那烂陀寺，方请戒贤法师讲《瑜伽论》，同听者数千人。开题讫，少时，有一婆罗门于众外悲号而复言笑。遣人问其所以，答言：'我是东印度人，曾于布磔伽山观自在菩萨像所发愿为王，菩萨为我现身，诃责我言：汝勿作此愿！后某年月日那烂陀寺戒贤法师为支那国僧讲《瑜伽论》，汝当往听。因此闻法后得见佛，何用王为！今见支那僧来，师复为讲，与昔言同，所以悲喜。'戒贤法师因令住听经。十五月讲彻，遣人将婆罗门送与戒日王，王封以三邑。"①

戒贤法师于 632~633 年（前后十五个月）为玄奘开讲《瑜伽论》。②因而戒贤法师"遣人将婆罗门送与戒日王，王封以三邑"的时间为 633 年。③

639 年春末之前，戒日王企图延请摩揭陀国胜军论师为国师，未果："满胄崩后，戒日王又请（胜军论师）为师，封乌荼国八十大邑，论师亦辞不受。王再三固请，亦皆固辞，谓王曰：'胜军闻受人之禄，忧人之事。今方救生死荣缠之急，岂有暇而知王务哉？'言罢揖而出，王不能留。"④

玄奘在杖林山胜军论师处，从贞观十三年（639）春末至贞观十四年（640）正月。⑤戒日王欲封胜军论师乌荼国八十大邑，在满胄王死后，在玄奘前往杖林山之前，即在 639 年春末之前。

641 年，戒日王初次遣使来唐："贞观十五年（641），尸罗逸多自称摩伽陀王，遣使朝贡。"⑥

642 年，戒日王第二次遣使来唐："（尸罗逸多）因遣使朝贡。"⑦

647 年，戒日王第三次遣使来唐："（尸罗逸多）复遣使献火珠及郁

---

① 《慈恩传》卷三，第 74 页。

② 杨廷福：《玄奘年谱》（1988），第 166~168 页。

③ Shankar Goyal（2006），第 191 页，尚卡尔·戈亚尔误认为"王封以三邑"的时间是在 639 年。

④ 《慈恩传》卷四，第 95~96 页。

⑤ 杨廷福：《玄奘年谱》（1988），第 187 页。

⑥ 《旧唐书》卷一九八《西戎》"天竺"条，第 5307 页。参见《唐会要》卷一〇〇"天竺"条，第 1786 页，"至（贞观）十五年，（戒日王）自称摩伽佗王，遣使朝贡。"；《新唐书》卷二二一上《西域上》"天竺"条，第 6237 页，"贞观十五年，（戒日王）自称摩伽陀王，遣使者上书。"

⑦ 《旧唐书》卷一九八《西戎》"天竺"条，第 5307 页。参见《新唐书》卷二二一上《西域上》"天竺"条，第 6238 页，"（尸罗逸多）复遣使者随入朝。"

金香、菩提树。”[①]（参见本书第七章《戒日王与中国》第2节《戒日王与唐使》）

戒日王获得“摩揭陀王”称号之后的事迹略如下表：

时间	事件
631年之前不久	满胄王逝世，戒日王获得“摩揭陀王”称号
631年	戒日王在那烂陀寺附近修建鍮石精舍，尚未完工
633年	那烂陀寺戒贤法师遣婆罗门，戒日王封三邑
639年春末之前	戒日王欲封摩揭陀国胜军论师乌荼国八十大邑
641年	戒日王自称摩揭陀王第一次遣使来唐
642年	戒日王自称摩揭陀王第二次遣使来唐
647年	戒日王自称摩揭陀王第三次遣使来唐，献火珠、郁金香、菩提树

戒日王在摩揭陀国的事迹开始于631年之前不久，这表明戒日王在满胄王死后正式获得了“摩揭陀王”的称号。从戒日王“自称”[②]摩揭陀王可知，戒日王更倾向于认同自己摩揭陀王的身份而非羯若鞠阇国王，这大概是因为大名鼎鼎的阿育王就是摩揭陀国国王的缘故。

§4 征战南印度

4.1 与常叡王联姻

据《西域记》卷一一《伐腊毗国》记载，“今王（常叡），刹帝利种也，即昔摩腊婆国尸罗阿迭多王[③]之侄、今羯若鞠阇国尸罗阿迭多王之子聟，号杜鲁婆跋吒［唐言常叡］（Dhruvabhaṭṭa）[④]。”[⑤]

① 《旧唐书》卷一九八《西戎》“天竺”条，第5307页。参见《新唐书》卷二二一上《西域上》“天竺”条，第6238页，“（尸罗逸多）复献火珠、郁金、菩提树。”

② Shankar Goyal（2006），第191页，尚卡尔·戈亚尔称依据中国的史书，戒日王在641年获得了摩揭陀王的称号。这是对中文史料理解的偏差。史书的意思是，在641年，戒日王以摩揭陀王的身份遣使上书。或许是中国史官不确定这个身份的真实性，因而加上“自称”二字。

③ 即梅特腊迦王朝（Maitraka）第八代国王戒日王一世（Śīlāditya I），又名法日（Dharmāditya）。伐腊毗国是梅特腊迦王朝的西方分国，摩腊婆国是东方分国。

④ 杜鲁婆跋吒，意为“常叡”，即常军二世（Dhruvasena II），又名幼日（Bālāditya），约629年前至640/641年在位。

⑤ 《西域记》卷一一《伐腊毗国》，第914页。

据提婆胡蒂分析，梅特腊迦王朝的伐腊毗国国王持军三世（Dharasena III）死于629年，他的弟弟常叡王即位。戒日王与伐腊毗国之间的战争很可能发生在630年，并且戒日王成功地将伐腊毗国从补罗稽舍（二世）的势力范围中剥离。此后，常叡王与戒日王结为亲家和同盟。伐腊毗国成为戒日王阻挡遮娄其王朝的壁垒。这一成就将戒日王引向下一个军事目标，攻击南印度遮娄其王朝摩诃剌侘国的补罗稽舍（二世）。[①]

4.2 取悦河大战

摩诃剌侘国，梵语为“Mahārāṣṭra”，俗语（马哈拉施特利语）为“Maharaṭṭha”，音写作“摩诃剌侘”或“马哈拉施特拉”，意为“大国”，包括哥达瓦里河上游及该河与克里希那河之间的地区，相当于今天印度的马哈拉施特拉邦。据《艾荷落铭文》（*Aihoḷe Inscription*）记载，此国分为三部分，7世纪时每部分均称为一个摩诃剌侘迦（Mahārāṣṭraka）。公元6世纪中叶至8世纪中叶，遮娄其（Cālukya）是南印度的强大王国。摩诃剌侘国是西遮娄其王国的所在地。[②]

玄奘所述的补罗稽舍王[③]即补罗稽舍（二世）（Pulakeśin II），在公元609/610年（Śaka 531）即位，是印度历史上著名的统治者之一。补罗稽舍（二世）的祖父补罗稽舍（一世）约公元550年在婆塔比（Vātāpī）即位。当时摩诃剌侘国仅为中等国家。补罗稽舍（一世）即位后，开疆扩土，举行马祭（Aśvamedha）。他的儿子称铠（Kīrtivarman）与福主（Maṅgaleśa）先后即位，东征西讨，使该国领域大为扩张。然后称铠的儿子补罗稽舍（二世）与叔父福主交战，以福主之死告终。补罗稽舍（二世）即位时年仅20岁。他迅速平定内乱，先后占领了迦丹巴（Kadamba）人的都城婆拿婆尸（Vanavāsi），降服南迈索尔的恒迦（Gaṅga）人、北部的腊吒（Lāṭa）人、摩腊婆

---

① Devahuti（1998），第106~107页。

② 《西域记》卷一一《摩诃剌侘国》，第892~894，注释一、四。

③ 补罗稽舍，据 *MW*，pulikeśin=pulakeśin。据 *IA*，第8卷，第238页，Fleet 指出，在铭文中，当第一个元音为“o”时，第二个元音为“e”，即“polekeśin”；当第一个元音为“u”时，第二个元音有时为“i”，有时为“a”，即“pulikeśin”或“pulakeśin”。

（Mālava）人和瞿折罗（Gurjaras）人。玄奘大约在640年前后该国极盛时期到达那里。之后不久，补罗稽舍（二世）被跋罗婆王摩醯因陀罗伐摩（一世）（Mahendravarman I，又译大主胄）的儿子那罗僧诃伐摩（一世）（Narasiṃhavarman I，又译人狮胄）击败。[①]

4.2.1　两段史料

据摩诃剌侘国补罗稽舍（二世）的《艾荷落铭文》（*Aihoḷe Inscription*）第23颂：

> 国王喜（Harṣa，即戒日王）伟力深不可测，邻邦军队顶冠
> 摩尼珠的光华是他莲花足上的装饰；战争中，
> 却遭到补罗稽舍（二世）设计，象王成群跌倒，
> 咬牙切齿的他，名字连同心情都不再欢喜[②]。（23）

据《西域记》卷一一《摩诃剌侘国》，戒日王亲率大军攻打南印度摩诃剌侘国，被补罗稽舍（二世）击败："（摩诃剌侘国）王，刹帝利种也，名补罗稽舍，谋猷弘远，仁慈广被。臣下事之，尽其忠矣。今戒日大王东征西伐，远宾迩肃，唯此国人独不臣服。屡率五印度甲兵及募召诸国烈将，躬往讨伐，犹未克胜。"[③]

4.2.2　时间

季羡林先生认为取悦河大战的时间在612年秋。[④]

V. A. 史密斯（V. A. Smith）认为大战的时间约在620年。[⑤]

提婆胡蒂（D. Devahuti）认为大战的时间在630年之后。[⑥]

塔普利亚（K. K. Thaplyal）认为大战发生在630年至634年之间。[⑦]

摩诃剌侘国补罗稽舍（二世）的《艾荷落铭文》颁发于634~635

---

① 《西域记》卷一一《摩诃剌侘国》，第892~894页注释一、三。

② 戒日王喜增的名字"喜"（Harṣa），意为"欢喜"，在这里被诗人调侃。

③ 《西域记》卷一一《摩诃剌侘国》，第891页。《释迦方志》卷下，第82页，亦称"（摩诃剌侘国）其俗有恩必报，有怨必复，强梁跋扈，不臣戒日王也"。

④ 《西域记》卷一一《摩诃剌侘国》，第893页注释一。

⑤ Smith（1924），第353页。

⑥ Devahuti（1998），第108页。

⑦ Thaplyal（1985），第73~75页。

年，因而取悦河大战一定发生在此之前，即 634 年之前。

伐腊毗国的常叡王在 629 年即位。630 年前后戒日王与伐腊毗国开战。[①] 其后戒日王与常叡王的联姻促成了两国的同盟地位，从而打开了戒日王出击南印度的门户。因而取悦河大战应在 630 年之后。

此外，《艾荷落铭文》（*Aihoḷe Inscription*）中对戒日王的描述是"国王喜（Harṣa，即戒日王）伟力深不可测，邻邦军队顶冠 / 摩尼珠的光华是他莲花足上的装饰"。可见此时戒日王实力已非常雄厚。

综上所述，取悦河大战发生在 630 年至 634 年间。

4.2.3 战况

补罗稽舍（二世）在公元 609/610 年（Śaka 531）即位。[②] 取悦河大战发生在 630~634 年间。综合相关史料，概述战况如下：

第一，戒日王亲率大军攻打补罗稽舍（二世），战场在摩诃剌侘国的取悦河（Narmadā）沿岸。[③]

据《西域记》"（戒日王）屡率五印度甲兵及募召诸国烈将，躬往讨伐"[④] 可知，戒日王不仅御驾亲征，而且不止一次出征。取悦河大战只是其中比较重要的一场。

第二，战争的双方为戒日王率领的诸国联军和摩诃剌侘国军队，以象军为主力。

《西域记》中记载了摩诃剌侘国的勇士和暴象："国养勇士，有数百人。每将决战，饮酒酣醉，一人摧锋，万夫挫锐。遇人肆害，国刑不加。每出游行，击鼓前导。复饫（饲）暴象，凡数百头，将欲阵战，亦先饮酒，群驰蹈践，前无坚敌。其王恃此人象，轻陵（凌）邻国。"[⑤]《艾荷落铭文》又称戒日王的"象王成群跌倒"。可知象军的对决在取悦河大战中占据了主要篇幅。

第三，戒日王在战争中失败。

---

① Devahuti（1998），第 107 页。V. A. Smith 认为戒日王与伐腊毗国开战的时间在 633 年之后。参见 Smith（1924），第 354 页。

② 《西域记》卷一一《摩诃剌侘国》，第 894 页注释三。

③ Devahuti（1998），第 109 页。提婆胡蒂认为战场在取悦河（Narmadā）沿岸。

④ 《西域记》卷一一《摩诃剌侘国》，第 891 页。

⑤ 《西域记》卷一一《摩诃剌侘国》，第 891 页。

《西域记》婉称“犹未克胜”[①]《艾荷落铭文》则充满了胜利者的洋洋自得：“战争中，/ 却遭到补罗稽舍（二世）设计，象王成群跌倒，/ 咬牙切齿的他，名字连同心情都不再欢喜”。

依据 V. A. 史密斯的说法，取悦河大战之后，取悦河成为了戒日王疆域的西南边界。[②]

§5　讨伐奥里萨

5.1　收编乌荼国

戒日王企图延请胜军论师为国师“封乌荼国八十大邑”[③]的时间在639年春末之前。可见639年之前，戒日王已经将乌荼国纳入了自己的版图。

戒日王准备在乌荼国举办佛教辩经大会：“（戒日）王后自征恭御陀，行次乌荼国”，乌荼国小乘僧人讥讽大乘为“空华外道”。正量部大师般若毱多著《破大乘论》七百颂，请大乘学者前来“对决是非”。戒日王于是遣使修书给那烂陀寺戒贤法师，请戒贤法师派寺中高僧前来论难：“弟子行次乌荼，见小乘师恃凭小见，制论诽谤大乘，词理切害，不近人情，仍欲张鳞，共师等一论。弟子知寺中大德并才慧有馀，学无不悉，辄以许之，谨令奉报。愿差大德四人，善自他宗兼内外者，赴乌荼国行从所。”[④]这一时间约在640年初。

戒日王在640年讨伐恭御陀国，途经乌荼国。因两国相去并不遥远，戒日王征服乌荼国的时间应在639年之前不久。

5.2　征讨恭御陀

戒日王征讨恭御陀（Koṅgoda）[⑤]的时间在640年。

---

① 《西域记》卷一一《摩诃剌侘国》，第891页。

② Smith（1924），第353页。

③ 《慈恩传》卷四，第95页。

④ 《慈恩传》卷四，第98~99页。

⑤ 《西域记》卷一〇《恭御陀国》，第817~818页注释一，基尔霍恩（Kielhorn）依据印度古代铭文（*EI*，VI，第136页）将恭御陀的原名考证为Koṅgoda。

戒日王出发攻打恭御陀的时间在640年初。正月初，玄奘辞别胜军论师，八日后，回到那烂陀寺。这时“(戒日)王后自征恭御陀，行次乌荼国”。[①]戒日王亲征恭御陀国，路过乌荼国，发信给那烂陀寺戒贤法师，“愿差大德四人”，希望在乌荼国举办佛教辩经大会。[②]

戒贤法师准备差遣海慧、智光、狮子光和玄奘法师四人复命，“后戒日王复有书来云:‘前请大德未须即发，待后进止。’”[③]戒日王这封信或许发自乌荼，或许发自从乌荼到恭御陀的途中，表明戒日王已准备正式投入讨伐恭御陀的大战。

戒日王从恭御陀撤军的时间在640年年底。“戒日王讨恭御陀还，闻法师在鸠摩罗处”。[④]这时玄奘已为鸠摩罗王说法一月有余。玄奘面见戒日王的时间为640年冬初，于641年初(腊月)到达曲女城。[⑤]

戒日王从640年初率军讨伐恭御陀，至640年底返回，战事持续了大半年。

据《西域记》，“(恭御陀)国境之内，数十小城，接山岭，据海交，城既坚峻，兵又敢勇，威雄邻境，遂无强敌。……出大青象，超乘致远。”[⑥]可见恭御陀国地险城坚、民风彪悍、盛产大象。因而戒日王亲征恭御陀国，很可能与攻打摩诃剌佗国一样，以象军作为主力。

《西域记》注释恭御陀国属于“东印度境”[⑦]。事实上，从地图位置来看应属南印度[⑧]，比摩诃剌佗国还要靠南。[⑨]

恭御陀应该是戒日王疆域的最南端。

① 《慈恩传》卷四，第98页。
② 杨廷福:《玄奘年谱》(1988)，第187~189页。
③ 《慈恩传》卷四，第99页。
④ 《慈恩传》卷五，第105页。
⑤ 《慈恩传》卷五，第107页，“法师自冬初共王逆河而进，至腊月方到会场”。
⑥ 《西域记》卷一〇《恭御陀国》，第817页。
⑦ 《西域记》卷一〇《恭御陀国》，第816页。
⑧ 《西域记》卷一〇《恭御陀国》，第817页，“至于文字，同中印度，语言风调，颇有异焉”，也可见这里与中印度属于一个大的区域，文字相同，仅音调不同。又见第818页注释三，该地现通行达罗毗荼语系的坎德语(Khand或Kuī)，与泰卢固语(Telugu)颇为相近。从语言体系上看，也可以将这里归入南印度。
⑨ 《西域记》卷一〇《恭御陀国》，第818页注释三。

§6　其他战争

据《戒日王传》，戒日王在统治早期曾与信度王交战：

就像毗湿奴（Puruṣôttama）[①]搅拌大海（Sindhurāja）[②]，获得吉祥天女；人中魁首喜增击溃信度国王，占有吉祥天女。[③]

提婆胡蒂认为戒日王征服信度王的时间在武德年间（618–626）。[④]

据《戒日王传》，戒日王曾获得北部雪山领域的控制权：

就像湿婆（Paramêśvara）[⑤]握住来自雪山的难近母（Durgā）[⑥]的手（kara）[⑦]（娶她为妻），至高无上的喜增攫取难以企及的雪山领地的贡物。[⑧]

据《慈恩传》，戒日王从迦湿弥罗掠夺佛牙："近，戒日王闻迦湿弥罗有佛牙，亲至界首，请看礼拜。诸众吝惜，不听将出，乃别藏之。但其王惧戒日之威，处处掘觅，得已将呈，戒日见之，深生敬重，倚恃强力，遂夺归供养，即此牙也。"[⑨]

提婆胡蒂认为戒日王在南印度败北后攻击了迦湿弥罗。戒日王倚恃强力掠夺迦湿弥罗佛牙的时间应在635年前后。[⑩]

关于戒日王文学中的战争情节，见本书第八章《戒日王的文学创作》第3节《戒日王宫廷喜剧与政治联姻》。

---

① 双关，既是毗湿奴的称号，又意为人中最优秀者，指喜增（戒日王）。

② 双关，既指"诸河之王"，意为大海；又指信度国王。

③ 《戒日王传》第三章，Parab（1892），第100~101页；Kane（1918），第40页；Cowell（1897），第75~76页。

④ Devahuti（1998），第105页。提婆胡蒂引用了"武德中，国大乱"的说法。

⑤ 双关，既是湿婆的称号，又是至高无上的君王，指喜增（戒日王）。

⑥ 双关，既指湿婆之妻"难近母"，又为形容词"难以接近的"，修饰雪山领地。

⑦ 双关，既意为"手"，又指属地上缴的税收、贡物。

⑧ 《戒日王传》第三章，Parab（1892），第100~101页；Kane（1918），第40页；Cowell（1897），第75~76页。

⑨ 《慈恩传》卷五，第110页。

⑩ Devahuti（1998），第111~112页。

§7 结论："垂三十年，枕戈待旦"

戒日王开疆拓土的情况略如下表：

疆土	战役	时间	战况
高达国	婆尼攻打高达国	605/606	未知（可能胜利）
奔那伐弹那	奔那伐弹那大战	606~611	戒日王胜利，获得从羯若鞠阇国到奔那伐弹那国之间各国，包括钵逻耶伽①和羯朱嗢祇罗②等
信度国等	印度诸国动荡	618~626 年③	戒日王征服信度王、孟加拉地区等
伐腊毗国		630④或 633⑤	与常叡王结成亲家和同盟
摩诃剌侘国	取悦河大战	630~634 年	戒日王失败
摩揭陀国		631 年之前	占领摩揭陀
迦湿弥罗国		635 年前后⑥	掠夺迦湿弥罗佛牙
乌荼国		639 年之前	收编乌荼国
恭御陀国	征讨恭御陀	640 年	未知（可能胜利）

萨他泥湿伐罗国和羯若鞠阇国是戒日王最初的领地。即位之后，戒日王连年征战，扩充兵力，巩固统治，开疆拓土，从而使戒日帝国的疆域呈现出玄奘造访之时的规模。

① 《西域记》卷五《钵逻耶伽国》，第 463 页，钵逻耶伽国大施场，"今戒日王者，聿修前绪，笃述惠施，五年积财，一旦倾舍。"

② 《西域记》卷一〇《羯朱嗢祇罗国》，第 789 页，羯朱嗢祇罗国，"戒日王游东印度，于此筑宫，理诸国务。"

③ 即武德年间。《旧唐书》卷一九八《西戎》"天竺"条，第 5307 页，"当武德中（618~626），其国（天竺）大乱。其嗣王尸罗逸多练兵聚众，所向无敌，象不解鞍，人不释甲，居六载而四天竺之君皆北面以臣之，威势远振，刑政甚肃"；《新唐书》卷二二一上《西域上》"天竺"条，第 6237 页，"武德中，国大乱，王尸罗逸多勒兵战无前，象不弛鞍，士不卸甲，因讨四天竺，皆北面臣之"。参见 Devahuti（1998），第 105 页；Shankar Goyal（2006），第 189 页。二人均引用《文献通考》卷三三八《四裔考》第十五，"唐武德中，国大乱，王尸罗逸多勒兵战无前，象不弛鞍，士不释甲，因讨四天竺，皆北面臣之。"

④ Devahuti（1998），第 107 页。

⑤ Smith（1924），第 354 页。

⑥ Devahuti（1998），第 111~112 页。

第五章

戒日帝国及疆域

§1 印度诸国权力归属

据《西域记》、《慈恩传》和《旧唐书》、《新唐书》等史料，现将印度诸国权力归属分列如下：

印度诸国权力归属

印度诸国	别名（梵、俗、汉）	地理位置	权力归属
北印度①			

① 《西域记》卷二《印度总述》，第 164 页注释一，五印度，又称五天竺，即中印度、北印度、西印度、东印度、南印度，依据《往世书》中的“疆域汇编”。玄奘记载的印度（北印度）从滥波国开始。“北印度”乃至“五印度”，既非界限分明的概念，也非严格按照方位划分。玄奘将尼波罗（尼泊尔）划为中印度，实属北印度；将伐腊毗划为南印度，实为西印度；将迦毕试国（今阿富汗）划入非印度境，但是将隶属迦毕试国的滥波国、那揭罗曷国等划入北印度，那么迦毕试国也应归入七世纪的北印度范畴；如是等等。此表大体依玄奘记载。

续表

印度诸国权力归属			
印度诸国	别名（梵、俗、汉）	地理位置	权力归属
迦毕试国	Kāpiśī，Kāpiśa，Kapiśaya；迦臂施，迦毗试，迦卑试，劫比舍也，罽宾[①]	北印度[②]（今阿富汗境内）	曾沦为萨珊王朝（波剌斯）附庸，后被嚈哒人（白匈奴）统治达百年，后又落入萨珊王朝及西突厥统治之下。[③]玄奘在628年途经此国时[④]，迦毕试王称霸一方，威慑邻境，统治十余国。[⑤]
伐剌拏国	Varṇu；跋那（《法显传》）	西印度	役属迦毕试国。[⑥]
滥波国	Lampāka；蓝波国（《慈恩传》），览波国（《往五天竺国传》）	北印度；喀布尔河北岸	役属迦毕试国。[⑦]
那揭罗曷国	Nagarahāra；那竭（《法显传》），那迦罗诃（《洛阳伽蓝记》）	北印度；喀布尔河南岸（今阿富汗贾拉拉巴德）	役属迦毕试国。[⑧]
=醯罗城	Hiḍḍa	那揭罗曷国境内	役属迦毕试王。[⑨]

---

① 《西域记》卷一《迦毕试国》，第136页校勘记三；卷三《迦湿弥罗国》，第322页注释一。“罽宾”在汉、魏、南北朝等时期均指迦湿弥罗；《隋书》中指漕国（漕矩吒）；唐代指迦毕试。参见《旧唐书》卷一九八《西戎》“罽宾”条；《新唐书》卷二二一上《西域上》“罽宾”条；慧超《往五天竺传》“罽宾国”条。然而，《新唐书》、《旧唐书》均称罽宾“地暑湿”，而《西域记》称迦毕试国“气序风寒”（第136页）；迦湿弥罗国“气序寒劲，多雪少风”（第321页）；漕矩吒国“气序寒烈，霜雪繁多”（第954页），似不吻合。罽宾在唐朝时是否指迦毕试，尚且存疑。此处暂依季羡林先生的说法。

② 玄奘将迦毕试国（今阿富汗）划入非印度境，但是将隶属迦毕试国的滥波国、那揭罗曷国等划入北印度。此处将迦毕试国亦归入北印度。

③ 《西域记》卷一《迦毕试国》，第137页注释一。

④ 杨廷福:《玄奘年谱》(1988)，第130页。

⑤ 《西域记》卷一《迦毕试国》，第136页，“王，窣利种也，有智略，性勇烈，威慑邻境，统十余国。”据季羡林先生注释，国王是胡人，原文作“刹利”有误，应更为“窣利”。

⑥ 《西域记》卷一一《伐剌拏国》，第948页，“居人殷盛，役属迦毕试国。”

⑦ 《西域记》卷二《滥波国》，第218页，“自数百年，王族绝嗣，豪杰力竞，无大君长，近始附属迦毕试国。”

⑧ 《西域记》卷二《那揭罗曷国》，第220页，“无大君长主令，役属迦毕试国。”

⑨ 《西域记》卷二《那揭罗曷国》，第229页，“迦毕试王令五净行给侍香花。”

续表

印度诸国权力归属			
印度诸国	别名（梵、俗、汉）	地理位置	权力归属
健驮逻国	Gandhāra，Gandhavat，Gopāla；犍陀罗，建陀罗，乾陀罗，乾陀，月氏国，小月氏，犍陀卫，犍陀越，业波罗，业波，香遍国，香行国，香风国，香洁国	北印度；东临信度河	役属迦毕试国。①
= 乌铎迦汉茶城	Udabhāṇḍapura	健驮逻国境内	役属迦毕试国。②
乌仗那国	Udyāna（意为“花园”），Uḍḍiyāna，Oḍiyāna，Oddiyāna；Uyyāna，Ujjāna；乌长那（《慈恩传》），乌苌，越底延，邬荼，乌你也曩	北印度	不详，有自己的王③，推测役属迦毕试国。④
尼波罗国	Nepāla；Nevāla；泥婆罗，你波罗，尼八剌	北印度（今尼泊尔国加德满都谷地）⑤	有自己的王，役属吐蕃。⑥玄奘未亲至尼波罗，只是到了尼波罗以南的五个人烟稀少的国家：劫比罗伐窣堵、蓝摩国、拘尸那揭罗、弗栗恃国、吠舍厘。这五个国家是戒日王统治的东北边界。
钵露罗国	Balūra，Balora；钵露，勃律，钵庐勒，波路，波崙，号称“小西藏”	北印度	当地居民属藏族，操藏语，役属吐蕃。⑦

---

① 《西域记》卷二《健驮逻国》，第 233 页，“王族绝嗣，役属迦毕试国”。

② 《慈恩传》卷五，第 114 页，“时迦毕试王先在乌铎迦汉荼城”。

③ 《西域记》卷三《乌仗那国》，第 270 页，“坚城四五，其王多治瞢揭厘城。城周十六七里，居人殷盛”。

④ 《慈恩传》卷五，第 115 页，“（迦毕试王）因共法师还（乌铎迦汉荼）城，寄一寺停五十馀日，为失经本，更遣人往乌长那国抄写迦叶臂耶部三藏”。

⑤ 《西域记》卷七《尼波罗国》，第 613 页注释一，《西域记》误划入中印度，《释迦方志》更正为北印度。

⑥ 《西域记》卷七《尼波罗国》，第 613 页，“王刹帝利栗呫婆种也，志学清高，纯信佛法。近代有王，号鸯输伐摩［唐言光胄］（Aṃśuvarman）”。光胄王在位期间，曾把女儿赤贞公主（Bhṛkuṭi）嫁给吐蕃王弃宗弄赞（松赞干布），时间早于文成公主入藏（贞观十五年，641 年）。史密斯（V. A. Smith，1924，第 380 页）认为光胄王死于 642 年；雷格米（Regmi）认为他的在位时间为 630~640 年。《西域记》卷七《尼波罗国》，第 613~614 页注释一、二，玄奘时尼波罗（尼泊尔）臣属吐蕃。《释迦方志》卷上称其“今属吐蕃”；参见《续高僧传·玄奘传》，“其境北界即东女国，与吐蕃接境”。

⑦ 《西域记》卷三《钵露罗国》，第 299 页注释一。

续表

印度诸国权力归属			
印度诸国	别名（梵、俗、汉）	地理位置	权力归属
呾叉始罗国	Takṣaśilā；Takkasilā；特叉尸利，特叉尸罗，德差伊罗，得叉始罗，德叉尸罗，竺刹尸罗，呾尸罗	北印度	曾役属迦毕试国，后役属迦湿弥罗国。①
僧诃补罗国	Siṃhapura（意为“狮子城”）	北印度	役属迦湿弥罗国。②
乌剌尸国	Uraśā，Uragā，Uraśa	北印度	役属迦湿弥罗国。③
迦湿弥罗国	Kāśmīra，Kaśmīra；Kasmīra，Kamhīra，Kamhāra，Kasamīra，Kasumīra；罽宾，箇失密，羯湿弥罗，伽叶弥罗，迦闪弥④	北印度（今克什米尔）	迦湿弥罗王称霸一方。⑤
半笯嗟国	Parṇotsa	北印度	役属迦湿弥罗国。⑥
曷逻阇补罗国	Rājapura（意为“王城”）	北印度	役属迦湿弥罗国。⑦
			自此开始似进入戒日王势力范围。
磔迦国	Ṭakka	北印度；旁遮普平原⑧	磔迦王称霸一方。
茂罗三部卢国	Mūlasthānapura	西印度	役属磔迦国。⑨
钵伐多国	Parvata（意为“山岳”）	西印度	役属磔迦国。⑩

① 《西域记》卷三《呾叉始罗国》，第 300 页，“酋豪力竞，王族绝嗣，往者役属迦毕试国，近又附庸迦湿弥罗国”。

② 《西域记》卷三《僧诃补罗国》，第 313 页，“国无君长主位，役属迦湿弥罗国”。

③ 《西域记》卷三《乌剌尸国》，第 319 页，“无大君长，役属迦湿弥罗国”。

④ 《西域记》卷三《迦湿弥罗国》，第 322 页注释一。汉魏、南北朝文献称迦湿弥罗为“罽宾”；之后汉文史料中的“罽宾”不再指迦湿弥罗；隋朝的罽宾指漕国（漕矩吒）；唐代的罽宾指迦毕试国。迦湿弥罗国在《新唐书》中作箇失密；义净作羯湿弥罗；慧超作伽叶弥罗；《梵语杂名》作迦闪弥。

⑤ 《西域记》卷三《迦湿弥罗国》，第 321 页，“迦湿弥罗国周七千余里，四境负山。山极陗峻，虽有门径，而复隘狭，自古邻敌无能攻伐”。“国为龙护，遂雄邻境。”戒日王虽曾倚恃强力，从迦湿弥罗王处夺取佛牙，然而迦湿弥罗国与戒日帝国的关系并非役属，而是更接近于同盟。

⑥ 《西域记》卷三《半笯嗟国》，第 348 页，“无大君长，役属迦湿弥罗国”。

⑦ 《西域记》卷三《曷逻阇补罗国》，第 349 页，“国无君长，役属迦湿弥罗国”。

⑧ 《西域记》卷四《磔迦国》，第 353 页注释一，东起毗播奢河（Vipāśā），西至印度河，北起喜马拉雅山麓，南至木尔坦（Multan）以下五河合流处为止的广大区域。

⑨ 《西域记》卷一一《茂罗三部卢国》，第 931 页。

⑩ 《西域记》卷一一《钵伐多国》，第 933 页。

续表

印度诸国权力归属			
印度诸国	别名（梵、俗、汉）	地理位置	权力归属
至那仆底国	Cīnapati（意为“中国主”）	北印度	因中国王子（质子）居住而得名。役属关系不详。[①]
阇烂达罗国	Jālaṃdhara；阇烂达那，阇兰达，阇兰陀，左栏陀罗	北印度	国王乌地多王，役属戒日王。[②]
屈露多国	Kulūta，Ulūta，Kolūta，Kolūka[③]	北印度	不详。
设多图卢国	Śatadru（意为“百川汇流”），Śutudri，Śududru，Śitadru[④]	北印度	不详。
中印度			
波理夜呾罗国	Pāriyātra	中印度	不详，有自己的王。[⑤]
秣菟罗国	Mathurā；Madhurā，Māhūra，Mahura，Methora，Madoura；摩头罗，摩偷罗，摩鍮罗，摩突罗，摩度罗，马图腊，蜜善，美蜜，孔雀[⑥]	中印度	不详。
萨他泥湿伐罗国	Sthāneśvara, Sthāṇvīśvara	中印度	戒日王。[⑦]
窣禄勤那国	Srughna	中印度	推测为戒日王。[⑧]
秣底补罗国	Matipura	中印度	不详，有自己的王。[⑨]
婆罗吸摩补罗国	Brahmapura[⑩]	中印度	不详。
瞿毗霜那国	Goviśana, Goviśāna, Govisanna, Govisanā[⑪]	中印度	不详。

① 《西域记》卷四《至那仆底国》，第 366~367 页。

② 《西域记》卷四《阇烂达罗国》，第 371~372 页注释一；《慈恩传》卷五，第 113~114 页。阇兰达国王为北印度王乌地多（Udita）。乌地多王为参加曲女城法会的十八国王之一。

③ 《西域记》卷四《屈露多国》，第 373 页注释一。

④ 《西域记》卷四《设多图卢国》，第 375 页注释一。

⑤ 《西域记》卷四《波里夜呾罗国》，第 376 页，“王，吠奢种也，性勇烈，多武略。”

⑥ 《西域记》卷四《秣菟罗国》，第 379 页注释一。

⑦ 据《戒日王传》第三章，Parab（1892），第 107 页；Cowell（1897），第 81 页，戒日王的父亲光增王的都城为萨他泥湿伐罗城。

⑧ 《西域记》卷四《窣禄勤那国》，第 392 页，“土地所产，风气所宜，同萨他泥湿伐罗国。”

⑨ 《西域记》卷四《秣底补罗国》，第 397 页，“王，戍达罗种也，不信佛法，敬事天神。”

⑩ 《西域记》卷四《婆罗吸摩补罗国》，第 407 页注释一。

⑪ 《西域记》卷四《瞿毗霜那国》，第 410~411 页注释一。

续表

印度诸国权力归属			
印度诸国	别名（梵、俗、汉）	地理位置	权力归属
垩醯制呾罗国	Ahicchattra（意为“蛇盖”），Adhiccatra；阿喜制掣多罗，蛇盖国①	中印度	戒日王。②
毗罗删拏国	Vīrāśāna, Vīrasana, Vilaśāṇa, Bhilasana, Viraṣaṇa, Bhiraṣaṇa③	中印度	不详。
劫比他国	Kapitha；Saṃkāśya，Samkassa；Devāvatāra（意为“天下处”）；僧迦舍，僧伽舍，僧伽尸，僧伽施，僧柯奢，泥嚩韈多④	中印度	戒日王。⑤
羯若鞠阇国	Kanyākubja 等	中印度	戒日王。⑥
= 曲女城	Kanyākubja 等	羯若鞠阇国都城	戒日王。
阿踰陀国	Ayudhā，Ayodhyā；Ayojjhā，Ayujjhā；阿踰阇，阿踰遮，难胜，不可胜⑦	中印度	不详。
阿耶穆佉国	Ayamukha, Hayamukha, Ayomukha, Ayomukhī⑧	中印度	不详。
钵逻耶伽国	Prayāga；钵罗耶伽（《慈恩传》），大施场	中印度	戒日王。⑨
憍赏弥国	Kauśāmbī；俱舍弥，拘尸弥，憍闪毗，俱参毗，拘睒鞞，拘睒弥⑩	中印度	推测为戒日王。⑪

① 《西域记》卷四《垩醯制呾罗国》，第 412~413 页注释一。

② 据《班斯凯拉铜牌》，戒日王赠送给婆罗门的土地在蛇盖城（ahi-c-chattrā-bhukti），很可能就是指玄奘所述的垩醯制呾罗国。

③ 《西域记》卷四《毗罗删拏国》，第 415 页注释一。

④ 《西域记》卷四《劫比他国》，第 417 页注释一，劫比他国，旧谓僧迦舍（Saṃkāśya）等，别称泥嚩韈多（Devāvatāra）。

⑤ 《西域记》卷四《劫比他国》，第 416 页，“学小乘正部量法”和“同共遵事大自在天”与戒日王家族的宗教信仰相似。《默图本铜牌》中的“劫毕提迦”（Kapitthikā）应该就是指劫比他国。

⑥ 《西域记》卷五《羯若鞠阇国》，第 428 页，“今王本吠奢种也，字曷利沙伐弹那 [唐言喜增]”。羯若鞠阇国与曲女城的不同拼法及别称，参见本书第二章《戒日王的年代、家庭及都城》第 5 节《都城》中的《羯若鞠阇国都城曲女城》。

⑦ 《西域记》卷五《阿踰陀国》，第 449 页注释一。

⑧ 《西域记》卷五《阿耶穆佉国》，第 457~458 页注释一。

⑨ 《西域记》卷五《钵逻耶伽国》，第 459~460 页注释一；第 463 页，“今戒日王者，聿修前绪，笃述惠施，五年积财，一旦倾舍。于其施场，多聚珍货。”

⑩ 《西域记》卷五《憍赏弥国》，第 466~467 页注释一。

⑪ 憍赏弥国在钵逻耶伽国附近，很可能是戒日王领地。又据《妙容传》，憍赏弥城为优填王国都，推测为戒日王领地。参见本书第八章《戒日王的文学创作》第 3 节《戒日王宫廷喜剧与政治联姻》。

续表

印度诸国权力归属			
印度诸国	别名（梵、俗、汉）	地理位置	权力归属
鞞索迦国	Viṣaka, Viṣāka[①]	中印度	不详。
室罗伐悉底国	Śrāvastī；Sāvatthī；舍卫城，室罗筏，舍婆提[②]	中印度；位于阿契罗伐替河[③]畔	玄奘到时似为无主之地。[④]曾为戒日王属地。[⑤]
劫比罗伐窣堵国	Kapilavastu；Kapilavatthu，Kapilapura，Kapilāhvayapura；迦毗罗卫，迦维罗阅，迦维罗卫，迦惟罗越，迦毗罗拔兜，迦毗罗，迦夷罗，迦维，迦比罗婆修斗，迦尾攞缚娑多，苍城，苍住处，黄赤城，黄头居城，赤泽国，妙德城	中印度	无主之地。[⑥]
蓝摩国	Grāma（意为“村落”）；Rāma，Gāma[⑦]	中印度	无主之地。[⑧]

① 《西域记》卷五《鞞索迦国》，第 476 页注释一。

② 《西域记》卷六《室罗伐悉底国》，第 482 页注释一。舍卫城原为憍萨罗国（Kosala）首都。憍萨罗国以萨罗踰河（Sarayū）为界一分为二，舍卫城所在地称为北憍萨罗（Uttara Kosala），以区别于称作憍萨罗的南憍萨罗（Dakṣiṇa Kosala）。

③ 《西域记》卷六《拘尸那揭罗国》，第 541 页注释一，阿契罗伐替河（Ajitavatī 或 Aciravatī），又名希连河、希连禅河（Hiraṇyavatī）。

④ 《西域记》卷六《室罗伐悉底国》，第 481 页，“都城荒顿，疆场无纪。宫城故基周二十余里。虽多荒圮，尚有居人”。

⑤ 据《戒日王传》第三章，Parab（1892），第 64 页；Cowell（1897），第 46 页，波那初见戒日王的皇家营帐就坐落在阿契罗伐替河（Aciravatī）畔，靠近室罗伐悉底国（舍卫城）；据《默图本铜牌》（630），戒日王将舍卫城（śrāvastī-bhukti）持瓶镇（kuṇḍadhānī-vaiṣayika）苏摩瓶村（somakuṇḍakā-grāma）的土地布施给两位婆罗门，证明戒日王曾统治这里。

⑥ 《西域记》卷六《劫比罗伐窣堵国》，第 506 页，“空城十数，荒芜已甚。王城颓圮，周量不详。其内宫城周十四五里，垒甎而成，基址峻固。空荒久远，人里稀旷。无大君长，城各立主。”

⑦ 《西域记》卷六《蓝摩国》，第 526 页注释一。

⑧ 《西域记》卷六《蓝摩国》，第 526 页，“空荒岁久，疆场无纪，城邑丘墟，居人稀旷”。

续表

印度诸国权力归属			
印度诸国	别名（梵、俗、汉）	地理位置	权力归属
拘尸那揭罗国	Kuśinagara，Kuśinagarī，Kuśanagara，Kuśigrāmaka，Kuśinārā；拘尸那伽罗，拘夷那竭，拘尸那，俱尸那，鸠尸那，拘夷，上茅城，香茅城，茅堂城，角城①	中印度；距阿契罗伐替河三四里	无主之地。②推测曾为戒日王属地。③
婆罗痆斯国	Bārāṇasī，Vārāṇasī；波罗那斯，波罗痆斯，波罗㮈④	中印度（曾名贝拿勒斯，今瓦拉纳西）	位于钵逻耶伽国和摩揭陀国之间，推测为戒日王属地。
战主国	Garjanapati，Garjapur，Garjapatipura⑤	中印度	不详。
吠舍厘国	Vaiśālī；Vesālī；毗舍离，薜舍离，维耶离，鞞奢赊夜，鞞贳罗，维耶，广严，广博，庄严⑥	中印度	无主之地。⑦
弗栗恃国	Vṛji；Vajji；跋祇，毗梨祇，佛栗氏，跋耆，跋阇⑧	中印度	无主之地。⑨

① 《西域记》卷六《拘尸那揭罗国》，第 536 页注释一。

② 《西域记》卷六《拘尸那揭罗国》，第 536 页，“城郭颓毁，邑里萧条，故城砖基，周十余里。居人稀旷，闾巷荒芜”。此国也位于阿契罗伐替河附近。

③ 据《戒日王传》第三章，Parab（1892），第 64 页；Cowell（1897），第 46 页，波那初见戒日王的皇家营帐就坐落在阿契罗伐替河（Aciravatī）畔。

④ 《西域记》卷七《婆罗痆斯国》，第 559 页注释一。婆罗痆斯国即古代的迦尸国（Kāśī），常用迦尸作国名，用婆罗痆斯等作国都名。

⑤ 《西域记》卷七《战主国》，第 581 页注释一。

⑥ 《西域记》卷七《吠舍厘国》，第 587 页注释一。

⑦ 《西域记》卷七《吠舍厘国》，第 587 页，“吠舍厘城已甚倾颓，其故基趾，周六七十里，宫城周四五里，少有居人”。

⑧ 《西域记》卷七《弗栗恃国》，第 608 页注释一。

⑨ 《西域记》卷七《弗栗恃国》，第 608 页，“国大都城号占戍拏，多已颓毁。故宫城中尚有三千余家，若村若邑也”。

续表

印度诸国权力归属			
印度诸国	别名（梵、俗、汉）	地理位置	权力归属
摩揭陀国	Magadha；Māgadha；摩揭，摩竭，摩诃陀，默竭陀，摩伽陀，墨竭提，无害，无恼害，不恶处，致甘露处，善胜，聪惠，天罗①	中印度	阿般提伐摩（580~600年）；妙誓铠（600~606年）；设赏迦王（606~611年前）；满胄王（设赏迦之后~631年前）；戒日王（631~647年）。②
= 波吒厘子城	Pāṭaliputra，Kusumapura；波罗利弗多罗，波罗利弗拓路，波罗利弗，波罗黎弗都庐，巴陵弗，巴邻，波罗黎，巴连弗，华氏城③	摩揭陀国境内	无主之地。④
= 王舍城	Rājagṛha；Rājagaha；曷罗阇姞利呬⑤	摩揭陀国境内	无主之地。⑥
伊烂拏钵伐多国	Hiraṇyaparvata, Īraṇaparvata⑦	中印度	不详，有自己的国王，被邻王所废。推测为戒日王。⑧
瞻波国	Campā，Aṅgapurī，Mālinī，Mālina，Lomapādapurī，Karṇapurī；瞻蔔，阐蔔，闰波，旃波，占波，无胜⑨	中印度；位于瞻波河及恒河畔	推测为戒日王。⑩

① 《西域记》卷八《摩揭陀国上》，第 620 页注释一。

② 玄奘访印之时，正是戒日帝国最强盛，疆域最辽阔的时期。戒日王已将摩揭陀国纳入治下。戒日王在摩揭陀国的一系列活动以及在那烂陀出土的戒日王铭文（《那烂陀泥印》），均证明戒日王的势力曾延伸到这里。参见本书第四章《戒日王的战争》第 3 节《占领摩揭陀》。

③ 《西域记》卷八《摩揭陀国上》，第 623~624 页注释一。

④ 《西域记》卷八《摩揭陀国上》，第 623 页，“殑伽河南有故城，周七十余里，荒芜虽久，基址尚在”。

⑤ 《西域记》卷九《摩揭陀国下》，第 743 页注释一。此处指王舍新城。

⑥ 《西域记》卷九《摩揭陀国下》，第 743 页，“石柱东北不远，至曷罗阇姞利呬城［唐言王舍］。外郭已坏，无复遗堵。内城虽毁，基址犹峻”。

⑦ 《西域记》卷一〇《伊烂拏钵伐多国》，第 779 页注释一。

⑧ 《西域记》卷一〇《伊烂拏钵伐多国》，第 778 页，“近有邻王，废其国君”。参见《西域记》卷一〇《羯朱嗢衹罗国》，第 790 页注释二，季羡林先生注释羯朱嗢衹罗国的“邻国”为戒日王治下的羯若鞠阇国。伊烂拏钵伐多国的“邻王”也可能是戒日王。

⑨ 《西域记》卷一〇《瞻波国》，第 786 页注释一。即盎伽国（Aṅga）国都瞻波城。

⑩ 瞻波国在羯朱嗢衹罗国附近，很可能是戒日王领地。又据《妙容传》，瞻波国为优填王同盟国，推测为戒日王领地。参见本书第八章《戒日王的文学创作》第 3 节《戒日王宫廷喜剧与政治联姻》。

续表

印度诸国权力归属			
印度诸国	别名（梵、俗、汉）	地理位置	权力归属
羯朱嗢祇罗国	Kajughira, Kajunghira, Kajangala[①]	中印度	戒日王。[②]
奔那伐弹那国	Puṇḍravardhana；Puṇṇavadhana	中印度	戒日王。[③]
东印度			
迦摩缕波国	Kāmarūpa；伽没路，箇没卢[④]	东印度（今印度阿萨姆邦西部）	鸠摩罗王。[⑤]
三摩呾吒国	Samataṭa；三摩怛吒[⑥]	东印度	不详。
耽摩栗底国	Tāmraliptī；Tāmalittī, Tāmraliptā，Dāmaliptā, Tāmraliptikā；多摩梨帝[⑦]	东印度	不详。
羯罗拏苏伐剌那国	Karṇasuvarṇa；金耳国[⑧]	东印度	设赏迦王，其后可能纳入戒日王治下。[⑨]

① 《西域记》卷一〇《羯朱嗢祇罗国》，第 789~790 页注释一。

② 《西域记》卷一〇《羯朱嗢祇罗国》，第 789 页，“自数百年王族绝嗣，役属邻国，所以城郭丘墟，多居村邑。故戒日王游东印度，于此筑宫，理诸国务。至则葺茅为宇，去则纵火焚烧。”第 790 页注释二，“役属邻国”季羡林先生注释为该国役属于戒日王治下的羯若鞠阇国。

③ 据《圣文殊师利根本仪轨》第 53 品 *MMK* 53.712-715（Śāstrī，1920-1925）或 *MMK* 53.665（Vaidya，1964），戒日王在奔那伐弹那大战中击败设赏迦王。参见 Jayaswal（1988），第 50 页。

④ 《西域记》卷一〇《迦摩缕波国》，第 794~795 页注释一。

⑤ 《西域记》卷一〇《迦摩缕波国》，第 797 页，“今王本那罗延天之祚胤，婆罗门之种也，字婆塞羯罗伐摩［唐言日胄］（Bhāskaravarman），号拘摩罗［唐言童子］（Kumāra）。自据疆土，奕叶君临，逮于今王，历千世矣。”又据《慈恩传》卷五，第 104 页，“东印度鸠摩罗王”。

⑥ 《西域记》卷一〇《三摩呾吒国》，第 802 页注释一。

⑦ 《西域记》卷一〇《耽摩栗底国》，第 806 页注释一。

⑧ 《西域记》卷一〇《羯罗拏苏伐剌那国》，第 808 页注释一。

⑨ 据《圣文殊师利根本仪轨》第 53 品 *MMK* 53.712-715（Śāstrī，1920-1925）或 *MMK* 53.665（Vaidya，1964），戒日王在奔那伐弹那大战中击败设赏迦王。参见 Jayaswal（1988），第 50 页。

续表

印度诸国权力归属			
印度诸国	别名（梵、俗、汉）	地理位置	权力归属
乌荼国	Uḍra，Oḍḍa，Oḍra；Oḍhrulu，Oḍḍaru①	东印度（今奥里萨邦北部）	戒日王。②
恭御陀国	Konyodha，Kongudha，Konyadha，Koṅgoda [maṇḍala]③	东印度	戒日王曾亲自讨伐，胜负未知，推测为戒日王胜利。④
			以下非戒日王势力范围。
南印度			
羯餕伽国	Kaliṅga；羯陵伽，迦陵伽，迦陵誐，葛令葛，迦陵⑤	南印度（位于印度东南沿海）	人烟稀少⑥；役属补罗稽舍（二世）。
憍萨罗国	Kosala⑦	南印度	有自己的王⑧；役属补罗稽舍（二世）

① 《西域记》卷一〇《乌荼国》，第 813 页注释一。

② 《慈恩传》卷四，第 95 页，戒日王企图延请胜军论师为国师“封乌荼国八十大邑”；《慈恩传》卷四，第 98~99 页，戒日王在写给那烂陀寺戒贤法师的信中说：“弟子行次乌荼，见小乘师恃凭小见，制论诽谤大乘，词理切害，不近人情，仍欲张鳞，共师等一论。弟子知寺中大德并才慧有馀，学无不悉，辄以许之，谨令奉报。愿差大德四人，善自他宗兼内外者，赴乌荼国行从所。”从戒日王以乌荼国邑作为封赏，征讨恭御陀国途中取道乌荼国，又打算在乌荼国举行辩经大会来看，戒日王已占据乌荼国。参见本书第四章《戒日王的战争》第 5 节《讨伐奥里萨》中的《收编乌荼国》。

③ 《西域记》卷一〇《恭御陀国》，第 817~818 页注释一。

④ 据《慈恩传》卷四，第 98 页，“（戒日）王后自征恭御陀，行次乌荼国”；又据《慈恩传》卷五，第 105 页，“戒日王讨恭御陀还，闻法师在鸠摩罗处”，等。

⑤ 《西域记》卷一〇《羯餕伽国》，第 819 页注释一。

⑥ 《西域记》卷一〇《羯餕伽国》，第 821 页及第 822 页注释一，据玄奘记载，由于五通仙人诅咒，此国人烟稀少：“有五通仙栖岩养素，人或陵触，退失神通，以恶咒术残害国人，少长无遗，贤愚俱丧，人烟断绝，多历年所。颇渐迁居，犹未充实。故今此国人户尚少。”季羡林先生认为内乱和移民海外是该国人口减少的主要原因。

⑦ 《西域记》卷一〇《憍萨罗国》，第 823 页注释一。即南憍萨罗国，与北方的憍萨罗国（室罗伐悉底国）相区分。参见《西域记》卷六《室罗伐悉底国》，第 482 页注释一。

⑧ 《西域记》卷一〇《憍萨罗国》，第 823 页，“王，刹帝利也，崇敬佛法，仁慈深远。伽蓝百余所，僧徒减万人，并皆习学大乘法教。天祠七十余所，异道杂居。”

续表

印度诸国权力归属			
印度诸国	别名（梵、俗、汉）	地理位置	权力归属
案达罗国	Āndhra，Veṅgī；文耆，瓶耆罗	南印度（今安德拉邦，以海德拉巴德为中心）	东遮娄其王朝，国王为补罗稽舍（二世）的弟弟毗湿奴伐弹那（Viṣṇuvardhana）。[①]
陀那羯磔迦国	Dhānakaṭaka，Dhānyakaṭaka；Dhaṃñakaṭaka，Dhanakaṭaka；大案达罗国	南印度（克里希那河河口两岸）	东遮娄其王朝，毗湿奴伐弹那（Viṣṇuvardhana）。[②]
珠利耶国	Colya，Coḍa，Coḷa，Cola，Choḷa[③]；矩腊	南印度	役属补罗稽舍（二世）。
达罗毗荼国	Draviḍa；达罗鼻荼，达里鼻荼，达罗比吒，达利鼻荼	南印度（今安德拉邦南部，泰米尔纳德邦北部）	跋罗婆王朝（Pallava）根据地，大主胄（一世）（Mahendravarman I，约600~630年在位）；人狮胄（一世）（Narasiṃhavarman I，约630~约688年在位）。[④]

① 《西域记》卷一〇《案达罗国》，第832~833页，"国大都城周二十余里，号瓶耆罗（Veṅgī）。"参见第833~835页注释一，第840页注释一。玄奘所述案达罗国即文耆王国（Veṅgī），其领域在哥达瓦里河与克里希那河之间的地区。630年，补罗稽舍（二世）的弟弟毗湿奴伐弹那（Viṣṇuvardhana）据瓶耆罗城自立，建立东遮娄其王朝。那时案达罗国和陀那羯磔迦国（大案达罗国）均在其治下，是南印度的政治中心。

② 《西域记》卷一〇《驮那羯磔迦国》，第840页注释一，4世纪初到6世纪，跋罗婆王朝（Pallava）统治此地。随着遮娄其王朝（Calukya）日益强盛，7世纪，遮娄其王补罗稽舍（二世）击败跋罗婆王大主胄（一世）（Mahendravarman Ⅰ）。630年，补罗稽舍（二世）的弟弟毗湿奴伐弹那（Viṣṇuvardhana）据瓶耆罗城自立，建立东遮娄其王朝，此时案达罗国和陀那羯磔迦国（大案达罗国）均在其治下，是南印度的政治中心。

③ 《西域记》卷一〇《珠利耶国》，第847页注释一。

④ 《西域记》卷一〇《达罗毗荼国》，第852~854页注释一。玄奘在人狮胄（一世）在位期间来到达罗毗荼国。自6世纪中叶起，跋罗婆王朝（Pallava）与遮娄其王朝（Calukya）为争夺南印度霸权进行了二百余年的斗争。7世纪初，跋罗婆王朝大主胄（一世）曾被遮娄其王朝的补罗稽舍（二世）击败，但其子人狮胄（一世）即位不久即为父雪耻，击溃补罗稽舍（二世）的大军，甚至可能亲自杀死了补罗稽舍（二世），夺回北方失地，并一度占领遮娄其的首都波陀密（Bādāmi），威震南印度。

续表

印度诸国权力归属			
印度诸国	别名（梵、俗、汉）	地理位置	权力归属
秣罗矩吒国	Malakūṭa；Malaikoṭṭa，Malaikuṟṟam[①]	南印度	不详。玄奘未亲至。[②]
恭建那补罗国	Koṅkaṇapura；恭达那补罗，建那补罗，荼建那补罗[③]	南印度	役属补罗稽舍（二世）。
摩诃剌侘国	Mahārāṣṭra；Maharaṭṭha，Mahāraṭhika；摩诃勒吒，摩诃赖吒，大国	南印度（今马哈拉施特拉邦）	西遮娄其王朝，补罗稽舍（二世）。[④]
跋禄羯呫婆国	Bharukacchapa，Bharukaccha；婆楼割车，婆庐羯车，婆庐羯泚，弼离沙，拔飃[⑤]	南印度	部分属于伐腊毗国。[⑥]
摩腊婆国	Mālava	南印度（今马尔瓦）	摩腊婆国是梅特腊迦王朝（Maitraka）的东方分国。[⑦]很可能是戒日王的同盟。[⑧]

① 《西域记》卷一〇《秣罗矩吒国》，第 857 页注释一。

② 《慈恩传》卷四，第 87 页，“自此国界三千馀里，闻有秣罗矩吒国［南印度境］，既居海侧，极丰异宝。”

③ 《西域记》卷一一《恭建那补罗国》，第 887 页注释一。

④ 《西域记》卷一一《摩诃剌侘国》，第 891 页，“王，刹帝利种也，名补罗稽舍，谋猷弘远，仁慈广被。臣下事之，尽其忠矣。今戒日大王东征西伐，远宾迩肃，唯此国人独不臣伏。屡率五印度甲兵及募召诸国烈将，躬往讨伐，犹未克胜。”第 892~893 页注释一。补罗稽舍即补罗稽舍（二世）（Pulakeśin II，610-642 年在位），是印度历史上的著名统治者之一。他二十岁即位，即迅速平定内乱，不久后出兵南征北战，先后占领了迦丹巴（Kadamba）人的首都婆拿婆尸（Vanavāsi），降服南迈索尔的恒迦（Gaṅga）人，北部的腊吒（Lāṭa）人，摩腊婆（Mālava）人和瞿折罗（Gurjaras）人。公元 630 年前后，补罗稽舍（二世）沿海岸向南印度进军，经波勒鲁罗（Paḷḷalūra）一役击溃跋罗婆王摩醯因陀罗伐摩（一世）（又译大主胄）的军队，迫使他困守建志补罗城。玄奘大约在 640 年前后该国极盛时期到达那里。其后不久，补罗稽舍（二世）被跋罗婆王摩醯因陀罗伐摩（一世）的儿子那罗僧诃伐摩（人狮胄）所击败。参见《西域记》卷一〇《达罗毗荼国》，第 852~854 页注释一。

⑤ 《西域记》卷一一《跋禄羯呫婆国》，第 898 页注释一。

⑥ 据《西域记》卷一一《伐腊毗国》，第 912 页注释一，伐腊毗国领域包括卡提阿瓦半岛全部，马尔瓦西部及跋禄羯呫婆国的一部分。

⑦ 《西域记》卷一一《摩腊婆国》，第 900 页及注释一，此国重学，与摩揭陀国相提并论：“五印度境，两国重学，西南摩腊婆国，东北摩揭陀国。”

⑧ 戒日王的女儿嫁给了摩腊婆国法日王（Dharmāditya）的侄子、伐腊毗国（Valabhī）的常叡王（Dhruvabhaṭṭa 或 Dhruvabhaṭa，音译杜鲁婆跋吒）。参见《西域记》卷一一《伐腊毗国》，第 915 页注释一。另据 Joglekar（1913），《璎珞传》导论，第 xv 页；Kale（1928），《妙容传》导论，第 xxii 页。1654 年，摩杜苏丹（Madhusudan）的有觉（Bhāvabodhini）在注释《摩由罗百咏》时，称戒日王是摩腊婆国王，邬阇衍那国王的庇护者。

续表

印度诸国权力归属			
印度诸国	别名（梵、俗、汉）	地理位置	权力归属
阿吒厘国	Aṭali, Aḍal, Akshal, Aṭli①	南印度	推测役属摩腊婆国。②
契吒国	Kheḍa, Kaccha③	南印度	役属摩腊婆国。④
伐腊毗国	Valabhi，Vallabhi	南印度⑤；其领域包括卡提阿瓦半岛全部，马尔瓦西部以及跋禄羯占婆国的一部分	伐腊毗国是梅特腊迦王朝（Maitraka）的西方分国，常叡王（约 629~640/641 在位）；常叡王之子持军（四世）（Dharasena IV，约 641~653 在位）。与摩腊婆国结盟；与戒日王时而交战时而结盟。⑥
僧伽罗国	Siṃhala；Sīhala，Simghala；Tāmraparṇī，Tambapaṇṇī；Ratnadvīpa；Ojadvīpa；Varadvīpa；Maṇḍadvīpa；Laṅkā，Śrīlaṅkā；Silan；Sirendib；狮子国，执狮子国；铜色国；宝渚，宝洲；堰阇洲；婆罗洲；慢陀洲；楞伽，室利楞伽（斯里兰卡）；细兰、锡兰；细轮叠⑦	非印度境（今斯里兰卡）	不详。玄奘未亲至。⑧

① 《西域记》卷一一《阿吒厘国》，第 908 页注释一。

② 《西域记》卷一一《阿吒厘国》，第 907 页，“文字语言，仪形法则，大同摩腊婆国。”

③ 《西域记》卷一一《契吒国》，第 909~910 页注释一。

④ 《西域记》卷一一《契吒国》，第 909 页，“无大君长，役属摩腊婆国。风土物产，遂同其俗。”

⑤ 《西域记》卷一一《伐腊毗国》，第 911 页注释一，据季羡林先生分析，《西域记》将其列入南印度欠妥，应属西印度。

⑥ 《西域记》卷一一《伐腊毗国》，第 910 页，“土地所产，气序所宜，风俗人性，同摩腊婆国”，及第 914 页，“今王，刹帝利种也，即昔摩腊婆国尸罗阿迭多王之侄、今羯若鞠阇国尸罗阿迭多王之子聟，号杜鲁婆跋吒［唐言常叡］（Dhruvabhaṭṭa）。”常叡王即梅特腊迦王朝第十一代国王常军（二世）（Dhruvasena II），又名幼日（Bālāditya）。参见第 911~913 页注释一。常叡王之子持军（四世）是伐腊毗诸王中唯一自称转轮王的人，曾与戒日王交战。持军（四世）一度战败，不得不在跋禄羯占婆国避难，但不久之后他又恢复强盛。

⑦ 《西域记》卷一一《僧伽罗国》，第 866~867 页注释一。

⑧ 《慈恩传》卷四，第 87 页，“又闻东北海畔有城，自城东南三千馀里至僧伽罗国［唐言执师子，非印度境也］。”

续表

印度诸国权力归属			
印度诸国	别名（梵、俗、汉）	地理位置	权力归属
西印度			
阿难陀补罗国	Ānandapura①	西印度	役属摩腊婆国。②
苏剌侘国	Surāṣṭra；Suraṭṭha；苏剌吒	西印度	役属伐腊毗国。③
瞿折罗国	Gūrjara；Gujjara，Gujar	西印度（今古吉拉特）	国王咀达（Tāta）。④役属补罗稽舍（二世）。
乌阇衍那国	Ujjayanī，Ujjainī；Ujjenī；优禅耶尼，乌惹你，郁禅尼，郁阇尼，嗢逝尼，讴祇尼，乌舍尼，郁支	西印度	有自己的王，婆罗门种。⑤役属戒日王。⑥
掷枳陀国	Jejākabhukti, Jajhoti, Chitor	西印度	有自己的王，婆罗门种。⑦
摩醯湿伐罗补罗国	Maheśvarapura（意为“大自在城”）⑧	西印度	有自己的王，婆罗门种。⑨
信度国	Sindhu	西印度	有自己的王，首陀罗种。⑩戒日王曾与信度王交战并取胜。⑪

---

① 《西域记》卷一一《阿难陀补罗国》，第 916 页注释一。

② 《西域记》卷一一《阿难陀补罗国》，第 916 页，“无大君长，役属摩腊婆国。土宜气序，文字法则，遂亦同焉”。

③ 《西域记》卷一一《苏剌侘国》，第 917 页及注释一。

④ 《西域记》卷一一《瞿折罗国》，第 920 页，“王，刹帝利种也，年在弱冠，智勇高远，深信佛法，高尚异能”。参见第 920~922 页注释一。玄奘来到瞿折罗国时，弱冠在位的国王是那加跋吒（Nāgabhaṭa）之子咀达（Tāta）。

⑤ 《西域记》卷一一《邬阇衍那国》，第 922 页，“王，婆罗门种也。博览邪书，不信正法”。参见第 923 页注释一，为阿槃底（Avantī）西部分国的首都。

⑥ Joglekar（1913），《璎珞传》导论，第 xv 页；Kale（1928），《妙容传》导论，第 xxii 页。1654 年，摩杜苏丹（Madhusudan）的有觉（Bhāvabodhini）在注释《摩由罗百咏》时，不仅称戒日王是摩腊婆国王，还称他为邬阇衍那国王的庇护者。可见邬阇衍那国王曾依附于戒日王。

⑦ 《西域记》卷一一《掷枳陀国》，第 925 页，“王，婆罗门种也。笃信三宝，尊重有德”。参见第 925 页注释一，大部分领域属于印度古国契底（Chedi）的范围。

⑧ 《西域记》卷一一《摩醯湿伐罗补罗国》，第 927 页注释一。该地古名为摩醯湿摩地补罗（Maheṣmatipura），意即大自在天城。

⑨ 《西域记》卷一一《摩醯湿伐罗补罗国》，第 926 页，“王，婆罗门种也，不甚敬信佛法”。

⑩ 《西域记》卷一一《信度国》，第 928 页，“王，戍陀罗种也，性淳质，敬佛法”。

⑪ 《戒日王传》第三章，Parab（1892），第 100 页；Cowell（1897），第 75~76 页。波那赞美戒日王的功绩时提及他曾沉重打击信度王。

续表

印度诸国权力归属			
印度诸国	别名（梵、俗、汉）	地理位置	权力归属
阿点婆翅罗国	Adhyavakila, Atyanvakela, Atyanabakela, Ādīnavachila, Audumbatira, Audumbara	西印度	役属信度国。①
臂多势罗国	Pītaśaila, Pāṭāsila, Patala	西印度	役属信度国。②
阿軬荼国	Avanḍa	西印度	役属信度国。③
狼揭罗国	Langala, Langa, Longhir, Lankar, Laṅghala	西印度	役属波剌斯国。④
波剌斯国	Pārsa，Persīa；Arsaces，Arsak；安息，波斯	非印度境（今伊朗）	萨珊王朝。⑤

§2　印度诸国的相互关系

依据上表，可以将公元7世纪前后印度诸国间的权力关系概述如下：

印度藩王	势力范围	役属国
迦毕试国王	今阿富汗一带，克什米尔以西偏北	迦毕试国：滥波国；那揭罗曷国；健驮逻国；乌仗那国；呾叉始罗国⑥；伐剌拏国。
波剌斯国王	今伊朗	波剌斯国：迦毕试国⑦；狼揭罗国。

① 《西域记》卷一一《阿点婆翅罗国》，第935页，“近无君长，统属信度国”。

② 《西域记》卷一一《臂多势罗国》，第944页，“无大君长，役属信度国”。

③ 《西域记》卷一一《阿軬荼国》，第946页，“无大君长，役属信度国”。

④ 《西域记》卷一一《狼揭罗国》，第937页，“无大君长，据川自立，不相承命，役属波剌斯国”。

⑤ 《西域记》卷一一《波剌斯国》，第939~940页注释一。玄奘到达印度时，波剌斯正当萨珊王朝末期；玄奘经中亚返回中国后不久，波剌斯即为大食所灭；唐玄宗时已成为大食属地。

⑥ 《西域记》卷三《呾叉始罗国》，第300页，“酋豪力竞，王族绝嗣，往者役属迦毕试国，近又附庸迦湿弥罗国”。

⑦ 《西域记》卷一《迦毕试国》，第137页注释一，曾沦为萨珊王朝（波剌斯）附庸，后被嚈哒人（白匈奴）统治达百年，后又落入萨珊王朝及西突厥统治之下。玄奘途经迦毕试国时，迦毕试王称霸一方。

续表

印度藩王	势力范围	役属国
迦湿弥罗国王	今克什米尔一带	迦湿弥罗国：呾叉始罗国；僧诃补罗国；乌剌尸国；半笯嵯国；曷逻阇补罗国。
磔迦国王	今克什米尔以南，信度河支流	磔迦国：茂罗三部卢国；钵伐多国。
信度国王	信度河流域	信度国：阿点婆翅罗国；臂多势罗国；阿軬荼国。
摩腊婆国王	今马尔瓦一带	摩腊婆国：契吒国；阿难陀补罗国；阿吒厘国。
伐腊毗国王常叡	今卡提阿瓦半岛	伐腊毗国：跋禄羯呫婆国；苏剌侘国。
摩诃剌侘国王补罗稽舍（二世）	今马哈拉施特拉邦，哥达瓦里河上游与克里希纳河之间的地区	摩诃剌侘国：羯餧伽国；憍萨罗国；珠利耶国；恭建那补罗国；瞿折罗国。
案达罗国王毗湿奴伐弹那	哥达瓦里河与克里希那河之间、克里希纳河口两岸的地区	案达罗国：驮那羯磔迦国（大案达罗国）。
达罗毗荼国王大主胄和人狮胄	今安德拉邦南部、泰米尔纳德邦北部，帕拉尔河流域	达罗毗荼国：南印度诸国。

非印度境的西域地区与戒日王统治无涉。还有一些印度境内的区域役属吐蕃，例如尼波罗国和钵露罗国。玄奘到访之时，非印度境绝大部分地区归属西突厥；玄奘归国前后，这些地区陆续划入大唐版图。从玄奘“辞欲归”时戒日王所说的话“师取南海去者，当发使相送”[①]，即可推知戒日王的难言之隐——北方陆路为他统治力量所不及，甚至没有顺利通行的把握。印度境割据政权与戒日王的统治密切相关。这些藩王的国力和势力范围，决定着戒日帝国的统治状况和实际版图。

以下就逐一分析印度境内主要割据政权与戒日帝国的关联。

① 《慈恩传》卷五，第112~113页。

§3 戒日王与印度境内诸国的关系

3.1 尼波罗国

尼波罗国（Nepāla）位于今尼泊尔国加德满都谷地。[①]

尼波罗国与吐蕃、大唐的关系一直比较密切。《释迦方志》卷上称其“属吐蕃”。[②]《续高僧传·玄奘传》记载“其境北界即东女国，与吐蕃接境”。可知玄奘时尼波罗国臣属吐蕃。据《西域记》卷七《尼波罗国》，“王刹帝利栗呫婆种也，志学清高，纯信佛法。近代有王，号鸯输伐摩[唐言光胄]（Aṃśuvarman）。”[③] 尼波罗王光胄王（Aṃśuvarman）在位期间（630~640 年）[④] 曾把女儿赤贞公主（Bhṛkuṭi）嫁给吐蕃王弃宗弄赞（松赞干布），时间早于文成公主入藏（贞观十五年，641 年）。[⑤] 贞观前后，尼波罗王那陵提婆的父亲被叔父杀死，那陵提婆（643~650 年在位）[⑥] 因此出逃，投靠吐蕃。[⑦]“贞观中，卫尉丞李义表往使天竺（643/644），涂[途]经其国，那陵提婆见之大喜，与义表同出观阿耆婆沵池。……其后王玄策为天竺所掠，泥婆罗发骑与吐蕃共破天竺有功。”[⑧]“（贞观）二十一年（647），遣使入献波稜、酢菜、浑提葱。”[⑨]

尼波罗国与戒日王似乎并无往来，至少没有留下交往的证据。[⑩]

---

① Law, Bimala Churn, *Historical Geography of Ancient India*. Delhi (India): Ess Ess Publications, 1976，第 113~114 页。

② 《释迦方志》卷上，第 50 页。

③ 《西域记》卷七《尼波罗国》，第 613 页。

④ 史密斯（V. A. Smith，1924，第 380 页）认为鸯输伐摩死于 642 年；雷格米（Regmi）和黄盛璋认为鸯输伐摩的在位时间为 630~640 年（黄盛璋《关于古代中国与尼泊尔的文化交流》，《历史研究》1962 年第 1 期，第 96 页）。

⑤ 《西域记》卷七《尼波罗国》，第 614 页注释二。

⑥ 陈翰笙《古代中国与尼泊尔的文化交流：公元第五至十七世纪》，《历史研究》1961 年第 2 期，第 104 页。

⑦ 《旧唐书》卷一九八《西戎》“尼波罗”条，第 5290 页;《新唐书》卷二二一上《西域上》“尼波罗”条，第 6214 页。

⑧ 《旧唐书》卷一九八《西戎》“尼波罗”条，第 5290 页。

⑨ 《新唐书》卷二二一上《西域上》“尼波罗”条，第 6214 页。

⑩ 卡勒（M. R. Kale）在《璎珞传》导论，第 14~15 页，认为戒日王统治了尼泊尔（尼波罗国），但并未提供实证。

玄奘并未亲至尼波罗国，仅走到了尼波罗国以南的五个国家：劫比罗伐窣堵国、蓝摩国、拘尸那揭罗国、弗栗恃国、吠舍厘国。据玄奘记载，这五个国家均荒废倾颓，人烟稀少，如同无人管辖的无主之地。

劫比罗伐窣堵国："空城十数，荒芜已甚。王城颓圮，周量不详。其内宫城周十四五里，垒甎而成，基址峻固。空荒久远，人里稀旷。无大君长，城各立主。"①

蓝摩国："空荒岁久，疆场无纪，城邑丘墟，居人稀旷。"②

拘尸那揭罗国："城郭颓毁，邑里萧条，故城砖基，周十余里。居人稀旷，闾巷荒芜。"③

弗栗恃国："国大都城号占戍挐，多已颓毁。故宫城中尚有三千余家，若村若邑也。"④

吠舍厘国："吠舍厘城已甚倾颓，其故基趾，周六七十里，宫城周四五里，少有居人。"⑤

这荒无人烟的五国，应该就是戒日王疆域的东北边界。

3.2　迦毕试国

迦毕试国（Kāpiśī）位于今阿富汗境内。

据《西域记》卷一《迦毕试国》，"(迦毕试）王，窣利种也，有智略，性勇烈，威慑邻境，统十余国。"⑥可知迦毕试王称霸一方，统治周边十余个国家。

据《慈恩传》，曲女城法会结束后，玄奘启程归国途中，"时迦毕试王先在乌铎迦汉荼城，闻法师至，躬到河侧奉迎，问曰：'承师河中失经，师不将印度花果种来？'答曰：'将来。'王曰：'鼓浪倾船，事由于此。自昔以来，欲将花种渡者，并然。'因共法师还城，寄一寺停五十馀日，为失经本，更遣人往乌长［去声］那国抄写迦叶臂耶部

---

①《西域记》卷六《劫比罗伐窣堵国》，第 506 页。

②《西域记》卷六《蓝摩国》，第 526 页。

③《西域记》卷六《拘尸那揭罗国》，第 536 页。此国位于阿契罗伐替河附近。

④《西域记》卷七《弗栗恃国》，第 607~608 页。

⑤《西域记》卷七《吠舍厘国》，第 587 页。

⑥《西域记》卷一《迦毕试国》，第 136 页。

三藏。……法师与迦毕试王相随，西北行，一月馀日，至蓝波国（滥波国）境。王遣太子先去，敕都人及众僧庄办幢幡，出城迎候。王与法师渐发。比至，道俗数千人，幢幡甚盛。众见法师，欢喜礼拜讫，前后围遶讚咏而进。至都，停一大乘寺，时王亦为七十五日无遮大施。……从此东出至迦毕试国境，王又为七日大施讫，法师辞发。"①

由此可见，参加曲女城法会和钵逻耶伽大施的诸王不包括迦毕试王。在滥波国（役属迦毕试国），迦毕试王为玄奘举行了七十五日无遮大施，又在迦毕试国境内为玄奘举行七日大施。这更证明迦毕试王不仅没有参加戒日王的曲女城法会和钵逻耶伽大施，还另外为玄奘举行了同样长达七十五日的无遮大施，还额外增加了七日大施，这也从侧面证明迦毕试王对戒日王既不臣服也无联盟，甚至在暗中角力。

《新唐书》、《旧唐书》称罽宾在贞观年间多次遣使朝贡，进献方物。② 如果所述罽宾指迦毕试国③，那么这或许是迦毕试王未向戒日王称臣的原因之一。

综上可知，迦毕试王称霸一方，并未臣服于戒日王。戒日帝国的领域不包括迦毕试国及其役属国。

3.3 迦湿弥罗国

迦湿弥罗国（Kāśmīra），今克什米尔。汉、魏、南北朝均作罽宾；《新唐书》作箇失蜜④；义净作羯湿弥罗；慧超作伽叶弥罗；《梵语杂名》作迦闪弥。⑤

---

① 《慈恩传》卷五，第 114~115 页。

② 《旧唐书》卷一九八《西戎》"罽宾"条，第 5309~5310 页，"贞观十一年（637），遣使献名马，太宗嘉其诚款，赐以缯綵。十六年（642），又遣使献褥特鼠"。参见《新唐书》卷二二一上《西域上》"罽宾"条。

③ 《西域记》卷一《迦毕试国》，第 136 页校勘记三；卷三《迦湿弥罗国》，第 322 页注释一。"罽宾"在汉、魏、南北朝等时期均指迦湿弥罗；《隋书》中指漕国（漕矩吒）；唐代指迦毕试。参见《旧唐书》卷一九八《西戎》"罽宾"条；《新唐书》卷二二一上《西域上》"罽宾"条；慧超《往五天竺传》"罽宾国"条。然而，《新》、《旧唐书》均称罽宾"地暑湿"，而《西域记》称迦毕试国"气序风寒"（第 136 页）；迦湿弥罗国"气序寒劲，多雪少风"（第 321 页）；漕矩吒国"气序寒烈，霜雪繁多"（第 954 页），似不吻合。罽宾在唐朝时是否指迦毕试，尚且存疑。此处暂依季羡林先生的说法。

④ 《新唐书》卷二二一下《西域下》"箇失蜜"条，"箇失蜜，或曰迦湿弥罗"。

⑤ 《西域记》卷三《迦湿弥罗国》，第 322 页注释一。

据《西域记》卷三《迦湿弥罗国》，“迦湿弥罗国周七千余里，四境负山。山极陗峻，虽有门径，而复隘狭，自古邻敌无能攻伐。”“国为龙护，遂雄邻境。”[①] 可知迦湿弥罗王亦称霸一方。

据《慈恩传》，曲女城法会结束后，玄奘启程归国途中，“(呾叉始罗）国东北五十踰缮那即迦湿弥罗国，其王遣使迎请，法师为象行辎重不果去。……迦湿弥王闻法师渐近，亦忘远躬来参拜，累日方归。”[②]

由此可见，参加曲女城法会和钵逻耶伽大施的诸王不包括迦湿弥罗王。迦湿弥罗王为见玄奘，先是盛情遣使迎请，遭到婉言谢绝后又亲自前来拜见，可见其对玄奘的赤诚和敬重。而迦湿弥罗王没有参加曲女城法会和钵逻耶伽大施，也证明迦湿弥罗王并未臣服于戒日王，至少是没有彻底臣服。

玄奘曾记载迦湿弥罗国佛牙伽蓝的传说。[③]《慈恩传》称，“近戒日王闻迦湿弥罗有佛牙，亲至界首，请看礼拜。诸众吝惜，不听将出，乃别藏之。但其王惧戒日之威，处处掘觅，得已将呈，戒日见之，深生敬重，倚恃强力，遂夺归供养，即此牙也。”[④] 在戒日王面前，迦湿弥罗王并非无回手之力任人宰割，而是具有负隅顽抗的资本。戒日王从迦湿弥罗王处成功夺走佛牙，证明迦湿弥罗王对戒日王有所忌惮，尽量避免正面冲突。这种忌惮并非役属或绝对臣服，而是近似于同盟国中较弱的一方。

又据玄奘记载，“自滥波国至于此土（曷逻阇补罗国），形貌麁弊，情性犷暴，语言庸鄙，礼义轻薄，非印度之正境，乃边裔之曲俗。”[⑤] 滥波国役属迦毕试国；曷逻阇补罗国役属迦湿弥罗国。可见玄奘认为迦毕试王和迦湿弥罗王管辖之地不算是印度“正境”，而是边陲。因此，也可以说这里是戒日帝国的化外之地。

---

① 《西域记》卷三《迦湿弥罗国》，第 321 页。

② 《慈恩传》卷五，第 114~115 页。

③ 《西域记》卷三《迦湿弥罗国》，第 340~341 页。“新城东南十馀里，故城北大山阳，有僧伽蓝，僧徒三百馀人。其窣堵波中有佛牙，长可寸半，其色黄白，或至斋日，时放光明。”

④ 《慈恩传》卷五，第 110 页。

⑤ 《西域记》卷三《曷逻阇补罗国》，第 349 页。

3.4 迦摩缕波国鸠摩罗王

迦摩缕波国（Kāmarūpa）位于今印度阿萨姆邦（Assam）西部。

史密斯将迦摩缕波国亦归入戒日王的化外之地。[①]鸠摩罗王与戒日王的关系，与迦湿弥罗王的既非役属又非绝对臣服非常相似。

据《戒日王传》，戒日王率军征服世界途中，鸠摩罗王密使鹄冲一面赞美戒日王的功勋，献上鸠摩罗王准备的精美贡品；一面抱怨附庸、臣服、遭受奴役的痛苦，似乎对不平等的、歧视性的同盟身份深感愤怒。[②]这表明鸠摩罗王在即位之初主动与戒日王结盟，有着不得已的苦衷，而他自己对于这种不平等的同盟身份，不仅感到窘迫，而且时刻寻找机会摆脱。

据《西域记》，戒日王"命拘摩罗王曰：'宜与那烂陀远客沙门速来赴会！'"之后，鸠摩罗王似乎是毫无争辩地将玄奘拱手相让。[③]《慈恩传》中更为详细地叙述了鸠摩罗王与戒日王争夺玄奘的始末，并且将鸠摩罗王不愿臣服的心态显露无遗，暗含着鸠摩罗王对戒日王的挑战。

据《慈恩传》，戒日王发使对鸠摩罗王说："急送支那僧来！"戒日王相请在先，而且有以玄奘为首的四大德与般若毱多辩经大会一事，戒日王在征讨恭御陀途中就已安排停当，只是尚未举行。戒日王的要求不算无理。而鸠摩罗王的回答却是："我头可得，法师未可即来。"这个回答几乎可以说是对戒日王的耐心和实力的挑衅。当戒日王气势汹汹让使者传话说"汝言头可得者，即付使将来"，鸠摩罗王看似"深惧言失"，却"即命严象军二万，乘船三万艘，共法师同发，泝殑伽河以赴王所，至羯朱嗢祇罗国，遂即参及"[④]。也就是说，鸠摩罗王是带着自己的军队与戒日王会面并参加曲女城法会，看似护送法师，实则向戒日王示威。

在曲女城法会上，"时戒日王将还曲女城设法会也，从数十万众，在殑伽河南岸；拘摩罗王从数万之众，居北岸。分河中流，水陆并进。

① Smith（1924），第354~355页。

② 《戒日王传》第七章，Parab（1892），第240~252页；Cowell（1897），第211~223页。

③ 《西域记》卷五《羯若鞠阇国》，第436页。

④ 《慈恩传》卷五，第105页。

二王导引，四兵严卫。”“戒日王为帝释之服，执宝盖以左侍；拘摩罗王作梵王之仪，执白拂而右侍。”[①]“戒日王营殑伽河北岸，南印度王杜鲁婆跋吒营合河西，鸠摩罗王营阎牟那河南华林侧，诸受施人营跋吒王西。辰旦，其戒日王与鸠摩罗王乘船军，跋吒王从象军，各整仪卫，集会场所。十八国诸王以次陪列。”[②]鸠摩罗王虽然从领土范围、国力、随从人数、兵力上，都远不及戒日王，却与戒日王几乎处于平起平坐的地位，分恒河南北而行，分帝释、梵天而侍，与戒日王共乘船军。鸠摩罗王拥有自己的军队，并且拥有对自己领土的独立管辖权，与戒日王暗中角力。这与“以次陪列”的“十八国诸王”有本质区别。

综上可知，鸠摩罗王在行事上对戒日王有所顾忌，但并非受戒日王的役使或管辖，是与戒日王结盟的较弱一方。

3.5 伐腊毗国常叡王

伐腊毗国（Valabhi）领域包括卡提阿瓦半岛全部，马尔瓦（Malwa）西部以及跋禄羯占婆国的一部分。

据《西域记》，“（伐腊毗国）今王，刹帝利种也，即昔摩腊婆国尸罗阿迭多王之侄、今羯若鞠阇国尸罗阿迭多王之子聟，号杜鲁婆跋吒[唐言常叡]（Dhruvabhaṭṭa）。”[③]伐腊毗国是梅特腊迦王朝（Maitraka）的西方分国，“土地所产，气序所宜，风俗人性，同摩腊婆国”。[④]摩腊婆国是梅特腊迦王朝的东方分国。这两个国家都具有相当实力，而且属于同一家族，关系紧密。摩腊婆国尸罗阿迭多王即梅特腊迦王朝第八代国王戒日王（一世）（Śīlāditya Ⅰ），又名法日（Dharmāditya）。常叡王是法日王的侄子，即梅特腊迦王朝第十一代国王常军（二世）（Dhruvasena Ⅱ，约 629–640/641 在位），又名幼日（Bālāditya）。[⑤]戒日王将女儿嫁给常叡王，与光增王把女儿王圣嫁给阿般提伐摩的长子摄铠王如出一辙。这一方面证明伐腊毗国实力雄厚、不容小觑；另一方

① 《西域记》卷五《羯若鞠阇国》，第 440~441 页。
② 《慈恩传》卷五，第 111 页。
③ 《西域记》卷一一《伐腊毗国》，第 914 页。
④ 《西域记》卷一一《伐腊毗国》，第 911 页。
⑤ 《西域记》卷一一《伐腊毗国》，第 911~913 页注释一。

面可能由于伐腊毗国桀骜难驯，戒日王希望通过政治联姻确立两国的攻守同盟关系。

据《慈恩传》，“戒日王营殑伽河北岸，南印度王杜鲁婆跋吒营合河西，鸠摩罗王营阎牟那河南华林侧，诸受施人营跋吒王（常叡王）西。辰旦，其戒日王与鸠摩罗王乘船军，跋吒王从象军，各整仪卫，集会场所。十八国诸王以次陪列。”①可知，常叡王拥有自己的武装（象军），独立安营扎寨，并非陪列的“十八国诸王”之一。常叡王还与戒日王、鸠摩罗王一道骑马为玄奘送行，也证明了他们既缔结盟好又各自相对平等独立的政治地位：“法师以经像等附北印度王乌地多军，鞍乘渐进。后戒日王更附乌地王大象一头、金钱三千、银钱一万，供法师行费。别三日，王更与鸠摩罗王、跋吒王（常叡王）等各将轻骑数百复来送别，其慇勤如是。”②

常叡王死后，他的儿子持军（四世）（Dharasena IV，约 641–653 在位）自称转轮王，激怒了戒日王。两国再度开战。持军（四世）战败，逃往跋禄羯占婆国避难，不久之后又恢复了强盛。③

伐腊毗国与摩腊婆国关系密切；与戒日王时而交战时而结盟。伐腊毗国在常叡王时曾与戒日王缔结盟好，但他的继任者持军（四世）却摆脱了这种同盟关系，成为称霸一方的割据政权。

3.6 曲女城十八王

据《西域记》，“是时诸国二十余王先奉告命，各与其国髦俊沙门及婆罗门、群官、兵士，来集大会。”④据《慈恩传》，“五印度中有十八国王到，谙知大小乘僧三千馀人到，婆罗门及尼乾外道二千馀人到，那烂陀寺千馀僧到。”⑤“王共法师等以次供养。然后命十八国王入；诸国僧名称最高、文义赡博者，使千馀人入；婆罗门、外道有名行者，五百馀人入；诸国大臣等二百馀人入。”⑥“戒日王益增崇

---

① 《慈恩传》卷五，第 111 页。

② 《慈恩传》卷五，第 113 页。

③ 《西域记》卷一一《伐腊毗国》，第 911~913 页注释一。

④ 《西域记》卷五《羯若鞠阇国》，第 440 页。

⑤ 《慈恩传》卷五，第 107 页。

⑥ 《慈恩传》卷五，第 108 页。

重，施法师金钱一万、银钱三万、上氎衣一百领；十八国王亦各施珍宝。法师一皆不受。”①《西域记》中称有“二十余王”;《慈恩传》中的“十八王”加上戒日王、鸠摩罗王和常叡王（杜鲁婆跋吒）②共有二十一王。只是鸠摩罗王和常叡王的地位与十八国诸王完全不同。鸠摩罗王和常叡王与戒日王为同盟关系，十八国诸王则为役属关系。参加曲女城法会的十八国诸王（简称“曲女城十八王”），应该就是戒日王役属国的范围。

戒日王“（无遮）会讫，诸王各将诸宝钱物，于诸众边赎王所施瓔珞、髻珠、御服等还将献王。经数日，王衣服及上宝等服用如故。”③“诸国国王各献珍服，尝不逾旬，府库充仞。”④戒日王在无遮大会上“一切尽已，从其妹，索粗弊衣着，礼十方佛，踊跃欢喜”⑤，而会后，十八国诸王赎回戒日王所施珍宝服饰，重又献给戒日王，仅几天时间，戒日王服饰如故；诸王纷纷进献贡物，戒日王的国库也很快恢复充盈。由此可以肯定戒日王在曲女城十八王中的盟主地位。

曲女城十八王名号不详，有迹可循的仅有阇烂达罗国（Jālaṃdhara）的乌地多王（Udita）。

3.6.1　阇烂达罗国乌地多王

据《西域记》，“（阇烂达罗国）此国先王，崇敬外道，其后遇罗汉，闻法信悟，故中印度王体其淳信，五印度国三宝之事，一以总监。”⑥中印度以摩揭陀为中心。阇烂达罗国为北印度王都所在地。先王并非乌地多王，中印度王也可能不是戒日王。但这证明在戒日王之前（很可能是满胄王时期）阇烂达罗国就臣属于摩揭陀国。那么，戒日王在获得摩揭陀国控制权的时候，很可能同时获得了阇烂达罗国的

---

① 《慈恩传》卷五，第 109 页。

② 《慈恩传》卷五，第 111 页，“戒日王营殑伽河北岸，南印度王杜鲁婆跋吒营合河西，鸠摩罗王营阎牟那河南华林侧，诸受施人营跋吒王西。辰旦，其戒日王与鸠摩罗王乘船军，跋吒王从象军，各整仪卫，集会场所，十八国诸王以次陪列。”

③ 《慈恩传》卷五，第 112 页。

④ 《西域记》卷五《钵逻耶伽国》，第 464 页。

⑤ 《慈恩传》卷五，第 112 页。

⑥ 《西域记》卷四《阇烂达罗国》，第 370~371 页。

臣服。

又据《慈恩传》，曲女城法会及钵逻耶伽大施过后，“法师以经像等附北印度王乌地多军，鞍乘渐进。后戒日王更附乌地王大象一头、金钱三千、银钱一万，供法师行费。别三日，王更与鸠摩罗王、跋吒王等各将轻骑数百复来送别，其慇勤如是。……自发钵罗耶伽国，西南大林野中，行七日，到憍赏弥国，城南劬师罗长者施佛园处，礼圣迹讫，复与乌地多王西北行。一月馀日，历数国，重礼天梯圣迹。……复西北行一月馀日，经数国，至阇兰达国，即北印度王都。复停一月。乌地王遣人引送。西行二十馀日，至僧诃补罗国。”①

由此可见，乌地多王作为曲女城十八王之一参加了曲女城法会，而且听命于戒日王。为了让乌地多王更好地完成护送玄奘的使命，戒日王还给了他一头大象，金钱三千，银钱一万。在诸王竞相布施赚取功德的情况下，乌地多王却需要戒日王提供物资和经费，这更证明乌地多王国小力薄，役属戒日王。

3.6.2 乌阇衍那国王

乌阇衍那国王很可能是曲女城十八王之一。

1654 年，摩杜苏丹（Madhusudan）的有觉（Bhāvabodhini）在注释《摩由罗百咏》时称：“吉祥喜［增］大王（Mahārāja Śrīharṣa）是摩腊婆国王，邬阇衍那国王的庇护者，诗人中的翘楚，名为《璎珞传》的宫廷喜剧的创作者。他的宫廷里，两个为首的大诗人是波那（Bāṇa）和摩由罗（Mayūra）。”② 其中不仅称戒日王是摩腊婆国王，还称他为邬阇衍那国王的庇护者。可见邬阇衍那国王曾依附于戒日王。

3.6.3 信度国王

信度国王也有可能是曲女城十八王之一。

据《西域记》，“（信度国）王，戌陀罗种也，性淳质，敬佛法。”③ 阿点婆翅罗国、臂多势罗国、阿黺荼国依附信度国。

据《戒日王传》中对戒日王功绩的赞颂和比喻：

---

① 《慈恩传》卷五，第 113~114 页。

② Joglekar（1913），《璎珞传》导论，第 xv 页；Kale（1928），《妙容传》导论，第 xxii 页。

③ 《西域记》卷一一《信度国》，第 928 页。

就像毗湿奴（Puruṣôttama）[①]搅拌大海（Sindhurāja）[②]，获得吉祥天女；人中魁首戒日王击溃信度国王，占有吉祥天女。[③]

可知，戒日王在620年前后曾击败信度国王。信度国王很可能在那之后就役属戒日王，但也不排除其称霸一方，不愿臣服的可能。

此外，磔迦国偏居印度一隅，占据旁遮普平原，[④]也可能是曲女城十八王之一。

§4　结论：直辖、役属与同盟

戒日王篡夺萨他泥湿伐罗国王位，攫取羯若鞠阇国王位，之后开疆扩土，南征北战。在玄奘造访之时，戒日帝国达到鼎盛，疆域最为广阔。

据《西域记》，五印度境共七十余国。[⑤]其中戒日王可以控制的，约三十余国。[⑥]这三十余国又依照戒日王控制权的强弱分为如下三个层次：

一为直辖国，即由戒日王直接管辖的国家。

二为役属国，即名义上拥有自己的国王，但经济、军事等方面役属于戒日王，尊戒日王为"盟主"。

三为同盟国，即拥有独立主权、军权和财政的国家，与戒日王形成相对平等的联盟关系。

略如下表：

---

① 双关，既是毗湿奴的称号，又意为人中最优秀者，指喜增（戒日王）。

② 双关，既指"诸河之王"，意为大海；又指信度国王。

③ 《戒日王传》第三章，Parab（1892），第100~101页；Kane（1986），第40页；Cowell（1897），第75~76页。

④ 《西域记》卷四《磔迦国》，第353页注释一，磔迦国东起毗播奢河（Vipāśā），西至印度河，北起喜马拉雅山麓，南至木尔坦（Multan）以下五河合流处为止的广大区域。

⑤ 《西域记》卷二《印度总述》，第164页，"五印度之境，周九万馀里，三垂大海，北背雪山。北广南狭，形如半月。画野区分，七十馀国。"

⑥ 《西域记》卷五《羯若鞠阇国》，第435页注释九，季羡林先生认为，戒日王统治的王国实际上没有超出今旁遮普东部、北方邦、比哈尔、孟加拉和奥里萨等地的范围。

大藩王	直辖国	役属国	同盟国（王）
戒日王	1. 萨他泥湿伐罗国 2. 窣禄勤那国 3. 羯若鞠阇国 4. 垩醯制呾罗国 5. 劫比他国 6. 钵逻耶伽国 7. 羯朱嗢祇罗国 8. 摩揭陀国 9. 婆罗痆斯国 10. 室罗伐悉底国 11. 奔那伐弹那国 12. 伊烂拏钵伐多国 13. 憍赏弥国 14. 瞻波国 15. 乌荼国 16. 恭御陀国	曲女城十八国： 1. 阇烂达罗国（乌地多王） 2. 乌阇衍那国 3. 信度国 4. 磔迦国	1. 迦摩缕波国（鸠摩罗王） 2. 迦湿弥罗王 3. 伐腊毗国（常叡王） 4. 摩腊婆王

其中戒日王直接统治的区域，萨他泥湿伐罗国和羯若鞠阇国参见本书第三章《戒日王即位》；窣禄勤那国“土地所产，风气所宜，同萨他泥湿伐罗国”①；钵逻耶伽国为戒日王举行无遮大会施场的所在地②；羯朱嗢祇罗国筑有戒日王行宫③；垩醯制呾罗国有戒日王赠送给婆罗门的土地④；劫比他国为《默图本铜牌》中“胜利军营”的所在地，具有与戒日王家族相似的宗教信仰⑤；室罗伐悉底国（舍卫城）是戒日王皇

① 《西域记》卷四《窣禄勤那国》，第 392 页。

② 《西域记》卷五《钵逻耶伽国》，第 459~460 页注释一；第 463 页，“今戒日王者，聿修前绪，笃述惠施，五年积财，一旦倾舍。于其施场，多聚珍货。”

③ 《西域记》卷一〇《羯朱嗢祇罗国》，第 789 页，“自数百年王族绝嗣，役属邻国，所以城郭丘墟，多居村邑。故戒日王游东印度，于此筑宫，理诸国务。至则葺茅为宇，去则纵火焚烧。”第 790 页注释二，“役属邻国”季羡林先生注释为该国役属于戒日王治下的羯若鞠阇国。

④ 据《班斯凯拉铜牌》，戒日王赠送给婆罗门的土地在蛇盖城（ahi-c-chattrā-bhukti），很可能就是指玄奘所述的垩醯制呾罗国。

⑤ 《西域记》卷四《劫比他国》，第 416 页，“学小乘正部量法”和“同共遵事大自在天”与戒日王家族的宗教信仰相似。《默图本铜牌》中的“劫毕提迦”（Kapitthikā）应该就是指劫比他国。

家营帐所在地，也有戒日王赠送给婆罗门的土地①；摩揭陀国②、奔那伐弹那国③、乌荼国④、恭御陀国⑤等参见本书第四章《戒日王的战争》；婆罗痆斯国位于钵逻耶伽国和摩揭陀国之间；伊烂拏钵伐多国很可能被戒日王废了国君⑥；憍赏弥国⑦和瞻波国⑧参见本书第八章《戒日王的文学创作》第 3 节《戒日王宫廷喜剧与政治联姻》。

戒日王对于直辖国（萨他泥湿伐罗国、羯若鞠阇国等）处于绝对领导地位，这里没有其他的王；对于役属国（阇烂达罗国等曲女城十八国）处于比较绝对的领导地位；对于鸠摩罗王、常叡王等，则是占据一定优势的同盟地位；对于再往北的突厥属地，吐蕃属地，再往西的波剌斯 / 大食属地，南印度的摩诃剌侘国、案达罗国、达罗毗荼国以及非印度境的僧伽罗国，戒日王鞭长莫及，无法左右。

还应特别注意的是，戒日王六件铭文的出土地，恰好勾勒出了戒

① 据《戒日王传》第三章，Parab（1892），第 64 页；Cowell（1897），第 46 页，波那初见戒日王的皇家营帐就坐落在阿契罗伐替河（Aciravatī）畔，靠近室罗伐悉底国（舍卫城）；据《默图本铜牌》（630），戒日王将舍卫城（śrāvastī-bhukti）持瓶镇（kuṇḍadhānī-vaiṣayika）苏摩瓶村（somakuṇḍakā-grāma）的土地布施给两位婆罗门，证明戒日王曾统治这里。

② 玄奘访印之时，正是戒日帝国最强盛，疆域最辽阔的时期。戒日王已将摩揭陀国纳入治下。戒日王在摩揭陀国的一系列活动以及在那烂陀出土的戒日王铭文（《那烂陀泥印》），均证明戒日王的势力曾延伸到这里。

③ 据《圣文殊师利根本仪轨》第 53 品 *MMK* 53.712~715（Śāstrī，1920-1925）或 *MMK* 53.665（Vaidya，1964），戒日王在奔那伐弹那大战中击败设赏迦王。参见 Jayaswal（1988），第 50 页。

④ 《慈恩传》卷四，第 95 页，戒日王企图延请胜军论师为国师“封乌荼国八十大邑”；《慈恩传》卷四，第 98~99 页，戒日王在写给那烂陀寺戒贤法师的信中说：“弟子行次乌荼，见小乘师恃凭小见，製论诽谤大乘，词理切害，不近人情，仍欲张鳞，共师等一论。弟子知寺中大德并才慧有馀，学无不悉，辄以许之，谨令奉报。愿差大德四人，善自他宗兼内外者，赴乌荼国行从所。”从戒日王以乌荼国邑作为封赏，征讨恭御陀国途中取道乌荼国，又打算在乌荼国举行辩经大会来看，戒日王已占据乌荼国。

⑤ 据《慈恩传》卷四，第 98 页，“（戒日）王后自征恭御陀，行次乌荼国”；又据《慈恩传》卷五，第 105 页，“戒日王讨恭御陀还，闻法师在鸠摩罗处”，等。戒日王曾亲自讨伐恭御陀国，胜负未知，推测为戒日王胜利。

⑥ 《西域记》卷一〇《伊烂拏钵伐多国》，第 778 页，“近有邻王，废其国君。”参见《西域记》卷一〇《羯朱嗢祇罗国》，第 790 页注释二，季羡林先生注释羯朱嗢祇罗国的“邻国”为戒日王治下的羯若鞠阇国。伊烂拏钵伐多国的“邻王”也可能是戒日王。

⑦ 憍赏弥国在钵逻耶伽国附近，很可能是戒日王领地。又据《妙容传》，憍赏弥城为优填王国都，推测为戒日王领地。

⑧ 瞻波国在羯朱嗢祇罗国附近，很可能是戒日王领地。又据《妙容传》，瞻波国为优填王同盟国，推测为戒日王领地。

日王统治的中心地带：

《班斯凯拉铜牌》：Scharpé I 第 54 号。

《俱卢之野－瓦拉纳西铜牌》及《铜印》：Scharpé I 第 53 号。

《默图本铜牌》：Scharpé I 第 63 号。

《那烂陀泥印》：Scharpé I 第 72 号。

《索帕铜印》：Scharpé I 第 53 号。

据 Scharpé II 第 65 页图改绘《戒日王铭文出土分布图》如下：

戒日王铭文出土分布图

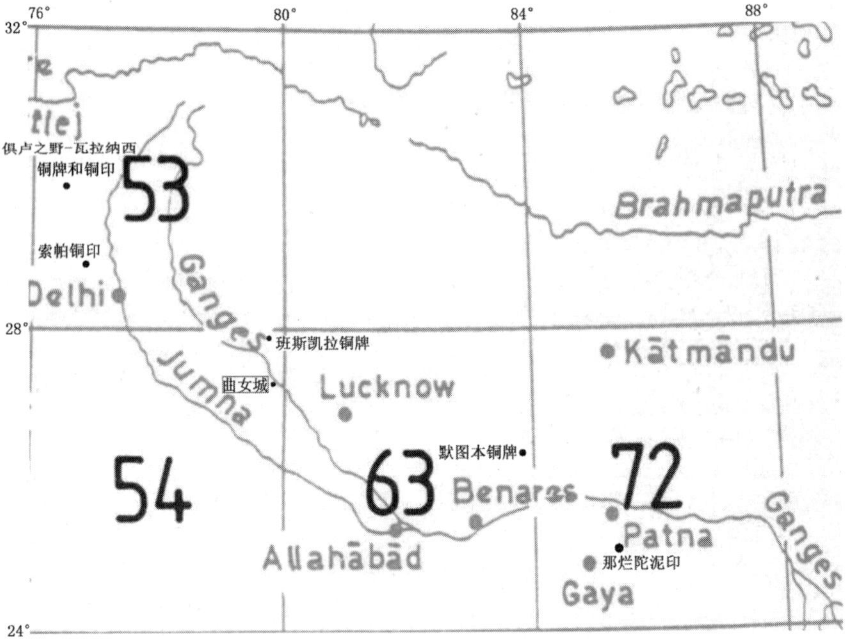

综上可知，戒日帝国的疆域从最初即位之时的萨他泥湿伐罗国和羯若鞠阇国，扩展到玄奘访印之时：西起信度国；西北至迦湿弥罗国；北以吐蕃为界；东北至尼波罗国以南的劫比罗伐窣堵、蓝摩国、拘尸那揭罗、吠舍釐、弗栗恃国一线；东至迦摩缕波国；东南至乌荼国；南至钵逻耶伽[①]；西南至伐腊毗、摩腊婆国（以文底耶山、取悦河为界）。简言之，就是以中印度、北印度为主体，以恒河和阎牟那河流域为统治核心，包括东、西印度的部分地区。

① 从钵逻耶伽至南憍萨罗之间的区域未知归属。

第六章

戒日王的王权信仰

关于戒日王的宗教信仰，前辈学者有如下三种观点：

第一，戒日王兼信印度教和佛教。例如：

温特尼茨（M. Winternitz，1972）认为戒日王同等地敬奉湿婆、太阳和佛陀，正如《龙喜记》所显示的，云乘的父亲云幢王信奉日天，湿婆的配偶高利女神指引着剧中人物的命运，而剧情来自佛教传说。[①]

摩诃詹（Y. D. Mahajan，1981）认为，戒日王鼓励宗教讨论，但不偏执某一宗教。他的这种态度很像阿克巴大帝。[②]

塔普利亚（K. K. Thaplyal，1985）认为戒日王首先为湿婆教派信徒，后皈依大乘佛教，但始终没有放弃印度教（湿婆）的信仰。[③]

段晴教授（1992）认为，戒日王早期信仰印度教，崇拜湿婆神，虽然敬佛，却不是佛教徒；戒日王在晚期（获得对摩揭陀的直接控制权之后）皈依了佛教，但仍兼信湿婆神。[④]

提婆胡蒂（D. Devahuti，1998）认为，从戒日王在各个场合对婆罗门和佛教徒的布施，以及《龙喜记》中反映的混合的宗教倾向可知，戒日王兼信印度教和佛教。[⑤]

第二，戒日王只信奉印度教，并未皈依佛教。例如：

考威尔（E. B. Cowell，1872）认为戒日王敬佛，但始终倾向于印

---

① Winternitz（1972），第 52 页及注释。

② 摩诃詹（Y. D. Mahajan），《印度古代史》（新德里，1981），第 304 页。转引自林承节《〈大唐西域记〉对印度历史学的贡献》，《南亚研究》1994 年第 4 期，第 2，4 页。

③ Thaplyal（1985），第 71~73 页。

④ 段晴：《戒日王的宗教信仰》，《南亚研究》1992 年第 1 期。

⑤ Devahuti（1998），第 180~181 页。

度教。[①]

S. R. 戈亚尔（Śrī Rāma Goyal，1986）认为，虽然戒日王被玄奘刻画为一个佛教徒的形象，但事实上，他一生都没有皈依佛教，而是一个湿婆教派（Śaiva）的信徒。[②]

第三，戒日王皈依佛教后摒弃了印度教。例如：

史密斯（V. A. Smith，1924）认为，戒日王早年的信仰在湿婆、日天和佛陀之间徘徊，然而在后期，戒日王受到玄奘的影响皈依了大乘佛教。[③]

温迪·多尼格（Wendy Doniger，2006）认为，戒日王很可能在后期皈依了佛教。[④]

三种观点争论的核心即戒日王是否皈依佛教。此处要特别指出的是，“印度教是一个宗教的集合体”。[⑤]在7世纪印度教徒心目中的佛教，与佛教徒心中的佛教概念并不相同。印度教徒倾向于把佛教看作印度教内部派生出来的思潮，并将佛陀视为印度教诸神之一；而佛教徒，特别是中国的佛教徒，包括玄奘在内，则认为佛教与印度教截然不同，并将印度教徒视为外道。本章以戒日王与佛教、与印度教的关系为切入点，探讨戒日王的宗教政策与王权信仰。

§1　戒日王与佛教

印度人观念中的印度教和佛教并非相互排斥，而是有很大程度的融合。这就给判断戒日王对佛教的态度带来了更大的难度。戒日王与佛教的关系可谓若即若离。既可以说戒日王敬佛是一种印度教多神崇拜的宗教实践；也可以说他在某种程度上认为佛教是自己的众多信仰

① Boyd（1872），《龙喜记》英译前言，第 x 页。

② Goyal, S. R., *Harsha and Buddhism*. Meerut(India): Kusumanjali Prakashan, 1986.

③ Smith（1924），第 359 页。

④ Doniger（2006），导论，第 17 页。

⑤ 邱永辉：《印度教概论》，社会科学文献出版社，2012，第 37 页；参见［加］W. C. 史密斯，《宗教的意义与终结》，董江阳译，中国人民大学出版社，2005，第 132 页。“印度教”的概念产生于 1829 年。本书所称之“印度教”，实为“印度本土宗教”之代称，包含更为丰富的内容。在现代学术背景之下，只能暂且使用“印度教”（或“泛印度教”）这一术语来描述 7 世纪印度的信仰状况。

之一。

1.1　戒日王早年对佛教的态度

戒日王从即位前后（605/606）直至波那撰写《戒日王传》之时（620），宗教倾向为湿婆崇拜等印度教信仰，并没有明显的敬佛举动。

据戒日王铭文（以《班斯凯拉铜牌》为例）：“最尊贵的王中之王吉祥王增（二世）……是最虔诚的佛教徒，犹如佛陀，唯一的爱染是他人的利益。”可知，戒日王的兄长王增（二世）是佛教徒。据《戒日王传》及《慈恩传》等，可知戒日王的妹妹王圣信奉佛教，皈依小乘正量部，后改尊大乘。那么，戒日王对这两位最亲近的佛教徒态度如何呢？戒日王很可能阴谋杀害了自己的兄长，篡夺了萨他泥湿伐罗国王位；为了顺利攫取羯若鞠阇国王位，戒日王阻止信奉佛教的妹妹出家，许下终未兑现的“出家誓言”。据波那记载，戒日王还曾邀请佛教大师日友（Divākaramitra）辅佐政事。且不说重返俗世的日友是否还担得起“佛教大师”的称谓，“辅佐政事”的目的本身就证明了此时的佛教是充当统治工具而非信仰对象；而且，作为已故国君摄铠王童年旧友的日友辅政，也增加了戒日王在羯若鞠阇国顺利即位的筹码。又据玄奘记载，戒日王曾在恒河岸边断食祈请观自在菩萨像。如果确有其事，这也是和平接收羯若鞠阇国的政治手段和迎合当地佛教信众的宗教手段（参见本书第三章《戒日王即位》第 2 节《若干天内四个人的离奇死亡》及第 4 节《羯若鞠阇国的即位》）。

此外，戒日王名下的《龙喜记》是一个宗教色彩浓厚的戏剧，且从内容和形式上看应为戒日王早期作品。按照温特尼茨的说法，《龙喜记》兼具湿婆、日天和佛陀信仰。笔者认为，《龙喜记》运用佛教与印度教共通的思维，产生了混淆视听的效果：其在表面上看或许是佛教戏剧；从深层次考虑则属于倾向湿婆崇拜（包括蛇崇拜）的印度教戏剧。最重要的是，对于观赏《龙喜记》的 7 世纪印度人来说，《龙喜记》是自由的戏剧。在佛教徒眼中，它是佛教戏剧；在印度教徒眼中，它是印度教（湿婆崇拜、蛇崇拜）的戏剧（参见本书第八章《戒日王的文学创作》第 1 节《三部梵剧著作权考》及第 4 节《〈龙喜记〉的宗教倾向》）。因而，以《龙喜记》作为戒日王皈依佛教的证据，无论在时间上还是在内容上都是有待商榷的。当然，这也从另一角度证实，在戒日王早年的宗教信仰之中就融入了佛教的元素，其与印度教传统的弥合几乎天衣无缝。

综上所述，戒日王从即位之初（605/606）至波那撰写《戒日王传》之时（620）对佛教的推崇颇有节制。戒日王所谓的“佛门”不过是另一个印度教四期中的“遁世期”，亦不过是完成了俗世任务之后的宗教消遣。佛教在戒日王统治初期是作为武力征服的辅助手段而存在。

1.2 戒日王晚年对佛教的态度

1.2.1 菩提树坑发誓——未有其事

《西域记》记载:“近设赏迦王者，信受外道，毁嫉佛法，坏僧伽蓝，伐菩提树，掘至泉水，不尽根柢，乃纵火焚烧，以甘蔗汁沃之，欲其焦烂，绝灭遗萌。数月后，摩揭陀国补剌拏伐摩王（满胄王），无忧王之末孙也，闻而叹曰:‘慧日已隐，唯余佛树，今复摧残，生灵何睹?’举身投地，哀感动物，以数千牛构乳而溉，经夜树生，其高丈余。恐后剪伐，周峙石垣，高二丈四尺。故今菩提树隐，于石壁上出二丈余。”①

《续高僧传》记载:“先有室商佉王（设赏迦王），威行海内，酷虐无道，刘残释种，拔菩提树，绝其根苗。选简名德三百余人留之，余者并充奴隶。戒日深知树于祸始也，与诸官属至菩提坑立大誓曰:‘若我有福，统临海内，必能崇建佛法，愿菩提树从地而生。’言已寻视，见菩提萌，坑中上踊。遂回兵马，往商佉所。威福力故，当即除灭。所以抱信诚笃倍发由来。还统五方，象兵八万。军威所及，并藉其力。”②

首先，设赏迦王砍伐菩提树，未必真有其事。这个在玄奘的叙述中毕生毁佛的设赏迦王，他统治的国家羯罗拏苏伐剌那国（金耳国）竟尚有伽蓝十余所，僧徒二千余人。③城边有赤泥寺④，流传着一个沙门

---

① 《西域记》卷八《摩揭陀国上》，第670~671页。

② 《续高僧传》卷四《玄奘传》，《大正藏》卷五〇，T2060号，第449页中栏至下栏。

③ 《西域记》卷一〇《羯罗拏苏伐剌那国》，第807页。据《慈恩传》记载是“僧徒三百余人”。

④ 《西域记》卷一〇《羯罗拏苏伐剌那国》，第810页注释，玄奘译作络多末知僧伽蓝，俗语Raktamaṭṭī，即梵语Raktamṛttikā，意为赤泥。

破斥外道，国王敬重这位沙门才德，建寺弘扬佛法的传说。[①]既然设赏迦王是羯罗拏苏伐剌那国王，他为什么不先破坏自己国家的伽蓝和僧众，却要到拘尸那揭罗国和摩揭陀国去破坏佛教遗迹呢？可见他或许并不像人们传说的那样毁佛。至于设赏迦王的结局，历史的真实很可能是戒日王终未杀死设赏迦王，以至设赏迦王得以“寿终正寝”[②]（参见本书第一章《导论》第3节《汉语史料》中的《口述者玄奘》及第四章《戒日王的战争》第2节《驱逐设赏迦》)。

其次，在菩提树坑的发愿者未必是戒日王。据玄奘记载，摩揭陀国满胄王恢复了菩提树的生机；据道宣记载，戒日王在菩提树坑发誓崇建佛法，菩提树复萌。最可能的情况是《续高僧传》将玄奘记载的摩揭陀满胄王菩提树坑发誓之事迹错加在了戒日王身上，因为戒日王遣使来华的时候正是以摩揭陀王自居，而道宣又误以为满胄王是“戒日之兄”[③]。

无论如何，玄奘在巡礼摩揭陀国圣迹、听到这个传说的时候，在他面前的是菩提树，而不是菩提树坑。传说毕竟是传说。菩提树可能从未被砍伐。即使真的有人在菩提树坑发誓并种下新树，依据传说的最初形态，这个人也不是戒日王而是满胄王。因此，不能以《续高僧传》中记载的孤证“菩提树坑发誓”作为戒日王在获得摩揭陀国控制权后皈依佛教的证据。

此外，戒日王对佛国摩揭陀的占领也无法证明戒日王自此皈依佛教，而只能证明他国力的膨胀带来了治下佛教徒人数的增长，这样也才会更容易理解戒日王在摩揭陀国封赏胜军论师[④]、兴建鍮石精舍[⑤]等用以安抚治下臣民的敬佛举动。

1.2.2　曲女城法会——弘法为国

曲女城法会本是一场佛法辩论会。据《慈恩传》，戒日王阅毕玄奘所著《制恶见论》之后说：“师论大好，弟子及此诸师并皆信伏，但恐

---

① 《西域记》卷一〇《羯罗拏苏伐剌那国》，第809~811页。

② 参见张远《印度设赏迦王生平考述——〈大唐西域记〉批判研究的一个实例》，《佛学研究》2014年第1期，第1~11页。

③ 《续高僧传》卷四《玄奘传》，《大正藏》卷五〇，T2060号，第451页，“戒日之兄满胄王”。

④ 《慈恩传》卷四，第95页。

⑤ 《西域记》卷九《摩揭陀国下》，第761页。

余国小乘外道尚守愚迷，望于曲女城为师作一会，命五印度沙门、婆罗门、外道等，示大乘微妙，绝其毁谤之心，显师盛德之高，摧其我慢之意。”是日发敕告诸国及义解之徒，集曲女城，观支那僧法师之论焉。[①] 这是戒日王对举办曲女城法会的初衷提供的官方解释。

这个官方解释掩盖了戒日王举办曲女城法会的另外两个更为重要的目的。

第一，在民众中推广佛教信仰。

戒日王在邀请佛教大师日友辅佐政事的时候，就已经决定利用佛教辅助自己的统治。就像秦始皇的“焚书坑儒”和汉武帝的“独尊儒术”一样，戒日王也需要确立自己的统治政策及宗教政策。或许在戒日王内心尊崇的是尚武的“湿婆信仰”，但是他希望他的民众信奉温和的佛教。因而戒日王做出敬奉佛法的姿态，以佛教的“不争”掩盖自己的“好战”。

参加曲女城法会的“十八国王”、“大小乘僧三千馀人”、“婆罗门及尼乾外道二千馀人”、“那烂陀寺千馀僧”，几乎是戒日王治下全部信众的精英。得以进入主会场的，更是精英中的精英：“王共法师等以次供养。然后命十八国王入；诸国僧名称最高、文义赡博者，使千馀人入；婆罗门、外道有名行者，五百馀人入；诸国大臣等二百馀人入。”[②] 戒日王召集这场佛教法会，并非宣布自己的信仰，而是将敕令臣民的信仰昭告天下。

第二，在诸王中树立自己威望。

曲女城法会表面看来是为了宣扬佛法，然而这在事实上却是次要的目的。玄奘著《制恶见论》后，已经声名远扬。原本准备跟玄奘辩论的上座部高僧提婆犀那，“自云解冠群英，学该众哲，首兴异见，常毁大乘。及闻客大德来，即往吠舍厘礼观圣迹，讬以逃潜”。曲女城法会“竟十八日无人发论”。[③] 也就是说，玄奘的见解牢不可破，一个辩敌望风而逃，其余异见哑口无言。在这种实力绝对悬殊的情况下，事实上是没有举行辩经大会的必要的。十八日无人发问的法会，与其说是

① 《慈恩传》卷五，第 106~107 页。

② 《慈恩传》卷五，第 107~108 页。

③ 《慈恩传》卷五，第 107~109 页。

胜利，倒不如说是一个尴尬的局面。所以，如果为弘佛法，最为有效的方法是请人誊写玄奘的《制恶见论》，发放到诸寺院，而不是举办无人发问的辩经法会。这更表明戒日王举办法会的目的非为弘法，而是为自己扬名立万。

曲女城法会上的“宝台失火”，实为一场戒日王自导自演的幻戏，以“诸王睹异，重增祗惧”①为结局；戏中戏的“徒手捉凶”、“不怒不杀”，则显示了戒日王的英勇、慈悲。②正如《妙容传》中优填王对文底耶幢王的赞美：“文底耶幢王是条汉子。实话讲，他的死让你我蒙羞。”③来自敌人的赞美显得尤为真挚和难得。刺客对戒日王的盛赞：“大王德泽无私，中外荷负”④更体现出戒日王使敌人望风屈服的威严。因而，曲女城法会在树立了论主玄奘法师威望的同时，更使得戒日王因举办这样大规模的法会而获得了空前的声誉，其间的两个插曲更是将他的美名推向极致。（参见本书第八章《戒日王的文学创作》第 2 节《三部梵剧的“套式结构”》）这才是戒日王举办曲女城法会的真实目的。

从另一角度来讲，在如此肃穆庄严的佛教法会上，却自导自演了两出“闹剧”，可见戒日王真正关心的并非佛法，而是自己的威望和王权。

1.2.3　钵逻耶伽大施——无遮布施

戒日王在钵逻耶伽国“五岁一设无遮大会，倾竭府库，惠施群有”。⑤“无遮”，即无遮止、无限制之意。无遮大会或无遮会，来自梵语 pañca-pariṣad，直译为“五年大会”，指“圣贤道俗贵贱上下无遮，平等行财法二施之法会也”。⑥在玄奘亲历的七十五日无遮大会上：“初一日，于施场草殿内安佛像，布施上宝上衣及美馔，作乐散华，至日晚归营。第二日，安日天像，施宝及衣半于初日。第三日，安自在天像，施如日天。”然后第四日施舍僧众；第五日开始施舍婆罗门，施舍

---

① 《西域记》卷五《羯若鞠阇国》，第 442 页。

② 参见张远《曲女城法会中的宝台失火与幻戏》，《文史知识》2014 年第 9 期，第 114~119 页。

③ 《妙容传》第一幕；Kale, M. R., *Priyadarśikā of Śrīharṣadeva, Edited with an Exhaustive Introduction, a Short Sanskrit Commentary, Various Readings, a Literal English Translation, Copious Notes and Useful Appendices*. Delhi(India): Motilal Banarsidass, 1999.

④ 《西域记》卷五《羯若鞠阇国》，第 443 页。

⑤ 《西域记》卷五《羯若鞠阇国》，第 429 页。

⑥ 丁福保编《佛学大辞典》，“无遮会”条。

二十余日；然后施舍外道十四日；施舍“远方求者”十日，施舍“诸贫穷孤独者”一月。把府库里的财物施舍一空后，戒日王跟随妹妹王圣穿着破旧的衣服，礼敬十方诸佛，十分欢喜。[①]

首先，佛陀不是无遮大会唯一供养的神，甚至很可能不是首要供养的神。玄奘所载无遮大会前三日供养佛陀、日天和自在天的顺序是值得怀疑的。谈及佛教和印度教的时候，玄奘的顺序永远是先佛教后印度教。然而从戒日王铭文来看，他标榜的信仰是大自在天（湿婆）。如果在戒日王心中要给印度教诸神排序，那么大自在天（湿婆）一定排在日天（太阳神）之前。然而在玄奘的叙述里，日天先于大自在天。可见佛陀居首的情况也不一定可靠。

其次，佛教仪式不是无遮大会的全部内容。既有“安日天”和“安自在天”的程序，无遮大会就毫无疑问地包含了敬拜日天和敬拜自在天的印度教仪式，虽然在玄奘的记述中主要描述其中的佛教内容。

再次，佛教徒不是唯一的布施对象。无遮大会的定义就已经表明布施的对象包括“圣贤道俗贵贱”。戒日王的布施面向所有教派信徒和各色人等。玄奘记载的另一自相矛盾之处是无遮大会上对于日天和自在天的供养只有供养佛陀的一半，然而施舍僧众仅一日，施舍外道用了十四日，施舍婆罗门达二十余日。

在这些虚实混杂的叙述中，我们至少可以知道，戒日王的无遮大会包含各类宗教仪式，佛教仪式至多占三分之一；戒日王布施的对象是各类人，不局限于僧众。在这种情况下，很难将戒日王的布施理解为倾向于佛教的布施。

在五年大施之外，玄奘多次提及戒日王乐善好施，救济穷人：“施诸羁贫，周给不殆。”[②]也曾特别强调戒日王对僧众的布施，例如：“岁一集会诸国沙门，于三七日中，以四事供养。”[③]以及曲女城法会“以诸珍宝、憍奢耶衣数十百千，而为供养”；“散会后，王以所铸金像、衣钱等付嘱伽蓝，令僧守护。”[④]

---

① 《慈恩传》卷五，第111~112页。

② 《西域记》卷五《羯若鞠阇国》，第429页。

③ 《西域记》卷五《羯若鞠阇国》，第429页。

④ 《慈恩传》卷五，第111页。

值得注意的是，戒日王从未以僧众作为唯一的布施对象。夏安居的时候，戒日王“每于行宫日修珍馔，饭诸异学，僧众一千，婆罗门五百。”[①] 在曲女城法会上也是“从初一日以珍味馔诸沙门、婆罗门。”[②] 同样有趣的是，《续高僧传》卷四所载戒日王“素不血食。化境有羊，皆赎施僧。用供乳酪。”[③]“赎羊施僧”很可能隐含着“赎牛施婆罗门”的前提。牛是印度教的圣物，也是布施婆罗门的首选。如果在布施婆罗门的同时布施僧侣及其他人，就只能选择羊等其他牲畜。

与对待僧众的态度不同，戒日王常常在一些场合以婆罗门为唯一的布施对象。例如《戒日王传》中，得知光增王染上急性热病后（605/606），戒日王立刻漱口，将身边的钱财全部布施给婆罗门，然后骑马赶向都城[④]；光增王死后，戒日王又将光增王生前的用品悉数布施给婆罗门[⑤]；戒日王征服世界途中，接受了婆罗门献上的刻有公牛的金印，然后赏赐给婆罗门一百个村庄，包括一千亩土地。[⑥] 又例，所有戒日王铭文的布施对象都是婆罗门。《班斯凯拉铜牌》（627）和《默图本铜牌》（630）是布施给两个婆罗门。《俱卢之野 – 瓦拉纳西铜牌》（628）是布施给一个婆罗门。（参见附录一《戒日王铭文及汉译》）

由此可见，戒日王的布施对象是所有人，包括婆罗门、佛教徒、其他教派信徒及各色人等；以婆罗门居多。

此外，据《慈恩传》：“满胄崩后，戒日王又请（胜军论师）为师，封乌荼国八十大邑，论师亦辞不受。王再三固请，亦皆固辞，谓王曰：‘胜军闻受人之禄，忧人之事。今方救生死萦缠之急，岂有暇而知王务哉？’言罢揖而出，王不能留。”[⑦] 胜军论师拒绝接受戒日王封赏及延请，首先表现出他的信仰和气节——与日友大师不同，胜军论师不愿沦为戒日王的宫廷僧人辅佐政事；其次，至少在真正的佛教信众眼中，敬佛的戒日王“非我族类”，属于“外道”。这也从一个侧面表明戒日

① 《西域记》卷五《羯若鞠阇国》，第 430 页。
② 《西域记》卷五《羯若鞠阇国》，第 441 页。
③ 《续高僧传》卷四《玄奘传》，《大正藏》卷五〇，T2060 号，第 449 页下栏。
④ 《戒日王传》第五章，Parab（1892），第 168 页；Cowell（1897），第 134 页。
⑤ 《戒日王传》第六章，Parab（1892），第 195 页；Cowell（1897），第 164 页。
⑥ 《戒日王传》第七章，Parab（1892），第 227~228 页；Cowell（1897），第 198~199 页。
⑦ 《慈恩传》卷四，第 95 页。

王并未皈依佛教。

1.2.4　素食与戒杀

布施并非佛教特有。任何宗教都有针对信众（及穷人）的布施。同样，素食在印度也非常普遍，并不限于佛教。《妙容传》第二幕称仙赐王后苦行，优填王暂时失去了王后的陪伴。吃斋和禁欲是苦行的主要内容。

戒日王的“戒杀”，并非真的禁绝杀生，而是针对“素食”而言。戒日王“令五印度不得啖肉，若断生命，有诛无赦。”[①] 换言之，就是禁止以吃为目的的杀生；战场上的杀生则不在此列。从戒日王“倾竭府库”的布施“唯留兵器，不充檀舍”[②] 亦可知晓，戒日王为自己保留了在战场上杀戮的权力。

这不禁让人联想到《龙喜记》中云乘劝金翅鸟戒杀生的偈颂，同样产生了与“若断生命，有诛无赦”相类似的效果：

> 请你永远弃绝杀生！请你忏悔之前所为！
> 努力积累功德海！将一切众生引向无畏！
> 因为杀生产生的罪恶不再继续，便不会
> 成熟结果，仿佛在深湖中央投落盐粒一颗。（5.25）[③]

将“杀生产生的罪恶”（prāṇi-hiṃsā-samuttham-enaḥ）比喻为“盐粒”（lavaṇa-palam）；将罪恶的“下沉”（magnam）比喻为盐粒的“丢落”（kṣiptam）。于是，正如盐粒丢落在深湖之中逐渐溶解消失，停止恶行之后的罪恶也不会结出成熟的果实。后半句中“深不可测的湖水”（antar-hradasya durgādhe vāripūre），又与前半句中的“功德海”（puṇya-pravāham）相呼应，即，正如盐粒落入深湖之中无影无踪，很小的罪恶融入很大的功德海中也会显得微不足道。整个比喻巧妙连贯，融为一体。

---

① 《西域记》卷五《羯若鞠阇国》，第 429 页。

② 《西域记》卷五《羯若鞠阇国》，第 429 页。

③ 《龙喜记》第五幕，Harṣavardhana, auth., *Śrī harṣadevapraṇītam Nāgānandam-nāṭakam*. Delhi(India): Munshiram Manohar Lal, 1958；此颂吴晓玲译本有误。

这个劝戒杀生偈的逻辑是，少量的杀生，只要以更多的善行作为弥补，就像是几粒盐丢进一大池水中一样，不会产生影响。金翅鸟一天杀一条蛇，杀到蛇骨堆积如山，而这里竟然把他杀生的罪恶比喻为掉入深湖中的盐粒，颇有“放下屠刀立地成佛”之感。可见戒日王对于杀生的弃绝程度其实并不坚决。

1.2.5　一以贯之的武力

戒日王曾在一些与佛教相关的事务上多次使用武力。这与他“唯留兵器，不充檀舍”的做法相一致。戒日王并不会因为“敬佛”而放弃武力。

为与鸠摩罗王争夺大德玄奘，戒日王几乎与鸠摩罗王兵戎相向。[①]（参见本书第五章《戒日帝国及疆域》第3节《戒日王与印度境内诸国的关系》中的《迦摩缕波国鸠摩罗王》）

为占有佛牙，戒日王恃强力掠夺：“近，戒日王闻迦湿弥罗有佛牙，亲至界首，请看礼拜。诸众吝惜，不听将出，乃别藏之。但其王（迦湿弥罗王）惧戒日之威，处处掘觅，得已将呈，戒日见之，深生敬重，倚恃强力，遂夺归供养，即此牙也。”[②]起首一个“近”字，表明这件事很可能就在玄奘面见戒日王之前不久发生，其间多处提及戒日王凭借武力：“其王惧戒日之威”、“（戒日王）倚恃强力”、“夺归供养”。从细节上看，迦湿弥罗国僧众并未将戒日王视作佛教徒，而戒日王的行为也与佛教徒大相径庭。

戒日王崇尚武力，占有欲极强，且性格急躁。他的占有，是刻不容缓的占有，无论是对于玄奘法师、佛牙，还是印度别国的土地。在玄奘面见戒日王之前，戒日王正在羯朱嗢祇罗国巡查，因为他刚刚“讨恭御陀还”。[③]戒日王的“垂三十年”，不是“兵戈不起”，而是“南征北战，枕戈待旦”。（参见本书第四章《戒日王的战争》第1节《“垂三十年，兵戈不起”的神话》）用正义和非正义概括戒日王的战争或许过于笼统，然而戒日王发动的战争早已不是“替兄报仇”的自卫反击战，而是开疆拓土的侵略战争，就像《妙容传》中优填王对文底耶幢王的袭击一样。

---

① 《西域记》卷五《羯若鞠阇国》，第436页；《慈恩传》卷五，第105页。

② 《慈恩传》卷五，第110页。

③ 《慈恩传》卷五，第105页。

佛教思想的影响会产生对战争和杀戮的抵触情绪。正如尚卡尔·戈亚尔（Shankar Goyal）所述，笈多王朝分崩离析的原因是奥利伽罗人（Aulīkara）、匈奴人和佛教思潮的入侵[①]——国王因不愿让百姓遭受战火之苦而放下武器，或宽恕自己的敌人，从而消解了王国的战斗力。据《西域记》，磔迦国大族王（Mihirakula）毁佛。摩揭陀国幼日王（Bālāditya）敬佛。大族王起兵讨伐幼日王，幼日王不忍令生灵涂炭，逃至海岛固守。大族王将王国托付给弟弟，自己渡海讨伐，却被幼日王据险生擒。幼日王母对大族王宣说佛法因缘，又对幼日王讲宽恕，劝幼日王放大族王生还。幼日王怜悯大族王，赏赐他一个年轻女子为妻，对他以礼相待，还派兵护送他归国。大族王回国后，王位被弟弟夺取，大族王投靠迦湿弥罗王。迦湿弥罗王对他深加礼遇，赠地封城。大族王却杀害迦湿弥罗王自立，并讨伐犍陀罗国，杀害了犍陀罗王。[②]佛教和带有非暴力性质的毗湿奴信仰在笈多王朝后期被证明难以生存，所以宣扬以武力征服世界的湿婆信仰在王公贵族间盛行。绝大多数的穆克里（Maukhari）、奥利伽罗（Aulīkara）、匈奴、高达族（Gauḍa）和迦摩缕波国（Kāmarūpa）统治者都是湿婆的信徒。[③]从这一角度，戒日王也会更倾向于选择湿婆崇拜而非佛教，因为信仰大神湿婆与他武力征服世界的理想最为契合。

1.3 小结

波那的《戒日王传》代表了戒日王统治前期的情形，而玄奘的记载涵盖了戒日王统治后期的状况。我们可以得出如下结论：

第一，在戒日王统治初期即包含着两个对待佛教的“原罪”——涉嫌谋害一个佛教徒（兄长王增）和阻止另一个佛教徒（妹妹王圣）加入僧团。

第二，《龙喜记》具有杂糅的宗教倾向，本质上属于包含佛教元素的印度教戏剧，不能作为戒日王皈依佛教的依据。

第三，在戒日王统治后期，戒日王并未在菩提树坑发誓，对佛国

---

① Shankar Goyal（2006），第 88~89 页。

② 《西域记》卷四《磔迦国》，第 355~363 页。

③ Shankar Goyal（2006），第 90~91 页。

摩揭陀的占领也无法证明戒日王自此皈依佛教。

第四，戒日王举办曲女城法会的真实目的是在民众中推广佛教信仰和在诸王中树立自己威望。

第五，钵逻耶伽大施包含各类宗教仪式，佛陀不是唯一供养的神，佛教徒不是唯一的布施对象。戒日王布施“圣贤道俗贵贱”，包括各个教派信徒和各色人等，以婆罗门居多。

第六，戒日王的“戒杀”是针对“素食”而言，而非禁绝杀生。素食亦非佛教特有。

第七，戒日王武力征服世界的理想与反战的佛教思想大相径庭。

戒日王对待佛教的态度，是印度式的包容和采纳。没有关于戒日王皈依佛教的记载。在波那的《戒日王传》中，当戒日王对日友说：“你的建议使人冷静，你的佛法使人摆脱世俗的情感”，我们有理由认为，戒日王的确选择了佛教——作为统治工具。之后戒日王的所作所为都是围绕着对佛教善加利用的理念。那个关于释迦牟尼的预言——“大牟尼”或“转轮王”——是二选一的关系，这也代表了佛教徒心目中佛教与印度教的对立。而戒日王似乎是希望自己同时拥有这两个头衔。这也从一个侧面表明，他本质上依然是个印度教信徒，不过是将佛教纳入了这个无所不包的印度教系统。

§2　戒日王与印度教诸神

2.1　作为官方信仰的“湿婆崇拜”

戒日王留下的官方文献表明湿婆崇拜是戒日王的官方信仰。出土的六件戒日王铭文均宣称戒日王“一心侍奉大自在天（湿婆）”（parama-māheśvara）、“如大自在天一般同情一切众生”。戒日王钱币上印有湿婆（Śiva）和公牛南丁（Nandin）的标志。[①]《俱卢之野 - 瓦拉

---

① Cunningham（1894），第36~37、46页；Devahuti（1998），第272~279页，戒日王金币彩图；Shankar Goyal（2006），第58~59页。戒日王留下的唯一一枚金币上的图案为湿婆骑公牛南丁。

纳西铜印》、《索帕铜印》和《那烂陀泥印》上均印有公牛南丁。[①]

此外，据《戒日王传》，戒日王出征前举行了敬拜湿婆（Nīlalohita，湿婆称号）的祭祀仪式；婆罗门献给戒日王的金印上印有公牛的图案；戒日王向鸠摩罗王的使者称赞鸠摩罗王时说：“除了湿婆大神，他还需要向谁臣服？”[②]《龙喜记》中摩罗耶公主供奉高利女神（湿婆的妻子），螺髻敬拜牛耳天（Gokarṇa，湿婆称号）。《妙容传》和《璎珞传》的颂诗均劝请湿婆。

段晴教授对于萨他泥湿伐罗城中湿婆神的地位及戒日王对湿婆神的崇拜有详细论述。此处不再赘述。[③]

湿婆崇拜作为印度教三大主神崇拜的延伸，包括崇拜与湿婆相关的一切：湿婆本人，湿婆的坐骑和侍从、白公牛南丁（Nandin），湿婆的装饰——蛇王婆苏吉（Vāsuki），以及湿婆的妻子。对于湿婆妻子各种形态（Satī，Pārvatī，Gaurī，Durgā 等）的崇拜，几乎演变成为一个独立的信仰。而蛇王婆苏吉率领的蛇族也得以分享湿婆的威严和信众。在南印度的一些湿婆神庙中，湿婆的林伽由两条蛇护佑，与湿婆一起接受人们的敬拜。[④]直到现在还有人膜拜蛇王婆苏吉。他们认为将柱子建在婆苏吉的蛇头上可以确保王国不被颠覆。[⑤]蛇王婆苏吉的妹妹摩娜萨（Manasā）是蛇族的女神，也受到人们的敬拜。[⑥]

2.2 作为图腾信仰的“蛇崇拜”

蛇崇拜作为原始图腾崇拜，在吠陀文献中就有体现，其产生远远

① Devahuti（1998），《索帕铜印》、《那烂陀泥印》彩图；Shankar Goyal（2006），第 64~65 页插图，《俱卢之野–瓦拉纳西铜印》。

② 《戒日王传》第七章，Parab（1892），第 226~228、248 页；Cowell（1897），第 197~199、219 页。

③ Law（1976），第 129 页，萨他泥湿伐罗城（国）的名称为 Sthāneśvara（或 Sthāṇvīśvara）=sthāna（sthānu）+īśvara。参见段晴《戒日王的宗教信仰》，《南亚研究》1992 年第 1 期。段晴教授特别指出文学作品及铜印中的牛的形象在湿婆信仰中的重要地位。

④ Sinha, Binod Chandra, *Serpent Worship in Ancient India*. Cornwall (Ontario, Canada): Vesta Publications LTD., 1980，第 41 页。

⑤ Sinha（1980），第 45~46 页。

⑥ Bhattacharyya, Asutosh, *The Sun and the Serpent Lore of Bengal*. Calcutta (India): Firma KLM Private Limited, 1977，第 245 页；Rao, Shanta Rameshwar, *In Worship of Shiva*. Bashir Bagh (Hyderabad, India): Sangam Books, 1986，第 137 页。

早于印度教和湿婆崇拜。[①] 蛇崇拜与太阳崇拜紧密相连，因为带蛇冠的蛇[②] 是太阳世系的图腾。

《龙喜记》中的螺髻正是属于有蛇冠的蛇族。螺髻向金翅鸟历数云乘所不具有的蛇族标记：

> 吉祥万字显露胸前！身上没有蛇的鳞片！他说着话，
> 舌头上明显没有我的分叉，你却不计算！这三节蛇冠，
> 萦绕了猛烈的蛇毒之火腾起的烟，侵蚀了宝石的光彩，
> 忧愁难耐的叹息将它们鼓起，难道你也看不见？（5.18）[③]

随着印度教的发展，蛇崇拜融入了新印度教的范畴。搅乳海的时候，蛇王歇舍（Śeṣa）拔起曼陀罗山作为搅棒，蛇王婆苏吉（Vāsuki）是搅绳。[④] 蛇王歇舍通过苦行取悦大神梵天，梵天恩赐他支撑大地。[⑤] 毗湿奴在蛇王歇舍的怀抱中冥想。毗湿奴出现的地方，蛇王歇舍无处不在，因而与毗湿奴崇拜紧密相连。蛇王婆苏吉则是与湿婆联系在一起。婆苏吉是歇舍的弟弟，地位仅次于歇舍。由于歇舍承担了承载大地和毗湿奴的任务，婆苏吉是蛇族实际的统治者。[⑥] 湿婆手中握着（或是头顶，或是身披，或是环绕脖颈）的，就是蛇王婆苏吉。如果说戒日王的兄长王增（二世）如同蛇王歇舍，承载大地和毗湿奴，是名义上（具有合法性）的君王；那么戒日王就好像歇舍的弟弟蛇王婆苏吉，是拥有实际权力的统治者。

《龙喜记》（《蛇喜》）中具有明显的“蛇崇拜”倾向。（参见本书第八章《戒日王的文学创作》第 4 节《〈龙喜记〉的宗教倾向》）《戒日王传》中也有多处把戒日王与蛇或蛇王相连的比喻。例如对戒日王的肖

---

① Oldham, C. F., *The Sun and the Serpent: A Contribution to the History of Serpent-Worship*. New Delhi/Madras (India): Asian Educational Services, 1905，第 7 页。

② 蛇冠，即蛇的上身直立时鼓起的部分，英文为 serpent hood，梵文中又称蛇翼。带蛇冠的蛇，通常指眼镜蛇。

③ 《龙喜记》第五幕，Harṣavardhana, auth., *Śrī harṣadevapraṇītam Nāgānandam-nāṭakam*. Delhi(India): Munshiram Manohar Lal, 1958；参见吴晓玲译本，第 77 页。

④ 黄宝生等译《摩诃婆罗多》第一卷《阿斯谛迦篇》（2005），第 59 页。

⑤ 黄宝生等译《摩诃婆罗多》第一卷《阿斯谛迦篇》（2005），第 89~90 页。

⑥ Sinha（1980），第 45 页。

像描写："他（喜增）的双腿如同红宝石的柱子，支撑着他心中托起的大地的重量，如同两棵栴檀树，树根闪耀着蛇冠明珠的光芒。"[①] 用蛇王婆苏吉比喻戒日王的下衣："他熠熠生辉，如同搅乳海时的曼陀罗山上缠了蛇王婆苏吉的身体，下身是发光的丝线，在洁净的水中清洗，紧紧贴在胯部，被腰带上的明珠装饰，雪白如甘露的泡沫。"[②] 用蛇王歇舍比喻戒日王的项链："他的颈项戴了珍珠项链如同蛇王歇舍，已然把整个大地放在强壮的肩头，却如释重负地沉沉睡去。"[③] 用蛇王比喻戒日王的手臂："大地被我们君王的手臂保护，摇撼整个世界，长如蛇王的身体。"[④]

《戒日王传》中关于"蛇崇拜"的最重要的例证是戒日王的祖先、普西亚布蒂王朝（Puṣyabhūti 或 Puṣpabhūti）的开创者花有王（Puṣyabhūti 或 Puṣpabhūti）和吉祥颈蛇（Śrīkaṇṭha）的传说。[⑤]

吉祥颈国（Śrīkaṇṭha）中有一个城，叫萨他泥湿伐罗城（Sthāṇeśvara 或 Sthāṇvīśvara）。城中崛起了一个国王，叫花有王。花有王天生笃信湿婆，认为三界别无他神。[⑥] 一天，一位道行深厚、笃信湿婆的苦行者恐怖行者（Bhairavācārya）准备在墓地举行一个强大的名为大时心（Mahākālahṛdaya）的祭祀仪式，为了除妖，并请求国王的协助。恐怖行者的三个徒弟分别镇守祭场三方，国王手持名为大笑（Aṭṭahāsa）的宝剑镇守第四方。祭祀仪式开始。恐怖行者在白灰画成的圆环中央，坐在一具尸体的胸膛上，尸体仰卧，涂了红色的栴檀，穿戴红色花环，红色衣服，红色装饰。而恐怖行者，裹着黑头巾，涂黑色油膏，戴着黑色的护身符，穿黑衣。恐怖行者在尸体的嘴里开始火祭仪式。他向祭火中投入黑色的胡麻籽。妖怪在顽抗。这时，大地突然开裂。从大地的裂缝中跳出一个青莲般漆黑的魔鬼，肩膀宽阔如野猪。魔鬼说："你们这些持明啊！没给我进贡，还妄想成功？我是吉祥颈蛇，这里的守护神，这个国家就是以我的名字命名，你们竟没听说过我？"恐怖行

① 《戒日王传》第二章，Parab（1892），第 80 页；Cowell（1897），第 59 页。
② 《戒日王传》第二章，Parab（1892），第 80 页；Cowell（1897），第 59 页。
③ 《戒日王传》第二章，Parab（1892），第 81 页；Cowell（1897），第 60 页。
④ 《戒日王传》第三章，Parab（1892），第 94 页；Cowell（1897），第 72 页。
⑤ 《戒日王传》第三章，Parab（1892），第 104~130 页；Cowell（1897），第 79~99 页。
⑥ 《戒日王传》第三章，Parab（1892），第 104~110 页；Cowell（1897），第 79~84 页。

者的三个徒弟企图与吉祥颈蛇搏斗，却被击落了兵器。花有王手握大笑宝剑，准备与蛇搏斗。吉祥颈蛇不肯使用兵器。花有王也丢掉宝剑，赤手空拳战胜了吉祥颈蛇。[①]

然后，吉祥天女在宝剑中心出现，预言道："由于这个极其慷慨（英勇）的举动，由于对尊贵湿婆大神的殊胜膜拜，您（花有王）仿佛是大地上的第三日月（除了太阳和月亮之外的第三个发光星球），将创造绵延不绝的伟大王族，充满纯洁、吉祥、真诚、慷慨（自由）、坚定、热情的精英，繁荣日日增长。其中会出现一位名为喜［增］（Harṣa）的转轮王，他是一切洲渚的统治者，如同诃利月（Hariścandra）[②]；渴望征服三界，如同第二个曼陀特哩（Māndhātṛ）[③]，为了他，我的手将自动抛弃莲花，拿起拂尘。"说完，她消失不见。[④]吉祥颈蛇对花有王表示臣服，许诺随时听候差遣，然后回到大地的裂纹下，仿佛支撑起吉祥颈国的大地，并继续守护吉祥颈国和萨他泥湿伐罗城。

依据这个传说，吉祥颈蛇在地下守护着吉祥颈国和萨他泥湿伐罗城的长治久安。花有王征服了吉祥颈蛇，开创了普西亚布蒂王朝，延续至戒日王。

国王与蛇族的关系，犹如君臣。在蛇族守护大地之时，国王也保护蛇族不受伤害。就像在《班斯凯拉铜牌》中，戒日王赠送给婆罗门的土地位于蛇盖城（ahi-c-chattrā-bhukti）[⑤]。梵文 chattra，既指伞，引申为保护；又指君王的华盖。整个复合词可以解为"以蛇为伞（保护）"，也可解为"以蛇为华盖"。吉祥颈蛇等蛇族维持大地的稳定，保护国家政权不被颠覆，如同擎起蛇冠作为君王的华盖。这大概就是戒日王"蛇崇拜"情结的直接原因。"蛇崇拜"正是戒日王王权信仰的另一种表现。

---

① 《戒日王传》第三章，Parab（1892），第 119~125 页；Cowell（1897），第 90~95 页。

② 据 Kane（1986），第 367 页注释，诃利月是整个大地（除 Kāśī 地区之外）的统治者。Kāśī 地区在湿婆的管辖之下。

③ 据 Kane（1986），第 368 页注释，曼陀特哩在征服大地之后，还渴望征服天国。

④ 《戒日王传》第三章，Parab（1892），第 127 页；Kane（1918），第 53~54 页；Kane（1986），第 53~54 页；Cowell（1897），第 97 页。

⑤ 《西域记》卷四《垩醯制呾罗国》，第 412~413 页注释一，戒日王铭文中的蛇盖城很可能就是指玄奘所述的垩醯制呾罗国。

2.3 作为家族信仰的“太阳崇拜”

太阳崇拜是戒日王的家族信仰。出土的六件戒日王铭文均宣称，戒日王的曾祖父王增（一世）、祖父日增、父亲光增“无比崇拜太阳”（paramâditya-bhakta），还将光增王本人比喻为太阳：“[光增]美名跨越四海，用威严和慈爱折服其他首领，确立种姓制度和社会秩序进行转轮统治（pravṛtta-cakkra），如同唯一的统治者，为臣民们去除痛苦（prajānām=ārtti-haraḥ），如同太阳（eka-cakkra-ratha）①”。（参见附录一《戒日王铭文及汉译》）《戒日王传》中也称光增王崇拜太阳，并描绘了光增王向太阳祷告的求子仪式：日出的时候沐浴，穿白丝绸的衣服，头上裹着白布，在涂抹了一圈栴檀的地面上朝东方跪下，献上一束红莲，用红宝石镶嵌的金色容器盛着。在清晨、正午和黄昏，他虔诚地念诵求子的祷词，并且颂扬太阳。可见太阳崇拜在戒日王家族非常盛行。戒日王兄妹正是光增王求子祷告的产物；并且在美誉王后的梦兆中，王增和喜增产生自太阳的轮盘，如同日光一般降临大地，仿佛太阳的分身；而后光增王赞美美誉王后，认为是太阳神送给了他三个孩子。②

戒日王本人对太阳也有特殊的情感。戒日王降生后，占星师预言他“可与拥有七骏马者（Sapta-sapti，太阳）媲美”③；光增王死后，戒日王被两次喻为太阳④；在《俱卢之野－瓦拉纳西铜印》的最下端印有初升太阳的图案⑤；在玄奘记载的钵逻耶伽大会上，戒日王敬拜佛陀、日天和湿婆⑥，将太阳神置于与佛陀（统治工具）和湿婆（统治理念）同等重要的位置。

印度教的各个支脉往往盘根错节、紧密相连。蛇是太阳世系的图

① 双关，梵语“eka（一）-cakkra（轮）-ratha（车）”，直译为“一个轮子的车”，既指唯一的统治者，与前句“进行转轮统治”相连；又指太阳的马车（独轮车），引申为太阳，与后句“去除人民苦难”相连。

② 《戒日王传》第四章，Parab（1892），第135~138页；Cowell（1897），第104~106页。

③ 《戒日王传》第四章，Parab（1892），第141~142页；Cowell（1897），第110页。

④ 《戒日王传》第五章，Parab（1892），第188~189，191页；Cowell（1897），第156页，第159~160页。

⑤ Shankar Goyal（2006），第64~65页，《俱卢之野－瓦拉纳西铜印》图片。

⑥ 《慈恩传》卷五，第111~112页。

腾，蛇崇拜与太阳崇拜紧密相连；太阳崇拜与拜火相连；蛇崇拜在很多时候成为了湿婆崇拜的分支；而湿婆崇拜的仪式中也包含祭火。太阳象征生命的诞生和延续，蛇象征着王国的巩固和风雨调顺，湿婆则象征巨大的威力和破坏力。太阳，蛇，湿婆，仿佛是另一个印度教三大主神（创造、维护、毁灭）的循环。

2.4　作为王权信仰的“吉祥天女崇拜”

吉祥天女（Śrī 或 Lakṣmī）是王权的抽象代表，被称为 Rājya-śrī，Nṛpa-śrī，Sāmrājya-lakṣmī，等等。[①] 吉祥天女生性善变，喜爱英雄。国王获得功绩，就会赢得吉祥天女的爱慕；娶她为妻，也就是征服了大地。吉祥天女崇拜既是文学上的隐喻，又具有现实意义。

在《妙容传》和《璎珞传》中，女主人公被比喻成吉祥天女。对于爱情（艳情）的追逐即象征着对王权的追逐和获得。（参见本书第八章《戒日王的文学创作》第 3 节《戒日王宫廷喜剧与政治联姻》）

在《戒日王传》中，戒日王的祖先花有王战胜吉祥颈蛇之后出现的女神正是吉祥天女。在波那对戒日王的赞美中，几乎使用了所有印度神祇，包括佛陀和蛇王，其中出现得最多的就是象征王权的吉祥天女（Śrī 或 Lakṣmī）。[②] 例如：“戒日王浑身发光，被女神拥抱，仿佛强迫他，无论多么不情愿，都登上王位。” [③] 又如：“他像一座宝石山峰，伸展宝石双翼，臂环上的嫣红光芒犹如他双臂开辟的荣誉之路，又如同枕在他臂弯的吉祥天女耳饰的莲花淌下的蜜溪。” [④]

帕塔克（V. S. Pathak）认为，波那正是以戒日王的妹妹王圣（Rājyaśrī）作为比喻，意在描绘戒日王对王权（rājyaśrī）的追逐。[⑤] 王圣的梵名直译为“王国的吉祥天女”或“王国的光辉”（即王权）。摄铠娶王圣却命丧黄泉；天护将王圣囚禁在曲女城，王圣逃脱；王增去

---

① Shankar Goyal（2006），第 7 页。

② 《戒日王传》第二章，Parab（1892），第 78~85 页；Kane（1986），第 21~37 页；Cowell（1897），第 57 页，第 59~63 页。

③ 《戒日王传》第二章，Parab（1892），第 78 页；Kane（1986），第 31~32 页；Cowell（1897），第 57 页。

④ 《戒日王传》第二章，Parab（1892），第 81 页；Cowell（1897），第 60 页。

⑤ Pathak（1966），第 49 页。

救王圣却遭人杀害。这些都象征了对王权的争夺。只有戒日王成功地救回了王圣。而讽刺的是，当戒日王救回王圣的时候，王圣却准备出家。为了留住王权，戒日王命令妹妹留在身边，并把她带回都城。这预示着戒日王称王五印度的开始。

由此可见，吉祥天女（王权）是戒日王自始至终的信仰。

§3　结论：泛印度教的王权信仰

戒日王名下的《龙喜记》是一部自由的戏剧，在不同的观众面前产生不同的宗教阐释；云乘是摇摆于印度教与佛教之间的统治者，在不同信众眼中扮演不同的角色。戒日王本人也十分类似。《龙喜记》中云乘的一句话恰如其分地诠释了戒日王宗教政策的精髓：众神都应供养。①

戒日王从未皈依佛教。他涉嫌谋害一位佛教徒；阻止另一位佛教徒出家；他创作的《龙喜记》扑朔迷离；佛教徒往往倾向于过度阐释戒日王的敬佛举动，事实上，他从未在菩提树坑发誓，从未只尊佛陀，从未以僧众为唯一布施对象，也始终没有兑现“携妹出家”的誓言；他宣称让生灵免遭涂炭，却连年征战；他崇尚武力，追逐王权；为满足自己的占有欲望，他恃强争夺高僧、抢掠佛牙、开疆拓土。

戒日王敬佛。跟很多印度的统治者一样，戒日王实行宽容的宗教政策。这常常引起外国人的误解。就像欧洲的基督教传教士甚至认为阿克巴马上就会皈依基督教，玄奘很可能也是由于不理解印度统治者的宽容而误解了戒日王对待佛教的态度。②兼容并包的宗教信仰在印度不难见到。哈佛大学南亚系的迈克尔·维茨尔（Michael Witzel）教授曾说，“印度，一切皆有可能”。在印度宗教文献里，佛陀是印度诸神之一，耶稣基督（Christ）可以是黑天（Kṛṣṇa）的化身，默罕默德是一位苦行大仙，安拉见于一部五世纪伪造的《安拉奥义书》（*Alā Upaniṣad*）。佛陀也正是这样被纳入了印度教的范畴，成为一旦被取

---

① 《龙喜记》第一幕，Harṣavardhana, auth., *Śrī harṣadevapraṇītam Nāgānandam-nāṭakam.* Delhi(India): Munshiram Manohar Lal, 1958;《龙喜记》吴晓玲译本，第 11 页。

② Shankar Goyal（2006），第 53 页。

悦就可以降下恩惠的印度天神。这很可能是戒日王敬佛的最直接原因——不是因为皈依佛教，而是将佛陀视作“都应供养”的众神之一。

戒日王是泛印度教信徒。他崇拜湿婆，供奉南丁牛；他供奉蛇，膜拜太阳；他追逐作为王权象征的吉祥天女；他敬重印度诸神，包括佛陀在内。他用印度教思维理解佛教，把佛陀置于印度教的系统之内供养。王邦维先生曾说，印度的宗教派别，界限原本不那么分明，常常你中有我，我中有你。这大概就是戒日王对待宗教的态度。

戒日王在铭文中将自己的家族打造成各个宗教和平共处的大熔炉，有太阳崇拜，有湿婆崇拜，也有佛教徒，如同戒日王的宗教政策宣言。戒日王为自己刻上了“大自在天”，一个象征武力和强权的天神。进而，戒日王铭文中称“[光增]美名跨越四海，用威严和慈爱折服其他首领，确立种姓制度和社会秩序进行转轮统治”。“威严和慈爱”，暗示了武力和宗教。戒日王的“恩威并重”也是来自家族统治的渊源。宗教政策是他的“恩”，而“威”才是根本。

在《戒日王传》中，波那用众天神比喻戒日王。他博采众长，正如他宗教政策的兼收并蓄：“阿鲁那（Aruṇa）①的嫩芽双足，善逝（Sugata，佛陀称号）的坚定双股，因陀罗（Vajrâyudha）②的强壮前臂，阎摩的雄牛双肩（Vṛṣaskandha）③，太阳的频婆果红唇，观音的慈眉善目（Prasannâvalokita）④，月亮的脸庞，黑天的发髻——他（喜增）具有这般身形，仿佛所有天神的化身合而为一。”⑤

进而，波那赞美戒日王的功绩超越了众天神，正如王权超越神权，世俗的权力之于神权具有压倒性优势：“因为有他（喜增），大地拥有了真正的君主。不像诃利（Hari，黑天称号）年少的功绩违背正法；不像兽主（Paśupati，湿婆称号）展现神力造成达刹（Dakṣa，湿婆的岳父）的恐惧；不像百祭（Śatakratu，因陀罗称号）的语言摧毁了牛棚，带来

① 太阳御者阿鲁那，又指黎明。

② 以金刚杵为兵器者，因陀罗称号。

③ 双关，梵语 vṛṣa 既指雄牛，又指以雄牛为标志的正法神（阎摩）。

④ 双关，梵语 avalokita 既是观音的称号，又指眼光。此处既可以理解成清净如观音，又可理解为眼光清净。

⑤ 《戒日王传》第二章，Parab（1892），第 79 页；Kane（1986），第 32 页；Cowell（1897），第 58 页。

家族毁灭[①]；不像阎摩过分沉溺运用惩罚；不像伐楼那的宝藏被数千剑士[②]守护；不像与财神俱比罗（Dhanada，财神，= Kubera 俱比罗）的会面总是一无所获；不像对胜者（Jina，佛陀称号）容貌的赞美毫无意义[③]；不像月亮的光辉受到月亏（bahula）[④]的打击。他的王权美妙绝伦，超越众天神。”[⑤]

总地来说，戒日王具有印度教倾向，但并非一以贯之地崇拜某个特定的神。如果将全部元素汇总，那么他真正信仰的，是国家和权力。如同中国的唐太宗李世民。他敬佛敬道敬景，但很难说他究竟皈依了哪个宗教。帝王的信仰，原本与平民信众不同。因为他们首先是帝王。一旦进入政治的范畴，宗教就常常退居其次。统治者对于宗教信仰，可以既不深信，也不排斥，如同一场演出。戒日王无论在生活中还是在创作中都酷爱角色扮演。他在曲女城法会上导演幻术大火和徒手捉凶；在梵剧中运用套式结构，让演员扮演的角色继续层层叠叠地扮演下去。所有这些角色扮演的元素在戒日王身上达到了完美的统一。对于戒日王来说，一切宗教仪式信仰膜拜，都如同一场帝王的演出，只有统治大地才是他真实的身份和最终的目标。

综上所述，戒日王的信仰，是泛印度教的王权信仰。印度教作为入世的宗教，其间有很多与王权相关的元素。戒日王供奉和利用这些相关部分，如象征战争的湿婆，象征王权的吉祥天女，家族崇拜的太阳，维护王国稳定的蛇，安抚民众的佛陀，甚至迷惑民众的幻术，等等。他崇信这些印度诸神，目的只有一个，那就是王权。这就是戒日王作为一位帝王的真实信仰。

---

① 双关，梵语 gotravināśa，暗示因陀罗的另一称号 Gotrabhid，指因陀罗解放了牛群（雨云），释放了雨水；又可理解为破坏家族。

② 双关，梵语 nistriṃśa-grāha，既指持（grāha）宝剑（nistriṃśa）者，又指残忍的（nistriṃśa）恶魔（grāha）。

③ 双关，梵语 artha-vāda-śūnyāni darśanāni，既可解为对于容貌（darśana）的赞美（artha-vāda）是徒劳的（śūnya，空的），又可解为眼见（darśana）无法（śūnya）释义（artha-vāda）。

④ 指黑半月，即一个月中从月圆到月亏的半个月。

⑤ 《戒日王传》第二章，Parab（1892），第 85~86 页；Kane（1918），第 35 页；Cowell（1897），第 64~65 页。

第七章

戒日王与中国

隋末唐初，中印民间交往日益频繁。玄奘访印之时，唐太宗主持修造的《秦王破阵乐》已传入印度。[①]玄奘面见戒日王，虽然可能并非玄奘的主观愿望，却客观上促成了中印互遣使臣的官方交往。在其后的八年间（641–648），中印使臣往来频繁。印度历史上的著名君王戒日王，也因此与中国历史上的著名帝王唐太宗紧密地联系在一起。

§1 戒日王与玄奘

在戒日王看来，印度教、佛教等宗教信仰都是作为统治工具屈从于王权。（参见本书第六章《戒日王的王权信仰》）明确了这一点，也就能更准确地理解戒日王与佛教僧众的交往细节。玄奘与戒日王的关系，以及二人关系投映出的中印交往，是本节考察的重点。

1.1 玄奘十余年未见戒日王

玄奘为求佛法，历尽艰险到达印度（628/629），然而直到十余年后才第一次面见戒日王（640/641）。

---

① 《秦王破阵乐》在玄奘面见戒日王之时已传入印度。戒日王知晓（摩诃）至那，知晓《破阵乐》，也确实在言谈中提到了《破阵乐》，或者至少是一部近似《破阵乐》的赞颂至那王得胜的歌谣。《破阵乐》传入印度的形态很可能发生了改变，缺失舞蹈部分，仅留乐曲和曲词。曲词与原来的民间《破阵乐》词或《七德舞》词都不尽相同，经传唱者改造，可能在某种程度上传达了盛唐见闻和宫廷武舞的盛大场面。参见本章第3节《戒日王与〈秦王破阵乐〉》；并参见张远《〈秦王破阵乐〉是否传入印度及其他——兼与宁梵夫教授商榷》，《南亚研究》2013年第2期，第140~156页。

旅印的十余年间，玄奘绝大部分时间身处戒日王的统治范围内。玄奘在那烂陀寺居住最久，师从戒贤法师，也会四处访谒名师，巡礼圣迹，探索佛典和婆罗门典籍。[①] 面见君王不是玄奘的兴趣所在，但是玄奘的确见到了不少君王，如高昌王（628），突厥叶护可汗（628），梵衍那国王（628），迦毕试王（628，642），迦湿弥罗国王（629），迦摩缕波国王（鸠摩罗王）（640）等。[②]636 年 9 月到 11 月末，玄奘还曾在曲女城居住了三个月。然而他一直没有面见戒日王的打算。[③] 戒日王之前举行的一年一度的沙门集会和五年一度的无遮大会，玄奘从未参加。直到即将归国，玄奘得到戒日王“频请”，却依然没有把面见戒日王列入日程，而是舍近求远地去见鸠摩罗王。不可否认，鸠摩罗王和戒日王对玄奘的邀请都有强迫的成分，然而如果不是戒日王胁迫鸠摩罗王将玄奘“急送”过来，玄奘可能根本不会去见戒日王。[④] 原因何在？

第一，玄奘西行的目的是求法，而非政治外交。政治领袖不是他计划拜访的对象。

第二，与摩揭陀胜军论师拒绝接受戒日王封赏及延请相似，玄奘的态度也从侧面证实戒日王的确不是信奉佛教的君王。如果戒日王信奉佛教，玄奘很可能会尽早拜见他。

第三，戒日王宣扬的“仁慈”仅停留在铭文之中（“如大自在天一般同情一切众生”）。波那的《戒日王传》已经暗示了诸多戒日王的不仁慈举动。民众中很可能有更多关于戒日王的负面传言使玄奘不愿见他。

总之，玄奘在归国前并没有面见戒日王的愿望和打算。二人会晤的唯一原因是戒日王“强请”。

---

① 《西域记》前言，第 108 页。

② 杨廷福:《玄奘年谱》（1988），第 193~195 页。

③ Shankar Goyal（2006），第 52 页。

④ 《慈恩传》卷五，第 104~105 页。鸠摩罗王想见玄奘，戒贤法师因戒日王相邀在先，担心戒日王得怪，以玄奘决意回国为由拒绝了鸠摩罗王的邀请。鸠摩罗王大怒，出言恫吓。戒贤法师劝玄奘“勿惮小劳”，还是去见鸠摩罗王，以免遭遇“魔事”。所以鸠摩罗王也是“强请”玄奘。

1.2　玄奘面见戒日王始末

1.2.1　强请与初晤

据《西域记》，玄奘受鸠摩罗王邀请，从摩揭陀国前往迦摩缕波国。“时戒日王巡方在羯朱嗢祇罗国，命拘摩罗王曰：‘宜与那烂陀远客沙门速来赴会！’” ①

《慈恩传》记载更为详细：戒日王讨伐恭御陀国归来，听闻玄奘在鸠摩罗王处，十分意外，说，“我先频请不来，今何因在彼？”于是派人传话给鸠摩罗王说，“急送支那僧来！”鸠摩罗王回话，“我头可得，法师未可即来。”戒日王大怒，再次派人带话说“汝言头可得者，即付使将来。”鸠摩罗王惧怕戒日王威严，“即命严象军二万，乘船三万艘，共法师同发，泝殑伽河以赴王所，至羯朱嗢祇罗国，遂即参及。”亲自率军把玄奘护送到戒日王所在的羯朱嗢祇罗国。②

此外，《西域记》中玄奘“遂与拘摩罗王往会见焉”③，为玄奘拜谒戒日王。《慈恩传》中则为戒日王夜访玄奘：“鸠摩罗王将欲发引，先令人于殑伽河北营行宫。是日渡河至宫，安置法师讫，自与诸臣参戒日王于河南。戒日见来甚喜，知其敬爱于法师，亦不责其前语，但问‘支那僧何在？’报曰：‘在某行宫。’王曰：‘何不来？’报曰：‘大王钦贤爱道，岂可遣师就此参王。’王曰：‘善。且去，某明日自来。’鸠摩罗还谓法师曰：‘王虽言明日来，恐今夜即至，仍须候待。若来，师不须动。’法师曰：‘玄奘佛法理自如是。’至夜一更许，王果来。有人报曰：‘河中有数千炬烛，并步鼓声。’王曰：‘此戒日王来。’即敕擎烛，自与诸臣远迎。其戒日王行时，每将金鼓数百，行一步一击，号为节步鼓。独戒日王有此，馀王不得同也。既至，顶礼法师足，散华瞻仰。”④

在初次会晤的交谈中，戒日王很可能率先赞美了《秦王破阵乐》中的主人公至那王，或因《破阵乐》的主人公确为战斗英雄，或因外

① 《西域记》卷五《羯若鞠阇国》，第 436 页。

② 《慈恩传》卷五，第 104~105 页。

③ 《西域记》卷五《羯若鞠阇国》，第 436 页。

④ 《慈恩传》卷五，第 105~106 页。

交辞令。《秦王破阵乐》在玄奘面见戒日王之时已传入印度。戒日王知晓（摩诃）至那，知晓《破阵乐》，因而在言谈中提到了《破阵乐》，或者至少是一部近似《破阵乐》的赞颂至那王得胜的歌谣。戒日王笼统地称摩诃至那国王为至那王，并不知晓秦王、唐王等名号渊源。文中出现的“秦王”仅为玄奘对“至那王”一词的意译，本意为中国王，并非李世民即位前的称号。①（参见本章第3节《戒日王与〈秦王破阵乐〉》）玄奘确实在戒日王（及鸠摩罗王）面前赞美了唐太宗，并且是盛辞洋溢地赞颂。戒日王当年派遣使者来唐即为铁证。

戒日王屡次求见玄奘而不得，只能动武使蛮；玄奘屡次推辞而不得，只能勉为其难。这种叙事手法与波那自述戒日王对自己敬重有加、分享财富和王国异曲同工。戒日王夜访玄奘，“数千炬烛”，“金鼓数百，行一步一击”，声势浩大，气势恢宏。戒日王拜见玄奘，相比于戒日王接见玄奘，无疑是更为恭敬的举动。“顶礼法师足，散华瞻仰”等细节上的渲染更是与戒日王夜行的豪华排场和对待鸠摩罗王的蛮横与倨傲形成鲜明对比。《慈恩传》中对戒日王谦恭姿态的描绘，不仅将玄奘置于极高的地位，更显示出戒日王对于佛法的敬畏和对大唐盛况的由衷赞美。

1.2.2 十八天（二十一天）曲女城法会

曲女城法会于641年仲春月举行，“从初一日以珍味馔诸沙门、婆罗门，至二十一日，自行宫属伽蓝，夹道为阁，穷诸莹饰，乐人不移，雅声递奏。王于行宫出一金像，虚中隐起，高馀三尺，载以大象，张以宝幰。戒日王为帝释之服，执宝盖以左侍；拘摩罗王作梵王之仪，执白拂而右侍。各五百象军，被铠周卫。佛像前后各百大象，乐人以乘，鼓奏音乐。戒日王以真珠杂宝及金银诸花，随步四散，供养三宝。先就宝坛，香水浴像。王躬负荷，送上西台，以诸珍宝、憍奢耶衣数十百千，而为供养。是时唯有沙门二十馀人预从，诸国王为侍卫。馔食已讫，集诸异学，商搉微言，抑扬至理。日将曛暮，回驾行宫。如是日送金像，导从如初，以至散日。”法会上每日供养沙门和婆罗门，

① 参见张远《〈秦王破阵乐〉是否传入印度及其他——兼与宁梵夫教授商榷》，《南亚研究》2013年第2期，第140~156页。

每日行像、浴佛。戒日王穿帝释天的服饰，手执宝华盖；鸠摩罗王穿梵天的服饰，手执白色拂尘。戒日王用真珠杂宝、金银诸花供养三宝，香水浴像，而后亲自将佛像背上西台。其间举行十八日佛法辩经大会，以玄奘为论主，“示大乘微妙，绝其毁谤之心，显师盛德之高，摧其我慢之意”，“竟十八日无人发论”。会上发生了“宝台失火”和“买凶行刺”两个插曲。会后大乘信众尊玄奘为“大乘天”，小乘信众尊玄奘为“解脱天”。[①]（参见本书第六章《戒日王的帝王信仰》第1节《戒日王与佛教》中的《曲女城法会——弘法为国》及第八章《戒日王的文学创作》第2节《三部梵剧的“套式结构”》中的《“套式结构”在现实中的运用：“戏中戏”与王权》）。

1.2.3　七十五日无遮大会

曲女城法会结束后，戒日王邀请玄奘参加五年一度的钵逻耶伽大施。“其戒日王与鸠摩罗王乘船军，跋吒王（常叡王）从象军，各整仪卫，集会场所，十八国诸王以次陪列。初一日，于施场草殿内安佛像，布施上宝上衣及美馔，作乐散华，至日晚归营。第二日，安日天像，施宝及衣半于初日。第三日，安自在天像，施如日天。第四日，施僧万馀人，百行俱坐，人施金钱百、文珠一枚、氎衣一具，及饮食香华供养讫而出。第五番施婆罗门，二十馀日方徧。第六番施外道，十四方徧。第七番施远方求者，十日方徧。第八番施诸贫穷孤独者，一月方徧。至是，五年所积府库俱尽，唯留象、马、兵器，拟征暴乱，守护宗庙。自馀宝货及在身衣服、瓔珞、耳珰、臂钏、宝鬘、颈珠、髻中明珠，总施无复孑遗。”把府库里的财物施舍一空后，戒日王跟随妹妹王圣穿着破旧的衣服，礼敬十方诸佛，踊跃欢喜。[②]

钵逻耶伽大施即无遮大会（pañca-pariṣad），布施的对象是各类人，不局限于僧众；会上除佛教仪式外，还包括敬拜日天和大自在天的宗教仪式。（参见本书第六章《戒日王的王权信仰》第1节《戒日王与佛教》中的《钵逻耶伽大施——无遮布施》）

① 《西域记》卷五《羯若鞠阇国》，第440~444页；《慈恩传》卷五，第106~109页。

② 《慈恩传》卷五，第111~112页。

1.2.4 殷勤相送

钵逻耶伽大施结束后，玄奘辞行，戒日王挽留。十余日后，玄奘再辞，鸠摩罗王邀玄奘前往迦摩缕波国接受供养，发愿为玄奘造一百寺。玄奘苦言以辞。戒日王和鸠摩罗王施舍大量珍宝，玄奘皆不受，仅留下鸠摩罗王施舍的毡皮用以防雨。“于是告别，王及诸众相饯数十里而归。将分之际，呜噎各不能已。法师以经像等附北印度王乌地多军，鞍乘渐进。后戒日王更附乌地王大象一头、金钱三千、银钱一万，供法师行费。别三日，王更与鸠摩罗王、跋吒王（常叡王）等各将轻骑数百复来送别，其殷勤如是。仍遣达官四人名摩诃怛罗［类此散官也］。王以素氎作书，红泥封印，使达官奉书送法师，所经诸国，令发乘递送，终至汉境。”戒日王率领众人送行数十里，又命北印度王乌地多护送。三日后，戒日王、鸠摩罗王、常叡王等轻骑再次送行。戒日王遣使者持国书相送直至汉境。[①]

1.3 小结

玄奘在628/629年到达印度，然而直到十余年后的640/641年才第一次面见戒日王。玄奘与戒日王相处将近半年，历经强请、初晤、曲女城法会、钵逻耶伽大施以及殷勤相送。在《西域记》和《慈恩传》中详细记载了玄奘与戒日王交往的始末。

玄奘对戒日王的核心评价是仁慈天性、乐善好施、崇敬佛法。玄奘借婆尼之口赞美戒日王“仁慈天性，孝敬因心，亲贤允属”；又借辅臣执事之口说“物议时谣，允归明德”。[②]断食祈请观自在菩萨像、慈悲为怀重兴佛法、垂三十年兵戈不起、倾竭府库惠施群有等等，都是戒日王仁慈的表现。在戒日王的“即位陈词”中，多次提到慈父仁兄，光父业报兄仇，体现出了戒日王的孝悌之情。然而在波那的叙述中，戒日王“仁慈”和“孝悌”的品行都值得怀疑。（参见本书第三章《戒日王即位》）戒日王的“乐善好施”在《戒日王传》中也十分节制，而在玄奘的记载里却相当丰富，仿佛布施已然成为戒日王政治生活的重

---

① 《慈恩传》卷五，第112~113页。戒日王派遣护送玄奘的使者很可能到达汉境后即返回印度。并无印度使者随玄奘入朝的记载。

② 《西域记》卷五《羯若鞠阇国》，第428页。

要部分。对于戒日王敬佛的描述，则是源自玄奘对戒日王宗教政策的误解，如果不是刻意地误读。（参见本书第六章《戒日王的王权信仰》）

撰写《西域记》之时，玄奘已回到大唐。那么玄奘又为什么会在回国之后给予戒日王如此高的评价呢?

第一，戒日王举办的曲女城法会和钵逻耶伽大施，虽然不是“唯佛是尊”，却也满足了玄奘的宗教热情。尤其在曲女城法会上，戒日王尊玄奘为论主，使玄奘声名远播，获得“大乘天”和“解脱天”的称号，无论戒日王的初衷为何，都客观上达到了弘扬佛法的效果。

第二，戒日王对玄奘的礼遇以及遣使来唐的举动让玄奘西行求法的个人行为在某种程度上升级为官方行为。玄奘西行求法，只身一人，偷渡出关；然而在645年春返回长安之时，玄奘一行人马浩浩荡荡，相当壮观：带着657部经，放在520个经箧里，用20匹马驮着。还有150颗佛舍利，以及金、银、檀香木佛像。这与戒日王的帮助密不可分。

第三，不依国主法事难立。戒日王越是友善谦恭，就越突出了玄奘的尊贵地位，也突出了佛法的尊贵地位。这也从一个侧面反映出大唐实力雄厚、威泽邻邦，从而间接地奉承了唐王。戒日王对于唐太宗的赞美，使得玄奘对戒日王的赞美也有了意义，使得整部《西域记》，虽然是一部僧人游记，却有了官方文献的印记。无论是戒日王表现出的对至那王的兴趣还是玄奘对唐太宗的赞美都可以成为劝说唐王支持译经事业的良好契机。

唐太宗嘱书《西域记》之后，就开始“因劝罢道，助秉俗务”。① 这一方面体现了唐太宗对玄奘才华的爱惜，另一方面则表明唐太宗对于佛法尚抱有世俗的见解。译经要得到帝王的支持，就要让帝王认识到佛教的重要性和尊贵地位。玄奘向戒日王称赞唐太宗“爱育四生，敬崇三宝”，是对戒日王的“教化”；玄奘大肆渲染宗教法会，对戒日王礼佛有意无意的“误读”，对戒日王“仁慈”、“孝悌”的高度评价，以及将戒日王描述成敬佛甚至信佛的君王，则暗含了对唐太宗的“教化”。对佛法最为推崇、对玄奘最为友善的其实是高昌王麴文泰。然

① 《慈恩传》卷六，第129页。

而麴文泰是唐太宗乃至大唐的“罪人”，玄奘只得以一句“出高昌故地，自近者始，曰阿耆尼国”将高昌国一笔带过，[①]也只得将这些或许属于高昌王的美德和赞誉“转嫁”到戒日王身上。春秋有孔子“托古改制”，大唐有玄奘“借地插秧”。按照梁任公的说法，就是“本意不在述中”，而是借古人、今人、外国人以寄寓理想。[②]夸张地赞美戒日王，并非玄奘言不由衷，而是为了给唐太宗树立一个“敬佛”的榜样。戒日王对唐太宗的赞颂，玄奘对唐太宗的赞颂，玄奘对戒日王的赞颂，类似于佛教传统的法教，环环相扣、紧密结合，从而在不知不觉中将唐太宗推上真正“敬崇三宝”的位置，成为了玄奘兴建译场、译经弘法的坚实后盾。

早在即位之初、遇到佛教大师日友的时候，戒日王就已经“发现”了佛教。之后戒日王的所作所为，无论是聘请摩揭陀国胜军论师[③]，还是在那烂陀寺旁兴建鍮石精舍[④]，或是举行布施、法会，都是围绕着对佛教善加利用的理念。在戒日王利用佛教的同时，玄奘也利用了戒日王，巩固了自己在唐太宗心中的地位。很难说戒日王和玄奘究竟谁是这场交往中的赢家，不过玄奘的确在与戒日王的交往中获益匪浅甚至受益终身。

无论玄奘赞美戒日王的动因为何，玄奘面见戒日王都在客观上促进了中印关系的发展，并且将中印交往引入了长达八年的“蜜月”。

§2 戒日王与唐使

641年至648年的八年间，戒日王与唐太宗互派使臣达六次之多，其中戒日王与唐太宗各发使三次，平均16个月一次，可谓相当频繁。本节着重考察这六次印中遣使的具体情况。

---

① 《慈恩传》详细记述了玄奘与高昌王麴文泰的深厚友谊。高昌王“对母张太妃共法师约为兄弟”，又约定玄奘求法归来后，在高昌国居住三年，受高昌王供养。参见孟宪实《唐玄奘与麴文泰》，载季羡林、饶宗颐、周一良主编《敦煌吐鲁番研究》第四卷，北京大学出版社，1999，第89~101页。

② 梁启超:《中国历史研究法》(1998)，第98页。

③ 《慈恩传》卷四，第95页。

④ 《西域记》卷九《摩揭陀国下》，第761页。

2.1　戒日王第一次遣使中国

2.1.1　时间

据《新唐书》:“会唐浮屠玄奘至其国，尸罗逸多（戒日王）召见曰:‘而（尔）国有圣人出，作《秦王破阵乐》，试为我言其为人。’玄奘粗言太宗神武，平祸乱，四夷宾服状，王喜，曰:‘我当东面朝之。’贞观十五年（641),（尸罗逸多）自称摩伽陀王，遣使者上书。”①

可知，戒日王初次派遣使者的时间为戒日王初晤玄奘之后（640 年末或 641 年初），于 641 年下半年抵达唐都。由于唐太宗遣使回访到达印度的时间不晚于 642 年，因而戒日王初次遣使持续的时间只有数月。

值得注意的是，戒日王的使者与玄奘几乎同时出发，不过印使很可能选择了一条更为快捷的路线。印使在贞观十五年（641）下半年抵达唐都，玄奘却是“鞍乘渐进”②，于贞观十九年（645）正月才到达长安。

2.1.2　遣使上书

对于戒日王的这次遣使，正史记载非常简短。

据《旧唐书》:“尸罗逸多自称摩伽陀王，遣使朝贡。”③

据《新唐书》:“(尸罗逸多）自称摩伽陀王，遣使者上书。”④

由此可知，这次出使的内容并不丰富，仅包括一封以戒日王名义发出的官方书信，信中戒日王自称“摩伽陀王”(摩揭陀王)。

史书中并未列出戒日王“朝贡”的内容。参照“贞观中,（罽宾）献名马”，太宗答以六品的果毅何处罗拔等，并“厚赍赐其国”；⑤而对于戒日王的“遣使朝贡”，仅命七品的云骑尉梁怀璥慰问，并未赏赐财物，而是答以“玺书”，可以推测戒日王此次遣使，很可能仅是通过国书表达敬意，并未贡献实际的物品。

---

① 《新唐书》卷二二一上《西域上》“天竺”条，第 6237 页；参见《旧唐书》卷一九八《西戎》“天竺”条，第 5307 页，“贞观十五年（641)，尸罗逸多自称摩伽陀王，遣使朝贡。”

② 《慈恩传》卷五，第 113 页。

③ 《旧唐书》卷一九八《西戎》“天竺”条，第 5307 页。

④ 《新唐书》卷二二一上《西域上》“天竺”条，第 6237 页。

⑤ 《新唐书》卷二二一上《西域上》“罽宾”条，第 6240~6241 页。

2.2 唐太宗第一次遣使印度

2.2.1 时间

戒日王的使者于贞观十五年（641）下半年到达。唐太宗遣使回访，应于641年当年，不晚于642年。

据《新唐书》“天竺”条：“帝（太宗）命云骑尉梁怀璥持节尉（慰）抚。”① 又据《新唐书》“罽宾”条：“（唐太宗）遣果毅何处罗拔等厚赍赐其国，并抚尉（慰）天竺。处罗拔至罽宾，王东向稽首再拜，仍遣人导护使者至天竺。（贞观）十六年（642），献褥特鼠，喙尖尾赤，能食蛇，螫者嗅且尿，疮即愈。” ② 可知唐太宗此次出使，主要任务是嘉赏罽宾贡献名马，兼抚慰天竺；并且出使时间一定在642年之前（含642年）。

2.2.2 使臣及官阶

据《新唐书》“天竺”条：“帝（太宗）命云骑尉梁怀璥持节尉（慰）抚。” ③ 又据《新唐书》“罽宾”条：“（唐太宗）遣果毅何处罗拔等厚赍赐其国，并抚尉（慰）天竺。处罗拔至罽宾，王东向稽首再拜，仍遣人导护使者至天竺。”④ 可知何处罗拔为出使罽宾的正使。梁怀璥也一同前往罽宾，而后由罽宾王派人护送至天竺。

梁怀璥的官职为云骑尉（勋），正七品上。⑤ 这只是勋的等级，职事官品阶不详。

何处罗拔的官职为果毅（职）。

据《通典》卷二九《职官一一》：“贞观十年（636），复采隋折冲、

① 《新唐书》卷二二一上《西域上》“天竺”条，第6237~6238页；参见《旧唐书》卷一九八《西戎》“天竺”条，第5307页，“太宗降玺书慰问”。

② 《新唐书》卷二二一上《西域上》“罽宾”条，第6240~6241页。

③ 《新唐书》卷二二一上《西域上》“天竺”条，第6237~6238页；参见《旧唐书》卷一九八《西戎》“天竺”条，第5307页，“太宗降玺书慰问”。

④ 《新唐书》卷二二一上《西域上》“罽宾”条，第6240~6241页。

⑤ 《新唐书》卷四六《百官志一》，第1189页，“云骑尉，视正七品”。岑仲勉先生将云骑尉列入勋，正七品上。见向群、万毅编《岑仲勉文集》，中山大学出版社，2004，第26页。也有将云骑尉称作“武散官”。参见沈起炜、徐光烈编著《中国历代职官词典》，上海辞书出版社，1992，第42页，云骑尉，武散官名。隋文帝时置。唐置勋官十二转，其二转为云骑尉，当于正七品。

果毅郎将之名，改统军为折冲都尉，别将为果毅都尉。其府多因其地，各自为名，无鹰扬之号。凡五百七十四府，分置于诸州，而名隶诸卫及东宫率府。各领兵，满一千二百人为上府［两京城内虽不满此数，亦同上府］，千人为中府［两畿及岐、同、华、怀、陕等五州所管府，虽不满此数，亦同中府］，八百人为下府。每府置折冲都尉一人［掌领校尉以下宿卫及卫士以上，总判府事］，左右果毅都尉各一人［掌通判。《春秋传》曰‘戎昭果毅’，又曰‘杀敌为果，致果为毅’。炀帝始置，后改将为之］，别将一人，长史一人，兵曹一人，校尉六人。”[①] 又据《新唐书》卷四九上《百官志四上》：“诸卫折冲都尉府，每府折冲都尉一人，上府正四品上，中府从四品下，下府正五品下。左右果毅都尉各一人，上府从五品下，中府正六品上，下府正六品下。”[②] 果毅，即唐朝武官果毅都尉之简称。因而，何处罗拔的职事官品阶在正六品下至从五品下之间，最低为正六品下。

从官阶来看，何处罗拔才是整个出使行动的“正使”（六品），而梁怀璥（七品）为“副使”。但何处罗拔出使罽宾后，并未前往天竺。因此梁怀璥又是出使天竺的“正使”。

2.2.3　玺书慰抚

无论从官阶，还是从慰问等级的轻重厚薄或是出访的具体内容，都可以看出唐太宗此次遣使的主要目的是厚赐罽宾，次要目的才是抚慰天竺。

首先是派遣官阶六品的果毅何处罗拔等携带厚礼赏赐罽宾。何处罗拔到达罽宾后，受到罽宾王的礼遇。罽宾王派遣向导护卫使者到达天竺。据《新唐书》“罽宾”条：“贞观中，（罽宾）献名马。太宗诏大臣曰：‘朕始即位，或言天子欲耀兵，振伏四夷，惟魏徵劝我修文德，安中夏；中夏安，远人伏矣。今天下大安，四夷君长皆来献，此徵力也。’遣果毅何处罗拔等厚赍赐其国，并抚尉（慰）天竺。”[③] 从太宗的

---

① 《通典》卷二九《职官一一》“折冲府”条，第 809~810 页。

② 《新唐书》卷四九上《百官志四上》，第 1287 页；参见邱树森主编《中国历代职官辞典》，江西教育出版社，1991，第 397 页；沈起炜、徐光烈编著《中国历代职官词典》，上海辞书出版社，1992，第 204 页。

③ 《新唐书》卷二二一上《西域上》“罽宾”条，第 6240~6241 页。

话可知，罽宾进献名马使太宗颇有威加海内的自豪感，因而厚赐罽宾也是太宗遣使的主要目的。

其次才是派遣官阶七品的云骑尉梁怀璥携玺书（持节）慰抚天竺。

据《旧唐书》："太宗降玺书慰问。尸罗逸多大惊，问诸国人曰：'自古曾有摩诃震旦使人至吾国乎？'皆曰：'未之有也。'乃膜拜而受诏书。"①

据《新唐书》："帝（太宗）命云骑尉梁怀璥持节尉（慰）抚。尸罗逸多惊问国人：'自古亦有摩诃震旦（Mahācīna）使者至吾国乎？'皆曰：'无有。'戎言中国为摩诃震旦。乃出迎，膜拜受诏书，戴之顶。"②

唐太宗对天竺的这次仅为外交礼节性的慰问，带给了戒日王极大的震撼。而戒日王的恭敬姿态"膜拜受诏书"、"戴之顶"也给太宗的使者乃至太宗本人留下了深刻印象，从而推动了中印的官方交往，使得作为"厚赐罽宾"之副产品的"抚慰"升级为一次旷日持久的正式访问。

2.3　戒日王第二次遣使中国

2.3.1　时间

唐太宗初次遣使携带玺书到达天竺后，戒日王立即派遣使臣随梁怀璥入宫，再次朝贡。唐太宗一使的时间不晚于642年，戒日王二使的时间应该就在642年当年，因唐太宗二使在戒日王二使到达之后，于643年三月派出，为"送婆罗门客还国"。

2.3.2　复遣使

据《旧唐书》："（尸罗逸多）因遣使朝贡。"③

据《新唐书》："（尸罗逸多）复遣使者随入朝。"④

史书中没有关于戒日王二使细节的记载，然而戒日王对待唐太宗一使及玺书的态度极大地"取悦"了唐太宗。这不仅使戒日王的第二次遣使具有重要意义，也使得唐太宗把中印交往提升到一个新的高度，

---

① 《旧唐书》卷一九八《西戎》"天竺"条，第5307页。

② 《新唐书》卷二二一上《西域上》"天竺"条，第6237~6238页。

③ 《旧唐书》卷一九八《西戎》"天竺"条，第5307页。

④ 《新唐书》卷二二一上《西域上》"天竺"条，第6238页。

并决定正式派遣使臣访问印度。

2.4　唐太宗第二次遣使印度

唐太宗的第二次遣使是太宗一朝比较重要的正式遣使，持续时间长，出使内容多，留下的史料也相对丰富。

2.4.1　时间

据《法苑珠林》：“粤以大唐贞观十七年（643）三月内爰发明诏，令使人朝散大夫行卫尉寺丞上护军李义表、副使前融州黄水县令王玄策等送婆罗门客还国。其年（贞观十七年）十二月（644年初）至摩伽陀国。因即巡省佛乡，览观遗踪。圣迹神化，在处感征。”①

可知唐太宗二使的出使时间为贞观十七年（643）农历三月，于当年农历十二月（644年初）到达印度。出使的直接目的是“送婆罗门客还国”，还包括“巡省佛乡，览观遗踪”等内容。“婆罗门客”即指戒日王二使的使者，因而也可佐证戒日王二使的出使时间在642年。

又据《法苑珠林》：“比汉使奉敕往摩伽陀国摩诃菩提寺立碑。至贞观十九年（645）二月十一日，于菩提树下塔西建立，使典司门令史魏才书。”②

可知此次出使的归国时间在贞观十九年（645）农历二月十一日之后，历时长达一年有余。

2.4.2　使臣及官阶

据《旧唐书》：“（太宗）复遣卫尉丞李义表报使。”③及《新唐书》：“（太宗）诏卫尉丞李义表报之。”④

又据《法苑珠林》：“（太宗）乃命使人朝散大夫行卫尉寺丞上护军李义表、副使前融州黄水县令王玄策等二十二人巡抚其国。”⑤

正使李义表为卫尉寺丞（职），从六品上。⑥

---

① 《法苑珠林》卷二九《感通篇》第二一《圣迹部》第二，第911页。

② 《法苑珠林》卷二九《感通篇》第二一《圣迹部》第二，第908~909页。

③ 《旧唐书》卷一九八《西戎》“天竺”条，第5307页。

④ 《新唐书》卷二二一上《西域上》“天竺”条，第6238页。

⑤ 《法苑珠林》卷二九《感通篇》第二一《圣迹部》第二，第908页。

⑥ 《新唐书》卷四八《百官志三》，第1248页，“卫尉寺，卿一人，从三品；少卿二人，从四品；丞二人，从六品上”。

李义表的官职，《旧唐书》、《新唐书》称为“卫尉丞”，卫尉丞是卫尉寺丞的简称；《法苑珠林》称为“朝散大夫（散）行卫尉寺丞（职）上护军（勋）”，职事官卫尉寺丞为从六品上。

副使王玄策为融州黄水县令（职），从七品下。[①]

据《法苑珠林》：“比汉使奉敕往摩伽陀国摩诃菩提寺立碑。至贞观十九年（645）二月十一日，于菩提树下塔西建立，使典司门令史魏才书。”[②]

书写大觉寺碑文的是典司门令史（职）魏才，为不入品的小官。

又据《法苑珠林》：“其匠宋法智等巧穷圣容，图写圣颜。来到京都，道俗竞摸。”[③]参见《慈恩传》：“麟德元年（664）春正月……至二十三日，（玄奘）设斋亲施。其日又命塑工宋法智于嘉寿殿竖菩提像骨已，因从寺众及翻经大德并门徒等乞欢喜辞别。”[④]

图写弥勒所造佛像的是匠人宋法智。随李义表、王玄策出使印度的匠人宋法智正是《慈恩传》中记载的塑工宋法智。[⑤]

综上所述，唐太宗第二次遣使访印，使者共22人。正使为卫尉寺丞（从六品上）李义表，副使为融州黄水县令（从七品下）王玄策，此外还有书写大觉寺碑文的典司门令史（无品）魏才和匠人宋法智等20人。这个规模庞大的外交使团担负着旷日持久、内容丰富的外交

① 《新唐书》卷四九下《百官志四下》，第1318~1319页，“京县，令各一人，正五品上；丞二人，从七品上；主簿二人，从八品上；录事二人，从九品下；尉六人，从八品下。畿县，令各一人，正六品上；丞一人，正八品下；主簿一人，正九品上；尉二人，正九品下。上县，令一人，从六品上；丞一人，从八品下；主簿一人，正九品下；尉二人，从九品上。中县，令一人，正七品上；丞一人，从八品下；主簿一人，从九品上；尉一人，从九品下。中下县，令一人，从七品上；丞一人，正九品上；主簿一人，从九品上；尉一人，从九品下。下县，令一人，从七品下；丞一人，正九品下；主簿一人，从九品上；尉一人，从九品下。”又据《新唐书》卷四三上《地理志七上》，第1108页，“融州融水郡，下。武德四年析始安郡之义熙置。土贡：金、桂心。户千二百三十二。县二。融水，[下。本义熙，武德四年（621）析置临牂、黄水、安修三县，（武德）六年（623）更名。贞观十三年（639）省安修入临牂。]武阳。[下。天宝初并黄水、临牂二县更置。]”融州黄水县是融州融水郡的下县融水县分割而成的三县之一，因而该县县令应属从七品下。参见邱树森主编《中国历代职官辞典》，江西教育出版社，1991，第323页，唐县分六等，均置令。京县正五品上，上县从六品上，中县正七品上，中下县从七品上，下县从七品下。

② 《法苑珠林》卷二九《感通篇》第二一《圣迹部》第二，第908~909页。

③ 《法苑珠林》卷二九《感通篇》第二一《圣迹部》第二，第906~909页。

④ 《慈恩传》卷一〇，第219~221页。

⑤ 冯承钧《王玄策事辑》，《清华大学学报》（自然科学版）1932年第S1期，第12~13页。

使命。

2.4.3　送婆罗门客，随往大夏

贞观十七年农历十二月（644 年初），李义表、王玄策一行到达印度。

据《旧唐书》："太宗以其地远，礼之甚厚，复遣卫尉丞李义表报使。尸罗逸多遣大臣郊迎，倾城邑以纵观，焚香夹道，逸多率其臣下东面拜受敕书。"①

据《新唐书》："（太宗）诏卫尉丞李义表报之，大臣郊迎，倾都邑纵观，道上焚香，尸罗逸多率群臣东面受诏书。"②

据《续高僧传》："使既西返，又勅王玄策等二十余人，随往大夏，并赠绫帛千有余段，王及僧等数各有差，并就菩提寺僧召石蜜匠，乃遣匠二人，僧八人，具到东夏。寻勅往越州，就甘蔗造之，皆得成就。"③

又据《法苑珠林》："昔汉魏君临，穷兵用武，兴师十万，日费千金，犹尚北勒阗颜，东封不到。大唐牢笼六合，道冠百王。文德所加，溥天同附。是故身毒诸国，道俗归诚。皇帝愍其忠款，遐轸圣虑。乃命使人朝散大夫行卫尉寺丞上护军李义表、副使前融州黄水县令王玄策等二十二人巡抚其国。"④"粤以大唐贞观十七年（643）三月内爰发明诏，令使人朝散大夫行卫尉寺丞上护军李义表、副使前融州黄水县令王玄策等送婆罗门客还国。其年（贞观十七年）十二月（644 年初）至摩伽陀国。因即巡省佛乡，览观遗踪。圣迹神化，在处感征。"⑤

唐太宗二使的直接目的是"送婆罗门客还国"；官方内容是礼遇天竺，"愍其忠款，遐轸圣虑"，受到了戒日王君臣的"郊迎"、"纵观"、"焚香夹道"、"东面拜受敕书"等盛情接待；"随往大夏，并赠绫帛"亦是题中之义；另一重要目的是"取熬糖法"；附带内容是"巡省佛乡，

① 《旧唐书》卷一九八《西戎》"天竺"条，第 5307 页。

② 《新唐书》卷二二一上《西域上》"天竺"条，第 6238 页。

③ 《续高僧传》卷四《玄奘传》，《大正藏》卷五〇，T2060 号，第 454 页下栏。"随往大夏"，表明随行者不仅有婆罗门客，很可能还有大夏国使臣。太宗此次遣使，不仅为礼遇印度，还包括赏赐大夏的内容。

④ 《法苑珠林》卷二九《感通篇》第二一《圣迹部》第二，第 908 页。

⑤ 《法苑珠林》卷二九《感通篇》第二一《圣迹部》第二，第 911 页。

览观遗踪”，包括“鹫峰山刻铭”、“大觉寺立碑”和“观礼佛足迹石”。

2.4.4 取熬糖法

一些学者援引《新唐书》记载：“摩揭它，一曰摩伽陀，本中天竺属国。……贞观二十一年（647），始遣使者自通于天子，献波罗树，树类白杨。太宗遣使取熬糖法，即诏扬州上诸蔗，拃沈如其剂，色味愈西域远甚。”[①] 认为“取熬糖法”的时间在贞观二十一年（647），也就是唐太宗第三次遣使的时间。[②] 事实并非如此。摩揭陀国即戒日王所在之中印度。史籍所载贞观二十一年（647）为戒日王三使到达长安的时间，但并非指太宗遣使取熬糖法的时间。

据《续高僧传》卷四《玄奘传》：“使既西返，又勅王玄策等二十余人，随往大夏，并赠绫帛千有余段，王及僧等数各有差，并就菩提寺僧召石蜜匠，乃遣匠二人，僧八人，具到东夏。寻勅往越州，就甘蔗造之，皆得成就。先是菩提寺僧三人送经初至。下勅普请京城设斋，仍于弘福译大严等经。不久之间，奘信又至。乃勅且停，待到方译。”[③]

诸多细节表明，这段史料讲述的是唐太宗的第二次遣使。

第一，唐太宗二使共计 22 人，三使则有 32 人。此处所载“二十余人”，在人数上与唐太宗二使相符。

第二，唐太宗二使有在大觉寺（摩诃菩提寺）立碑的记载，此处所载“就菩提寺召石蜜匠”，也与此史实相符。王玄策在摩揭陀国大觉寺获得熬糖法后奉命前往越州监制石蜜。李义表等人则在大觉寺立碑后归国。

第三，菩提寺僧三人先行动身，送佛经到达长安，不久之后，“奘信又至”。参见《慈恩传》卷五：“（玄奘）既至沙洲，又附表。时帝在洛阳宫。表至，知法师渐近。”[④] 三位菩提寺僧人送佛经先行出发并到达

---

① 《新唐书》卷二二一上《西域上》“天竺”条，第 6239 页。

② 季羡林先生认为“太宗遣使取熬糖法”的时间在贞观二十一年（647）。见季羡林《季羡林文集》第十卷《糖史（二）》，江西教育出版社，1998，第 82~83 页。张远：《戒日王与中国：一位印度名王的故事》，《文史知识》2013 年第 11 期，第 20 页，亦将“取熬糖法”归入唐太宗第三次遣使。孙修身也认为“取熬糖法”属于唐太宗第三次遣使、王玄策第二次出使的内容。见孙修身《唐初中国和尼泊尔王国的交通》，《敦煌研究》1999 年第 1 期，第 100~109 页。

③ 《续高僧传》卷四《玄奘传》，《大正藏》卷五〇，T2060 号，第 454 页下栏。

④ 《慈恩传》卷五，第 125 页。

长安的时间应在玄奘抵达长安之前，即贞观十九年（645）正月二十四日[①]之前。这也与太宗二使归国的时间，即贞观十九年（645）二月十一日之后，大致相符。

据此可以判断，“取熬糖法”属于唐太宗第二次遣使（643-645）的内容，而不是在唐太宗三使的贞观二十一年（647）。

2.4.5　鹫峰山刻铭

李义表、王玄策一行于贞观十九年（645）正月二十七日到达王舍城（Rājagṛha），“遂登耆阇崛山（鹫峰山），流目纵观，傍眺罔极。自佛灭度千有馀年，圣迹遗基，俨然具在，一行一坐，皆有塔记。自惟器识边鄙，忽得躬睹灵迹，一悲一喜，不能裁抑。因铭其山，用传不朽。欲使大唐皇帝，与日月而长明；佛法弘宣，共此山而同固。”于是在鹫峰山（Gṛdhrakūṭa）[②]留下铭文：

大唐出震，膺图龙飞。
光宅率土。恩覃四夷。
化高三五，德迈轩羲。
高悬玉镜，垂拱无为。[其一]
道法自然，儒宗随世。
安上作礼，移风乐制。
发于中土，不同叶裔。
释教降此，运于无际。[其二]
神力自在，应化无边。
或涌于地，或降于天。
百亿日月，三千大千。
法云共扇，妙理俱宣。[其三]
郁乎此山，奇状增多。
上飞香云，下临澄波。
灵圣之所降集，贤懿之所经过。
存圣迹于危峰，伫遗趾于岩阿。[其四]

① 杨廷福:《玄奘年谱》(1988)，第210~211页。
② 《西域记》卷九《摩揭陀国下》，第726页注释一，鹫峰山，又译耆阇崛、姞栗陀罗矩吒、姞栗陁罗矩吒、揭梨驮罗鸠胝、鹫头、灵鹫等。

参差岭嶂，重叠岩廊。

铿锵宝铎，氛氲异香。

览华山之神踪，勒贞碑于崇岗。

驰大唐之淳化，齐天地之久长。[其五]”①

铭文内容无甚新意，其程式化的歌功颂德的语句在中原大地亦不难见到，然而刻于印度鹫峰山则尚属首次。铭文原迹今已不存。幸而可在汉文史料之中保留些许原貌。

2.4.6 大觉寺立碑

贞观十九年（645）二月十一日，李义表一行在摩揭陀国大觉寺（Mahābodhi-vihāra，音译摩诃菩提寺）立碑。

据《法苑珠林》："比汉使奉敕往摩伽陀国摩诃菩提寺（大觉寺）立碑。至贞观十九年（645）二月十一日，于菩提树下塔西建立，使典司门令史魏才书。

昔汉魏君临，穷兵用武，兴师十万，日费千金，犹尚北勒阗颜，东封不到。大唐牢笼六合，道冠百王。文德所加，溥天同附。是故身毒诸国，道俗归诚。皇帝愍其忠款，遐轸圣虑。乃命使人朝散大夫行卫尉寺丞上护军李义表、副使前融州黄水县令王玄策等二十二人，巡抚其国。遂至摩诃菩提寺。其寺所菩提树下金刚之座，贤劫千佛并于中成道。观严饰相好，具若真容；灵塔净地，巧穷天外。此乃旷代所未见，史籍所未详。皇帝远振鸿风，光华道树，爰命使人届斯瞻仰。此绝代之盛事，不朽之神功。如何寝默咏歌，不传金石者也！乃为铭曰：

大唐抚运，膺图寿昌。

化行六合，威稜八荒。

身毒稽颡，道俗来王。

爰发明使，瞻斯道场。

金刚之座，千佛代居。

尊容相好，弥勒规摹。

灵塔壮丽，道树扶疏。

① 《法苑珠林》卷二九《感通篇》第二一《圣迹部》第二，第911~912页。

历劫不朽，神力焉如。”[①]

这是唐使第一次在大觉寺立碑。王玄策第三次出使印度时，于高宗显庆五年（660）再次在大觉寺立碑。[②] 据《新唐书》：“高宗又遣王玄策至其国摩诃菩提祠立碑焉。”[③] 又据《酉阳杂俎》：“菩提树，出摩伽陀国，在摩诃菩提寺，盖释迦如来成道时树，一名思惟树。……唐贞观中，频遣使往，于寺设供，并施袈裟。至高宗显庆五年（660），于寺立碑，以纪圣德。”[④]

鹫峰山铭与大觉寺碑均已不存。这些唐朝使臣在印度留下的珍贵印记也只能在汉文史料之中窥见端倪。

2.4.7　观礼佛足迹石

在摩揭陀国，李义表、王玄策一行还观礼了位于阿育王精舍中的佛足迹石并留下拓片。这个佛足迹石拓片（佛足迹图）刻于长安普光寺内，在中国流传，又为日本遣唐使黄书本实转拓，东传日本。

日本奈良药师寺佛足迹石东面（即正面）刻有此石由来及功德的铭文（共 20 行）[⑤]：

L1

释迦牟尼佛足迹图

L2

案《西域传》云：今摩竭陀国，昔阿育王方精舍中，有一大[石]。

L3

① 《法苑珠林》卷二九《感通篇》第二一《圣迹部》第二，第 908~909 页。

② 王玄策第三次出使印度的时间为高宗显庆三年（658）六月。1990 年在西藏自治区吉隆县附近发现的唐代汉文摩岩石刻铭文《大唐天竺使之铭》中记载了王玄策第三次出使的路线、王玄策的职官等信息。参见霍巍《〈大唐天竺使出铭〉相关问题再探》，《中国藏学》2001 年第 1 期，第 37~50 页；Wang Bangwei（王邦维）: “New Evidence on Wang Xuance's Missions to India”, In: Vohra, N. N., ed., *India and East Asia: Culture and Society*, Delhi (India): Shipra Publications，2002，第 41~46 页；郭声波：《〈大唐天竺使之铭〉之文献学研识》，《中国藏学》2004 年第 3 期，第 108~118 页；廖祖桂：《〈大唐天竺使之铭〉词语释读辨析》，《中国藏学》2005 年第 2 期，第 3~8 页，等。这次出使与戒日王并无关联，故此处从略。

③ 《新唐书》卷二二一上《西域上》“天竺”条，第 6239 页。

④ 《酉阳杂俎》前集卷一八《广动植三》“菩提树”条，第 176~177 页；参见《太平广记》卷四〇六“菩提树”条，第 3277~3278 页。

⑤ 铭文原文引自孙修身《王玄策事迹钩沉》（1998），第 159~160 页。

有佛足迹，各长一尺八寸，广六寸，轮相花纹，十指各异。是佛

L4

欲涅槃，北趣拘尸，南望王城，足所蹈处，近为金耳国商迦王（设赏迦王）

L5

不信正法，毁坏佛迹，凿已还平，文相如故。又［捐］［于］［河］

L6

中，寻复本处。今现图写，所在流布，《观佛三昧［经］》。

L7

若人见佛足迹，内［心］敬重，无量重罪，由此而灭。

L8

非有幸之所教乎？又北印度乌仗那国，东北二百五十里，

L9

入大山，有龙泉河源，春［夏］［含］［冻］，晨夕飞雪，有毒恶

L10

龙，常雨水灾。如来往化，令金刚神，以杵击崖，

L11

龙王惊怖，归（皈）依于佛。恐恶心起，留迹示之。于泉南大石上，现其［双］

L12

迹，随心浅深，量有长短，今丘慈（龟兹）国，城北四十里寺佛堂

L13

中，玉石之上，亦有佛迹，斋日放光。道俗至时，同往［庆］

L14

修。《观佛三昧经》，佛在世时，若有众生，见佛行者，［及］

L15

见千辐轮相，除千劫极重恶罪；佛去世后，想

L16

佛行者，亦除千劫极重罪业，虽不想行，见佛迹者，见

L17

像行者，步步之中，亦除千劫极重罪业，观如来

L18

足下平满不容一毛，足下千辐轮相，毂辋（辋）具足，鱼鳞相次。

L19

金刚杵相，足迹亦有梵王顶相，众蠡之相，不遇诸[恶]，

L20

是为[胜]祥。

日本奈良药师寺佛足迹石南面，刻有此石制作过程的铭文（共17行）[①]：

L1

大唐使人王玄策，向中天竺鹿

L2

野园中，转法轮处，因见

L3

迹，得转写，搭（拓）是第一本。

L4

日本使人黄文（书）本实，向

L5

大唐国，于普光寺，得转

L6

写，搭（拓）是第二本。此本在

L7

右京四条一坊禅院，向禅

L8

院坛，披见神迹，敬[转]写

L9

搭（拓）是第三本。从天平胜

L10

宝五年（753年）岁次癸巳七月十五日，尽

① 铭文原文引自孙修身《王玄策事迹钩沉》（1998），第160~161页。

L11

廿七日，并十三个日作[了]。檀

L12

主从三位智努王，以天平胜

L13

宝四年（752）岁次壬辰九月七日，

L14

改王[字]成文室真人智努。

L15

画书手越田安万书写。

L16

神石手 ^^^ 吕人足，

L17

^ 仁奉 ^^^ 人。

东面（正面）铭文内容，可与《西域记》卷八、《慈恩传》卷三、《释迦方志》卷下、《法苑珠林》卷二九关于佛足迹石的部分相印证。孙修身认为此铭文来自散佚的王玄策《中天竺国行记》（又名《西域传》）[①]，证据并不充分。不过《法苑珠林》很可能使用了王玄策的记载。

据《法苑珠林》："又从南行百五十里，度殑伽河，至摩揭陀国，属中印度。城少人居，邑落极多。故城在王舍城山北，倚东二百四十里，北临殑伽河。故宫北石柱高数丈，昔无忧王作地狱处，是频婆娑罗王之曾孙也。王即戒日之女婿也。所治城名华氏城。王宫多华，故因名焉。石柱南有大塔，即八万四千之塔一数也。安佛舍利一升，时有光瑞，即是无忧王造，近护罗汉役鬼神所营。其侧精舍中有大石，是佛欲涅槃，北趣拘尸，南顾摩揭。故蹈石上之双足迹，长尺八寸，广六寸，轮相华文，十指各异。近为恶王金耳毁坏佛迹，凿已还平，文采如故。乃捐殑伽河中，寻复本处。贞观二十三年（649）有使图写迹来。"[②]"（摩揭陀）王即戒日之女婿也"、"贞观二十三年（649）有使

① 孙修身：《王玄策事迹钩沉》（1998），第165页。

② 《法苑珠林》卷二九《感通篇》第二一《圣迹部》第二，第904页。

图写迹来”等记载未见于其他史料。贞观二十三年（649）的时间记载可能有误，[①] 又或许“有使”并非指王玄策，而是另有其人。

据南面铭文，佛足迹图确为王玄策所拓。王玄策第二次出使印度在贞观二十一年（647），贞观二十二年（648）已归国，并非贞观二十三年，且忙于迎战阿罗那顺，无暇巡礼佛迹。因而这个佛足迹石拓片的第一本应为唐太宗二使、王玄策第一次出使印度（643–645）、巡礼佛迹时所拓，而后为日本遣唐使黄书本实转拓，东传日本。日本奈良药师寺碑勒成的时间为天平胜宝五年（753）七月十五日至二十七日的十三日内。[②]

2.5　戒日王第三次遣使中国

2.5.1　时间

唐太宗第二次遣使印度之后，戒日王又第三次遣使中国。

据《旧唐书》：“（尸罗逸多）复遣使献火珠及郁金香、菩提树。”[③] 及《新唐书》：“（尸罗逸多）复献火珠、郁金、菩提树。”[④]

《新唐书》又称：“摩揭它，一曰摩伽陀（摩揭陀），本中天竺属国。……贞观二十一年（647），（摩揭陀王）始遣使者自通于天子，献波罗树，树类白杨。”[⑤]

戒日王初次遣使上书，自称“摩伽陀王”。此处的摩揭陀王即戒日王。据《西域记》卷八《摩揭陀国上》：“金刚座上菩提树者，即毕钵罗（pippala）之树也。”[⑥] 毕钵罗是梵语 pippala 的音译，简称波罗。波罗树也就是菩提树。由此可见，摩揭陀国献波罗树与尸罗逸多（戒日王）献菩提树其实是同一条史料，被史官误拆成了两条史料。

因此，戒日王第三次遣使到达中国的时间为贞观二十一年（647）。

---

① 孙修身认为“贞观二十三年有使图写迹来”记载有误。参见孙修身《王玄策事迹钩沉》（1998），第 166~167 页。

② 前人学者有天平胜宝元年（749）、天平胜宝四年（752）、天平胜宝五年（753）等说法。此处依天平胜宝五年（753）的说法。参见孙修身《王玄策事迹钩沉》（1998），第 163 页。

③ 《旧唐书》卷一九八《西戎》“天竺”条，第 5307 页。

④ 《新唐书》卷二二一上《西域上》“天竺”条，第 6238 页。

⑤ 《新唐书》卷二二一上《西域上》“天竺”条，第 6239 页。

⑥ 《西域记》卷八《摩揭陀国上》，第 670 页。

印中遣使均为一来一往。从唐太宗三使返回中国的时间（648 年 6 月 16 日）可以推测唐太宗三使从中国出发的时间为 647 年上半年之前。因而戒日王三使到达中国的时间（早于唐太宗三使出发的时间）亦为 647 年上半年。

2.5.2　献火珠、郁金香、菩提树

《旧唐书》、《新唐书》均明确记载了戒日王此次遣使携带的贡物：火珠、郁金香、菩提树。[①]

据《西域记》，迦湿弥罗国“出龙种马及郁金香、火珠、药草”；[②] 屈露多国“出金、银、赤铜及火珠、雨石”。[③] 据《旧唐书》，波斯[④]、林邑[⑤]、堕和罗国[⑥]盛产火珠。

唐朝时期，火珠主要见于西南各国贡物，中印度并不盛产，可见其对于戒日王来说亦属于稀有宝物。

又据《慈恩传》：“又西北行三日，至信度大河。河广五六里。经像及同侣人并坐船而进，法师乘象涉渡。时遣一人在船看守经及印度诸异华种。将至中流，忽然风波乱起，摇动船舫，数将覆没。守经者惶惧堕水，众人共救得出。遂失五十夹经本及华种等，自馀仅得保全。时迦毕试王先在乌铎迦汉荼城，闻法师至，躬到河侧奉迎，问曰：‘承师河中失经，师不将印度华果种来？’答曰：‘将来。’王曰：‘鼓浪倾船，事由于此。自昔以来，欲将华种渡者，并然。”[⑦]

玄奘法师行至信度河，船载印度各种奇异花种渡河，突然狂风大作，花种尽数失落河中。迦毕试王解释说，自古以来，如果有人想携带印度花种渡河，都会遭遇风浪。由此可知印度传统上认为不能将印度花

① 《旧唐书》卷一九八《西戎》“天竺”条，第 5307 页，“（尸罗逸多）复遣使献火珠及郁金香、菩提树”；《新唐书》卷二二一上《西域上》“天竺”条，第 6238 页，“（尸罗逸多）复献火珠、郁金、菩提树”。

② 《西域记》卷三《迦湿弥罗国》，第 321 页。

③ 《西域记》卷四《屈露多国》，第 372 页。

④ 《旧唐书》卷一九八《西戎》“波斯”条，第 5312 页。

⑤ 《旧唐书》卷一九七《南蛮西南蛮》“林邑国”条，第 5270 页，“（贞观）四年（630），其王范头黎遣使献火珠，大如鸡卵，圆白皎洁，光照数尺，状如水精，正午向日，以艾承之，即火燃”。

⑥ 《旧唐书》卷一九七《南蛮西南蛮》“堕和罗国”条，第 5273 页，“（贞观）二十三年（649），又遣使献象牙、火珠，请赐好马，诏许之”。

⑦ 《慈恩传》卷五，第 114~115 页。

果的种子带离本土。这一传统在之前的中印交流史研究中并未引起学者们的足够关注。我们将玄奘的这段珍贵记载与戒日王的贡物联系在一起就可以知道，戒日王既献上稀有的火珠，又献上郁金香和菩提树，是在印度文化背景之下具有特殊意义的举动，表明印中的交往已到达相当高度，而戒日王本人为促进中印交往所做的努力，心意至诚。

2.6　唐太宗第三次遣使印度

2.6.1　时间

据《旧唐书》:“(贞观二十二年)(648)五月庚子，右卫率长史王玄策击帝那伏帝国，大破之，获其王阿罗那顺及王妃、子等，虏男女万二千人、牛马二万余以诣阙。”①王玄策等返回京师、阙下献俘的时间是648年农历5月20日(公历6月16日)。据《新唐书》:“(贞观)二十二年(648)，遣右卫率府长史王玄策使其国，以蒋师仁为副。”②唐太宗派遣王玄策等出使的时间为648年。据《资治通鉴》，648年农历5月20日，王玄策大破阿罗那顺。《资治通鉴》的记载有歧义，既可以理解成王玄策战胜阿罗那顺的时间，也可理解成在长安献俘的时间。参照《旧唐书》,《资治通鉴》应指献俘时间。《旧唐书》与《资治通鉴》记载吻合。如此看来,《新唐书》中所称出使时间，其实是泛指648年献俘的那次出使。因此，当依《旧唐书》，648年农历5月20日(公历6月16日)，王玄策返京献俘。

据《法苑珠林》:“粤以大唐贞观十七年(643)三月内爰发明诏，令使人朝散大夫行卫尉寺丞上护军李义表、副使前融州黄水县令王玄策等送婆罗门客还国。其年十二月至摩伽陀国。”③及《求法传》卷上《玄照传》:“以九月而辞苦部，正月便到洛阳，五月之间，途经万里。”④可知唐使经九个月到达印度，玄照经五个月从印度返回洛阳，平均需要七个月时间。如果王玄策一行于648年6月16日到达长安，那么他从印度出发的时间应为647年11月前后，从中国出发的时间应为647

①　《旧唐书》卷三《太宗本纪下》，第61页。

②　《新唐书》卷二二一上《西域上》“天竺”条，第6238页。

③　《法苑珠林》卷二九《感通篇》第二一《圣迹部》第二，第911~912页。

④　《求法传》卷上《玄照传》，第10页。

年上半年，若算上他接受四天竺朝贡、奔赴吐蕃、泥婆罗等国借兵及破敌的时日，其出发时间还应更早。

公元647年上半年，王玄策（第二次）出使印度；王玄策一行先到达四天竺，得到诸国朝贡（并无“国中大乱”）；其后，“未至”中天竺，“会中天竺王尸罗逸多死，国中大乱”，乱臣阿罗那顺篡立，发胡兵擒获王玄策随从，“尽掠诸国贡物”；王玄策“挺身宵遁”，向吐蕃借精兵一千二百，向泥婆罗国借骑兵七千余骑，章求拔国亦发兵来赴，遂大破阿罗那顺；648年6月16日，王玄策返回长安，献俘阙下。

2.6.2 使臣及官阶

据《新唐书》：“（贞观）二十二年（648），遣右卫率府长史王玄策使其国，以蒋师仁为副。……玄策执阿罗那顺献阙下。有司告宗庙，帝曰：‘夫人耳目玩声色，口鼻耽臭味，此败德之原（源）也。婆罗门不劫吾使者，宁至俘虏邪？’擢玄策朝散大夫。”①

又据《旧唐书》：“玄策从骑三十人与胡御战，不敌，矢尽，悉被擒。胡并掠诸国贡献之物。……于是天竺震惧，俘阿罗那顺以归。（贞观）二十二年（648）至京师，太宗大悦，……拜玄策朝散大夫。”②

可知，唐太宗第三次遣使访印，使者共32人。正使王玄策出使之时官拜右卫率府长史（职），正七品上；③返回京师后擢为朝散大夫

① 《新唐书》卷二二一上《西域上》“天竺”条，第6238页。参见《旧唐书》卷一九八《西戎》“天竺”条，第5307~5308页，“（贞观）二十二年（648）至京师，太宗大悦，命有司告宗庙，而谓群臣曰：‘夫人耳目玩于声色，口鼻耽于臭味，此乃败德之源。若婆罗门不劫掠我使人，岂为俘虏耶？昔中山以贪宝取弊，蜀侯以金牛致灭，莫不由之。’拜玄策朝散大夫。”

② 《旧唐书》卷一九八《西戎》“天竺”条，第5307~5308页。

③ 《新唐书》卷四九上《百官志四上》，第1299~1300页，“太子左右率府，率各一人，正四品上；……长史各一人，正七品上”；参见沈起炜、徐光烈编著《中国历代职官词典》，上海辞书出版社，1992，第2~3页，“十率，唐始统一名称，分为十率，即左右卫率、左右司御率、左右清道率、左右监门率、左右内率，合称为十率。其官署称率府，其长官为率府率，副官有率府副率、长史及录事参军、诸曹参军等”；邱树森主编《中国历代职官辞典》，江西教育出版社，1991，第130~131页，“长史，战国秦置。隋于左右卫、武卫等府各置一人，亲王府及地方州亦置，品秩自正七品上至从七品上不等。唐十六卫、六军及东宫府置，掌判诸曹、亲勋翊王府及武安等五十府事，都督府及地方州府亦置”。

（散），从五品下。[①] 副使蒋师仁官职不详。侍卫骑兵 30 人。

2.6.3　王玄策破阿罗那顺之役

"借兵大破阿罗那顺[②]" 是王玄策一生最为精彩的瞬间，也是最为时人所津津乐道的情节。

据《旧唐书》："先是遣右率府长史王玄策使天竺，其四天竺国王咸遣使朝贡。会中天竺王尸罗逸多死，国中大乱，其臣那伏帝阿罗那顺篡立，乃尽发胡兵以拒玄策。玄策从骑三十人与胡御战，不敌，矢尽，悉被擒。胡并掠诸国贡献之物。玄策乃挺身宵遁，走至吐蕃，发精锐一千二百人，并泥婆罗国七千余骑，以从玄策。玄策与副使蒋师仁率二国兵进至中天竺国城，连战三日，大破之，斩首三千余级，赴水溺死者且万人，阿罗那顺弃城而遁，师仁进擒获之。虏男女万二千人，牛马三万余头匹。于是天竺震惧，俘阿罗那顺以归。" [③]

据《新唐书》："（贞观）二十二年（648），遣右卫率府长史王玄策使其国，以蒋师仁为副；未至，尸罗逸多死，国人乱，其臣那伏帝阿罗那顺自立，发兵拒玄策。时从骑纔数十，战不胜，皆没，遂剽诸国贡物。玄策挺身奔吐蕃西鄙，檄召邻国兵。吐蕃以兵千人来，泥婆罗以七千骑来，玄策部分进战茶镈和罗城，三日破之，斩首三千级，溺水死万人。阿罗那顺委国走，合散兵复阵，师仁禽（擒）之，俘斩千计。馀众奉王妻息阻乾陀卫江，师仁击之，大溃，获其妃、王子，虏男女万二千人，杂畜三万，降城邑五百八十所。" [④]

王玄策共借三国之兵。首先是吐蕃精兵一千二百人。

另见于《旧唐书》卷三《太宗本纪下》："（贞观二十二年）（648）吐蕃赞普击破中天竺国，遣使献捷。" [⑤] 及卷一九六上《吐蕃上》："（贞

---

① 《新唐书》卷四六《百官志一》，第 1187 页，"从五品下曰朝散大夫"；参见邱树森主编《中国历代职官辞典》，江西教育出版社，1991，第 620 页，及沈起炜、徐光烈编著《中国历代职官词典》，上海辞书出版社，1992，第 333 页，"朝散大夫，文散官名。隋朝置。唐二十九阶之十三，从五品下"。

② 阿罗那顺，全名那伏帝阿罗那顺，梵名还原为 Senapati Arunāśva，Arjuna 或 Arunaśa，见 Devahuti（1998），第 245 页注释五；Shankar Goyal（2006），第 310 页注释二；Upinder Singh（2008），第 550 页。

③ 《旧唐书》卷一九八《西戎》"天竺"条，第 5307~5308 页。

④ 《新唐书》卷二二一上《西域上》"天竺"条，第 6238 页。

⑤ 《旧唐书》卷三《太宗本纪下》，第 61 页。

观）二十二年（648），右卫率府长史王玄策使往西域，为中天竺所掠，吐蕃发精兵与玄策击天竺，大破之，遣使来献捷。”①

其次是泥婆罗骑兵七千人。

另见于《旧唐书》卷一九八《西戎》“泥婆罗”条：“贞观中，卫尉丞李义表往使天竺，涂（途）经其国，那陵提婆见之，大喜，与义表同出观阿耆婆沵池。周回二十馀步，水恒沸，虽流潦暴集，烁石焦金，未尝增减。以物投之，即生烟焰，悬釜而炊，须臾而熟。其后王玄策为天竺所掠，泥婆罗发骑与吐蕃共破天竺有功。”②

最后是章求拔国，也派兵相助。

据《新唐书》卷二二一上《西域上》“摩伽陀”条：“贞观二十年（646），（章求拔国）其王罗利多菩伽因悉立国遣使者入朝。玄策之讨中天竺，发兵来赴，有功，由是职贡不绝。”③

然而，中国官方史料中记载的王玄策借兵获胜、京城献俘，很可能与事实情况不符。王玄策以三十骑使团借三国之兵，“檄召邻国兵”④的说法不足以证明王玄策对于三国军队具有领导或指挥的权力，亦无法排除三国趁天竺“国中大乱”之际率军南下、攻城略地的嫌疑。⑤据《旧唐书》卷三《太宗本纪下》：“（贞观二十二年）（648）吐蕃赞普击破中天竺国，遣使献捷。”⑥献俘者并非王玄策，而是吐蕃赞普。泥婆罗国是吐蕃的附属国。因而，这场名曰王玄策借兵破阿罗那顺的战役，事实上更可能是吐蕃、泥婆罗等国借援助王玄策之名、站在本国立场

① 《旧唐书》卷一九六上《吐蕃上》，第5222页。

② 《旧唐书》卷一九八《西戎》“泥婆罗”条，第5290页。

③ 《新唐书》卷二二一上《西域上》“摩伽陀”条，第6240页。

④ 《新唐书》卷二二一上《西域上》“天竺”条，第6238页。

⑤ 据孙英刚教授分析，王玄策使团三十余人，且大半被阿罗那顺俘虏或杀害，没有率领三国军队的威信和实力，亦无法押送一万二千俘虏和三万牲畜。战争的性质并非大唐与天竺乱臣交战，而是吐蕃与泥婆罗等国联手入侵中印度。沈丹森教授认为阿罗那顺很可能袭击了中国使团，或是因为担心中国使团干预羯若鞠阇国政事，或是为了劫掠财物，并提出对汉文史料中阿罗那顺篡位叙述的质疑，认为这是史撰者为了突出大唐在战争中的正义性而进行的杜撰。参见 Sen, Tansen, *Buddhism, Diplomacy, and Trade: The Realignment of Sino-Indian Relations, 600-1400*. Honolulu: Association for Asian Studies & University of Hawaii Press, 2003，第24页。从逻辑来看，仅三十余人的中国使团不大可能率先袭击阿罗那顺。

⑥ 《旧唐书》卷三《太宗本纪下》，第61页。

上对印度发起的一次战争。

2.6.4　鸠摩罗王犒军、献地图、请老子像

据《旧唐书》:“五天竺所属之国数十，风俗物产略同。有伽没路国（Kāmarūpa），其俗开东门以向日。王玄策至，其王发使贡以奇珍异物及地图，因请老子像及《道德经》。”[①] 及《新唐书》，王玄策大破阿罗那顺后，“东天竺王尸鸠摩（Śrīkumāra）送牛马三万馈军，及弓、刀、宝缨络。迦没路国献异物，并上地图，请老子象（像）。”[②]

迦（伽）没路国，即《西域记》中的迦摩缕波国，是梵文 Kāmarūpa 的音译；东天竺王尸鸠摩，即尸利鸠摩罗的略写，梵文 Śrīkumāra，亦即《西域记》中的拘摩罗王（《慈恩传》中的鸠摩罗王），意译为（吉祥）童子王，也就是迦没路国（迦摩缕波国）的国王。[③] 史籍中送牛马三万，及弓、刀、宝璎珞等馈军的东天竺王尸鸠摩，就是献异物、上地图、请老子像的迦没路国王。史官再次将同一事件一分为二。

又据《集古今佛道论衡》卷丙:“《文帝诏令奘法师翻老子为梵文事第十》：贞观二十一年（647），西域使李义表还奏称，东天竺童子王所未有佛法，外道宗盛。臣已告云，支那大国未有佛教已前，旧有得圣人说经，在俗流布，但此文不来，若得闻者，必当信奉。彼王言：卿还本国，译为梵言，我欲见之，必道越此徒，传通不晚。登即下敕，令玄奘法师与诸道士对共译出。”[④]

综上可知，在唐太宗二使（643–645）之时，鸠摩罗王就请译《道德经》。李义表归国后上表太宗（647），太宗敕令玄奘将《道德经》译为梵文。季羡林先生引《宋高僧传》卷二七《含光传》:“又唐西域求《易》、《道经》。诏僧道译唐为梵。二教争菩提为道，纷拏不已，中辍。”认为《道德经》的翻译并未完成。[⑤] 然而从李义表上表太宗和太宗

---

① 《旧唐书》卷一九八《西戎》“天竺”条，第 5307~5308 页。

② 《新唐书》卷二二一上《西域上》“天竺”条，第 6238 页。

③ 《西域记》卷十《迦摩缕波国》，第 794~797 页，同时参见第 794~795 页注释一，第 798 页注释一、二。“迦摩缕波国，周万余里。……今王本那罗延天（Nārāyaṇa）之祚胤，婆罗门之种也，字婆塞羯罗伐摩（Bhāskaravarman）[唐言日胄]，号拘摩罗（Kumāra）[唐言童子]。”

④ 《集古今佛道论衡》卷丙，《大正藏》卷五二，T2104 号，第 386 页中栏。

⑤ 《季羡林全集》第十三卷，《学术论著五》中国文化与东西方文化（一），外语教学与研究出版社，2010，第 413 页。

下诏的史料，及鸠摩罗王对待唐太宗三使的态度，尤其鸠摩罗王并未再提及请译《道德经》一事，笔者倾向于认为唐太宗三使（647–648）之时，王玄策很可能携带已经译成梵文的《道德经》并赠予鸠摩罗王，因而才有了其后鸠摩罗王犒军及献异物、上地图，进而请赐老子像之事。只可惜无论在印度还是在中国都尚未发现《道德经》梵本。这只能是一个推论。

2.6.5 唐太宗、王玄策与婆罗门方士

获得婆罗门方士那罗迩娑婆寐（Nārāyaṇasvāmin）是唐太宗三使最为意想不到的“副产品”。这个婆罗门方士对唐太宗和王玄策本人都产生了重大影响。

据《旧唐书》:“是时就其国得方士那罗迩娑婆寐，自言寿二百岁，云有长生之术。太宗深加礼敬，馆之于金飚门内，造延年之药。令兵部尚书崔敦礼（正三品）[①]监主之，发使天下，采诸奇药异石，不可称数。延历岁月，药成，服竟不效，后放还本国。太宗之葬昭陵也，刻石像阿罗那顺之形，列于玄阙之下。”[②]

据《新唐书》:“得方士那逻迩娑婆寐，自言寿二百岁，有不死术，帝改馆使治丹，命兵部尚书崔敦礼护视。使者驰天下，采怪药异石，又使者走婆罗门诸国。所谓畔茶法水者，出石臼中，有石象人守之，水有七种色，或热或冷，能销草木金铁，人手入辄烂，以槖它髑髅转注瓠中。有树名咀赖罗，叶如梨，生穷山崖腹，前有巨虺守穴，不可到。欲取叶者，以方镞矢射枝则落，为群鸟衔去，则又射，乃得之。其诡谲类如此。后术不验，有诏听还，不能去，死长安。”[③]

又据《旧唐书》卷三《太宗本纪下》:“（贞观二十三年）（649）（五月）己巳，上崩于含风殿，年五十二。遗诏皇太子即位于柩前，丧纪宜用汉制。秘不发丧。庚午，遣旧将统飞骑劲兵从皇太子先还京，发六府甲士四千人，分列于道及安化门，翼从乃入；大行御马舆，从官侍御如常。壬申，发丧。六月甲戌朔，殡于太极殿。八月丙

① 《新唐书》卷四六《百官志一》，第1196页，“兵部，尚书一人，正三品”。
② 《旧唐书》卷一九八《西戎》“天竺”条，第5307~5308页。
③ 《新唐书》卷二二一上《西域上》“天竺”条，第6237~6239页。

子，百僚上谥曰文皇帝，庙号太宗。庚寅，葬昭陵。”[①]及《新唐书》卷二《太宗本纪》：“（贞观二十三年）（649）（五月）己巳，皇帝崩于含风殿，年五十三。庚午，奉大行御马舆还京师。礼部尚书于志宁为侍中，太子少詹事张行成兼侍中，高季辅兼中书令。壬申，发丧，谥曰文。”[②]

从矛盾含混的史料中依稀可见，唐太宗之死很可能与婆罗门方士的延年药有关。此后王玄策的宦场浮沉也将与这位婆罗门方士再续前缘。

2.7　小结

2.7.1　遣使时间

	出发时间	到达时间	返回时间
戒日王一使	640 年末或 641 年初	641 年下半年	641 年末或 642 年初
唐太宗一使	641 年末或 642 年初	642 年	642 年
戒日王二使	642 年	642 年末或 643 年初（农历三月之前）	643 年农历三月
唐太宗二使	643 年农历三月	贞观十七年农历十二月（644 年初）	645 年农历二月十一日之后
戒日王三使	646 年底或 647 年初	647 年上半年	未知
唐太宗三使	647 年上半年	647 年下半年	648 年农历五月二十日（6 月 16 日）返回京师

2.7.2　唐使及官阶

戒日王派遣的使臣职位未知。此处仅列出唐太宗所派使臣的官职和品阶。

需要特别指出的是，唐代官衔分为四类：职事官（职）、散官（散）、爵、勋。其中只有职事官属于实职，散、爵、勋，如无特别说明，均为虚衔。[③]五品以上的官员，往往各项兼备，最少也有职和散两

① 《旧唐书》卷三《太宗本纪下》，第 62 页。

② 《新唐书》卷二《太宗本纪》，第 48 页。

③ 据中国社会科学院文学研究所吴光兴教授分析，职事官与行政职能相连，具有实权；散官没有实权；爵原本包括封地，常常有名无实；勋原指军功，唐制文官也可授勋，勋官比封爵更滥。使臣在出访之前往往会被加封很高的荣誉官衔，以体现朝廷对此次外交活动的重视，而使臣的实际官职却与此并不匹配，这就如同派去和亲的汉地公主大多不是帝王之女一样。

项。五品以下则不定。[①]

太宗一使梁怀璥职官未知，勋仅为正七品上；太宗二使李义表职官为从六品上，散为从五品下，勋为正三品；王玄策第一次出使（即太宗二使）职官为从七品下，第二次出使（即太宗三使）职官为正七品上，散为从五品下。唐使的官阶总体上呈由低到高的趋势。李义表的官阶明显高于梁怀璥，王玄策的官阶虽低于李义表，但却比他自己随李义表出使之时擢升了三个等级。唐太宗派往印度的官吏职官在六七品上下，并非尚卡尔·戈亚尔（Shankar Goyal）所称"多为内政或军事要员"，[②]而是属于官品较低的非主流官吏。[③]唐使官阶情况因史料所限仅保留了职、散、勋的部分记载，如下表所示：

	使臣	官衔	职事官品阶
唐太宗一使	梁怀璥	云骑尉 （勋，正七品上）	未知
	正使何处罗拔（使罽宾）	果毅（职）	正六品下至从五品下
唐太宗二使 （共22人）	正使李义表	卫尉寺丞（职） 朝散大夫 （散，从五品下） 上护军 （勋，正三品）	从六品上
	副使王玄策	融州黄水县令（职）	从七品下
	魏才	典司门令史（职）	无品
	宋法智	匠人	非官
唐太宗三使 （共32人）	正使王玄策	右卫率府长史（职） 擢朝散大夫（散，从五品下）	正七品上
	副使蒋师仁	未知	未知

2.7.3 目的和成果

戒日王与唐太宗六次遣使的主要内容、目的和成果，略如下表：

① 向群、万毅编《岑仲勉文集》，中山大学出版社，2004，第23页。

② Shankar Goyal（2006），第230页。

③ 据北京大学南亚系王邦维先生分析，出使西域是艰苦甚至艰险的差事，因而有权有势的朝廷重臣不愿担任。

	主要目的	附属内容
戒日王一使	以摩伽陀王的身份遣使上书	无。
唐太宗一使	遣果毅何处罗拔厚赏斸宾	遣云骑尉梁怀璥玺书慰问天竺。
戒日王二使	复遣使	无。
唐太宗二使	1. 送婆罗门客还国 2. 礼之甚厚，巡抚其国 3. 随往大夏，并赠绫帛 4. 取熬糖法	巡省佛乡，览观遗踪。 1. 观礼佛足迹石。 2. 鹫峰山刻铭。 3. 大觉寺立碑。 （4. 鸠摩罗王请译《道德经》。）
戒日王三使	献火珠、郁金香、菩提树	无。
唐太宗三使	戒日王三使之回访	1. 四天竺朝贡。 2. 征吐蕃、泥婆罗、章求拔兵大破阿罗那顺。 3. 鸠摩罗王犒军、献地图、请老子像。 4. 得婆罗门方士。

§3　戒日王与《秦王破阵乐》

英国卡迪夫大学著名佛教史和《大唐西域记》研究专家宁梵夫（Max Deeg）教授，在《玄奘是否亲至马图腊？》（Has Xuanzang Really Been in Mathurā?）一文中提出质疑，认为玄奘面见戒日王的交谈是玄奘将中国的帝王崇拜置于印度文化框架之中的虚构。[①] 也有学者认为，玄奘出于争取唐王支持、弘扬佛法的目的，在这一段叙述中颇为夸大其词地渲染了对唐王的赞美，与当时的真实情况不符。

中印交往，以印度之单向输出为主，关于中土文化的逆向传入仅有极少记载，如鸠摩罗王请老子像、玄奘将老子《道德经》译为梵文

① Deeg, Max, “Has Xuanzang Really Been in Mathurā? Interpretatio Sinica or Interpretatio Occidentalia--How to Critically Read the Records of the Chinese Pilgrim”, In: Wittern, Christian, & Shi Lishan, ed., *Essays on East Asian Religion and Culture: Festschrift in Honour of Nishiwaki Tsuneki on the Occasion of His 65th Birthday*. Kyoto（Japan）: Editorial Committee for the Festschrift in Honour of Nishiwaki Tsuneki, 2007，第 39~42 页。宁梵夫辩称，在《西域记》卷五玄奘会晤北印度戒日王的段落，虽然是《西域记》中极少的玄奘位于主角地位的段落，表面看来比其他段落更具有直接的史料价值，然而这并不是事实情况。这一段记述的意图不是客观地记录一段真实发生的历史（在记录的方式上的确非常逼真），而是用于宣传和针对中国读者。玄奘与戒日王会晤的交谈（《秦王破阵乐》及对唐太宗的赞美）仿佛是玄奘将中国的帝王崇拜（emperor-cult）虚构地放置于印度文化的框架之中。奇怪的是，在对话开始之时，戒日王对大唐仿佛一无所知，然而之后却开始称颂起秦王的美德。

等。《秦王破阵乐》若真如玄奘所载，在戒日王时代的“印度诸国多有歌颂”，则为中印文化交流史又增添一值得欣喜之重要例证。

3.1 基本史料及四种假设

据《西域记》：“戒日王劳苦已曰：‘自何国来？将何所欲？’对曰：‘从大唐国来，请求佛法。’王曰：‘大唐国在何方？经途所亘，去斯远近？’对曰：‘当此东北数万余里，印度所谓摩诃至那国是也。’王曰：‘尝闻摩诃至那国有秦王天子，少而灵鉴，长而神武。昔先代丧乱，率土分崩，兵戈竞起，群生荼毒，而秦王天子早怀远略，兴大慈悲，拯济含识，平定海内，风教遐被，德泽远洽，殊方异域，慕化称臣。氓庶荷其亭育，咸歌《秦王破阵乐》。闻其雅颂，于兹久矣。盛德之誉，诚有之乎？大唐国者，岂此是耶？’对曰：‘然。至那者，前王之国号；大唐者，我君之国称。昔未袭位，谓之秦王，今已承统，称曰天子。前代运终，群生无主，兵戈乱起，残害生灵。秦王天纵含弘，心发慈愍，威风鼓扇，群凶殄灭，八方静谧，万国朝贡。爱育四生，敬崇三宝，薄赋敛，省刑罚，而国用有余，氓俗无宄，风猷大化，难以备举。’戒日王曰：‘盛矣哉，彼土群生，福感圣主！”①

据《续高僧传》：“（戒日王）散花设颂无量供已，曰：‘弟子先请，何为不来？’答以‘听法未了，故此延命。’又曰：‘彼支那国有《秦王破阵乐》歌舞曲。秦王何人，致此歌咏？’奘曰：‘即今正国之天子也。是大圣人拨乱反政，恩沾六合，故有斯咏。’王曰：‘故天纵之为物主也。’”②

据《慈恩传》：“既至，顶礼法师足，散华瞻仰，以无量颂赞叹讫，谓法师曰：‘弟子先时请师，何为不来？’报曰：‘玄奘远寻佛法，为闻《瑜伽师地论》。当奉命时，听论未了，以是不遂参王。’王又问曰：‘师从支那来，弟子闻彼国有《秦王破阵乐》歌舞之曲，未知秦王是何人？复有何功德，致此称扬？’法师曰：‘玄奘本土见人怀圣贤之德，能为百姓除凶翦暴、覆润群生者，则歌而咏之。上备宗庙之乐，下入闾里之讴。秦王者，即支那国今之天子也。未登皇极之前，封为秦王。是时天地版

① 《西域记》卷五，第 436~437 页。

② 《续高僧传》卷四《玄奘传》，《大正藏》卷五〇，T2060 号，第 453 页中栏。

盪，苍生乏主，原野积人之肉，川谷流人之血，妖星夜聚，沴气朝凝，三河苦封豕之贪，四海困长蛇之毒。王以帝子之亲，应天策之命，奋威振旅，扑翦鲸鲵，仗钺麾戈，肃清海县，重安宇宙，再耀三光。六合怀恩，故有兹咏。’王曰：‘如此之人，乃天所以遣为物主也。”①

据《开元录》：“戒日大王，五印臣伏。彼闻奘名，遣人要（邀）请。奘初至止，王即问云：‘闻彼支那国有《秦王破阵乐》歌舞之曲。秦王何人，致此歌咏？’奘曰：‘即今正国之天子也。未登皇极之前封为秦王。是大圣人，拨乱反正，恩沾六合，故有斯咏。’王曰：‘如此之人，故天纵之为物主也。’”②

据《行状》：“王见法师，顶礼双足，散无量花，赞颂讫，言曰：‘弟子先遣请法师，何为不来？’法师答：‘当奉命时，听受未了，不获参王。’王曰：‘师从支那国来，彼有《秦王破阵乐》歌舞之曲。秦王者何人？有何功德，致此咏歌？’法师报：‘秦王者，即支那国今之天子也。本国见国王有圣德，能除凶禁暴，覆润群生者，则歌而咏之。秦王是大圣之人，为苍生拨乱反正，重安宇宙，再曜三光，六合怀恩，故有斯咏。’王曰：‘如此圣人，故天遗为物主也。”③

据《新唐书》：“会唐浮屠玄奘至其国，尸罗逸多召见曰：‘而（尔）国有圣人出，作《秦王破阵乐》，试为我言其为人。’玄奘粗言太宗神武，平祸乱，四夷宾服状，王喜，曰：‘我当东面朝之。’”④

玄奘与戒日王交谈的细节，所涉史料，有一致，也有相左。如下表所示：

戒日王是否知晓	摩诃至那	《秦王破阵乐》	（大）唐	秦王	功绩
《西域记》	知	知	不知	知	知
《续高僧传》	知	知	不知	不知	不知
《慈恩传》	知	知	不详	不知	不知
《开元录》	知	知	不详	不知	不知

① 《慈恩传》卷五，第106页。

② 《开元录》卷八，《大正藏》卷五五《目录部》，T2154号，第558页中栏。另，《贞元录》卷一一，《大正藏》卷五五《目录部》，T2157号，第858页上栏至中栏，内容与《开元录》大致相同。此处从略。

③ 《行状》卷一，《大正藏》卷五〇，T2052号，第217页中栏至下栏。

④ 《新唐书》卷二二一上《西域上》“天竺”条，第6237页。

续表

戒日王是否知晓	摩诃至那	《秦王破阵乐》	（大）唐	秦王	功绩
《行状》	知	知	不详	不知	不知
《新唐书》	[知]	知	不详	不详	不知

从上表可知，所有文献一致指向戒日王知悉（摩诃）至那国，知悉《秦王破阵乐》，不知“（大）唐”国号。对于“秦王”和“功绩”则各执一词。

玄奘是面见戒日王的当事人，也是这些史料的唯一来源。表中虽列出六种文献，事实上近乎孤证。玄奘在不同场合讲述与戒日王会晤的经过，由于时隔远近、记忆差异和叙述方式的不同，会产生复杂或简略的版本，而这些版本无一不准确无疑地宣称戒日王率先提及《秦王破阵乐》。这至少证明在《破阵乐》的记载上不存在玄奘记忆的偏差。因此，这些孤证仅留下两种可能:《秦王破阵乐》确实传入印度；或则，玄奘妄语。

此处将“唯二可能”的历史事实进一步还原为如下四种假设：

假设一：宁梵夫教授质疑成立，玄奘见戒日王的交谈纯属虚构，无论戒日王或玄奘均未提及《秦王破阵乐》或唐太宗功绩。此说法暂未见于任一史料。

假设二：戒日王对唐太宗一无所知，玄奘述说了《秦王破阵乐》和太宗功绩。此说法暂未见于任一史料。

假设三：戒日王知晓《秦王破阵乐》，不知太宗功绩；玄奘为之详说。《续高僧传》、《慈恩传》、《开元录》、《行状》、《新唐书》持此说法。

假设四：戒日王知晓《秦王破阵乐》，率先称赞秦王功绩；玄奘再度赞美唐王。据《西域记》。

《秦王破阵乐》是否传入印度是亟待考证的核心问题。

3.2 《秦王破阵乐》传入印度的可能性

《秦王破阵乐》传入印度，在时间、传播途径、源流特点、艺术魅力等方面的考量下实为可能。

3.2.1 时间

《秦王破阵乐》的雏形产生于武德年间（618~626）。据《新唐书》：

“（武德）三年（620）四月，（唐太宗）击败宋金刚于柏壁。……刘武周惧，奔于突厥，其将杨伏念举并州降。”①“太宗为秦王，破刘武周，军中相与作《秦王破阵乐》曲。”②贞观七年（633），《秦王破阵乐》始具宫廷雅乐规模。其传入印度的具体形态大略介于民间《破阵乐》与宫廷《破阵乐》之间。

玄奘于640/641年初见戒日王。③从时间上看，《秦王破阵乐》在二十年间传入印度完全可能。

3.2.2　传播途径

西行道路无比艰险，“所经之苦，人理莫比”④，只有求法的僧侣和逐利的商旅才会踏上此途。季羡林先生在《商人与佛教》中专论商旅和佛教徒千丝万缕的联系。二者常结伴而行。玄奘在阿耆尼国附近就曾与胡商数十结伴。⑤据王邦维先生分析：唐太宗下令禁止出境，主要针对汉人。胡人则可随意出入。例如《慈恩传》所述，胡翁先云“西路险恶，沙河阻远，鬼魅热风，遇无免者”，又说“师必去，可乘我马。此马往返伊吾已有十五度，健而知道。”⑥胡马往返伊吾十五次，最可能的目的就是商贸。

唐都长安是高度国际化的大都市。在长安可以见到世界各国各族的商旅和居民。中印民间物资、文化等各类交往频繁。现将武德至贞观年间有记载的中印交往列述如下：⑦

隋炀帝时，遣裴矩通西域诸国，独天竺、拂菻不至为恨。⑧隋制设

---

① 《新唐书》卷一《太宗本纪》，第25~26页。

② 《新唐书》卷二一《志》一一《礼乐》一一，第467页；参见《旧唐书》卷二八《志》八《音乐》一，第1045页，“贞观元年（627），（太宗）宴群臣，始奏《秦王破阵》之曲。太宗谓侍臣曰：‘朕昔在藩，屡有征讨，世间遂有此乐’”。

③ 杨廷福：《玄奘年谱》（1988），第193~199页。

④ 《法显传》卷一，第11页。

⑤ 《慈恩传》卷二，第25页，“时同侣商胡数十，贪先贸易，夜中私发，前去数十里，遇贼劫杀，无一脱者。”

⑥ 《慈恩传》卷一，第13页。

⑦ 参见《季羡林文集》（第十卷）《糖史》（二）（1998），第80~81页。

⑧ 《新唐书》卷二二一上《西域上》“天竺”条，第6237页；另见《旧唐书》卷一九八《西戎》“天竺”条，第5307页，“隋炀帝时，遣裴矩应接西蕃，诸国多有至者，唯天竺不通，帝以为恨”。

九部乐，一支即为《天竺伎》，还有《龟兹伎》、《安国伎》等。[①]

武德二年（619），（罽宾）遣使贡宝带、金锁、水精醆、颇黎状若酸枣。[②]

贞观元年（627），“中天竺国三藏法师波颇蜜多罗，冒冰霜而越葱岭，犯风热而度沙河，时积五年，途经四万，以大唐贞观元年，顶戴梵文至止京辇。”[③]

贞观元年（627），玄奘西行求法，贞观十九年（645）方归。[④]

贞观十一年（637），（罽宾）遣使献名马，太宗嘉其诚款，赐以缯彩。[⑤]

贞观十三年（639），有婆罗门将佛齿来。[⑥]

贞观十四年（640），“罽宾国并遣使贡方物。”[⑦]

贞观中（641–648），戒日王与唐太宗六次使臣往来。贞观十五年（641），戒日王自称摩揭陀王，遣使者上书。太宗遣果毅何处罗拔等厚赍赐罽宾，并抚慰天竺。何处罗拔至罽宾，王东向稽首再拜，仍遣人导护使者梁怀璥至天竺。戒日王复遣使者随梁怀璥入朝。贞观十七年（643）三月，太宗派李义表、王玄策等送婆罗门客还国。戒日王复遣使献火珠、郁金香、菩提树。太宗派王玄策、蒋师仁等访印，贞观二十二年（648）返回京师。（参见本章第2节《戒日王与唐使》）

贞观十六年（642），“（罽宾）又遣使献褥特鼠，喙尖而尾赤，能食蛇，有被蛇螫者，鼠辄嗅而尿之，其疮立愈。”[⑧]

---

① 《新唐书》卷二一《志》一一《礼乐》一一，第469~470页；又，《旧唐书》卷二九《志》九《音乐》二，第1069页。隋制九部乐为：《燕乐伎》、《清商伎》、《西凉伎》、《天竺伎》、《高丽伎》、《龟兹伎》、《安国伎》、《疏勒伎》、《康国伎》。后唐太宗平定高昌，尽收其乐，合为初唐十部乐。

② 《新唐书》卷二二一上《西域上》“罽宾”条，第6241页。

③ 《续高僧传》卷三《慧赜传》，《大正藏》卷五〇，T2060号，第441页中栏。

④ 杨廷福：《玄奘年谱》（1988），第89~101页。

⑤ 《旧唐书》卷一九八《西戎》“罽宾”条，第5309页。

⑥ 《资治通鉴》卷一九五《唐纪》一一“太宗贞观十三年（639）”条，第6150页，“有婆罗门僧[天竺，汉身毒国也，或曰摩伽佗，曰婆罗门]，言得佛齿，所击前无坚物”。

⑦ 王钦若等编《册府元龟》（第12册）卷九七〇《外臣部》朝贡三，第11399页上栏。

⑧ 《旧唐书》卷一九八《西戎》“罽宾”条，第5309页；参见《新唐书》卷二二一上《西域上》“罽宾”条，第6241页。

印度幻戏在长安盛行，高宗深厌恶之，下令禁止“自断手足、割舌破肚”的天竺伎入境。[①]可见天竺伎在高宗之前就已成规模。

中印官方往来，载入史籍已不罕见；民间往来，未被载录或史料丢失的情况可能更多。因此，《秦王破阵乐》并不缺乏传播媒介——商旅或僧侣都有可能在这二十年间将《破阵乐》带入印度。正如季羡林先生所述，“《秦王破阵乐》曾传入印度，其在李世民为秦王时流行于世，而戒日王于会见玄奘时闻之已久，足见当时中印之间交往频繁、消息灵通。”[②]

3.2.3　源流特点及艺术魅力

《秦王破阵乐》，又名《破阵乐》、《破阵舞》、《破阵乐舞》，简称《破阵》；633年后更名《七德》，又称《七德舞》，与《破阵》等名并存。

唐太宗时《秦王破阵乐》源流概况，略如下表：

	名称	曲	词	舞
武德年间（620）	秦王破阵乐（民间破阵乐）	突厥传入或民间草创	朴素绝句	未知
贞观元年（627）	秦王破阵乐（即位破阵乐）	吕才和谐音律	朴素绝句	简单舞蹈
贞观七年（633）	七德、七德舞（宫廷破阵乐）	吕才和谐音律，混合龟兹乐	魏征等改制	《破阵舞图》百二十人

（一）民间《破阵乐》

武德年间，秦王军中已流传着一个民间版本的《秦王破阵乐》。《旧唐书》云“世间遂有此乐”[③]、“人间歌谣《秦王破阵乐》之曲”[④]；

---

① 李昉等撰《太平御览》（第3册）卷七三七《方术部》十八《幻部》，第3269页上栏，“显庆元年（656），上御安福门楼观大酺，胡人欲持刀自刺，以为幻戏，上不许之。乃下诏曰：‘如闻在外有婆罗门胡等，每于戏处，乃将剑刺肚，以刀割舌，幻惑百姓，极非道理。宜并遣发还蕃，勿令久住。仍约束边州，若更有此色，并不须遣入朝。’”；参见《旧唐书》卷二九《志》九《音乐》二，第1073页，“幻术皆出西域，天竺尤甚。汉武帝通西域，始以善幻人至中国”；又，《新唐书》卷二二《志》一二《礼乐》一二，第479页。

② 《西域记》卷五《羯若鞠阇国》，第439页注释九。

③ 《旧唐书》卷二九《志》九《音乐》二，第1045页。太宗亲言“岂意今日登于雅乐”也证明《破阵乐》原本并非雅乐。

④ 《旧唐书》卷二九《志》九《音乐》二，第1059页。

《新唐书》云“军中相与作《秦王破阵乐》曲”，[①] 即指此乐。杨宪益认为民间《破阵乐》为突厥人所创，传入唐军中，不无可能；至于称其舞蹈来自罗马《突罗舞》或是希腊《霹雳戏》的武舞，[②] 则值得商榷。民间《破阵乐》包含曲与词，[③] 呈现出民谣形态，最初很可能并无舞蹈或仅有简单配舞。

（二）即位《破阵乐》

贞观元年（627），太宗宴群臣，始奏《秦王破阵》之曲。即位《破阵乐》经吕才和谐音律，沿用民间《破阵乐》的朴素歌词，具有简单的舞蹈形式。[④]

（三）宫廷《破阵乐》

贞观七年（633），太宗制《破阵舞图》，命吕才依图教乐工百二十人（一说“增舞者至百二十人”），被甲执戟而习之，数日而就，后令魏征等改制歌词，更名《七德》之舞。[⑤]《旧唐书》云“《破阵乐》，太宗所造也”，[⑥] 即指宫廷版之主持修造。[⑦]“改制歌辞”，证明民间《破阵乐》（及即位《破阵乐》）已有歌词；“增舞者”，证明即位《破阵乐》已有舞蹈。

民间《破阵乐》的产生或许没有很强的目的性。民间《破阵乐》词载于《旧唐书》和《乐府诗集》，最初歌颂的对象并不一定为秦王。

---

① 《新唐书》卷二一《志》一一《礼乐》一一，第 467 页。

② 杨宪益《秦王〈破阵乐〉的来源》，《寻根》2000 年第 1 期，第 74~77 页。

③ 《旧唐书》卷二八《志》八《音乐》一曰“改制歌辞”，《新唐书》卷二一《志》一一《礼乐》一一曰“更制歌辞”，均证明之前流传的民间《破阵乐》有自己的歌词。

④ 《旧唐书》卷二八《志》八《音乐》一，第 1045 页，“增舞者至百二十人”，证明“始奏”之时有舞者。

⑤ 《旧唐书》卷二八《志》八《音乐》一，第 1046 页。据《旧唐书》卷二八《志》八《音乐》一，第 1045 页，“贞观元年（627），（太宗）宴群臣，始奏《秦王破阵》之曲。……其后令魏征、虞世南、褚亮、李百药改制歌辞，更名《七德》之舞。”据《新唐书》卷二一《志》一一《礼乐》一一，“乃制舞图，……命吕才……后令魏征与员外散骑常侍褚亮、员外散骑常侍虞世南、太子右庶子李百药更制歌辞，名曰《七德舞》。”可知《旧唐书》之“其后”为《新唐书》之“乃制舞图后”。又据《旧唐书》卷二八《志》八《音乐》一，第 1046 页，“（贞观）七年（633），太宗制《破阵舞图》”。可知魏征等改制歌辞为太宗制《破阵舞图》之后，即 633 年之后。

⑥ 《旧唐书》卷二九《志》九《音乐》二，第 1059 页。

⑦ 白居易在《新乐府·七德舞》序中写道：“武德中，天子始作《秦王破阵乐》以歌太宗之功业”，云李渊为儿子李世民创作《秦王破阵乐》。见《全唐诗》（第七册）卷四二六《白居易》三，第 4701 页。此说法未见于其他史籍。

而唐太宗即位后主持修造《破阵乐》的目的则是“功业由之”[1]，一者为庆祝战功，二者为政治宣传。如太宗所言：“朕虽以武功定天下，终当以文德绥海内。文武之道，各随其时。”[2]唐太宗平定天下依靠“武功”，稳固海内却要靠“文德”。作为武舞的《破阵乐》以文德的方式表现对统治者战功的歌颂，非常符合唐太宗“文武之道”的双重目的，从而被改编成为初唐第一大舞乐。宫廷《破阵乐》与民间《破阵乐》的最大不同就是具有很强的目的性而成为了一部政治宣传曲。其后的流传很可能已不再是自然传播，而是具有很大程度的人为因素。从魏征等改制的宫廷《破阵乐》词很快失传就可知晓，人为的政治宣传远不及原始而自发的热情曲调更具有生命力。

《秦王破阵乐》初成于620年前后；627年“登于雅乐”；633年制《舞图》、改制歌辞，形成一百二十人的大型宫廷歌舞。《旧唐书》记载了宫廷《破阵乐》初次上演的盛况：“（贞观七年）（633）癸巳（正月十五日）[3]，奏《七德》、《九功》之舞，观者见其抑扬蹈厉，莫不扼腕踊跃，凛然震竦。武臣列将咸上寿云：‘此舞皆是陛下百战百胜之形容。’群臣咸称万岁。蛮夷十馀种自请率舞，诏许之，久而乃罢。”[4]《新唐书》复记载道：“（《七德》）舞初成，观者皆扼腕踊跃，诸将上寿，群臣称万岁，蛮夷在庭者请相率以舞。”[5]在场十几个国家的外国人都情不自禁请缨共舞。可见“蛮夷”非常喜欢这部讲述战争胜利的乐舞的表现形式。这充分证明了《破阵乐》在艺术上的表现力和感染力。西域乐在隋唐时期颇为盛行，初唐九部乐多为西域乐。然而外族对中原歌舞喜爱的记载，却十分罕见。

陈寅恪先生指出，唐朝宗庙雅乐中杂有胡声，即龟兹乐。[6]又据《旧唐书》：“自周、隋已来，管弦杂曲将数百曲，多用西凉乐，鼓舞曲

① 《新唐书》卷二一《志》一一《礼乐》一一，第467页。

② 《旧唐书》卷二八《志》八《音乐》一，第1045页。

③ 陈寅恪：《陈寅恪集·读书札记一集》（2001），第78页。据陈寅恪先生考证，“癸巳”为贞观七年正月十五。

④ 《旧唐书》卷二八《志》八《音乐》一，第1046页。

⑤ 《新唐书》卷二一《志》一一《礼乐》一一，第468页。

⑥ 陈寅恪：《陈寅恪集·读书札记一集》（2001），第80页，“可知唐世庙堂雅乐，亦杂胡声也”。

多用龟兹乐。”[①]《秦王破阵乐》为鼓舞，[②]可推知其乐曲中很可能也混入了龟兹乐元素。

民间《破阵乐》，或为外族（突厥）传入，或为民间草创，最初的乐曲即带有异域风情；“登于雅乐”后，即位《破阵乐》经汉地乐师吕才协调音律；宫廷《破阵乐》混合了龟兹乐鼓舞风格，西域元素更为浓重，增添了《破阵舞图》的宏大场面，“发扬蹈厉，声韵慷慨，《秦王破阵乐》享宴奏之，天子避位，坐宴者皆兴”[③]，气势恢宏，震撼人心。《秦王破阵乐》的产生和沿革，吸收了西域民族的音乐风格，融入了宫廷精英的音乐才华，又具有民间艺术的现实关怀和旺盛生命。这是《秦王破阵乐》广为流传的根本原因。

《破阵乐》的表现形式，虽然与宫廷华丽的装饰和强大的歌舞阵容相结合，却在本质上与吟游诗人传唱英雄事迹的传统更为接近，既有乐舞又有叙事，琅琅上口，易于传诵。这也类似于印度人习惯的口口相传的唱诵传统，梵僧往往用口头传诵的方式把佛经传入中国。《破阵乐》的内容又是与战争胜利（破阵）相关，追求胜利、赞颂胜利，正是印度教传统尤其是湿婆、毗湿奴等教派最为推崇的品质和行为，因而非常符合印度人的审美取向。

综上所述，无论民间《破阵乐》还是宫廷《破阵乐》都具有相当的艺术魅力，且杂糅西域元素，深受各族人民喜爱。极可能是“率舞蛮夷”或商旅、僧侣将《破阵乐》传扬海外，并用口头传唱的方式使之流入印度。

3.3 《秦王破阵乐》传入印度的合理性

《秦王破阵乐》传入印度之可能性毋庸置疑；玄奘的记载，也具有完全的合理性。

---

① 《旧唐书》卷二九《志》九《音乐》二，第 1066 页。

② 《旧唐书》卷二八《志》八《音乐》一，第 1053 页，“凯乐用铙吹二部，笛、筚篥、箫、笳、铙、鼓，每色二人，歌工二十四人。乐工等乘马执乐器，次第陈列，如卤簿之式。鼓吹令丞前导，分行于兵马俘馘之前。将入都门，鼓吹振作，迭奏《破阵乐》等四曲。”

③ 《旧唐书》卷二九《志》九《音乐》二，第 1060 页。

3.3.1 “为求大义、不拘小节”

《西域记》称戒日王率先赞美至那王的事迹，玄奘予以肯定；《续高僧传》、《慈恩传》、《开元录》、《行状》和《新唐书》中则把称赞唐太宗的“功劳”悉数归于玄奘。如果戒日王知悉《秦王破阵乐》，那么他对其中颂扬的秦王功绩也应略有耳闻，无论出于外交辞令，还是真心钦佩，戒日王都可能赞美唐王。玄奘对于唐王的赞颂则应更为热情洋溢。挚爱故土的情怀、民族自豪的情感、迫于王权的压力、弘扬佛法的信念，都会使一个身在异乡的僧侣，虽非官方派遣，虽为偷渡出关，也将自己的祖国描绘得强大而美好。如果来自“风教遐被，德泽远洽”的美德之乡，即使一个庸碌之人，也会因之而生辉，更何况是大德玄奘。玄奘不仅在戒日王面前赞美唐王，在鸠摩罗王面前也曾极力赞颂：“(《秦王破阵乐》) 此歌者，美我君之德也。”“我大君圣德远洽，仁化遐被，殊俗异域，拜阙称臣者众矣。”鸠摩罗王随即说：“覆载若斯，心冀朝贡。”[①] 戒日王和鸠摩罗王遣使朝贡就是玄奘盛赞唐王的最强有力的证明。

玄奘是一个一旦下定决心就坚定不移的人。西行之前，他一心求法；东归之后，他一心译经弘法。一路的艰难险阻，或是礼遇或是轻慢，或是挽留或是劝阻，玄奘宠辱不惊，坚若磐石。细枝末节的插曲或诱惑，根本无法撼动他的终极理想。西行求法途中，玄奘可以触犯国法偷越国境，可以赌咒发誓安抚弟子石盘陀，可以声色俱厉斥责校尉王祥，可以昼伏夜出如同盗贼，可谓“为求大义，不拘小节”。然而“小节”并不包括触犯佛教的戒律。佛教中的五戒是不杀生、不偷盗、不邪淫、不妄语、不饮酒。玄奘已受具足戒，要遵守《比丘戒本》中规定的全部戒律。五戒是为根本。玄奘西行，虽然曾触犯世俗法律（偷越国境），却从未破戒。至凉州时，有人告诉凉州都督李大亮：“‘有僧从长安来，欲向西国，不知何意。’亮惧，追法师问来由。法师报云：‘欲西求法。’亮闻之，逼还京。”至瓜州，凉州访牒至，云“有僧字玄奘，欲入西蕃，所在州县宜严候捉。”州吏李昌心疑法师，前来问

① 《西域记》卷十，第 798 页。

询。玄奘先是“迟疑未报”，然后“乃具实而答”。[1]入莫贺延碛，“时行百余里，失道，觅野马泉不得。下水欲饮，袋重，失手覆之，千里之资一朝斯罄。又路盘迴不知所趣，乃欲东归还第四烽。行十余里，自念我先发愿，若不至天竺终不东归一步，今何故来？宁可就西而死，岂归东而生！于是旋辔，专念观音，西北而进。”[2]

在求法攸关之时，玄奘尚且实语；性命攸关之际，玄奘尚不违背誓言。如此虔信佛法的玄奘，又如何能随意妄语？

假设玄奘为满足自己译经弘法的理想而虚构了戒日王对唐太宗的赞美，那么他完全可以说一些抽象的美德，而不必论及《秦王破阵乐》而将自己置于妄语的境地。《西域记》中值得商榷的记载，如设赏迦王和曲女城法会，玄奘并没有在叙述中强调自己亲临现场，而是将亲见与听闻混为一谈。然而在面见戒日王的过程中，玄奘自始至终亲历，论及戒日王知悉《秦王破阵乐》，没有为自己留下一点儿回旋的余地。不仅戒日王知悉《破阵乐》。据《西域记》，鸠摩罗王也熟知《破阵乐》，云“今印度诸国多有歌颂摩诃至那国《秦王破阵乐》者，闻之久矣。”[3]假设玄奘妄语，一次业已足够，又何苦一再重复不实之词？

由此可以推断，《秦王破阵乐》确实曾在戒日王时代的印度广为流传。

3.3.2 “秦王”梵音

戒日王谈及《秦王破阵乐》的方式，与玄奘的叙述中带给我们的直观感受并不相同。戒日王不可能用中文逐字说出“秦王破阵乐”。

宁梵夫及其他学者对于玄奘质疑的一个主要原因就是，既然戒日王不知道“大唐”，如何能知道《秦王破阵乐》？既然戒日王知悉《秦王破阵乐》，如何不知秦王是何人？或者说，戒日王既然连唐太宗即位前的封号“秦王”都知道，如何能不知道摩诃至那国的新国号为“大唐”？

玄奘在《西域记》中记载的逻辑其实非常明确。戒日王一开始只知道玄奘是在那烂陀寺修行的远客沙门。戒日王问玄奘从何国来。玄

① 《慈恩传》卷一，第12~13页。

② 《慈恩传》卷一，第17页。

③ 《西域记》卷十，第797~798页。

奘回答从大唐。戒日王问大唐在哪里。玄奘说，我说的大唐就是印度人惯称的摩诃至那。戒日王恍然大悟，并且说到秦王。这只能证明，戒日王不太习惯摩诃至那的新国号：大唐。就像是旧时中国管日本叫倭或倭国。如果来了个日本人，说他来自 Nihon（日本），中国人可能听不懂。如果他说，就是你们所说的倭，人们就懂了。

另一层次的疑惑，则源自对戒日王口中的“秦王”和《秦王破阵乐》以及玄奘“推波助澜”的翻译的误读。对于戒日王所说的“秦王天子”，玄奘澄清说：“至那者，前王之国号；大唐者，我君之国称。昔未袭位，谓之秦王，今已承统，称曰天子。”①

戒日王和玄奘交谈的语言，很可能是梵文（梵语戏剧中国王和僧侣均使用梵文），也不排除借助某种俗语的可能。

印度将中国称为摩诃至那（Mahā-Cīna）或至那 / 支那（Cīna）由来已久。中国的今称 China 就是来自 Cīna 这个古称。至那（Cīna）的称谓，可能来自秦朝之“秦”，可能来自丝绸之路之“锦”，也可能来自古代繁盛之地荆楚之“荆”，尚无定论。不过至少可以知道，在玄奘的理解中，至那（Cīna）来自秦朝之“秦”，于是用汉语中的秦（Cīna）对译印度语言中的至那（Cīna）。

戒日王口中的“秦王”，对应的梵文为“Cīna-Rāja”（至那王）；戒日王口中的《秦王破阵乐》，对应的梵文大致为“Cīna-Rāja-Vijaya-Gītā”（至那王胜利歌）。戒日王并不知道唐太宗即位前称“秦王”，而是笼统地称他为中国王（至那王，Cīna-Rāja）。而戒日王所说的“中国王”或“至那王”，被玄奘回译为“秦王”，恰好与唐太宗即位前的封号相同，因而产生了混淆。

以下试将玄奘与戒日王的对话还原为：

玄奘：大唐（Mahā-Tang）就是印度所谓的摩诃至那（Mahā-Cīna，又译“大秦”）。

戒日王：我曾听说摩诃至那（Mahā-Cīna）国有一个至那天子（Cīna-Rāja-Deva-Putra，又译“秦王天子”）。

玄奘：是的。至那（Cīna，又译“秦”）是以前帝王的国号（指

① 《西域记》卷五，第 436 页。

秦朝之秦），大唐（Mahā–Tang）是当今帝王的国号。我君即位前的封号也是秦王（Cīna–Rāja），现在继承了王位，就称为天子（Deva–Putra）了。

从玄奘的回答可见，戒日王所说的至那天子只是一个笼统的称谓，并不是指称唐太宗即位前的封号，戒日王也并不知道唐王、唐太宗、秦王、至那王的不同，因而玄奘在回答中予以详细解释。然而，唐太宗为皇子时的封号恰好是秦王，所以玄奘就索性将戒日王的问话也译为秦王。其实，戒日王是不知道至那王（Cīna–Rāja，中国王）还有一个至那王（Cīna–Rāja，秦王）的称号的！

3.3.3 《秦王破阵乐》梵音及流传形态

戒日王所说的《秦王破阵乐》，"Cīna–Rāja–Vijaya–Gītā"（至那王胜利歌），直译为"赞颂至那国王胜利的歌曲"。这当然不是在讨论古代秦始皇破阵，而是讨论当时的中国王。"唐之自制乐凡三大舞：一曰《七德舞》，二曰《九功舞》，三曰《上元舞》。"[①] 前两个为太宗时所造，末一个为高宗所制。只有《七德》颂扬战功。《七德》即《秦王破阵乐》。如果在印度流传着一个来自中国的赞颂中国帝王的歌曲，而这个歌曲竟未见于中国史籍——这种情况几乎不可能发生。戒日王所言，只可能是《秦王破阵乐》。因而玄奘也就顾名思义将之译为《秦王破阵乐》了。

特别值得注意的是，在玄奘的记述中[②]，无论是戒日王说"（氓庶）咸歌《秦王破阵乐》"，"闻其雅颂，于兹久矣"，还是鸠摩罗王说"今印度诸国多有歌颂摩诃至那国《秦王破阵乐》者，闻之久矣"，均使用的是"歌"、"闻"，而非"舞"、"观"。《秦王破阵乐》原本为大型宫廷舞乐，极可能是经由"率舞蛮夷"、商旅僧侣等以吟游诗人传唱史诗的方式传入印度，因而很难保留其中具有中国宫廷特征的铠甲、战戟等装饰和规模宏大的舞蹈场面。如果我们大致可以肯定《秦王破阵乐》以传唱方式流入印度，传唱不可无词。其传入印度的形态很可能仅留存曲和词。

《秦王破阵乐》原词有两个版本。《旧唐书》和《乐府诗集》所载《破阵乐》："受律辞元首，相将讨叛臣。咸歌《破阵乐》，共赏太平

① 《新唐书》卷二一《志》一一《礼乐》一一，第 467 页。

② 在《慈恩传》等作《秦王破阵乐》歌舞或歌舞之曲，应为著者自作主张之补入。因其原始材料均来自《西域记》，此处依《西域记》考量。

人。”[①] 曲词简短质朴，应为民间《破阵乐》词，而非魏征等改制。其歌颂的对象不像是秦王，而更像是一位将军或士兵的自述。这很可能是唐太宗撷取《破阵乐》为己所用后命魏征等改制歌词的原因。[②] 魏征等改制的宫廷《破阵乐》词，更名《七德》，其内容应为讲述唐太宗的七种美德。《七德》曲词虽然不传，但其内容可在元和年间观赏《破阵乐》的白居易的《新乐府·七德舞》中窥知一二：

> 亡卒遗骸散帛收（一德），饥人卖子分金赎（二德）。
> 魏征梦见子夜泣，张谨哀闻辰日哭（三德）。
> 怨女三千放出宫（四德），死囚四百来归狱（五德）。
> 剪须烧药赐功臣，李勣呜咽思杀身（六德）。
> 含血吮创抚战士，思摩奋呼乞效死（七德）。[③]

以上“七德”，是唐太宗最为世人称道的典型事迹，宣扬他仁政爱民。如果《七德》曲词随《破阵乐》一同传入印度，戒日王应知悉这些事迹。然而各类史料，或称戒日王不知秦王美德，或依玄奘所述，称戒日王赞美秦王“兴大慈悲，拯济含识”等，却对“七德”内容只字未提。“前代运终，群生无主，兵戈乱起，残害生灵”虽提及隋末乱象，也似与民间《破阵乐》词中“相将讨叛臣”的情形不符（即使相对“运终”的隋，唐王也是事实上的“叛臣”）。这证明传入印度的《破阵乐》词并非《七德》曲词，也非民间《破阵乐》词；《秦王破阵乐》曲词在传至印度的过程中发生了改变。

《秦王破阵乐》在印度的传唱者必定使用印度语言。即使是原本翻译出中文曲词，其内容也会与中文含义有所出入，更何况不同的传唱者或不知原词，或只知晓大概，或曾亲睹气势恢宏的武舞场面（“率舞蛮夷”），或曾亲历初唐盛世，都可能篡改曲词，加入自己的理解和感

---

① 《旧唐书》卷二八《志》八《音乐》一，第 1054 页；又见于郭茂倩编《乐府诗集》，中华书局，1979，第 302 页。

② 《新唐书》卷二一《志》一一《礼乐》一一，第 467~468 页，吕才依《破阵舞图》编舞，“歌者和曰：‘秦王破阵乐！’”史籍留下的《破阵乐》词，并未出现“秦王”二字。

③ 《全唐诗》（第七册）卷四二六《白居易》三，第 4701~4702 页。

受，创作新的唱咏。

综上所述，戒日王口中的《秦王破阵乐》或 *Cīna-Rāja-Vijaya-Gītā*，在某种程度上讲，已经不是中原的《秦王破阵乐》，而是基于民间《破阵乐》的传唱形态、具有宫廷《破阵乐》的雅颂风格、丧失舞蹈场面、融合印度本土特色和传唱者个人情感的一个节选本或衍生本。

《秦王破阵乐》远播概况，如下表所示：

《秦王破阵乐》	名称	音乐	舞蹈	歌词
倭国	秦王破阵乐、皇帝破阵乐	有乐谱	有	未知
吐蕃	秦王破阵乐	有	有	未知
天竺	至那王胜利歌	有	很可能无	有

《秦王破阵乐》曾随日本遣唐使传至日本，有古乐谱[①]和古乐图[②]为证;《秦王破阵乐》也曾传至西藏，[③]有《唐书》为证;《秦王破阵乐》更曾传入印度，一系列佐证证实玄奘所述无误。至于《破阵乐》传入印度的形态，戒日王、鸠摩罗王均使用"闻"、"歌"等描述，与之前推测的吟游诗人的传播方式相应，曲、曲词一定存在，曲词与中原词（民间《破阵乐》和《七德舞》词）出入较大，而其舞蹈部分很可能在流传过程中缺失。

3.4 小结

行文至此，可以得出结论。本节开篇的假说一、二均不成立，假说三部分成立，假说四最为可能:《西域记》此处记载最接近真实。

其一，从时间、传播途径、源流特点、艺术魅力等方面考察，《秦王破阵乐》具有传入印度的可能性。

其二，《秦王破阵乐》确实在玄奘面见戒日王之时已传入印度。戒日王知晓（摩诃）至那，知晓《破阵乐》，也确实在言谈中提到了《破阵乐》，或者至少是一部近似《破阵乐》的赞颂至那王得胜的歌谣。玄

① 中唐乐工石大娘所抄《秦王破阵乐》五弦琵琶谱传入日本。参见何昌林《从古谱符码译解到古曲生命复苏——就唐传日本〈五弦谱〉之研究答 NHK 京都电视台主持人问》，《交响》（《西安音乐学院学报》）1995 年第 3 期。

② 《信西古乐图》（《中国音乐研究所专刊》，音乐出版社，1959）收录有《秦王破阵乐》舞图。参见本书附录五《图表》中的《〈信西古乐图〉中〈秦王破阵乐〉舞图》。

奘听到后大为惊诧和喜悦，遂记录之。

其三，戒日王笼统地称摩诃至那国王为至那王，并不知晓秦王、唐王等名号渊源。文中出现的“秦王”仅为玄奘对“至那王”一词的意译，本意为中国王，并非李世民即位前的称号。

其四，戒日王很可能率先赞美了《破阵乐》中的主人公至那王，或因《破阵乐》的主人公确为战斗英雄，或因外交辞令。玄奘确实在戒日王（以及鸠摩罗王）面前称颂了唐太宗，并且是盛赞。戒日王当年派遣使者来唐即为铁证。

其五，《破阵乐》传入印度的形态很可能发生了改变，缺失舞蹈部分，仅留乐曲和曲词。曲词与原来的民间《破阵乐》词或《七德舞》词都不尽相同，经传唱者改造，可能在某种程度上传达了盛唐见闻和宫廷武舞的盛大场面。

§4　结论：玄奘西行与印中遣使的意义

先秦时期就已出现丝绸之路雏形。[①] 西汉王朝开辟的丝绸之路更是延续千年、绵延万里，成为连接东方与西方经济、政治、文化交流的重要通道。唐朝初年，唐僧玄奘在 628 年前后到达印度，在 640 年末第一次面见印度戒日王。玄奘与戒日王的会晤最终促成了中印的官方往来，也带来了丝绸之路上中国腹地与异域文化交往的又一次繁荣。玄奘对唐太宗的赞美，促使戒日王在面见玄奘之后遣使来唐；玄奘对戒日王的赞美，也使得唐太宗频频遣使回访。印度历史上的著名君王戒日王，也因此与中国历史上的著名帝王唐太宗紧密联系在一起。

第一，641 至 648 年，戒日王与唐太宗互派使臣达六次之多，其中二人各发使三次，平均十六个月一次，形式上交替进行，时间上衔接紧密，可谓相当频繁。借用《酉阳杂俎》的话说：“唐贞观中，频遣使往”。[②] 中印关系仿佛从冬眠的湖水一下子变成了波涛汹涌的江河。从民

① 赵逵夫:《“一带一路”的战略构想与丝绸之路的文化传统》,《甘肃社会科学》2015 年第 6 期，第 105~106 页。

② 段成式:《酉阳杂俎》，中华书局，1981，第 176~177 页。李昉等:《太平广记》，汪绍楹点校，中华书局，1961，第 3277~3278 页。

间交流，到求法僧不畏艰险西行求法，再到官方使臣频繁往复，中印交流进入长达八年的“蜜月期”，无论是包括佛典翻译、乐舞流传在内的精神文化交流还是以取熬糖法、获郁金香、菩提树等花木根茎为代表的物质文化交流都得到长足发展。

第二，在印度方面，戒日王三次遣使，从国书朝贡，到进献宝物，经历了从陌生的礼节性初访到熟稔的友邻互访的转变。尤其值得注意的是，戒日王在第三次遣使之时既献上稀有的火珠，又献上郁金香和菩提树，是在印度文化背景之下具有特殊意义的举动，表明两国交往已到达相当高度，而戒日王本人为促进中印交往所做的努力，心意至诚。

第三，在中国方面，唐太宗三次遣使，从非专门的兼访，到专门遣使；从短暂的“玺书慰问”到“礼之甚厚”和长达一年多的“巡省佛乡”；使臣的官阶从低到高，使者的人数从少到多，出使的内容从单一到丰富。王玄策官阶的攀升也与他出使印度关系密切。[①] 尤其值得注意的是，派遣不同品阶的官员出访，重视程度的不同可想而知。这就是可以从唐太宗的三次遣使中看出的中印官方往来的重要发展。

641 至 648 年是中印交流史上的黄金时段，也是丝绸之路历史上里程碑式的标志性阶段。中国和印度之间的关系经历了由疏远到亲近的过程。《说岳全传》第四十三回《送客将军双结义，赠囊和尚泄天机》，岳云与韩彦直，反复相送，来去蕃营，最后依依不舍，结拜兄弟。戒日王与唐太宗也颇有这种恋恋不舍的情谊。唐太宗三使适逢戒日王崩殂。唐太宗也在一年之后的 649 年辞世。其后的高宗一朝，虽也有遣使，但中印官方互访似乎已度过“蜜月期”，重又归于沉寂。

最后需要特别指出的是，与潮起潮落的官方往来相对的，是民间涓涓细流般从未间断的交往，西行路上，无论疾风还是骤雨，无论烈日还是冰雪，无数的僧侣和商旅在这条绵延古道上无声地书写着它的繁荣与辉煌。这也是历史上的丝绸之路富于无穷学术魅力、具有无限拓展空间而被中外学者持续关注的重要原因。

---

① 关于王玄策的其他事迹，参见冯承钧《王玄策事辑》（1932）、孙修身《王玄策事迹钩沉》（1998）及王邦维先生的“New Evidence on Wang Xuance’s Missions to India”（2002）等。

第八章

戒日王的文学创作

戒日王创作《龙喜记》(*Nāgānanda*)、《妙容传》(*Priyadarśikā*)、《瓔珞传》(*Ratnāvalī*)，究竟是实至名归还是沽名钓誉，学术界的争论一直没有平息。本章首先考察三部梵剧的著作权。

§1 三部梵剧著作权考

1.1 关于著作权的不同观点

《龙喜记》、《妙容传》、《瓔珞传》的署名“Śrī Harṣa Deva”(吉祥喜天)指7世纪的戒日王(590~647)，而非12世纪的克什米尔王曷利沙或《尼奢陀王传》(*Naiṣadhacarita*)的作者室利诃奢。① 其主要依据为《龙喜记》等作品曾被7至11世纪的多部作品引用。② 这在学界已达成共识。

在确定署名者身份的基础上，围绕戒日王署名的真实性，产生了

---

① H. H. Wilson(1871，前言，第259页)和Vidyābhūshana(1903，导论，第i-ii页)等学者将Śrī Harṣa Deva比定为12世纪的克什米尔王曷利沙是完全错误的。K. M. Pannikar在*Shri-Harsha of Kanauj*中提及印度历史上戒日王之外其他五个名叫Harsha(Harṣa)的人。Kale认为这五个人都不可能是三部梵剧的作者。见Kale(1928)，《妙容传》导论，第xx-xxi页。

② 例如：义净(635~713)在《寄归传》卷四记载，“又戒日王取乘云菩萨以身代龙之事，缉为歌咏，奏谐弦管，令人作乐，舞之蹈之，流布于代”，正是指《龙喜记》；腰环护(Dāmodaragupta，约780~813在位)在*Kuṭṭinīmata*中曾引用《瓔珞传》一颂(参见Joglekar，1907，导论，第xiii-xiv页)；安主(Kṣemendra，11世纪)在《合适论》(*Aucityacāracarcā*)中引用了《瓔珞传》第一幕第8颂，第二幕第2、3、4、12颂等。

以下几种不同观点：

第一，三部梵剧分属不同作者。

第二，三部梵剧的作者是跋娑（Bhāsa）。

第三，三部梵剧的作者是达婆迦（Dhāvaka）。

第四，三部梵剧的作者是波那（Bāṇa）。

第五，三部梵剧的作者是戒日王。

1.1.1 三部梵剧分属不同作者

考威尔（E. B. Cowell，1872）认为，《璎珞传》和《龙喜记》的颂诗劝请两个不同的神，体现不同的宗教信仰，因而很难将之归于一人之手。据考威尔推测，《璎珞传》的作者是波那（Bāṇa），《龙喜记》的作者是达婆迦（Dhāvaka）。[①]（参见本节第二部分《三部梵剧似出自一人之手》）

1.1.2 三部梵剧的作者是跋娑（Bhāsa）

夏斯特里（Nārāyan Śāstrī，1902）引用一段据称来自王顶（Rājaśekhara）所著《诗探》（*Kāvyamīmāṃsā*）某写本的段落[②]，认为《诗光》中的达婆迦（Dhāvaka）就是跋娑（Bhāsa），因而，这三个剧本的作者是跋娑。[③]雷（Saradaranjan Ray）等学者追随了夏斯特里的说法。维迪亚布尚（Satīśa Chandra Vidyābhūshana，1903）、拉尔（P. Lal，1964）则认为《诗光》中戒日王的宫廷文人达婆迦（Dhāvaka）全名为达婆迦跋娑（Dhāvaka Bhāsa）。[④]

帕兰杰佩（S. M. Parānjpe）依据“观念的相似”（季节描写，喜爱植物，上吊自杀等），也认为跋娑是《龙喜记》的作者。[⑤]

夏斯特里等人所据引文来历不明，因而结论难以成立。帕兰杰

① Boyd（1872），前言，第 viii 页。

② 夏斯特里（Nārāyan Śāstrī）引用的这段文字难以证实，未见于印本《诗探》。当《妙容传》的另一位编者 Pandit R. V. Krishnamachariar 询问 Śāstrī 引文的原文出处，Śāstrī 宣称“借”自一个朋友，从而使他的整个论述成为空中楼阁。Kale（1964）在《璎珞传》导论第 18~19 页引用了这段来历不明文字的全文。这个写本的名称，Lal（1964）拼作 *Kāvyamīmāṃsā*；Kale（1964）拼作 *Kavivimarśa*。

③ Joglekar（1913），《璎珞传》导论，第 xxxii 页（引自 Nārāyan Śāstrī, *Shri Harsha the Dramatist*, 1902）；参见 Kale（1964），《璎珞传》导论，第 18~19 页。

④ Lal（1964），第 341~342 页。

⑤ Kale（1964），《璎珞传》导论，第 18~21 页；Kale（1928），《妙容传》导论，第 xxiv-xxv 页。

佩通过情节的相似来判断作者，更是虚无缥缈的联想。在任何时代、任何地域的不同作家笔下都可能书写相似的情节。跋娑戏剧风格朴素，一定来自更早的时代。从三部梵剧的结构、语言风格来看，应属于较晚出的戏剧，与迦梨陀娑的作品更为接近，不可能是跋娑的作品。

1.1.3 三部梵剧的作者是达婆迦（Dhāvaka）

婆罗昧（G. B. Brahme），威尔森（H. H. Wilson，1871）[①]，皮舍尔（Pischel）等学者认为达婆迦（Dhāvaka）是戒日王三部梵剧的真实作者。[②]

这一论断主要依据《诗光》及其注释。

曼摩吒（Mammaṭa，11 世纪梵语诗学理论家）在《诗光》（*Kāvyaprakāśa*，11 世纪）[③]1.2 正文中说："诗是为了成名，获利，知事，禳灾，顷刻获得至福，像情人那样提供忠告。"并注释说："成名是像迦梨陀娑那样获得名声。获利是像达婆迦那样从戒日王获得财富。"[④]

对于"śrī-harṣâder=dhāvakâdīnām=iva dhanam ।"（像达婆迦那样从戒日王等处获得财富），那古吉跋吒（Nāgojibhaṭṭa）在《诗光疏》中进一步注释说，"dhāvakaḥ kaviḥ । sa hi śrī-harṣanāmnā ratnāvalīṃ kṛtvā bahu dhanaṃ labdhavān=iti prasiddham ।"（达婆迦是位诗人。他以戒日王之名创作《璎珞传》之后，因此获得了大量钱财）。[⑤]

达婆迦没有留下姓名以外的任何资料，既没有其他文学作品传世，也没有生平的更多细节。[⑥]我们无法仅凭《诗光》中一条隐晦注释及

---

① Wilson（1871），第 259 页。

② Shankar Goyal（2006），第 48 页。

③ 《诗光》创作于 11 世纪，最早的注释本出现于 12 世纪中叶，是一部综合性梵语诗学著作。参见黄宝生译《梵语诗学论著汇编》（2008），第 598~599 页。

④ 黄宝生译《梵语诗学论著汇编》（2008），第 599~600 页。

⑤ Kale（1928），《妙容传》导论，第 xxiii 页；Winternitz（1972），第 251 页注释二。

⑥ Peterson（1883）在《迦丹波利》导言中说，"如果存在这样一位撰写了三部梵剧的达婆迦，波那在讲到自己的同行、同代人的时候，不会对他只字不提"；Joglekar（1913），《璎珞传》导论，第 xiv 页，达婆迦没有留下姓名以外的任何资料；Kale（1928），《妙容传》导论，第 xxiv 页，关于达婆迦是《璎珞传》作者的说法没有有利的证据。没有任何证据表明达婆迦留下了任何文学作品。甚至我们不知道关于达婆迦的任何细节，除了这个名字。

《诗光疏》中的过度阐释就认为达婆迦是《璎珞传》或三部梵剧的真正作者。卡勒（M. R. Kale）认为，即使如《诗光》中所言，达婆迦等宫廷文人从戒日王那里获得钱财，也不能证明他们用自己的作品或著作权作为交换。对于敏感而自尊的保护人来说，这样的交易值得羞耻。[①] 温特尼茨（Maurice Winternitz）也认为“戒日王花钱购买署名权”是对《诗光》及其注释的误读。[②] 毕竟从“戒日王花钱豢养宫廷文人”不能推出“戒日王将宫廷文人的作品据为己有”的必然结论。

1.1.4 三部梵剧的作者是波那（Bāṇa）

在一件出土于克什米尔的《诗光》（*Kāvyaprakāśa*）写本中，曼摩吒（Mammaṭa）正文 1.2 的注释原文为“śrī–harṣâder=bāṇâdīnām=iva dhanam ।”（像波那那样从戒日王等处获得财富）。[③]

据此布勒（G. Bühler）和麦克唐纳（A. Macdonell）认为波那（Bāṇa）撰写了署名为戒日王的戏剧。[④]

豪博士（Fitzedward Hall，1859）认为，在《璎珞传》中“dvīpād=anyasmād=api”一诗同时见于二个《戒日王传》的写本，[⑤] 这也证明波那很可能撰写了《璎珞传》。[⑥] S. R. 戈亚尔（Śrī Rāma Goyal）赞同豪的说法。[⑦]（参见本节第四部分《波那是否“代笔”?》）

1.1.5 三部梵剧的作者是戒日王

卡勒（M. R. Kale，1928）通过详细考察三部戏剧的内部和外部证据，坚信三部梵剧出自一人之手，以戒日王为唯一作者。[⑧]

吴晓玲（1956）认为，三部戏剧均明确说明作者为戒日王；有一些诗句相同，风格特色相仿，因而应将其著作权归还戒日王。[⑨]

---

① Kale（1964），《璎珞传》导论，第 17 页。

② Winternitz（1972），第 251 页注释二。

③ Kale（1928），《妙容传》导论，第 xxiii 页。

④ Shankar Goyal（2006），第 48 页。

⑤ Hall（1859），*The Vasavadattā: A Romance*，导论。未见 Hall 博士所述写本。Kane 本《戒日王传》第六章 6.3 与《璎珞传》第一幕 1.6 相似，但并非同一首诗。

⑥ Boyd（1872），英译《龙喜记》前言，第 vi 页；Joglekar（1913），《璎珞传》导论，第 xiv 页；Kale（1964），《璎珞传》导论，第 17~18 页；Shankar Goyal（2006），第 48 页。

⑦ Shankar Goyal（2006），第 48 页。

⑧ Kale（1928），《妙容传》导论，第 xxv 页；Kale（1964），《璎珞传》导论，第 19~21 页。Kale 认为戒日王阅读了跋娑的作品并受其影响。这个说法值得商榷。

⑨ 《龙喜记》吴晓玲译本，前言，第 6~7 页。

乔格莱卡（K. M. Joglekar，1913）[①]、温特尼茨（Maurice Winternitz，1972）[②] 和多尼格（Wendy Doniger，2006）[③] 等学者均承认戒日王的著作权。

关于三部梵剧著作权的争论包含两个层面的疑惑。其一，三部梵剧是否出自一人之手？其二，如果是，这个人究竟是谁？如果不是，又分别是哪些人？

以下关于著作权的讨论即围绕三部梵剧署名的真实性展开，尝试考察三部梵剧的真正著者。

1.2　三部梵剧似出自一人之手

1.2.1　序幕的“框架填词”结构

三部梵剧的序幕如同“帽儿”，加在戏剧正式开始之前，内容和词句都非常相似，仿佛有一个统一的模板，仅修改其中少许细节，即可以适应各自剧情。

例如，三部梵剧都提供了戏剧上演的节庆场合。《龙喜记》为因陀罗的节日；《妙容传》和《璎珞传》均为春天节日（爱神狂欢）。

再例，《龙喜记》中舞台监督的妻子哭泣，因为她的公公婆婆隐居山林，从而引出云乘太子渴望隐居的剧情；《璎珞传》中舞台监督的妻子哭泣，因为她的女儿远嫁，从而引出璎珞远嫁的剧情。

又例，《妙容传》中舞台监督的兄弟扮演坚铠王的大臣律世；《璎珞传》中舞台监督的弟弟扮演优填王的宰相负轭氏。二人都在开场独白、剧终总结。

三部梵剧序幕的构成方式，不禁让人联想到戒日王的六件铭文，三件《铜牌》和三件《铜（泥）印》有着完全相同的框架，三件《铜牌》的差异仅在于布施的村庄名或是接受布施的婆罗门名等具体信息的调整。三部梵剧与戒日王铭文构成的一致性，既可以见出三部梵剧的统一框架，也或许可以证明三部梵剧与戒日王铭文的同源属性。

---

① Joglekar（1913），《璎珞传》导论，第 xvi 页。

② Winternitz（1972），第 251 页。

③ Doniger（2006），导论，第 18~19 页。

此外，三部梵剧非常独特且为戒日王首创的“套式结构”特征，参见本章第2节《三部梵剧的“套式结构”》。

1.2.2 情节构思相似

按照印度古典诗学理论，三部梵剧情节发展的五个阶段均齐备；情节的五种元素亦相似。[①] 具体对比如下：

情节	《龙喜记》	《妙容传》	《璎珞传》
剧情缘起	摩罗耶公主梦见高利女神预言她将与持明国王结婚。摩罗耶公主的父亲希望将她许配给持明太子云乘	盎伽国坚铠王打算把女儿妙容嫁给优填王	负轭氏计划让优填王与僧伽罗国公主璎珞结婚
飞来横灾	无	律世护送妙容前往犊子国，途经文底耶森林，文底耶幢王遇袭身亡，妙容失踪	世有和能受护送璎珞乘船前往犊子国，中途船沉，璎珞失踪
身份转换	无	妙容被胜军将军俘虏，以林姑的身份来到优填王后宫	璎珞被憍赏弥商人救起，以海姑的身份来到优填王后宫
一见钟情	摩罗耶公主与云乘太子一见钟情	一年后，优填王见到林姑，被她的美貌吸引。林姑被蜜蜂袭击，优填王上前营救，林姑也爱上了优填王	海姑在爱神狂欢初见优填王，一见钟情
相思相知	为排解相思，云乘太子在石座上画了摩罗耶公主像。由于误解，摩罗耶公主以为云乘太子心有所属，不愿与自己成亲，企图上吊自杀，被云乘太子救下后，疑虑尽解	林姑来到与优填王初见的地点，独诉相思。优填王也害上了相思病	海姑通过画优填王像表达思慕；妙亲将海姑画在优填王像身边；百舌鸟听到海姑与妙亲的交谈，重复她俩的对话，被优填王听到；优填王见到海姑的画像，也爱上了画中的姑娘

① 情节发展的五个阶段（avasthāna）：1. 开始（ārambha）；2. 努力（prayatna）；3. 希望（prāptisambhava）；4. 肯定（niyataphalaprāpti）；5. 成功（phalayoga）。情节的五种元素：I. 种子（bīja）；II. 油滴（bindu）；III. 插话（patākā）；IV. 小插话（prakarī）；V. 结局（kārya）。M. R. Kale 的《妙容传》（1928）、《璎珞传》（1964）导论及《印度古典诗学》等均有分析。此处不再赘述。参见黄宝生《印度古典诗学》（1999），第79~108页。

续表

情节	《龙喜记》	《妙容传》	《璎珞传》
再度相会	整个第三幕，二人沉浸在热恋的喜悦中，筹备婚事	春館与可心策划“戏中戏”，在满月大庆典①的演出中让优填王扮演舞台上的优填王，与扮演仙赐王后的林姑再度相见	春館与妙亲策划海姑化装成仙赐王后与优填王再次相会
遭遇挫折恋人分离	云乘太子以身救龙	春館在睡梦中透露了舞台约会的计谋，王后勃然大怒，囚禁林姑	金环得知变装约会的计谋，告诉仙赐王后。海姑企图上吊自杀，被优填王救下。王后勃然大怒，秘密囚禁海姑
曲折希望	金翅鸟改邪归正	林姑服毒自尽。优填王念诵解毒咒语救活林姑	囚禁海姑的后宫失火（实为幻术师的幻化大火）。优填王冲入火海救出海姑
重获身份	无	林姑即妙容，盎伽国公主，仙赐王后失散的表妹	海姑即璎珞，僧伽罗国公主，仙赐王后失散的表妹
美满结局	在高利女神的帮助下，云乘太子重获生命，与摩罗耶公主成婚，继承王位，统治世界	妙容得到仙赐王后的肯定和祝福，与优填王成亲	璎珞得到仙赐王后的肯定和祝福，与优填王成亲

综上可知，《妙容传》与《璎珞传》情节对应紧密；“戒日王取乘云菩萨以身代龙之事”而成的《龙喜记》与二者有一定的疏离。《龙喜记》的情节明显有两段故事嫁接的痕迹：前三幕为以爱情为主题的宫廷剧，后两幕为云乘太子舍身救龙的故事，事实上是将“舍身救龙”融入了宫廷喜剧之中，成为追求圆满结局所遭遇的挫折，即“恋人分离”的环节。《龙喜记》中画像、上吊等情节，又见于《璎珞传》，体现出二者一脉相承的关系。

1.2.3　细节上的证据

三部梵剧的序幕大体相同，仅有少量词句的差异。序幕中涉及戒日王的颂诗，《龙喜记》仅剧本取材的故事标题与其他两部剧不同；《璎珞传》和《妙容传》则完全一致：

① 满月大庆典（Kaumudī-Mahotsava），在昴月（Kārttika-māsa，公历 10~11 月）的满月日，为了敬拜湿婆之子六面童（Kārttikeya）。

《龙喜记》序幕 1.3（3）：

喜［增］（Śrīharṣa）[1] 诗人技艺炉火纯青，在场观众个个妙解德行；
世间《菩萨传》/《悉陀王传》[2] 引人入胜，我们的表演功力精深。
单独一桩都能带来成功，如同每个细节指向结局圆满；[3]
更何况由于我积福颇甚，所有的美德汇聚相连？（1.3）

《妙容传》序幕 1.3（3）：

喜增诗人技艺炉火纯青，在场观众个个妙解德行；
世间《犊子王传》[4] 引人入胜，我们的表演功力精深。
单独一桩都能带来成功，如同每个细节指向结局圆满；
更何况由于我积福颇甚，所有的美德汇聚相连？（1.3）

《璎珞传》序幕 1.5（5）：

喜增诗人技艺炉火纯青，在场观众个个妙解德行；
世间《犊子王传》[5] 引人入胜，我们的表演功力精深。
单独一桩都能带来成功，如同每个细节指向结局圆满；
更何况由于我积福颇甚，所有的美德汇聚相连？（1.5）

三部梵剧的终场颂诗（bharatavākyam）极其相似，其中《妙容传》和《璎珞传》几乎完全一样：

《龙喜记》第五幕 5.40（114）、5.41（115）：

---

① 三部梵剧均以 Śrīharṣa（吉祥喜）指称戒日王。戒日王铭文中，除索帕铜印使用 Śrīharṣa-varddhana（吉祥喜增）之外，全部使用 Śrīharṣa（吉祥喜）这个略称。

② 《龙喜记》浦那本、德里本、卡尔帕提本、Kale 本 N、吴晓玲译本为 bodhisattva-carita（菩萨传）；Kale 本、北方本、浦那本 N、Boyd 译本为 siddharāja-carita（悉陀王传）。

③ 双关，梵语 vastu 既泛称事物，又指戏剧的情节。所以这句话可以理解成“每件事都能带来渴望的效果（成功）”，也可理解成“每个情节都引向圆满的结局”。

④ 梵语 vatsarāja-caritaṃ，意为《犊子王传》或《犊子王行状》。

⑤ 梵语 vatsarāja-caritaṃ，意为《犊子王传》或《犊子王行状》。

愿浓云降下及时雨，让孔雀欢腾起舞；
再把茁壮的青黄谷物铺为大地的衣服；
愿臣民们积聚善行，远离不幸和私心；
愿他们永远欢喜，如同亲人和朋友相聚！（5.40）
愿吉祥属于整个世界！
愿众生以利他为满足！
愿阴险邪佞走向毁灭！
愿人间处处充满幸福！（5.41）

《妙容传》第四幕 4.12（49）：

愿大地五谷丰登；愿因陀罗（Vāsava，因陀罗称号）降下及时雨；
愿婆罗门魁首[①]凭借恰当的祭祀取悦众天神；
愿诸贤者的相会，坚定增长，直到劫波历尽；
愿坚硬如金刚、难以忍受的谣言，全部平息！（4.12）

《璎珞传》第四幕 4.22（85）：

愿大地五谷丰登；愿因陀罗（Vāsava）降下及时雨；
愿婆罗门魁首[②]凭借恰当的祭祀取悦众天神；
愿诸贤者相会，积聚幸福，直到劫波历尽；
愿坚硬如金刚、难以摧毁的谣言，全部平息！（4.22）

此外，《龙喜记》1.15（弹箜篌）和《妙容传》3.10（弹琵琶），以及《龙喜记》4.1（御前大臣）和《妙容传》3.3（胎戏大臣）均为相同颂诗（仅个别单词不同）：

《龙喜记》第一幕 1.15（15）（弹箜篌）：

① 梵语 vipramukhya，意为“为首的，尊贵的”，Kale 注释为“rājamukhya”，译为“国王尊敬的”。

② 梵语 vipramukhya，意为“为首的，尊贵的”，Kale 注释为“rājamukhya”，译为“国王尊敬的”。

此时（七弦琴奏出）十种[1]装饰音[2]，清晰嘹亮；
快速、中速、慢速的三种节奏切换得鲜明恰当；
牛尾停顿[3]等三种停顿，依照顺序圆满完成；
三种演奏模式准确展现，娴熟如泉水流淌。（1.15）[4]

《妙容传》第三幕 3.10（32）（弹琵琶）：

此时（七弦琴奏出）十种[5]装饰音[6]，清晰嘹亮；
快速、中速、慢速的三种节奏切换得鲜明恰当；
牛尾停顿[7]等三种停顿，依照顺序圆满完成；
三种演奏模式准确展现，娴熟如泉水流淌。（3.10）[8]

《龙喜记》第四幕 4.1（47）（御前大臣）：

井井有条布置后宫，在朝廷树立秩序；[9]
步步小心不要跌滑，处处避免犯错误；[10]
依靠拐杖的支撑，凭借着正当的刑罚；[11]
老态龙钟的我，追随国王的一切德行。[12]（4.1）

《妙容传》第三幕 3.3（25）（胎戏大臣）：

---

① 梵语 daśa-vidha，意为十种或十个部位。
② 梵语 vyañjana，Kale 注释为一种演奏方法的名称。
③ 梵语 gopuccha，Kale 注释为一种停顿的名称。
④ 本颂描绘演奏印度乐器 vīṇā（七弦琴或印度琵琶）。吴晓玲译为箜篌。
⑤ 梵语 daśa-vidha，意为十种或十个部位。
⑥ 梵语 vyañjana，Kale 注释为一种演奏方法的名称。
⑦ 梵语 gopuccha，Kale 注释为一种停顿的名称。
⑧ 本颂描绘演奏印度乐器 vīṇā（七弦琴或印度琵琶）。
⑨ 双关，梵语 antaḥpurāṇāṃ vihitavyavasthaḥ，既为（我）在后宫妥善安排；又为（我追随国王）在朝廷树立秩序。
⑩ 双关，梵语 pade pade skhalitāni rakṣan，既为（我）步步避免跌倒；又为（我追随国王）处处避免犯错。
⑪ 双关，梵语 daṇḍanītyā，既为（我）依靠拐杖；又为（我追随国王）凭借惩戒。
⑫ 双关，每一短句都既形容“老态龙钟的我”，又形容“我追随国王的行为”。

井井有条布置后宫，在朝廷树立秩序；[①]
步步小心不要跌滑，处处避免犯错误；[②]
依靠拐杖的支撑，凭借着正当的刑罚；[③]
老态龙钟的我，追随国王的一切举动。[④]（3.3）

此外，相似的词汇和修辞也表明三部戏剧出自一人之手。[⑤]

1.2.4　风格上的证据

三部梵剧，除《龙喜记》后两幕外主题思想均为爱情（艳情味）；本质为政治联姻（和亲）；目的为宣扬王权；共同情境为角色扮演。

考威尔（E. B. Cowell，1872）认为，《璎珞传》颂诗劝请大神湿婆，而《龙喜记》颂诗劝请佛陀，体现不同的宗教信仰，因而很难将其归入一人之手。[⑥] 这一说法并不成立。首先，梵语戏剧的开篇颂诗往往体现戏剧上演的场合，常常与戏剧内容脱节，开篇赞颂的神祇并非代表剧作家的信仰，亦非全剧的宗教倾向；其次，贯穿《龙喜记》全剧的是高利女神，《龙喜记》虽然表面上利用了佛教的观念，却主要是探讨印度教系统中的隐居、苦行，从深层次考虑仍属于印度教戏剧；再次，《龙喜记》虽为五幕传说剧，却是将云乘太子的故事嫁接在前三幕近似宫廷喜剧的木桩之上，改装了宫廷喜剧的结尾，如同宫廷喜剧的变种。对此卡勒（M. R. Kale）总结说，无论《龙喜记》的主题看起来与另两部剧多么不同，三部梵剧确是出自一人之手。[⑦]

综上可见，三部梵剧"框架填词"结构相同，情节构思相似，细

---

① 双关，梵语 antaḥpurāṇāṃ vihitavyavasthaḥ，既为（我）在后宫妥善安排；又为（我追随国王）在朝廷树立秩序。

② 双关，梵语 pade pade skhalitāni rakṣan，既为（我）步步避免跌倒；又为（我追随国王）处处避免犯错。

③ 双关，梵语 daṇḍanītyā，既为（我）依靠拐杖；又为（我追随国王）凭借惩戒。

④ 双关，每一短句都既形容"老态龙钟的我"，又形容"我追随国王的行为"。

⑤ Kale（1928），《妙容传》导论，第 xx 页。

⑥ Boyd（1872），前言，第 viii 页。

⑦ Kale（1964），《璎珞传》导论，第 16 页。

节相仿，整体风格一致，应划入一人名下。①

1.3 戒日王是第一作者

这个创作三部梵剧的人极其可能就是戒日王。

1.3.1 戒日王是唯一署名者

三部梵剧署名为戒日王，因而戒日王是三部梵剧归属的最可能人选。

在三部梵剧的序幕中无一例外称戒日王创作此剧。如果没有充足而坚实的证据推翻这个结论，只能暂且承认其真实性。

1.3.2 后世学者大多承认戒日王的著作权

义净（7世纪）在《寄归传》卷四第三十二“赞咏之礼”中记载了戒日王创制《龙喜记》的过程：“又戒日王取乘云菩萨以身代龙之事，缉为歌咏，奏谐弦管，令人作乐，舞之蹈之，流布于代。”②

腰环护（Dāmodaragupta，8、9世纪）在 *Kuṭṭinīmata* 中称《璎珞传》的作者是戒日王。③

王顶（Rājaśekhara，9、10世纪）在《诗探》（*Kāvyamīmāṃsā*，又译《诗弥曼差》）④第十七章讨论印度地理概况时提到戒日王美名传播至七大洲。⑤

安主（Kṣemendra，11世纪）在《合适论》（*Aucityacāracarcā*）中，引用了《璎珞传》中的五颂诗，称其属于戒日王（Śrīharṣadeva）。⑥

索达腊（Soddhala，11世纪）在 *Udayasundarikathā* 中提及戒日王，将戒日王与勇日王（Vikramāditya）、文阇王（Muñja）、波阇王（Bhoja）相提并论，称他们为“国王”（bhūpāla，大地保护者）和“诗

---

① 此处探讨三部梵剧整体上为一人所创。整体风格的相似，无法排除不同作家相互抄袭、模仿的可能。而且具体到一首诗、一句话的细节之处，则可能经过更改或增删。参见本节中的《波那是否“代笔”?》。

② 《寄归传》卷四，第三十二“赞咏之礼”，第182~186页。

③ Winternitz（1972），第251页注释二（引自 *Kuṭṭinīmata* III，1887，第98~99页；第104~105页）；Kale（1928），《妙容传》导论，第xxii页；参见 Joglekar（1913），《璎珞传》导论，第xv页。

④ 《诗探》的主旨是提供诗人和文学写作的实用知识。参见黄宝生 著，《梵语诗学论著汇编》（2008），第356~357页。

⑤ Parashar, Sadhana, *Kāvyamīmāṃsā of Rājaśekhara: Original Text in Sanskrit and Translation with Explanatory Notes*. New Delhi(India): D. K. Printworld Ltd., 2000，第255页。

⑥ Joglekar（1913），《璎珞传》导论，第xv页。

王”（kavīndra，诗人中的因陀罗）。并运用双关说：在创作中喜悦，如同戒日王在他的宫廷（集会）。[①]

胜天（11、12 世纪）在 *Prasanna Rādhava* 1.22 中运用一系列双关把戒日王与之前的跋娑（Bhāsa）、迦梨陀娑（Kālidāsa）以及与他同时期的波那（Bāṇa）和摩由罗（Mayūra）相提并论：

> yasyāś=coraś–cikura–nikaraḥ karṇa–pūro mayūro
> bhāso hāsaḥ kavi–kula–guruḥ kālidāso vilāsaḥ |
> harṣo harṣo hṛdaya–vasatiḥ pañca–bāṇas=tu bāṇaḥ
> keṣāṃ nâiṣā kathaya kavitā–kāminī kautukāya ||（1.22）[②]

> 摩由罗胸膛和发髻装饰着蓝莲，如同孔雀[③]；跋娑开怀欢笑，
> 皓齿明洁[④]；诗族之师迦梨陀娑闪耀，如迦梨女神的奴仆嬉戏[⑤]；
> 喜［增］（Harṣa）欢喜，如喜悦驻于内心；而波那，就像五簇箭的爱神[⑥]。
> 对于他们，这热爱诗歌的女子如何能不目眩神迷？（1.22）

1654 年，摩杜苏丹（Madhusudan）的有觉（Bhāvabodhini）在注释《摩由罗百咏》时称，《璎珞传》的作者是波那和摩由罗的保护人、诗人之王戒日王：“mālava–rājasyôjjayinī–rāja–dhānikasya kavi–jana–mūrdhanyasya ratnāvaly–ākhya–nāṭikā–kartur–mahārāja–śrī–harṣasya sabhyau mahā–kavi–paurastyau bāṇa–mayūrâvāstāṃ |”[⑦]（吉祥喜［增］大王是摩腊婆国王，邬阇衍那国王的庇护者，诗人中的翘楚，名为《璎珞传》的宫廷喜剧的创作者。他的宫廷里，两个为首的大诗人是波那和摩由罗。）

后世学者大多承认戒日王的著作权，这也可以作为“戒日王是唯

---

① Kale（1928），《妙容传》导论，第 xxii 页。
② Joglekar（1913），《璎珞传》导论，第 xxx 页；Kale（1928），《妙容传》导论，第 xxii 页。
③ 双关，梵语 mayūra，既指诗人摩由罗，又意为孔雀。
④ 双关，梵语 bhāso hāsaḥ，既为跋娑欢笑，又为笑容明亮（露出洁白牙齿）。
⑤ 双关，梵语 kālidāso vilāsaḥ，既为迦梨陀娑发光，又为迦梨女神的奴仆游戏。
⑥ 双关，梵语 pañca-bāṇa，既意为“五簇箭的”，指爱神，又包含波那（Bāṇa）的名字。
⑦ Joglekar（1913），《璎珞传》导论，第 xv 页；Kale（1928），《妙容传》导论，第 xxii 页。

一署名者”的补充。

1.3.3 戒日王喜好文学

戒日王是印度历史上少有的喜爱文学的帝王，拥有众多宫廷文人。①

《寄归传》卷四第三十二“赞咏之礼”称：“时戒日王极好文笔，乃下敕曰：‘诸君但有好诗赞者，明日旦朝，咸将示朕。’及其总集，得五百夹。展而阅之，多是社得迦摩罗（Jātakamālā）矣。方知赞咏之中，斯为美极。”②

《戒日王传》和《迦丹波利》的著者波那（Bāṇa）、《太阳神百咏》的著者摩由罗（Mayūra），《诗光》中提到的达婆迦（Dhāvaka），克什米尔史学家王顶（Rājaśekhara）提到的摩腾迦日（Mātaṅgadivākara）③和为戒日王收集诗赞的“诸君”，都是戒日王的宫廷文人。

这体现了戒日王对于文学的重视和喜爱。一位热爱文学的帝王从事文学创作，看起来顺理成章。乔格莱卡（K. M. Joglekar）认为，戒日王从事文学创作，正是他战事之外的一种娱乐休闲。④

1.3.4 戒日王具有文才

首先，波那在《戒日王传》中曾两度赞美戒日王的文学造诣。

第一次仅一语带过：“kāvya-kathāsv=apītam=apy=amṛtam=udvamantam |”（在诗文创作中，他虽未啜饮甘露，却喷洒甘露。）⑤

第二次更为铺张：“api câsya tyāgasyârthinaḥ, prajñāyāḥ śāstrāṇi, kavitvasya vācaḥ, sattvasya sāhasa–sthānāni, utsāhasya vyāpārāḥ, kīrter=diṅ–mukhāni, anurāgasya loka–hṛdayāni, guṇa–gaṇasya saṃkhyā, kauśalasya

---

① Kale 指出，身为国王从事文学创作的印度作家还有首陀罗迦（Śūdraka）、叉授（Viśākhadatta）、誉铠王（Yaśovarman）等。见 Kale（1964），《璎珞传》导论，第 15~16 页。Joglekar 则认为这些国王中有不少就是通过雇佣文人沽名钓誉。见 Joglekar（1913），《璎珞传》导论，第 xxix 页。

② 《寄归传》卷四，第三十二“赞咏之礼”，第 182~186 页。

③ 多尼格（Doniger，2006，英译导论，第 17 页）称据 9 世纪克什米尔史学家王顶的记载，摩腾迦日（Mātaṅgadivākara）是戒日王的宫廷文人和剧作家，属于旃陀罗（Caṇḍāla）种姓。列维（Lévi, Sylvain, *Le théatre indien Vol. I.* Paris: 1963，第 184~195 页）称摩腾迦日为耆那教徒，他的名字表明他来自低种姓。据 Joglekar（1913），《璎珞传》导论，第 xxix 页，王顶（Rājaśekhara）在 Vide Śārangadharapadhati 中说：aho prabhāvo vāg-devyā yan=mātaṅga-divākarāḥ harṣasyâbhavan sabhyāḥ samābāṇa-mayūrayoḥ |（哦！具有辩才天女的伟力，戒日王的宫廷是摩腾迦的太阳，属于波那和摩由罗等人。）从 Joglekar 给出的原文来看，“摩腾迦的太阳”与戒日王的“宫廷”同格，应修饰“宫廷”。

④ Joglekar（1913），《璎珞传》导论，第 xxix 页。

⑤ 《戒日王传》第二章，Parab（1892），第 79 页；Cowell（1897），第 58 页。

kalā, na paryāpto viṣayaḥ ǀ”（而且，他的布施超越索取；智慧超越法教；诗才超越言语；本性超越英勇；威力超越战争[①]；美名超越方向[②]；仁爱超越世间情感；美德难以数计；技艺娴熟，超越六十四艺[③]。）[④]

其次，在戒日王铭文《班斯凯拉铜牌》末尾，有戒日王的亲笔签名。这或许可以证明戒日王草拟了铭文以及其中的三首诗歌：

> 战争中，吉祥天护等国王，仿佛难驯的战马，
> 在他的鞭打下低眉顺眼，统统被收监；
> 铲除敌人，赢得大地和人民的爱戴，在敌军
> 营帐，他抛弃生命，由于高尚的誓愿。（1）
> 无论是宣称延续自我们家族的高贵者
> 还是其他人，都应赞同这个施舍；
> 财富的闪电流水泡沫游移不定，彻底
> 捍卫他人名誉才是布施的成果。（2）
> 应通过行动、思维和语言利益众生；
> 喜［增］宣称这是获得正法的无上法。（3）

（参见附录一《戒日王铭文及汉译》）。

乔格莱卡（K. M. Joglekar）认为，从戒日王铭文的措词可以看出，戒日王是一位不错的学者，很可能亲自撰写三部梵剧。[⑤]

最后，在一些梵语诗歌选集当中，如《妙语宝库》（*Subhāṣitaratnakoṣa*）、《妙语璎珞》（*Subhāṣitāvalī*）和《善言入耳甘露》（*Sādhūktikarṇāmṛta*）等，引用了一些署名为吉祥喜（Śrīharṣa）或吉祥喜天（Śrīharṣadeva）的诗，与宫廷喜剧的风格十分接近，也应为戒日

---

① 即威力震慑住敌人，体现在战争之外，从而失去战争的必要。
② 即美名远播，甚至超越了十个方向的范畴。
③ 梵语 kalā，为“艺术”。Cowell（1897），第 65 页注释一，注释为六十四艺。
④ 《戒日王传》第二章，Parab（1892），第 86 页；Kane（1918），第 35 页；Cowell（1897），第 65 页。
⑤ Joglekar（1913），《璎珞传》导论，第 xxxiii 页。

王所创。[①]

例如《妙语宝库》中的三首诗：

dṛṣṭā dṛṣṭim=adho dadāti kurute nâlāpam=ābhāṣitā
śayyāyāṃ parivṛtya tiṣṭhati balād=āliṅgitā vepate |
niryāntīṣu sakhīṣu vāsabhavanān=nirgantum=evêhate
yātā vāmatayâiva me 'dya sutarāṃ prītyai navoḍhā priyā || 17.5 (469) ||[②]

你看她时，她低垂眼帘；跟她交谈，她默默无言；
拥她上床，她呆立不动；突然抱紧，她浑身惊颤；
女眷离开后宫，她也渴望离去；我这位新婚娇妻
冷傲难驯，款款而行，此时此刻更让我满心喜欢。（17.5(469)）
[吉祥喜天的诗。]

kṛcchreṇôru–yugaṃ vyatītya suciraṃ bhrāntvā nitamba–sthale
madhye 'syās=tri–valī–vibhaṅga–viṣame niṣpandatām=āgatā |
mad–dṛṣṭis=tṛṣitêva saṃprati śanair=āruhya tuṅgau stanau
sākāṅkṣaṃ muhur=īkṣate jala–lava–prasyandinī locane || 17.12 (476) ||[③]
śrīharṣadevasya

我的目光艰难地跨越双股；久久地游荡在臀部；
在她因三道弯纹而波澜起伏的小蛮腰流连驻足；
此时此刻，如饥似渴，默默攀登上高耸的双乳，
刹那间，满怀爱欲，遭遇她那洒下珠泪的青眸。（17.12（476））

① 参见 Kale（1928），《妙容传》导论，第 xxii-xxiii 页；Joglekar（1913），《瓔珞传》导论，第 xxxi 页。

② Kosambi, D. D. & V. V. Gokhale, ed., *The Subhāṣitaratnakoṣa Compiled by Vidyākara*. Cambridge, MA (U. S.): Harvard University Press, 1957，第 86 页；参见 Ingalls, Daniel H. H., trans., *Sanskrit Poetry from Vidyākara's "Treasury"*. Cambridge, MA (U. S.); London (U. K.): Harvard University Press, 1979，第 140 页。

③ Kosambi（1957），第 87 页；参见 Ingalls（1979），第 140 页。

吉祥喜天的诗。

ekatrâsana−saṃsthitiḥ parihṛtā pratyudgamād=dūratas

tāmbūlâracana−c−chalena rabhasâśleṣa−kramo vighnitaḥ |

saṃlāpo 'pi na miśritaḥ parijanaṃ vyāpārayantyântike

bhartuḥ pratyupacārataś=caturayā kopaḥ kṛtârthī−kṛtaḥ || 21.5 (639) ||[①]

śrīharṣasya ||

她端坐一处，不愿起身远迎；

假装佩戴槟榔叶，躲开突如其来的相拥；

柔声呼唤也不搭话，只顾吩咐身边随从；

妙慧女成功表达愤懑，出于对丈夫的尊重。（21.5(639)）

吉祥喜的诗。

综上可知，戒日王具有撰写三部梵剧的足够文才和可能性。

1.3.5　三部梵剧与戒日王的帝王心态

首先，戒日王身在宫廷，创作以宫廷生活为题材的爱情剧本再合适不过。戒日王以获得女人（吉祥天女）为标志的征服世界的政治理想，也在宫廷喜剧中得到了恰如其分地体现。（参见本章第 3 节《戒日王宫廷喜剧与政治联姻》）

其次，戒日王的宗教信仰，以湿婆崇拜为主，兼容太阳崇拜和蛇崇拜，又如“外儒内法”一般披着佛教的外衣，在三部梵剧中表现得淋漓尽致。戒日王的父亲光增王敬奉太阳神。《龙喜记》中云乘太子的父亲云幢王也敬奉太阳神。云乘摇摆于佛教与印度教之间，在不同信众眼中扮演不同的角色。戒日王也正是如此。《龙喜记》中云乘的一句话恰好诠释了戒日王宗教政策的精髓：众神都应供养。[②]《妙容传》和《璎珞传》开篇颂诗均劝请湿婆，其武力征伐世界、艳情享受生活的剧情也与戒日王尊奉的湿婆信仰一脉相承。（参见本书第六章《戒日王的王权信仰》）

最后，三部梵剧将一位帝王细致入微的心态刻画得栩栩如生。例

① Kosambi（1957），第 116 页；参见 Ingalls（1979），第 166 页。

② 《龙喜记》吴晓玲译本，第 11 页。

如《龙喜记》中云乘太子宣扬的孝道，与《戒日王传》中描绘的戒日王对父母、兄长的尊敬非常吻合。《妙容传》和《璎珞传》中，优填王周旋于后宫女人之间，讨好出身高贵的王后，却又常常另觅新欢，也与戒日王的帝王心态如出一辙。

正如温迪·多尼格（Wendy Doniger）的评论：三部梵剧，尤其《璎珞传》和《妙容传》，的确符合帝王的身份，无所事事，靡靡之音，关注于爱情、偷情、多情等小把戏。有一些诗歌朴素而直接，有一些则是相当糟糕（例如《璎珞传》3.11），是波那或是任何一流宫廷文人都写不出的差劲。[①]

1.3.6 三部梵剧与戒日王的历史事实

首先，宫廷喜剧《妙容传》和《璎珞传》的本质是在爱情、艳情掩饰下的和亲或者说政治联姻。这在戒日王先祖及戒日王一朝均不罕见。戒日王的祖父日增王娶后期笈多王朝的大军护王后为妻；戒日王的父亲光增王娶出身高贵的美誉王后为妻，并将女儿王圣嫁给穆克里家族的摄铠王；戒日王将女儿嫁给伐腊毗国常叡王以及摩揭陀王[②]。这些历史上的联姻都是政治联姻，与宫廷艳事中暗示的政治联盟并无二致。在《故事海》和跋娑的《惊梦记》当中，优填王与摩揭陀国莲花公主的结合几乎完全没有感情基础，完全出于政治结盟的考虑。[③]而戒日王的两部宫廷喜剧，只是将政治联盟的本质叙述得更加隐晦，而突出了两情相悦的内容。事实上，无论如何掩饰，优填王两年内获得三个女人[④]，以及他的后宫中不知名姓的无数嫔妃，都证明在宫廷艳情之中，并无真爱，只有对权力和美色的无尽追逐。

其次，在三部梵剧之中，均有关于战争的描述，并以男主人公的胜利而告终。男主人公征服世界，依靠战争和联姻两条线索。这也与戒日王的行为相当吻合。（参见本章第 3 节《戒日王宫廷喜剧与政治

---

① Doniger（2006），英译导论，第 18~19 页。

② 据《法苑珠林》卷二九，第 904 页，“又从南行百五十里，度殑伽河，至摩揭陀国，属中印度。……王即戒日之女婿也。”若非《法苑珠林》记载有误，就是戒日王将一个女儿嫁给了伐腊毗国常叡王（《西域记》），而将另一个女儿嫁给了摩揭陀王（《法苑珠林》）。

③ Doniger（2006），《璎珞传》、《妙容传》英译导论，第 31 页。

④ 据《妙容传》，妙容被优填王大将胜军俘虏之时，优填王刚刚带着仙赐逃回犊子国；其间为与摩揭陀国联盟而续娶了莲花公主；一年后，妙容与优填王成亲。

联姻》）

最后，三部梵剧的一些细节，可以看作是对现实的隐喻。例如《龙喜记》中的金翅鸟（Garuḍa），是诸蛇（龙）之敌；戒日王统治初期频繁出现的敌人为高达王（ Gauḍa），与金翅鸟仅相差一个字母的读音。因而，金翅鸟的角色设置，很可能包含了对现实的隐喻，尤其在结尾处，金翅鸟发誓改邪归正，也似乎暗示了戒日王对高达王的最终胜利。

此外，三部梵剧中交错的角色扮演，尤其是在观众不知情的情况下进行的突如其来的表演，则是戒日王无论在虚构还是在现实中都非常钟爱的情节。例如，《瓔珞传》第四幕中幻术师的“幻化大火”，与《西域记》中记载的曲女城法会中的“宝台失火”，无论孰先孰后，都弥合得几乎天衣无缝。而与“宝台失火”相连的“婆罗门买凶杀人”，也同样是戒日王在现实中自导自演又瞒天过海的“戏中戏”。（参见本章第 2 节《三部梵剧的“套式结构”》）

综上所述，三部梵剧的男主人公，《龙喜记》中的云乘太子，《妙容传》和《瓔珞传》中的优填王，均可以看作以戒日王为原型，其与戒日王身世、经历、宗教信仰和内心诉求的契合程度，使戒日王成为三部梵剧唯一可能的第一作者。

1.3.7 “主持修造”嫌疑

义净在《寄归传》卷四第三十二“赞咏之礼”中所述：“又戒日王取乘云菩萨以身代龙之事，缉为歌咏，奏谐弦管，令人作乐，舞之蹈之，流布于代。”[①] 通常被用来证明戒日王是《龙喜记》的作者。然而，如果仔细审视义净的措词，这个结论就未必那么肯定。义净称“取”乘云菩萨以身代龙之事，“缉”为歌咏，奏谐弦管，“令人”作乐等。“取”，意为拿来已经存在的东西；缉，通“辑”，意为收集、编辑；“令人”更非亲躬。

也就是说，在《龙喜记》的形成过程中，戒日王做的很可能是导演剪辑的工作。他把各类现存的写作素材重新组合拼凑，构造自己的主题，用以阐述自己的思想。这让人不禁联想到淮南王刘安造《淮南子》，或是唐太宗造《秦王破阵乐》，均为主持修造。宫廷皇室之“创制”，大抵如此。

① 《寄归传》卷四，第三十二“赞咏之礼”，第 182~186 页。

三部梵剧的确有一个统一的框架，统一的思想，甚至基本统一的文字风格，但依然无法排除戒日王“主持修造”的嫌疑，尤其针对前三幕与后两幕反差较大的《龙喜记》而言。

1.3.8　小结

三部梵剧“框架填词”结构相同，情节相似，细节相仿，整体风格一致，证明它们应划入一人名下。戒日王是三部梵剧的唯一署名者，得到大部分后世学者的承认；戒日王本人喜好文学，具有足够的文才；更为重要的是，三部梵剧的情节在很大程度上符合戒日王的身世、经历、宗教信仰和内心诉求。因此，三部梵剧应首先归于戒日王。

戒日王的著作权，以躬亲创作的可能性最大，却也包含“主持修造”嫌疑，尤其针对《龙喜记》而言。当然，无论三部梵剧采用何种创作模式，都体现了戒日王本人的观念和意志。

此处还需特别指出的是，三部梵剧整体归于一人之手，但若具体到一首诗、一句话的细微之处，则可能经过更改或增删，也确实有这类“外力”的痕迹存在。

例如《璎珞传》的开篇颂诗：

saṃprāptaṃ makara−dhvajena mathanaṃ tvatto mad−arthe purā
tad−yuktaṃ [kiṃ yuktaṃ] bahu−mārgagāṃ mama puro nirlajja voḍhuṃ [voḍhus] tava |
tām=evânunaya−svabhāva−kuṭilāṃ he kṛṣṇa−kaṇṭha−grahaṃ
muñcêty=āha ruṣā yam=adri−tanayā lakṣmīś=ca pāyāt=sa vaḥ ||

愿他庇护你们！波哩婆提[①]和吉祥天女怒气冲冲对他说：
（一）（波哩婆提愤怒地说：）从前因为我，你摧毁了爱神。
无耻之徒！你如何又能在我眼前缠绕住恒河女神？嘿！
快去找那个天性狡诈的女子吧！青颈[②]啊！松开你的怀抱吧！
（二）（吉祥天女愤怒地说：）从前为了得到我，你搅拌大海。

① 梵语 Adritanayā，意为“（雪）山之女”，波哩婆提称号。
② 梵语 Kṛṣṇakaṇṭha 或 Nīlakaṇṭha，意为“青颈”，湿婆称号。

无耻之徒！你如何能在我眼前与生活松散的女子纠缠？嘿！
快去找那个天性狡诈的女子吧！别再抱住我脖颈！黑天！

这一开篇颂诗没有编号，整首诗均使用双关的修辞手法，见于《璎珞传》Kale本异文，却未见于Cappeller本，很可能并非戒日王原作。

又如《龙喜记》序幕1.4：

dvija–parijana–bandhu–hite ! mad–bhavana–taṭāka–haṃsi ! mṛdu–śīle !
para–puruṣa–candra–kamaliny–ārye ! kāryâditas=tāvat || 4 || (1.4)①

你对再生族（婆罗门）、奴仆、亲人同样友爱，
在我堂屋里踱步，如同在池塘中戏水的雌鹅！
别人丈夫如明月，你就是那盛开的红莲朵朵！②
温柔体贴的人儿！快点儿上台来！（1.4）

此颂见于《龙喜记》德里本、卡尔帕提本和吴晓玲译本，却在浦那本、北方本和博伊德（Palmer Boyd）译本中缺失。很可能并非戒日王原作。

再例《龙喜记》的第二首终场颂诗：

śivam=astu sarva–jagatāṃ para–hita–niratā bhavantu bhūta–gaṇāḥ
doṣāḥ prayāntu nāśaṃ sarvatra sukhī bhavatu lokaḥ || 115 || (5.41)③

愿吉祥属于整个世界！
愿众生以利他为满足！
愿阴险邪佞走向毁灭！
愿人间处处充满幸福！（5.41）

① 《龙喜记》浦那本、北方本、Boyd译本均缺此颂。德里本、卡尔帕提本、吴晓玲译本有此颂。依德里本补入。

② 红睡莲在月光中开放。比喻受到别人丈夫的仰慕。

③ 《龙喜记》德里本、浦那本、卡尔帕提本、吴晓玲译本均有此颂；北方本无此颂。

《龙喜记》德里本、浦那本、卡尔帕提本、吴晓玲译本均有此颂；北方本却无此颂。这首诗属于戏剧结尾颂诗中常见的形式，很像是在演出过程中的随意增补。

这证明戒日王的三部梵剧在创作过程中或创作完成后，或是自主地吸收了他人的诗句，或是被动地受到了更改。

1.4　波那是否“代笔”?

戒日王的宫廷文人，留下名姓的有波那（Bāṇa）、摩由罗（Mayūra）、达婆迦（Dhāvaka）等。波那因一部《戒日王传》，留下了与戒日王交往的诸多细节；其余者则资料稀少，无从考证。

三部梵剧虽整体上出自戒日王之手，但不能排除戒日王“主持修造”的可能，也不能排除波那等宫廷文人参与撰写少数诗句的嫌疑，以波那嫌疑最大。对于戒日王三部梵剧接受“外力”的考证，也正是围绕波那展开。

1.4.1　波那骤然得宠

在戒日王的众多宫廷文人之中，波那因他梵文写就的《戒日王传》脱颖而出。这表明波那不仅梵文精湛，而且受到戒日王的独特宠幸。即使没有《诗光》尼泊尔写本异文（“就像波那从戒日王处获得钱财”）的证明，我们也可以推知波那从戒日王处得到了恩宠和财富。

波那并非一开始就得到戒日王宠幸。初次会面并不愉快。戒日王称波那为“浪荡子”，虽然波那自我辩白并赞颂戒日王，戒日王依然对他并不友善。然而，在短短几天之后，戒日王改变了看法，与波那分享财富和王国。波那骤然得宠。

波那并没有详述自己如何“骤然得宠”。不过，在这短短几天内，波那一定采取了某种行动取悦了戒日王。鉴于波那是一个文人，他对戒日王的取悦最可能是通过“文”的手段，或展露、卖弄自己的才华，或撰文供戒日王消遣，或“以文贿王”。当戒日王对波那误解极深，“以文贿王”或者说“卖文”，是波那能够押下的最后也是最有效的筹码，即使不是献上一整部作品，也很可能是贡献出一些诗句或是精彩的情节构思。

1.4.2　波那“卖文”动机

首先，波那具有“卖文”动机，不为钱财，而为名声。

一些学者往往纠缠于波那有没有拿到钱，似乎有钱就有了某种地下交易。事实上，钱财并非波那创作的重点。卡勒（M. R. Kale）认为，波那和其他宫廷文人因为创作了优秀的文学作品，所以获得了戒日王的奖赏。[①] 乔格莱卡（K. M. Joglekar）认为，波那很富有，根本不需要钱。[②] 波那的恃才傲物和追逐名誉，在《戒日王传》前两章就多有显露。对于波那来说，钱财不可能是他的“卖文”动机；获得戒日王的宠幸和随之而来的名声，才有可能成为他的真正动机。

波那放弃自由自在的生活，投靠戒日王宫廷，一定包含某种需要；而戒日王接受并宠幸波那，也包含着某种需要。波那进入戒日王宫廷、得到戒日王庇护本身，就证明波那与戒日王已经形成了一种微妙的双赢关系。

戒日王起初对波那粗鲁而蔑视，让波那没有机会跻身宫廷，也让波那的“卖文”动机更为强烈。波那很可能是通过“出让”才华，打开了与戒日王宫廷交往的僵持局面，从而让自己得以近距离地接触戒日王、撰写《戒日王传》并获得更大的名声。波那撰写《戒日王传》是在他受到宠幸、成为宫廷文人之后的事情。[③]《迦丹波利》的创作时间更晚。《戒日王传》很可能得到了戒日王的授意或默许。没有戒日王的宠幸，就没有随之而来的《戒日王传》，也就没有波那如今的声誉。

其次，如果确实存在某种程度的“卖文”行为，波那“卖文”的选择，不是一流的精品，而是相对二流的“糙品”。

波那进入戒日王宫廷的目的正是获得皇家认可，攫取更大声誉。金钱本不是他的目标。这也就可以解释乔格莱卡指出的，波那如果出卖《迦丹波利》则可以获得更多财富。[④] 如果需要的话，波那会选择“卖文求名”，而不是“卖名求财”。波那不会出卖《戒日王传》或《迦

① Kale（1928），《妙容传》导论，第 xxiii 页。

② Joglekar（1913），《璎珞传》导论，第 xv 页。

③ 波那在《戒日王传》中自述获得宠幸，在戒日王宫廷居住了一段时间，然后回到家乡婆罗门村，才开始撰写《戒日王传》。

④ Joglekar（1913），《璎珞传》导论，第 xv 页。

丹波利》中任何一部，因为这两部作品才能从根本上奠定他在文坛的地位，也才能让他实现获得名誉的最终理想。但这并不表示波那不会“出让”自己的一些次要诗句或灵感，作为自己成功之路的铺垫。也就是说，波那很可能有选择地出让一部分较为逊色的文字，而留下精品为自己扬名。波那放弃自己一部分文字的署名权，或许正是他获得更大名声的“割地求和”、“弃卒保车”之举。

1.4.3 波那对戒日王文学造诣明褒实贬

《戒日王传》两次提及戒日王的文学造诣，表面看来是对戒日王的赞美，而仔细品味却如同贬损。详析如下：

第一次：“在诗文创作中，他虽未啜饮甘露，却喷洒甘露。”（kāvya-kathāsv=apītam=apy=amṛtam=udvamantam）①

这句话的字面意思是，戒日王的创作灵感完全是自己的，并非借鉴自他人。对于戒日王引以为傲的文学造诣，波那不仅没有大肆赞美，而且只是轻描淡写地评论说：戒日王的文字不是抄的。这本身就已经足够引起怀疑。借用传统逻辑“三段论”进一步分析可见，这是一句颇有歧义的类比。

大前提：普通人需要啜饮甘露才能喷洒甘露 =〉普通作家需要借鉴他人的优秀成果才能创作优秀成果。

小前提：戒日王不属于普通人 =〉戒日王不属于普通作家。

结论：戒日王不需要啜饮甘露就可以喷洒甘露 =〉戒日王不需要借鉴他人的优秀成果就可以创作优秀成果。

这样或许可以得出这个类似于赞美的解释：戒日王不属于普通人 / 普通作家。

然而，存在这样一个不需要啜饮甘露就可以喷洒甘露的“特殊”人吗？据印度传统，甘露是搅乳海所得，并非任何人或天神可以凭空制造。因此，不存在这样一个人，不需要啜饮就可以喷洒甘露，无论他多么特殊。那么依据这个类比，也就不存在这样一个作家，不需要借鉴就可以创作。上述“三段论”可以修改为：

大前提：人需要啜饮甘露才能喷洒甘露 =〉作家需要借鉴他人的优

① 《戒日王传》第二章，Parab（1892），第 79 页；参见 Cowell（1897），第 58 页。

秀成果才能创作优秀成果。

小前提：戒日王属于人 =〉戒日王属于作家。

结论：戒日王需要啜饮甘露才能喷洒甘露 =〉戒日王需要借鉴他人的优秀成果才能创作优秀成果。

这样看来，由于波那类比的易误解性（令人产生存在不需要啜饮甘露就可以喷洒甘露的错觉），小前提混淆视听，大前提和结论产生了矛盾。波那的意图其实是暗示小前提的荒谬：一个不借鉴他人而创作的作家，就像是不啜饮甘露而喷洒甘露的人一样，是不存在的；那么，像戒日王这样的作家也是不存在的。第一次谈及戒日王诗文创作就运用了一个如此不易察觉的讽喻，波那的态度可想而知。

第二次："而且，他的布施超越索取；智慧超越法教；诗才（kavitva）超越言语；本性超越英勇；威力超越战争[①]；美名超越方向[②]；仁爱超越世间情感；美德难以数计；技艺娴熟，超越六十四艺[③]。"（api câsya tyāgasyârthinaḥ, prajñāyāḥ śāstrāṇi, kavitvasya vācaḥ, sattvasya sāhasa–sthānāni, utsāhasya vyāpārāḥ, kīrter=diṅ–mukhāni, anurāgasya loka–hṛdayāni, guṇa–gaṇasya saṃkhyā, kauśalasya kalā, na paryāpto viṣayaḥ ।）[④]

这句话的字面意思是，戒日王的诗才高妙绝伦，超越了语言的界限，使得语言无法形容。言下之意，戒日王的诗才由于"言不尽意"而没有机会施展。波那仿佛明褒实贬地讽刺戒日王的诗才"大音希声"。

事实上，整部《戒日王传》几乎没有正面评论戒日王的文学造诣，也从未像在三部梵剧的序幕中那样直书"喜增诗人技艺炉火纯青"。在赞美戒日王王权光辉、战争功绩的华丽辞藻中，波那仿佛故意对戒日王的文学造诣避而不谈。在波那看来，戒日王是一个附庸风雅的政治文人。王权是他的直接目的，创作只是辅助和消遣。虽然波那已极力掩饰，不过从波那含沙射影贬损戒日王诗才的做法或许可以推测，波

① 即威力震慑住敌人，体现在战争之外，从而失去战争的必要。

② 即美名远播，甚至超越了十个方向的范畴。

③ 梵语 kalā，为"艺术"。Cowell（1897），第 65 页注释一，注释为六十四艺。

④ 《戒日王传》第二章，Parab（1892），第 86 页；Kane（1918），第 35 页；Cowell（1897），第 65 页。

那对戒日王自我标榜的文学修养颇为不以为然；戒日王文学创作上的沽名钓誉很可能与波那有关。书中波那多次运用双关和比喻指责戒日王参与了弑父害兄的阴谋，或许也显示了波那的高傲和对戒日王文学造诣的蔑视：波那有足够的自信认为戒日王根本看不懂他的双关；或者至少，同样傲慢和自负的戒日王认为卑微的波那不敢吐露任何不利于自己的言辞，因而深信不疑地只看到了双关中的褒奖部分。

1.4.4 波那与戒日王文风对比

不止一位学者论及波那（两部小说）与戒日王（三部梵剧）创作风格的截然不同[①]，然而却忽视了小说与戏剧这两种文体本身的巨大差异。[②]小说属于散文体，偶有诗歌，为书面形式，阅读为主，充满各类修辞手法和长复合词；戏剧散韵杂糅，为口头传统，表演为主，语句更为朴素简单，易于诵读，朗朗上口。因而将戒日王的三部梵剧与波那的《戒日王传》、《迦丹波利》的语言风格进行对比本身就是不明智的行为。

更何况，一位出色的梵语作家，应该可以驾驭手中的笔，从而展现出不同的文风。就像曹雪芹的《红楼梦》既可以有林黛玉、史湘云的典雅联句，也可以有薛蟠俗不可耐的打油诗。换句话说，如果让一个文学造诣不深的人模仿文学价值极高的作品，很难做到；但是，如果让一个文字功力极强、文学造诣精深的人写出相对朴实简单的语句，则并非难事。只是在这样的“驾驭”之中，或多或少还是会被自己的风格“出卖”。

波那的创作风格，简言之，即运用大量的双关、夸张、比喻等修辞，多排比句和长复合词，文辞铺张华丽。在戒日王三部梵剧之中，存在受到波那影响的痕迹，甚至还有十分“波那”的语句。

例如《璎珞传》无编号颂诗：

---

① Joglekar（1913），《璎珞传》导论，第 xvi 页，“三部梵剧之间的相似性，并未见于三部梵剧与《迦丹波利》之间”。Kale（1928），《妙容传》导论，第 xxiv 页，“波那的写作风格，从《戒日王传》和《迦丹波利》可知，与《璎珞传》的风格大相径庭”。

② 相传 *Sarvacarita*，*Śāradacandrikā* 等戏剧署名为波那，暂未比对。

愿他庇护你们！波哩婆提[①]和吉祥天女怒气冲冲对他说：
（一）（波哩婆提愤怒地说：）从前因为我，你摧毁了爱神。
无耻之徒！你如何又能在我眼前缠绕住恒河女神？嘿！
快去找那个天性狡诈的女子吧！青颈[②]啊！松开你的怀抱吧！
（二）（吉祥天女愤怒地说：）从前为了得到我，你搅拌大海。
无耻之徒！你如何能在我眼前与生活松散的女子纠缠？嘿！
快去找那个天性狡诈的女子吧！别再抱住我脖颈！黑天！

这一开篇颂诗没有编号，见于《璎珞传》Kale本异文，却未见于Cappeller本，很可能并非戒日王原作。整首诗使用了多重双关的修辞手法，颇有"波那"风格。

又如《璎珞传》第一幕1.6：

即使在遥远洲渚，即使在大海深处，即使在地角天边，
吉祥的命运都能在顷刻间带来所求之物，并使之圆满呈现。（1.6）

对比《戒日王传》第六章6.3：

即使美德四海称扬[③]，即使拥有众宝大海[④]的力量[⑤]，
就像狂风击沉扁舟，突如其来的厄运使人沦丧。（6.3）

在这两颂诗中，相同的词有：dvīpa，洲渚；vidhi，命运。同义词有：ratnarāśi（众宝，大海）=jalanidhi（水库，大海）；akāṇḍe（不变词，突如其来，毫无防备）= jhaṭiti（不变词，刹那间，即刻）。

两颂诗均为讲述命运的巨大威力，只是意思完全相反。《戒日王

① 梵语Adritanayā，意为"（雪）山之女"，波哩婆提称号。
② 梵语Kṛṣṇakaṇṭha或Nīlakaṇṭha，意为"青颈"，湿婆称号。
③ 双关，梵语guṇa既为"（人的）美德"，又为"（船的）绳索"。此句直译为：（一）美德被洲渚（四海）歌唱；（二）绳索在洲渚（四海）唱响。
④ 梵语ratna-rāśi，宝石堆积者，即大海。
⑤ 双关，此句直译为：（一）（人）即使拥有众宝大海的威力；（二）（船）即使成为众宝大海的精华（众宝中的明珠，或大海的明珠）。

传》中为命运带来毁灭;《璎珞传》中为命运带来成就。

《璎珞传》第二幕 2.20 则颇有波那“光增王遗言”的风格:

若我说“高兴点儿”，这不合适，因你并未气恼;
若我说“保证不会再这样做”，就如同俯首讨饶;
若我说“不是我的过错”，你一定知道这是谎言;
我最亲爱的人儿!这时候我真不知怎样说才好!（2.20）①

在《璎珞传》的一些散文段落也有“波那”的痕迹。②

例如《璎珞传》第一幕:

弄臣春倌（丑角）:{张望}该拿它怎么办哟?请看美丽的爱神狂欢!此刻，被蜜酒灌醉的（被春天陶醉的）③多情女子握住喷泉口喷洒正在跳舞的城里人，产生有趣的奇观;四周激荡着节奏迷人的鼓声和自由自在的恰恰舞曲，吵闹的巷口光彩熠熠;成堆的芳香粉末抛撒空中，将十方染得橙红。④

又如:

弄臣春倌（丑角）:{吃惊地张望}喃!朋友!你看看!这会儿，摩罗耶山风摇曳绽开的芒果花簇，（扬起的）花粉编织成巨大的面纱;迷醉的蜜蜂发出嘤嘤嗡嗡的声响，混入布谷鸟⑤愉悦双耳的婉转唱腔;如同把您大驾光临当做殊荣，茉莉花园如此呈现，请您观赏!⑥

上述两段俗语原文均使用长复合词。这在戏剧对白中并不多见。就连温特尼茨（Maurice Winternitz）也不得不承认戒日王与波那文风

① Cappeller 本编号 2.18;Fritze 德译本编号 2.19;Kale（1964）本编号 2.20。

② Joglekar 认为这是源自戒日王对波那的拙劣模仿。参见 Joglekar（1913），《璎珞传》导论，第 xvi 页。

③ 双关，梵语 madhu-matta，既为“被蜜酒灌醉的”，又为“被春天陶醉的”。

④ 《璎珞传》俗语部分异文较多。此处俗语正文部分暂依 Kale（1964），梵语译文亦参考 Kale 本，第 14 页。参见 Joglekar（1913），第 11 页，第 103~109 行。

⑤ 《戒日王传》第一章，Parab（1892），第 2 页;Cowell（1897），第 7 页，第 4 首颂诗，波那曾用印度布谷鸟（kokila）比喻劣等诗人。

⑥ 《璎珞传》俗语部分异文较多。此处俗语正文部分暂依 Kale（1964），梵语译文亦参考 Kale 本，第 28 页。参见 Joglekar（1913），第 22 页，第 197~202 行。

相近。[①]

综上可知，三部梵剧存在波那等文人修改、增删的可能，以波那嫌疑最大。其中的一些内容，可能是戒日王写成，波那修改补充；甚至可能是波那撰写，戒日王重新调整。

1.5　三部梵剧创作时间略考

1.5.1 《妙容传》撰于《璎珞传》之前

作为姊妹剧的《妙容传》与《璎珞传》在情节框架上几乎完全相同（参见本章 1.2.2 表），很可能是扩充自同一部草稿；然而在细节上，《妙容传》略显单薄，《璎珞传》则要丰满得多。

《妙容传》、《璎珞传》相似情节承袭表

	《妙容传》	《璎珞传》
初见及相爱过程	蜜蜂袭击林姑，优填王英雄救美。二人同时产生爱慕。	海姑在爱神狂欢初见优填王，爱上优填王，此时优填王不知海姑存在；海姑通过绘优填王像表达思慕；妙亲将海姑画在优填王像身边；听到海姑与妙亲交谈的百舌鸟被逃跑的坏猴子放出，重复她俩的对话，被优填王听到；优填王见到海姑的画像，也爱上了画中的姑娘；妙亲牵线搭桥，两人终于相见。
优填王与情人秘密相见	“胎戏”，在一场讲述优填王向仙赐求爱的剧中，优填王扮演舞台上的优填王，与扮演仙赐的林姑相见。林姑一直蒙在鼓里，以为扮演优填王的是侍女可心。	“变装约会”，海姑穿着仙赐王后的装束与优填王约会。仙赐得知，先行赶到约会地点。优填王以为仙赐是变装赴会的海姑，于是呼唤海姑的名字。仙赐愤怒离开。海姑担心被王后责骂，上吊自杀。优填王以为仙赐要自杀，冲上去解下藤蔓，将她抱在怀中，才发现是海姑，无比欣喜。仙赐后悔发怒，返回和解，发现优填王怀抱海姑，于是彻底发怒。
仙赐囚禁情敌	仙赐下令囚禁林姑。	仙赐带走海姑，谎称已将海姑送回自己的家乡邬阇衍那国，其实是将她囚禁在后宫。
仙赐囚禁弄臣春倌	仙赐下令囚禁弄臣春倌。后来春倌被莫名其妙放出。	仙赐下令囚禁弄臣春倌，但后来用春倌喜欢的点心（甜肉球）款待他，并将他放走。
优填王与心上人再度团聚	优填王用解毒咒语救活服毒自尽的林姑。	优填王投入幻术师制造的幻化大火中，救出绝望的海姑。

从上表可见，虽然两部宫廷喜剧的情节框架大致相当，《璎珞传》

① Winternitz（1972），第 253 页注释一，温特尼茨认为风格相似的原因是戒日王与波那同属 7 世纪，接受的梵文写作训练属于同一传统。

比《妙容传》要复杂、丰富得多。通常情况下，故事的发展都是从简到繁，从单薄到丰满。文学家、艺术家的创作轨迹，也往往遵循这个规律。由此可以推断，《妙容传》的创作时间早于《璎珞传》。

此外，《璎珞传》比《妙容传》更具有太平盛世洋洋自得的自我宣传之感。妙容是因为战争被俘虏到犊子国，璎珞却是被路过的出海商人救起。一个暗示了战乱频仍，另一个则彰显出贸易繁荣。戒日王统治前期征战频繁，后期则相对平和。《妙容传》中明显有更多的战争叙述，而《璎珞传》中的战争情节却轻描淡写。这也可以佐证《璎珞传》的创作时间晚于《妙容传》。

1.5.2 《龙喜记》撰于《妙容传》、《璎珞传》之前

《龙喜记》是将云乘太子的故事嫁接在宫廷喜剧木桩之上的传说剧，类似于宫廷喜剧的变种。从前三幕来看，其创作手法并不成熟，情节构思单调，应创作于《璎珞传》之前。

《龙喜记》与《璎珞传》相似情节承袭表

	《龙喜记》	《璎珞传》
画像	云乘太子见到摩罗耶公主后，心生爱慕，为排解相思，在石座上画了摩罗耶公主像。	海姑在爱神狂欢初见优填王，把他当成了爱神的化身，得知他是优填王后，海姑爱上了他，并通过绘优填王像表达思慕。画像被妙亲发现，海姑谎称所画为爱神。妙亲说一个爱神太孤单，要再画一个罗蒂，于是将海姑画在优填王像身边。
上吊自杀	摩罗耶公主误以为云乘太子不愿娶自己为妻，打发走侍女伶俐，准备在无忧树下用藤条上吊自杀。伶俐见状大声呼救。云乘太子闻声将公主救下。	海姑穿着仙赐王后的装束，准备在无忧树下用春藤上吊自杀。弄臣春倌见状高呼王后要上吊。优填王冲过去救下打扮成王后的海姑。海姑表示一心赴死，不愿受制于人地活着。优填王发现是心上人海姑，立刻向她求爱。

《龙喜记》艺术手法朴素、情节设置简单，甚至不及《妙容传》的复杂程度。二者虽然没有过多重合的细节，不过从本章 1.2.2 表可知，在同是宫廷爱情戏的环节，《妙容传》比《龙喜记》多出若干波折，且“胎戏”（“戏中戏”）的构思十分巧妙。正如温特尼茨（Maurice Winternitz）所述：“《龙喜记》虽然是一部有趣的作品，在文学手法上却是彻底的失败。”[①]《龙喜记》应

① Winternitz（1972），第 253~254 页。

属戒日王的早期之作，且时间上早于《妙容传》和《璎珞传》。

《龙喜记》后两幕表现出的舍身倾向，使得一些学者[①]据此判断这是戒日王统治晚期在玄奘的影响下崇敬佛教之后的作品。这一判断有待商榷。

首先，如果说戒日王具有佛教倾向，这种倾向也远早于与玄奘的会晤。早在波那撰写《戒日王传》之时（620年前后），戒日王就将佛教大师日友带回宫中辅佐政事。戒日王利用佛教巩固统治的“佛教倾向”，自始至终并无变更（参见本书第六章《戒日王的王权信仰》）。

其次，《龙喜记》并非佛教戏剧。与戒日王统治的“外佛陀内湿婆”（“外儒内法”）相一致，《龙喜记》亦是“外佛内印”的印度教戏剧，剧中包含了湿婆崇拜、高利女神崇拜、太阳崇拜甚至蛇崇拜等众多典型的印度教崇拜，却仅在开篇颂诗中劝请佛陀（参见本章第4节《〈龙喜记〉的宗教倾向》）。

此外，《龙喜记》的男主人公云乘太子尚未登基，《妙容传》和《璎珞传》的男主人公则是称霸一方的优填王；《龙喜记》反映即位之前宣扬孝道、仁慈，以佛法治国，情绪内敛；《妙容传》和《璎珞传》讲述太平盛世的皇帝和女人，偶有战争，气势张扬。从这一角度来看，《龙喜记》也更可能创作于《妙容传》、《璎珞传》之前。

1.5.3　创作时间

戒日王三部梵剧的创作顺序大致为《龙喜记》、《妙容传》、《璎珞传》。

《龙喜记》的剧中时间最早，反映的是王子（太子）在即位之前的心境。云乘太子宣扬舍身，也可以与戒日王在即位之初邀佛教大师日友辅佐朝政、利用佛教巩固统治的事实进行比对。尤其《龙喜记》中涉及孝道的部分，表明《龙喜记》的撰写时间应距离戒日王即位并不遥远。戒日王的父亲、母亲、兄长甚至妹夫都在戒日王即位之前（605/606）过世，戒日王处于唯我独尊的地位，宣扬孝道若非与即位合法性宣传相连则不具有现实意义。戒日王即位之后立刻卷入了606至611年的六年大

---

① 卡勒（Kale，1928，《妙容传》导论，第xxxviii页）、温特尼茨（Winternitz，1972，第257~258页）、段晴（《戒日王的宗教信仰》，《南亚研究》1992年第1期）、多尼格（Doniger，2006，英译导论，第17页）等学者认为《龙喜记》属于戒日王后期作品。

战，可能无暇创作。因此，《龙喜记》大约创作于611年之后不久。

《妙容传》和《瓔珞传》中关于赢得女人、王权（吉祥天女）及征服世界的隐喻，出自戒日王青年或壮年时期的心境，此时天下相对太平，戒日王兵力渐强，邻国臣服，因此推测其撰写时间大约在戒日王50岁之前，即640年之前。

关于《瓔珞传》撰写时间在640年之前的另一判断标准是“幻化大火”与曲女城法会“宝台失火”的惊人一致。与其说“幻化大火”是现实的戏剧化反映①，倒不如说“宝台失火”是幻想的具体实施（参见本章第2节《三部梵剧的“套式结构”》）。

戒日王三部梵剧的创作时间，还有两个时间坐标。一是波那的《戒日王传》，创作于620年前后（612~627）；二是玄奘的《西域记》，记述了玄奘与戒日王在640~641年的会晤。然而，二者均未提及三部梵剧中任一。

玄奘未提及印度世俗文学作品，其原因或许为：一，印度文学（特别是宫廷喜剧）多有艳情描写，玄奘作为僧人，不适合阅读这样的题材；二，戒律中规定僧人不得观看演出，尤其是世俗戏剧。所以，或因玄奘没有接触，或因玄奘刻意回避，在《西域记》中没有留下戒日王文学作品的相关记载。

波那的情况则与玄奘不同。《戒日王传》中未提及三部梵剧，却又笼统（而违心）地赞美了戒日王的诗才，因此，或许那时三部梵剧并未问世；或许已部分问世，而波那因不屑一顾而只字未提。

玄奘之时，三部梵剧极可能已全部问世，玄奘却没有记载；波那之时，三部梵剧或未问世，或部分问世，波那亦没有记载。此处只能将三部梵剧的创作时间暂定为611至640年间。从创作时间先后来看，《妙容传》一定在《瓔珞传》之前；《龙喜记》一定在《瓔珞传》之前，或许在《妙容传》之前。三部梵剧的排序大致为《龙喜记》、《妙容传》、《瓔珞传》。

这里还有一个有趣的现象：优填王的结婚顺序，恰好与现存剧本创作的时间顺序相一致。优填王最先娶阿槃底国光辉王的公主仙赐

① Doniger（2006），英译导论，第15页。

（大王后）（跋娑《负轭氏的誓言》）；然后，在一年内，娶摩揭陀国公主莲花（王后）（跋娑《惊梦记》），这时还应有不少后宫嫔妃；一年后，娶盎伽国坚铠王的公主妙容（戒日王《妙容传》）；再然后，娶锡兰（僧伽罗国）公主瓔珞（戒日王《瓔珞传》）。如果戒日王按照时间顺序来撰写剧本，也可据此推测，戒日王最早撰写的是《龙喜记》中登基之前的云乘太子的故事，《妙容传》次之，最后是《瓔珞传》。

戒日王的早期创作虽为传说剧，但已具有宫廷喜剧雏形；后期则彻底钟情于宫廷喜剧。这或许是因为，只有宫廷喜剧才能恰如其分又不露痕迹地诠释他的和亲政策，以及他征服女人和世界的理想。

1.6 小结

第一，署名为戒日王的三部梵剧在序幕中“框架填词”结构相同，全剧整体上情节相似、细节相仿、风格一致、思想统一，应归入一人名下。

第二，戒日王是三部梵剧的唯一署名者，得到绝大部分后世学者的承认；戒日王本人喜好文学，具有文才；最重要的是，三部梵剧的内容与戒日王自身的心态和戒日王时代的历史事实相吻合。因此，基本承认戒日王的著作权。著作权之意，以亲躬创作的可能性最大，却也包含“主持修造”嫌疑，尤其针对《龙喜记》而言。

第三，三部梵剧整体归于戒日王之手，但若具体到一首诗、一句话的细微之处，则存在波那等宫廷文人及后人修改、增删的可能，以波那嫌疑最大。波那骤然得宠，原因不详；具有“卖文”动机；对戒日王文才明褒实贬；在戒日王三部梵剧中可见“波那”风格的痕迹，不排除波那代撰部分诗句的嫌疑。

第四，三部梵剧的创作时间约在611至640年间，先后略为：《龙喜记》最早，《妙容传》次之，《瓔珞传》最晚。

§2 三部梵剧的“套式结构”

戒日王的三部梵剧，《龙喜记》基本遵循了传说剧（Nāṭaka）的创作模式，《妙容传》和《瓔珞传》具有典型的宫廷喜剧（Nāṭikā）架构。[①]本节从印度故事文学中大故事套小故事的框架结构入手，将戒日王戏剧中非常独特且为戒日王首创[②]的结构特点归纳为以框架结构为本质、如涟漪般大戏剧套小戏剧的形式，并将之命名为“套式结构”。在戏剧实践中，套式结构可分为人虚景实的角色扮演和人实景虚的场景虚设两类，与戒日王朝的现实紧密相关，具有极其丰富的历史文化研究价值及产生距离和消解距离的双重审美特征。

2.1 “套式结构”释义：从“框架结构”到“套式结构”

古代印度故事集，例如《本生经》(*Jātaka*)[③]、《五卷书》(*Pañcatantra*)[④]、《故事海》(*Kathā-sarit-sāgara*)[⑤]、《僵尸鬼故事二十五则》(*Vetālapañcaviṃśatikā*)[⑥]、《宝座故事三十二则》(*Siṃhāsanad-vātriṃśatikā*)[⑦]、《鹦鹉故事七十则》(*Śukasaptati*)[⑧]等，大多在文体上散韵结合，在结构上大故事套小故事。[⑨]印度这种大故事套小故事的结构，按照西方批评术语，即“框架结构”(英 Frame Structure，德 Rahmenerzählung)或“连串插入式结构”(英 Intercalation Structure，德 Einschachtelung)。“框架结构”源自《摩诃婆罗多》(*Mahābhārata*)和《罗摩衍那》(*Rāmāyaṇa*)两大史诗，在古代印度故事文学中普

① 黄宝生:《印度古典诗学》(1999)，第 86~116 页。

② Winternitz (1972)，第 253 页。

③ 没有统一的主干故事。共 547 个故事，每个故事讲述佛陀的一次转生。这些相互平行的故事多具有大故事套小故事的结构特征。

④ 主干故事为婆罗门教育王子。

⑤ 主干故事为优填王父子的故事。

⑥ 主干故事为修道人每天送给国王一枚内藏宝石的果子，希望国王帮他搬运死尸，国王搬运死尸时，附在死尸身上的僵尸鬼给国王讲故事，并且最后向国王提了一个问题，国王一开口回答，就打破了搬运尸体必须沉默的条件，死尸立刻返回树上，如是重复二十四次，最后，僵尸鬼告诉国王，妖道企图谋害国王，并教给国王杀死妖道的方法。

⑦ 主干故事为波阇王发掘出已故健日王的一个宝座，当他想要坐上去的时候，宝座上的三十二尊女性雕像接连讲述健日王的优秀品质和英雄事迹，问他是否具备健日王的功德，共讲了三十二个故事。

⑧ 主干故事为一个年轻人外出经商，委托家中的乌鸦和鹦鹉照看他的妻子，没过几天，女子耐不住寂寞，准备出去寻找情人，乌鸦当即责备她，差点儿被她掐死，而鹦鹉巧妙地采用讲故事的方法，吸引她留在家中。这样一连过了七十夜，直到她的丈夫归来。

⑨ 黄宝生:《古印度故事的框架结构》(1984)，第 205 页。

遍存在，是印度人非常喜爱的形式。[①] 在“框架结构”故事集的基础上，通过统一故事的主人公，产生了“框架结构”的长篇小说。例如公元 6~7 世纪的檀丁（Daṇḍin）[②]、苏般度（Subandhu）[③] 和波那（Bāṇa）。波那的《迦丹波利》（*Kādambarī*）就是一部典型的“框架结构”长篇小说。[④]

戒日王三部梵剧的结构在本质上与印度故事文学中的框架结构相一致，仅在表现形式上有所区别。如果说框架结构指大故事套小故事，一个人（或动物）讲述的故事中的人物口中又讲述另一个故事；那么，戒日王戏剧的结构则是大戏剧套小戏剧，在一个戏剧表演中又包含另一个戏剧（“胎戏”），或演员扮演的角色又饰演了另一个角色。既已用“框架结构”描述梵语故事文学（尤其是故事集）的构成，为与之区分，此处笔者将戒日王戏剧的独特构成命名为“套式结构”（Ripple Structure），也就是俗话中说的“戏中戏”或“戏中戏中戏……”。这个结构在理论上可以无限延伸。

2.2 “套式结构”在三部梵剧中的体现：角色扮演与场景虚设

2.2.1 序幕“框架戏”

梵剧“序幕”是“套式结构”的最外层，此处称之为“框架戏”。

序幕标志着戏剧开演。舞台监督与妻子或演员的对白虽在剧情之外，却往往暗示剧情。舞台监督还会介绍剧本作者、角色配置等。[⑤] 也就是说，在序幕中，舞台监督等以“演员”的身份登场。进而，序幕结束之后，演员饰演的角色才相继登场，剧情才真正展开。

---

① 黄宝生:《古印度故事的框架结构》(1984)，第 207 页；季羡林译《五卷书》(1981)，第 413~414 页；季羡林主编《印度古代文学史》(1991)，第 314 页。

② 黄宝生:《古印度故事的框架结构》(1984)，第 209~211 页。檀丁的《十王子传》(*Daśakumāracarita*)，全书的框架故事为“十王子复国记”，框架中的故事可称为“十王子奇遇记”，占主要篇幅，分述十王子奇遇。框架故事主人公与框架中的故事主人公是一致的，因而被认为是一部主角众多、结构松散的长篇小说。

③ 黄宝生:《古印度故事的框架结构》(1984)，第 211 页。苏般度的《仙赐传》(*Vāsavadatta*)，情节和人物集中，但从篇幅和广度来看，只能算是一部中篇小说。

④ 黄宝生:《古印度故事的框架结构》(1984)，第 210~211 页。

⑤ 例如:《妙容传》序幕介绍，舞台监督的兄弟扮演大臣律世;《璎珞传》序幕介绍，舞台监督的兄弟扮演宰相负轭氏。

作为“套式结构”最外层的序幕，并非在梵剧产生之初就清晰完备，而是经历了从跋娑到首陀罗迦，到迦梨陀娑，到戒日王，再到薄婆菩提的从朴素到华丽的发展过程。

跋娑（Bhāsa，2、3 世纪）十三剧的序幕非常简短，不仅只字未提剧作家的名字，而且，舞台监督与剧情结合紧密，跟剧中人物直接交谈。可见，跋娑的序幕“框架戏”并不明显。跋娑的大部分戏剧没有角色扮演等情节，唯有在《惊梦记》（*Svapnavāsavadatta*）中出现了身份转换的苗头。首陀罗迦（Śudraka，3 世纪）的《小泥车》（*Mṛcchakaṭika*）序幕比较长，最后引出剧情的时候，在幕后跟舞台监督说话的人就是第一幕最先出场的角色，也与剧情交织紧密。迦梨陀娑（Kālidāsa，4、5 世纪）的《沙恭达罗》（*Abhijñānaśākuntala*）和《优哩婆湿》（*Vikramorvaśīya*）的序幕中，舞台监督为了引出剧情，稍事表演了一番。薄婆菩提（Bhavabhūti，7、8 世纪）的《后罗摩传》（*Uttararāmacarita*）和《茉莉和青春》（*Mālatīmādhava*）的序幕，则是非常华丽的“框架戏”。

戒日王的序幕“框架戏”，与迦梨陀娑的风格类似，既不过于简朴，也不过分华丽。三部梵剧的序幕，不仅是典型的“框架戏”，还采用“框架填词”的结构，仿佛有一个模板，稍事增减，即适应各自剧情。例如《龙喜记》中舞台监督的妻子哭泣，因为她的公公婆婆隐居山林，从而引出云乘太子渴望隐居的剧情;《璎珞传》中舞台监督的妻子哭泣，因为她的女儿远嫁，从而引出璎珞远嫁的剧情。

戒日王的序幕与梵剧的创作传统相一致，代表了中后期的梵剧发展风格；戒日王戏剧正文中的“套式结构”（“戏中戏中戏”）才是其真正独特之处，分为角色扮演和场景虚设两类。

2.2.2 “人虚景实”之角色扮演

角色扮演的特点为“人虚景实”，即演员（或角色）在戏剧中真实的场景里扮演另一个角色。《龙喜记》中“以身代龙”，《妙容传》中“胎戏”（舞台约会），《璎珞传》中“变装约会”均属于这个类型。

梵语戏剧理论中的“胎戏”（Garbhanāṭaka 或 Garbhāṅka，Embryo Play），如同外围戏的子宫中孕育的小戏，特指在一部戏剧中独立上演的小戏剧，[1]是“戏中戏”最典型的表现形式。戒日王在梵语戏剧史上第一次将“戏中戏”（“胎戏”）的形式运用在戏剧创作之中。[2]《妙容传》里由剧中角色调理妇创作的“胎戏”《优填王行状》几乎覆盖了整个第三幕（《妙容传》“胎戏”译文参见附录四《戒日王文学作品选译》）。

此外，《龙喜记》中的“以身代龙”和《璎珞传》中的“变装约会”属于梵语戏剧理论中情节六十四种分支的弄虚作假（abhūtāharaṇa）[3]，在角色扮演和身份转换的层面与“胎戏”本质相同。

戒日王三部梵剧的角色扮演情节，层层深入，环环相套，如下表所示：

梵剧	戏中戏	真实身份	第一重角色	第二重角色	被误认为的角色
龙喜记	以身代龙	云乘太子	龙子螺髻		龙子螺髻
妙容传	蜜蜂袭击	优填王			侍女蓝莲
	胎戏《优填王行状》	盎伽国公主妙容	侍女林姑	胎戏中的王后仙赐	
	胎戏《林姑传奇》	优填王	胎戏中的本应由侍女可心扮演的优填王	扮演胎戏中的优填王的侍女可心	扮演胎戏中的优填王的侍女可心
璎珞传	爱神狂欢	优填王			爱神
	凉亭约会	王后仙赐			化装成王后仙赐的海姑
	凉亭约会	僧伽罗国公主璎珞	侍女海姑	王后仙赐	王后仙赐

作为“套式结构”最外层的序幕“框架戏”，意在明确演戏的行为，即在云乘/妙容/璎珞扮演螺髻/林姑/海姑之前，已先期有位演员上场扮演云乘/妙容/璎珞。如果加上序幕“框架戏”中舞台监督（戏班主人）和舞台监督妻（戏班妻）等人的表演，上述角色扮演的层数还要加一（参见本章2.4.1及2.4.2图解）。

2.2.3　“人实景虚”之场景虚设

场景虚设的特点为“人实景虚”，即角色身处戏剧中虚幻的场景

① Winternitz（1972），第253页注释四。

② Winternitz（1972），第253页。薄婆菩提的《后罗摩传》和莎士比亚的《哈姆雷特》，也包含“胎戏”。Winternitz认为薄婆菩提的“胎戏”情节模仿自戒日王。参见Doniger（2006），英译导论，第45页；Winternitz（1972），第253页及注释四。

③ 黄宝生：《印度古典诗学》（1999），第98页。

里，身份虽未改变，其行动却与现实错位，形成“戏中戏”的效果。《璎珞传》中的“幻化大火”属于此一类型。

场景虚设使剧中人物进入一种与角色扮演相似的“戏中戏”状态。在《璎珞传》第四幕幻术师制造的“幻化大火”中，优填王依然是优填王，海姑依然是海姑，然而，虚设的场景与现实的疏离产生了他们的行动与现实的错位。优填王为救海姑，与火焰搏斗。仙赐、春倌、世有、能受都表示准备追随优填王投入火中。幻火为幻术师所造，本不存在。剧中人切实地感到火，从而产生了与之搏斗抗争的自然反应，因而上演了一场虽非真实，却极其逼真的表演。(《璎珞传》“幻化大火”译文参见附录四《戒日王文学作品选译》)

《璎珞传》“幻化大火”的情节与《西域记》中曲女城法会上“宝台失火”的情节惊人地相似。与其说“幻化大火”是现实的戏剧化反映，[①] 倒不如说“宝台失火”并非真实，而是文学幻想的具体实施。

2.3 “套式结构”在现实中的运用：“戏中戏”与王权

在玄奘亲身经历的曲女城法会上（参见附录五《图表》中的《曲女城法会会场示意图》)，有两桩匪夷所思之事。

2.3.1 “场景虚设”之“宝台失火”与幻戏

第一桩怪事为“宝台失火”：

“其大台忽然火起，伽蓝门楼烟焰方炽。王曰：‘罄舍国珍，奉为先王建此伽蓝，式昭胜业。寡德无佑，有斯灾异！咎征若此，何用生为！’乃焚香礼请而自誓曰：‘幸以宿善，王诸印度，愿我福力，禳灭火灾！若无所感，从此丧命。’寻即奋身跳履门阃，若有扑灭，火尽烟消。诸王睹异，重增祗惧。已而颜色不动，辞语如故，问诸王曰：‘忽此灾变，焚烬成功，心之所怀，意将何谓？’诸王俯伏悲泣，对曰：‘成功胜迹，冀传来叶，一旦灰烬，何可为怀！况诸外道，快心相贺。’王曰：‘以此观之，如来所说诚也。外道异学守执常见。唯我大师，无常是诲。然我檀舍已周，心愿谐遂，属斯变灭，重知如来诚谛之说。斯

① Doniger（2006），英译导论，第15页。Doniger认为，玄奘关于宝台失火的记载在《璎珞传》中得到艺术化的再现。

为大善，无可深悲。’”[①]

这段叙述包含以下疑点：

（一）灭火前，戒日王焚香礼请，演说发誓，从容不迫，毫无慌乱，颇有戏剧表演和念诵台词之嫌。

（二）戒日王发誓说，火不灭，即身死，虽有以死相搏、大义凛然之气，却显得小题大做。

（三）戒日王亲自扑火，而随从、诸王均观望，荒诞不合逻辑。

（四）大火突然消失，甚为蹊跷。

（五）诸王恐惧、悲泣，而戒日王颜色不动，反差过于明显。

（六）灭火后，戒日王再度演说，赞颂玄奘，“宣扬”大乘佛法，似为统治牟利。

宝台起火，寺院门楼浓烟滚滚，烈火熊熊。戒日王发下誓愿，亲自灭火。他纵身跳上门槛，火烟尽消。起火的地点是宝台。我们有理由相信，玄奘亲眼目睹了这场大火，并亲眼目睹了戒日王戏剧性的宣言和戏剧性的灭火。然而，没有人可以通过发誓和跳上门槛就扑灭屋内熊熊烈火。这个“奇迹”，极有可能是戒日王运用幻术制造的一场幻戏。

戒日王的家乡萨他泥湿伐罗国是幻术盛行之地。玄奘称萨他泥湿伐罗国：“深闲幻术，高尚异能。”[②]戒日王最先继承的是萨他泥湿伐罗国的王位，其后才成为羯若鞠阇国国王。戒日王戏剧中就涉及不少与幻术相关的情节：《妙容传》中，优填王会念诵解毒咒语；《璎珞传》中的魔法，可以让茉莉藤非时开花；《璎珞传》中的幻术师，幻化出诸天、大火等等。例如幻术师刚出场时就宣称：

> 是大地上的鹿斑月[③]，还是天空中的山峦？
> 是水中火，还是正午的夜晚？说说什么您想看？（4.8）

可见幻术无所不能。

关于印度的幻术，在汉文史料中也有详细记载。

---

① 《西域记》卷五《羯若鞠阇国》，第 442~443 页。

② 《西域记》卷四《萨他泥湿伐罗国》，第 388 页。

③ 梵语 mṛgāṅka，意为“有鹿斑纹的”，指月亮。

《太平御览》卷七三七《方术部》十八《幻》记载了东汉以来的各类幻术：

《后汉书》曰："永宁元年（301），西南夷掸国王诣阙，献乐及幻人，能变化吐火，自支解，易牛马头。元会在庭作，安帝与群臣共观，大奇之。"又曰："安帝时，作九宾乐，有含和宾利之兽从西方来，戏于庭，入前殿，激水化成鱼，嗽水作雾，化成黄龙，长八丈，出水遨戏于庭，炫熠日光。"……《后魏书》曰："悦般国真君九年（448）遣使朝贡，并送幻人。称能割人喉脉令断，击人头令碎陷，皆血出，淋落数升或盈斗，以草药令嚼咽之，须臾血止。世祖恐言是虚，乃取死囚试之，皆验。"崔鸿《北凉录》曰："玄始十四年（425）七月，西域贡吞刀吐火秘幻奇伎。"……《唐书》曰："显庆元年（656），上御安福门楼观大酺，胡人欲持刀自刺，以为幻戏。上不许之，乃下诏曰：'如闻在外有婆罗门胡等，每于戏处，乃将剑刺肚，以刀割舌，幻惑百姓，极非道理。宜并遣发还蕃，勿令久住。仍约束边州，若更有此色，并不须遣入朝。'"①

《旧唐书》载："大抵《散乐》杂戏多幻术，幻术皆出西域，天竺尤甚。汉武帝通西域，始以善幻人至中国。安帝时，天竺献伎，能自断手足，刳剔肠胃，自是历代有之。我高宗恶其惊俗，敕西域关令不令入中国。"②

《新唐书》载："天竺伎能自断手足，刺肠胃，高宗恶其惊俗，诏不令入中国。睿宗时，婆罗门国献人倒行以足舞，仰植铦刀，俯身就锋，历脸下，复植于背，觱篥者立腹上，终曲而不伤。又伏伸其手，二人蹑之，周旋百转。"③

印度的幻术一度风靡汉地。唐高宗（649~683在位）曾特别下令，禁止幻戏，却屡禁不绝，④可见其在唐朝的盛行。这些幻术包括自断手足，开肠破肚，死而复生，断舌自续，种瓜化龙，吞刀吐火，如是等等，非常逼真。这样看来，幻术的火的确可以达到以假乱真的效果。这场火为玄奘亲眼所见，这场灭火，亦为玄奘亲眼所见，那么答案很

① 《太平御览》卷七三七《方术部》一八《幻》，第3268~3269页。

② 《旧唐书》卷二九《志》九《音乐》二，第1073页。

③ 《新唐书》卷二二《志》一二《礼乐》一二，第479页。

④ 天竺幻术到睿宗时（684）乃至开元间（713~741）依然存在。

可能就是，这一切都是谙熟幻术的戒日王及其臣子所为。“宝台失火”，实为一场幻戏。

极其有趣的是，《璎珞传》中幻术师制造的“幻化大火”的情节，与玄奘在《西域记》中记载的“宝台失火”的情节惊人地相似。详见下表：

	《璎珞传》“幻化大火”	曲女城法会“宝台失火”
起火	刹那间，后宫突然升起一场大火。	其大台忽然火起。
火势	（大火）用烧灼折磨后宫女眷；超越极限的剧烈热度，使御花园浓密的树梢卷曲而慵懒；仿佛用一团团火焰为宫殿装饰了美丽的金色角楼；凭借着浓烟笼罩，聚集成漆黑如雨云的游戏群山。	伽蓝门楼烟焰方炽。
投火誓言	（优填王）“海姑要死了！现在活着又为了什么？” （优填王）“熄灭吧！熄灭吧！烈火！请摆脱浓烟的纠缠！你为什么展现出一轮轮壮丽的火焰？我遭受的爱别离之火，具有末日大火的光芒，却没有将我烧毁，你又能把我怎么样？”	（戒日王）“罄舍国珍，奉为先王建此伽蓝，式昭胜业。寡德无佑，有斯灾异！咎征若此，何用生为！” “幸以宿善，王诸印度，愿我福力，禳灭火灾！若无所感，从此丧命。”
只身投火	优填王只身进入大火，被浓烟吞没。仙赐、春倌、世有、能受都表示准备追随只身投火的国王投入火中	寻即奋身跳履门阃。
火尽烟消	（优填王）“哎呀！刹那间炽热的火焰离我而去！……哦！太神奇了！大火去了哪里？后宫矗立如初。{看到仙赐}阿槃底国王的公主（仙赐）怎么在此处？这是能受，这是世有，（这是）我的朋友。我的思想游荡在梦中，还是在幻境？”	若有扑灭，火尽烟消。
后续	宰相负轭氏策划了这场幻化大火，由幻术师执行。一切谜题尽解，大家皆大欢喜。	诸王睹异，重增祗惧。戒日王颜色不动，辞语如故。诸王俯伏悲泣，戒日王宣扬大乘佛法。

由此可见，既然《璎珞传》“幻化大火”确为幻戏，《西域记》“宝台失火”亦为幻戏无疑。“幻化大火”为虚构，“宝台失火”则为演绎虚构。二者存在如下差异：

其一，掌控权差异。投入“幻化大火”的优填王并不知道真实的情况，而是受到幻术师幻术的迷惑和宰相负轭氏计谋的操纵；戒日王则是具有对整个局面的掌控权，在完全知情的情况下投入幻火。

其二，目的性不同。优填王投入幻火，为救海姑（璎珞）；戒日王投入幻火，名为灭火，实则为了获得敬畏和美名。“诸王睹异，重增祗惧。”[①]令诸王看到奇迹，心中升起敬畏。

因此，在现实中，情节的发展具有更强的可控性和目的性。可以说，“宝台失火”是“幻化大火”的“升级版”。戒日王家乡萨他泥湿伐罗国“深闲幻术，高尚异能”的风气为《璎珞传》的“幻化大火”提供了灵感;《璎珞传》“幻化大火”也为曲女城法会“宝台失火”提供了底本素材。

事实上，在《璎珞传》开篇还有一场负轭氏“虚构之火”，仙赐王后在火中“丧生”，僧伽罗国王因此同意自己的女儿璎珞远嫁。幻术师的“幻化大火”则最终揭示了璎珞的真实身份。可见，戒日王极其善于利用火的独特威力，产生独特的戏剧效果，既在《璎珞传》中大肆发扬，也在现实中巧加利用。

戒日王面不更色，言不改声，若无其事问询诸王：“忽此灾变，焚烬成功，心之所怀，意将何谓?”[②]这里对戒日王的描绘“颜色不动，辞语如故”，看似褒奖他勇气非凡，却也暴露了火灾的虚幻。戒日王的反常表现，与其说他英勇过人，倒不如说他原本就知道这是一场幻戏大火。进而，用诸王的“伏泣”衬托戒日王的镇定，用“快心相贺”刻画外道，玄奘记述得惟妙惟肖，戒日王也无愧为一位优秀的导演和演员。

至此，戒日王自导自演的幻术“宝台失火门”以发愿灭火、宝台无损、戒日王英勇扬名、诸王尊崇敬畏而圆满落幕。可以比较肯定地认为，曲女城法会上的“宝台失火”是一场如戒日王戏剧情节一般“人实景虚”的幻戏。

2.3.2 “角色扮演”之“徒手捉凶”

与“宝台失火”紧密相连的第二桩怪事为“婆罗门买凶杀人，戒日王徒手捉凶”：

“于是从诸王，东上大窣堵波，登临观览。方下阶陛，忽有异人持刃逆王。王时窘迫，却行进级，俯执此人，以付群官。是时群官惶遽，

① 《西域记》卷五《羯若鞠阇国》，第 442 页。

② 《西域记》卷五《羯若鞠阇国》，第 442 页。

不知进救。诸王咸请诛戮此人。戒日王殊无忿色，止令不杀。王亲问曰：‘我何负汝，为此暴恶？’对曰：‘大王德泽无私，中外荷负。然我狂愚，不谋大计，受诸外道一言之感（一作惑），辄为刺客，首图逆害。’王曰：‘外道何故兴此恶心？’对曰：‘大王集诸国，倾府库，供养沙门，镕铸佛像。而诸外道自远召集，不蒙省问，心诚愧耻，乃令狂愚，敢行凶诈。’于是究问外道徒属，有五百婆罗门，并诸高才，应命召集，嫉诸沙门蒙王礼重，乃射火箭焚烧宝台，冀因救火，众人溃乱，欲以此时杀害大王。既无缘隙，遂雇此人趋隘行刺。是时诸王大臣请诛外道。王乃罚其首恶，余党不罪。迁五百婆罗门出印度之境。于是乃还都也。”①

此段叙述也包含若干疑点：

（一）拿住刺客后，戒日王“殊无忿色，止令不杀”。不杀刺客，已属少有；全无愤怒，则更为罕见。

（二）戒日王与刺客的对白、动作，都很像戏剧台词和台步。

（三）“群官惶遽，不知进救”，如果不是太无用，就是太虚假。

（四）刺客和婆罗门供词可疑，多处不合逻辑。

戒日王与诸王一起登上东边的佛塔。玄奘不在“诸王”之列，没有陪同戒日王登塔；不曾亲临现场的玄奘听不到戒日王与刺客的对白，更不能亲见“究问外道徒属”的细节。玄奘的这些叙述，可能是从远处（宝台附近）观望得到的部分信息和传闻，也可能全部为转述。

各种疑点和蛛丝马迹表明，这是一场“连环戏”。

第一，如果“宝台失火”确为幻戏，则可以几乎肯定地说，刺客行刺也很难为真。

第二，“徒手捉凶”过程中，戒日王、群臣、刺客的举动都非常可疑。戒日王在下塔阶时受到迎面攻击，倒退着上台阶，还俯身徒手抓住刺客交付官吏。这样英勇的场面，在现实中实不多见。“是时群官惶遽，不知进救”。国王遇险，臣子却“不知进救”，这帮臣子真的如此无能吗？最可能的是他们“奉命”用自己的无能来衬托戒日王的英勇。拿住刺客后，戒日王对刺客不怒，不杀：“诸王咸请诛戮此人，戒

① 《西域记》卷五《羯若鞠阇国》，第443~444页。

日王殊无忿色，止令不杀。”不杀刺客，已属少有；全无愤怒，则更为罕见。更有甚者，这个被买通前来刺杀戒日王的人，不仅没有对这个自己准备要杀死的人破口大骂，却一开口就歌颂之至：“大王德泽无私，中外荷负。”[①] 正如《妙容传》中优填王对文底耶幢王的赞美：“文底耶幢王是条汉子。实话讲，他的死让你我蒙羞。”[②] 来自敌人的赞美显得尤为真挚和难得。刺客对戒日王的盛赞更体现出戒日王使敌人望风屈服的威严。

第三，五百婆罗门纵火和行刺的理由牵强。婆罗门供述：“嫉诸沙门蒙王礼重。”刺客供述：“大王集诸国，倾府库，供养沙门，镕铸佛像，而诸外道自远召集，不蒙省问，心诚愧耻。乃令狂愚，敢行凶诈。”然而外道对戒日王佞佛、不问外道的指责并不确实。据玄奘记载，戒日王从初一至二十一日，每日都“以珍味馔诸沙门、婆罗门”[③]，同时供养佛教徒和印度教徒。

第四，刺客供出了外道；“究问外道徒属”得到了“五百婆罗门并诸高才”；五百婆罗门对罪行供认不讳，而且不仅承认了买凶行刺，供述了阴谋的全部细节，还宣称“乃射火箭焚烧宝台”，揽下了之前那宗“宝台失火”的纵火罪。没有证据表明在“究问”时五百婆罗门被怀疑与“宝台失火”有关。这种问一答十的情形着实少见。

第五，刺客与婆罗门的供述所展现的五百婆罗门的行事逻辑与佛教徒构建的佛教之敌（以提婆达多、设赏迦为代表的毁佛典型）非常相似，五百婆罗门的卑劣动机和邪恶企图的悉数呈现又如同佛陀的全知叙事模式，五百婆罗门遭到驱逐的结局也非常符合佛教叙事。正是由于五百婆罗门的出现，佛教的力量才显得更为强大，随之而来的“迁五百婆罗门出印度之境”也宣告了这场明争暗斗，又一次以佛教的彻底胜利和外道的落败而告终。

① 《西域记》卷五《羯若鞠阇国》，第 443 页。

② 《妙容传》第一幕；Kale, M. R., *Priyadarśikā of Śrīharṣadeva, Edited with an Exhaustive Introduction, a Short Sanskrit Commentary, Various Readings, a Literal English Translation, Copious Notes and Useful Appendices*. Delhi(India): Motilal Banarsidass, 1999.

③ 《西域记》卷五《羯若鞠阇国》，第 441 页。

总之，如此多的罕见和不可理喻凑在一处，其交集约等于零。这个“刺客行刺门”也就坐实为一场“人虚景实”的“连环戏”。戒日王续编这出“行刺未遂”，既显示了自己的英勇，又证明了“宝台失火”是他人所为，避免了不必要的猜疑，可谓一举两得。只不过，想通过刺客招供印证宝台失火的真实，却适得其反，反而暴露了刺客行为的不真实。用一个虚妄，证明另一个虚妄，无疑只能弄巧成拙。

《璎珞传》的“幻化大火”，“招供”了曲女城法会上的“宝台失火”是一场幻戏大火；“宝台失火”不实，又牵连出其后的“婆罗门买凶杀人”事件亦为戒日王自导自演的“连环戏”。戒日王偏爱“戏中戏”元素，因而不仅在戏剧中一再运用，也在现实中不断实践。

2.3.3　“戏中戏”与王权思想的契合

在玄奘记载的曲女城法会上，共有三场演出。由戒日王饰帝释天、鸠摩罗王饰梵天的佛戏是唯一公开的表演；“宝台失火”的幻戏和“徒手捉凶”的连环戏则是隐含的演出。

曲女城法会	真实身份	饰演角色	表演手段
佛戏	戒日王	帝释天	穿戏服，执宝盖，居左侧
佛戏	鸠摩罗王	梵天	穿戏服，执白拂，居右侧
“宝台失火”	指使幻术纵火者（戒日王）	发愿灭火者	幻术
“徒手捉凶”	安排刺客行刺者（戒日王）	遇刺客徒手捉凶者	演出

“宝台失火”和“徒手捉凶”这两桩匪夷所思的事件表明，戒日王将“幻术”和“戏剧表演”作为统治的辅助手段，与佛教等宗教政策一同使用，目标直指王权。

戒日王首先是一位统治者。在现实中，无论是阴谋篡权还是南征北战，都包含着各种戏剧化的角色扮演和身份转换。例如扮演孝顺的儿子，恭良的弟弟，仁慈的帝王，尊佛的施主，甚至亲自扮演佛戏。

为了巩固依靠佛教进行统治的宗教政策，为了获得诸王更大的敬畏和尊崇，戒日王召集曲女城法会，自导自演了“宝台失火”、“发愿灭火”，“徒手捉凶”、“不怒不杀”。这表明在大多数时候，宗教（幻术）乃至文学（戏剧）之于统治者，都是一种统治工具。

戒日王还是一位文人帝王，三部梵剧的作者。当他导演了剧中人物的命运，也难免有了导演和出演现实的冲动。而戏剧冲突，特别是险中求胜，是提升名誉的最佳手段。“套式结构”在现实中的运用，即指将不同的戏剧元素套入现实场景，从而获得戏剧以外的收获。戒日王正是运用戏剧的手段自我“炒作”，以获得更大的名声和赞誉。印度诸国的盟主，身处“众星捧月”的中心地位；舞台上的主角，同样倍受关注。作为剧作家和表演者的戒日王，正是将这两种关注成功地集于一身。

2.4 “套式结构”与艺术审美

“人虚景实”和“人实景虚”两类“套式结构”既通过人为的阻隔产生了艺术鉴赏的心理距离，又在某种程度上消解了心理距离，加强身临其境之感，从而产生独特的审美效果。

2.4.1 “套式结构”产生距离

英国心理学家布洛（Edward Bullough）提出“心理距离”（Psychical Distance）的原则——如同海上大雾，你若身处其中，则危险而苦闷；若置身事外观赏，却是一道美景。[①] 此即为“距离产生美感”的理论源泉。不同艺术形态，具有不同的心理距离。戏剧艺术，因其用最具体的方法把人情事态展现在眼前，最容易使人离开美感回到现实，从而被认为是心理距离最短的艺术形态。因而戏剧家运用了很多方法，尝试增加心理距离。[②] 这些途径包括：足够高的舞台，华丽的戏服，脸谱、面具等道具，以及加入象征、独白、旁白、诗体唱诵和歌舞等。戒日王运用的“套式结构”也是其中之一。在序幕中，不是宣扬真实再现，而是直截了当告诉观众，“我们这是在演戏！”这就像伍

① 朱光潜:《朱光潜全集》(1987)第一卷，第216~217页。

② 朱光潜:《朱光潜全集》(1987)第一卷，第230页。

迪·艾伦（Woody Allan）的电影，人物突然从银幕上转过头，对观众说话。通过这种方式，拉开虚构与真实的距离，从而产生艺术和审美享受。

梵剧“套式结构”，每深入一层，都是走进更深的虚构，强化表演，远离真实，因而观众的心理距离被一再推远。以《妙容传》和《璎珞传》为例，“套式结构”角色扮演图解如下：

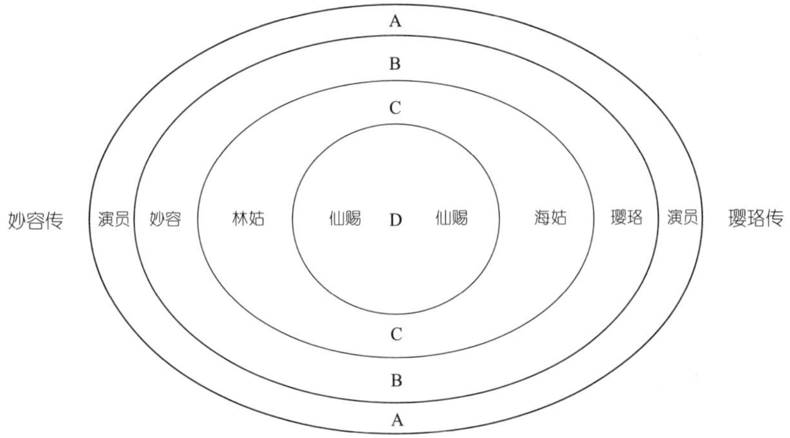

“套式结构”的序幕“框架戏”明确地告诉观众：“看！我们在演戏！”“戏中戏”的形式将情节层层叠叠包裹其中，环环相扣。《妙容传》中，以妙容为线索：演员扮演妙容，妙容扮演林姑，林姑扮演仙赐。《璎珞传》中，以璎珞为线索：演员扮演璎珞，璎珞扮演海姑，海姑扮演仙赐。

“套式结构”使得原本简单从容的情节变得复杂曲折。这种情形更额外地产生了观众与演员在心理上的疏离感。例如《妙容传》中，妙容饰演的林姑饰演仙赐王后，优填王饰演舞台上的优填王，而林姑却蒙在鼓里，认为舞台上的优填王其实是本该扮演优填王的侍女可心。又如《璎珞传》中，璎珞饰演的海姑化装成仙赐王后与优填王约会，仙赐先声到达，于是优填王把仙赐当成了化装成仙赐的海姑，又把化装成仙赐的海姑当成了仙赐。

这种心理上的疏离感或者说心理距离，正是审美的重要元素。美感体验是一种极端聚精会神的心理状态。全部精神会聚在一个对象上，从而使该对象成为一个独立自足的世界。艺术正是要摆脱日常繁复错杂的现实，获得单纯的意象世界。在观赏的一刹那，艺术品成为独立自足的存在，与周围的事物隔绝。[①]“套式结构”即首先将要表现的戏剧艺术孤立起来，凸显出来，就如同油画的镶边画框。进而，“套式结构”一步步深入，如同西洋绘画中使用的“透视法”，将观赏者的视线引向画面的中心。

2.4.2 “套式结构”消解距离：在虚构中获得真实的幻象

“套式结构”不仅使艺术作品获得了独立自足的心理距离，还在某种程度上消解了心理距离，从而达到一个恰到好处的平衡。

戏剧观赏者分为旁观和分享两类。[②]旁观者，过于疏离；分享者，过于投入。在距离的矛盾中，最佳的欣赏状态就是介于二者之间。梵剧序幕让观众明确地意识到，观众在看戏，演员在演戏。一个以艺术审美为目的的心理距离在层层深入的“套式结构”中被逐渐架构起来。然而戏剧的目的并非止步于心理距离和审美。婆罗多（Bharata）在《舞论》（*Nāṭyaśāstra*）中论述了戏剧成功的十种表现形式——微笑、半笑、大笑、叫好、惊叹、悲叹、哄然、汗毛竖起、起身、赠物，[③]旨在表明一场完美的舞台表演需要使观众在获得审美享受的同时，也获得身临其境的逼真感受。这可以说是对观众欲擒故纵——既让观众意识到自己在观赏戏剧，同时又让观众被戏剧所感染。在这种目的的牵引下，“套式结构”的另一功用被发挥得淋漓尽致，那就是将旁观的观众拉入分享的行列，但又不至于融为一体，而是无限趋近。

在现实层面，“套式结构”的确是一层层走进更深的虚构，然而在戏剧的层面，“套式结构”却是一层层走入真实的内核，在层层叠叠的扮演中，模糊了真假的界限，以至于在虚构中获得了真实的幻象。这就牵扯到这样一种主观感受，或者说，二分法的错觉。与真实相对的是虚幻；与虚幻相对的，一定是真实吗？“套式结构”模糊了之前抽象的艺术感，增强了现实感。“戏中戏”的表演，更加明确地肯定现在从事的是表演，是虚假，从而冲淡了之前观众原本明晰的对表演的意识，

---

① 朱光潜：《朱光潜全集》（1987）第一卷，第212页。
② 朱光潜：《朱光潜全集》（1987）第一卷，第222页。
③ 黄宝生：《印度古典诗学》（1999），第186~187页。

仿佛通过当下的扮演，反衬出之前的“戏”为真，从而产生了这样的悖论：每增加一重表演，就增加了一重真实性，仿佛眼下的表演才是真正的表演，而之前的表演都是真相。表演之中的表演，反而产生了逼真的效果。就这样，观众在“套式结构”中一步步忘记了旁观者的身份而融入了戏中。

据2.4.1图，《妙容传》中，以妙容为线索：A–B，演员扮演妙容；B–C，妙容扮演林姑；C–D，林姑扮演仙赐。《璎珞传》中，以璎珞为线索：A–B，演员扮演璎珞；B–C，璎珞扮演海姑；C–D，海姑扮演仙赐。D之扮演仙赐，《妙容传》中混入优填王的角色扮演，《璎珞传》中混入仙赐的角色扮演，从而形成了“戏中戏中戏”，如下图所示：

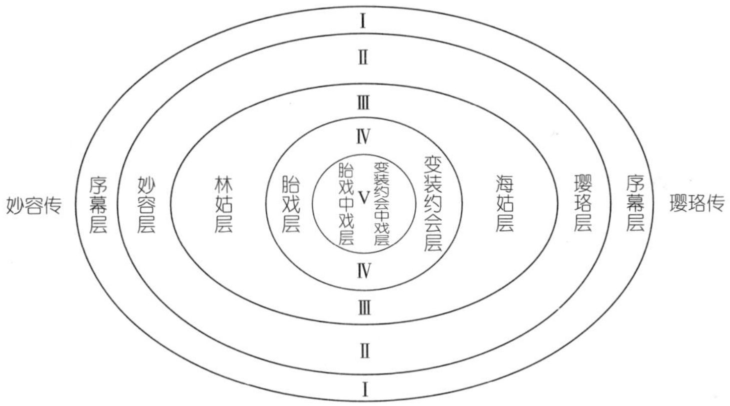

《妙容传》：

I. 序幕层：演员扮演舞台上的演员。

II. 妙容层：舞台上的演员扮演妙容（舞台上的演员扮演优填王等）。

III. 林姑层：妙容扮演林姑。

IV. 胎戏层：即名为《优填王行状》（*Udayana-carita*）的传说剧。林姑扮演胎戏中的仙赐，可心扮演胎戏中的优填王，金环扮演胎戏中的金环。

V. 胎戏中戏层：即名为《林姑传奇》（*Āraṇyikā-vṛttānta*）的传说剧。优填王扮演可心扮演的胎戏中的优填王。优填王的身份混入。

《璎珞传》：

I. 序幕层：演员扮演舞台上的演员。

II. 璎珞层：舞台上的演员扮演璎珞（舞台上的演员扮演仙赐等）。

III. 海姑层：璎珞扮演海姑。

IV. 变装约会层：海姑扮演仙赐，妙亲扮演金环。

V. 变装约会中戏层：仙赐来到约会现场，成为（被误认为）海姑扮演的仙赐，金环则成为妙亲扮演的金环。仙赐身份混入。

任何表演都有一个相对真实的参照系。依照上图，在序幕层，相对观众而言，演员开始表演，也就是说，观众是真实的，演员的身份也是真实的，真实的演员开始表演即将演出的舞台上的演员，这是虚幻的；在妙容 / 璎珞层，舞台上的演员上升成相对真实的身份，妙容 / 璎珞是被扮演的角色；在林姑 / 海姑层，妙容 / 璎珞上升成相对真实的身份，林姑 / 海姑成为被扮演的角色；在胎戏 / 变装约会层，林姑 / 海姑上升成相对真实的身份，王后仙赐成为被扮演的角色。也就是说，每一个层次的表演，都暗含着对前一个层次的表演的身份的确认，虽然那前一个层次的身份也是虚幻。这样一层层的推进和确认，就在每一次表演中产生了此次表演之前的身份为真实的错觉。

梵剧序幕是“套式结构”的最外层。在序幕中，剧作家确定无疑地告诉观众：演出开始了！当观众被引入一个“套子”，他们最容易意识到的是那个最直接相连的“套子”。如果他们进入“套子”之中的“套子”，则会忽略更外围的“套子”。当观众被最终带入第 V 层，即胎戏中戏 / 变装约会中戏层这个“戏中戏中戏”的核心，最外围的序幕层中舞台监督所宣称的演戏的情境几乎被忽略殆尽，从而使整部戏剧的逼真效果油然而生。

“套式结构”不仅刻意地扩大了心理距离，而且，在一层层套演的深入发展中，又不知不觉缩小了心理距离，从而达到一种逼真的平衡。层层叠叠的“套式结构”，混淆虚构与真实，获得“欣赏文艺时的暂时忘我”①，从而最终达到让观众在获得艺术享受的同时沉浸在剧情之中、被剧情所感染的目的。

① 朱光潜:《朱光潜全集》(1987) 第一卷，第 214 页。

2.4.3 “套式结构”与身份归属

“套式结构”中的角色扮演和场景虚设都包含某种程度的身份和地位的转换。以下从角色扮演和身份归属的角度谈谈戒日王宫廷喜剧中的两位女主人公。

角色扮演的本质是身份归属的变化，从“身份缺失”到“身份转换”，进而产生“身份错乱”，最后到达“身份重获”。

在“妙容 I– 林姑 – 仙赐 – 妙容 II”或是“瓔珞 I– 海姑 – 仙赐 – 瓔珞 II”这样的身份变化中，究竟哪个才是真实的存在？

当盎伽国公主妙容 I 扮演林姑，或僧伽罗国公主瓔珞 I 扮演海姑的时候，并非等价替换。她们缺失了一个身份，同时获得了另一个身份。然而，这个新获得的侍女身份，似乎并不具有追求爱情的合法性，又或许是因为成为王后是每个宫廷女子的梦想，林姑和海姑不约而同地化装成仙赐王后与优填王约会。这时产生了身份的错乱。《妙容传》中，扮演胎戏中仙赐的林姑把真实的优填王当成了扮演胎戏中的优填王的侍女可心;《瓔珞传》中，优填王把仙赐王后当成了化装成仙赐的海姑，并且叫错了名字，又把化装成仙赐的海姑当成了仙赐。在戏剧将近尾声时，林姑和海姑又不约而同选择死亡，仿佛要与混乱的身份一刀两断。毒药和幻化大火之后，劫后重生似乎使她们获得了身份的重生。这个重获的身份，用妙容 II 和瓔珞 II 来表示，其附加的描述为“仙赐王后的表妹”。妙容 II/ 瓔珞 II 这个最后获得的身份，可以理解为之前所有身份的叠加：

妙容 II/ 瓔珞 II = 盎伽国公主妙容 I/ 僧伽罗国公主瓔珞 I+ 林姑 / 海姑 + 冒牌仙赐 + 仙赐王后的表妹

可以简化为：

妙容 II/ 瓔珞 II = 林姑 / 海姑 + 冒牌仙赐 + 仙赐王后的公主表妹

在后现代阐释里，角色扮演是一种自我伪装。在不断的扮演中，在一个又一个他者的身份中，寻找真正的自我。多尼格（Wendy Doniger）认为：“角色扮演是自我模仿（self-impersonation）。戒日王的两部宫廷喜剧中，众多角色通过自我模仿的双重扮演释放了另一自我。”① 也就是说，通过扮演另一个角色，释放了自己被压抑的本心，展

---

① Doniger（2006），英译导论，第 40 页。

现出更为真实的自我。就像是璎珞扮演成海姑后，爱上了优填王，进而化装成仙赐王后与优填王约会；而优填王扮演成胎戏中的优填王之后，竟然敢于在仙赐王后的眼皮底下与扮演仙赐的侍女林姑调情。这些都是在原初身份中没有做、不敢做，却在扮演的身份中做到的。戏剧中的各类情节，幻术、艺术（海姑的画像）、口误（叫错名字）、角色扮演等，都指向自我真实的最终展现。①

然而，“自我模仿”并不成功，本心的展露并不彻底，“角色扮演”让她们选择别人身份的同时认同了这个身份，抛弃了自己的身份，从而陷入更深的迷失。因而，这个找寻自我的过程最终以象征性的死亡为结束，以失败告终。

爱优填王的，是哪个女子？优填王又是在与谁幽会？打扮成旧情人的新情人，这是一个多么荒诞而自相矛盾的说法。妙容和璎珞，与优填王约会的时候，都“正好”化装成仙赐王后。在优填王的角度，获得了旧情与新欢的融合，既尝到了荷花蜜，又尝到了茉莉蜜，或许是一种不寻常的刺激体验；然而，在妙容和璎珞的角度，她们在潜意识中，或许想取代仙赐而获得王后的身份，然而角色扮演的行为本身，就包含了对仙赐王后身份的肯定和对自我的否定，无论这个自我是侍女林姑 / 海姑还是公主妙容 / 璎珞。

最后附加的“仙赐王后的表妹”这个身份，在本质上其实是仙赐王后的副本，是之前化装成仙赐王后的意图的延续，或者说，一个合法性证明。既然她们是表亲，她们就有相似的理由。这表明，二人依然没有摆脱扮演仙赐王后，或者说，复制仙赐王后的命运。

因而，上述公式还可进一步简化为：

妙容 II/ 璎珞 II = 仙赐王后的副本

无论《妙容传》还是《璎珞传》，讲述的其实是另一个仙赐得宠的故事。妙容与璎珞，在身份上的转变，在角色扮演中寻找自我的努力，最终以失败而告终。死亡象征着她们那个尝试追求自我的角色死去；她们的重生，并非自我的重生，而是他人“副本”的重生。她们在一次次的角色扮演中，寻找自我，展示本心，却最终失去了自我。

---

① Doniger（2006），英译导论，第 44 页。

无论妙容还是璎珞，展现给观众的，都是一个没有身份、没有个性的仙赐王后的副本。这个副本，或许可以激起情欲，却没有爱情可言。她们的存在，与宫廷喜剧的情节架构相适，也与宫廷喜剧中所展现的政治联姻的主题相一致。（参见本章第 3 节《戒日王宫廷喜剧与政治联姻》）

戒日王的宫廷喜剧正是用一种极其华丽的方式将赤裸甚至丑陋的政治联姻赋予了文学价值和艺术美感，从而将其包装成男欢女爱的宫廷艳事。在宫廷喜剧中，每一个女人的获得，都象征着一个王国的攫取。这个女人，事实上，不一定美丽，不一定个性鲜明，甚至不一定有情感流露，只需要是国王的女儿，吉祥天女（王权）的化身，或者说，只需要是仙赐王后的副本即可。如果说天神下凡凭借的是自己的“分身”，妙容和璎珞正是仙赐王后的“分身”，无论扮演何种角色，无论获得何种身份，都不具有自己的身份，只具有他者的身份。这也正是戒日王宫廷喜剧女主人公的“悲剧”所在。

2.5　小结

第一，戒日王的三部梵剧具有与梵语故事文学“框架结构”相似的独特结构，即大戏剧套小戏剧，在一个戏剧表演中又包含另一个戏剧（“胎戏”），或者，演员扮演的角色又饰演了另一个角色。此处将其命名为梵剧的“套式结构”，俗称“戏中戏”。

第二，“套式结构”有两种表现形式：以“人虚景实”为特征的角色扮演和以“人实景虚”为特征的场景虚设。《龙喜记》中“以身代龙”，《妙容传》中“胎戏”，《璎珞传》中“变装约会”，以及曲女城法会上的佛戏和“徒手捉凶”属于前者;《璎珞传》中的“幻化大火”和曲女城法会上的“宝台失火”属于后者。

第三，戒日王偏爱“套式结构”的艺术手法，不仅在戏剧中一再运用，也在现实中不断实践，将不同的戏剧元素套入现实场景，从而获得戏剧以外的收获。可以比较肯定地认为，曲女城法会上的“宝台失火”是一场“人实景虚”的“幻戏”；“徒手捉凶”亦为戒日王自导自演的“人虚景实”的“连环戏”。这也表明在大多数时候，宗教（幻术）乃至文学（戏剧）之于统治者，都是一种统治工具。通过巧妙运用“幻术”和“戏剧表演”等手段，戒日王达到了巩固王权、获得名誉的目的。

第四，“套式结构”，既通过人为阻隔产生了艺术鉴赏的心理距离，明确“演员在演戏，观众在看戏”的处境，又在某种程度上消减了心理距离，在虚构中获得真实的幻象，使艺术表现无限趋近真实，加强身临其境之感，从而产生独特的审美效果。

第五，角色扮演的本质是身份归属的变化，从“身份缺失”到“身份转换”，进而产生“身份错乱”，最后到达“身份重获”。戒日王宫廷喜剧中的两位女主人公是吉祥天女（王权）的化身，政治联姻的载体，仙赐王后的副本；她们的死亡象征着那个尝试追求自我的角色的死去；她们的重生，并非自我的重生，而是他人副本的重生。

§3　戒日王宫廷喜剧与政治联姻

本节讨论戒日王的两部宫廷喜剧与政治联姻的密切关系。

在现实中，戒日王征服世界的两个最主要的手段即战争和联姻。战争最为直接和明显，联姻则间接而隐含。戒日王的宫廷喜剧虽以“艳情味”为主，表面看来不具有严肃的政治意味，事实上却是将宫廷艳事置于战争的大背景之下，其本质为讲述政治联姻。战争是宫廷喜剧的次要情节，是男主人公优填王公开宣称的征服世界的手段；艳情或者说联姻，是宫廷喜剧的主要情节，却也是征服世界的隐含手段，甚至是不可或缺的手段，并且逐步成为一种隐喻。

3.1　宫廷喜剧中的国家和战争

3.1.1　《妙容传》四国三战

《妙容传》中的“四国”为：

第一，犊子国（Vatsa），又译跋蹉国、憍赏弥国等，印度十六古国之一。《妙容传》的场景设置在犊子国的都城憍赏弥城（Kauśāmbī）[①]，

① 今阎牟那河（朱木那河）畔的柯桑（Kosam）村，距离邬阇衍那国陆路 400 英里，距贝拿勒斯水路 200 英里。参见《西域记》卷五《憍赏弥国》，第 466~468 页注释一。

即男主人公优填王（犊子王）所在的国都。

第二，盎伽国（Aṅga），印度十六古国之一，都城在瞻波城（Campā）①。女主人公妙容的父亲为盎伽国坚铠王（Dṛḍhavarman），是优填王的王后仙赐的姨夫。犊子国与盎伽国为同盟。

第三，文底耶森林国（Vindhyavana），由文底耶幢王（Vindhyaketu）统治，位于文底耶森林之中，是盎伽国的同盟，犊子国的对手。盎伽国遭羯陵伽国入侵后，大臣律世带着公主妙容前往文底耶森林国避难，其后文底耶幢王被优填王派遣的胜军突袭并射杀。

第四，羯陵伽国（Kaliṅga）②，都城在檀塔补罗（Dantapura），位于孟加拉湾附近的奥里萨（Orissa）。羯陵伽王向盎伽国公主妙容求亲，遭到拒绝，因而进攻盎伽国，俘虏坚铠王。优填王派遣胜军出击羯陵伽国，救出坚铠王。由此可知，羯陵伽国是盎伽国和犊子国共同的敌人。

《妙容传》中的“三战”为：

第一，羯陵伽国进攻盎伽国。

第二，犊子国进攻文底耶森林国。

从第一幕“间幕”可知，犊子国进攻文底耶森林国的战争非常迅速，仅在盎伽国大臣律世沐浴的档口，战争就已结束。胜军用两首诗向优填王汇报了战争中文底耶幢王英勇抵抗和最后被杀的情形：

> 他先是徒步作战，仅凭胸膛的冲撞就能击倒步兵；
> 在远处用箭雨驱赶战栗的十方马军，如同驱赶鹿群；
> 在各处迅速投掷各种武器，拔剑出鞘；
> 然后开始砍伐象鼻芭蕉丛林如同嬉戏。（1.9）
> 文底耶幢王宝剑光芒笼罩肩峰，
> 宽阔的胸膛遭受武器的数百次击打而满是伤痕，
> 只身一人在三军造成混乱，
> 在战斗中被击倒杀害，因为到最后精疲力尽。（1.10）

---

① 又名 Aṅgapurī，Mālinī，Mālina，Lomapādapurī，Karṇapurī 等，位于瞻波河（今 Chāndan 河）及恒河畔，今巴迦尔普尔（Bhāgalpur）附近的 Campānagara 和 Campāpuri 两村之间。

② 印度东南沿海的著名国家，北起摩诃纳底河（Mahānadī），南抵戈达瓦里河（Godavarī），背靠东高止山，面临孟加拉湾。

第三，犊子国进攻羯陵伽国。

优填王也用两首诗描绘了羯陵伽王的穷途末路：

我们的军队由胜军率领，攻入他的外城，击垮他的辉煌；
羯陵伽穷寇立刻躲入碉堡，只有四壁的保护，无力抵抗。（4.4）
因此，他状况凄惨——
遭受上述攻击而迟缓；勇士和侍从逐日行动滞懒；
象军、马军、士兵不断被杀；整个部队遭到摧残；
今天或明天，我的军队可以让整个碉堡立刻垮倾；
尊贵女！你很快就会知道羯陵伽王战死还是被擒。（4.5）

综上可知，四国关系如下表（图）所示：

	犊子国	盎伽国	文底耶森林国	羯陵伽国
犊子国	—	友	敌	敌
盎伽国	友	—	友	敌
文底耶森林国	敌	友	—	（敌）
羯陵伽国	敌	敌	（敌）	—

犊子国	=	盎伽国
VS	〉VS〈	‖
羯陵伽国	（VS）	文底耶森林国

3.1.2 《璎珞传》三国一战

《璎珞传》中的“三国”为：

第一，犊子国。犊子国的国都憍赏弥城也是《璎珞传》主要剧情的发生地。

第二，僧伽罗国（Saṃhala）①。女主人公璎珞是僧伽罗国公主，勇臂王（Vikramabāhu）之女。从璎珞远嫁和僧伽罗国大臣世有参战抗击

① 僧伽罗国，梵语 saṃhala，巴利语 sīhala，俗语 samghala，意译狮子国、执狮子国，又名铜色国（梵 Tāmraparṇī，巴 Tambapaṇṇī），宝渚（Ratnadvīpa），堀阇洲（Ojadvīpa），婆罗洲（Varadvīpa），慢陀洲（Maṇḍadvīpa），楞伽（Laṅkā），室利楞伽（Śrīlaṅkā），细兰、锡兰（Silan），细轮叠（Sirendib），今名斯里兰卡（Srilanka）。

南憍萨罗王可知，犊子国与僧伽罗国为同盟。

第三，南憍萨罗国（Dakṣiṇa Kosala），犊子国和僧伽罗国共同的敌人。据《璎珞传》第四幕，南憍萨罗国王在文底耶森林避难，可见《璎珞传》中的文底耶森林是南憍萨罗国领地。[1]

《璎珞传》中唯一一场战争是犊子国优填王派有盐将军进攻南憍萨罗国的大战，僧伽罗国大臣世有参战。战况如下：

> 憍萨罗王从文底耶山出兵，前来迎战，稠密部署象王军队，
> 瞬时间，阻隔十方，如同另一座文底耶山；
> 步兵被醉象颟顸摧毁，纷纷倒下，骁勇因目标临近，双倍增长，
> 刹那间，有盐将军射出潮水般的箭簇，扑向憍萨罗王。（4.5）
> 而且，
> 飞镖劈开帽盔，刀剑头削腰斩，刹那间
> 血流成河，兵器铿锵相撞，铠甲冒出火光；
> 憍萨罗王乘坐醉象在军前叫阵，被有盐将军
> 只身百箭射杀，成为大卸八块的敌人。（4.6）

犊子国与僧伽罗国是同盟，南憍萨罗国是二者共同的敌人。三国关系如下图所示：

犊子国 = 僧伽罗国
VS　　VS
南憍萨罗国

3.1.3　宫廷喜剧中地域战争的特点

从《妙容传》的“四国三战”和《璎珞传》的“三国一战”可见，戒日王宫廷喜剧中的地域战争具有如下特点：

第一，优填王统治的犊子国（靠近钵逻耶伽国）和优填王的同盟盎伽国（靠近羯朱嗢祇罗国）应属于戒日王实际控制的范围；僧伽罗

---

① Kale（1964），《璎珞传》导论，第 31 页，Kale 认为南憍萨罗国建都在文底耶山峡谷之内。

国虽属戒日王实际控制之外，却包含统治世界（陆地和海洋）的隐喻。

第二，优填王敌对的文底耶森林国、羯陵伽国和南憍萨罗国，均为戒日王企图控制却没能控制之地，其中文底耶山麓为戒日王统治的西南边界。

第三，四场战争均为北印度对南印度的战争，均以北印度的胜利和南印度的落败而告终。

第四，战争的发动，或许有理由（优填王为救盎伽王进攻羯陵伽国），或许没有理由（优填王进攻文底耶森林国和南憍萨罗国），其根本原因为争夺领地。

第五，同盟关系均源自姻亲。妙容的父亲是仙赐王后的姨夫，妙容成为优填王的王后；璎珞的父亲是仙赐王后的娘舅，璎珞也成为优填王的王后。

戒日王宫廷喜剧中的姻亲同盟如下表所示：

《妙容传》

犊子国	邬阇衍那国		盎伽国	
	光辉王 （仙赐之父）	有炭王后 （仙赐之母）	坚铠王之妻 （仙赐姨母）	坚铠王 （仙赐姨夫）
优填王	仙赐王后			妙容王后 （仙赐表妹）

《璎珞传》

犊子国	邬阇衍那国		僧伽罗国	
	光辉王 （仙赐之父）	有炭王后 （仙赐之母）	勇臂王 （仙赐娘舅）	勇臂王之妻 （仙赐舅母）
优填王	仙赐王后		璎珞王后 （仙赐表妹）	

综上可知，戒日王的宫廷喜剧与戒日王朝的现实结合紧密。联姻是获得同盟关系的重要手段，结盟则是在战争中取胜乃至征服世界的筹码。宫廷喜剧中对于战争的描述，似乎企图将之标榜为征服世界的唯一手段；而对于联姻的种种修饰，对于一见钟情、两情相悦的强调，也仿佛企图掩盖其政治目的。事实上，悉陀的预言、吉祥天女的比喻等，均暗示了宫廷的结合绝不是单纯的爱情或艳情，而是与政治、王

权密不可分。

3.2　宫廷喜剧中的女人

宫廷喜剧在艳情的掩盖下反映政治上的联姻关系。宫廷喜剧中的女主人公，作为政治联姻的载体，仙赐王后的副本，不具有完整的人或爱人的身份，唯一的身份是国家。这种政治联姻，虽远离战争，却是战争的一部分，或者说，是作为开疆扩土的一个相对和平的辅助。

3.2.1　他者副本

无论《妙容传》还是《瓔珞传》，讲述的其实是另一个仙赐得宠的故事。无论妙容还是瓔珞，展现给观众的，都是一个没有身份、没有个性的仙赐王后的副本。这个副本，或许可以激起情欲，却没有爱情可言。她们的存在，与宫廷喜剧的情节架构相适，也与宫廷喜剧中所展现的政治联姻的主题相一致。

戒日王的宫廷喜剧正是用一种极其华丽的方式将赤裸甚至丑陋的政治联姻赋予了文学价值和艺术美感，从而将其包装成男欢女爱的宫廷艳事。在宫廷喜剧中，每一个女人的获得，都象征着一个王国的攫取。这个女人，事实上，不一定美丽，不一定个性鲜明，甚至不一定有情感流露，只需要是国王的女儿，吉祥天女（王权）的化身，或者说，只需要是仙赐王后的副本：

妙容 II/ 瓔珞 II（最终的身份）= 仙赐王后的副本

在《瓔珞传》第二幕，弄臣春倌（丑角）的话："这真是另一个仙赐王后!"（双关：又来了一个，是仙赐王后！）似乎一语道破戒日王宫廷喜剧中女主人公的身份谜题。（参见本章第 2 节《三部梵剧的"套式结构"》中的《"套式结构"与身份归属》）

3.2.2　与国家相连

宫廷喜剧中的女主人公，乍看上去最不具有政治意味，似乎只有艳情。然而事实上，这两位女主人公所具有的唯一身份特征，就是她们的祖国——盎伽国公主和僧伽罗国公主，可以说是最为"政治化"的标签。

因此，上述公式可以改写为：

妙容 II/ 瓔珞 II（最终的身份）= 另一个国家的仙赐

3.2.3 与战争相关

戒日王的宫廷喜剧中包含了相当成分的战争场面。这些战争场面，构成了宫廷喜剧的社会背景。宫廷喜剧中的女主人公，或是与战争直接相关，或是间接相连。

妙容是《妙容传》中三场战争的核心。第一战：羯陵伽王因求娶妙容遭到拒绝，率军进攻盎伽国，俘虏坚铠王，导致大臣律世携妙容出逃。第二战：优填王进攻文底耶幢王，原因虽不可知，但客观上达到了获得妙容的结果。第三战：优填王出击羯陵伽王，为救坚铠王——仙赐王后的姨夫，妙容的父亲，自己未来的岳丈。

璎珞似乎与战争无关，然而优填王在《璎珞传》总结陈词的第一句就是“我与勇臂王结成同盟”。优填王派有盐将军出击南憍萨罗王，参战助阵的正是护送璎珞前来的勇臂王的大臣世有。而南憍萨罗国，横亘于犊子国与僧伽罗国之间，也在某种程度上成为了获得璎珞的阻碍。

战争，是显性的冲突；而联姻，是内在的，隐性的。政治联姻，虽并没有大肆宣告封疆扩土，却具有攻城略地的张力。

3.2.4 王权隐喻

爱欲，原本与男权相连，其与更强大的王权（吉祥天女）相结合，成为政治资本的体现——吉祥天女的垂青，是获得天下的根本。

首先，宫廷喜剧的女主人公被明确地比喻成象征王权的吉祥天女。

例如，用吉祥天女比喻林姑（妙容）：

> 难道是从地下龙宫飞升的龙女，为了一睹尘世？
> 实在谬误！我曾到过那里，哪里有这样的女子？
> 难道是月光女神的化身？月光在白天不会现形。
> 这个手持红莲、看似吉祥天女的姑娘会是何人？（2.6）

用吉祥天女比喻海姑（璎珞）：

> 这个画中女子是谁？如同高贵的雌天鹅进入心湖一般占据我的

思想[①]；

嬉戏摇曳水中红莲，优雅撼动吉祥天女，[②]拍打翅膀向我们娓娓倾谈。(2.9)[③]

弄臣春馆（丑角）说得最为直接：“哦！她（瓔珞）确实是你获得的另一个吉祥天女！”对此，优填王回答：

朋友，没错！
她正是吉祥天女本人，玉手如珊瑚的嫩芽；
在汗水的伪装下甘露流淌，如何能是其他？（2.18）[④]

其次，宫廷喜剧的女主人公被直截了当地与王权相提并论。

在《瓔珞传》中，悉陀仙人预言说：“谁与她（瓔珞）成亲，谁就会成为统治整个大地的君王。”

宰相负轭氏的话，将优填王“续娶新妻”和“获得世界的王权”放在一起：

听了我的话，王后同意与丈夫分离；
我安排国王续娶新妻让她痛苦不堪；
国王获得世界的王权确实令她欢喜；
然而，出于羞愧，我真是不敢露面。(4.20)

优填王的剧终陈词，称瓔珞是“大地的精华、占据海洋与大地的唯一方法”：

如此，夫复何求？因为——

① 双关，梵语 mānasa，既为“(天鹅进入)心湖”，又为“(画中姑娘占据)思想”。

② 双关，梵语 līlā-avadhūta-padmā，既为“(天鹅)戏水摇曳红莲”，又为“(画中姑娘)优雅撼动吉祥天女”。

③ Cappeller 本编号为 2.8，总第 32 颂。

④ Cappeller 本编号为 2.16，总第 41 颂。

我与勇臂王结成同盟，获得了心爱的海姑，
她是大地的精华，也是占据海洋与大地的唯一方法；
王后获得表妹，满心欢喜；憍萨罗王被击垮；
有你这大臣雄牛相伴，还缺什么要让我为它许愿？（4.21）

据多尼格（Wendy Doniger）分析，《璎珞传》第四幕，能受对仙赐说："俱寿者，希望你拥有一个像优填王一样的儿子！"影射了女人之争其实是继承王位的储君之争，归根结蒂还是王权之争。[①]

最后，妙容化名为林姑（Āranyikā），即来自森林；璎珞是印度最南端隔海相望的僧伽罗国的公主，化名海姑（Sāgarikā），即来自大海。获得了林姑和海姑，即象征获得了陆地和海洋，同样具有统治世界的隐喻。

3.2.5　现实原型

宫廷艳事影射政治联盟。在《故事海》和跋娑的《惊梦记》中，优填王与摩揭陀公主莲花的结合几乎没有感情基础，完全出于政治结盟的考虑。[②]而戒日王的宫廷喜剧，只是将政治联盟的本质叙述得更为隐晦。事实上，无论如何掩饰，妙容被优填王大将胜军俘虏之时，优填王刚刚带着仙赐逃回犊子国；其间为了与摩揭陀国联盟而续娶莲花公主；一年后，妙容与优填王成亲；优填王在两年内获得三个女人，再加上后宫中不知名姓的无数嫔妃，都证明在宫廷艳事之中，并无真爱，有的只是对权力和美色的无尽追逐。

优填王通过与仙赐王后的结合，获得了阿槃底（邬阇衍那国）；在《妙容传》中，通过与妙容的结合，获得了盎伽国（盎伽国坚铠王是仙赐王后的姨夫，续娶妙容巩固了两国联盟）；在《璎珞传》中，通过与璎珞的结合，获得了僧伽罗国（巩固了两国联盟）；又在僧伽罗国大臣世有的帮助下打败了南憍萨罗国。无需悉陀预言，璎珞就已经帮助优填王获得了大地。优填王每征服一个女人，就征服了一个国家。

优填王的政治联姻如下表所示：

---

① Doniger（2006），英译导论，第41页。

② Doniger（2006），英译导论，第31页。

犊子国	邬阇衍那国	摩揭陀国	盎伽国	僧伽罗国
优填王	1. 仙赐王后	2. 莲花王后	3. 妙容王后（仙赐表妹）	4. 璎珞王后（仙赐表妹）

戒日王的父辈征服世界的模式很大程度上就是借助联姻，戒日王本人也延续了这种方法。戒日王的祖父日增，娶后期笈多王朝的大军护王后为妻。光增王娶出身高贵的美誉王后为妻，并将女儿王圣嫁给穆克里家族的摄铠王。戒日王将女儿嫁给伐腊毗国常叡王以及摩揭陀王[①]。这些联姻，都是以结成政治联盟为目的的政治联姻。

对于戒日王来说，征服了南印度尽头的僧伽罗国，如同征服了天涯海角、世界尽头，即象征着征服世界的圆满完成；获得林姑和海姑，同样象征着征服了包括陆地和海洋在内的整个世界。

女人象征王权，同时也是获得王权的手段。宫廷喜剧中的女人，与国家相连，也与战争相连。戒日王作为帝王，谙熟宫廷中事，创作宫廷喜剧的题材，反映政治联姻的现实，可以说再恰当不过。

3.3　小结

第一，戒日王的宫廷喜剧中包含了相当成分的战争场面。这些战争场面，构成了宫廷喜剧的社会背景。宫廷喜剧中涉及的国家分为敌友两类。宫廷喜剧的女主人公来自潜在的同盟。同盟关系源自姻亲。

第二，作为征服世界的两个手段，战争直接而明显，联姻则间接而隐含。宫廷喜剧中对于战争的描述，似乎企图将之标榜为征服世界的唯一手段；而对于联姻的种种修饰，对于一见钟情、两情相悦的强调，也仿佛企图掩盖其政治目的。

第三，宫廷喜剧中的女主人公作为政治联姻的载体，仙赐王后的副本，缺失身份，与国家相连，与战争相关，作为战争的辅助，成为开疆拓土的手段。

① 据《法苑珠林》卷二九，第 904 页，“又从南行百五十里，度殑伽河，至摩揭陀国，属中印度。……王即戒日之女婿也”。若非《法苑珠林》记载有误，就是戒日王不止一个女儿。戒日王将一个女儿嫁给了伐腊毗国常叡王（《西域记》），而将另一个女儿嫁给了摩揭陀王（《法苑珠林》）。

第四，宫廷喜剧中的女主人公具有王权隐喻，被比喻为吉祥天女，与王权直接相连，象征对森林、海洋乃至整个世界的统治。

第五，政治联姻与现实紧密相关。宫廷喜剧具有政治联姻的本质，是包装在男欢女爱情感之下的对王权的追逐、争夺以及最终获得。宫廷的结合绝不是单纯的爱情或艳情，而是与政治、王权密不可分。戒日王的父辈征服世界的模式很大程度上借助联姻，戒日王本人也延续了这一手段。戒日王的宫廷喜剧是戒日王宫廷的真实反映。

§4 《龙喜记》的宗教倾向

《龙喜记》(*Nāgānanda*)是戒日王的代表作之一，因其蕴含的佛教元素，被众多学者认为是一部佛教戏剧。本节通过细读梵文原文和细致比对不同版本异文，辩称《龙喜记》运用佛教和印度教共通的思维，具有杂糅的宗教倾向，在表面上看或许是佛教戏剧，然而从深层次考虑则属于倾向湿婆崇拜(包括蛇崇拜)的印度教戏剧。

4.1 《龙喜记》中的佛教元素

《龙喜记》中有不少看上去与佛教相关的元素。首先是开篇的两首赞佛颂诗：

> 愿胜者佛陀①庇佑你们！菩提树下，魔女②们满怀嫉恨
> 对他百般勾引："你假装冥想，却在念着哪个姑娘？
> 请睁睁眼，看看这个被爱神③花箭射伤的人！你是保护者，
> 却不肯保护[我们]！你假意慈悲，谁能比你更残忍？"(1.1)
> 拉满花弓的爱神，敲打着刺耳的战鼓、跳来跳去的魔军④，

① 梵语 jina，胜者，佛陀称号。
② 梵语 māra-vadhū，摩罗女。
③ 双关，梵语 anaṅga，既是"无形的"，又是爱神称号。
④ 梵语 māra-vīra，摩罗勇士。

> 蹙额、摇曳、频申[①]、微笑、嬉戏[②]的天女，躬身施礼的
> 悉陀们[③]，以及惊讶得身毛直竖的婆薮之主[④]都亲眼目睹他
> 纹丝不动，悉心禅定，证得菩提。愿牟尼之王[⑤]保护你们！（1.2）

胜者（Jina）和牟尼王（Munīndra）都是佛陀的称号。

其次，《龙喜记》序幕中宣称剧情取材于已散佚的佛本生故事《持明本生》（*Vidyādhara-jātaka*）；剧中有关于“青春无常”、“身体可憎”、“王位可舍”、“归隐山林”等论述；苦行者和云幢王用相好庄严形容云乘；金翅鸟将云乘比作“菩萨”[⑥]；云乘最后决定“抛弃生命”、“保护蛇族”，并劝请金翅鸟“戒杀生”。这些都可以作为《龙喜记》是佛教戏剧的证据。其中最关键的部分是云乘“舍身救蛇”，以两首“身体可憎”诗作为铺垫：

> 这身体注定毁灭，又忘恩负义，是一切
> 不洁的处所，愚痴者却为它犯下种种罪恶。（4.7）
> 所谓身体，不过是脂肪、骨头、肌肉、脊髓、血液的会聚，
> 再包裹上一层皮，总是面目可憎，如何谈得上英俊美丽？（5.23）

进而在先后两次出现的“舍身颂”中推向高潮：

> 布施我身，保护蛇族，此刻功德我成就；
> 轮回中获得身体，是为了向他人伸出援手。（4.26）

佛教的最终目的是“抛弃身体，获得涅槃”。对身体的憎恶和摒弃

---

① 梵语 jṛmbhā，汉译常作“频申”、“嚬呻”、“频申欠呿”等，意为“打呵欠”、“伸懒腰”、“欠伸”等。参见高明道《〈频申欠呿〉略考》，《中华佛学学报》第六期，第 129~185 页。

② 《龙喜记》德里本作 calita-dṛś，意为“目光游移不定的”；浦那本和 Skilton 本作 lalitavat，意为“嬉戏的”。

③ 梵语 siddha，悉陀，一类半神的总称。

④ 梵语 vāsava，婆薮（Vasu）之主，因陀罗称号。

⑤ 梵语 munīndra，牟尼之王，佛陀称号。

⑥ 见《龙喜记》第五幕。金翅鸟说：“bodhisattva evâyaṃ vyāpāditaḥ |”（他是位菩萨！却被我［错］杀！）

是涅槃的前提。凭据云乘之前种种自我牺牲的誓愿[1]以及最后这个美妙的“舍身”，很多学者将《龙喜记》界定为佛教戏剧。博伊德（Palmer Boyd，1872）在英译本中直接加入了副标题：佛教五幕剧。考威尔（E. B. Cowell，1872）认为《龙喜记》的情节是佛教传说。[2]吴晓玲（1956）在汉译前言中说，《龙喜记》题材选自民间流传的佛教故事，杂糅了印度教的气氛，主要体现佛教的利他主义，与投火、饲虎等佛教舍身故事一致。[3]提婆胡蒂（D. Devahuti，1970，1998）认为《龙喜记》撰写时间最晚，具有佛教主题；而戏剧中对高利女神的描述，也表明了戒日王印度教和佛教混合的信仰和当时宗教自由的思潮。[4]段晴教授（1992）认为，《龙喜记》因其笔法最为娴熟，应该是戒日王最后创作的戏剧。这部戏剧以佛教故事为题材，主要受请的神是佛陀。这证明了戒日王佛教信仰的加强。[5]

4.2 《龙喜记》中的印度教元素

上述例证是否真的具有佛教倾向呢？

4.2.1 关于赞佛颂诗

《龙喜记》开篇的两首颂诗确定无疑是赞颂佛陀的。

梵语戏剧颂诗中歌颂的神，通常是毗湿奴（Viṣṇu）[6]、湿婆（Śiva）[7]或因陀罗（Indra），也有高利女神（Gaurī）[8]和辩才天女（Sarasvatī）等，赞颂佛陀的颂诗非常罕见[9]。然而并不是说颂诗中歌颂哪个神，整部戏剧的基调就是赞颂这个神。尤其不能因罕见的赞佛颂诗，就将整部戏剧定义为佛教戏剧。颂诗和戏剧内容往往是脱节的，更多的是体

① 在摩腾迦进犯时，云乘曾说，愿意牺牲自己舍弃王位以免生灵涂炭。

② 见 Boyd（1872），前言，第 xii 页。Cowell 说：“The story of the *Nāgānanda* is no doubt a Buddhist legend”（《龙喜记》的故事无疑是佛教传说）。

③ 参见《龙喜记》吴晓玲译本，前言，第 1，12~13 页。

④ Devahuti（1998），第 180~181 页。

⑤ 段晴《戒日王的宗教信仰》，《南亚研究》1992 年第 1 期，第 55 页。

⑥ 例如跋娑《迦尔那出任》的颂诗省略，不过序幕中舞台监督一出场就念了一首赞颂毗湿奴的诗。

⑦ 例如薄婆菩提《茉莉和青春》，戒日王《璎珞传》等，颂诗均为赞颂湿婆。

⑧ 例如戒日王《妙容传》，第一首颂诗赞颂高利女神，第二首颂诗赞颂湿婆。

⑨ 月倌《世界之喜》的颂诗赞颂佛陀。

现戏剧表演的场合，如考威尔（E. B. Cowell）猜测的“在佛教的节日看《龙喜记》，在印度教的节日看《瓔珞传》”。[①] 换句话说，颂诗是针对观赏戏剧的观众而言，而非影射剧情。结合玄奘对曲女城的描述，这一情形就更容易理解：“僧徒万余人”、“异道数千余人”。[②] 在这个戒日王朝的政治中心，佛教徒数量远超过印度教徒。《龙喜记》上演的时候，面对更多的佛教信徒，就更可能吟唱赞颂佛陀的颂诗。[③] 还有些时候颂诗是随机的。很多戏剧开头并没有颂诗，例如跋娑十三剧中，只写上一句“颂诗结束”（nāndyante），就直接进入剧情。这更体现了颂诗因时因地而异的性质。

因此，开篇的赞佛颂诗，仅体现出当时观赏《龙喜记》的观众中可能以佛教徒居多。《龙喜记》本身的宗教倾向则要看颂诗之后的部分。

4.2.2　关于《持明本生》

在《龙喜记》序幕中称戏剧取材自《持明本生》（*Vidyādhara-jātaka*）。《持明本生》已失传。德富（Guṇāḍhya，音译古那底耶）的俗语故事集《故事广记》（*Bṛhat-kathā*，又译《伟大的故事》，6 世纪之前）中有“云乘故事”，也已失传。现存“云乘故事”的版本见于《鬼话二十五则》（*Vetālapañcaviṃśatikā*，又译《僵尸鬼故事二十五则》，成书年代不详，约为 10~14 世纪）以及根据《故事广记》编辑的梵语改写本，安主（Kṣemendra）的《广故事花鬘》（*Bṛhat-kathā-mañjarī*，又译《大故事花簇》，11 世纪）和月天（Somadeva，音译苏摩提婆）的《故事海》（*Kathā-sarit-sāgara*，11 世纪）。《鬼话二十五则》第十五个故事几乎包含了《龙喜记》的全部情节，但并没有佛本生故事的痕迹。故事中称云乘是湿婆的信徒，而舍身救蛇只是为了履行刹帝利的职责。[④]《故事海》第二十二章中的云乘故事补入了云乘的前生和金翅鸟与蛇的宿

---

① Boyd（1872），前言，第 xi 页。

② 《西域记》卷五《羯若鞠阇国》，第 423~424 页。

③ Cowell 将玄奘记载《羯若鞠阇国》“邪正二道，信者相半”（见上注）解释为人数各一半，与后文数字不一致。“相半”，应该是“相伴”的通假，意为二者并存。参见 Boyd（1872），前言，第 xi 页。

④ Barker, W. Burckhardt, *The Baitāl Pachīsī; or, Twenty-Five Tales of a Demon*. Hertford (U. K.): Stephen Austin, 1855，第 252，270 页。

怨，[①]虽在结构上与佛本生故事相似，但这种框架结构的叙事模式在印度传统故事文学中也比较常见。

汉译佛典中有大量金翅鸟和龙（蛇）的叙述，涉及金翅鸟以龙（蛇）为食的段落，大致可以分为三类。

第一类，菩萨舍身救龙。见于《菩萨本缘经·龙品》："时，金翅鸟为饮食故，乘空束身飞来欲取。当其来时，诸山碎坏，泉池枯涸。尔时，诸龙及诸龙女，见闻是事，心大恐怖，所服璎珞、华香、服饰，寻悉解落裂在其地。诸龙夫人恐怖堕泪，而作是言：'今此大怨，已来逼身，其觜金刚多所破坏，当如之何？'龙便答曰：'卿依我后。'时，诸妇女寻即相与，来依附龙，龙复念言：'今此妇女各生恐怖，我若不能作拥护者，何用如是殊大之身？我今此身为诸龙王，若不能护，何用王为？行正法者，悉舍身命，以拥护他，是金翅鸟之王，有大威德，其力难堪。除我一身，余无能御。我今要当舍其身命以救诸龙。'尔时，龙王语金翅鸟：'汝金翅鸟，小复留神，听我所说。汝于我所常生怨害，然我于汝都无恶心。我以宿业受是大身禀得三毒，虽有是力未曾于他而生恶心。我今自忖审其气力，足能与汝共相抗御，亦能远炎大火投干草木，五谷临熟遇天恶雹，或变大身遮蔽日月，或变小身入藕丝孔，亦坏大地作于江海，亦震山岳能令动摇，亦能避走远去令汝不见我。今所以不委去者，多有诸龙来依附我，所以不与汝战诤者，由我于汝不生恶故。'金翅鸟言：'我与汝怨，何故于我不生恶心？'龙王答言：'我虽兽身，善解业报，审知少恶报逐不置，犹如形影不相舍离。我今与汝所以具生如是恶家，悉由先世集恶业故，我今常于汝所生慈愍心，汝应深思如来所说：非以怨心，能息怨憎，唯以忍辱，然后乃灭。譬如大火投之干薪，其炎转更倍常增多，以瞋报瞋，亦复如是。'时，金翅鸟闻是语已，怨心即息，复向龙王说如是言：'我今于汝常生怨心，然汝于我乃生慈心。'龙王答言：'我先与汝具受佛语，我常忆持抱在心怀，而汝忘失了不忆念。'金翅鸟言：'唯愿仁者为我和上，善为我说无上之法，我从今始惠施一切诸龙无畏。'说是语已，即舍龙宫，

① 《龙喜记》吴晓玲译本，前言第16页，附录第98~120页。

还本住处。”[①]

这是三国时期译出的一部重要佛经，证明在那时就有菩萨救龙（蛇）的传说，或许可以作为“云乘故事”的原型。佛经中没有出现云乘的名字。菩萨在过去世，因“恚”因缘堕入龙身，既为救他，也有自救的成分。结局并没有舍生，而是用佛法劝说金翅鸟“生慈心”，于是金翅鸟赐诸龙无畏，表示不再杀生。

第二类，佛说金翅鸟和龙的因缘：金翅鸟和龙各自由低到高分为卵生、胎生、湿生、化生四类。每一类金翅鸟可以吃同类以及更低类别的龙，因此化生金翅鸟可以吃所有类别的龙，除了佛陀列举的几个大龙王[②]，以及这些大龙王宫殿附近的龙，不被金翅鸟所食。见于《长阿含经·龙鸟品》[③]，《大楼炭经·龙鸟品》[④]，《起世经·诸龙金翅鸟品》[⑤]，《起世因本经·诸龙金翅鸟品》[⑥]，《增一阿含经·等趣四谛品》[⑦]等。

第三类，佛护诸龙。见于《佛说海龙王经·金翅鸟品》：“尔时有龙王，一名噏气，二名大噏气，三名熊罴，四名无量色，而白世尊曰：‘于此海中无数种龙，若干种行、因缘之报来生于是，或有大种，或有小种，或有羸劣，独见轻侮。有四种金翅鸟，常食斯龙及龙妻子，恐怖海中诸龙种类。愿佛拥护，令海诸龙常得安隐，不怀恐怖。’于是世

① 《菩萨本缘经》卷三《龙品第八》，《大正藏》卷三，T153 号，第 68 页下栏至第 69 页上栏。这个佛经故事的后半部分，龙王“增修大慈”，被恶人剥去了龙皮，又被小虫噬啮龙肉，却不生怨懑，认为这是“无量法财”。只不过这与金翅鸟觅食、救龙舍生等毫无关联。

② 《长阿含经》卷一九《龙鸟品第五》，《大正藏》卷一，T1 号，第 127 页下栏至第 128 页上栏：娑竭龙王、难陀龙王、跋难陀龙王、伊那婆罗龙王、提头赖吒龙王、善见龙王、阿卢龙王、伽拘罗龙王、伽毗罗龙王、阿波罗龙王、伽瓮龙王、瞿伽瓮龙王、阿耨达龙王、善住龙王、优睒伽波头龙王、得叉伽龙王。这些大龙王都曾庇佑或劝请佛陀。

③ 《长阿含经》卷一九《龙鸟品第五》，《大正藏》卷一，T1 号，第 127 页上栏至第 129 页上栏。

④ 《大楼炭经》卷三《龙鸟品第六》，《大正藏》卷一，T23 号，第 288 页上栏至第 290 页上栏。《大楼炭经》未称大龙宫附近诸龙不被金翅鸟所食。

⑤ 《起世经》卷五《诸龙金翅鸟品第五》，《大正藏》卷一，T24 号，第 332 页中栏至第 336 页上栏。

⑥ 《起世因本经》卷五《诸龙金翅鸟品第五》，《大正藏》卷一，T25 号，第 387 页中栏至第 390 页下栏。

⑦ 《增一阿含经》卷一九《等趣四谛品第二十七》，《大正藏》卷二，T125 号，第 646 页上栏至中栏。《增一阿含经》中没有列出诸大龙王的名字，但明确说“若使龙王身事佛者，是时金翅鸟不能食啾”，也就是说，金翅鸟不能吃事佛的龙王。

尊脱身皂衣，告海龙王：‘汝当取是如来皂衣，分与诸龙王皆令周遍。所以者何？其在大海中有值一缕者，金翅鸟王不能犯触。所以者何？持禁戒者所愿必得。’尔时诸大龙王皆怀惊愫，各心念言：‘是佛佛皂衣甚为少小，安得周遍大海诸龙？’时佛即知诸龙王心所怀疑恐，告海龙王：‘假使三千大千世界所有人民，各各共分如来皂衣，终不减尽。其欲取衣，譬如虚空，随其所欲则自然生。佛所建立不可思议巍巍之德，其如斯矣！’”[①]又见于《佛说海龙王经·舍利品》，龙王希望“佛灭度时在此大海留全舍利”，须菩提说，佛的舍利分散于世界各地，就是为了众生都可以供养，所以不能被龙王独占。“今者卿等各自求愿，使佛世尊在于大海而取灭度，供全舍利，独欲奉侍。一切众生何缘得度？永为穷厄无一救护！以故吾言勿发此心，令佛世尊海中灭度，独奉全舍利而供养乎！”[②]

按照第一类故事的逻辑，菩萨在前生对金翅鸟说法，金翅鸟已决定不再杀生。然而事实上，由于莫名的原因，金翅鸟继续杀戮，所以过渡到第二类故事。金翅鸟和龙蛇都需要修佛法来消除宿怨，金翅鸟摆脱杀孽，龙蛇摆脱厄运。第三类故事与第二类一脉相承。龙蛇需要佛陀衣缕（或舍利）的保护，正如他们需要佛法的保护。在佛教的背景下，龙蛇身份低微，包含了前生“恶业”的元素，需要时刻净信佛法以获得佛陀神力的庇佑。

综上可知，汉译佛典中虽有大量金翅鸟以龙（蛇）为食的叙述，但没有“云乘故事”，也未出现“云乘”的名字，仅在三国支谦译出的《菩萨本缘经·龙品》中有菩萨前世因“恚”因缘堕入龙身，为救龙族只身涉险，用佛法劝说金翅鸟“生慈心”不再杀生的故事。这个故事当中，菩萨本身属于龙族，劝度金翅鸟为救他和自救，并没有替龙赴死的关键情节。“云乘故事”除了《龙喜记》序幕中提到的仅存标题的《持明本生》之外，既没有收录在现存的本生故事中，也未见于当时的佛教艺术（佛教壁画和雕塑常以本生故事为题材），也没有任何版本的“云乘故事”具有本生故事的标志（“我身是也”）。并且，佛教对

① 《佛说海龙王经》卷四《金翅鸟品第十六》，《大正藏》卷一五，T598号，第151页上栏。
② 《佛说海龙王经》卷四《舍利品第十七》，《大正藏》卷一五，T598号，第152页上栏。

于龙蛇的态度是居高临下甚至包含谴责的。正如沃格尔（J. Vogel）所说，云乘故事最初与佛教并无关联，无论它看起来与佛教思维多么相似。将其看待为本生，应该是比较晚的情况。①

而且，《龙喜记》中印度教诸神恣意横行。摩罗耶公主觐拜高利女神（Gaurī）②的神庙。③花冠儿信奉力天（Baladeva）④和爱神。⑤云幢王向太阳神苏利耶（Sūrya，又译日天）祷告。⑥螺髻礼拜牛耳天（Gokarṇa，湿婆称号）。⑦云乘持明（Vidyādhara）⑧太子的身份就表明他是湿婆的侍从，他最后也跪拜在高利女神脚下。⑨云乘对于蛇的宗教感情也可纳入印度教的范畴。即便真的将“云乘故事”归入本生，其浓重的印度教色彩及内在情节和逻辑与佛本生的貌合神离，也将拼接凑搭的痕迹暴露无疑。因此，将《龙喜记》的取材说成是佛本生故事并不恰当。

4.2.3　关于归隐山林

序幕中舞台监督（戏班主人）说要效法云乘太子“归隐山林”：

> 决意侍奉双亲，
> 抛弃权力承袭，
> 我也前往森林，⑩
> 正如云乘太子。（1.5）

---

① “The story of Jīmūtavāhana is not found in any Indian collection of jātakas, there is good reason to assume that the identification of the hero with the future Buddha was an afterthought and that originally the legend had no connection with Buddhism at all, however much it may conform in spirit to the lofty ethical ideals of that religion.”（云乘的故事未见于任何印度的本生故事集。因此有理由相信，主人公转生为佛陀的身份是后来的产物，并且这个传说的原初形态与佛教并无关联，无论其内在精神与佛教高尚的伦理观念多么一致。）见 Vogel（1972），第 170 页。另，吴晓玲称“听说”，巴利语《佛藏》中有《云乘菩萨譬喻》，大约是失传的《持明本生》。尚未得见。

② 喜马拉雅山神之女，大神湿婆之妻，名为乌玛（Umā）或波哩婆提（Pārvatī）。

③ 《龙喜记》第一幕，吴晓玲译本，第 11 页。

④ 黑天的哥哥，由毗湿奴的一根白发产生，属于蛇族。

⑤ 《龙喜记》第三幕，吴晓玲译本，第 34 页。

⑥ 《龙喜记》第五幕，吴晓玲译本，第 68 页。

⑦ 《龙喜记》第四、五幕，吴晓玲译本，第 61，70 页。

⑧ 梵语 vidyā（明）-dhara（持），直译为持明；Skilton 译为 magician（魔法师）；Boyd 译为 celestial chorister（天国乐师）。

⑨ 《龙喜记》第五幕，吴晓玲译本，第 88~89 页，云乘顶礼高利女神的双足。

⑩ 梵语 vanaṃ yāmy=aham=api，指在林中隐居苦行（苦行者），并非出家为僧（佛教徒）。

对于云乘心向往之的山林（tapovana，苦行林，又译净修林）有如下描述：

> 树皮被剥落，用来做衣裳，不是大块树皮，仿佛慈悲心肠；
> 古老的水罐[①]破碎了，依稀可见；瀑布泉水明澈澈好似青天；
> 莎草编成的[②]腰带，磨损断裂，被婆罗门少年[③]随意丢弃；
> 由于常响耳畔，连那鹦鹉也能诵念《娑摩吠陀》的诗篇。(1.11)
>
> 快活的牟尼们讨论着深奥难解的吠陀章句，年轻的婆罗门一边吟诵经典一边砍斫湿漉漉的柴薪，苦行女在小树坑浇满了水，真是个宁静而美好的净修林！

树皮衣、水罐、莎草腰带都是婆罗门苦行者的标志。《娑摩吠陀》（*Sāmaveda*）更是印度教的典籍。每一个细节都指引向印度教式的苦行，其为云乘所渴望，也是佛陀在证得菩提之前尝试过并且摒弃了的。

可见，云乘的“归隐山林”不是佛教意义上的出家，而是印度教式的苦行。与之相连，“青春无常”、“王位可舍”的论述虽然与佛教思想相似，却也是源自印度教的传统：当国王完成了俗世的义务，他们把王位传给儿子，然后携王后居住山林。这些描述不能证明云乘的佛教情怀，反而增加了戏剧的印度教倾向。

4.2.4 关于舍生和大团圆结局

“慈悲”和“利益众生”并非佛教专属。印度教徒在形容他们的天神时也会用到类似的字眼。湿婆为拯救众生吞下搅乳海时产生的剧毒，从而有了“青颈”（Nīlakaṇṭha 或 Kṛṣṇakaṇṭha）的称号。在戒日王铭文中，“同情一切众生”就是用来修饰“大自在天”（湿婆）。

同样，“布施”和“舍生”（即布施生命）亦非佛教独有。佛教和印度教同样讲布施。佛教信徒布施给僧侣，印度教徒布施给婆罗门。佛教借用普世的“牺牲奉献”来宣扬自己的教义，佛教中也确实包含各种各样的“舍生”故事，然而这并不能带来佛教对“舍生”的垄断。

---

① 梵语 kamaṇḍalu，指葫芦或木质或陶土的盛水容器。树皮衣和水罐都是苦行者的标志。

② 梵语 mauñjī，指用三根莎草 / 文蓍草（muñja）编成的婆罗门的腰带或绳子。

③ 梵语 baṭu 或 vaṭu，少年，尤其是婆罗门男孩，也可指成年婆罗门。

印度教中同样不乏“舍生”的例证。例如，莎维德利（Sāvitrī）为救丈夫至诚（Satyavat），以血肉之躯跟随阎摩（Yama）到达冥界，事实上就是一种舍生，而这种舍生作为苦行的特殊表现最终感动阎摩，使她的丈夫复生。[①]又例，尸毗王割肉养鹰救鸽的故事，见于《摩诃婆罗多》、《五卷书》[②]等，故事原本的结局是因陀罗现身，恢复了尸毗王的形体。这个故事被佛教利用收入本生故事，见于《六度集经》、《菩萨本生鬘论》、《撰集百缘经》[③]等，从而使尸毗王变成了佛陀的前生。

印度民间故事宝库中的“舍生”情节本身没有宗教倾向，可以被佛教和印度教（乃至任何宗教）各自利用。二者的不同在于，佛教的舍生是真正的舍生，指向最终解脱（涅槃）；而印度教的舍生从属于苦行，结局是天神被取悦，舍生者死而复生，获得种种俗世的恩惠。[④]那么，《龙喜记》中舍生（或者说全剧）的结局是什么呢？

摩罗耶公主向高利女神祷告。高利女神现身，让云乘复活：

> 云乘！你救助众生，不惜牺牲自己生命！
> 我对你非常满意，孩子啊！快快复生！（5.33）

云乘站起来，毫发无损，礼敬高利女神的双足。高利女神宣布：

> 我满怀喜悦，用心愿铸造的宝瓶亲自为你灌顶，
> 即刻册封你为持明转轮王！宝瓶盛满最胜清净水，
> 产生自我的思想；混合着天鹅翅膀击打

---

① 阎摩给了莎维德利四个恩惠。第四个恩惠是希望她成为母亲，享受天伦之乐。莎维德利曾发誓至诚是她唯一的丈夫和孩子的父亲。作为正法神和真理神的阎摩为了兑现他的恩惠而不打破莎维德利的誓言，只好让至诚复生。

② 季羡林译《五卷书》（1981），第 290 页。

③ 《六度集经》卷一，《大正藏》卷三，T152 号，第 1 页中栏至下栏；《菩萨本生鬘论》卷一《尸毗王救鸽命缘起第二》，《大正藏》卷三，T160 号，第 333 页中栏至第 334 页上栏；《撰集百缘经》卷四《出生菩萨品第四》，《大正藏》卷四，T200 号，第 218 页上栏至下栏。参见《贤愚经》卷一《梵天请法六事品第一》，《大正藏》卷四，T202 号，第 351 页下栏至第 352 页中栏；《高僧法显传》，《大正藏》卷五一，T2085 号，第 858 页上栏至中栏；《西域记》卷三《乌仗那国》，第 282~283 页，参见第 283 页注释一。

④ 印度教中，婆罗门苦行，获得巨大威力，甚至可以挑战天神权威；而刹帝利苦行，则往往是为了取悦天神，获得恩赐。

金莲花时掉落的花粉，却没有泥浆。（5.36）
赐你面前金轮常转！再赐
四牙白象！三赐黑骏马！
四赐公主摩罗耶！转轮王啊！
请你看这些珍宝琳琅！（5.37）

而且，这些以摩腾迦为首的持明国王 [在我的命令下][1] 毕恭毕敬弓腰施礼，[看哪！他们的手好像拂尘，秋天的新月一般明净，][2] 颤抖的顶髻上摩尼珠的光辉聚集成一串因陀罗神弓（indracāpa，彩虹）。说说你还希望我给你什么其他恩惠？[3]

高利女神描述了摩腾迦等持明国王的臣服，又询问云乘是否还祈求其他恩惠，云乘双膝跪地答道：

[亲爱的赐福女神！][4] 还能有什么恩惠比得上这些？
从鸟王[5] 口中救出螺髻；毗那达之子[6] 改邪归正；
被金翅鸟吃掉的所有蛇王[7] 复生；我重获生命；
因此，我的双亲不再轻生；我正式成为转轮王；
女神啊！除了这些，还有什么恩惠我心向往？（5.38）

云乘曾说身体污浊如肉皮囊，最终却不是抛弃肉皮囊，而是让它起死回生。不仅如此，云乘得到了王权（转轮王，以金轮为代表）、财富（同样以金轮为代表）、军队（象、马）、女人（摩罗耶公主），以及当初作乱的摩腾迦等国王的臣服。对于这些赏赐，云乘的回答是，没有什么恩惠可以比得上这些——这些正是他所渴望的。再回头看云乘之前所说的舍弃王权、舍弃生命，虽客观上达到拯救众生（蛇族）的

① 方括号中文字依浦那本、卡尔帕提本补入。
② 方括号中文字依德里本补入。
③ 《龙喜记》第五幕，吴晓玲译本，第 90 页。
④ 方括号中文字依卡尔帕提本补入。
⑤ 梵语 patagapati，鸟王，金翅鸟称号。
⑥ 梵语 vainateya，毗那达（Vinata）之子，金翅鸟称号。
⑦ 梵语 viṣadhara，“持毒者”，指毒蛇。

目的，实际上确为一种取悦天神的苦行，也是一种间接的对权力的追逐——通过苦行取悦天神，得到天神赏赐，然后最终获得世俗的权力而不是获得宗教上的报偿。所有这些都将戏剧指向典型的印度教式（入世）的结局。如果是佛教式（出世）的结局，那应该不是复活、恢复形体、确立王权，而是转生成佛。虽然“舍生”是佛教与印度教共有的情节，然而起死回生却更具有印度教特色。天神的威力之一就是起死回生。为救摩罗根底耶（Mārkaṇḍeya），湿婆曾一度击败死神。而佛教中，生死轮回，原本就是需要摆脱的。这一生与那一生本无差别，也就没有了起死回生的必要。

综上所述，云乘的舍生，不是佛教式为获解脱的舍生，而是印度教式的舍生，是苦行的极端表现和最高境界。《龙喜记》的结局是典型的印度教式大团圆的结局，以取悦天神、获得种种俗世权力告终。

有趣的是，云乘并不是《龙喜记》中唯一发誓舍生的人。螺髻听说云乘被金翅鸟抓走，立刻赶去营救，对金翅鸟说：“他不是蛇族！放开他！吃了我！我才是婆苏吉蛇王送给你的食物！”｛把胸膛敞开给金翅鸟｝[①] 螺髻敬拜湿婆。他的举动很可能源自湿婆信仰。可以说，螺髻的舍生——同样是印度教式的舍生——追求的是比云乘更为纯粹的宗教报偿。

4.3 《龙喜记》与蛇崇拜

4.3.1 Nāga 释义

汉译佛典中常常将 Nāga 译为龙，也有译为蛇或龙蛇。Nāga 在英文中通常的译法是“serpent”或“snake”，几乎从未译成“dragon”。在印度雕塑和壁画中，Nāga 是蛇的形象，或是人身蛇尾，或是幻化成人形（蛇族具有法力，可以任意变形）。剧中螺髻将幻化成人的 Nāga 的特点概括为：有蛇皮蜕化的痕迹，舌头分叉，有蛇冠（5.18）。因此，将 Nāga 翻译成“龙”是不恰当的。佛典中之所以将 Nāga 译为龙，大概是因为蛇在中国文化中是极其负面的形象。虽然蛇王木真林陀（Mucilinda）曾庇护佛陀，如是等等，如果在佛典中频频出现蛇，则

① 《龙喜记》第五幕，吴晓玲译本，第 76 页。

很可能让信众将佛法与西域及西南少数民族的巫术联系起来。而龙是九五至尊皇权的象征。佛陀得到龙的庇护，才更能体现佛陀在汉文化中的尊贵地位。抛开宗教考虑，从学术角度应该将 Nāga 还原为“蛇”，这样才更容易理解 Nāga 所传递的文化信息。

鉴于中国的“龙”与印度的“Nāga”（龙蛇）之间存在的文化差异，《龙喜记》（*Nāgānanda*）标题的恰当译法应为《蛇喜》。然而《龙喜记》之译名已被普遍使用，为避免更大混淆，此处不再更改。从标题来看，蛇被施恩或取悦；从内容来看，戏剧与印度传统的蛇崇拜紧密相关。

4.3.2 舍身救蛇之蛇崇拜

《摩诃婆罗多》中记载了关于蛇族的两次几近灭族的巨大灾难。其一是仙人迦叶波（Kaśyapa）的妻子迦德卢（Kadru）和毗娜达（Vinatā）之间的矛盾转嫁给了她们的后代，蛇族和金翅鸟，结局是金翅鸟以蛇为食；其二是迦德卢诅咒蛇族遭遇镇群王蛇祭的灭顶之灾，结局是阿斯谛迦（Āstīka）中途阻止了蛇祭。[①] 第二个灾难可以说化险为夷，而第一个灾祸却依然悬而未决。“云乘故事”，即是通过云乘“舍身救蛇”彻底解决蛇与金翅鸟之间的宿怨，与蛇崇拜密切相连。

蛇崇拜来自古老的太阳世系（Solar Race）图腾崇拜[②]，又见于吠陀典籍，源自对于自然力（蛇毒）的敬畏和对于蛇这种生灵的神话想象，并没有过多理论或教义的支撑。蛇崇拜的原因有很多种，如蛇族象征王国稳定[③]，蛇王掌控雨水[④]，或作为毗湿奴崇拜和湿婆崇拜的分支[⑤]；其主要表现就是不能伤害或杀死蛇，而且主要指有蛇冠的蛇。[⑥]

蛇崇拜作为印度教的延伸，为印度教独有。

在佛教文献中，蛇出现的频率并不逊于印度教。[⑦] 然而“佛教传统

---

① 黄宝生等译《摩诃婆罗多》（一），中国社会科学出版社，2005，第 53~131 页。

② Oldham（1905），第 7~8 页。

③ Sinha（1980），第 45~46 页

④ Oldham（1905），第 9 页。

⑤ 毗湿奴的宝座 / 坐骑是蛇王歇舍，湿婆的装饰是蛇王婆苏吉。

⑥ Oldham（1905），第 12 页。有蛇冠的蛇（特别是眼镜蛇）是主要被膜拜的对象，其他的蛇则可以杀死。

⑦ 佛陀降生的时候，两条 Nāga 降下清凉和温暖两种雨；佛陀降服喷火毒蛇（Uruvilvā）；蛇王目真邻陀（Mucilinda）为佛陀遮风挡雨，等。参见 Vogel（1972），第二章。

中，有一个明显倾向，即将印度诸神，甚至梵天、帝释天等，都置于佛陀的仆从地位。蛇自然也不例外”。[①]蛇的法力越是无边，蛇对佛陀的臣服才越发凸显出佛陀的伟大。例如佛陀施展法力降服喷火毒蛇优楼频螺（Uruvilvā）。并且，佛陀对蛇族的胜利，是具有绝对优势的歧视性的征服。在《巴利律》中记载，一条蛇想摆脱蛇身，于是幻化成人形，混入僧团修炼佛法。然而在他熟睡后现出原形。佛陀将他逐出僧团，并定下戒律：蛇族不得修行佛法。[②]蛇族被佛教视为恶业堆积的孽缘产物，比人类更低劣，并且理所当然地被排除在印度诸神的范畴之外。[③]因此，即使蛇族在佛教典籍中获得了驯良的形象，例如在佛陀降生之时二龙王降下冷热甘霖[④]，目真邻陀（Mucilinda）龙王为佛陀遮风避雨[⑤]，佛教也很难与蛇崇拜相连。蛇族在佛典中的形象是被驯服和依靠佛法自救。真正救助过蛇的，只有印度教传统中的阿斯谛迦[⑥]、湿婆等。

如果仔细考察佛教对于蛇的态度就可以发现，云乘的“舍身救蛇”与佛教的观念有不小的出入——《龙喜记》虽未说明救蛇的原因，却在字里行间透露着“不能伤害蛇”的信念，源自“蛇崇拜”的理念，也与“蛇崇拜”的具体表现相吻合。

对于蛇族的遭遇，云乘认为婆苏吉与金翅鸟的约定是怯懦的表现——蛇王婆苏吉并没有保护蛇族，而是牺牲蛇族，苟全了自己：

> 哎呀！蛇王是这样“保护”蛇族啊！

---

① Vogel（1972），第93页。

② Davids, T. W. Rhys, & Hermann Oldenberg, *Vinaya Texts Part I: The Pātimokkha, The Mahāvagga, I-IV*. Oxford: Clarendon Press, 1881，第217~219页。

③ 在佛教叙事中，梵天、因陀罗等印度教天神是佛陀的保护者，属于六道轮回中的“天道”，善道之首，只是还没有获得解脱；蛇族则是“畜生道”，三恶道（或四恶道）之一，恶业苦报的产物。

④ 《方广大庄严经》卷三《诞生品第七》，《大正藏》卷三，T187号，第554页下栏，“龙王下二水，冷暖极调和”等。

⑤ 《佛本行集经》卷三一《二商奉食品第三十五上》，《大正藏》卷三，T190号，第800页中栏，“目真邻陀龙王从宫殿出，以其大身，七重围绕，拥蔽佛身”。

⑥ 据《摩诃婆罗多》，蛇王多刹迦（Takṣaka）在镇群王的蛇祭中乞求因陀罗的庇护，躲在因陀罗的宝座下，以致因陀罗的宝座向祭火坠去。因陀罗为了自保，将多刹迦抛出。多刹迦堕向祭火的时候，阿斯谛迦将他定在半空。

难道他那两千条蛇信子中，竟然没有一条说：

“今天我把身体献给蛇敌，为了保护一条蛇／群蛇①”？（4.5）②

然后云乘自忖道：“难道我不能通过布施自己的身体，救出哪怕是一条蛇的性命吗？”③

再看云乘的“舍身颂”（“布施我身，保护蛇族”）以及高利女神现身救活云乘时说的话：

云乘！你救助众生，不惜牺牲自己生命！

我对你非常满意，孩子啊！快快复生！（5.33）

和云乘的回答：

从鸟王④口中救出螺髻；毗那达之子⑤改邪归正；

被金翅鸟吃掉的所有蛇王⑥复生；我重获生命；

因此，我的双亲不再轻生；我正式成为转轮王；

女神啊！除了这些，还有什么恩惠我心向往？（5.38）

首先，云乘的舍身，是将身体布施给蛇族，是比佛陀舍身饲虎还要高尚的一命抵一命，而且是“人命抵蛇命”。如果说布施给僧众是佛教徒，布施给婆罗门是印度教徒，那么布施给蛇，不能不说包含了蛇崇拜的成分。按照佛陀舍身饲虎的逻辑（一人抵三虎），蛇的性命与人的性命不止是平等，还要更高。尤其从云乘回答高利女神恩赐时所说

---

① 德里本、浦那本 N 为 ekâhi-rakṣârtham（为保护一条蛇）；浦那本为 eṣo'hi-rakṣârtham（为保护蛇，这个）。

② 金翅鸟日食一蛇。从逻辑上来看，云乘舍身只能救一条蛇，假使蛇王舍身，也只能救一条蛇，并不能拯救蛇族或解决金翅鸟与蛇的宿怨。然而云乘的舍身的确让金翅鸟不再吃蛇，并让死去的蛇复生，即事实上拯救了蛇族。此处，云乘意在讽刺蛇王没有保护蛇族而是牺牲蛇族保护自己。

③ 《龙喜记》第四幕，吴晓玲译本，第 53 页。

④ 梵语 patagapati，鸟王，金翅鸟称号。

⑤ 梵语 vainateya，毗那达（Vinata）之子，金翅鸟称号。

⑥ 梵语 viṣadhara，“持毒者”，指毒蛇。

的话“我重获生命；因此，我的双亲不再轻生”（5.38），以及摩罗耶公主发誓殉夫来看，云乘一人舍生，连带着三个人的性命；而螺髻罹难，加上他的母亲伤心而死，总共是两条蛇。由此可见，云乘把蛇族的生命看得远高过自己，把拯救蛇族置于侍奉自己双亲之上。

其次，高利女神被取悦，是由于云乘“舍生”和“救蛇”。二者同等重要。对于高利女神的赏赐，云乘十分欣喜。然而在他的回答中最先强调的三点，均与“裨益众蛇”紧密相连：救出螺髻，金翅鸟不再杀蛇，被杀死的蛇获得重生。

至此，云乘的意图更为明显。他固然以印度教式的舍生苦行取悦了天神，然而其直接动机包含了对于蛇的宗教情怀。

4.3.3　蛇崇拜与湿婆崇拜

在《龙喜记》中，与金翅鸟达成协议“日送一蛇”的是蛇王婆苏吉——湿婆的装饰。

螺髻在准备赴死之前敬拜了牛耳天（Gokarṇa，湿婆称号）的神庙。（5.7）

螺髻将月光般洁白的蛇骨比喻为湿婆，暗含着向湿婆献身（湿婆身披蛇饰，头顶有新月）：

> 这坟冢每天以蛇为食满足金翅鸟[①]，从不落空；
> 月亮般洁白的骨骼堆积，如同楼陀罗（Raudra，湿婆）的身形。（4.19）

因此，《龙喜记》中的蛇崇拜，以自己特有的形态从属于湿婆崇拜。蛇族由于自身的灵性和膜拜湿婆大神，在某种程度上分享了湿婆的威严和信众，因而不能被伤害。“舍身救蛇”的行为，与虔信湿婆相关，得到高利女神的赞许，获得俗世报偿的恩惠。

4.4　小结

佛教和印度教有很多共通的思维（慈悲、舍生等）。因此，从现象上看很容易对《龙喜记》产生不同的解读。

---

① 梵语 vināyaka，毗那达（Vinata）之子，金翅鸟称号。

例一：

舞台监督（戏班主人）开场便说“今天是祭祀帝释天的盛大节日（Indrotsava）”。[①]

因陀罗（帝释天），虽然被后来崛起的印度教诸神击败退居二线，却也是名副其实的老牌印度教天神，依然受到不少印度教徒的信仰膜拜。祭祀因陀罗属于印度教的节庆。然而在众多佛经中，因陀罗俨然已成为佛陀的护法天神，所以将因陀罗的节日理解为佛教节日也不为过。

例二：

序幕接下来的偈颂出现了有趣的现象：

> 喜［增］（Śrīharṣa）[②]诗人技艺炉火纯青，在场观众个个妙解德行；
> 世间《菩萨传》/《悉陀王传》[③]引人入胜，我们的表演功力精深。
> 单独一桩都能带来成功，如同每个细节指向结局圆满；[④]
> 更何况由于我积福颇甚，所有的美德汇聚相连？（1.3）

这一颂与《妙容传》（1.3）和《璎珞传》（1.5）几乎完全相同，除去第二行的“vatsarāja-caritaṃ”（《犊子王传》）。《龙喜记》中这一颂梵文，浦那本（Karmarkar本）、德里本、卡尔帕提本（Ramachandra Aiyar本）、Kale本注释异文、吴晓玲译本为“bodhisattva-caritaṃ”（《菩萨传》）；Kale本、北方本（Ghoṣa本）、浦那本注释异文、博伊德（Palmer Boyd）译本为“siddharāja-caritaṃ”（《悉陀王传》）。

由此可见，不同的抄录者对于《龙喜记》戏文有了不同的理解。佛教信徒更倾向于认为这是讲菩萨的故事，而印度教徒觉得这是悉陀

① 《龙喜记》序幕，吴晓玲译本，第2页。

② 三部梵剧均以Śrīharṣa（吉祥喜）指称戒日王。戒日王铭文中，除索帕铜印使用Śrīharṣa-varddhana（吉祥喜增）之外，全部使用Śrīharṣa（吉祥喜）这个略称。

③ 《龙喜记》浦那本、德里本、卡尔帕提本、Kale本N、吴晓玲译本为bodhisattva-caritaṃ（菩萨传）；Kale本、北方本、浦那本N、Boyd译本为siddharāja-caritaṃ（悉陀王传）。

④ 双关，梵语vastu既泛称事物，又指戏剧的情节。所以这句话可以理解成“每件事都能带来渴望的效果（成功）”，也可理解成“每个情节都引向圆满的结局”。

王的故事。[①]

例三：

苦行者用相好庄严形容云乘：

> 哎呀！沙滩上有一串转轮王的辐轮脚印儿[②]！这是谁的？（看着前面的云乘）一定是这位大贵人[③]的！因为
>
> 他头顶乌瑟腻沙高耸；眉间
> 白毫放光；眼眸好似青莲；
> 胸膛堪比雄狮[④]；手足[⑤]有轮相；
> 我看他一定会成为持明转轮王！（1.18）

这些特征代表吉祥，既可以修饰佛陀，也可以形容印度俗世的王。形容沙滩上的脚印时，Kale 本、德里本、北方本（Ghoṣa 本）作“prakāśa–cakra–cihnā”（清晰的辐轮印记）；浦那本（Karmarkar 本）、卡尔帕提本（Ramachandra Aiyar 本）为“prakāśita–cakravarti–cihnā”（清晰的转轮王印记）。德里本称云乘为“mahânubhāvasya”（光辉者）；北方本（Ghoṣa 本）、浦那本、卡尔帕提本、Kale 本注释异文称云乘为“mahāpuruṣasya”（大人物，与佛陀的“大人相”同语）；Kale 本、浦那本注释异文为“mahânubhāvasya padavī”（光辉者的足迹）。这些差异也很可能代表了誊抄者不同的宗教倾向。

另例：“舍身救蛇”，既可以理解成佛教式的“众生平等”（略显牵

---

① 由于《龙喜记》版本流传复杂，版本之间杂糅现象严重，就现有条件无法考证各个版本的源头，因而也无法证实哪个版本确定誊抄自佛教徒或印度教徒之手。虽然很多证据表明北方本倾向佛教，但不能说北方本就是佛教徒本或某个版本是印度教本，其中杂糅（传抄中的相互抄写）过于严重而无法考证。不过从修改个案来看，确实有些人认为其为佛教戏剧，有些人认为它是印度教戏剧。

② 《龙喜记》Kale 本、德里本、北方本“prakāśa-cakra-cihnā”（清晰的轮状印记）；浦那本、卡尔帕提本“prakāśita-cakravarti-cihnā”（清晰的转轮王印记）。

③ 《龙喜记》德里本“mahânubhāvasya”；北方本、浦那本、卡尔帕提本、Kale 本 N“mahāpuruṣasya”；Kale 本、浦那本 N“mahânubhāvasya padavī”。

④ 梵语 hari，多义，可解释为因陀罗神马、狮子、因陀罗、梵天、毗湿奴（黑天）、湿婆等。Boyd 译本和卡尔帕提本均译为狮子（lion）；吴晓玲译本译为“毗纽篏天”（毗湿奴）。

⑤ 《龙喜记》北方本、德里本、浦那本“pada-dvaya”（双足）；卡尔帕提本、浦那本 N“kara-dvaya”（双手）。

强），也可以理解成印度教系统下的“蛇崇拜”。

综上所述，《龙喜记》运用了一些佛教与印度教共通的思维，产生了混合杂糅的效果：在表面上看或许是佛教戏剧，从深层次考虑则属于倾向湿婆崇拜（包括蛇崇拜）的印度教戏剧。最重要的是，对于观赏《龙喜记》的七世纪的印度人来说，《龙喜记》是自由的戏剧。在佛教徒眼中，它是佛教戏剧；在印度教徒眼中，它是印度教（湿婆崇拜、蛇崇拜）的戏剧。

戒日王：历史功过与评价

戒日王统治印度四十余年，在印度中心地带建立盛极一时的强大王国。一言以蔽之，“王权”是贯穿戒日王一生的主线。生辰即笼罩着王权的光辉；二重即位是获取王权的契机；战争和邦交是拓展王权的举动；宗教信仰和文学创作则是巩固王权的手段，将政治、军事上的控制力蔓延到精神领域。戒日帝国的兴盛从各个角度诠释着戒日王对于王权的信仰。

戒日王生于公元590年6月4日晚10时左右；在605年前后即位，606年改年号为喜增元年；卒于647年下半年。戒日王出生时名为“喜增”，简称“喜”，尊称“喜天”或“吉祥喜”；约620年之后，又号“戒日”，与喜增等名同时使用；头衔为“吉祥大王”或“最尊贵的王中之王”。戒日王种姓为刹帝利。戒日王的信仰，包括象征战争的湿婆，象征王权的吉祥天女，家族崇拜的太阳，维护王国稳定的蛇，安抚民众的佛陀，甚至迷惑民众的幻术，等等，是泛印度教的王权信仰。

戒日王“继承”王位，包括在萨他泥湿伐罗国和羯若鞠阇国的双重即位。即位的合法性问题，虽然是每一个篡位帝王关心也是史学家乐于讨论的问题，却并非后人评价帝王的准绳。戒日王即位之时，都城为萨他泥湿伐罗城。戒日王“皇家营帐”或“行宫”众多，萨他泥湿伐罗城、“皇家营帐”（舍卫城等）、曲女城、钵逻耶伽、羯朱嗢祇罗等城市，都可以说在某一时期、某种程度充当政治、经济、文化的中心。经过出击设赏迦王的奔那伐弹那大战、征战南印度的取悦河大战，以及占领摩揭陀、讨伐恭御陀等战争，戒日帝国的疆域从最初即位之时的萨他泥湿伐罗国和羯若鞠阇国，拓展到玄奘访印之时：西起信度国，西北至迦湿弥罗国，北以吐蕃为界，东北至尼波罗国以南的劫比罗伐窣堵、蓝摩国、拘尸那揭罗、吠舍釐、弗栗恃国一线，东至迦摩缕波国，东南至乌荼国，南至钵逻耶伽[1]，西南至伐腊毗、摩腊婆国（以文底耶山、取悦河为界）。简言之，就是以中印度、北印度为主体，以恒河和阎牟那河流域为统治核心，包括东、西印度的部分地区。

戒日王还是一位杰出的梵语剧作家，有《龙喜记》、《妙容传》、《璎珞传》三部剧作传世。三部梵剧既有独特的文学造诣，又具有丰富的历史文化研究价值。

在经济上，戒日王一朝的中央政府比较节俭："政教和平，务修勤俭"[2]，注重加强社会福利，"于五印度城邑、乡聚、达巷、交衢，建立精庐，储饮食，止医药，施诸羁贫，周给不殆"。

在军事上，扩充军队，从"象军五千，马军二万"发展为"象军六万，马军十万"。在《戒日王传》中就有对戒日王军队的描述，物资充足，随军食品丰富到奢华的地步。军队人数的增长，一方面增加了国家的开支，一方面也加重了人民的负担。中国有"养兵万人，日费斗金"的说法。保持如此庞大的国防力量，必然有巨大的军费开支。

在外交上，戒日王加强与周边各国的交往，与迦摩缕波和伐腊毗等国建立了一定程度的同盟关系；也与一些国家，如恭御陀和摩诃剌侘国，发生了战争。最重要的是，戒日王礼遇中国的求法僧玄奘，成为中印交流史上的佳话；戒日王与唐太宗六度互派使臣，书写了印度与中国最为重要的官方交往。

在宗教上，戒日王实行宽松的宗教政策，印度各个派别的宗教，印度教（湿婆教派），太阳崇拜，蛇崇拜，佛教等都得到了发展。戒日王的庞大军队频繁地从事各类战争。这种"穷兵黩武"式的征讨，对于民生，无疑是一种伤害。因而戒日王需要通过宗教信仰来安抚境内的民众。

在文学和艺术方面，戒日王的宫廷文人波那创作了印度历史上最优秀的梵语长篇传记文学《戒日王传》和小说《迦丹波利》，宫廷文人摩由罗则创作了梵语诗集《太阳神百咏》。戒日王本人也是杰出的剧作家：《龙喜记》是一部非常独特的传说剧；《妙容传》中第一次运用"胎

---

① 从钵逻耶伽至南憍萨罗之间的区域未知归属。

② 《西域记》卷五《羯若鞠阇国》，第 429 页。

戏”的表现手法，具有典型的“套式结构”特征；《璎珞传》严格遵守梵语戏剧理论的规范，情节构思精巧，语言生动优美，是戒日王最成熟的作品，成为后世文论中引用的典范。

综上所述，戒日王是一位功过相半的帝王：他称霸一方，迫使邻国纳贡称臣；扩充军队，发动战争；兴建行宫，四处巡游；遣使入唐，促进交流；举办耗资巨大的施场和法会；迎来宗教、文学、艺术的繁荣。戒日王“倾竭府库，惠施群有”的布施或许缓和了帝王与臣民的矛盾，然而布施的财富来自国库，国库来自税收（或诸国朝贡）。布施的财富与戒日王“搜刮”的财富相比，可能仅是九牛一毛。戒日王热爱文学，这更可能是因为文学造诣让他得以实现一种不同于政治、军事的控制力。

戒日帝国是一个相对稳定的短命王朝。戒日王一人之统治延续了四十余年；戒日王离奇死去，戒日帝国也随之覆亡。戒日帝国没有“千秋万代”而是“一世而终”，其根本原因可能就在于“穷兵黩武”。或许通过“以战养战”获得了短暂的威慑力，但民众的生活并未因此而改善；扩充疆土增加了兵源和税收，却也加剧了中央与地方的对立，这在中央集权制度相对完善的中国或许司空见惯，但对于长期分裂割据的印度诸国来说，则更平添了不稳定的因素。

围绕着戒日王，可以说的还有很多。此处也只能效仿波那的《戒日王传》，说罢精彩，戛然而止。

梁任公在《中国历史研究法》中有一段精辟的评述：“宇宙间之科学，何一非积无限辛劳以求得区区数字者？达尔文养鸽莳果数十年，著书数十万言，结果不过诒吾辈以‘物竞天择，适者生存’八个大字而已。……吾侪今日若能以一年研究之成果，博得将来学校历史教科书中一句之采择，吾愿已足。”①

这部数十万言的专著，在未有定论的诸多方面都作出了大胆猜测和小心求证，如能在日后历史教科书中博得一句之采撷，吾愿亦足。

① 梁启超：《中国历史研究法》（1998），第71页。

附录一　戒日王铭文及汉译

（一）《班斯凯拉铜牌》

（1）背景资料

出土地：班斯凯拉（Banskhera），北纬 27°47 ' 30 ''、东经 79°38 '，今勒克瑙西北部恒河上游，北方邦，印度。①

出土时间：1894 年 9 月。

馆藏地：未知。

铜牌描述：长 19 英寸（48.3 厘米），宽 13 英寸（33 厘米）。重量未知。

语言：梵语，主体为散文，夹杂三首诗歌，共 18 行。

书写文字：北印度后期婆罗谜字体。字母比《默图本铜牌》略小。

铜牌韵文诗律：第一颂为 Śārdūlavikrīḍita，第二颂为 Vasantatilakā，第三颂为 Śloka（输罗迦体，又称 Anuṣṭubh）。

铜牌颁发时间：公元 627 年②印历 9 月 16 日（soṃvat 22 kārttika-vadi 1）。

研究参考资料：*JESI*，XXXI（2005）；*EI*，IV，G. Bühler，第 208~211 页；拓片影印件，*EI*，IV，第 210~211 页间插图（B 本）；Mookerji, Radhakumud, *Harsha: Calcutta University Readership Lectures, 1925*. London: Oxford University Press, 1926（M 本）。B 本依据铭文拓片影印件；M 本依据铭文原件。

（2）校勘说明

《班斯凯拉铜牌》梵文原文的拉丁转写和校勘，依据 *EI* 卷四

① Scharpé（1974），第 54 号。

② 喜增元年为 606 年，喜增 22 年为 627 年。*EI* 计算有误。

Bühler（B 本）和 Mookerji 的 *Harsha*（M 本）两个版本。二者相异之处，核对铭文拓片（后期婆罗谜字体）。铭文中，有一些辅音重叠的现象，如 puttra，sarvva，purvva，cakkra，dharmma，karmman 等，在校勘中保持原样，未做修改。Anusvāra（ṃ）和 Visarga（ḥ）的重叠现象，加注并更正。此类特殊现象应在古文书学领域加以探讨，此处不再赘述。未按照 Sandhi（连音）规则的，改作按照连音规则处理。拼写等错误予以更正。在铭文拓片模糊不清或含义不明的地方，加注说明并选取相对合理的解读。

《班斯凯拉铜牌》书写习惯与《默图本铜牌》的主要不同是，《班斯凯拉铜牌》中，咝音前的 Visarga（ḥ）被同化成同类咝音且连缀在一起，如 -śś- 或 -ss-，而《默图本铜牌》中的 Visarga（ḥ）保持不变且分开，如 -ḥ ś- 或 -ḥ s-。另外，《班斯凯拉铜牌》中，Visarga（ḥ）在 p 和 ph 前为 Upadhmānīya（“ḫ”），在 k 和 kh 前为 Jihvāmūlīya（“ẖ”）。

在《班斯凯拉铜牌》和《默图本铜牌》中，b 均被写为 v，如 brahma/vrahma，budbuda/vudvuda 等。

（3）铭文转写及校勘

L1

oṃ[①]svasti [||] mahā–nau–hasty–aśva–jaya–skandhāvārāc=chrī–varddhamāna–koṭyā mahārāja–śrī–naravarddhanas=tasya puttras=tat–pādânudhyātaḥ śrī[②]–vajriṇī–devyām=utpannaḥ[③]paramâditya–bhakto mahārāja–śrī–rājyavarddhanas=tasya puttras=tat–pādânu–

L2

dhyātaḥ śrīmad[④]–apsaro–devyām=utpannaḥ[⑤]paramâditya–bhakto mahārāja–śrīmad–ādityavarddhanas=tasya puttras=tat–pādânudhyātaḥ

---

① Bühler 本为 oṃ；Mookerji 本为 śrī；据 M 本提供的铭文拓片影印件，铭文图形接近“❜”，为铭文起首表示吉祥的符号之一，相当于 oṃ 或 siddham。参见 Sharma, Ram, *Brāhmī Script: Development in North-Western India and Central Asia*. Delhi (India): BRPC, 2002，第 434 页。

② 原文为“°pādānudhyātaśśrī°”。

③ 原文为 Upadhmānīya，即在 p 和 ph（唇音）前的 Visarga。参见 Ram Sharma（2002），第 406 页。

④ 原文为“°pādānudhyātaśśrīmad°”。

⑤ 原文为 Upadhmānīya。

śrī[①]-mahāsenaguptā-devyām=utpannaś=catuḥ[②]-samudrâtikkrānta-kīrttiḥ[③]pratāpânurāgôpa-

L3

natânya-rājo varṇṇâśrama-vyavasthāpana-pravṛtta-cakkra eka-cakkra-ratha iva prajānām=ārtti-haraḥ[④]paramâditya-bhaktaḥ[⑤]parama-bhaṭṭāraka-mahārājâdhirāja-śrī-prabhākaravarddhanas[⑥]=tasya puttras=tat-pādâ[⑦]-

L4

nudhyātaḥ sita[⑧]-yaśaḥ[⑨]-pratāna-vicchurita-sakala-bhuvana-maṇḍalaḥ[⑩]parigṛhīta-dhanada-varuṇêndra-prabhṛti-lokapāla-tejāḥ sat[⑪]pathôpārjjitâneka-draviṇa[⑫]-bhūmi-pradāna-sam[⑬]prīṇitârthi-hṛdayo-

L5

'tiśayita[⑭]-pūrvva-rāja-carito devyām=amala-yaśomatyāṃ[⑮]śrī-yaśomatyām=utpannaḥ[⑯]parama-saugataḥ sugata[⑰]iva para-hitâika-rataḥ[⑱]parama-bhaṭṭāraka-mahārājâdhirāja-śrī-rājyavarddhanaḥ | rājāno yudhi du-

L6

---

① 原文为“°pādānudhyātaśśrī°”。

② 原文为“°catus°”。

③ 原文为 Upadhmānīya。

④ 原文为 Upadhmānīya。

⑤ 原文为 Upadhmānīya。

⑥ 原文残缺，为“°pra^kara^rddha^s°”。

⑦ 原文残缺，为“°pā°”。

⑧ 原文为“°pā^nudhyātassita°”。

⑨ 原文为 Upadhmānīya。

⑩ 原文为 Upadhmānīya。

⑪ 原文为“°tejāssat°”。

⑫ 据此，《默图本铜牌》此处也应为“draviṇa”。

⑬ 原文为“°saṃ°”。

⑭ 原文为“°hṛdayotiśayita°”。

⑮ 原文为“°yaśomatyā°”。

⑯ 原文为 Upadhmānīya。

⑰ 原文为“°saugatassugata”。

⑱ 原文为 Upadhmānīya。

ṣṭa-vājina iva śrī-devaguptâdayaḥ①kṛtvā yena kaśā-prahāra-vimukhāḥ sarvve②samam saṃyatāḥ | utkhāya dviṣato vijitya vasudhāṅ=kṛtvā③prajānāṃ priyaṃ prāṇān=ujjhitavān=arāti-bhavane satyânurodhena yaḥ ||④tasyâ-

L7

nujas=tat-pādânudhyātaḥ⑤parama-māheśvaro mahêśvara iva sarvva-sat[t]vânukampī⑥parama-bhaṭṭāraka-mahārājâdhirāja-śrī-harṣaḥ ahi-cchattrā-bhuktāv=aṅgadīya-vaiṣayika-paścima-pathaka-sambaddha-markkaṭasā-

L8

gare samupagatān mahā-sāmanta-mahārāja-daussādhasādhanika-pramātāra⑦-rājasthānīya-kumārâmātyôparika-viṣayapati-bhaṭa-cāṭa-sevakâdīn=prativāsi-jāna-padāṃś=ca samājñāpayati viditam=a-

L9

stu yathâyam=upari-likhita-grāmaḥ sva⑧sīmā-paryantaḥ sôdraṅgaḥ sarvva⑨-rāja-kulâbhāvya-pratyāya-sametaḥ sarvva⑩-parihṛta-parihāro viṣayād=uddhṛta⑪-piṇḍaḥ⑫puttra-pauttrânugaś⑬=candrârkka-kṣiti-samakā-

---

① 原文为 Jihvāmūlīya，即在 k 和 kh（喉音）前的 Visarga。参见 Ram Sharma（2002），第 405 页。M 本转写为“°ādayahkṛtvā”。

② 原文为“°vimukhāssarvve°”。

③ 此处作为复合词处理。对比《默图本铜牌》，为“vasudhāṃ kṛtvā”。

④ 此颂诗律为 Śārdūlavikrīḍita。

⑤ 原文为 Upadhmānīya。

⑥ M 本为“°satvānukampo”；B 本为“°satvānukampī”；据 M 本提供的拓片影印件，铭文原文为“°satvānukampī”；《默图本铜牌》此处亦为“°satvānukampī”。更正为“sattvānukampī”。

⑦ 即“pramātṛ”。

⑧ 原文为“°grāmassva°”。

⑨ 原文为“°paryantassodraṅgassarvva°”。

⑩ 原文为“°sametassarvva°”。

⑪ 此处可与《默图本铜牌》对照。

⑫ 原文为 Upadhmānīya。

⑬ 《默图本铜牌》此处为“°pauttrānugaḥ°”。

L10

līno bhūmicchidra–nyāyena mayā pituḥ①parama–bhaṭṭāraka–mahārā–
jâdhirāja–śrī–prabhākaravarddhana–devasya mātur=bhaṭṭārikā–mahā–
devī–rājñī–śrī–yaśomatī–devyā jyeṣṭha–bhrātṛ–parama–bhaṭṭāraka–

L11

mahārājâdhirāja–śrī–rājyavarddhana–deva–pādānāṃ ca②puṇya–yaśôbhivṛd–
dhaye bharadvāja–sagottra③–bahvṛca④–cchandoga–sabrahma⑤cāri–bhaṭṭa–bāla⑥can–
dra–bhadrasvāmibhyāṃ pratigraha–dharmmaṇâgra–hāratvena pratipā–

L12

dito viditvā bhavadbhiḥ sam⑦anumantavyaḥ⑧prativāsi–jāna–padair=a–
py=ājñā–śravaṇa–vidheyair=bhūtvā yathā–samucita–tulyameya–bhā–
ga–bhoga–kara–hiraṇyâdi–pratyāyā etayor=evôpaneyāḥ sevôpasthānaṃ
ca⑨ka–

L13

raṇīyam=ity=api ca ‖ asmat–kula–kkramam=udāram=udāharad–
bhir=anyaiś=ca dānam=idam=abhyanumodanīyaṃ ǀ lakṣmyās=taḍit–sali–
la–budbuda⑩–cañcalāyā dānaṃ phalaṃ para–yaśaḥ⑪–paripālanaṃ
ca⑫‖⑬karmmaṇā ma–

L14

---

① 原文为 Upadhmānīya。
② 原文为 "°pādānāñca°"。
③ M 本为 "°gotra°"；B 本为 "°gottra°"；据拓片影印件，铭文原文为 "°gottra°"；《默图本铜牌》此处亦为 "°gottra°"。
④ M 本为 "°bahvṛca°"；B 本为 "°vahvṛca°"；据拓片影印件，铭文原文为 "°vahvṛca°"；《默图本铜牌》此处为 "°bahvṛca°"。更正为 "°bahvṛca°"。
⑤ M 本为 "°brahma°"；B 本为 "vrahya"；据拓片影印件，铭文原文为 "°vrahma°"。
⑥ M 本为 "°bāla°"；B 本为 "°vāla°"；铭文原文为 "°vāla°"。更正为 "°bāla°"。
⑦ 原文为 "bhavadbhissam°"。
⑧ 原文为 Upadhmānīya。
⑨ 原文为 "°neyāssevopāsthāna^"。
⑩ 原文为 "°vudvuda°"。参见《默图本铜牌》。
⑪ 原文为 Upadhmānīya。
⑫ 原文为 "paripālanañca"。
⑬ 诗律为 Vasantatilakā。

nasā vācā karttavyaṃ prāṇibhir[①]=hitaṃ [|] harṣenâitat=samākhyātaṃ dharmmârjjanam[②]=anuttamaṃ [||][③]dūtako= 'ttra[④]mahā-pramātāra-mahā-sāmanta-śrī-skandaguptaḥ [|] mahā-kṣapaṭalâdhikaraṇâdhikṛta-mahā-sāmanta-ma-

L15

hā-rāja-bhānu[⑤]-samādeśād=utkīrṇṇaṃ

L16

īśvareṇêdam=iti [||] saṃvat[⑥]20 2

L17

kārtti[⑦]-vadi 1 [||]

L18

sva-hasto mama mahārājâdhirāja-śrī-harṣasya [||]

（4）汉译

唵！赐福！

来自吉祥增长峰（Varddhamānakoṭī，=Vardhamānakoṭī）的胜利军营（jaya-skandhāvāra），[军营]由伟大的船、象、马组成；吉祥人增大王和吉祥金刚王后得到合法[⑧]儿子，无比崇拜太阳的（paramâditya-bhakta）吉祥王增（一世）大王；（L1）[王增（一世）]和具吉祥仙女王后得到合法儿子，无比崇拜太阳的具吉祥日增大王；[日增]和吉祥大军护王后得到合法儿子，无比崇拜太阳的最尊贵的（parama-bhaṭṭāraka）王中之王（mahārājâdhirāja）吉祥光增；[光增]美名跨越四海，用威严和慈爱[⑨]（L2）折服其他首领，确立种姓制度和社会秩序进行转

① 原文为“°prāṇibhi°”。

② 原文为“°samākhyātandharmmārjjanam°”。

③ 诗律为 Śloka（输罗迦体，又称 Anuṣṭubh）。

④ 原文为“dūtakottra”。

⑤ M 本为“°bhāna°”；B 本残缺，恢复为“°bhāna°”或“°bhānu°”；拓片影印件此处模糊，无法辨认是“bhāna”还是“bhānu”，更接近“bhānu”。

⑥ 原文为“samvat”。

⑦ M 本为“kārti°”；B 本为“kārtti°”；据拓片影印件，铭文原文为“kārtti°”。

⑧ 梵语 tatpādānudhyāta，《默图本铜牌》B 本和 K 本均解释为“在他的脚上思考的”；*MW* 直译为“用脚思考的”，引申为“被后代认可的合法继承人”。

⑨ 《默图本铜牌》B 本未译出此句；K 本译为“由于他的威严和对他的爱戴”。此处理解为，光增恩威并重，令人折服。

轮统治（pravṛtta-cakkra）①，如同唯一的统治者，为臣民们去除痛苦（prajānām=ārtti-haraḥ），如同太阳（eka-cakkra-ratha）②，（L3）他和名誉纯洁的吉祥美誉王后得到合法儿子，最尊贵的王中之王吉祥王增（二世）；[王增（二世）] 洁白的荣誉花丝③遍及全球，拥抱俱比罗（Dhanada）④、伐楼那和因陀罗等世界保护者的光辉，施舍正当获得的无数钱财和土地，完全满足请愿者的心，他的行为超越过去首领，是最虔诚的佛教徒，犹如佛陀，唯一的爱染是他人的利益。（L4–L5）

战争中，吉祥天护等国王，仿佛难驯的战马，
在他的鞭打下低眉顺眼，统统被收监；
铲除敌人，赢得大地和人民的爱戴⑤，在敌军
营帐，他抛弃生命，由于高尚的誓愿。（1）（L6）

他的弟弟是他的合法继承人，一心侍奉大自在天（parama-māheś-vara）、如大自在天一般同情一切众生的最尊贵的王中之王吉祥喜 [增]（Śrīharṣa）。在蛇盖城（ahi-c-chattrā-bhukti）臂严镇（aṅgadīya-vaiṣa-yika）西区（paścima-pathaka）的猿海 [村]（markkaṭa-sāgare），（L7）面对前来集会的大诸侯（Mahāsāmanta）、大王（Mahārāja）、戍边将领（Daussādhasādhanika）、国土官员（Pramātāra，来自 Pramātṛ）、钦差大臣（Rājasthānīya）、王公大臣（Kumārâmātya）、地方长官（Uparika）、镇长（Viṣayapati）、皇家军队（Bhaṭa）、民兵（Cāṭa）、仆役（Sevaka）等等⑥，以及邻国居民，[喜增] 宣布说：（L8）

“愿 [你们] 知道！为了 [我的] 父亲最尊贵的王中之王吉祥光增王 [的美德和荣誉的增长]，为了 [我的] 母亲尊贵的后中之后吉祥美

---

① 梵语 pravṛtta（转）-cakkra（轮），“转轮”即统治。

② 双关，梵语“eka（一）-cakkra（轮）-ratha（车）”，直译为“一个轮子的车”，既指唯一的统治者，与前句“进行转轮统治”相连；又指太阳的马车（独轮车），引申为太阳，与后句“去除人民苦难”相连。

③ 印度传统下，美好的名誉被认为是白色的。此处将荣誉喻为洁白的花丝。

④ 赐予财富者，财神俱比罗（Kubera）的称号。

⑤ 梵语 prajānāṃ priyaṃ，多义，《默图本铜牌》B 本解释为“做人民所喜欢的事”（doing what was agreeable to his subjects）；K 本解释为“对人们友善（热爱人民）”（having acted kindly towards the people）；也可解释为被人民热爱。

⑥《默图本铜牌》K 本将 mahāsāmanta、mahārāja、daussādhasādhanika、pramātāra、rājasthānīya、kumārāmātya、uparika、viṣayapati 等均处理为专名，未予译出。

誉王后［的美德和荣誉的增长］，为了［我的］最优秀的兄长、最尊贵的王中之王吉祥王增王的双足的美德和荣誉的增长，我依据《耕种土地法》[①]，将上文写到的村庄，［猿海村这块］皇家土地（agrahāratva）[②]，边界范围内，连同地税，特赐免除[③]全部应向王族缴纳的税收，［像］从［臂严］镇中剥离出来的饭团[④]，作为恩宠赠与颇罗堕（Bharadvāja）[⑤]家族的后人、《梨俱吠陀》[⑥]和《娑摩吠陀》[⑦]的婆罗门学生、尊敬的幼月（Bālacandra）和贤主（Bhadrasvāmin）二人，属于［他俩的］子孙后代，与月亮、太阳和大地同样长久。（L9–L11）你们邻国居民知道了这个［赠与］，应当赞同，并且听从这个命令，为他俩提供恰如其分的等量果实、地租（kara，=kāra）、金币等贡物，还应敬拜侍奉他俩。”（L12）而且，

无论是宣称延续自我们家族的高贵者
还是其他人，都应赞同这个施舍；
财富的闪电流水泡沫游移不定，彻底
捍卫他人名誉才是布施的成果。（2）
应通过行动（L13）、思维和语言利益众生；
喜［增］宣称这是获得正法的无上法。（3）

这里，使者是大官员大诸侯吉祥室建陀笈多（Skandagupta）[⑧]，由档案大官员（L14）明了[⑨]大王下令，（L15）自在（Īśvara）篆刻。喜增

---

① 据 S. R. Goyal（2005），第 207~208 页；Shankar Goyal（2006），第 69 页；Vaidya（1921，1979），第 131~132 页，梵语 bhūmicchidranyāya，指用于开垦的荒蛮的土地或林地，意即当村庄被国王赏赐，受赏者可以享受全部的权利，包括开垦周边的荒地。

② 特指皇家赐予婆罗门的土地。

③ 梵语 sarvva-parihṛta-parihāro，指额外恩典的免税。

④ 梵语 piṇḍa，常指用于施舍的饭团，此处比喻赠与的土地。

⑤ 被认为是《梨俱吠陀》部分章节的著者。

⑥ 梵语 bahvṛca，原为精通《梨俱吠陀》的祭官，这里指《梨俱吠陀》。

⑦ 梵语 chandoga，祭祀中的歌者，这里指《娑摩吠陀》。

⑧ 《默图本铜牌》的使者也是室建陀笈多。

⑨ M 本为 bhāna；拓片此处模糊，更像是 bhānu。无论是 Bhāna 还是 Bhānu，都意为“明了”；疑与《西域记》中的大臣婆尼（唐言辩了）和《戒日王传》中的 Bhaṇḍi 为同一人。

22年，（L16）昴月（kārti，=kārttika）[①]黑半月（vadi）第1天。（公元627年印历9月16日）。（L17）

[这是]我，王中之王吉祥喜[增]的亲笔。（L18）

（二）《俱卢之野－瓦拉纳西铜牌》

（1）背景资料

出土地：俱卢之野－瓦拉纳西（Kurukṣetra–Vārāṇāśi），靠近塔尼萨尔（Thanesar，萨他泥湿伐罗城遗址所在地），北方邦，印度。

出土时间：1999年。

馆藏地：瓦拉纳西文化研究中心（The Center of Cultural Studies of Varanasi）。

铜牌描述：长42.5厘米，宽31.5厘米，重3.8千克。

语言：梵语，主体为散文，夹杂三首诗歌，共18行。

书写文字：北印度后期婆罗谜字体。

铜牌韵文诗律：第一颂为Śārdūlavikrıḍita，第二颂为Vasantatilakā，第三颂为Śloka（输罗迦体，又称Anuṣṭubh）。

铜牌颁发时间：公元628年[②]（soṃvat 23）。

研究参考资料：*JESI*，XXXI（2005），第136~146页；Goyal, Shankar, *Harsha: A Multidisciplinary Political Study*. Jodhpur (India): Kusumanjali, 2006，第60~70页，拓片，第60~61页间插图（SG本）；Goyal, S. R., *Ancient Indian Inscriptions: Recent Finds and New Interpretations*. Jodhpur (India): Kusumanjali Book World, 2005，第199~209页，拓片，第199页（G本）。（Śrī Rāma Goyal和Shankar Goyal二人的研究几乎完全一致。）

（2）校勘说明

《俱卢之野－瓦拉纳西铜牌》梵文原文的拉丁转写和校勘，依据*JESI*卷三十一，Shankar Goyal（SG本）和Śrī Rāma Goyal（G本）提

① 音写作迦剌底迦、羯栗底迦、迦哩底迦等，玄奘将其划为秋季的第二个月（仲秋月），对应唐历九月，即公历10~11月间。参见《西域记》卷二《印度总述》，第168页，第170~171页注释一，第173页注释七；钮卫星：《西望梵天》（2004），第90~92页。

② 喜增元年为606年，喜增23年为628年。

供的版本；相异之处核对铭文拓片（后期婆罗谜字体）。铭文中，有一些辅音重叠的现象，在校勘中保持原样，未做修改。辅音 t 大部分不重复（如 putra），辅音 k，v，m，j 等部分重复（kk，如 cakkra；但 arka 未重复）。Anusvāra（ṃ）和 Visarga（ḥ）的重叠现象，加注并更正。Visarga（ḥ）的音变不规则。有时有音变，有时没有。如：-st-，-ḥ t-，等。此类特殊现象应在古文书学领域加以探讨，此处不再赘述。未按照 Sandhi（连音）规则的，改作按照连音规则处理。拼写等错误予以更正。在铭文拓片模糊不清或含义不明的地方，加注说明并选取相对合理的解读。

（3）铭文转写及校勘

L1

oṃ[①]svasti [||] mahā-nau-hasty-aśva-jaya-skandhāvārā[c]=chrī[②]-varddhamāna-koṭī-vāsakaḥ mahārāja-śrī-naravarddhanas=tasya[③]putras=tat-pādânudhyātaḥ śrī-vajriṇī-devyām=utpannaḥ paramâditya-bhakto mahārāja-śrī[rājya]-

L2

varddhanas=tasya[④]putras=tat-pādânudhyātaḥ śrīmad-apsaro-devyām=utpannaḥ paramâditya-bhakto mahārāja-śrīmad-ādityavarddhanas=tasya[⑤]putras=tat-pādânudhyātaḥ śrī-mahāsenaguptā-devyām=utpannaś=catuḥ[⑥]-samu-

L3

drâtikkrānta-kīrttiḥ pratāpânurāgôpanatânya-rājā varṇṇâśrama-vyavasthāpana-pravṛtta-cakkra eka-cakkra-ratha i[va] prajānām=ārti-haraḥ paramâditya-bhakta[ḥ][⑦]parama-bhaṭṭāraka-mahārājâdhirāja-

L4

① 原文为表示 oṃ 或 siddham 的吉祥符号，参见 Ram Sharma（2002），第 434 页。

② SG 本，“°skandhāvārā śrī°”。

③ SG 本，“°varddhanaḥ tasya”。

④ SG 本，“°varddhanaḥ tasya”。

⑤ SG 本，“°varddhanaḥ tasya”。

⑥ SG 本，“°utpanaḥ catuḥ°”。

⑦ SG 本，“°bhakta”。

śrī-prabhākaravarddhanas=tasya①putras=tat②-pādânudhyātaḥ sita-yaśa[ḥ]③-pratāna-vicchurita-sakala-bhuva[na]-maṇḍalaḥ parigṛhī-ta-dhanada-varuṇêndra-prabhṛti-lokapāla-tejā[ḥ]④

L5

satpathôpārjitâneka-draviṇa⑤-bhūmi-pradāna-sam⑥prīṇitârthi-hṛ-dayo=[']tiśayita⑦-pūrvva-rāja-carito⑧devyām=amala-yaśomatyāṃ yaśomatyām=utpanna[ḥ parama]-

L6

saugataḥ sugata iva para-hitâika-rataḥ parama-bhaṭṭāraka-mahārājâdhirā-ja-śrī-rājyavarddhanaḥ [|] rājāno yudhi [du]ṣṭa-vājina iva śrī-devaguptâdayaḥ kṛtvā yena kaśā-

L7

prahāra-vimukhāḥ sarve samaṃ saṃyatāḥ | utkhāya dviṣato vijityaṃ vasudhāṃ kṛtvā⑨prajānāṃ priyaṃ prā⑩ṇān=ujjhitavān=arāti-bhavane satyânurodhena [yaḥ] ||⑪tasyânujas=tat-pādânudhyātaḥ parama-mā-

L8

heśvaro mahêśvara iva sarvva-sat[t]vânukampī⑫parama-bhaṭṭāra-ka-mahārājâdhirāja-śrī-harṣaḥ jayarata-bhukta-viṣaya-saṃvard-dha-duriktāṇi paribhāṣyamāṇā paṇḍārāṭgāka-grāme sa-

L9

mupagatā[n]⑬=mahā-sā[m]anta-mahārāja-dussādhasādhani-

---

① SG 本，“°varddhanaḥ tasya”。

② SG 本，“putratat”。

③ SG 本，“yaśa”。

④ SG 本，“°tejā”。

⑤ 据此，《默图本铜牌》此处也应为“draviṇa”。

⑥ SG 本，“°saṃ°”。

⑦ 原文为“°hṛdayotiśayita°”。

⑧ SG 本，“°caritaḥ”。

⑨ 《班斯凯拉铜牌》作为复合词处理。对比《默图本铜牌》，为“vasudhāṃ kṛtvā”。

⑩ 原文为“a”。

⑪ 此颂诗律为 Śārdūlavikrīḍita。

⑫ 拼写有误，更正为“sattva”。此处与《班斯凯拉铜牌》和《默图本铜牌》相同。

⑬ SG 本，“samupagatā”。

ka-pramātāra[①]-rājasthānīya-[ku]mārâ[②]mātyôparika-viṣayapati-bhaṭa-cāṭa-sevakâdīn=prativāsi-jana-padāṃś=ca

L10

samājñāpayati viditas=tu=vo yathâyam=upari-likhita-grāmaḥ svasīmā-[pa]ryantaḥ sôdraṅgaḥ sarvva-rāja-kulâbhāvya-pratyāya-sametaḥ sarvva-parihṛta-pari-

L11

hā[ro] viṣayād=uddhṛta[③]-piṇḍa[ḥ] putra-pautrânugaś=candrârka-kṣiti-samakālīno[④][bhū]micchidra-nyāyena mayā pituḥ parama-bhaṭṭāra[ka]-mahārājâdhirāja-śrī-prabhā-

L12

karavarddhana-devasya mātuś=ca bhaṭṭārikā-mahā-devī-rājñī-śrī-yaśomatī-devyā[⑤]jye[⑥]ṣṭha-bhrātṛ-parama-bhaṭṭāraka-mahārājâdhirāja-śrī-rājyavarddhana-deva-pādānāṃ ca

L13

puṇya-yaśôbhivarddhaye bhārgava-sagotra[⑦]-vahvṛca[⑧]-sabrahmacārī bhaṭṭôlūkhalasvāmine pratigraha-dharmaṇâgra-hāratvena pratipādito[⑨]viditvā bhavadbhiḥ sam[⑩]a-

L14

numantavyaḥ prativāsi-jana-padair=apy=ājñā-śravaṇa-vidheyair=bhūtvā yathā-samucita-tulyameya-bhāga-bhoga-kara-hiraṇyâdi-pratyāyā[⑪]anyâivôpaneyāḥ sevôpasthānaṃ[⑫]ca

---

① 即"pramātṛ"。

② G本和SG本原文均作"a"，更正为"ā"。

③ 此处可与《默图本铜牌》对照。

④ SG本，"°aḥ"。

⑤ SG本，"°devyāḥ"。连音。

⑥ 原文为"jā°"。

⑦ 《班斯凯拉铜牌》和《默图本铜牌》此处为"°gottra°"。

⑧ 《班斯凯拉铜牌》为"°vahvṛca°"。《默图本铜牌》为"°bahvṛca°"。

⑨ SG本，"°aḥ"。

⑩ G本和SG本为"ras°"。有误。

⑪ SG本，"°pratyāyāḥ"。连音。

⑫ 原文为"°sevopasṭhānaṃ"。

L15

karaṇīyam=ity=api ca ǁ asmat-kula-kramam=udāram=udāharad-bhir=anyaiś=ca dānam=idam=abhyanumodanīyaṃ । la①kṣmyās=taḍit-salila-budabuda②-caṃcalāyā③dānaṃ phalaṃ para-

L16

yaśaḥ-paripālanaṃ ca ǁ④karmaṇā manasā vācā karttavyaṃ prāṇine hitaṃ [।] harṣenâitat=samākhyātaṃ dharmmârjjanam=anuttamaṃ [ǁ]⑤dūtako='ttra⑥mahā-kṣapaṭalâdhikaraṇâdhi-

L17

kṛta-sāman⑦ta-mahārāja-kṛṣṇaguptaḥ tad-ādeśāc=côtkīrṇaṃ ǁ saṃva[t]⑧20 3

L18

sva-hastena mama mahārājâdhirāja-śrī-harṣasya [ǁ]

（4）汉译

唵！赐福！

住在吉祥增长峰（Varddhamānakoṭī，=Vardhamānakoṭī），来自由伟大的船、象、马组成的胜利军营（jaya-skandhāvāra）；吉祥人增大王和吉祥金刚王后得到合法⑨儿子，无比崇拜太阳的（paramâditya-bhakta）吉祥王增（一世）大王；（L1）[王增（一世）]和具吉祥仙女王后得到合法儿子，无比崇拜太阳的具吉祥日增大王；[日增]和吉祥大军护王后得到合法儿子，无比崇拜太阳的最尊贵的（parama-bhaṭṭāraka）王中之王（mahārājâdhirāja）吉祥光增；[光增]美名跨越四海，用

---

① 原文为“lya”。更正。

② 参见《班斯凯拉铜牌》和《默图本铜牌》，为“vudvuda”。

③ 原文为“caṃcalāyāḥ”。连音。

④ 诗律为 Vasantatilakā。

⑤ 诗律为 Śloka（输罗迦体，又称 Anuṣṭubh）。

⑥ 原文为“dūtakottra”。

⑦ SG 本，“ṃ”。

⑧ 原文为“saṃva”。

⑨ 梵语 tatpādānudhyāta，《默图本铜牌》B 本和 K 本均解释为“在他的脚上思考的”；*MW* 直译为“用脚思考的”，引申为“被后代认可的合法继承人”。

威严和慈爱①折服其他首领，确立种姓制度和社会秩序进行转轮统治（pravṛtta-cakkra）②，如同唯一的统治者，为臣民们去除痛苦（prajānām=ārtti-haraḥ），如同太阳（eka-cakkra-ratha）③，（L2-L3）他和名誉纯洁的吉祥美誉王后得到合法儿子，最尊贵的王中之王吉祥王增（二世）；[王增（二世）]洁白的荣誉花丝④遍及全球，拥抱俱比罗（Dhanada）⑤、伐楼那和因陀罗等世界保护者的光辉，施舍正当获得的无数钱财和土地，完全满足请愿者的心，他的行为超越过去首领，是最虔诚的佛教徒，犹如佛陀，唯一的爱染是他人的利益。

战争中，吉祥天护等国王，仿佛难驯的战马，
在他的鞭打下低眉顺眼，统统被收监；
铲除敌人，赢得大地和人民的爱戴⑥，在敌军
营帐，他抛弃生命，由于高尚的誓愿。（1）

他的弟弟是他的合法继承人，（L4-L7）一心侍奉大自在天（parama-māheśvara）、如大自在天一般同情一切众生的最尊贵的王中之王吉祥喜[增]（Śrīharṣa）。在胜爱城（Jayarata-bhukti）全增镇（Viṣaya-saṃvarddha-duriktāṇi）⑦的般吒罗底迦村（Paṇḍārāṭgā-ka-grāme），（L8）面对前来集会的大诸侯（Mahāsāmanta）、大王（Mahārāja）、戍边将领（Daussādhasādhanika）、国土官员（Pramātāra，来自 Pramātṛ）、钦差大臣（Rājasthānīya）、王公大臣（Kumārâmātya）、地方长官（Uparika）、镇长（Viṣayapati）、皇家军队（Bhaṭa）、民兵

---

① 《默图本铜牌》B 本未译出此句；K 本译为“由于他的威严和对他的爱戴”。此处理解为，光增恩威并重，令人折服。

② 梵语 pravṛtta（转）-cakkra（轮），“转轮”即统治。

③ 双关，梵语“eka（一）-cakkra（轮）-ratha（车）”，直译为“一个轮子的车”，既指唯一的统治者，与前句“进行转轮统治”相连；又指太阳的马车（独轮车），引申为太阳，与后句“去除人民苦难”相连。

④ 印度传统中，美好的名誉被认为是白色的。此处将荣誉喻为洁白的花丝。

⑤ 赐予财富者，财神俱比罗（Kubera）的称号。

⑥ 梵语 prajānāṃ priyaṃ，多义，《默图本铜牌》B 本解释为“做人民所喜欢的事”（doing what was agreeable to his subjects）；K 本解释为“对人们友善（热爱人民）”（having acted kindly towards the people）；也可解释为被人民热爱。

⑦ 梵语 duriktāṇi 含义不明。

（Cāṭa）、仆役（Sevaka）等等[①]，以及邻国居民，（L9）[喜增]宣布说：

"愿[你们]知道！为了[我的]父亲最尊贵的王中之王吉祥光增王[的美德和荣誉的增长]，为了[我的]母亲尊贵的后中之后吉祥美誉王后[的美德和荣誉的增长]，为了[我的]最优秀的兄长、最尊贵的王中之王吉祥王增王的双足的美德和荣誉的增长，我依据《耕种土地法》[②]，将上文写到的村庄，[般吒罗底迦村这块]皇家土地（agrahāratva）[③]，边界范围内，连同地税，特赐免除[④]全部应向王族缴纳的税收，[像]从[全增]镇中剥离出来的饭团[⑤]，（L10–L12）作为恩宠赠与婆力古（Bhārgava）[⑥]家族的后人、《梨俱吠陀》[⑦]的婆罗门学生、尊敬的钵主（Ulūkhalasvāmin），属于[他的]子孙后代，与月亮、太阳和大地同样长久。你们邻国居民知道了这个[赠与]，应当赞同，并且听从这个命令，为他提供恰如其分的等量果实、地租（kara，=kāra）、金币等贡物，还应敬拜侍奉他。"（L13~14）而且，

无论是宣称延续自我们家族的高贵者
还是其他人，都应赞同这个施舍；
财富的闪电流水泡沫游移不定，彻底
捍卫他人名誉才是布施的成果。（2）（L15）
应通过行动、思维和语言利益众生；
喜[增]宣称这是获得正法的无上法。（3）

此处使者是负责档案的官员（L16）大诸侯黑护（Kṛṣṇagupta）大王，并由他下令篆刻。喜增 23 年（公元 628 年）。（L17）

[这是]我，王中之王吉祥喜[增]的亲笔。（L18）

---

① 《默图本铜牌》K 本将 mahāsāmanta、mahārāja、daussādhasādhanika、pramātāra、rājasthānīya、kumārāmātya、uparika、viṣayapati 等均处理为专名，未与译出。

② 据 S. R. Goyal（2005），第 207~208 页；Shankar Goyal（2006），第 69 页；Vaidya（1921，1979），第 131~132 页，梵语 bhūmicchidranyāya，指用于开垦的荒蛮的土地或林地，意即当村庄被国王赏赐，受赏者可以享受全部的权利，包括开垦周边的荒地。

③ 特指皇家赐予婆罗门的土地。

④ 梵语 sarvva-parihṛta-parihāro，指额外恩典的免税。

⑤ 梵语 piṇḍa，常指用于施舍的饭团，此处比喻赠与的土地。

⑥ 即仙人婆力古（Bhṛgu）的后人。

⑦ 梵语 vahvṛca，原为精通《梨俱吠陀》的祭官，这里指《梨俱吠陀》。

（三）《俱卢之野 - 瓦拉纳西铜印》

（1）背景资料

出土地：俱卢之野 - 瓦拉纳西（Kurukṣetra–Vārāṇāśi），靠近塔尼萨尔（Thanesar，萨他泥湿伐罗城遗址所在地），北方邦，印度。（同《俱卢之野 - 瓦拉纳西铜牌》）

出土时间：1999 年。

馆藏地：瓦拉纳西文化研究中心（The Center of Cultural Studies of Varanasi）。

铜印描述：长宽及重量未知。青铜合金制成。原与铜牌相连，现在已经脱离。铜印边缘卷曲，因而每行的起首和结尾字迹模糊。铜印的上方是一头蹲坐的公牛形象（尚卡尔·戈亚尔认为是湿婆的侍从南丁，象征戒日王的湿婆崇拜）；铜印下端是半个太阳，由半圆和朝向不同方向的光线组成，象征日出。

语言：梵语，散文，共 12 行。

书写文字：北印度后期婆罗谜字体。

铜印颁发时间：公元 628 年，与铜牌同时颁发。

研究参考资料：*JESI*，XXXI（2005），第 136~146 页；Goyal, Shankar, *Harsha: A Multidisciplinary Political Study*. Jodhpur (India): Kusumanjali, 2006，第 60~70 页，拓片，第 64~65 页间插图；Goyal, S. R., *Ancient Indian Inscriptions: Recent Finds and New Interpretations*. Jodhpur (India): Kusumanjali Book World, 2005，第 199~209 页，拓片，第 199 页。（Śrī Rāma Goyal 和 Shankar Goyal 二人的研究几乎完全一致。）

（2）铭文转写及校勘

L1.

[oṃ ‖ mahārāja]–śrī–naravarddhanas=tasya[①]putras=tat–pādânudhyātaḥ śrī–vajriṇī–

L2.

[de]vyā[m=utpannaḥ] paramâditya–bhakto mahārāja–śrī–rājyavard-

① SG 本，“°varddhanaḥ tasya”。

dhanaḥ [||] tasya putras=ta[t–pā–

L3.

dânudhyātaḥ] śry–a[psa]ro①–devyām=utpannaḥ paramâditya–bhakto mahārāja–śrīmad–āditya–

L4.

[varddhanaḥ || tasya] putras=tat–pādânudhyātaḥ śrī–mahāsena-guptā–devyām=utpannaḥ catuḥ–samu–

L5.

[drâti]kkrānta–kīrti②–pratāpânurāgôpanatânya–rājo varṇṇâśra-ma–vyavasthāpana–pravṛ[tta]–

L6.

cakkra eka–cakkra–ratha iva prajānām=ārti–haraḥ paramâditya–bhak-taḥ parama–bhaṭṭāraka–

L7.

mahārājâdhirāja–śrī–prabhākaravarddhanaḥ [||] tasya putras=tat–pādânud-hyāto= ['tiśayita]③–

L8.

pūrvva–rāja–carito devyām=amala–yaśomatyāṃ śrī–yaśomatyām=ut-pannaḥ parama–saugata su[ga]–

L9.

ta iva para–hitânurataḥ④parama–bhaṭṭāraka–mahārājâdhirāja–śrī–rā-jyavarddhana[s=ta]–

L10.

[syâ]nujas=tat–pādânudhyātaḥ parama–bhaṭṭārikā–mahā–devī–śrī–yaśomatyā[ṃ de]–

L11.

[vyā]m=evôtpannaḥ parama–māheśvaraḥ mahêśvara iva sarvva–[sa]–

---

① 原文为“śrīa^^^ro°”。

② 《那烂陀泥印》为“kīrtiḥ”；此处作为复合词处理。

③ 原文残缺，为“°pādānudhyāta°”。依《班斯凯拉铜牌》和《默图本铜牌》恢复。

④ 此处没有 eka（唯一）。参见《班斯凯拉铜牌》和《默图本铜牌》。

L12.

[ttvânu]kampakaḥ parama-bhaṭṭāraka-mahārājâdhirāja-śrī-har[ṣaḥ ||]

（3）汉译

唵！吉祥人增大王和吉祥金刚王后得到合法儿子，（L1）无比崇拜太阳的吉祥王增（一世）大王；[王增（一世）]（L2）和吉祥仙女王后得到合法儿子，无比崇拜太阳的吉祥日增大王；（L3）[日增]和吉祥大军护王后得到合法儿子，无比崇拜太阳的最尊贵的王中之王吉祥光增；[光增]美名跨越四海，用威严和慈爱折服其他首领，确立种姓制度和社会秩序进行转轮统治，如同唯一的统治者，为臣民们去除痛苦，如同太阳，（L4–L7）他和名誉纯洁的吉祥美誉王后得到合法儿子，最尊贵的王中之王吉祥王增（二世）；他的行为超越过去首领，是最虔诚的佛教徒，犹如佛陀，执著于他人的利益；（L8–L9）他的弟弟是他的合法继承人，最尊贵的大王后吉祥美誉王后（L10）的亲生儿子，一心侍奉大自在天、如大自在天一般（L11）同情一切众生的最尊贵的王中之王吉祥喜[增]（Śrīharṣa）。（L12）

（四）《默图本铜牌》

（1）背景资料

出土地：默图本（Madhuban），位于阿扎姆杰尔（Azamgarh）东北 32 英里，北方邦（西北邦），印度。①

出土时间：1888 年 1 月。

馆藏地：勒克瑙博物馆。

铜牌描述：长 20.25 英寸，宽 13.25 英寸，重 8.5 磅。

语言：梵语，主体为散文，夹杂三首诗歌，共 18 行。

书写文字：北印度后期婆罗谜字体。

铜牌韵文诗律：第一颂为 Śārdūlavikrīḍita，第二颂为 Vasantatilakā，第三颂为 Śloka（输罗迦体，又称 Anuṣṭubh）。

铜牌颁发时间：公元 630 年 ② 印历 10 月 21 日（soṃvat 25 mārg-

① Scharpé（1974），第 63 号。

② 喜增元年为 606 年，喜增 25 年为 630 年。

gaśīrṣa-vadi 6）。

研究参考资料：*EI*，I（1888），G. Bühler，第67~75页（B本）；*EI*，VII（1902~03），F. Kielhorn，第155~160页（K本）；拓片，*EI*，VII，第158页。

（2）校勘说明

《默图本铜牌》梵文原文的拉丁转写和校勘，参照Bühler（B本）和Kielhorn（K本）两个版本。二者相异之处，核对铭文拓片（后期婆罗谜字体）。铭文中，有一些辅音重叠的现象，如puttra，sarvva，purvva，cakkra，dharmma，karmman等，在校勘中保持原样，未做修改。Anusvāra（ṃ）和Visarga（ḥ）的重叠现象，加注并更正。此类特殊现象应在古文书学领域加以探讨，此处不再赘述。未按照Sandhi（连音）规则的，改作按照连音规则处理。拼写等错误予以更正。在铭文拓片模糊不清或含义不明的地方，加注说明并选取相对合理的解读。

（3）铭文转写及校勘

L1

oṃ①svasti [||] mahā–nau–hasty–aśva–jaya–skandhāvārāt=kapitthikāyā②mahārāja–śrī–naravarddhanas=tasya puttras=tat–pādânudhyātaḥ śrī–vajriṇī–devyām=utpannaḥ paramâditya–bhakto

L2

mahārāja–śrī–rājyavarddhanas=tasya puttras=tat–pādânudhyātaḥ③śry④–apsaro–devyām⑤=utpannaḥ paramâditya–bhakto mahārāja–śrīmad–āditya⑥varddhanas=tasya puttras=tat–pādânudhyātaḥ śrī–mahā–

① Bühler本铭文原文为“o”；Kielhorn本注释此处为表示oṃ的符号；据*EI*卷7提供的铭文拓片影印件，铭文不是“o”，然而也不是直接表示oṃ的符号“ॐ”，图形接近“⊙”，为铭文起首表示吉祥的符号之一，相当于oṃ或siddham。参见Ram Sharma（2002），第434页。

② B本为“°pinthikāyāḥ”；K本为“°kapitthikāyāḥ”；据拓片，K本与原文符合。遵照连声规范，更正为“°kapitthikāyā”。

③ B本为“°padānudhyātaḥ”。排印错误。参见L2后半句、L4及K本。

④ 原文为“śrī°”。连声。

⑤ B本为“°denyām°”。排印错误。

⑥ 原文为“°aditya°”。拼写错误。

L3

senaguptā-devyām=utpannaś=catuḥ[①]-samudrâtikkrānta-kīrttiḥ pratāpânurāgôpanatânya-rājo[②]varṇṇâśrama-vyavasthāpana-pravṛtta-cakra eka-cakkra-ratha iva prajānām=ārtti-haraḥ

L4

paramâditya-bhaktaḥ parama-bhaṭṭāraka-mahārājâdhirāja-śrī-prabhākaravarddhanas=tasya puttras=tat-pādânudhyātaḥ sita-yaśaḥ-pratāna-vicchurita-sakala-bhuvana-maṇḍalaḥ parigṛhīta-

L5

dhanada-varuṇêndra-prabhṛti-lokapāla-tejāḥ satpathôpārjjitâneka-draviṇa[③]-bhūmi-pradāna-samprīṇitârthi-hṛdayo= 'tiśayita[④]-pūrvva-rāja-carito devyām=amala-yaśomatyāṃ

L6

śrī-yaśomatyām=utpannaḥ parama-saugataḥ sugata iva parahitâikarataḥ parama-bhaṭṭāraka-mahārājâdhirāja-śrī-rājyavarddhanaḥ[⑤]rājāno yudhi duṣṭa-vājina iva śrī-devaguptā-

L7

dayaḥ kṛtvā yena kaśā-prahāra-vimukhāḥ[⑥]sarvve samaṃ saṃyatāḥ [|]

utkhāya dviṣato vijitya vasudhāṃ kṛtvā prajānāṃ priyaṃ prāṇān= ujjhitavān=arāti-bhavane satyânurodhena yaḥ [||][⑦]tasyânuja-

L8

s=tat-pādânudhyātaḥ parama-māheśvaro mahêśvara iva sarvva-sat[t]

---

① B 本为“°utpannaścatuḥ°”；K 本为“°utpannaḥścatuḥ°”，更正为“ °utpannaścatuḥ°”。

② B 本为“rājo”；K 本为“rājā°”，在注释中更正为“rājo”。拓片难辨。

③ B 本为“praviṇa”，注释说铭文篆刻者好像要涂抹掉元音 i，因而更正为“pravaṇa”；K 本为“draviṇa””；据拓片，铭文原文确实为 praviṇa，且未见修改痕迹。这里讲布施。因后文已有土地（bhūmi），所以相比于山丘（pravaṇa），修改为钱财（draviṇa）更为合理。对照《班斯凯拉铜牌》，此处亦为 draviṇa。

④ 原文为“°hṛdayotiśayita°”。

⑤ B 本为“°vaddhanaḥ”。排印错误。

⑥ B 本为“kaśāprahāraṃ vimukhā”；K 本为“kaśāprahāravimukhāḥ”；据拓片，原文为“kaśāprahāravimukhāḥ”，同 K 本，“ra”上明显没有 Anusvāra（ṃ）。

⑦ 此颂诗律为 Śārdūlavikrīḍita。

vânukampī[①]parama–bhaṭṭāraka–mahārājâdhirāja–śrī–harṣaḥ śrāvastī–bhuktau kuṇḍadhānī–vaiṣayika–somakuṇḍakā–grāme[②]

L9

samupagatān[③]mahā–sāmanta–mahārāja–daussādhasādhanika–pramātāra[④]–rājasthānīya–kumārâmātyôparika–viṣayapati–bhaṭa–cāṭa–sevakâdīn=prativāsi–janapadāṃś=ca[⑤]samā–

L10

jñāpayaty=astu vaḥ saṃviditam=ayaṃ[⑥]somakuṇḍakā–grāmo brāhmaṇa[⑦]–vāmarathyena kūṭa–śāsanena bhuktaka iti vicārya yatas=tac=chāsanaṃ bhaṅktvā tasmād=ākṣipya ca svasīmā–

L11

paryantaḥ sôdraṅgaḥ sarvva–rāja–kulâbhāvya–pratyāya–sametaḥ sarvva–parihṛta–parihāro viṣayād=uddhṛta[⑧]–piṇḍaḥ puttra–pauttrânugaś[⑨]=candrârkka–kṣiti–samakālīno

L12

bhūmicchidra–nyāyena mayā pituḥ parama–bhaṭṭāraka–mahārājâdhirāja[⑩]–śrī–prabhākaravarddhana–devasya mātuḥ parama–bhaṭṭārikā–mahā–devī–rājñī–śrī–yaśomatī–devyā[⑪]

L13

jyeṣṭha–bhrātṛ–parama–bhaṭṭāraka–mahārājâdhirāja–śrī–rājya-

---

① 原文为“°satvānukampī”。拼写错误。

② B 本为“°kuṇḍikāgrāme”；K 本亦为“°kuṇḍikāgrāme”，但在注释中说，铭文中 ṇḍi 的元音 i 被划掉了，因而更正为“°kuṇḍakāgrāme”。参见 L10 的“°kuṇḍakāgrāmo”。

③ 原文为“samupagatāṃ”。

④ 即“pramātṛ”。

⑤ 原文为“janapadāśca”。

⑥ 原文为“samviditaṃmayaṃ”。

⑦ 原文为“vrāhmaṇa”。

⑧ B 本为“viṣayādvaddhṛta°”，更正为“viṣayāduddhṛta°”；K 本此处加注说，原文并没有错，清晰地显示为“viṣayāduddhṛta°”；据拓片，此处的确近似“dva”，但与后文出现的 dva 形状却有不同，应为 du 的变形。

⑨ 原文为“°pauttrānugaḥ°”。连声。

⑩ B 本为“°mahārādhirāja°”。排印错误。

⑪ 原文为“°devyāḥ”。连声。

varddhana-deva-pādānāṃ ca puṇya-yaśôbhivṛddhaye sāvarṇṇi-sagottra-cchandoga-sabrahma①cāri-bhaṭṭa-vātasvāmi-

L14

viṣṇuvṛddha-sagottra-bahvṛca-sabrahma②cāri-bhaṭṭa-śiva③devasvāmibhyāṃ pratigraha-dharmmaṇ=āgra④hāratvena pratipādito⑤viditvā bhavadbhiḥ⑥samanumantavyaḥ prati-

L15

vāsi-janapadair=apy=ājñāśravaṇa-vidheyair=bhūtvā yathā-samucita-tulyameya-bhāga-bhoga-kara-hiraṇyâdi-pratyāyā⑦anayor-evôpaneyāḥ sevôpasthānaṃ ca karaṇīyam=ity=a-

L16

pi ca || asmat-kula-kkramam-udāram=udāharadbhir=anyaiś=ca dānam=idam=abhyanumodanīyaṃ [|] lakṣmyās=taḍit-salila-budbuda-caṃcalāyā⑧dānaṃ phalaṃ para-yaśaḥ-paripālanaṃ ca ||⑨karmmaṇā

L17

manasā vācā karttavyaṃ prāṇine hitaṃ [|] harṣenâita[t] samākhyātaṃ⑩dharmmârjjanam-anuttamaṃ ||⑪dūtako= 'ttra⑫mahā-pramātāra-mahāsāmanta-śrī-skandaguptaḥ [|] mahā-kṣapaṭalâdhikaraṇâdhi-

L18

kṛta-sāmanta-mahārājêśvaragupta-samādeśāc=côtkīrṇṇaṃ garjjar-

---

① 原文为“°vrahma°”。

② 原文为“°vahvṛcasavrahma°”。

③ B 本为“°cāriśiva°”；据拓片，原文为“cāribhaṭṭaśiva”，同 K 本。

④ K 本将原文修改为“°dharmmeṇāgra°”，不妥。依铭文文意，与其为 dharma 具格，不如为 dharman 具格更为恰当。

⑤ 原文为“pratipāditaḥ”。连声。《班斯凯拉铜牌》此处原文为“pratipādito”。

⑥ B 本为“bhavaddhiḥ”。排印错误。

⑦ 原文为“°pratyāyāḥ”。连声。《班斯凯拉铜牌》此处原文为“pratyāyā”。

⑧ B 本为“°salilacaṃcalāyāḥ”；K 本为“°salilavudvudacaṃcalāyāḥ”；拓片同 K 本。更正为“°salilabudbudacaṃcalāyā””。《班斯凯拉铜牌》此处原文为“°salilabudbudacañcalāyā”。

⑨ 诗律为 Vasantatilakā。

⑩ 原文为“harṣeṇaitasam°”。《班斯凯拉铜牌》此处原文为“harṣeṇaitatsam°”。

⑪ 诗律为 Śloka（输罗迦体，又称 Anuṣṭubh）。

⑫ 原文为“dūtakottra”。

eṇa[①][।।] saṃvat[②]20 5 mārggaśīrṣa-vadi 6 [।।]

（4）汉译

唵！赐福！

来自劫毕提迦（Kapitthikā）[③]的胜利军营（jaya-skandhāvāra），[军营]由伟大的船、象、马组成；吉祥人增大王和吉祥金刚王后得到合法[④]儿子，无比崇拜太阳的（paramâditya-bhakta）（L1）吉祥王增（一世）大王；[王增（一世）]和吉祥仙女王后得到合法儿子，无比崇拜太阳的具吉祥日增大王；[日增]和吉祥大（L2）军护王后得到合法儿子，无比崇拜太阳的最尊贵的（parama-bhaṭṭāraka）王中之王（mahārā-jâdhirāja）吉祥光增；[光增]美名跨越四海，用威严和慈爱[⑤]折服其他首领，确立种姓制度和社会秩序进行转轮统治（pravṛtta-cakra）[⑥]，如同唯一的统治者，为臣民们去除痛苦（prajānām=ārtti-haraḥ），如同太阳（eka-cakkra-ratha）[⑦]，（L3）他和名誉纯洁的吉祥美誉王后得到合法儿子，最尊贵的王中之王吉祥王增（二世）；[王增（二世）]洁白的荣誉花丝[⑧]遍及全球，拥抱（L4）俱比罗（Dhanada）[⑨]、伐楼那和因陀罗等世界保护者的光辉，施舍正当获得的无数钱财和土地，完全满足请愿者的心，他的行为超越过去首领，（L5）是最虔诚的佛教徒，犹如佛陀，唯一的爱染是他人的利益。

战争中，吉祥天护等国王，仿佛难驯的战马，（L6）

在他的鞭打下低眉顺眼，统统被收监；

---

① B 本为“gurjjareṇa”；K 本为“garjjareṇa”；拓片同 K 本。

② 原文为“samvat”。

③ 梵语 kapitthikā，来自 kapittha（=kapi+stha），意为“猴子居住之地”，引申为“劫毕他树”。此处为地名。

④ 梵语 tatpādānudhyāta，《默图本铜牌》B 本和 K 本均解释为“在他的脚上思考的”；*MW* 直译为“用脚思考的”，引申为“被后代认可的合法继承人”。

⑤ B 本未译出此句；K 本译为“由于他的威严和对他的爱戴”。此处理解为，光增恩威并重，令人折服。

⑥ 梵语 pravṛtta（转）-cakra（轮），“转轮”即统治。

⑦ 双关，梵语“eka（一）-cakkra（轮）-ratha（车）”，直译为“一个轮子的车”，既指唯一的统治者，与前句“进行转轮统治”相连；又指太阳的马车（独轮车），引申为太阳，与后句“去除人民苦难”相连。

⑧ 印度传统下，美好的名誉被认为是白色的。此处将荣誉喻为洁白的花丝。

⑨ 赐予财富者，财神俱比罗（Kubera）的称号。

铲除敌人，赢得大地和人民的爱戴①，在敌军
营帐，他抛弃生命，由于高尚的誓愿。（1）

他的弟弟（L7）是他的合法继承人，一心侍奉大自在天（parama–māheśvara）、如大自在天一般同情一切众生的最尊贵的王中之王吉祥喜[增]（Śrīharṣa）。在舍卫城（Śrāvastī–bhukti）持瓶镇（Kuṇḍadhānī–vaiṣayika）苏摩瓶村（Somakuṇḍakā–grāma），（L8）面对前来集会的大诸侯（Mahāsāmanta）、大王（Mahārāja）、戍边将领（Daussādhasādhanika）、国土官员（Pramātāra，来自 Pramātṛ）、钦差大臣（Rājasthānīya）、王公大臣（Kumārâmātya）、地方长官（Uparika）、镇长（Viṣayapati）、皇家军队（Bhaṭa）、民兵（Cāṭa）、仆役（Sevaka）等等②，以及邻国居民，[喜增]宣布说：（L9）

"愿你们知道！婆罗门左车（Vāmarathya）用伪造的铜牌③占据了这个苏摩瓶村。因此，要毁坏并丢弃这个[伪造的]铜牌并从他那儿拿走[这个村]。为了[我的]父亲最尊贵的王中之王吉祥光增王[的美德和荣誉的增长]，为了[我的]母亲最尊贵的后中之后吉祥美誉王后[的美德和荣誉的增长]，为了[我的]最优秀的兄长、最尊贵的王中之王吉祥王增王的双足的美德和荣誉的增长，我依据《耕种土地法》④，将[苏摩瓶村这块]皇家土地（agrahāratva）⑤，边界范围内，连同地税，特赐免除⑥全部应向王族缴纳的税收，[像]从[持瓶]镇中剥离出来的饭

① 梵语 prajānāṃ priyaṃ，多义，《默图本铜牌》B 本解释为"做人民所喜欢的事"（doing what was agreeable to his subjects）；K 本解释为"对人们友善（热爱人民）"（having acted kindly towards the people）；也可解释为被人民热爱。

② 《默图本铜牌》K 本将 mahāsāmanta、mahārāja、daussādhasādhanika、pramātāra、rājasthānīya、kumārāmātya、uparika、viṣayapati 等均处理为专名，未与译出。

③ 梵语 kūṭaśāsana，指伪造的法令或文书。印度古代国王分封土地的时候，会锻造铜牌，上书赠与对象、时间、地点等。铜牌相当于地契，通常会被埋在地下保存。当册封土地的国王不再具有影响力，就会有伪造铜牌掠夺土地的人。

④ 据 S. R. Goyal（2005），第 207~208 页；Shankar Goyal（2006），第 69 页；Vaidya（1921，1979），第 131~132 页，梵语 bhūmicchidranyāya，指用于开垦的荒蛮的土地或林地，意即当村庄被国王赏赐，受赏者可以享受全部的权利，包括开垦周边的荒地。

⑤ 特指皇家赐予婆罗门的土地。

⑥ 梵语 sarvva-parihṛta-parihāro，指额外恩典的免税。

团[①]，作为恩宠赠与萨瓦尔尼（Sāvarṇi）[②]家族的后人、《娑摩吠陀》[③]的婆罗门学生、尊敬的风主（Vātasvāmin），和长毗湿奴（Viṣṇuvṛddha）家族的后人、《梨俱吠陀》[④]的婆罗门学生、尊敬的湿婆天主（Śivadev-asvāmin）二人，属于[他俩的]子孙后代，与月亮、太阳和大地同样长久。你们邻国居民知道了这个[赠与]，应当赞同，（L10–L14）并且听从这个命令，为他俩提供恰如其分的等量果实、地租、金币等贡物，还应敬拜侍奉他俩。”（L15）而且，

无论是宣称延续自我们家族的高贵者
还是其他人，都应赞同这个施舍；
财富的闪电流水泡沫游移不定，彻底
捍卫他人名誉才是布施的成果。（2）
应通过行动（L16）、思维和语言利益众生；
喜[增]宣称这是获得正法的无上法。（3）

这里，使者是大官员大诸侯吉祥室建陀笈多（Skandagupta），

由档案官（L17）自在护（Īśvaragupta）大王下令，雷鸣（Garjara）篆刻。

喜增25年，觜月（mārgaśīrṣa）[⑤]黑半月（vadi）第6天。（公元630年印历10月21日）。（L18）

（五）《那烂陀泥印》

（1）背景资料

出土地：那烂陀（Nālanda），比哈尔邦（摩揭陀国遗址所在地），印度。

出土时间：未知。

馆藏地：未知。

---

① 梵语 piṇḍa，常指用于施舍的饭团，此处比喻赠与的土地。

② 即第八个摩奴。

③ 梵语 chandoga，原为祭祀中的歌者，这里指《娑摩吠陀》。

④ 梵语 bahvṛca，原为精通《梨俱吠陀》的祭官，这里指《梨俱吠陀》。

⑤ 音写作么陵誐尸哩沙、末伽始罗（mārgaśīra）等，玄奘将其划为秋季的第三个月（季秋月），对应唐历十月，即公历11~12月间。参见《西域记》卷二《印度总述》，第168页，第170~171页注释一，第173页注释七；钮卫星 著，《西望梵天》（2004），第90~92页。

泥印描述：长 5.7 英寸，宽 4.8 英寸，重量未知。

语言：梵语，散文，共 12 行。

书写文字：北印度后期婆罗谜字体。

泥印颁发时间：不详，7 世纪上半期。

研究参考资料：*EI*，XXI，第 74~77 页；拓片，*EI*，XXI，第 75 页；*MASI*，Vol. 66，第 68~69 页。

（2）铭文转写及校勘①

L1.

oṃ②[||] mahārāja–śrī–nara[varddhanas=tasya] puttras=tat–pādânud-hyāta[ḥ] śrī–vajriṇī–

L2.

devyām=utpannaḥ paramâditya–bha[kto mah]ārāja–śrī–rājyavard-dhanaḥ [||] tasya puttras=tat–pā–

L3.

dânudhyātaḥ śry–apsaro③–devyām=utpanna[ḥ para]mâditya–bhakto mahārāja–śrīmad–āditya–

L4.

varddhanaḥ [||] tasya puttras=tat–pādânudhyātaḥ śrī–[mahā]sena-guptā–devyām=u[tpa]nnaḥ catuḥ–samu–

L5.

drâtikkrānta–kīr[ttiḥ] pratāpânurāgôpa[natânya]–rājo varṇṇâśra-ma–vyavasthāpana–pravṛtta–

L6.

cakkra eka–cakkra–ratha iva prajānām–arttiha[raḥ] paramâditya–bhak-ta[ḥ] parama–bhaṭṭāraka–

L7.

mahārājâdhirāja–śrī–prabhākaravarddhana[ḥ ||] tasya put-

---

① 方括号中表示依据《班斯凯拉铜牌》和《默图本铜牌》恢复的部分。

② 用符号表示。据 *EI* 卷 21 提供的铭文拓片影印件，图形接近 "⊙"，为铭文起首表示吉祥的符号之一，相当于 oṃ 或 siddham。参见 Ram Sharma（2002），第 434 页。

③ 原文为 "śrīapsaro°"。

tras=tat-pādânudhyāto= 'tiśayita[1]-

L8.

pūrvva-rāja-carito devyām=amala-yaśomatyāṃ [śrī]-yaśomatyām=utpanna[ḥ] parama-saugataḥ suga-

L9.

[ta i]va para-hitânurataḥ[2]parama-bhaṭṭā[raka]-mahārājâdhirāja-śrī-rājyavarddhana[s=ta]-

L10.

syânujas=tat-pādânudhyātaḥ parama-bha[ṭṭā]rikā-mahādevī-śrī-yaśoma[tyāṃ] de-

L11.

vyām=evôtpannaḥ parama-mā[he]śvaraḥ mahêśvara iva sarvva-sa-

L12.

t[t]vânukampaka[ḥ] parama-bhaṭṭāraka-[mahā]rājâdhirāja-śrī-harṣaḥ [||]

（3）汉译

唵！吉祥人增大王和吉祥金刚王后得到合法儿子，（L1）无比崇拜太阳的吉祥王增（一世）大王；[王增（一世）]（L2）和吉祥仙女王后得到合法儿子，无比崇拜太阳的吉祥日增大王；（L3）[日增] 和吉祥大军护王后得到合法儿子，无比崇拜太阳的最尊贵的王中之王吉祥光增；[光增] 美名跨越四海，用威严和慈爱折服其他首领，确立种姓制度和社会秩序进行转轮统治，如同唯一的统治者，为臣民们去除痛苦，如同太阳，（L4-L7）他和名誉纯洁的吉祥美誉王后得到合法儿子，最尊贵的王中之王吉祥王增（二世）；他的行为超越过去首领，是最虔诚的佛教徒，犹如佛陀，执着于他人的利益；（L8-L9）他的弟弟是他的合法继承人，最尊贵的大王后吉祥美誉王后（L10）的亲生儿子，一心侍奉大自在天、如大自在天一般（L11）同情一切众生的最尊贵的王中之王吉祥喜 [增]（Śrīharṣa）。（L12）

---

① 原文为“°pādānudhyātaḥ atiśayita°”。连声。参见《班斯凯拉铜牌》和《默图本铜牌》。

② 此处没有 eka（唯一）。参见《班斯凯拉铜牌》和《默图本铜牌》。

（六）《索帕铜印》

（1）背景资料

出土地：索帕（Sonpat，又拼作 Sonipat，Soonput，Sunput，又译索尼帕特），索帕区（Sonpat Tahsīl），印度。

出土时间：未知。

馆藏地：未知。

铜印描述：长 6.875 英寸，宽 5.875 英寸，圆形，有约 0.25 英寸宽的边，重 3 磅 6 盎司。上端有公牛浮雕，向右横卧。下端刻有铭文。铜印应与铜牌相连，现只存铜印，铜牌不存。

语言：梵语，散文，共 13 行。

书写文字：北印度后期婆罗谜字体。

铜印颁发时间：不详，7 世纪上半期。

研究参考资料：*CII*，III，第 230~233 页，J. F. Fleet 依据铜印原件转写和校勘；拓片。

（2）铭文转写及校勘①

L1.

……………………y…śrī–ma(?)hā(?dā)…

L2.

……paramâditya–bha[kto mahārā]ja–śrī–rājyavarddhanaḥ [॥] tasya puttras=tat p[ā]–

L3.

[dânudhyātaḥ] śrī(?)–ma(?)hā(?)–devyām=[utpannaḥ paramâ] ditya–bhakto mahārāja–śrīmad–āditya–

L4.

[varddhanaḥ] [॥] [ta]sya [puttras=tat–pādânudhyātaḥ śrī]–mahāsena-guptā–devyām=utpanna……

L5.

…………………y… sarv[v]a varṇṇâśrama–vyavasthāpana–pravṛ–

---

① 方括号中表示依据《班斯凯拉铜牌》和《默图本铜牌》恢复的部分。

L6.

[ttaḥ]……y…va(?) prava[r]ddh……paramâditya-bhaktaḥ parama-bhaṭṭāraka-

L7.

mahārājâdhirāja-śrī-prabhākaravarddhanaḥ [||] tasya puttras=tat-pādânudhyā[ta]……

L8.

………i……… śr[ī]matyā[ṃ] yaś[o]maty[ām=utpannaḥ] parama-so(sau)gata…

L9.

……[parama-bhaṭṭāraka]-mahārājâdhi[rāja]-śrī-rājyava[rddhanaḥ] [||]

L10.

[tasyânujas=tat-pādânudhyāto mahā-devyā[ṃ] yaśomatyā-

L11.

[m=utpannaḥ] …………………… [pa]-

L12.

[rama-bhaṭṭāraka-ma]hārājâ[dhi]rāja-śrī-harṣa-

L13.

varddhanaḥ [||]

（3）汉译

[人增大王和][①]……吉祥大[王后][②]……（L1）……[得到合法儿子][③]，无比崇拜太阳的吉祥王增（一世）大王;（L2）[王增（一世）]和吉祥大王后得到合法儿子，无比崇拜太阳的吉祥日增大王;（L3）[日增]和吉祥大军护王后得到合法儿子，（L4）无比崇拜太阳的最尊贵的王中之王吉祥光增；[光增]……确立种姓制度和社会秩序进行转[轮]统治，（L5-L7）他和具吉祥美誉王后得到无比信仰佛教的……（L8）……最尊贵的王中之王吉祥王增（二世）;（L9）他的弟弟是他的合法继承人，美誉大王后

---

① 此句根据《班斯凯拉铜牌》和《默图本铜牌》补全。

② 此句根据《班斯凯拉铜牌》和《默图本铜牌》补全。

③ 此句根据《班斯凯拉铜牌》和《默图本铜牌》补全。

（L10）所生的……（L11）最尊贵的王中之王吉祥喜（L12）增[①]。（L13）

（七）戒日王铭文史料价值

戒日王铭文属戒日王朝官方文献，由使者发布到印度的不同地区，用于赠与土地和颂扬戒日王家族功绩。现存六件铭文内容大致相同，应为依据相同模板书写而成。铭文虽篇幅不长，但内容繁富，反映了戒日王统治时期的政治、宗教、历史、文化的各个方面，包括戒日王的名号、族谱、政府官员设置、税收种类等细节。

（1）戒日王签名

不同史料对于戒日王名号的记载略有出入。戒日王铭文为考察戒日王名号的变迁提供了重要证据。

波那在《戒日王传》（620）中绝大多数时候称戒日王为“Harṣa”（喜）（如在开篇第21首颂诗及第一章）或“Harṣadeva”（喜天）（如第二、六、八章多次将harṣa与deva置于同格），可见“喜天”是“喜”的尊称。

戒日王铭文中，《班斯凯拉铜牌》（627）和《俱卢之野-瓦拉纳西铜牌》（628）中均有戒日王的签名。S. R. 戈亚尔（Śrī Rāma Goyal）和尚卡尔·戈亚尔（Shankar Goyal）认为《班斯凯拉铜牌》和《俱卢之野-瓦拉纳西铜牌》的签名不是一人手笔。所以，戒日王“亲笔”的宣言，只是证明了铜牌的权威性，但并非亲笔书写。[②]遗憾的是，笔者手中的《俱卢之野-瓦拉纳西铜牌》拓片过于模糊。据尚卡尔·戈亚尔描述，《俱卢之野-瓦拉纳西铜牌》中在戒日王的签名之前雕刻有一个孔雀的图案；之后是两条垂直线，垂直线之间夹着一朵花的图案；签名正中的字母dhi用花体写成，如同带叶的花瓶。经笔者简单比对，戒日王的两个签名还是比较一致的。有可能是戒日王手书模板后使人雕刻。《班斯凯拉铜牌》中签名为：sva-hasto mama mahārājâdhirāja-śrī-harṣasya；《俱卢之野-瓦拉纳西铜牌》中签名为：sva-hastena mama mahārājâdhirāja-śrī-harṣasya；二者均称戒日王作

① 梵语harṣa（L12）varddhanaḥ（L13），此处为铭文中唯一一次出现喜增全名。戒日王的其他铭文中均只出现śrīharṣa（吉祥喜）。

② S. R. Goyal（2005），第208页；Shankar Goyal（2006），第70页。

“mahārājâdhirāja-śrī-harṣa”（王中之王吉祥喜）。

《班斯凯拉铜牌》戒日王签名拓片：

svahasto mama mahārājâdhirāja-śrī-harṣasya

《俱卢野 - 瓦拉纳西铜牌》戒日王签名拓片：

svahastena mama mahārājâdhirāja-śrī-harṣasya

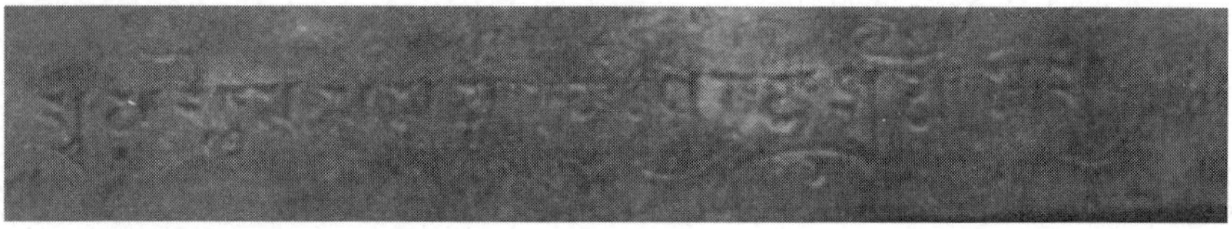

《默图本铜牌》（630）中没有戒日王的签名。《班斯凯拉铜牌》、《俱卢之野 - 瓦拉纳西铜牌》、《默图本铜牌》正文中均称戒日王为“parama-bhaṭṭāraka-mahārājâdhirāja-śrī-harṣaḥ”（最尊贵的王中之王吉祥喜）。《俱卢之野 - 瓦拉纳西铜印》（628）、《那烂陀泥印》以“parama-bhaṭṭāraka-mahārājâdhirāja-śrī-harṣaḥ”（最尊贵的王中之王吉祥喜）结尾；《索帕铜印》以“parama-bhaṭṭāraka-mahārājâdhirāja-śrī-harṣavarddhanaḥ（最尊贵的王中之王吉祥喜增）”结尾。索帕铜印是戒日王铭文中唯一出现戒日王全名“喜增”的地方。

戒日王钱币中，出土的248枚银币均称他为“śrī śaladata（śrī śīlāditya）”（吉祥戒日）；1枚金币称他为“śrī mahārā[ja ha]rṣadeva”（吉祥大王喜天）。[①]

戒日王戏剧中，《龙喜记》、《妙容传》、《璎珞传》均称戒日王为“Śrī Harṣa”（吉祥喜）（颂诗）和“Śrī Harṣadeva”（吉祥喜天）（序幕和剧末）。

中文史料中，《西域记》载，戒日王名曷利沙伐弹那（Harṣavardhana），意译为喜增；即位后不称大王，称曰王子（Rājaputra 或 Kumāra），

① Shankar Goyal（2006），第55~59页。

号尸罗阿迭多（Śīlāditya），即戒日王子（Śīlāditya Rājaputra）。[①]《释迦方志》载，“即统五印度之都王也，号尸罗迭多（Śīlāditya）”“初欲登位……慎勿升师子座及大王号也”。[②]《旧唐书》、《新唐书》、《资治通鉴》等史料均称戒日王为“尸罗逸多”（Śīlāditya），即“戒日”。

综上所述，波那称戒日王为“喜”，尊为“喜天”；戒日王铭文称戒日王为“吉祥喜”和“吉祥喜增”；戒日王银币署名“吉祥戒日”，金币署名“吉祥大王喜天”；三部梵剧署名“吉祥喜”或“吉祥喜天”；据《西域记》，戒日王出生时名为“喜增”，即位后号“戒日王子”，即位之初未称大王;《释迦方志》称戒日王臣五印度后号“戒日”；其余中文史料均称戒日王为“戒日”。各类史料略有出入的地方是戒日王拥有“戒日”称号的时间。这个时间很可能不是即位之后，甚至不是“臣五印度”之后，而是更晚。梵文史料中出现的“戒日”称号仅见于戒日王银币。戒日王于605/606年即位。波那在620年前后撰写《戒日王传》时提及戒日王的父亲光增王又号“热戒”（Pratāpaśīla）[③]，却仅以“喜”或“喜天”称呼戒日王，对“戒日”称号只字未提。戒日王铭文（630）中亦不见“戒日”称号。玄奘留下的关于“戒日”称号的史料以及戒日王自称摩揭陀王遣使来唐都发生在戒日王统治后期。因此，戒日王出生时名为“喜增”，简称“喜”，尊称“喜天”，常饰以“吉祥”；统治后期，又号“戒日”，与喜增等名同时使用；头衔为“大王”或“王中之王”。

（2）戒日王族谱

戒日王铭文提供了戒日王的五代族谱：

第一代：人增（Naravarddhana Deva）+ 金刚王后（Vajriṇī Devī）

第二代：王增（一世）（Rājyavarddhana I Deva）+ 仙女王后

---

① 《西域记》卷五《羯若鞠阇国》，第428~429页，“今王本吠奢种也，字曷利沙伐弹那［唐言喜增］，君临有土，二世三王。父字波罗羯罗伐弹那［唐言光增］，兄字曷逻阇伐弹那［唐言王增］。……即袭王位，自称曰王子，号尸罗阿迭多［唐言戒日］”。

② 《释迦方志》卷上，第39页。

③ 《戒日王传》第四章，第八章，Parab（1892），第132，276页；Cowell（1897），第101，246页；参见Shankar Goyal（2006），第57页；Devahuti（1998），第273页。戒日王铭文（627，628，630）在叙述光增王的时候用到了“pratāpa”一词，可作为光增王“热戒”称号的佐证。

（Apsaro Devī）

第三代：日增（Ādityavarddhana Deva）+ 大军护王后（Mahāsenaguptā Devī）

第四代：光增（Prabhākaravarddhana Deva）+ 美誉王后（Yaśomatī Devī）

第五代：王增（二世）（Rājyavarddhana II Deva）= 喜增（Harṣa [varddhana]）

第一至三代统治者的称号仅为“大王”（Mahārāja）。公元 4 世纪之后，Mahārāja 的称号往往用于大的封臣而非君王。这证明他们可能还没有独立的领地。第四代统治者光增王（Prabhākaravardhana）的称号是“至尊”（Paramabhaṭṭāraka）和“王中王”（Mahārājâdhirāja）。这表明他已拥有独立领地和一定的影响力。[①] 同样，第一至三代统治者的王后的称号仅为“王后”（Devī），而第四代的美誉王后称号却是“[最] 尊贵的后中后”（[Parama]bhaṭṭārikā Mahādevīrājñī Śrī Yaśomatī Devī）。

戒日王现今出土的六件铭文均可得出上述谱系。《索帕铜印》正文残缺不全，依其他铭文补全。《俱卢之野 – 瓦拉纳西铜印》与《那烂陀泥印》内容几乎完全一致，甚至连每一行的开头和结尾都相同。

（3）戒日王家族的宗教信仰 [②]

戒日王铭文还提供了戒日王家族的宗教信仰状况：

戒日王的曾祖父是“无比崇拜太阳的吉祥王增（一世）大王”。

戒日王的祖父是“无比崇拜太阳的具吉祥日增大王”。

戒日王的父亲是“无比崇拜太阳的最尊贵的王中之王吉祥光增”。

戒日王兄长王增（二世）“是最虔诚的佛教徒，犹如佛陀，唯一的爱染是他人的利益”。

戒日王（喜增）“一心侍奉大自在天（湿婆）”。

---

① *EI*，I，第 69 页。虽然戒日王铭文中光增王的称号是“王中王”（Mahārājâdhirāja），然而据 Shankar Goyal 的 *History and Historiography of the Age of Harsha*（1992），第 143~146 页，光增王在把女儿王圣（Rājyaśrī）嫁给摄铠王（Grahavarman）的时候，他的称号还只是“大王”（Mahārāja）。

② 关于戒日王的宗教信仰，参见张远《梵剧〈龙喜记〉的宗教倾向——佛陀、湿婆和蛇崇拜的杂糅》，《外国文学研究》2015 年第 3 期，第 143~151 页；并参见本书第六章《戒日王的王权信仰》。

据铭文，戒日王家族中只有第一代统治者人增没有宗教信仰的记载，第二至四代统治者王增（一世）、日增、光增崇拜太阳，王增（二世）崇拜善逝（Sugata，佛陀称号），喜增自称崇拜大自在天（Mahêś-vara，湿婆称号）。《俱卢之野－瓦拉纳西铜印》下端是半个太阳，由半圆和朝向不同方向的光线组成，象征日出，暗含戒日王家族的太阳崇拜。《俱卢之野－瓦拉纳西铜印》上方是一头蹲坐的公牛形象。《索帕铜印》上端有公牛浮雕，向右横卧。尚卡尔·戈亚尔（Shankar Goyal）认为公牛是湿婆的侍从南丁，象征戒日王的湿婆崇拜。① 铜牌象征的土地均赠与婆罗门。《班斯凯拉铜牌》颁发给两个婆罗门，精通《梨俱吠陀》和《娑摩吠陀》的幼月（Bālacandra）和贤主（Bhadrasvāmin）；《俱卢之野－瓦拉纳西铜牌》颁发给一个婆罗门，精通《梨俱吠陀》的钵主（Ulūkhalasvāmin）；《默图本铜牌》颁发给两个婆罗门，精通《娑摩吠陀》的风主（Vātasvāmin）和精通《梨俱吠陀》的湿婆天主（Śivadevasvāmin）。铜牌颁发之后，当地获得了行政和经济的利益，戒日王的父母兄长及戒日王本人则获得宗教上的报偿。②

（4）戒日王朝的官名和税种

在笈多王朝时期，村庄（Grāma）小于乡镇（Viṣaya），乡镇小于封地（Bhukti），封地等于城邦（Deśa）。封地或城邦的首领由国王任命，有些被称作地方长官或总督（Uparika），有些具有大王（Mahārā-ja）或钦差大臣（Rājasthānīya）的头衔。封地（Bhukti）的官员被称作封地主（Adhikaraṇa）。乡镇（Viṣaya）的官员被称作镇长（Viṣayapati）或乡官（Adhiṣṭhāna）。③

戒日王铭文生动再现了戒日王朝的行政机构。

被称作大王（Mahārāja）的朝廷重臣掌管封地或城邦。大诸侯（Mahāsāmanta）是比大王低一级的地方长官，直译为大邻邦；*MW* 称碑铭中特指大诸侯（a great vassal，regional offical）。

戍边将领（Daussādhasādhanika），直译为“成就难成就之事者”，指处理复杂事务的人。S. R. 戈亚尔（Śrī Rāma Goyal）和尚卡尔·戈

① Shankar Goyal（2006），第 60~70 页。

② S. R. Goyal（2005），第 209 页；Shankar Goyal（2006），第 70 页。

③ S. R. Goyal（2005），第 207 页；Shankar Goyal（2006），第 69 页。

亚尔（Shankar Goyal）将其解释为司法官员，职责是抓捕罪犯；《默图本铜牌》B本注释将这个词等同于dauḥsādhika（来自duḥsādha或duḥsādhin）；韦伯（A. Weber）和莫尼耶·威廉姆斯（M. Monier–Williams）均认为该词意为“看门人”。结合复合词原意及铭文语境，此处译为“戍边将领”（看守国家大门的人）。

国土官员（Pramātāra，来自Pramātṛ），*MW*解释为特指铭文中的一类官员；*IEG*译为“地方法官”（第255页）；尚卡尔·戈亚尔（Shankar Goyal）解释为“负责调查和测量土地的官员”①。因戒日王铭文颁发的实际用途为赠与土地，此处依尚卡尔·戈亚尔的理解。

钦差大臣（Rājasthānīya），即“代理国王”，指代表国王治理行省的地方官员，也可译为行省要员，相当于钦差或巡抚。

王公大臣（Kumārâmātya），即王子（Kumāra）和大臣（Āmātya）组成的复合词。S. R. 戈亚尔和尚卡尔·戈亚尔将其解释为没有实权的荣誉称号，指地方执行官或政府高级官员②；*IEG*则直接译为“王公大臣”（第166页）。

地方长官（Uparika），依据upari–ka词源，可将其解释为“处于前端或高位者”；《默图本铜牌》K本将所有官名处理为专名，未译出；*IEG*译为“总督”或“行省长官”，有时与“大王”或“王子”等同（第352页）。

镇长（Viṣayapati），即“Viṣaya”区域的长官。③

皇家军队（Bhaṭa），指正规军。民兵（Cāṭa），指非正规军（民兵）或新兵；《默图本铜牌》B本和K本均将Bhaṭa与Cāṭa连起来译作“正规军和民兵”（regular and irregular soldiers）；据*MW*，Cāṭa的本意是“流氓、游手好闲者”。仆役（Sevaka），*MW*译为“侍者”；*IEG*译为“士兵”（第310页）。

使者（Dūtaka）负责将国王的法令或赏赐宣布给地方官员。④《班斯凯拉铜牌》和《默图本铜牌》的使者均为“室建陀笈多”（Skan-

---

① Shankar Goyal（2006），第68页。

② S. R. Goyal（2005），第207页；Shankar Goyal（2006），第68页。

③ *IEG*，第378页。

④ 参见S. R. Goyal（2005），第206~207页；Shankar Goyal（2006），第68页。

dagupta），头衔是“大官员大诸侯”（Mahāpramātāra Mahāsāmanta）；《俱卢之野－瓦拉纳西铜牌》的使者为“黑护”（Kṛṣṇagupta），头衔为“大王”（Mahārāja），这个使者同时也是档案官和下令篆刻铜牌的人。

档案官（Mahākṣa-paṭala，Mahākṣa-paṭalika 或 Pustapāla）是档案保管员。《班斯凯拉铜牌》的档案官为“明了”（Bhāna 或 Bhānu），头衔为“大诸侯大王”（Mahāsāmanta Mahārāja），可能与《西域记》中的大臣婆尼（意为“辩了”）和《戒日王传》中的 Bhaṇḍi 为同一人；《俱卢之野－瓦拉纳西铜牌》的档案官由使者黑护（Kṛṣṇagupta）兼任；《默图本铜牌》的档案官为“自在护”（Īśvaragupta），头衔为“大王”（Mahārāja）。此外，《班斯凯拉铜牌》中有一名雕工，名为“自在”（Īśvara）；《默图本铜牌》中的雕工名为“雷鸣”（Garjjara）；《俱卢之野－瓦拉纳西铜牌》中雕工名缺失，亦可能由使者兼任。

从中央到地方的行政链条，保障了戒日王朝强大的控制力，而税收则是维持政府运转的基本要素。土地买卖和税收由乡镇（Viṣaya）和村庄法院（Grāmākṣapaṭala）监管，后者由秘书（Karaṇika）协助。[①] 戒日王铭文尤其重要的史料价值就在于，其中不仅提供了戒日王朝的官名，还提供了税种的名称。

地税（Udraṅga）指主要的土地税（main land tax）。附加地税（Uparikara）指额外的土地税（extra tax）。年税（Bhāga）指土地物产（谷物）中国王应得的份额。季税（Bhoga）指地主或租用土地者定期缴纳给国王的物产。二者合称实物税（Bhāga-bhoga 或 Bhāga-bhoga-kara），即“以 Bhāga（年税）和 Bhoga（季税）的形式上交给君王的物产”。[②] 税（Kara），指一种税或泛指税务。货币税（Hiraṇya）指用钱币交付的税收。商品税（Tulyameya），布勒（G. Bühler）认为指“依据重量和体积被缴纳的”，是修饰后面税种的形容词；*IEG* 认为指“应被称重和测量的东西”，为实物税（Bhāga-bhoga）的别号，或作为一个独立的税种（第 345 页）；S. R. 戈亚尔和尚卡尔·戈亚尔认

① S. R. Goyal（2005），第 207 页；Shankar Goyal（2006），第 69 页。

② *IEG*，第 47~48 页。参见 *EI*，I，第 75 页。

为指商品税。朝贡（Pratyāya）指包括实物税（Bhāga-bhoga）和货币税（Hiraṇya）在内的所有应缴纳的税（all dues）。[①]

（5）其他史实

《班斯凯拉铜牌》和《默图本铜牌》均有颁发的具体日期。《班斯凯拉铜牌》颁发于公元627年[②]印历9月16日（soṃvat 22 kārttika-vadi 1）。《默图本铜牌》颁发于公元630年[③]印历10月21日（soṃvat 25 mārggaśīrṣa-vadi 6）。《俱卢之野－瓦拉纳西铜牌》只有年份（Saṃvat 23，= 628 AD），没有日期。这些时间记载是判断戒日王统治年限的重要坐标。

此外，戒日王铭文还涉及其他史实。例如关于戒日王皇家营帐的位置，《班斯凯拉铜牌》和《俱卢之野－瓦拉纳西铜牌》称"来自吉祥增长峰（Varddhamānakoṭī，= Vardhamānakoṭī）的胜利军营（Jaya Skandhāvāra）"；《默图本铜牌》称"来自劫毕提迦（Kapitthikā）的胜利军营（Jaya Skandhāvāra）"。关于戒日王家族的种姓，铭文称光增"确立种姓制度和社会秩序进行转轮统治"。可见戒日王家族属于较高种姓。关于铜牌地契和伪造地契，《默图本铜牌》留下一段有趣的记载："婆罗门左车用伪造的铜牌占据了这个苏摩瓶村。因此，要从他那儿拿走、毁坏并丢弃这个[伪造的]铜牌。"梵语 kūṭaśāsana，指伪造的法令或文书。印度古代国王分封土地的时候，会锻造铜牌，上书赠与对象、时间、地点等。铜牌相当于地契，通常会被埋在地下保存。当册封土地的国王不再具有影响力，就会有伪造铜牌掠夺土地的人。位于舍卫城（śrāvastī-bhukti）持瓶镇（kuṇḍadhānī-vaiṣayika）苏摩瓶村（Somakuṇḍakā-grāma）伪造铜牌的现象，也可与玄奘对室罗伐悉底国（Śrāvastī）的记载互参，证明戒日王对此地控制力的下降。[④]

更为有趣的是，戒日王在铭文中赞美兄长最尊贵的王中之王吉祥王增（二世）"洁白的荣誉花丝遍及全球，拥抱俱比罗、伐楼那和因陀

---

① *IEG*，第262页。

② 喜增元年为606年，喜增22年为627年。

③ 喜增元年为606年，喜增25年为630年。

④ 《西域记》卷六《室罗伐悉底国》，第481页。参见本书第二章《戒日王的年代、家族及都城》第5节《都城》中的《"皇家营帐"与"胜利军营"》。

罗等世界保护者的光辉，施舍正当获得的无数钱财和土地，完全满足请愿者的心，他的行为超越过去首领，是最虔诚的佛教徒，犹如佛陀，唯一的爱染是他人的利益。”并公开宣称对兄长的尊敬：“为了[我的]最优秀的兄长、最尊贵的王中之王吉祥王增王的双足的美德和荣誉的增长”。但也提及了王增（二世）的功绩和遇害：

战争中，吉祥天护等国王，仿佛难驯的战马，
在他的鞭打下低眉顺眼，统统被收监；
铲除敌人，赢得大地和人民的爱戴，在敌军
营帐，他抛弃生命，由于高尚的誓愿。

波那的《戒日王传》和玄奘的《大唐西域记》都对王增遇害的事件和戒日王即位始末有所记载，铭文则为还原历史真相提供了新的可能。[①] 铭文中提到的吉祥天护（Devagupta）和邪恶诸王是摩腊婆（Mālava）的统治者。导致王增（二世）丧命的敌人则是指高达国（Gauḍa）的设赏迦王（Śaśāṅka）。[②] 将三种史料放置在印度和中国的更为宽广的背景之下加以考察和对比研究，我们在通观中印两国的历史和文化之时，也会有不一样的收获。

① 关于王增遇害和戒日王即位过程的考察，参见本书第三章《戒日王即位》第2节《若干天内四个人的离奇死亡》；并参见张远《印度设赏迦王生平考述——〈大唐西域记〉批判研究的一个实例》，《佛学研究》2014年第1期，第1~11页。

② S. R. Goyal（2005），第204~205页；Shankar Goyal（2006），第66页。

附录二　摩诃剌侘王《艾荷落铭文》及汉译

（1）背景资料

铭文遗址所在地：弥固底寺（Meguṭi）① 东墙，艾荷落（Aihoḷe）②，位于马拉帕哈里河（Malāpahārī 或 Malaprabhā）南岸，北纬 16°1'，东经 75°57'，洪贡德次区（Hungund Tālukā），比贾普尔区（Bijāpur，原 Kalādgi），印度。

铭文描述：长 4 英尺 11.5 英寸，宽 2 英尺 2 英寸。③ 铭文雕刻清晰，保存完好。字母大小在 0.5 英寸至 0.625 英寸之间。

语言：梵语，诗体。第 18 行大部分和第 19 行为后人篆刻。

书写文字：南印度字体，西遮娄其王朝的通用字体。

韵文诗律：第 1~4 颂、第 7 颂为 Āryā；第 5、29、32 颂为 Śārdūla-vikrīḍita；第 6、19 颂为 Upajāti（Indravajrā）；第 8 颂为 Rathoddhatā；第 9、26 颂为 Aupacchandasika；第 10 颂为 Drutavilambita；第 11、14、28、35 颂为 Vasantatilakā；第 12 颂为 Vaṃśastha；第 13 颂为 Hariṇī（？）；第 13、15、23~25 颂为 Mālinī；第 16 颂为 Sragdharā；第 17 颂为 Mandākrāntā；第 18 颂为 Mattebhavikrīḍita；第 20~22、27、31、33、34、36 颂为 Śloka（输罗迦体，又称 Anuṣṭubh）；第 30 颂为 Praharṣiṇī；第 37 颂为 Āryāgīti。④

铭文作者：西遮娄其王朝补罗稽舍（二世）时期的宫廷诗人日称（Ravikīrti）。日称受到迦梨陀娑特别是《罗怙世系》的影响并从中获

① Meguṭi，又名 Myāguṭi，是 Me-guḍi，Mel-guḍi 或 Melu-guḍi 的讹读，意为“高寺”或“高地寺”。此寺原为耆那教寺庙，后改宗林伽崇拜。

② Aihoḷe，=ayya+ poḷe，“ayya”意为林伽崇拜的祭司；“poḷe”意为河流、道路、光辉；梵语名 Āryapura，意为圣城。艾荷落在公元 7~8 世纪时是西遮娄其王朝的都城。

③ 据 K 本，长 4 英尺 9.5 英寸，宽 2 英尺 0.5 英寸；据 F5 本和 F8 本，长 4 英尺 11.5 英寸，宽 2 英尺 2 英寸。

④ *EI*，VI，第 2 页，Kielhorn 认为铭文作者意识到不同格律的含义，因而用律十分恰当。

益，例如第17~32颂，对补罗稽舍（二世）的赞美中，诗人日称采用了《罗怙世系》第四章的模式。可见在公元7世纪时，迦梨陀娑的诗作已经广为流传。①

铭文内容：日称宣称补罗稽舍（二世）是他的庇护人。日称为耆那教先知胜主（Jinendra）建造了这座神庙，并在神庙的墙壁上刻下铭文。铭文的诗歌用来记录遮娄其王朝的历史，尤其是赞美补罗稽舍（二世）的家族和功绩。此铭文具有极高的文学和史学价值。②

篆刻时间：公元634~635年（Śaka-soṃvat 556）。

研究参考资料：*IA*，V，第67页，J. F. Fleet提供，拓片（F5本）；*IA*，VIII，第237页，J. F. Fleet修订，拓片（F8本）；*ASWI*，III，第129页；*EI*，VI（1900、1901），F. Kielhorn，第1~12页（K本）。

（2）艾荷落铭文谱系

（1）Jayasiṃhavallabha I（Jayasiṃha I）（胜狮爱，胜狮一世）

|

（2）Raṇarāga（战欲）

|

（3）Polekeśin I（Pulakeśin I）（补罗稽舍一世）

|

（4）Kīrttivarman I（称铠一世）=（5）Maṅgalīśa（福主）③

|　　　　|

（6）Pulakeśin II④（Satyāśraya I）（补罗稽舍二世，真依一世）　　一个儿子（没有留下名字）

（3）校勘说明

铭文字母包括Jihvāmūlīya（喉音前的Visarga，“ẖ”）和Upadhmānīya（唇音前的Visarga，“ḫ”），Visarga（ḥ）在咝音前被同化。辅音m、t、

① *EI*，VI，第3页。

② *EI*，VI，第3页；*IA*，第8卷，第237~239页。

③ 据*IA*，第8卷，第238页，福主在铭文中拼写作maṅgalīśa，maṅgaliśa，maṅgaleśa，有时还被称作maṅgalarāja，maṃgalisanā，maṃgalīśanā；J. F. Fleet认为他的真正名字应为maṅgaleśa（maṅgala+īśa）。

④ 补罗稽舍的拼写，据*MW*，pulikeśin=pulakeśin；据*IA*，第8卷，第238页，J. F. Fleet指出，在铭文中，当第一个元音为“o”时，第二个元音为“e”，即“polekeśin”；当第一个元音为“u”时，第二个元音有时为“i”，有时为“a”，即“pulikeśin”或“pulakeśin”。补罗稽舍（二世）在609~610年（Śaka 531）即位。

n 用作绝对尾音。词间的 m 或是变为 Anusvāra（ṃ），或是被同化为 ñ。Anusvāra（ṃ）还有时写作 ṅ（如 siṃha 写作 siṅha）。辅音 b 写作 v；y 写作 j。辅音 r 之前的 k 重叠为 kk；y 之前的 dh 重叠为 ddh。在人名和部分词汇中，Draviḍian ḷ（达罗毗荼语的顶音 ḷ，“ḻ”）尤其明显地被使用，如 Kāḷidāsa（迦梨陀娑）。作为句读的“|”和“||”使用不规范，连音规则亦不规范。参见本书《凡例》。

铭文具有以下特点：

（一）辅音 k、g、j、t、d、ṇ、m、y、v 等重叠现象。

k 重叠，如 G10，–parākkrama–；G13，–ākkrānta–，–saṃkkrānta–；G16，–ākkrāntam–；G23，–ākkrānta–；G25，–śakkra–；G29，ākkrānta–。

g 重叠，如 G1（L1），–āntarggatam–; G8, –trivargga–; G16, –ggarjjadbhir–; G18, –durggañ–jala–durggatām–; G26, –trivargga–; G27, durggam–adurggamam。

j 重叠，如 G2（L1），–nidhirjjayati–；G16，–ggarjjadbhir–；G19，–upārjjita–。

t 重叠，如 G9，kīrttivarmmā；G35~37，ravikīrtti；G36，karttā。

d 重叠，如 G28，–avamardditam–。

ṇ 重叠，如 G18，–arṇṇavena；G21，–āki(kī) rṇṇan–。

m 重叠，如 G9，kīrttivarmmā；G11，–vinirmmita–；G35，–nirmmāpitam–。

y 重叠，如 G5，śauryyeṇa；G9，–mauryya–；G16，–pa[r]yyanta–；G20，mauryya–；G29，śauryya–。

v 重叠，如 G11，–pūrvva–；G16，–vvārivāsai(hai)r–；G18，–urvvītalaṃ。

（二）Visarga（ḥ）与咝音的重叠现象。如 G6（L3），lokaḥs(lokas)；G9（L4），–rātriḥs(rātris)–。

（三）辅音 th 双写为 tth 的现象。如 G4，–anvartthatāñ–；辅音 dh 双写为 ddh 的现象。如 G15，sārddhaṃ；G32，–ārāddhya。

（四）辅音 v 与 b 互换现象。如 G5，kavandha（=kabandha）；

G23，-vī[①](bī)bhatsa-；G29，-va(ba)laiḥ。

（五）达罗毗荼语化现象。如 ḷ (*) = Draviḍian ḷ（“ḻ”）、ṛ (*) = Draviḍian ṛ（“ṟ”）、ḥ (*) = Upadhmānīya（唇音前的 Visarga，“ḫ”）、ḥ (**) = Jihvāmūlīya（喉音前的 Visarga，“ẖ”）等现象。

（4）铭文原文转写及校勘

L1

jayati bhagavān(ñ)=jinendro [vī]ta-ja[rā-ma]raṇa-janmano yasya [|] jñāna-samudrântarggatam=akhilañ=jagad=antarīpam=iva | (||) [1] tad=anu-ciram=aparimeyaś=calukya[②]-kula-vipula-jalanidhir=jjayati || (|) pṛthivī-mauli[③]-lalāmnāṃ yaḥ(*)=prabhavaḥ(*)=puruṣa-ratnānāṃ || [2] śūre viduṣi ca vibhajan=dānam=mānañ=ca yugapad=ekatra || (|)

L2

avihita-yāthāsaṃ[kh]y[o][④]jayati ca satyâśrayas=suciram || [3] pṛthivī-vallabha-śabdo yeṣām=anvartthatāñ=cirañ=jātaḥ[⑤][|] tad-vaṃśeṣu jigīṣuṣu teṣu bahuṣv=apy=atīteṣu || [4] nānā-heti-śatâbhighā-ta-patita-bhrāntâśva-patti-dvipe nṛtyad-bhīma-kavandha-khaḍ-ga[⑥]-kiraṇa-jvālā-sahasr[e][⑦]raṇe [|]

L3

lakṣmīr[⑧]=bhāvita-cāpalâpi ca kṛtā śauryyeṇa yenâtmasāt(d)=rā-jâsīj=jayasiṅha(siṃha)-vallabha iti khyātaś=calukyânvayaḥ || [5] tad-ātmajôbhūd=rara[⑨]ṇarāga-nāmā divyânubhāvo jagad-ekanāthaḥ [|] amānuṣatvaṃ kila yasya lokaḥs(lokas)=suptasya jānāti vapuḥ(*)-prakarṣāt

---

① F8 本原文为“vi”；K 本原文为“vī”。更正为“bī”。

② 梵文旧式拉丁转写中，cha=ca。F 本和 K 本中的 chalukya，即 calukya。据 *MW*，亦为 calukya。

③ F8 本原文“maulī”，更正为“mauli”；K 本写作“mauli”。

④ F8 本为“saṃ(?)dhyo(?)”。

⑤ 据 F 本和 K 本，原文为“jātaḥ”，更正为“yātaḥ”。

⑥ F8 本原文“khā”，更正为“kha”；K 本注释，铭文初刻为“khāḍga”，不过其中的“ā”似乎被划去。

⑦ 据 F 本和 K 本，原文为“sahasra”，更正为“sahasre”。

⑧ F8 本原文“rakṣmir”，更正为“rakṣmīr”。

⑨ 第二个“ra”音重复。

[|| 6] tasyâbhavat=tanūjaḥ(*)=polekeśi(ī) ya[ḥ][①]śritêndu-kāntir=api [|]

L4

śrī-vallabhôpy=ayāsīd=vātāpipurī-vadhū-varatām || [7] yat-trivargga-padavīm=alaṃ kṣitau nânugantum=adhunâpi rājakam [|] bhūś=ca yena haya-medha-yājinā prāpitâvabhṛtha-majjanā[②]babhau [|| 8] naḷa-mauryya-kadamba-kāḷarātriḥs(rātris)[③]=tanayas=tasya babhūma(va) kīrttivarmmā [|] para-dāra-nivṛtta-cittavṛtter=api[④]dhīryasya ripu-śri-

L5

yânukṛṣṭā || [9] raṇa-parākkrama(krama)-labdha-jayaśriyā sapadi yena virugna(ṇa)m=aśeṣataḥ [|] nṛpati-gandhagajena mahâujasā pṛthu-kadamba-kadamba-kadambakam[⑤][|| 10] tasmin=sureśvara-vibhū-ti-gatâbhilāṣe rājâbhavat=tad-anujaḥ(**)= kila maṅgal[e]śaḥ[⑥][|] yaḥ(*)=pūrvva-paścima-samudra-taṭoṣitâśva-senā-rajaḥ(*)-paṭa-vinirmmita-digvitānaḥ [|| 11] sphuran-mayūkhair=asi-dīpikā-śataiḥ(r)-

L6

vyudasya mātaṅga-tamisra-sañcayam [|] avāptavān=yo raṇa-raṅ-ga-mandire kaṭaccuri-śrī-lalanā-parigraham[⑦]|| [12] punar=api ca jighṛkṣos=sainyam=ākkrānta(krānta)-sālam[⑧]rucira-bahu-patākaṃ re-vatī-dvīpam=āśu [|] sapadi mahad=udanvat-toya-saṃkkrānta(krānta)-bim-bam[⑨]vara(ru)ṇa-balam=ivâbhūd=āgataṃ yasya vācā || [13] tasyâgrajasya tanaye nahuṣânubhāge(ve) lakṣmyā kilâbhi-

L7

---

① 据 K 本注释，这个“ya”或“yaḥ”在开始时遗漏，后补刻在行上空白处。

② 据 K 本原文“nā”被更正为“naṃ”。更合适的读法为“prāpitā-avabhṛtha-majjanaṃ”。

③ 据 K 本，Visarga 的标记在原文中似乎已被划掉。

④ F 本同；据 K 本，铭文初刻为“nivṛtticitterapi”，之后“tti”中的“i”和“tte”中的“e”似乎被划去。行下空白处刻入“vṛtte”中的“e”，用一条垂直竖线插入在字母“ra”之前。

⑤ 据 K 本注释，原文似为“kaḥ”。

⑥ F8 本原文为“li”，更正为“lī”；K 本，由于“li”与“le”形状近似，难于分辨（如 L7 中，究竟是“Maṅgaliśa”还是“Maṅgaleśa”），据前后文判断，应为 Maṅgaleśa。

⑦ F8 本为“parigrahām”；K 本为“parigraham”。

⑧ K 本更正为“sālaṃ”。

⑨ K 本更正为“bimbaṃ”。

laṣite pol[e]keśi[①]–nāmni [|] sāsūyam=ātmani bhavantam=ataḥ(*)=pitṛvyam-[②]jñātvâparuddha–carita–vyavasāya–buddhau [|| 14] sa yad–upacita–mantrôtsāha–śakti–prayoga–kṣapita–bala–viśeṣo maṅgale[③]śas[④]=samantāt [|] sva–tanaya–gata–rājyârambha–yatnena sārddhaṃ nijam=atanu ca rājyañ=jīvitañ=côjjhati sma || [15] tāvat=tac–cha[t]tra–bhaṅge jagad=akhilam=arāty–andhakārôparuddhaṃ

L8

yasyâsahya–pratāpa–dyuti–tatibhir=ivâkkrāntam(krāntam)=āsīt=prabhātam [|] nṛtyad–vidyutpatākaiḥ(*)=prajavini maruti kṣuṇṇa–pa[r]yyanta–bhāgair=ggarjjadbhir=vvārivāsai(hai)r=aḷi–kula–malinaṃ vyoma yātaṃ kadā vā || [16] lab[dhv]ā kālaṃ bhuvam=upagate jetum=āppāyikâkhye govinde ca dvirada–nikarair=uttarām=bhaima[⑤]rathyāḥ[⑥][|] yasyânīkair=yudhi bhaya–rasa–jñatvam=ekaḥ(*)=prayātas=–tatrâvāptam=phalam=upakṛtasyâ–

L9

pareṇâpi sadyaḥ | (||) [17] varadā–tuṅga–taraṅga–raṅga–vilasad–dhaṃsāvaḷī[⑦]–mekhalāṃ vanavāsīm=avamṛdnatas=surapura–praspardh[i]nīṃ sampadā [|] mahatā yasya balārṇṇavena paritas=sañchāditôrvvī–talaṃ |[⑧]sthala–durggañ=jala–durggatām=iva[⑨]gataṃ tat=tatkṣaṇe[⑩]paśyatām [|| 18] gaṅgâḷupêndrā vyasanāni sapta hitvā purôpārjjita–sampadôpi [|]

① F8 本为“pulikeśi”；K 本为“pol[e]keśi”。据 K 本注释，辅音“p”的上面刻有元音“o”，而下面则刻着元音“u”，不过后者似乎被划去；很难判断字母“la”的上标究竟是“i”还是“e”。

② K 本更正为“pitṛvyaṃ”。

③ F8 本为“li”，更正为“lī”；K 本为“le”。

④ 据 K 本注释，铭文初刻似为“śo”而非“śa”。

⑤ F8 本原文为“āmbhoma”，更正为“āmbhodhi”；K 本为“āmbhaima”。据上下文意，此处依 K 本。

⑥ F8 本原文为“rathyāḥ”，更正为“rathyaḥ”。据上下文意，原文无误。

⑦ F8 本原文为“nadi”，更正为“nadī”；K 本为“vaḷī”。依 K 本。

⑧ 据 K 本注释，此处断句多余。

⑨ 据 K 本注释，铭文初刻中，在“durgga”和“tāmiva”之间刻有“tāmivaga”后被划去。

⑩ F8 本为“pa(kṣa)ṇe”；K 本为“kṣane”。

yasyânu①bhāvôpanatās=sadâsannâ–

L10

sanna–sevâmṛta–pāna–śauṇḍaḥ②[‖ 19] koṅkaṇeṣu yad–ādiṣṭa–
caṇḍa–daṇḍâmbu–vīcibhiḥ [।] udastās=tarasā mauryya–palvalâm–
bu–samṛddhayaḥ ।(‖) [20] apara–jaladher=llakṣmīṃ yasmin=purīm=pu–
rabhit–prabhe mada–gaja–ghaṭâkārair=nnāvāṃ śatair=avamṛdnati [।]
jalada–paṭalânīkâki(kī)③rṇṇan=navôtpalamecakañ=jalanidhir=iva vyoma
vyomnas=sa–

L11

mo=bhavad=ambubhiḥ(dhiḥ) [‖ 21] pratāpôpanatā yasya lāṭa–
māḷava–gūrjjarāḥ [।] daṇḍôpanata–sāmanta–caryyâcāryyā④ivâbhavan ‖
[22] aparimita–vibhūti–sphīta–sāmanta–senā–makuṭa–maṇi–mayūkhâk–
krānta(krānta)–pādāravindaḥ [।] yudhi patita–gaja(jê)ndrânīka–vī⑤(bī)
bhatsa–bhūtôbhaya–vigaḷita–harṣo yena cākāri harṣaḥ ‖ [23] bhu–
vam=urubhir=anīkaiś=śā–

L12

sato yasya revo(vā) vividha–puḷina–śobhâvandhya⑥–vindhyôpa–
kaṇṭhā⑦[।] adhikataram=arājat=svena tejo–mahimnā śikharibhir=ibha–var–
jyā var[ṣ]maṇā⑧sparddhayêva [‖ 24] vidhivad=upacitābhiś=śaktibhiś=śak–
kra(śakra)kalpas=tisṛbhir=api guṇâughais=svaiś=ca māhākulâdyaiḥ [।]
agamad=adhipatitvaṃ yo mahārāṣṭrakāṇāṃ navanavati–sahasra–grā–
ma–bhājāṃ trayānāṃ [‖ 25] gṛhiṇāṃ sva–

L13

sva–guṇais=trivargga–tuṅgā vihitânya–kṣiti–pāla–māna–bhaṅgā[ḥ

① F8 本为 "ānu"；K 本为 "ānn"。据文意，依 F8 本。
② F8 本和 K 本均更正为 "śauṇḍāḥ"。
③ F8 本原文为 "ānīkāki"，更正为 "ānīkākī"；K 本原文为 "ānīki"，更正为 "ānīkī"。据文意，依 F8 本。
④ F8 本为 "varyyā"；K 本为 "cāryyā"。据文意，依 K 本。
⑤ F8 本原文为 "vi"；K 本原文为 "vī"。更正为 "bī"。
⑥ F8 本更正为 "vandhya"。此处无误，"avandhya" = "abandhya"，意为 "不贫瘠的"。
⑦ F8 本原文为 "opakaṇṭhā"；据 K 本注释，铭文初刻为 "ṇṭho"，但 "o" 的上标似被划去。
⑧ F8 本更正为 "varṣmaṇāṃ"。此处无误，为 "varṣman" 具格，不需更正。

|] abhavann=upajāta-bhītiliṅgā yad-anīkena sa-ko[sa]lāḥ(**)=kaliṅgā[ḥ || 26] piṣṭaṃ piṣṭapuraṃ yena jātaṃ durggam=adurggamañ[1][|] citraṃ yasya kaler=vṛttam(ṃ)[2]jātaṃ durggama=durggamam | (||) [27] sannaddha-vāraṇa-ghaṭā-sthagitântarāḷam[3]nānâyudha-kṣata-nara-kṣata-jâṅgarāgam[4][|] āsīj=jalaṃ yad-avamardditam=abhra-garbhaṃ kaunāḷam=a-

L14

mbaram=ivô[r]jita[5]-sāndhyarāgam || [28] uddhūtâmala-cāva(ma)ra-dhvaja-śata-ccha[t]trândhakārair=vva(bba)laiḥ śauryyôtsāha-rasôd-dhat[6]âri-mathanair=mmaula(ā)dibhiṣ=ṣaḍvidhaḥ [|] ākk(k)rāntâtma-balôn-natim=bala-rajas-sañchanna-kāñcīpuraḥ(ra)-prākārāntarita-pratāpam=a-karod=yaḥ(*)=pallavānām=patim || [29] kāverī dṛta-śapharī-vilola[7]-netrā coḷānāṃ sapadi jayôdyatasya yasya [|] praścyotan-mada-gaja-se-

L15

tu-ruddha-nīrā saṃsparśaṃ pariharati sma ratna-rāśeḥ | (||) [30] coḷa-keraḷa-pāṇḍyānām[8]yo=bhūt=tatra maharddhaye [|] pallavânīka-nīhāra-tuhinêtara-dīdhitiḥ || [31] utsāha-prabhu-mantra-śakti-sahite yasmin=samastā diśo jitvā bhūmi-patīn=visṛjya mahitān=ārāddhya deva-dvijān [|] vātāpīn=nagarīm=praviśya nagarīm=ekām=ivôvvi(rv-vī)[9]m=imām[10]cañcan-nī[11]radhī(dhi)-nīla-nīra-parikhāṃ

L16

---

① K 本更正为“-rggamam |”。

② F8 本原文为“vṛttaṃ”；K 本原文为“vṛtta”，更正为“vṛttaṃ”。

③ K 本更正为“-rāḷaṃ”。

④ K 本注释，铭文初刻为“-narakṣatakṣata-”，后“-na-”似被划去。

⑤ F 本还原成“iva-uji[rjji]ta”；K 本还原成“iva-u[j]ita”，更正为“iva-udita”。据文意，此处还原为“urjita”。

⑥ K 本铭文初刻为“-oddhit-”。

⑦ F5 本为“vilola”；F8 本为“vilolā”；K 本为“vilola”。依 F5 本和 K 本，此处为“vilola”。

⑧ K 本更正为“-pāṇḍyānāṃ”。

⑨ F8 本原文为“ivovvī”，更正为“ivorvvī”；K 本原文为“ivovvi”，更正为“ivorvvī”。

⑩ K 本更正为“imāṃ”。

⑪ F8 本原文为“ni”，更正为“nī”；K 本原文为“nī”。

satyāśraye śāsati || [32] triṃśatsu tri-sahasreṣu bhāratād=āhavād=itaḥ [|] saptâbdaśata-yukteṣu śa(ga)teṣv=abdeṣu pañcasu [|| 33] pañcāśatsu kalau kāle①ṣaṭsu pañca-śatāsu ca [|] samāsu samatītāsu śakānām=api bhūbhujām || [34] tasyâmbudhitraya-nivārita-śāsanasya

L17

satyāśrayasya paramâptavatā prasādaṃ②[|] śailañ=jinendra-bhavana-m=bhavanam③=mahimnān=nirmmāpitam=matimatā ravikīrttinêdam || [35] praśaster=vvasateś=câsyāḥ④jinasya trijagad-guroḥ(**)[|]⑤=karttā kārayitā câpi ravikīrttiḥ(**)=kṛtī svayam || [36] yenâyojita-veśma⑥-sthiram=arttha-vidhau vivekinā jina-veśma [|] sa vijayatāṃ ravikīrttiḥ(**)=kavitā-

L18

śrita-kāḷidāsa-bhāravi-kīrttiḥ | (||) [37] ⑦mūlavaḷḷi-veḷmaḷ(*) tikavāḍa[ma]⑧-cca⑨nūr-ggaṅgavūr-puḷigeṛ(*)e-gaṇḍava-grāma(mā) iti asya bhukti[ḥ |] giri(re)s=taṭāt=paścimâbhigata[ṃ]⑩nimūvārir=yyāva[t] mahāpathānta-purasya si(sī)mā uttarataḥ⑪dakṣiṇato

L19

… .. ⑫ga …⑬na

（5）汉译

愿尊者胜主（Jinendra，耆那教圣者称号）胜利！他永无生、老、死，

---

① 据 K 本注释，此后又刻入一个“le”，后被划去。

② F8 本为“prasādāṃ”；K 本为“prasādaṃ”。

③ 据 K 本注释，铭文初刻为“bhavanaṃ”。

④ 据连音，此处应省去“ḥ”。

⑤ K 本更正为“guroḥ |”。

⑥ F8 本为“yenāyojitaveśma... ”；K 本为“yenāyoji naveśma...”。据文意及句法，依 F8 本。

⑦ 第 18 行此处之后以及第 19 行残存部分与铭文主体部分字迹完全不同，疑为后人添入。

⑧ F8 本为“pa”；K 本为“ma”。据 K 本注释，Fleet 的解读很可能正确。

⑨ F8 本为“paccha”，更正为“pavva”；K 本为“[ma]ccha”。

⑩ 据 K 本注释，不理解此段文意，无法还原或判断 Fleet 关于将此处更正为“-gataṃ”的说法是否正确。

⑪ 据连音，此处应为“to”。

⑫ 此处缺失一个或两个字母。

⑬ 此处缺失一个字母。

被他的知识海洋环抱，整个世界如同海岛。（1）

愿无边无际、绵延不绝的遮娄其（Calukya）家族海洋永远胜利！

这个［家族］众多人宝的诞生，成为大地顶冠的装饰。（2）

愿真依（Satyāśraya，补罗稽舍二世称号）永远胜利！他将布施和尊严同时同地

给予智者和勇士，不受影响[①]如同数字的规矩。（3）

当这个追求胜利的家族，众多族人已逝——他们的

子嗣永远拥有"大地爱人"（pṛthivī-vallabha）的称号，名副其实。（4）

这是遮娄其家族的族谱。名为胜狮爱（Jayasiṃhavallabha）的国王，

占有了向来善变的吉祥天女，凭借勇武；

战中，象马步兵屡遭各类兵器击打晕头转向，

刀光剑影如千道火焰，无头尸体恐怖起舞。（5）

胜狮爱之子名为战欲（Raṇarāga），天神般器宇不凡，是世界独一无二的君主。

即使在熟睡时，曼妙绝伦的形体也能透露出他超凡脱俗的品质。（6）

战欲之子补罗稽舍（一世）（Polekeśin，= Pulakeśin I），拥有月亮的美丽（占领印度羯底城）[②]，还有

吉祥天女的倾心，并把婆塔比（Vātāpi）城娶为娇妻。（7）

他追求三事[③]，大地上已没有国王能与他并驾齐驱；

因他举行马祭，大地得到祭祀后的净化而光彩熠熠。（8）

补罗稽舍（一世）之子称铠（Kīrttivarmman）是那罗王（Naḷa）、孔雀王（Mauryya）、迦昙波王（Kadamba）的死亡暗夜；

他对别人的妻子无动于衷，却因敌人的吉祥天女而心潮沸腾。（9）

---

① 梵语 avihita，F8 本译为"不违背诺言"和"数字规则不强制如此"；K 本译为"不被数字规则限制"。

② 梵语 indu（月亮）-kānti（美丽）。F8 本将之释为城市名称，意为补罗稽舍（一世）占领 Indukānti 城。

③ 双关，梵语 tri-vargga-padavīm，据 F8 本，既指法、利、欲三个途径；又指创造、维护、毁灭三个阶段。

称铠是人主香象[①]，伟力无穷；获得胜利吉祥天女，全凭战场豪勇；

他摧毁枝繁叶茂如迦昙波树的迦昙波军队，刹那之间，毫无遗漏。（10）

当称铠渴望获得天神之主的荣光（指死去），他的弟弟福主（Maṅgaleśa）[②]成为国王；

福主驻扎在东西海岸，身披马军尘土[③]，营帐注定遍及十方。（11）

晃动百千刀剑和火把的光焰，驱散摩腾迦象（mātaṅga）聚集的黑暗；

福主在被战争浸染[④]的宫殿，娶迦吒周利（Kaṭaccuri）的吉祥天女为妻（占领迦吒周利）。（12）

只要福主一声令下，士兵立刻进军离婆提（Revatī）岛，带着无数彩幡，

攻占壁垒城垣；刹那间，仿佛风神（Varuṇa）的伟力将大海惊涛卷成涡漩。（13）

福主的长兄称铠之子，拥有那护沙王（Nahuṣa）的威严，

名为补罗稽舍（二世），得到吉祥天女的宠幸；当他

得知尊贵的叔叔（福主）对自己满怀敌意，他决心

自我流放，云游四方，潜心修行。（14）

放逐中，他运用蓄积已久的计谋、努力和能量，彻底摧毁福主的各种武装；

福主失去了偌大的王国和生命，也失去了自己儿子继承王位的希望[⑤]。（15）

---

① 梵语 nṛpati-gandha-gajena，将人主比喻为香象，与莲花眼或眼莲花类似。F8 本和 K 本均译为“人主的香象”。

② 梵语 maṅgaleśa，又作 maṅgalīśa 或 maṅgaliśa，为 maṅgala/maṅgalin+（ī）śa，意译为“福主”。

③ 梵语 aśva-senā-rajaḥ(*)-paṭa，直译为“以马军的尘土为衣服”。

④ 双关，梵语 raṇa-raṅga，意为“被战争染色的”，即战场；或“被愉悦着色的”，即婚礼殿堂。

⑤ 双关，梵语 sārddhaṃ 或接具格，意为“失去王国和生命，连同自己的儿子步入王权的企图（一起失去）”；或修饰 rājyañ，意为“失去生命，连同王国（一起失去）”，而之前的具格可解释为原因，即因为希望让自己的儿子继承王位而失去种种。

当华盖破碎，敌人阴霾[①]封锁整个世界，而补罗稽舍仿佛
用他那难以忍受的炽热光芒驱散了暗夜；否则这蜂群花环
遮蔽的天空，舞动着闪电旗幡，雨云密布，雷声隆隆，
四周边缘在疾风中被撞得淤青，何时才能获得光明？（16）
饮倌（Āppāyika）和牛倌（Govinda）趁机率领象军前来，
想要攻占怖车河（Bhaimarathī）[②]沿岸的北方土地；
对决中，补罗稽舍（二世）的军队让一个人尝到恐惧的
滋味；同时让另一人获得恩宠的结局。（17）

补罗稽舍（二世）征服了林屋（Vanavāsī），那里有在胜施河（Varadā）浪尖嬉戏、
排列如腰带的天鹅群，辉煌堪比天神之城；看哪！
在这一呾刹那，他伟大的军队洪水淹没了整个大地，
仿佛陆地的碉堡，变成了水中难以逾越的壁垒。（18）

恒河和阿卢波（Āḷupa）诸王，抛弃七宗罪，曾经获得辉煌；为补罗稽舍（二世）
的威力所折服，他们渴望恭敬地近身服侍他，如同渴望啜饮甘露。（19）

在恭迦那（Koṅkaṇa）[③]群落，孔雀王朝池塘之水的繁荣
被补罗稽舍（二世）率领的恐怖的军队潮水横扫一空。（20）

补罗稽舍（二世）如毁坏城池者（Purabhid，湿婆或因陀罗称号），率领成百上千的战船，
醉象颞颥一般汹涌而出，摧毁敌人大海[④]中的
吉祥天女补利城（Purī）[⑤]；天空好似初露花蕊的青莲般
幽蓝的大海，布满军队云团[⑥]，大海也正像蓝天。（21）

补罗稽舍（二世）的神威征服了腊吒（Lāṭa）、摩腊婆（Māḷava）

---

① 梵语 arāty-andhakāra，将敌人比作黑暗；下半句又将敌人比作乌云和蜂群。

② 位于喜马拉雅山麓的河流名。

③ 德干高原以西海岸的民族名。

④ 双关，梵语 apara-jaladhi，既指敌人海洋，将敌人喻为大海；又指西海。

⑤ 双关，梵语 purī，F8 本译为城市；K 本译为名为“城”（补利）的地名；此处将西海的 purī 喻为敌人海洋中的吉祥天女。

⑥ 双关，梵语 ānīka，既指（云团）排列；又指（云团如）军队。

和瞿折罗（Gūrjjara）；

他们仿佛成了在棍棒下屈膝的邻邦的行为典范。（22）

戒日王（Harṣa，喜［增］）伟力深不可测，邻邦军队顶冠

摩尼珠的光华是他莲花足上的装饰；战争中，

却遭到补罗稽舍（二世）设计，象王成群跌倒，

咬牙切齿的他，名字连同心情都不再欢喜①。（23）

补罗稽舍（二世）率大军征服文底耶山麓的离婆河（Revā），

那里有各种美丽而富饶的沙洲；因国王的

光辉力量，更加光彩夺目，仿佛出于嫉妒

群山瑰丽而俊伟的身形，大象们纷纷闪躲。（24）

符合仪轨，通过积聚三种力量②，与帝释天媲美，出身高贵，具备美德

潮水；补罗稽舍（二世）成为三个摩诃剌侘迦（Mahārāṣṭraka，意为大国）的君王，拥有九万九千个村庄。（25）

羯陵迦（Kaliṅga）和憍萨罗（Kosala）诸王，拥有一家之主的内在德行，崇尚三事③，粉碎其他

土地保护者的自尊；而在补罗稽舍（二世）的大军面前，他们的恐惧却如影随形。（26）

补罗稽舍（二世）击溃（piṣṭa）④毕湿吒城（Piṣṭapura），难越的要塞不难逾越；

这位英雄⑤的精彩行为，难为事中之最难为（攻陷了难以攻陷的壁垒）。（27）

---

① 直译为“成为两个消失的‘喜’”。戒日王喜增的名字简称“喜”（Harṣa），意为“欢喜”，被诗人调侃。

② 双关，梵语 tisṛbhiḥ，既可以修饰之前的 śaktibhiḥ，指三种力量；又可以修饰后面的 guṇa-oghaiḥ，指三种美德。据 F8 本注释，三种力量为：utsāha，国王军队的力量；prabhutva，国王自己的力量；mantra，国王大臣的力量。

③ 梵语 trivarga，指法、利、欲。

④ 击溃（piṣṭa）与毕湿吒城（Piṣṭapura）的名称相同。诗人运用了与第 23 颂说喜增“名字连同心情都不再欢喜”相似的文学手法。

⑤ 梵语 kali，多义，F8 本译为英雄；K 本译为迦利时代。

补罗稽舍（二世）征服鸠那罗河[①]，战象颞颥 [的汁液] 遍洒渚波，受伤战士

流淌的鲜血染红了河水，仿佛布满雨云的天空被赋予了夕阳的颜色。（28）

成百上千的纯洁拂尘、旗帜和华盖迎风招展、遮天蔽日，

补罗稽舍（二世）率领世袭军（maula）等六种大军，摧毁兵强马壮、洋洋

自得的敌人；跋罗婆（Pallava）之主，因拥有自己的武装而狂妄，

却被他军队的灰尘覆盖，在迦耆城（Kāñcī）墙垛内隐藏了锋芒。（29）

补罗稽舍（二世）立即对矩腊人（Coḷa）发动进攻；他们的迦维里河（Kāverī），游动的小鱼

如顾盼的眼睛，却无法奔流入海[②]，因它被醉象桥[③]滴落的汁液阻隔。（30）

补罗稽舍（二世）为矩腊（Coḷa）、喀拉拉（Keraḷa）和槃底（Pāṇḍya）成就了大繁荣，

却是跋罗婆（Pallava）军队霜雪迷雾的另一种光明。[④]（31）

补罗稽舍（二世）兼具军权、王权和臣权[⑤]的力量，征服十方，

驱逐尊贵的大地诸王，敬拜众位天神和婆罗门，

然后进驻婆塔比（Vātāpi）诸城；真依（Satyāśraya，补罗稽舍二世称号）统治着深蓝色海洋

怀抱的大地，如同统治深蓝色沟堑环绕的一座城池。（32）

从婆罗多战争直到今天，

过了三千七百三十五年。（33）

---

① 梵语 kaunāḷa，来自 kunāḷa，又作 konāḷa，F8 本将其解释为一种红色的鸟，用来比喻鲜血；K 本将其解释为河名，又作 kolanu，kollernu。诗中已将血比作霞云（sāndhya），因而 K 本的解释更为合理。

② 梵语 ratna-rāśi，意为宝石堆，即大海。

③ 双关，梵语 mada-gaja-setu，意为醉象形成的桥；或将醉象比喻为桥。

④ 将钵罗婆军队喻为霜雪迷雾，将补罗稽舍（二世）的力量喻为驱散迷雾或融化霜雪的力量。

⑤ 梵语 utsāha-prabhu-mantra，即三种力量：utsāha，国王军队的力量；prabhutva，国王自己的力量；mantra，国王大臣的力量。参见本铭文第 25 颂注释。

在迦利时代，萨迦（Śaka）诸王们

也已度过五百五十六年。（34）

胜主（Jinendra）居住的石头庙宇充满辉煌，由智慧的日称（Ravikīrtti）修建完成；

真依的法令遍及三海，他给予日称至高无上的宠幸。（35）

聪慧的日称亲笔撰写这篇赞颂之词，

并亲自建造三界之师[①]胜者（Jina，耆那教圣者称号）的住处。（36）

愿日称胜利！他通过诗作获得了与迦梨陀娑（Kāḷidāsa）和婆罗维（Bhāravi）相当的名声；

深思熟虑的日称修建的庙宇坚固无比，裨益众生，是胜利的[②]庙宇。（37）

第 18 行其余部分及第 19 行残存部分的字迹与铭文主体部分完全不同，疑为后人添入。且多为地名，意义含混，暂不提供译文。

① 双关，梵语 trijagad-guroḥ，三界的老师；或被三界敬重。

② 双关，梵语 jina，既为胜利的；又指胜者的。

附录三　波那《戒日王传》选译

《戒日王传》第二、三章“用印度诸神比喻戒日王”

（之一）

阿鲁那（Aruṇa）[①]的嫩芽双足，善逝（Sugata，佛陀称号）的坚定双股，因陀罗（Vajrâyudha）[②]的强壮前臂，阎摩的雄牛双肩（Vṛṣaskandha）[③]，太阳的频婆果红唇，观音的慈眉善目（Prasannâvalokita）[④]，月亮的脸庞，黑天的发髻——他（喜增）具有这般身形，仿佛所有天神的化身合而为一。[⑤]

（之二）

因为有他（喜增），大地拥有了真正的君主。不像诃利（Hari，黑天称号）年少的功绩违背正法；不像兽主（Paśupati，湿婆称号）展现神力造成达刹（Dakṣa，湿婆的岳父）的恐惧；不像百祭（Śatakratu，因陀罗称号）的语言摧毁了牛棚，带来家族毁灭[⑥]；不像阎摩过分沉溺运用惩罚；不像伐楼那的宝藏被数千剑士[⑦]守护；不像与财神俱比罗（Dhanada，财神，= Kubera 俱比罗）的会面总是一无所获；不像对胜

---

① 太阳御者阿鲁那，又指黎明。

② 以金刚杵为兵器者，因陀罗称号。

③ 双关，梵语 vṛṣa 既指雄牛，又指以雄牛为标志的正法神（阎摩）。

④ 双关，梵语 avalokita 既是观音的称号，又指眼光。此处既可以理解成清净如观音，又可理解为眼光清净。

⑤ 《戒日王传》第二章，Parab（1892），第 79 页；Kane（1986），第 32 页；Cowell（1897），第 58 页。

⑥ 双关，梵语 gotravināśa，暗示因陀罗的另一称号 Gotrabhid，指因陀罗解放了牛群（雨云），释放了雨水；又可理解为破坏家族。

⑦ 双关，梵语 nistriṃśa-grāha，既指持（grāha）宝剑（nistriṃśa）者，又指残忍的（nistriṃśa）恶魔（grāha）。

者（Jina，佛陀称号）容貌的赞美毫无意义[①]；不像月亮的光辉受到月亏（bahula）[②]的打击。他的王权美妙绝伦，超越众天神。[③]

（之三）

国王（喜增）思想平静如同善逝（Sugata，佛陀称号）；维持种姓和社会秩序如同摩奴；佩戴惩戒的权杖如同阎摩（Samavartin，公正者，阎摩称号）；统治以七大洋为腰带、以洲渚为花环的整个大地。这时，哪个人敢于扮演一个与灾难相连的邪恶角色而没有恐惧，即便只是动动这样的念头？[④]

（之四）

喜增是诸神之王，享有一切洲渚。在他之前，不存在没有耻辱污渍的王国。

请听听喜增的这些神奇功绩。

例如：

（一）就像因陀罗（Balajit）[⑤]砍去大山（kṣitibhṛt）[⑥]的翅膀，让移动的群山不能动弹；凭借力量取胜的喜增除掉国王的党羽（军队），让活跃的诸王旗鼓俱偃。

（二）就像生主（Prajāpati）[⑦]把大地（kṣamā）[⑧]放在大蛇（bhogin）[⑨]歇舍（Śeṣa）[⑩]的蛇冠（maṇḍala）[⑪]上；众生之主喜增将宽容置于其他国王的领地。

---

① 双关，梵语 artha-vāda-śūnyāni darśanāni，既可解为对于容貌（darśana）的赞美（artha-vāda）是徒劳的（śūnya，空的），又可解为眼见（darśana）无法（śūnya）释义（artha-vāda）。

② 指黑半月，即一个月中从月圆到月亏的半个月。

③ 《戒日王传》第二章，Parab（1892），第 86 页；Kane（1918），第 35 页；Cowell（1897），第 64~65 页。

④ 《戒日王传》第二章，Parab（1892），第 88 页；Kane（1918），第 36 页；Cowell（1897），第 66 页。

⑤ 双关，直译为“凭借力量取胜者”，既是因陀罗称号，又指喜增（戒日王）。

⑥ 双关，直译为“支撑大地者”，既指大山，又指国王。

⑦ 双关，既指由梵天所造用于创造世界的生主，又指众生之主喜增（戒日王）。

⑧ 双关，来自词根√kṣam，既为大地，又为忍耐。

⑨ 双关，既指蛇（卷曲者），又指国王（享受者）。

⑩ 双关，既指支撑大地的蛇王歇舍，又意为其余。

⑪ 双关，既指蛇冠，又指领地。

（三）就像毗湿奴（Puruṣôttama）[①] 搅拌大海（Sindhurāja）[②]，获得吉祥天女；人中魁首戒日王击溃信度国王，占有吉祥天女。

（四）就像婆离（Balinā）[③] 解救了大山（bhūbhṛt）[④]，释放了缠绕大山的巨蛇（Mahānāga）[⑤]；力大无穷的喜增解救了国王，释放了围困国王的大象。

（五）就像天神为鸠摩罗（Kumāra）[⑥] 灌顶；喜增加冕王子（为童子王加冕）。

（六）就像鸠摩罗主（svāmin）[⑦] 一击打倒魔鬼阿罗提（Ārāti）[⑧] 宣示力量；喜增一击打倒敌人。

（七）就像人狮毗湿奴（Narasiṃha）[⑨] 用狮爪撕碎敌人彰显英勇，人中雄狮喜增徒手击溃敌人。

（八）就像湿婆（Paramêśvara）[⑩] 握住来自雪山的难近母（Durgā）[⑪] 的手（kara）[⑫]（娶她为妻），至高无上的喜增攫取难以企及的雪山领地的贡物。

（九）就像毗湿奴（Lokanātha）[⑬] 在十方之门设立世界的守护者，将整个大地（bhuvanakośa）[⑭] 分配给上古诸王（agrajanman）[⑮]，世界之主喜

---

① 双关，既是毗湿奴的称号，又意为人中最优秀者，指喜增（戒日王）。

② 双关，既指"诸河之王"，意为大海；又指信度国王。

③ 双关，为 bali（婆离）或 balin（大力者）的具格，前者指曾参与搅乳海的摩诃婆离（Mahābali），后者指喜增（戒日王）。

④ 双关，直译为"支撑大地者"，既指大山（曼陀罗山），又指国王（童子）。据 Cowell 注释，国王名为 Śrīkumāra（吉祥童子，即童子王 / 鸠摩罗王）或 Kumāragupta（童护）。童子王曾遭大象鼻子围困，被戒日王救出。

⑤ 双关，既指大蛇婆苏吉（Vāsuki），又指大象傲俊（Darpaśāta）。

⑥ 双关，既指童子王 / 鸠摩罗王，又指王子。Cowell 将后者解为喜增（戒日王）为小王子灌顶。

⑦ 双关，本意为"主人"，据 Cowell 注释，既指鸠摩罗王，又指喜增（戒日王）。

⑧ 双关，据 Cowell 注释，既指被鸠摩罗王杀死的魔鬼阿罗提，又意为敌人。

⑨ 双关，既指毗湿奴称号"人狮"，又为"人中雄狮"，指喜增（戒日王）。

⑩ 双关，既是湿婆的称号，又是至高无上的君王，指喜增（戒日王）。

⑪ 双关，既指湿婆之妻"难近母"，又为形容词"难以接近的"，修饰雪山领地。

⑫ 双关，既意为"手"，又指属地上缴的税收、贡物。

⑬ 双关，既是毗湿奴的称号，又意为"世界之主"，指喜增（戒日王）。

⑭ 双关，既指大地，又指世界的宝藏。

⑮ 双关，直译为"最先出生的"，既指先人，又指婆罗门。

增把全世界的财富分发给婆罗门。”①

《戒日王传》第三章“吉祥天女预言转轮王”

他（花有王）镇定地问：“妙贤女！你是谁？是谁家姑娘？为什么闯入我的视线？”她仿佛用不同于寻常女子的坚定征服了他，对他说道：“英雄啊！唤我作在那罗延那（Nārāyaṇa）胸膛玩耍的母鹿，普里图（Pṛthu）、婆罗多（Bharata）、福车王（Bhagīratha）等王族的旗帜，大勇士手臂胜利柱上装饰的娑罗木偶②，渴望在战争的血河浪花中嬉戏而娇纵的王天鹅，洁白的华盖丛林中的雌孔雀，幻想漫步在尖刀利刃之林的母狮，以剑锋为水的莲花池中的吉祥天女。我被你的英勇昧取悦！请求恩宠吧！让我满足你的心愿！”

然而，英雄们对裨益他人向来不说二话。国王向她鞠躬施礼，不顾自己得失，祈求恐怖行者（Bhairavācārya）功德圆满。而吉祥天女心中更加欢喜，用如同乳海的圆睁双眸环绕俯瞰着为国王涂油（四下打量国王），说：“就这样吧！”然后，她又说：“由于这个极其慷慨（英勇）的举动，由于对尊贵湿婆大神的殊胜膜拜，您（花有王）仿佛是大地上的第三日月（除了太阳和月亮之外的第三个发光星球），将创造绵延不绝的伟大王族，充满纯洁、吉祥、真诚、慷慨（自由）、坚定、热情的精英，繁荣日日增长。其中会出现一位名为喜［增］（Harṣa）的转轮王，他是一切洲渚的统治者，如同诃利月（Hariścandra）③；渴望征服三界，如同第二个曼陀特哩（Māndhātṛ）④，为了他，我的手将自动抛弃莲花，拿起拂尘。”说完，她消失不见。

国王听了这番话，心中无限喜悦。⑤

---

① 《戒日王传》第三章，Parab（1892），第100~101页；Kane（1918），第40页；Cowell（1897），第75~76页。

② 梵语 śāla-bhañjikā，指娑罗树之木做成的雕像。

③ 据 Kane（1986），第367页注释，诃利月是整个大地（除 Kāśī 地区之外）的统治者。Kāśī 地区在湿婆的管辖之下。

④ 据 Kane（1986），第368页注释，曼陀特哩在征服大地之后，还渴望征服天国。

⑤ 《戒日王传》第三章，Parab（1892），第126~127页；Kane（1918），第53~54页；Kane（1986），第53~54页；Cowell（1897），第96~97页。

《戒日王传》第四章“占星师预言转轮王”

“国王啊！请听！千真万确，大贤曼陀特哩王（Māndhātṛ）正是降生在这样的日子：当所有行星处于高位[①]，在行星轨道与黄道相交的吉祥时刻（lagna）[②]，远离灾难等各种邪性的污染。因此，在这个如此适合转轮王出生的时段里，整个世界也不会降生其他人（这时只能降生转轮王）。您这个刚出生的孩子，是七转轮王[③]的领袖，七大洋的统治者，一切具有七种形态（tantu）[④]祭祀的举行者，带着转轮王的种种印记，拥有众宝（mahāratna）[⑤]，可与拥有七骏马者（Saptasapti，太阳）媲美。”[⑥]

《戒日王传》第五章“光增王遗言”

国王（光增王）双目紧闭[⑦]，听到不停哭泣的声音，恢复知觉，平静地对他（喜增）说：“儿子啊！请不要这样！你可不是这样内心软弱的人。内心强大的确是世人的首要支柱，然后才是王族血统（世人首先依附于内心强大者，而后才是出身高贵者）。你是诸勇士的领袖，一切优越性质的归宿，哪里容得下软弱？如果说‘你是家族明灯’，仿佛是对你贬低，因你的光辉如同太阳；如果说‘你是人中雄狮’，仿佛是对你谴责，因你兼具敏锐的智慧和巨大的勇气；如果说‘大地是你的’，仿佛是重复，因你具有象征转轮王的印记；如果说‘请俘获吉祥天女’，仿佛恰恰相反，因为正是吉祥天女亲自俘获了你；如果说‘请占领这个世界’，仿佛过于卑微，因你渴望征服两个世界；如果

---

① 梵语 uccasthānasthiteṣu graheṣu。考威尔译为“所有行星位于顶点（apexes）”。见 Cowell（1897），第 110 页。

② 据 *MW*，即行星轨道与太阳轨道相交处，或赤道与黄道交汇的点或弧，亦指吉兆、吉时。

③ 据 Cowell（1897），第 110 页注释二，“七转轮王”为：婆罗多王（Bharata），阿周那王（Arjuna），曼陀特哩王（Māndhātṛ），福车王（Bhagīratha），坚战王（Yudhiṣṭhira），娑伽罗王（Sagara），友邻王（Nahuṣa 又译那护沙王）。

④ 据 *MW*，直译为“线”；考威尔译为“形态”（form）。此处意为“祭祀仪式延续形式”。

⑤ 直译为“大宝”。据 Cowell（1897），第 110 页注释四，此处指印度传统下国王具备的“六宝”。

⑥ 《戒日王传》第四章，Parab（1892），第 141~142 页；Cowell（1897），第 110 页。

⑦ 梵语 uparudhyamāna-dṛṣṭiḥ，直译为“视线被阻碍的”，据 Kane（1986），第 474 页。参见 Cowell（1897），第 155 页注释一，Kailāśe 译为“意识被阻碍”或“眼睛向上看”。

说‘请占有宝藏’，仿佛毫无用处，因你以积聚月光一样的纯洁荣誉为唯一目标；如果说‘请征服诸侯王’，仿佛没有意义，因你已凭借美德的会聚征服世界；如果说‘请担负起王国的重担’，仿佛是错误的命令，因你已习惯于三界的重担；如果说‘请保护臣民’，仿佛是复述（anuvāda）[①]，因你用长长的手臂之闩庇护十方之门；如果说‘请保护随从’，仿佛顺理成章，因你与世界的保护者相媲美；如果说‘请操练兵器’，因你前臂印有一行行弓弦磨出的茧子标记，还有什么可说？如果说‘请不要轻率’，我的声音仿佛无处容身，因你在如此年轻的时候就能控制感官；如果说‘请全歼诸敌’，仿佛是对你担忧，因你的威力与生俱来[②]。”这样说着，王中雄狮永远地闭上了眼睛。[③]

《戒日王传》第六章“王增让位”

在这个恰当的时刻，为首诸侯前来劝谏，言辞恳切、不容辩驳，他（王增）勉强进食。黎明时分，当着所有国王，王增对站在身边的喜增（Harṣadeva）[④]说：“贤弟！你是师长训诫（父命）的沃土（合适人选）。你从小就能把握父亲的心思，如同撑起美德的旗帜（牵住带绳的旗幡）[⑤]。正因你如此顺从，我这屈从于命运的安排而冷酷无情的心，想要对你说这些话。不要执著于邪佞，其在幼稚中轻易产生，与感情相背离。不要像傻瓜一样阻碍我的企图。听着！你不是不知道世俗的传统。三界的保护者曼陀特哩（Māndhātṛ）死后，他的儿子补卢古佗（Purukutsa）做了什么？用眉毛藤（弯弯的眉毛）指挥十八洲渚的迪利波（Dilīpa）死后，他的儿子罗怙（Raghu）[⑥]做了什么？在阿修罗大战中登上天神之车的十车王

① 据Kane注释，重申、阐释、举例说明吠陀仪轨的段落，称为“anuvāda”。见Kane（1986），第475页。

② Cowell（1897），第156页，将此句译为“这是你与生俱来的威力所显示的”。据Kane注释，此句双关，除上述意思外，又意为“这正是你与生俱来的威力的考虑”（不需要被别人考虑）。

③ 《戒日王传》第五章，Parab（1892），第187~188页；Kane（1918），第31~32页；Kane（1986），第86~87页；Cowell（1897），第155~156页。

④ 波那对戒日王的称呼，直译为“喜天”（喜增国王）。

⑤ 双关，梵语guṇavat，既为“具有美德的”，又指“有绳子的”。

⑥ 波那此处采用了迦梨陀娑《罗怙世系》中的谱系。据《罗摩衍那》，迪利波的儿子是福车王（Bhagīratha），福车王的儿子是迦拘蹉（Kakutstha），迦拘蹉的儿子是罗怙（Raghu）。参见Kane（1986），第495页。

（Daśaratha）死后，他的儿子罗摩（Rāma）做了什么？牛蹄印遍及四海（以牛蹄踩出的水洼为四海）[①]的难车王（Duṣyanta）死后，他的儿子婆罗多（Bharata）做了什么？好了，到此为止。我们的祖父名号唤起吉祥，曾举行一百余次祭祀，祭祀的浓烟熏黑了婆薮之主（Vāsava，因陀罗称号）的青春；我们的父亲在他的尊贵父亲辞世之后，难道没有担负起王国重任？确实，智者们将被忧伤征服者视为懦夫。因为忧伤的领域属于妇人。尽管如此，我该怎么办？或者源于自己的天性，或是懦弱的秉性，或是女子般的脆弱，我饱受丧父之痛火焰的灼烧。因为，我的山峰（国王）[②]完全倾覆；我的眼泪汹涌如流水；伟大的光芒陨落（如同日落）；十方陷入暗夜；智慧之光消失；我的心被烧灼；我的明辨仿佛害怕烧到自己，即使在梦中也不出现；我的坚定出于极度忧伤（火焰）[③]完全消融，如同被强烈火焰炙烤的紫胶；我的思维一个字一个字地（一步步）[④]模糊，如同被毒箭射中的母鹿一步步走向昏迷；我的记忆躲在远处游荡（远去），如同厌世者；我的意志离去，如同母亲（美誉王后）随父亲而去；我的痛苦一天天增长，如同被高利贷商经营的财富；我的身体仿佛充满忧伤之火的浓烟汇聚而成的云，落下滂沱泪雨。'五种姓（pañcajana）[⑤]死后归于五大（pañcatva）[⑥]。'这个童言并不真实。父亲只归于火，因而将我如此烧灼。难以抑止的忧伤如同叛乱者，拘禁了这个怯懦的心；仿佛海中之火烧灼大海、雷电击毁山峦、月亏侵蚀月圆、罗睺吞噬太阳一般，炙烤、撕裂、消磨、吞噬了我。我的心仅凭泪水无法承受弥卢山一样的伟大人物倾覆。我的鹧鸪眼看到王权而闪躲[⑦]，如同鹧鸪的眼睛看到毒药而变色。我的思想渴望抛弃吉祥天女（Śrī，王权），她不高贵，被家族摒弃[⑧]，如同身着杂色尸衣、吸引看客[⑨]的

① 双关，既可以理解成"牛蹄印遍及四海"，又可以理解成"以牛蹄踩出的水洼为四海"。

② 双关，梵语 bhūbhṛt，直译为"大地支撑者"，既指"山"，又指"国王"。

③ 双关，梵语 santāpa（saṃtāpa），既指"忧伤"，又指"火焰"。

④ 双关，梵语 pade pade，既为"一字字"，又为"一步步"。

⑤ 直译为"五个种姓"，Kane 注释为四雅利安和尼沙陀人（Niṣāda，非雅利安人）。此处指所有人。见 Kane（1986），第 496 页。

⑥ 即地、水、火、风、空五种基本元素。

⑦ 双关，梵语 virakta，既为"避开"，又为"变色"。Kane（1986），第 497 页，注释为"变红"。人们认为鹧鸪的眼睛看到毒药会变红。

⑧ 双关，梵语 vaṃśa-bāhya，既为"在（高贵）家族之外的"，又为"被竹子承载的"（=vaṃśa-vāhya）。旃陀罗将全部个人财物挑在竹竿上。参见 Kane（1986），第 497 页。

⑨ 双关，梵语 rañjita-raṅga，既为"颜色被染的"，又为"观众被吸引的"。

旃陀罗女[①]。我如同一只鸟[②],不能在这个被烧毁(不吉祥)的家中停留哪怕一刻。我渴望在净修林用山巅流淌的纯洁清泉洗涤思想中挥之不去的情感灰尘,如同洗去衣服上紧紧附着的油污[③]。就像补卢(Pūru)听从父亲的命令接受衰老[④],即使衰老令人厌恶,也离开青春的幸福。因此,请你治理我的王国。请把胸膛献给王权(吉祥天女),如同全然抛弃童年嬉戏的狮子(黑天)[⑤]!我将不再用剑。"这样说完,他从持剑人的手中拿过自己的长剑[⑥],掷在地上。

听了这番话,国王喜增仿佛被利刃刺穿,心如刀绞,思索道:"敬爱的兄长难道是发怒了,因为某个好事者背地里[⑦]说了我什么?还是他想用这种方式试探我?或者这种心智错乱由悲痛而生?或者,他难道不是我敬爱的兄长?还是他说的是一个意思,而我的听觉感官被忧伤掏空而听成了别的意思?或者,敬爱的兄长想的是一个意思,用嘴说的却不一样?或者,这是命运的摧毁方式,带来整个家族的毁灭?或者,暗示了我积累的所有功德消逝?或者,一切不祥的行星环绕嬉戏?或者,他(王增)仿佛一个卑贱者[⑧],开着对父亲之死漠不关心的迦梨时代的玩笑[⑨];他命令我做任何事,仿佛我不是花有王的后人,仿佛我不是父亲的儿子,仿佛我不是他自己的弟弟,仿佛我没有感情;仿佛让没有劣迹、品行良好的人犯罪;仿佛让好仆人饮酒;仿佛让善人背

① 梵语 janaṅgamānām(pl, gen),意思不够顺畅。梵语 janaṅgama/janaṅgamā, =Cāṇḍāla/Cāṇḍālā,旃陀罗(女)。此处或更正为 janaṅgamām(旃陀罗女),或依 Kane 更正为 janaṅgamāṅgām(旃陀罗女)。旃陀罗捡拾裹尸布为衣。参见 Kane(1986),第 497 页。

② Kane(1986)本梵语作 śakuliḥ,或可解为"śakulin"(鱼)之误。此处 Cowell 和 Kane 均译为"鸟",可知原文应为"śakuniḥ"。

③ 双关,梵语 sneha-mala,既为"感情的污垢",又为"油和泥"。

④ 耶亚提(Yayāti)受到诅咒提前变老,并得到许可将这个诅咒转移到任何同意接受的人身上。他的小儿子补卢(Pūru)自愿接受了这个"衰老"诅咒。参见 Kane(1986),第 497~498 页。

⑤ 双关,梵语 hari,既为"狮子",又为"诃利"(黑天的称号);梵语 lakṣmī,既为"王权",又为"吉祥天女"(黑天的爱人 Rukmiṇī 是吉祥天女的化身)。

⑥ 梵语 nistriṃśa,Kane(1986),第 498 页注释为"长度超过三十指的剑"。

⑦ 双关,梵语 mām-antareṇa,既为"没有我的(背着我)",又为"关于我的"。参见 Kane(1986),第 498 页。

⑧ 梵语 yaḥ kaścid,直译为"任何人",Kane(1986),第 498 页注释为"卑贱者"。

⑨ 梵语 tāta-vināśa-niḥśaṅka-kali-kāla-krīḍitaṃ,Cowell 译为"这是迦梨时代的玩笑,不关心父亲之死";Kane 译为"具有父亲之死的无畏的迦梨时代是他的玩笑",并注释说光增王曾将 Kali 放在脸颊上。

叛主上；仿佛让贤妻失贞；他是在让我做非常困难的事。全部诸侯被英勇和傲慢之酒灌醉，他们的封地如同大海，父亲（光增王）如同搅动大海的曼陀罗山[①]；父亲仙逝之时，或者前往净修林，或者穿上树皮衣，或者投身苦行，才是相宜。然而，这个对我下达的国王诏令，炙烤已经烧焦的我，仿佛炭火雨落在旱灾侵袭的龟裂大地。这不像是可敬兄长的所为。即使不高傲的强者、不乞讨（不贪婪）的婆罗门、不易怒的苦行者、不淘气的猴子、不嫉妒的诗人、不偷盗的商人、不虚伪的爱人[②]、不贫穷的善人、不刻薄的富人、不讨嫌的悭吝鬼[③]、不杀生的猎人、通晓婆罗门学识的冥想者[④]、幸福的奴仆、感恩的赌徒、不贪吃的流浪汉[⑤]、言辞俊美的奴隶、讲真话的大臣、教育良好的王子，这些人在世上都难得，不过敬爱的兄长正是我的老师（我因受到兄长的教育而成为"教育良好的王子"）。确实，王中香象这般的父亲与世长辞；长兄的双腿和手臂如壮阔的石柱却徒劳无果，战胜诸王，却在青春韶年抛弃王国，前往净修林；在这种时候，谁会渴望这个被全世界的泪水玷污的名为'大地'的泥球？甚至，哪个旃陀罗会渴望这个名为'吉祥天女'的老鸨[⑥]，她在英雄家中干着杂务，低贱的举止在一切邪恶的暴富者变得骄横的表情中暴露无余？敬爱的兄长如何有这样极其不当的想法？在我身上究竟发现了什么瑕疵？难道妙友之子（Saumitri，罗什曼那）从他的思想中失落？难道狼腹（Vṛkodara，怖军称号）等人也被他遗忘？[⑦]敬爱的兄长位及国君；他原本并非不顾忠诚之人，原本并非只苛求自己的利益。而且，在敬爱的兄长前往净修林的时候，谁会渴望活着？谁又会贪念大地（王权)？狮子擎着可爱的

---

① 此处将光增王比喻成曼陀罗山，搅动诸侯（大海），获得贡物（宝石）。

② 梵语 priyajānir-akuhanaḥ，Cowell 和 Kane 均译为"不嫉妒的丈夫"；Kane（1986），第 499 页注释为"喜爱妻子的丈夫"。

③ 梵语 kīnāśa，Cowell 和 Kane 均译为"穷人"，*MW* 译为"农民"或"吝啬鬼"。

④ 梵语 pārāśarin，指 Parāśara 学派的冥想者。

⑤ Kane（1986）本正文无。据 Kane 本注释。

⑥ 梵语 kumbha-dāsī，直译为"水罐女奴"，指"妓女"或"老鸨"。据 Kane（1986），第 500 页注释，吉祥天女寻找英雄的事迹如同老鸨。吉祥天女造访邪恶者，使他们获得财富而露出得意傲慢的表情，因而吉祥天女应为邪恶者的洋洋自得负责。

⑦ 罗摩（Rāma）的弟弟罗什曼那（Lakṣmaṇa），般度五子中坚战（Yudhiṣṭhira）的弟弟怖军（Bhīmasena）、阿周那（Arjuna）、无种（Nakula）、偕天（Sahadeva）均为优秀弟弟的典范。

鬃毛，面容好似明媚骄阳[①]；鬃毛浸润了醉象颞颥汁液的光芒；利爪如同雷电尖锋，凝掌猛击，撕碎醉象；这狮子离开山中巢穴，在林中游荡，谁来保护他背后的容身地方？因为英勇是威力的盟友。轻佻的吉祥天女，破烂衣衫遮掩双乳，手持一捆捆拘舍草、鲜花、柴薪和树叶，仿佛林中母鹿（口衔拘舍草、鲜花、柴薪、树叶）；如果装扮成衰老模样的吉祥天女如同坠入衰老这个陷阱的母鹿[②],没有被一同带入净修林，可敬的兄长打算如何处置她？我的种种辩驳岂非徒劳？我将沉默地追随敬爱的兄长。在净修林苦行将豁免僭越父兄之命的罪过。”这样想着，下定决心，喜增默然垂首侍立，意念已率先前往净修林。[③]

《戒日王传》第七章“婆尼弃主偷生”

然后，婆尼牵着一匹马，带着几个出身高贵的侍从，来到国王门前。婆尼衣服满是泥土[④]，胸膛插满敌人的箭簇，仿佛是为了防止心脏爆裂而环绕着镶入了许多铁楔子；虬髯贴在胸前，就像是对主人的尊重铭刻胸中；他显示着悲伤的印记：因奋力征战，手臂上的吉祥臂环摇摇欲坠，成了唯一残破的装饰；枯萎的下唇涌出长久的叹息的潮水，因忘记吃槟榔而色彩黯淡，如同用忧伤之火烤炙内心的火炭；仿佛因为抛弃主人而偷生的罪过和耻辱而用泪水面纱遮掩住脸庞；仿佛用绵长的叹息喷吐出双臂的徒劳无功的怒火，他的四肢软弱无力，羞愧地蜷缩着；他仿佛一个罪犯（pātakin），仿佛一个凶手（aparādhin），仿佛一个叛徒（drohin）；仿佛遭到劫掠，仿佛受到蛊惑；就像一头战无不胜的大象，因群主（象王）倒下而悲伤；就像莲花池，因太阳西沉而不再美丽；就像德罗那之子，因坚战失去财产而精神沮丧；就像被夺走珍宝的大海。[⑤]

---

① 梵语 bhāsvara-mukha，直译为“太阳脸”。

② 双关，梵语 jarā-jālinī，既为“（吉祥天女）在衰老的掩饰下”，又为“（野鹿）陷入衰老这个陷阱”。衰老的比喻意味着吉祥天女应陪伴王增老去。印度传统中，年老的国王将王位留给子嗣然后进入山林隐居（遁世期）。参见 Kane（1986），第 501 页。

③ 《戒日王传》第六章，Parab（1892），第 199~203 页；Kane（1918），第 38~40 页；Kane（1986），第 93~95 页；Cowell（1897），第 168~173 页。

④ 双关，或译“以尘土为外衣”。

⑤ 《戒日王传》第七章，Parab（1892），第 253 页；Cowell（1897），第 223~224 页。

附录四　戒日王文学作品选译

戏剧中的动作、表情等旁注用“{ }”表示，为帮助理解在译文中补入的字词用“[ ]”表示。无下划线的人物说梵语，有下划线的人物说俗语（Śaurasenī）。

《龙喜记》“颂诗”①

愿胜者佛陀②庇佑你们！菩提树下，魔女③们满怀嫉恨
对他百般勾引：“你假装冥想，却在念着哪个姑娘？
请睁睁眼，看看这个被爱神④花箭射伤的人！你是保护者，
却不肯保护[我们]！你假意慈悲，谁能比你更残忍？”（1.1）
而且，
拉满花弓的爱神，敲打着刺耳的战鼓、跳来跳去的魔军⑤，
蹙额、摇曳、频申⑥、微笑、嬉戏⑦的天女，躬身施礼的
悉陀们⑧，以及惊讶得身毛直竖的婆薮之主⑨都亲眼目睹他

---

① 依据德里本（Harṣavardhana, auth., *Śrī harṣadevapraṇītam Nāgānandam-nāṭakam*. Delhi: Munshiram Manohar Lal, 1958.）、卡尔帕提本（Ramachandra Aiyar, T. K., *Naganandam of Sri Harsha Deva: A Sanskrit Drama with English Translaton, Notes and Introdution*. Kalpathy-Palghat: R. S. Vadhyar & Sons, 2000.）译出。

② 梵语 jina，胜者，佛陀称号。

③ 梵语 māra-vadhū，摩罗女。

④ 双关，梵语 anaṅga，既是“无形的”，又是爱神称号。

⑤ 梵语 māra-vīra，摩罗勇士。

⑥ 梵语 jṛmbhā，汉译常作“频申”、“嚬呻”、“频申欠呿”等，意为“打呵欠”、“伸懒腰”、“欠伸”等。参见高明道《〈频申欠呿〉略考》，《中华佛学学报》第六期，第 129~185 页。

⑦ 《龙喜记》德里本作 calita-dṛś，意为“目光游移不定的”；浦那本和 Skilton 本作 lalitavat，意为“嬉戏的”。

⑧ 梵语 siddha，悉陀，一类半神的总称。

⑨ 梵语 vāsava，婆薮（Vasu）之主，因陀罗称号。

纹丝不动，悉心禅定，证得菩提。愿牟尼之王[①]保护你们！（1.2）

{颂诗结束}

《妙容传》第三幕“胎戏”[②]

{然后，穿着戏服的剧中大臣上场。}

剧中大臣：

井井有条布置后宫，在朝廷树立秩序；[③]

步步小心不要跌滑，处处避免犯错误；[④]

依靠拐杖的支撑，凭借着正当的刑罚；[⑤]

老态龙钟的我，追随国王的一切举动。[⑥]（3.3）

哦！羞辱全部敌军、人如其名的大军（Mahāsena）[⑦]命令我在后宫发布公告，内容如下：“明天是我们的优填王庆典。因此，请你们带着随从，穿上亮丽的节日盛装，前往爱神花园。”

调理妇：{指着剧中大臣}公主！演出开始了。请看！

剧中大臣：我要特别强调，是带着随从来，不是带着浓妆艳抹的随从。因为——

这些人哪，就连众嫔妃的侍女的丫鬟，

也脚踝套足环，手臂饰臂环，手指戴指环，

耳朵悬耳环，发髻编织着吉祥万字，浑圆的臀部

系着叮当作响的腰环，可爱的乳峰缀着珍珠项链。（3.4）

这里真是没什么特别的事可做。想着都是主上的吩咐，我奉命向公主宣布国王的全部命令。{走来走去，观望}这就是仙赐公主（Vāsavadattā），身后跟着手持七弦琴的金环（Kāñcanamālā），进了乐室。我这就去告诉她。{走上前}

---

① 梵语 munīndra，牟尼之王，佛陀称号。

② 依据 Kale（1928）本译出。

③ 双关，梵语 antaḥpurāṇāṃ vihitavyavasthaḥ，既为（我）在后宫妥善安排；又为（我追随国王）在朝廷树立秩序。

④ 双关，梵语 pade pade skhalitāni rakṣan，既为（我）步步避免跌倒；又为（我追随国王）处处避免犯错。

⑤ 双关，梵语 daṇḍanītyā，既为（我）依靠拐杖；又为（我追随国王）凭借惩戒。

⑥ 双关，每一短句都既形容“老态龙钟的我”，又形容“我追随国王的行为”。

⑦ 即仙赐王后（Vāsavadattā）的父亲、阿槃底国（Avanti）光辉王（Pradyota）。

{然后，林姑（Āraṇyikā）穿着仙赐的装束上场，坐下；金环上场，手里拿着七弦琴。}

林姑：喂，金环啊！七弦琴师为什么耽搁到现在还没有来？

金环：公主啊！他见到一个疯子，听了他的疯话，觉得有趣，留在那里找乐子了。

林姑：{合掌大笑}丫头啊！他问得妙！物以类聚，人以群分。[①]这一对疯子！

调理妇：她拥有公主一样的身形，所以一定会把你的角色演好。

剧中大臣：{上前}公主！国王给您捎话儿说，明天我们要听你弹七弦琴。因此，请你给"俱声"（Ghoṣavatī，七弦琴的名字）换上新的琴弦。

林姑：贤士啊！如果这样，快请七弦琴师！

剧中大臣：我这就去请犊子王。{退场}

林姑：金环！把"俱声"给我，我来为它调弦。

{金环拿来七弦琴，林姑将七弦琴抱在怀里弹拨。}

{然后，可心穿着犊子王的装束上场。}

可心：{自语}大王还没来。难道春倌没告诉他？或者，害怕王后？如果现在能来就太好啦！

{然后，国王和弄臣春倌戴着面纱上场。}

优填王：

此刻，冷月[②]并未像从前那样剧烈地炙烤我；
火热的叹息也没有那样持久地灼烧我的双唇；
思想不再空虚，四肢不再慵懒；
痛苦渐行渐远，渴望正在实现。（3.5）

朋友！可心曾说："王后既然禁止我亲爱的女友与大王相见[③]，也只能如此相聚。今晚，我们要在王后面前表演名为《优填王行状》（*Udayanacarita*，"胎戏"名称）的传说剧。林姑扮演仙赐，由我扮演犊子王。所有排演都是依据他的所行。因此，请犊子王亲自前来，扮

---

① 直译为"相像的人在相像的人那里发光"。

② 梵语 śītāṃśu，直译为"有寒冷光线的"，即月亮。

③ 直译为"被王后禁止在大王视线的道路通行"。

演自己的角色，享受相聚的盛宴。”这可是真的?

弄臣春倌：如果你不相信我，这是可心，正穿着你的行头等着呢。你自己过去问问嘛！

优填王：{走近可心}可心！春倌说的可是真的?

可心：主上啊！当然是真的！快戴上这些装饰！{说着，从身上摘下装饰，拿给国王。}

{国王戴上。}

弄臣春倌：这下，国王被侍女支使得跳舞啦！哦！这活儿多重要啊！

优填王：{大笑}傻瓜！还没到高兴的时候呢。跟可心悄悄进画廊去，待在那儿看我们的演出吧！

{二人奉命行事。}

林姑：金环啊！把七弦琴放下吧，现在我想问你点儿事儿。

优填王：让我听听这时在演哪一出！{仔细聆听}

金环：请公主尽管问。

林姑：我的父亲说：“如果犊子王演奏七弦琴能够征服我[①]，那么我一定解除他的监禁。”这是真的吗?

优填王：{掀起幕布入场，带着微笑，在衣角打了个结}正是如此。有何疑惑?

我演奏七弦琴，让光辉王和侍从满怀惊奇；

依我看，用不了多久我就能掳走仙赐为妻。(3.6)

因为负轭氏已将一切安排妥帖。

仙赐：{当即起身}愿夫君大获全胜！

优填王：{自语}怎么?我被王后看穿了?

调理妇：{微笑}公主！行啦行啦！别迷糊了！这是在看戏呢！

优填王：{自语，高兴地}这下我松了口气！

仙赐：{不好意思地笑着}怎么?那是可心吗?我还以为是我的丈夫呢！好！可心！好！演得太传神啦！

① 双关，梵语 vīṇāṃ vādayannapaharati māṃ vatsarājaḥ，其中 apaharati 既为“征服”又为“掳走”；māṃ 既指“仙赐的父亲自己”，又指“仙赐自己”。因此，这句话既可解为“优填王演奏七弦琴征服仙赐的父亲”，又为“演奏七弦琴的优填王掳走仙赐”。

调理妇：公主啊！正是可心制造了你的错觉。请看——
这是他的身形，具有愉悦眼眸的威严；这是他的装束，熠熠光鲜；
这是他的步伐，如同雍容醉象；这是他的气质，雄浑强健；
这正是他的优雅和玩世不恭[①]；以及浓云低吼般的嗓音；[②]凭借她
精湛的技艺，活脱脱一个犊子王在我们的眼前跃然呈现。（3.7）

仙赐：蓝莲丫头，我的丈夫戴着镣铐教我弹奏七弦琴。所以，用这个蓝莲花环做他的镣铐吧！｛从头顶摘下蓝莲花环，交给蓝莲。｝

｛蓝莲照办，然后回到原处坐下。｝

林姑：金环，你快告诉我，我的父亲说："如果犊子王演奏七弦琴能够征服我，那么我一定解除他的监禁。"这是真的，对吗？

金环：公主啊！是真的。你这样做，一定会得到犊子王的尊重。[③]

优填王：金环真是说中了我们那时的打算。

林姑：要是这样，那我得认真弹。｛边弹边唱｝
高贵的天鹅看着密布乌云锁链的天空，
渴望带着自己的伴侣，飞回心湖家乡；
王中天鹅犊子王，看着沉重锁链禁锢的监狱穹顶，
渴望带着心上人，获得她的芳心，归还自己故乡。[④]（3.8）

｛弄臣春倌表演熟睡。｝

可心：｛用手摇晃春倌｝春倌！快看！快看！我的好朋友在演出呢！

弄臣春倌：｛愤怒地｝奴隶女！你也不让我睡觉！自从我亲爱的朋友看到了林姑，我日日夜夜陪着他，见不到睡觉的影子！所以我要去别处睡觉了！｛走开，躺下｝

林姑：｛继续唱｝

---

① 双关，梵语 līlā，既为"优雅"；又为"嬉戏、玩乐"。

② 此颂前三个分句都是形容可心扮演的优填王的威仪，鉴于优填王替换了本该由可心扮演的舞台上的优填王，所以事实上是在赞美优填王本人。

③ 金环一语双关，既指仙赐跟犊子王学习七弦琴；又指仙赐与犊子王私奔。

④ 本颂双关。梵语 rājahaṃsa，既指"高贵的天鹅"；又指"国王中的天鹅（优填王）"。梵语 ghana-bandhana-saṃruddha，既为"被乌云锁链覆盖的"；又为"被沉重的锁链封闭的"。梵语 gagana，既为"天空"；又为"（监狱的）穹顶"。梵语 mānasa，既是湖的名称，野天鹅聚集的圣地，etum（返回）的宾语，与 vasati（家乡）同位；又是思想、心意，作为 gṛhītvā（获得）的宾语，指获得（心上人的）芳心。

雌蜜蜂被残忍的爱神投掷入新的激情，

精疲力竭，渴望见到曼妙容貌[①]的爱人。（3.9）

优填王：{听到弹唱，此时突然上前}好！公主！好！多美的歌声！多美的琴声！因为——

此时[七弦琴奏出]十种[②]装饰音[③]，清晰嘹亮；

快速、中速、慢速的三种节奏切换得鲜明恰当；

牛尾停顿[④]等三种停顿，依照顺序圆满完成；

三种演奏模式准确展现，娴熟如泉水流淌。（3.10）[⑤]

林姑：{怀抱七弦琴从座位起身，满怀渴望地看着国王}尊师，我向您致敬！

优填王：{微笑}愿我对你的祝福成真！

金环：{指向林姑的座位}请尊师就坐在这里！

优填王：{坐下}现在请公主坐在哪里呢？

金环：{微笑}现在，公主用精湛琴艺完全取悦了尊师您；因此，她该跟您并排坐。

优填王：请公主坐这儿，她值得占据座位的一半！公主，请坐！

{林姑看着金环。}

金环：{微笑}公主！坐呀！有什么错处？你确实是个特别的学生嘛。

{林姑羞答答坐下。}

仙赐：{含羞地}您真是添油加醋了。我那时根本就没和我的丈夫坐在同一个座位。

优填王：公主！我还想听。请弹琴吧！

林姑：{微笑}金环啊！我弹得太久，累坏啦。现在，我四肢酸软无力，不能演奏了。

金环：尊师！公主确实累坏啦。看看她，脸颊挂着汗珠，双手指

① 双关，梵语 priya-darśana，意为“容貌美丽的”；与女主人公妙容的梵文名字 Priyadarśikā 同源，暗指“渴望见到妙容的心上人”。

② 梵语 daśa-vidha，意为十种或十个部位。

③ 梵语 vyañjana，Kale 注释为一种演奏方法的名称。

④ 梵语 gopuccha，Kale 注释为一种停顿的名称。

⑤ 本颂描绘演奏印度乐器 vīṇā（七弦琴或印度琵琶）。

尖颤抖。所以，让她休息一会儿吧！

优填王：金环，你说得对。{ 希望 [与林姑] 牵手。}

{ 林姑缩手。}

仙赐：{ 轻蔑地 } 夫人，您又编得过火了。金环的花言巧语骗不了我！[①]

调理妇：{ 大笑 } 俱寿者啊[②]！文学作品本该如此！

林姑：{ 似娇似嗔 } 走开！金环！走开！我懒得理你！

金环：{ 微笑 } 如果我留下不受待见，那我可走了。{ 说完就要走 }

林姑：{ 着急地 } 金环！别走！别走！让他牵住这指尖吧。

优填王：{ 牵住林姑的手 }

此情此景，难道是红莲花蕾，带着露珠触碰的清凉？

我相信，那比不上这种快乐，因为清晨时分，旭日初上。[③]

五根纤指，五道指甲月光[④]洒下冰冷洪流，为何竟觉烧灼？

我知道，这一定是不死甘露在汗水的掩饰下不停地流淌。(3.11)

而且，

你用自己的手将这火红激情[⑤]置于我心，

你的手指，擅长掠夺珊瑚嫩芽的美丽。(3.12)

林姑：{ 表演肌肤相亲的奇怪感受 } 哦！呸呸呸！摸了这个可心，我的身体怪兮兮的。

仙赐：{ 突然起身 } 夫人，您自己看吧！我不能再看这些胡编乱造了！

调理妇：公主！乾达婆式[⑥]的结合符合法教。有什么难为情的？这

---

① 双关，梵语 na khalvahaṃ kāñcanamālā kāvyena vañcayitavyā，意为“我确实不是金环，不会被花言巧语欺骗”；或 kāñcanamālākāvyena 连写，意为“我确实不会被金环的花言巧语欺骗”。

② 梵语 āyuṣmat，意为“长寿者”，这里是对仙赐的称呼。

③ 梵语 uṣasy-eva vīta（一作 prīta）-ātapasya，多尼格（Wendy Doniger）将此句解为“甚至在没有太阳的清晨”，vīta 既为“可爱的”，又为“消失的”。Kale 本注释异文 vīta 一作 prīta（可爱的）；又因上下文逻辑：太阳升起，露珠消失，因而莲花苞没有露珠，不如牵手喜人。此处将 vīta 解释为“可爱的”，直译为“正是在可爱的太阳（升起）的清晨”。

④ 双关，梵语 nakhara-jani-kara，既为“指甲生长的手（指）”，又为“指甲（如月亮）生长的月光”。

⑤ 双关，梵语 rāga，既为“红色”；又为“激情”。

⑥ 梵语 gāndharva，指两情相悦的自由恋爱。

是在演戏呢。这会儿就走，破坏了欣赏的趣味呢！

{ 仙赐走开。}

蓝莲：{ 张望 } 娘娘，春倌在画廊门口睡得正香。

仙赐：{ 仔细看 } 是春倌没错。{ 思索 } 国王一定也在这里。我得弄醒他，好问他话。{ 唤醒他 }

弄臣春倌：{ 睡眼朦胧起身，突然定睛看 } 可心！怎么，我亲爱的朋友表演完回来了，还是正在演呢？

仙赐：{ 沮丧地 } 什么？我的丈夫在演戏！可心现在在哪儿？

弄臣春倌：她在画廊里候着呢。

可心：{ 惊慌地，自语 } 什么？王后心里想说的是一个意思，而这个笨蛋榆木头，竟然理解成了别的，把一切都弄糟了！

仙赐：{ 愤怒地冷笑 } 干得好啊！可心！干得好！你倒真会演啊！

可心：{ 惊慌失措、浑身发抖、跪在仙赐脚下 } 娘娘，这真不是我的错。实在是，这个没希望的蠢货，抢走了我的装饰，站在门口把我堵在这里。剧场的锣鼓声淹没了我的呼喊，也没人听得见。

仙赐：丫头，起来吧！我都知道了。春倌才是这个传说剧《林姑传奇》(*Āraṇyikā-vṛttānta*，“胎戏中戏”名称）的导演[①]！

弄臣春倌：自己想想看，林姑在哪儿？春倌在哪儿？

仙赐：可心！把他捆个结实，然后跟我来。我要看看他（导演）的这场戏了！

可心：{ 自语 } 这下我又活过来啦！{ 捆住春倌的手，大声地 } 恶棍！现在尝尝你自己的恶果吧！

仙赐：{ 疾步上前 } 夫君！消除这邪恶吧！{ 这样说着，解开国王双脚上的蓝莲花环，讥讽地 } 请夫君宽恕！以为你是可心，所以才用蓝莲花环绑了你。

{ 林姑惊慌地退开，站在一边。}

优填王：{ 随即起身，看见春倌和可心，自语 } 我是怎么被王后发现的？{ 表演窘迫 }

调理妇：{ 看着众人，微笑 } 怎么？这是在演另一出戏啦！我们这

① 梵语 sūtradhāra，指梵剧序幕中登场的“舞台监督”，即导演。

种人可不合适出场啦。{退场}

优填王：{自语}这种愤怒的模样前所未有。我看这次想和好没那么容易。{思索}既然如此，我这么办吧。{大声地}王后！请不要生气！

仙赐：夫君啊！谁在这儿生气了？

优填王：怎么？你没有生气？

虽然你顾盼温柔，但却有通红的眼眸；
你哽咽的话儿虽然甜蜜，却字字句句颤抖；
你压抑急促的喘息，却被起伏的胸膛暴露；
虽然你极力遏制，你的怒气却彰显无余。(3.13)

{跪在王后脚边}开心些！亲爱的！开心些！

仙赐：林姑啊！我丈夫觉得你不乐意了，所以讨好你说“亲爱的，开心些！”你还不快点儿过去！{这样说着，用手拉她。}

林姑：{惊慌地}娘娘！我真的什么也不知道！

仙赐：林姑！你怎么会不知道！现在我就教教你！蓝莲，把她绑了！

弄臣春倌：夫人！在今天这个满月大庆典（Kaumudī Mahotsava）①，我的朋友演这出戏，为了征服你的心呢！

仙赐：看看你们这恶劣的行径，我怎能不觉得好笑！

优填王：王后！别再怀疑！请看——

为什么紧锁的乌眉爬上明月般的前额，留下错误的沟痕？
为什么好似风中摇曳的正午红花②，是这频频颤抖的双唇？
你纤细的腰肢被剧烈起伏的浑圆乳房再一次压弯；
请你抛弃愤怒！我扮演这场好戏正是为了征服你的心。(3.14)

王后啊！开心些！开心些！{这样说着，跪在王后脚边}

仙赐：丫头！戏演完了。来，我们回宫去吧！{退场}

{以上为“胎戏”(Garbhanāṭaka)。}

---

① 在 Kārttika 月（公历 10 月至 11 月）满月日举行的敬拜湿婆之子六面童（Kārttikeya）的庆典。

② 梵语 bandhujīva，植物名，正午开红花，次日清晨凋零。

《璎珞传》第四幕“幻化大火”[①]

{幕后声响凌乱。}

刹那间，后宫突然升起一场大火，用烧灼折磨后宫女眷；

超越极限的剧烈热度，使御花园浓密的树梢卷曲而慵懒；

仿佛用一团团火焰为宫殿装饰了美丽的金色角楼；

凭借着浓烟笼罩，聚集成漆黑如雨云的游戏群山[②]。（4.14）

而且，

这场大火爆发，仿佛即将坐实之前

罗婆那迦宫殿（Lāvaṇaka）大火烧灼王后的谣言。[③]（4.15）

优填王：{慌乱起身}什么？后宫起火！糟糕！王后仙赐在火里！啊！我亲爱的仙赐啊！

仙赐：夫君，快救命啊！

优填王：怎么？乱糟糟的，王后就站在这里，竟没人瞧见！夫人！别怕！别怕！

仙赐：夫君！我不是在说我自己。海姑被我用脚镣残忍地囚禁在后宫，命悬一线。因此，请夫君救救她吧！

优填王：什么？海姑要死了！夫人，我这就去！

世有：王上！何必要没来由地做飞蛾扑火的事？

能受：王上！世有说得有理。

弄臣春倌：{扯住国王上衣}朋友！请不要这样做！

优填王：{脱掉上衣}呸！笨蛋！海姑要死了！现在活着又为了什么？{表演进入大火，被浓烟吞没}

熄灭吧！熄灭吧！烈火！请摆脱浓烟的纠缠！

你为什么展现出一轮轮壮丽的火焰？

我遭受的爱别离之火，具有末日大火[④]的光芒，

① 依据 Kale（1964）本译出。

② 梵语 krīḍā-mahīdhra，直译为“嬉戏的（活动的）山”。

③ 指宰相负轭氏为帮助优填王顺利迎娶僧伽罗国璎珞公主而散布的仙赐王后在罗婆那迦宫殿大火中丧生的谣言。

④ 梵语 pralaya-dahana，即毁灭世界之火。

却没有将我烧毁，你又能把我怎么样？（4.16）

仙赐：我的夫君为什么如此心意坚决，听从了薄命的我的请求？既然如此，我也要追随我的夫君！

弄臣春倌：{ 走上前去 } 娘娘！让我为您指路！

世有：什么？犊子王已经进入火焰！我已然见证了公主的不幸[①]，正应该让我的身体成为 [投入火中的] 祭品！

能受：{ 含泪地 }[②] 哎呀！大王！为什么婆罗多族没来由地置身于不确定的天平之上？多说无益！我也要走上前去，无愧于我的忠诚！

{ 所有人表演进入大火。}

{ 然后，带着脚镣的海姑上场。}

海姑：{ 四下张望 } 唉！呸！到处火光一片。{ 满足地想 } 今天，真是幸运，这火将结束我的痛苦。

优填王：哎呀！海姑身边全是火！我得赶紧过去！{ 迅速靠近 } 哎呀！亲爱的姑娘！在现在这样忙乱的时候，你怎么还能如此淡定！

海姑：{ 看见国王，自语 } 怎么是我的夫君？见到他，我又获得了生的渴望。{ 大声地 } 君上[③] 救我！君上救我！

优填王：胆小鬼！别害怕！

请再忍耐一下这腾起的浓烟！{ 看前方 }

哎呀！你的丝衣着了火，从胸前滑落。{ 仔细看 }

你为什么跌跌绊绊？怎么？你双足竟铐着铁锁！{ 束紧腰带 }

我立刻带你离开这里，最亲爱的女子啊！请抱住我！（4.17）

{ 抱起她，搂在脖颈，闭起眼睛，表演肌肤相亲的舒适 } 哎呀！刹那间炽热的火焰离我而去！[④] 亲爱的，振作些！振作些！

亲爱的！显而易见，烈火虽然舔舐尊贵的你，

却没有灼伤你，因你的抚摸能驱散炽热的火焰。（4.18）

{ 睁开双眼，四下张望，放下海姑 } 哦！太神奇了！

---

① 世有此时认为僧伽罗公主璎珞在海难中丧生。

② Kale 本无。依 Cappeller 本补入。

③ 梵语 bhartṛ，直译为“丈夫、主人”。

④ 双关，既喻指由于与心上人身体的接触，熄灭了内心相思的欲火而感觉清凉；又实指此时幻化大火消失，灼热的幻觉也不复存在。

大火去了哪里？后宫矗立如初。{看到仙赐}（4.19–L1）

阿槃底国王的公主[①]怎么在此处？（4.19–L2）

仙赐：{喜悦地抚摸国王的身体}夫君身体没有受伤，真是太好了。

优填王：

这是能受——（4.19–L3A）

能受：王上！现在我们又活过来了！

优填王：

——这是世有——（4.19–L3B）

世有：愿大王胜利！

优填王：

——[这是]我的朋友。（4.19–L3C）

弄臣春馆：愿尊者战无不胜！

优填王：

我的思想游荡在梦中，还是在幻境[②]？（4.19–L4）（4.19）

弄臣春馆：哦！毋庸置疑！这就是幻境。那个奴隶子幻术师曾说，"一定请国王再看一场我的表演。"所以，这一定就是那个[第二场表演]了。

① 即仙赐。

② 梵语 indrajāla，直译为"因陀罗网"，指幻觉或魔术。

附录五　图表

（一）《班斯凯拉铜牌》拓片

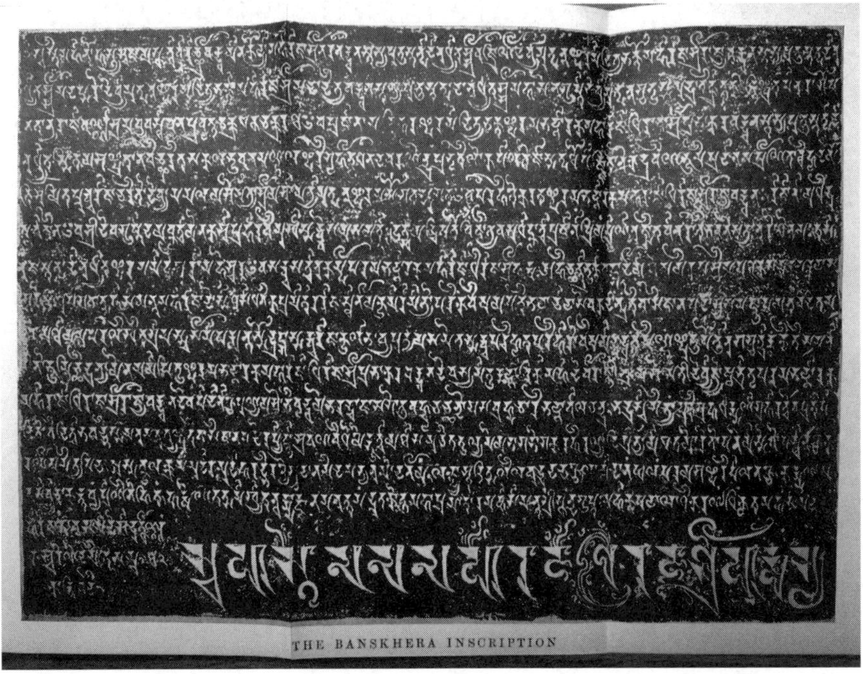

（《班斯凯拉铜牌》拓片引自 Mookerji, Radhakumud, *Harsha: Calcutta University Readership Lectures, 1925*. London: Oxford University Press, 1926）

（二）《默图本铜牌》拓片

（《默图本铜牌》拓片引自 *EI*，VII，第 158 页）

（三）《信西古乐图》中《秦王破阵乐》舞图

（四）曲女城法会会场示意图

行宫　　　　　恒河
（在大伽蓝东北十四五里）　恒河
恒河
恒河
大伽蓝 ======= 宝台 ===== 窣堵坡 == 恒河
（恒河西岸）　　　　||　　　（大伽蓝东侧）
（大伽蓝东侧，高百余尺，中有金佛像）
||
宝坛
（宝台之南，沐浴金佛像之处）

（五）戒日王谱系

（1）普西亚布蒂王朝戒日王谱系[1]

花有/普西亚布蒂[2]

（1）大王人增[3] + 金刚王后[4]

（2）大王王增（一世）[5] + 仙女王后[6]

（3）大王日增[7] + 大军护王后[8] = 大军护

童护 = 春护

（4）至尊王中王光增（热戒）[9] + 至尊后中后美誉[10] = 美誉王后的兄弟

婆尼[11]

（5）至尊王中王王增（二世）[12] =（6）至尊王中王喜增（戒日）[13] = 王圣[14] + 摄铠[15]

女儿 + 伐腊毗常军（二世）（常叡、杜鲁婆跋吒、幼日）[16]

---

① 参见 Shankar Goyal（2006），第 357 页；Devahuti（1998），第 298 页。参见附录一《戒日王铭文及汉译》。

② 梵语 Puṣpabhūti/Puṣyabhūti。

③ 梵语 Mahārāja Naravarddhana。

④ 梵语 Vajriṇī Devī 。

⑤ 梵语 Mahārāja Rājyavarddhana（I）。

⑥ 梵语 Apsaro Devī。

⑦ 梵语 Mahārāja Ādityavarddhana。

⑧ 梵语 Mahāsenaguptā Devī。

⑨ 梵语 Paramabhaṭṭāraka Mahārājādhirāja Prabhākaravarddhana，称号是 Pratāpaśīla（热戒）。

⑩ 梵语 [Parama]bhaṭṭārikā Mahādevīrājñī Śrī Yaśomatī Devī。

⑪ 梵语 Bhaṇḍi。

⑫ 梵语 Paramabhaṭṭāraka Mahārājādhirāja Rājyavarddhana（II）。

⑬ 梵语 Paramabhaṭṭāraka Mahārājādhirāja Harṣavarddhana，称号 Śīlāditya（戒日）。《班斯凯拉铜牌》、《俱卢之野 - 瓦拉纳西铜牌》和《铜印》、《默图本铜牌》、《那烂陀泥印》中出现的均为 Śrīharṣa（吉祥喜）；只有《索帕铜印》中出现了 Śrīharṣavarddhana（吉祥喜增）的全称。

⑭ 梵语 Rājyaśrī。

⑮ 梵语 Grahavarman。

⑯ 梵语 Dhruvasena（II），又名 Dhruvabhaṭṭa（常叡），音写“杜鲁婆跋吒”，称号是 Bālāditya（幼日）。

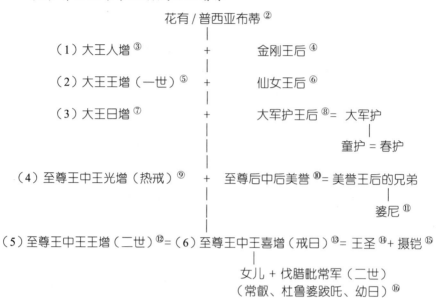

（2）后期笈多王朝（Later Gupta）谱系 ①

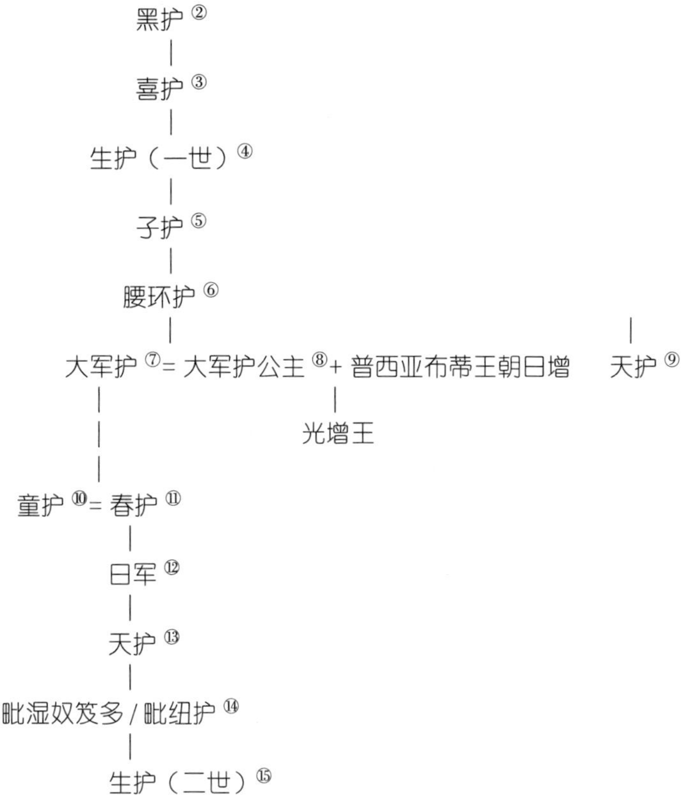

① 参见 Shankar Goyal（2006），第 358 页；Devahuti（1998），第 299 页。

② 梵语 Kṛṣṇagupta。

③ 梵语 Harṣagupta。

④ 梵语 Jīvitagupta（I）。

⑤ 梵语 Kumāragupta，又译"童护"。

⑥ 梵语 Dāmodaragupta。

⑦ 梵语 Mahāsenagupta。

⑧ 梵语 Mahāsenaguptā，普西亚布蒂王朝大王日增之妻大军护王后，戒日王祖母。

⑨ 梵语 Devagupta。戒日王铭文中记载戒日王兄长王增（二世）战胜的天护王，就是这个后期笈多王朝的天护王。

⑩ 梵语 Kumāragupta，在《戒日王传》中出现。

⑪ 梵语 Mādhavagupta，在《戒日王传》中出现。

⑫ 梵语 Ādityasena。

⑬ 梵语 Devagupta。

⑭ 梵语 Viṣṇugupta，音写"毗湿奴笈多"。

⑮ 梵语 Jīvitagupta（II）。

（3）曲女城的穆克里王朝（Maukhari）谱系[①]

大王诃利伐摩[②]

|

大王阿底提耶伐摩 / 日铠[③]

|

大王自在伐摩[④]

|

王中之王伊沙那伐摩[⑤]

|

王中之王萨婆伐摩[⑥]= 苏利耶伐摩[⑦]

|

王中之王阿般提伐摩[⑧]

|

哥罗诃伐摩 / 摄铠王[⑨]+ 王圣[⑩]= 妙誓铠 / 妙月铠（？）[⑪]

① 参见 Shankar Goyal（2006），第 359 页；Devahuti（1998），第 300 页。

② 梵语 Harivarman。

③ 梵语 Ādityavarman。

④ 梵语 Īśvaravarman。

⑤ 梵语 Īśānavarman。

⑥ 梵语 Śarvavarman。

⑦ 梵语 Sūryavarman。

⑧ 梵语 Avantivarman。

⑨ 梵语 Grahavarman。

⑩ 梵语 Rājyaśrī。普西亚布蒂王朝光增王之女王圣，戒日王妹妹。

⑪ 梵语 Suva...（suvrata? suca?）。残缺。

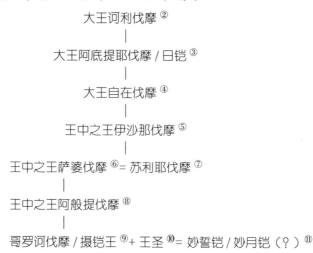

(4) 伐腊毗的梅特腊迦王朝(Maitraka)谱系[①]

(1)军主婆吒勒迦[②]

(2)军主持军(一世)[③]=(3)大王斗狮[④]=(4)大王常军(一世)[⑤]=(5)大王持牒[⑥]

(6)大王隐军[⑦]

(7)大君王持军(二世)[⑧]

(8)大王戒日(一世)(法日)[⑨]=　(9)锐摄(一世)[⑩]

底拉婆吒[⑪]

(10)持军(三世)[⑫]=(11)常军(二世)/常叡王(幼日)[⑬]
+戒日王之女

(12)至尊王中之王持军(四世)[⑭]
(戒日王外孙?)

---

① 参见 Shankar Goyal(2006),第 360 页;Devahuti(1998),第 301 页。梅特腊迦王朝的东方分国是摩腊婆国(Mālava),即今天的马尔瓦(Mālwa);梅特腊迦王朝的西方分国是伐腊毗国(Valabhi)。笈多王朝的一个梅特腊迦族的将军建立了梅特腊迦王朝。

② 梵语 Senāpati Bhaṭārka,出身梅特腊迦族的笈多王朝将军。

③ 梵语 Senāpati Dharasena(I)。

④ 梵语 Droṇasiṃha,约公元(五世)纪末在位。

⑤ 梵语 Dhruvasena(I)。

⑥ 梵语 Dharapaṭṭa。

⑦ 梵语 Guhasena。

⑧ 梵语 Mahādhirāja Dharasena(II)。

⑨ 梵语 Śīlāditya(I),音写为"尸罗阿迭多",称号是 Dharmāditya(法日)。

⑩ 梵语 Kharagraha(I)。

⑪ 梵语 Ḍerabhaṭa。

⑫ 梵语 Dharasena(III)。

⑬ 梵语 Dhruvasena(II),又名 Dhruvabhaṭṭa(常叡),音写"杜鲁婆跋吒",称号是 Bālāditya(幼日)。普西亚布蒂王朝戒日王之女婿。

⑭ 梵语 Dharasena(IV)。

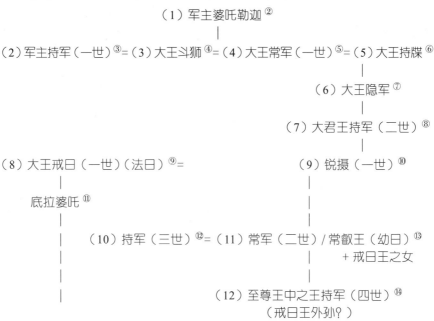

戒日[1]=（14）锐摄（二世）（法日）[2]=（13）常军（三世）[3]
|
（15）戒日（二世）[4]
|
（16）戒日（三世）[5]
|
（17）戒日（四世）[6]
|
（18）戒日（五世）[7]
|
（19）戒日（六世）/ 杜鲁跋吒[8]

---

① 梵语 Śīlāditya。据 Fleet（*CII*，III，第 39 号），虽然戒日（(二世)）的父亲戒日从未登基，也曾称戒日（(二世)）。

② 梵语 Kharagraha（II），称号是 Dharmāditya（法日）。

③ 梵语 Dhruvasena（III）。

④ 梵语 Śīlāditya（II）。

⑤ 梵语 Śīlāditya（III）。

⑥ 梵语 Śīlāditya（IV）。

⑦ 梵语 Śīlāditya（V）。

⑧ 梵语 Śīlāditya（VI），又名 Dhrubhaṭa，音写“杜鲁跋吒”。

（5）婆塔比（Vātāpi）的遮娄其王朝（Cālukya）谱系[①]

胜狮（一世）/ 胜狮爱[②]

|

战欲[③]

|

补罗稽舍（一世）[④]

|

称铠[⑤]= 福主[⑥]

|　　|

|　一个儿子

|

补罗稽舍（二世）/ 真依（一世）[⑦]= 曲毗纽增[⑧]= 觉伐腊沙[⑨]

（6）迦耆（Kāñcī）的跋罗婆王朝（Pallava）谱系[⑩]

僧诃伐摩 / 狮胄[⑪]

|

僧诃毗纽[⑫]

|

摩醯因陀罗伐摩（一世）/ 大主胄（一世）[⑬]

|

那罗僧诃伐摩（一世）/ 人狮胄（一世）[⑭]

---

① 参见 Shankar Goyal（2006），第 361 页；Devahuti（1998），第 302 页。

② 梵语 Jayasiṃha（I），又名 Jayasiṃhavallabha（胜狮爱）。

③ 梵语 Raṇarāga。

④ 梵语 Pulakeśin（I），541 年即位。

⑤ 梵语 Kīrtivarman，567~597 年在位。

⑥ 梵语 Maṅgaleśa，597~608 年在位。

⑦ 梵语 Pulakeśin（II），又名 Satyāśraya（I）（真依（一世）），609~642 年在位。跋罗婆过渡时期（Pallava Interregnum）为 642~654 年。

⑧ 梵语 Kubjaviṣṇuvardhana。

⑨ 梵语 Buddhavaraśa。

⑩ 参见 Shankar Goyal（2006），第 361 页；Devahuti（1998），第 303 页。

⑪ 梵语 Siṃhavarman，550~575 年在位。

⑫ 梵语 Siṃhaviṣṇu，575~600 年在位。

⑬ 梵语 Mahendravarman（I），600~630 年在位。

⑭ 梵语 Narasiṃhavarman（I），630~668 年在位。

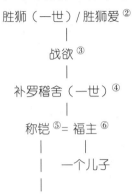

（六）印度历十二月译名对照表

大唐月	天竺月①	梵语	玄奘音写②	其他译名③	新译
二月	角月	caitra–māsa	制呾罗月	制怛罗 载怛罗	孟春月
三月	氐月	vaiśākha–māsa	吠舍佉月	同奘译 同奘译	仲春月
四月	心月	jyeṣṭha–māsa，或 jyaiṣṭha	逝瑟吒月	誓瑟搋 哝瑟吒	季春月
五月	箕月	āṣāḍha–māsa	頞沙荼月	阿沙荼 阿沙姹	孟夏月
六月	女月	śrāvaṇa–māsa，或 nabhas	室罗伐拏月	室罗筏拏 室啰嚩那	仲夏月 （雨月）
七月	室月	bhādrapada–māsa	婆达罗钵陀月	同奘译 婆捺啰婆捺	季夏月
八月	娄月	āśvayuja–māsa，或 āśvina	頞湿缚庾阇月	阿湿缚庾阇 阿湿缚喻若	孟秋月
九月	昴月	kārttika–māsa，或 kṛttikā	迦剌底迦月	羯栗底迦 迦哩底迦	仲秋月
十月	觜月	mārgaśīra–māsa，或 mārgaśīrṣa	末伽始罗月	同奘译 么陵誐尸哩沙	季秋月
十一月	鬼月	pauśa–māsa，或 pauṣya	报沙月	同奘译 宝沙	孟冬月
腊月	星月	māgha–māsa	磨祛月	磨伽 么佉	仲冬月
正月	翼月	phālguna–māsa	颇勒窭拏月	颇勒窭那 叵啰虞那	季冬月

① 《西域记》卷二《印度总述》，第 168 页，第 170~171 页注释一；参见钮卫星 著，《西望梵天》（2004），第 90~92 页。

② 《西域记》卷二《印度总述》，第 168 页，第 173 页注释七。

③ 第一行为《大毗婆沙论》中音写；第二行为《十二缘生祥瑞经》中音写。参见钮卫星 著，《西望梵天》（2004），第 90~92 页。

附录六　戒日王朝大事编年

公元 586 **年（开皇六年）**

585/586 年，戒日王兄长王增（二世）出生。[①]

公元 587 **年（开皇七年）**

摩腊婆国王子童护出生。

公元 590 **年（开皇十年）**

戒日王 0 岁。

公历 6 月 4 日晚 10 时左右，戒日王出生。[②]

补罗稽舍（二世）出生。

光增王铸造银币。

公元 592 **年（开皇十二年）**

戒日王 2 岁。

戒日王妹妹王圣出生。[③]

美誉王后兄弟的儿子婆尼，今年 8 岁，前来侍奉。

公元 599 **年（开皇十九年）**

戒日王 9 岁。

公历 1 月 23 日[④]，唐太宗李世民出生。

---

① 据波那《戒日王传》第四章，Parab（1892），第 148 页；Cowell（1897），第 115~116 页，"王增 6 岁了，这时候，喜增可以拉着保姆的手指走上五六步路。……在这个时候，美誉王后怀上了王圣。……也是在这个时候，美誉王后的兄弟 8 岁的儿子婆尼前来侍奉两个王子。"据此可粗略估算，婆尼 8 岁的时候，王增 6 岁，喜增 2 岁左右，王圣即将出生。依据喜增的生辰可推断出其他三人的生年。

② 参见本书第二章《戒日王的年代、家族及都城》。并参见 Shankar Goyal（2006），第 161 页；第 316 页，星相学史料辅助证实戒日王生于 590 年。

③ 见公元 586 年"王增（二世）出生"注释。

④ 农历开皇十八年十二月二十二日。

公元600年（开皇二十年）

戒日王10岁。

阿般提伐摩死。

阿般提伐摩长子摄铠王开始统治羯若鞠阇国。

阿般提伐摩幼子妙誓铠开始统治摩揭陀国。①

妙誓铠在那烂陀颁发《穆克里那烂陀泥印》。（可能稍晚）

公元604年（仁寿四年）

戒日王14岁。

农历七月，隋文帝杨坚驾崩，隋炀帝杨广即位。②

公元605年（大业元年）

戒日王15岁。

摩腊婆国王子童护（今年18岁）和春护前来侍奉。（可能稍早）

王圣出嫁。（可能稍早）

王增出征盖拉瑟山抗击白匈奴。

戒日王母亲美誉王后投火自焚。

戒日王父亲光增王病逝。

摩腊婆王天护袭击曲女城。

戒日王妹夫摄铠王遇害。

戒日王在萨他泥湿伐罗国即位。

王增遇害。

笈多占领曲女城。

鸠摩罗王派密使与戒日王结盟。

戒日王命婆尼率军攻打高达国。

戒日王进入文底耶森林寻找妹妹王圣。

戒日王在羯若鞠阇国即位。

戒日王以“象军五千，马军二万，步军五万”兵力，开始征伐

① 参见Ghosh, A., *EI*, Vol. 24, 第285页；Sircar（1983），第215~216页；Thaplyal（1985），第154~155页。

② 据《隋书》卷三《帝纪第三》，炀帝上，第59页，“[仁寿]四年（604）七月，高祖崩，上即皇帝位于仁寿宫”。

四方。[①]

公元 606 年（大业二年）（喜增元年）

戒日王 16 岁。

戒日王于即位当年或次年改元为 Harṣa（喜增）元年。[②]

妙誓铠结束对摩揭陀国的统治。（可能稍早）

设赏迦王获得了摩揭陀国的控制权。[③]

公元 607 年（大业三年）（喜增 2 年）

戒日王 17 岁。

农历五月，突厥启民可汗派儿子和兄弟的儿子觐见隋炀帝；启民可汗亲自求见，隋炀帝不许。[④]

农历六月，突厥启民可汗觐见隋炀帝；吐谷浑、高昌遣使来朝。[⑤]

公元 608 年（大业四年）（喜增 3 年）

戒日王 18 岁。

农历正月，隋炀帝下令开凿永济渠。[⑥]

农历七月，隋炀帝下令修筑长城。[⑦]

公元 609 年（大业五年）（喜增 4 年）

戒日王 19 岁。

农历六月十七日，隋炀帝接见高昌王麹伯雅，宴请高昌王等西域

---

① 《西域记》卷五《羯若鞠阇国》，第 429 页。

② 据《慈恩传》卷五，第 110~111 页，"（戒日）王曰：'弟子嗣承宗庙，为天下主，三十馀年……五年一请五印度沙门、婆罗门及贫穷孤独，为七十五日无遮大施。已成五会，今欲作第六会。'"据《西域记》卷五《羯若鞠阇国》，第 429 页，"于六年中，臣五印度……垂三十年，兵戈不起"，可见在戒日王举行第六次无遮大会之时（公元 641 年），戒日王已即位 30 余年；如果戒日王"臣五印度"的当年举行第一次无遮大会，那么戒日王即位时间应该在 35 年至 39 年之前，也就是公元 602 年至 606 年之间。如果可以确证戒日王出生于 590 年，那么 606 年是最可能的年份。D. C. Sircar，D. Devahuti 和 S. R. Goyal 均认同以 606 年为喜增元年。参见 Shankar Goyal（2006），第 313~316 页。

③ Devahuti（1998），第 36 页，设赏迦王在摩揭陀国罗塔斯宫（Rohtas-garh）岩壁留下的铭文（*CII*，III，No.78），证明他在 606 年前后获得了摩揭陀国的控制权。

④ 据《隋书》卷三《帝纪第三》，炀帝上，第 68 页，"[大业三年]（607）五月丁巳，突厥启民可汗遣子拓特勤来朝"等。

⑤ 据《隋书》卷三《帝纪第三》，炀帝上，第 69~70 页 。

⑥ 据《隋书》卷三《帝纪第三》，炀帝上，第 70 页 。

⑦ 据《隋书》卷三《帝纪第三》，炀帝上，第 71 页 。

诸国使臣。[①]

补罗稽舍（二世）与叔父福主之间发生战争，以福主之死告终。

公元 610 年（大业六年）（喜增 5 年）

戒日王 20 岁。

609/610 年（Śaka 531），补罗稽舍（二世）在摩诃剌侘国即位，即位时年仅 20 岁。[②]

公元 611 年（大业七年）（喜增 6 年）

戒日王 21 岁。

奔那伐弹那大战。(可能稍早)

设赏迦王结束对摩揭陀国的统治。(可能稍早，约 606~611 年)

戒日王臣五印度，开疆拓土，扩充兵力，象军六万，马军十万。[③]

戒日王开始准备 616 年无遮大会。

农历腊月（公历可能在 612 年），西突厥处罗多利可汗觐见隋炀帝。[④]

公元 612 年（大业八年）（喜增 7 年）

戒日王 22 岁。

农历正月，隋炀帝亲率大军出征高丽；久攻不下；七月，九军并陷，班师。[⑤]

公元 612~627 年（约 620 年）

波那撰写《戒日王传》。

公元 613 年（大业九年）（喜增 8 年）

戒日王 23 岁。

---

① 据《隋书》卷三《帝纪第三》，炀帝上，第 73 页，"[大业五年（609）六月] 壬子（十七日），高昌王麴伯雅来朝，伊吾吐屯设等献西域数千里之地。上大悦。癸丑（十八日），置西海、河源、鄯善、且末等四郡。丙辰（二十一日），上御观风行殿，盛陈文物，奏九部乐，设鱼龙曼延，宴高昌王、吐屯设于殿上，以宠异之。其蛮夷陪列者三十余国。"

② 《西域记》卷一一《摩诃剌侘国》，第 892~894 页注释一、三。

③ 据《西域记》卷五《羯若鞠阇国》，第 429 页，"于六年中，臣五印度"等。参见公元 606 年"Harṣa（喜增）元年"注释。

④ 据《隋书》卷三《帝纪第三》，炀帝上，第 76 页 。

⑤ 据《隋书》卷四《帝纪第四》，炀帝下，第 79~83 页 。

农历二月，隋炀帝再次出兵征讨高丽。[①]

公元 616 **年（大业十二年）（喜增** 11 **年）**

戒日王 26 岁。

农历三月至五月，第一次钵逻耶伽国无遮大会。[②]

公元 618 **年（武德元年）（喜增** 13 **年）**

戒日王 28 岁。

农历三月，隋炀帝卒。

农历五月，唐高祖李渊登基称帝，建立唐朝。[③]

公元 619 **年（武德二年）（喜增** 14 **年）**

戒日王 29 岁。

设赏迦王颁发《设赏迦铜牌》。[④]

公元 620 **年（武德三年）（喜增** 15 **年）**

戒日王 30 岁。

农历四月，唐太宗李世民大败宋金刚、刘武周，《秦王破阵乐》始传。[⑤]

公元 621 **年（武德四年）（喜增** 16 **年）**

戒日王 31 岁。

农历三月至五月，第二次钵逻耶伽国无遮大会。

公元 622 **年（武德五年）（喜增** 17 **年）**

戒日王 32 岁。

设赏迦王死。

公元 623 **年（武德六年）（喜增** 18 **年）**

戒日王 33 岁。

---

① 据《隋书》卷四《帝纪第四》，炀帝下，第 84 页 。

② 见公元 641 年“第六次钵逻耶伽国七十五天无遮大会”注释。以下二至五次无遮大会同。

③ 据《新唐书》卷一《本纪第一》，高祖，第 6 页。

④ *EI*，VI，第 143~146 页。

⑤ 据《新唐书》卷二《本纪第二》，太宗，第 25~26 页，“[武德] 三年（620）四月，击败宋金刚……刘武周惧，奔于突厥”。

戒日王吞并孟加拉地区。[①]

公元 626 年（武德九年）（喜增 21 年）

戒日王 36 岁。

农历三月至五月，第三次钵逻耶伽国无遮大会。

农历六月，唐太宗李世民玄武门之变。

农历八月初九，李世民即位。[②]

公元 627 年（贞观元年）（喜增 22 年）

戒日王 37 岁。

印历 9 月 16 日，戒日王颁发《班斯凯拉铜牌》。

公元 628 年（贞观二年）（喜增 23 年）

戒日王 38 岁。

玄奘到达印度境内。[③]

戒日王颁发《俱卢之野－瓦拉纳西铜牌》和《俱卢之野－瓦拉纳西铜印》。

公元 629 年（贞观三年）（喜增 24 年）

戒日王 39 岁。

伐腊毗国国王持军（三世）死。

持军（三世）的弟弟常叡王在伐腊毗国即位。[④]

公元 630 年（贞观四年）（喜增 25 年）

戒日王 40 岁。

戒日王与伐腊毗国交战。[⑤]

印历 10 月 21 日，戒日王颁发《默图本铜牌》。

---

① Devahuti（1998），第 106~107 页。

② 据《新唐书》卷二《本纪第二》，太宗，第 26~27 页，“[武德]九年（626）六月，太宗以兵入玄武门，杀太子建成及齐王元吉。高祖大惊，乃以太宗为皇太子。八月甲子，即皇帝位于东宫显德殿。”

③ 参见杨廷福 著，《玄奘年谱》（1988），第 119~140 页。

④ Devahuti（1998），第 106~107 页。

⑤ Devahuti（1998），第 106~107 页。

公元 631 **年（贞观五年）（喜增** 26 **年）**

戒日王 41 岁。

满胄王死。

戒日王获得“摩揭陀王”称号。

农历三月至五月，第四次钵逻耶伽国无遮大会。

约五月，玄奘到达羯若鞠阇国，停留三月，而后开始巡礼恒河沿岸佛迹，包括钵逻耶伽国大施场。

约十月初，玄奘到达摩揭陀国那烂陀寺，开始巡礼摩揭陀国佛迹至岁末，所见包括满胄王所造铜立佛像和戒日王所造尚未竣工的鍮石精舍。①

公元 633 **年（贞观七年）（喜增** 28 **年）**

戒日王 43 岁。

摩揭陀国那烂陀寺戒贤法师遣人将一婆罗门送与戒日王，王封以三邑。②

公元 634 **年（贞观八年）（喜增** 29 **年）**

戒日王 44 岁。

取悦河大战。（可能稍早，约 630~634 年）

公元 635 **年（贞观九年）（喜增** 30 **年）**

戒日王 45 岁。

戒日王倚恃强力掠夺迦湿弥罗佛牙。③

634/635 年（Śaka 556），补罗稽舍（二世）的宫廷诗人日称建造弥

---

① 《西域记》卷九《摩揭陀国下》，第 761 页；参见《慈恩传》卷三，第 73 页，那烂陀寺西北“有过去四佛坐处。其南鍮石精舍，戒日王之所建，功虽未毕，详其图量，限高十馀丈”；《慈恩传》卷四，第 98 页，“初狮子光未去前，戒日王于那烂陀寺侧造鍮石精舍，高逾十丈，诸国咸知”；《释迦方志》卷下，第 74 页，“次南鍮石精舍，高八十尺，戒日王造，今犹未了”。另，《释迦方志》卷下，第 74 页，“次北大精舍，高二十馀丈，戒日王造，庄严度量及中佛像，同菩提树下精舍也”，而据《西域记》卷九《摩揭陀国下》，第 760~761 页，“观自在菩萨精舍北有大精舍，高三百馀尺，婆罗阿迭多王（Bālāditya）之所建也。庄严度量及中佛像，同菩提树下大精舍”。《释迦方志》第二处中之“戒日王”（尸罗阿迭多王），恐为《西域记》中“婆罗阿迭多王”之讹。

② 《慈恩传》卷三，第 74 页。

③ Devahuti（1998），第 111~112 页。

固底寺，创作并篆刻《艾荷落铭文》。

公元636**年（贞观十年）（喜增**31**年）**

戒日王46岁。

农历三月至五月，第五次钵逻耶伽国无遮大会。

戒日王铸造银币。

公元638**年（贞观十二年）（喜增**33**年）**

戒日王48岁。

戒日王铸造银币。

公元639**年（贞观十三年）（喜增**34**年）**

戒日王49岁。

戒日王征服乌荼国。（可能稍早）

春末之前，戒日王欲请摩揭陀国胜军论师为国师，封乌荼国八十大邑，论师不受。王再三固请，亦皆固辞。[①]（可能稍早）

公元640**年（贞观十四年）（喜增**35**年）**

戒日王50岁。

农历正月初，玄奘辞别杖林山胜军论师，八日后，回到那烂陀寺。

农历正月，戒日王征讨恭御陀国。[②]

农历正月，戒日王发信给那烂陀戒贤法师，准备在乌荼国举办佛教辩经大会。[③]

农历八月，高昌王麴文泰卒。[④]

鸠摩罗王与玄奘初会，玄奘为之讲经说法一月有余。[⑤]

初冬，戒日王与玄奘初会。[⑥]

农历腊月（公历可能在641年），戒日王与玄奘到达曲女城。[⑦]

---

① 《慈恩传》卷四，第95~96页。

② 据《慈恩传》卷五，第105页，“戒日王讨恭御陀还”后见玄奘。

③ 《慈恩传》卷四，第98~99页。

④ 参见杨廷福《玄奘年谱》（1988），第196，207页。玄奘在四年之后的公元644年从印度归国途中才得知高昌王麴文泰的死讯。

⑤ 参见杨廷福《玄奘年谱》（1988），第193页。

⑥ 参见杨廷福《玄奘年谱》（1988），第193~195页。

⑦ 《慈恩传》卷五，第107页，“法师自冬初共王逆河而进，至腊月方到会场”。

公元 641 年（贞观十五年）（喜增 36 年）

戒日王 51 岁。

农历正月，文成公主与松赞干布成婚。

农历仲春（二月）初一至二十一日，供养沙门、婆罗门及十八天曲女城法会。

农历二月二十一日，戒日王与玄奘启程赴钵逻耶伽会场。[①]

农历三月至五月，第六次钵逻耶伽国七十五天无遮大会。[②]

夏初，玄奘启程归国。[③]

戒日王一使（到达）。戒日王自称摩揭陀王，遣使上书唐太宗。[④]

唐太宗一使（出发）。唐太宗命云骑尉梁怀璥（随印度使者）持节出使印度。

公元 642 年（贞观十六年）（喜增 37 年）

戒日王 52 岁。

唐太宗一使（到达）。这是唐朝的官方使节第一次到达印度。戒日王出迎，膜拜受诏书，把诏书顶在头上。

戒日王二使（出发），唐太宗一使返回。戒日王再度遣使者随梁怀璥入朝。

公元 643 年（贞观十七年）（喜增 38 年）

戒日王 53 岁。

农历三月，唐太宗二使（出发），戒日王二使返回。唐太宗命卫尉丞李义表出使印度，王玄策为副使。

农历腊月（公历可能在 644 年），唐太宗二使（到达）。戒日王大

---

① 《慈恩传》卷五，第 111 页。

② 据《慈恩传》卷五，第 110~111 页，“（戒日）王曰：‘弟子嗣承宗庙，为天下主，三十馀年，常虑福德不增广，往因不相续，以故积集财宝，于钵逻耶伽国两河间立大会场，五年一请五印度沙门、婆罗门及贫穷孤独，为七十五日无遮大施。已成五会，今欲作第六会，师何不暂看随喜。”可知，戒日王见玄奘之时已即位三十余年；已举办五次五年一度的大会，此次为第六次无遮大会。

③ 参见杨廷福《玄奘年谱》（1988），第 199 页。

④ 据《旧唐书》卷一九八《西戎》“天竺”条，“贞观十五年（641），尸罗逸多自称摩伽陀王，遣使朝贡”；《新唐书》卷二二一《西域上》“天竺”条，“贞观十五年（641），自称摩伽陀王，遣使者上书”。

臣在郊外迎接，倾城出动观看，在道路两旁焚香。戒日王率领群臣面朝东方接受诏书。

公元 645 年（贞观十九年）（喜增 40 年）

戒日王 55 岁。

农历正月二十四日，玄奘抵达唐都长安西郊；次日，入长安城。[①]

农历正月二十七日，唐太宗二使李义表、王玄策一行到达王舍城，在鹫峰山刻铭。

农历二月十一日，李义表一行在摩揭陀国大觉寺立碑。

唐太宗二使返回。

公元 647 年（贞观二十一年）（喜增 42 年）

戒日王 57 岁。

上半年，戒日王三使（到达）。戒日王献火珠、郁金香、菩提树。

上半年，唐太宗三使（出发）。唐太宗派遣右卫率府长史王玄策出使印度，蒋师仁为副使。

下半年，戒日王卒。

戒日帝国分崩离析。[②]

公元 648 年（贞观二十二年）

农历五月二十日（公历 6 月 16 日），唐太宗三使抵达长安，献俘阙下。

① 参见杨廷福《玄奘年谱》（1988），第 210~211 页。

② 据《新唐书》卷二二一《西域上》"天竺"条，"二十二年（648），遣右卫率府长史王玄策使其国，以蒋师仁为副；未至，尸罗逸多死，国人乱，其臣那伏帝阿罗那顺自立，发兵拒玄策。"

参考文献

（一）梵语文献

Bāṇabhaṭṭa, auth., Gajendragaḍkar, S. D., ed., Bālabodhini, Sans. comm., A. B. Gajendragaḍkar, intro., *Harṣacaritam*. Poona (India): Anantarāya Pī Bāpaṭa, 1917、1918.（《戒日王传》Gajendragaḍkar 本）

——, auth., Gajendragaḍkar, S. D., ed., Bālabodhini, Sans. comm., A. B. Gajendragaḍkar, intro., *The Harshacharita of Banabhatta (Uchchhvāsas I to IV)*. Poona (India): A. P. Bapat & Brothers, 1918.

——, auth., Führer, A. A., ed. & annotated, *Bāṇabhaṭṭa's Biography of King Harshavardhana of Sthāṇvīśvara with Śaṅkara's Commentary, Saṅketa*. Bombay (India): Government Central Press, 1909.（《戒日王传》Führer 本）

——, auth., Kane, Pandurang Vaman, *The Harshacharita of Bāṇabhaṭṭa (Uchchhvāsas I-VIII) Edited with an Introduction and Notes*. Bombay (India): Nirnaya–Sagar Press, 1918 [1st Ed.]; 1986.（《戒日王传》Kane 本）

——, auth., Mohanadevapanta, comm., *Harṣacaritam: "Chātra-toṣiṇī" Saṃskṛta-Hindī-vyākhyābhyāṃ ṭippaṇyā ca samalaṅkṛtam*. Dillī (India): Motilāla Banārasīdāsa, 1985. [1st Ed.]（《戒日王传》全本印地梵本）

——, auth., Nandakiśoraśarman, ed., Jayaśrī, comm., *Harṣacaritam: Prathama ucchvāsaḥ*. Banārasa Siṭī (India): Caukhambā Saṃskṛta Sīriza Āphisa, 1934.（《戒日王传》第一章梵本）

——, auth., Parab, Kāśīnāth Pāṇḍurang & Śāstrī Dhondo Paraśurām

Vaze, *The Harshacharita of Bāṇabhatta with the Commentary (Saṅketa) of Śankara*. Bombay (India): Tukaram Javaji, 1892.（《戒日王传》Parab 本）

——, auth., Śrībaṭukanāthaśāstri, ed., *Bāṇabhaṭṭagrathitam Harṣacaritam: Prathamocchvāsamātram*. Vārāṇasi (India): Masṭara Kheläḍīlāla aiṇḍa Sans, 1943.（《戒日王传》第一章印地梵本）

——, auth., Śukla, Brahmānanda, trans., *Harṣacaritasāra-taraṅgiṇī: arthāt Harṣacaritasāra kā Hindī anuvāda*. Vārāṇasi (India): Masṭara Kheläḍīlāla aiṇḍa Sans, 1950.（《戒日王传》印地梵文摘要本）

——, auth., Śukla, Kṛṣṇakānta, trans., Brahmānanda Śukla, comm., *Śrībāṇabhaṭṭa-praṇīte Harṣacarite caturtha-ucchvāsaḥ: 'Śrīpriyam-vadā'khya (Saṃskṛta-Hindī) ṭīkayā sahitaḥ*. Vārāṇasi (India): Masṭara Kheläḍīlāla aiṇḍa Sans, 1956.（《戒日王传》第四章印地梵本）

——, auth., Vidyāsāgara, Īśvaracandra, ed., *Harshacarita*. Calcutta (India): Sanskrit Press Depository, 1883.（《戒日王传》Vidyāsāgara 本）

Barker, W. Burckhardt. *The Baitāl Pachīsī; or, Twenty-Five Tales of a Demon*. Hertford (U. K.): Stephen Austin, 1855.

Coulson, Michael, *A Critical Edition of the Mālatīmādhava*. Delhi (India): Oxford University Press, 1989.

Epigraphia Indica (EI), Vol. I, G. Bühler, 1888, pp.67~75.（《默图本铜牌》）

——, Vol. IV, G. Bühler, pp.208~211.（《班斯凯拉铜牌》）

——, Vol. VI, pp.1~12（《艾荷落铭文》）; pp.143~146.（《设赏迦铜牌》）

——, Vol. VII, F. Kielhorn, 1902–03, pp.155~160.（《默图本铜牌》，包括勒克瑙博物馆馆长提供的铭文拓片影印件）

——, Vol. XXIV, A. Ghosh, p.285.（《那烂陀泥印》）

Fleet, John Fithfull, *Corpus Inscriptionum Indicarum. Vol.III. Inscriptions of the Early Gupta Kings and Their Successors*. Varanasi (India): Indological Book House, 1970, pp.230~233.（《索帕铜印》）

Hall, Fitzedward, *The Vāsavadattā: A Romance*. Lightning Source Incorporated, 1859. [1st Ed.]; 2009.

Harṣavardhana, auth., *Nāgānandanāṭakam (With Introduction, English and Kannada Translations, etc.)*. Mysore (India): Saṃskṛta Sāhitya Sadana, 1952.（《龙喜记》坎那达译本）

——, auth., *Śrī harṣadevapraṇītam Nāgānandam-nāṭakam*. Delhi (India): Munshiram Manohar Lal, 1958. [1st Ed.]（《龙喜记》德里本）

——, auth., Bae, Bak Kun, trans., *Śri Harṣa's Plays [Nāgānanda, Ratnāvalī and Priyadarśikā]*. New Delhi (India): Indian Council for Cultural Relations; New York: Asia Pub. House, 1964.（Bae 本）

——, auth., Bhattacharya, Ashokanath & Maheshwar Das, ed., *Ratnavali of Emperor Shri Harsha*. Calcutta (India): Modern Book Agency, 1967.（《璎珞传》Bhattacharya 孟加拉梵本）

——, auth., Bhattacharya, Vidhushekhara, ed., intro. & comm., [Bibliotheca Indica, Work No. 281] *Nāgānanda (Gya gar skad tu Nā-gā-nanda-nāṭaka, dpal dga' ba'i lhas mdzad pa-Bad skad tu ku Kun tu dga'ba źes bya ba'i zlos gar)*. Calcutta (India): Asiatic Society, 1957.（《龙喜记》Bhattacharya 藏译本）

——, auth., Brahme, Govinda Bahirav, & Shivarama Mahadeo Paranjape, ed., intro. & comm., *Nāgānanda*. Poona (India): Shiralkar & Co., 1893.（《龙喜记》Brahme 本）

——, auth., Cappeller, Carl, ed., Richard Garbe, published, *Otto Böhtlingk's Sanskrit-Chrestomathie*. Leipzig (Germany): H. Haessel, 1909 [3rd Rev. Ed.], pp. 326~382.（《璎珞传》Cappeller 本）（《璎珞传》哥廷根电子版）

——, auth., Chakravarti, Sris Chandra (Srīsachandra Chakravartī), ed., trans. & comm., *The Ratnavali: a Sanskrit Drama by Sriharsha*. Bengal: Hari Ram Dhar, 1902.（《璎珞传》Chakravartī 孟加拉英梵本）

——, auth., Committee of Public Instruction, the, ed., *Retnavali; a Drama, in Four Acts*. Calcutta (India): Education Press, 1832.（《璎珞传》Committee 本）

——, auth., Devadhar, C. R., & N. G. Suru, ed., [SAMP Early 20th-Century Indian Books Project] *Ratnāvalī/Harṣadevaviracitā nāṭikā*.

Poona (India): C. R. Devadhar, 1925.（《瓔珞传》Devadhar 本）

——, auth., Doniger, Wendy, trans., [Clay Sanskrit Library] *"The Lady of the Jeweled Necklace"(Ratnāvalī) ; and, "The Lady Who Shows Her Love"(Priyadarśikā)*. New York: New York University Press, JJC Foundation, 2006. [1st Ed.]（Doniger 本）

——, auth., Gadré, Vishṇu Dājī, ed., *The Priyadarśika of Śrīharshadeva*. Bombay (India), NSP(Nirṇaya-Sāgara Press), 1884.（《妙容传》Gadré 本）

——, auth., Ghate, Vinayak Sakharam, ed., *The Ratnavali*. Bombay (India): Padhye, Yande, Manerikar & Co., 1907.（《瓔珞传》Ghate 本）

——, auth., Ghoṣa, Mādhava Candra, & Kṛṣṇa Kamala Bhaṭṭācārya, ed., Roland Steiner, trans., *The Recensions of the Nāgānanda by Harṣadeva Vol. I: The North Indian Recension*. New Delhi (India): Aditya Prakashan, 1864. [1st Ed.]（《龙喜记》Ghoṣa 本）; Michael Hahn, intro., 1991. [Critical Ed., Reprinted with General Introduction by Michael Hahn, Preface and Bibliography by Roland Steiner].（《龙喜记》北方本）

——, auth., Goswami, Bijoya, ed., trans. & comm., *Priyadarśikā and Ratnāvali*. Calcutta (India): Sanskrit Pustak Bhandar, 1998.（《瓔珞传》Goswami 本）

——, auth., Joglekar, K. M., ed. & trans., *Ratnāvalī*. Vidyashrama (India): Hedvi, 1907; NSP, 1913.（《瓔珞传》Joglekar 本）

——, auth., Kale, M. R., ed., [SAMP Early 20th-Century Indian Books Project] *The Naganandа of Sri Harsha Deva, Edited with an Exhaustive Introduction, a New Sanskrit Comm., Various Readings, a Literal English Translation, Copious Notes and Useful Appendices by M. R. Kale*. Bombay (India): Standard Pub. Co., 1919. [1st Ed.]（《龙喜记》Kale 本）

——, auth., Kale, M. R., ed., *The Ratnavali of Sri Harsha-Deva: Edited with an Exhaustive Introduction, a New Sanskrit Commentary, Various Readings, a Literal English Translation, Copious Notes and Useful Appendices*. Bombay (India): Standard Publishing Company, 1921. [1st Ed.]; 1925. [2nd Ed.]; Booksellers' Publishing Company, 1964. [3rd

Ed.]; Delhi (India): Motilal Banarsidass, 1984, 1995, 2002. (《璎珞传》Kale 本)

——, auth., Kale, M. R., ed., *Priyadarśikā of Śrīharṣadeva (Edited with an Exhaustive Introduction, a Short Sanskrit Commentary, Various Readings, a Literal English Translation, Copious Notes and Useful Appendices by M. R. Kale)*. Bombay (India): Gopal Narayana & Co., 1928. [1st Ed.]; Delhi (India): Motilal Banarsidass Publishers, Private Ltd., 1977, 1999. (《妙容传》Kale 本)

——, auth., Kangle, R. P., ed., trans., comm. & intro., [SAMP Early 20th-Century Indian Books Project] *Priyadarśikā of Śrī Harsha*. Ahmedabad (India): C. M. Parikh, 1928. (《妙容传》Kangle 本)

——, auth., Karmarkar, Raghunath Damodar, ed., *Nāgānanda of Śrīharṣa: Edited with a Complete Translation into English, Notes (Critical and Explanatory), Introduciton and Appendices*. Mugbhat, Bombay (India): Vishvanath & Co., 1923. [2nd Ed.] (《龙喜记》Karmarkar 本); Poona (India): Aryabhushan Press, 1953. [3rd Rev. Ed.] (《龙喜记》浦那本)

——, auth., Krishnamachariar, Pandit R. V., ed., intro. & comm., [Sri Vani Vilas Sanskrit Series No. 3] *Priyadarsika: with a Commentary and Bhūmikā by Pandit R. V. Krishnamachariar (Abhinava Bhatta Bana)*. Srirangam (India): Sri Vani Vilas Press, 1906. (《妙容传》Krishnamachariar 本)

——, auth., Lehot, Maurice, trans., [Collection Émile Senart 2] *Ratnāvalī*. Paris: les Belles Lettres, 1933. [1st Ed.]; 1967. [2nd Ed.] (《璎珞传》Lehot 法文梵本)

——, auth., Manorañjanī, trans. & comm., Rāmeśvarabhaṭṭa, ed., *Ratnāvalī nāṭikā Harṣadevaviracitā*. Mumbayyāṃ (India): Srīveṅkaṭeśvara Mudraṇālaye, 1895/1896. (《璎珞传》Manorañjanī 印地梵本)

——, auth., Miśra, Śrīrāmacandra, comm., [Haridāsa-Saṃskṛta-granthamālā 232] *Ratnāvalī Nāṭikā: 'Prakāśa' nāmaka Saṃskṛta-Hindī-vyākhyādvayopetā*. Vārāṇasī (India): Caukhambā Saṃskṛta Sīrīja Āphisa, 1953. [1st Ed.]; Ilāhābāda (India): Rāmanārāyaṇalāla

Benīprasāda, 1964. [1st Ed.]（《璎珞传》Miśra 本）

——, auth., Miśra, Śrīrāmacandra, ed., [Vidyā Bhavana Saṃskṛta Granthamālā 18] *Śrīharṣadevapraṇītā Priyadarśikā nāma nāṭikā: Prakāśa saṃskṛta-hindīṭīkopetā*. Banāras (India): Caukhambā Vidyā Bhavana, 1955.（《妙容传》Miśra 本）

——, auth., Musalagāṃvakara, Rājeśvara (Rājū) Śāstrī, ed., intro. & comm., [Kāśī Saṃskṛta Granthamālā 299] *Harṣadeva viracitā Ratnāvalī nāṭikā "Kiraṇāvalī" Saṃskṛta-Hindī-vyākhyādvayopetā*. Vārāṇasī (India): Caukhambhā Saṃskṛta Saṃsthāna, 1998. [1st Ed.]（《璎珞传》Musalagāṃvakara 本）

——, auth., Nariman, G. K., & A.V. Williams Jackson & Charles J. Ogden, trans., [*Columbia University Indo-Iranian Series*] *Priyadarśikā: a Sanskrit Drama (with an introduction notes by the two latter, together with the text in transliteration)*. New York: Columbia University Press, 1923.（《妙容传》Nariman 本）

——, auth., Nigudkar, Narayanshastri, ed. & comm., *Ratnavali natika of Shriharsh*. Bombay (India): T. Javaji, 1867.（《璎珞传》Nigudkar 本）

——, auth., Nyāyapañcānana, Mahāmahopādhyāya Kṛṣṇanāth, ed., Śivarāma, comm., *Ratnāvalī*. Calcutta (India): 1864.（《璎珞传》Nyāyapañcānana 本）

——, auth., Parab, K. P., & V. S. Jośī, ed., *The Ratnāvalī of Srīharshadeva*. Bombay (India): NSP (Nirṇaya-Sāgara Press), 1888. [1st Ed.]; K. P. Parab & N. B. Godabolé, ed., NSP, 1890. [2nd Rev. Ed.]（《璎珞传》Parab 本）

——, auth., Ramachandra Aiyar, T. K., ed., trans., comm. & intro., *Nāgānandam Harṣadevapraṇītaṃ Nāṭakam/Naganandam of Sri Harsha Deva: A Sanskrit Drama with English Translaton, Notes and Introdution*. Kalpathy-Palghat (India): R. S. Vadhyar & Sons, 2000.（《龙喜记》卡尔帕提本）（《龙喜记》Ramachandra aiyar 本）

——, auth., Ramanujaswami, P. V., ed., [SAMP Early 20th-Century Indian Books Project] *Sri Harsha's Priyadarsika*. Madras (India): V. Ramaswamy Sastrulu & Sons, 1935. (《妙容传》Ramanujaswami 本)

——, auth., Ray, Saradaranjan, ed., comm. & trans., *Sriharsha's Ratnavali: With an Original Commentary, Translations, Notes etc.*. Calcutta (India): S. Ray, 1919. [1st Ed.]; Calcutta (India): Manoranjan Ray, 1922. [2nd Ed.] (《璎珞传》Ray 本)

——, auth., Sastri, C. Sankararama (Sī Śaṅkararāma Śāstrī), trans. & comm., [Sri Balamanorama Series 18] *Nāgānanda: a Sanskrit Play*. Mylapore, Madras (India): Sri Balamanorama Press, 1932; 1967. [6th Ed.] (《龙喜记》C · Śāstrī 本)

——, auth., Sastri, C. Sankararama (Sī Śaṅkararāma Śāstrī), trans. & comm., [Sri Balamanorama Series 22] *Ratnāvalī/Harṣadevapraṇītā nāṭikā*. Mylapore, Madras (India): Sri Balamanorama Press, 1935. (《璎珞传》C · Śāstrī 本)

——, auth., Śāstrī, T. Gaṇapati, ed., Śivarāma, San. comm., [Trivandrum Sanskrit Series No. 59] *The Nāgānanda of Srī Harsha Deva: with the Commentary Nāgānandavimarsinī by Śivarāma*. Trivandrum (India): Govt. Press, 1917. (《龙喜记》T · Śāstrī 本)

——etc., auth., Shastri, Gaurinath Bhattacharyya, ed., Prasūna Basu, trans., *Saṃskṛta Sāhityasambhāra*. Kalikātā (India): Nabapatra, 1981. [2nd Ed.] (《璎珞传》Shastri 孟加拉梵本)

——etc., auth., Skilton, Andrew, ed. & trans., [Clay Sanskrit Library 39] *"How the Nāgas Were Pleased" (nāgānanda) by Harṣa;& "The Shattered Thighs"(ūrubhaṅga) by Bhāsa*. New York: New York University Press, JJC Foundation, 2009. [1st Ed.] (《龙喜记》Skilton 本)

——, auth., Śukla, Rāmacandra, trans., Tāriṇīśa Jhā, comm., *Ratnāvalī-nāṭikā: sarala saṃskṛtavyākhyā, anvaya, hindī anuvāda, aṅgrejī anuvāda, vyākaraṇādika upayogī ṭippaṇī tathā vistṛta bhūmikā sahita*. Ilāhābāda (India): Benīmādhava, 1969. [1st Ed.] (《璎珞传》Śukla 印地英梵本)

——, auth., Suru, N. G., ed., *Priyadarśikā*. Poona (India): N. G.

Suru, 1928.（《妙容传》Suru 本）

——, auth., Upadhyaya, Baldeva, ed. & Hin. comm., & Bhāvārthadīpikā, San. comm., [Kashi Sanskrit 87] *Śrīharṣadevapraṇītaṃ Nāgānanda-nāṭakam: Bhāvārthadīpikā Saṃskṛta-Hindīvyākhyopetam*. Vārāṇasī (India): Caukhambā Saṃskṛta Sīrīja Āphisa, 1947.（《龙喜记》Upadhyaya 印地梵本）

——, auth., Upadhyaya, Baldeva, ed., [Kāśī Saṃskṛta granthamālā] *Śrīharṣadevapraṇītaṃ Nāgānanda-nāṭakam*. 1968.

——, auth., Vasāka, Bhuvana Chandra, ed., Nārāyaṇacandra Kaviratna & Navacandra Siromani, comm., *Nāgānandam*. Calcutta (India): Ramayana Press, 1886.（《龙喜记》Vasāka 本）

——, auth., Vidyāsāgara, Pandit Jivāndanda, ed. & comm., *Ratnavali: a Drama in 4 Acts*. Calcutta (India): Calcutta Sarawati Press, 1876.（《璎珞传》Vidyāsāgara 本）

Jayaswal, K. P., *An Imperial History of India in a Sanskrit Text, c. 700B.C.-c. 770A.D.: With a Special Commentary on Later Gupta Period*. Patna/New Delhi (India): Eastern Book House, 1988. [Lahore (Pakistam): Motilal Banarsidass, 1934.1st Ed.]

Journal of the Epigraphical Society of India [Studies in Indian Epigraphy], Vol. XXXI. Mysore (India): The Epigraphical Society of India, 2005.

Kosambi, D. D. & V. V. Gokhale, ed., *The Subhāṣitaratnakoṣa Compiled by Vidyākara*. Cambridge, MA (U. S.): Harvard University Press, 1957.

Menon, K. P. A., *Complete Plays of Bhāsa (Text with English Translation & Notes)*. 3 Vols. Delhi (India): Nag Publishers, 1996.

Monier-Williams, M., *A Sanskrit-English Dictionary*, 2008. [Rev. Online]（*MW*）

Parashar, Sadhana, *Kāvyamīmāṃsā of Rājaśekhara: Original Text in Sanskrit and Translation with Explanatory Notes*. New Delhi (India): D. K. Printworld Ltd., 2000.

Pathak, Suniti Kumar, [Bibliotheca Indica, Work No. 281] *A Bilingual Glossary of the Nāgānanda*. Calcutta (India): Asiatic Society, 1968.

Peterson, Peter, ed., [Bombay Sanskrit Series XXIV] *Kādambarī*. Government Central Book Depôt, 1883.

Śāstrī, T. Gaṇapati, ed., *The Āryamañjuśrīmūlakalpa: A Mahāyāna Buddhist Work in 55 Pattras of Prose and Verse on Mystic Rituals and Incantations [3 Volumns, Trivandrum Sanskrit Series, No. 70, 76, 84]*. Trivandrum (India): Superintendent Govt. Press, 1920~1925.

Sircar, Dines Chandra, *Indian Epigraphical Glossary*. Delhi (India): Motilal Banarsidass, 1966. [1st Ed.] (*IEG*)

——, *Selected Inscriptions Bearing on Indian History and Civilization Vol. II: From the Sixth to the Eighteenth Century A.D.*. Delhi/Varanasi/Patna (India): Motilal Banarsidass, 1983, pp.215~216. (《那烂陀泥印》)

Thaplyal, Kiran Kumar, *Inscriptions of the Maukharīs, Later Guptas, Puṣpabhūtis and Yaśovarman of Kanauj*. New Delhi (India): Indian Council of Historical Research, 1985, pp.154~155. (《那烂陀泥印》)

Vaidya, P. L., ed., *Aryamanjusrimulakalpa*. In: [Buddhist Sanskrit Texts 18] *Mahayanasutrasamgraha*, Part II. Darbhanga (India): 1964.

Vidyābhūshana, Satīśa Chandra, ed., *Notes on Ratnāvalī, with English and Bengali Translations*. Calcutta (India): Girisa-Vidyāratna Press, 1903.

（二）汉语文献

向群、万毅编《岑仲勉文集》，中山大学出版社，2004。

陈翰笙:《古代中国与尼泊尔的文化交流：公元第五至十七世纪》，《历史研究》1961 年第 2 期，第 95~109 页。

陈寅恪:《陈寅恪集·元白诗笺证稿》，三联书店，2001。

——《陈寅恪集·读书札记一集》，三联书店，2001。

《大正新修大藏经》(《大正藏》)，大藏出版株式会社，1934。

——，佛陀耶舍、竺佛念（东晋）译《长阿含经》，《大正藏》卷一，

T1 号。

——，法立、法炬（西晋）译《大楼炭经》，《大正藏》卷一，T23 号。

——，阇那崛多、达摩笈多（隋）译《起世经》，《大正藏》卷一，T24 号。

——，阇那崛多、达摩笈多（隋）译《起世因本经》，《大正藏》卷一，T25 号。

——，僧伽提婆（东晋）译《增一阿含经》，《大正藏》卷二，T125 号。

——，康僧会（三国）译《六度集经》，《大正藏》卷三，T152 号。

——，支谦（三国）译《菩萨本缘经》，《大正藏》卷三，T153 号。

——，圣勇菩萨著、绍德、慧询（宋）等译《菩萨本生鬘论》，《大正藏》卷三，T160 号。

——，地婆诃罗（唐）译《方广大庄严经》，《大正藏》卷三，T187 号。

——，阇那崛多（隋）译《佛本行集经》，《大正藏》卷三，T190 号。

——，支谦（三国）译《撰集百缘经》，《大正藏》卷四，T200 号。

——，慧觉（南北朝）等译《贤愚经》，《大正藏》卷四，T202 号。

——，竺法护（西晋）译《佛说海龙王经》，《大正藏》卷一五，T598 号。

——，冥详（五代）:《大唐故三藏玄奘法师行状》，《大正藏》卷五〇，T2052 号。（《行状》）

——，道宣（唐）:《续高僧传》，《大正藏》卷五〇，T2060 号。

——，法显（东晋）:《高僧法显传》，《大正藏》卷五一，T2085 号。

——，道宣（唐）:《集古今佛道论衡》，《大正藏》卷五二，T2104 号。

——，智昇（唐）:《开元释教录》，《大正藏》卷五五《目录部》，T2154 号。（《开元录》）

——，圆照（唐）:《贞元新定释教目录》，《大正藏》卷五五《目录部》，T2157 号。（《贞元录》）

董诰（清）等编《全唐文》（全十一册，附《唐文拾遗》、《唐文续拾》)，中华书局（影印），1983。

杜维运:《史学方法论》，台北，三民书局，1986。

杜佑（唐）撰《通典》(全五册)，中华书局，1988。

段成式（唐）撰，方南生点校《酉阳杂俎》，中华书局，1981。

段晴:《戒日王的宗教信仰》,《南亚研究》1992年第1期。

范祥雍点校，道宣（唐）著《释迦方志》，中华书局，2000。(《释迦方志》)

冯承钧:《王玄策事辑》,《清华大学学报（自然科学版)》1932年第S1期。

——撰《西域南海史地考证论著汇辑》，中华书局，1957。

傅斯年:《史学方法导论》，载欧阳哲生主编《傅斯年全集》第二卷，湖南教育出版社，2003。

高明道:《〈频申欠呿〉略考》,《中华佛学学报》第六期，第129~185页。

耿引曾:《唐诗中的中外关系》,《中外关系史论丛（第二辑)》，世界知识出版社，1987，第155~167页。

——《汉文南亚史料学》，北京大学出版社，1990。

——《中国载籍中南亚史料汇编》(全二册)，上海古籍出版社，1994。

——《20世纪中印关系史研究概述》，载《丝绸之路与文明的对话》，新疆人民出版社，2007，第305~314页。

顾颉刚:《古史辩自序》，河北教育出版社，2000。

郭茂倩:(北宋)编《乐府诗集》，中华书局，1979。

郭声波:《〈大唐天竺使之铭〉之文献学研识》,《中国藏学》2004年第3期，第108~118页。

何昌林:《从古谱符码译解到古曲生命复苏——就唐传日本〈五弦谱〉之研究答NHK京都电视台主持人问》,《交响》(《西安音乐学院学报》)1995年第3期。

黄宝生:《古印度故事的框架结构》，载中国社会科学院外国文学研究所 编,《外国文学研究集刊》(第八辑)，中国社会科学出版社，1984，第205~216页。

——《印度古典诗学》，北京大学出版社，1999。

——等译《摩诃婆罗多》，中国社会科学出版社，2005。

——译《梵语诗学论著汇编（上、下册），昆仑出版社，2008。

——编著《梵语文学读本》，中国社会科学出版社，2010。

黄盛璋：《关于古代中国与尼泊尔的文化交流》，《历史研究》1962年第1期，第92~108页。

霍巍：《西藏吉隆县发现唐显庆三年〈大唐天竺使出铭〉》，《考古》1994年第7期，第619~623页。

——《〈大唐天竺使出铭〉相关问题再探》，《中国藏学》2001年第1期，第37~50页。

季羡林译《五卷书》（据美国《哈佛大学东方丛书》第十一卷1908年版译出），人民文学出版社，1981。

——主编《印度古代文学史》，北京大学出版社，1991。

——《季羡林文集》（第十卷）糖史（二），江西教育出版社，1998。

——等校注《大唐西域记校注》，中华书局，2000。（《西域记》）

——《季羡林全集》第十三卷《学术论著 五》中国文化与东西方文化（一），外语教学与研究出版社，2010。

蒋忠新译《摩奴法论》，中国社会科学出版社，2007。

［印］戒日王：《戒日王传》第一章，黄宝生译，载黄宝生编著《梵语文学读本》，中国社会科学出版社，2010，第520~561页。（《戒日王传》第一章汉译本）

——《龙喜记》，吴晓玲译，人民文学出版社，1956。（《龙喜记》吴晓玲译本）

——《龙喜记·西藏王统记》，吴晓玲等译，华宇出版社，台北，1987，第1~173页。

金泽、邱永辉主编《中国宗教报告（2012）》，社会科学文献出版社，2012。

李昉（宋）等撰《太平御览》（全四册），中华书局，1960。

——等编《太平广记》（全十册），中华书局，1961。

李剑鸣：《历史学家的修养和技艺》，上海三联书店，2007。

李南：《梵文金刚乘典籍》，《南亚研究》2010年第2期，第

84~98 页。

李铁匠：《伊朗古代历史与文化》，江西人民出版社，1993。

梁启超：《中国历史研究法》，上海古籍出版社，1998（1922 年初版，1927 年补编）。

廖祖桂：《〈大唐天竺使之铭〉词语释读辨析》，《中国藏学》2005 年第 2 期，第 3~8 页。

林承节：《〈大唐西域记〉对印度历史学的贡献》，《南亚研究》1994 年第 4 期，第 1~7 页。

——《印度古代史纲》，光明日报出版社，2000。

——《印度史》，人民出版社，2004。

刘建、朱明忠、葛维钧：《印度文明》，中国社会科学出版社，2004。

刘昫（后晋）等撰《旧唐书》（全十六册），中华书局，1975。

逯钦立辑校《先秦汉魏晋南北朝诗》（全三册），中华书局，1988。

马端临（元）撰《文献通考》（全二册），中华书局，1986。

孟宪实《唐玄奘与麴文泰》，载季羡林、饶宗颐、周一良主编《敦煌吐鲁番研究》（第四卷），北京大学出版社，1999，第 89~101 页。

钮卫星：《西望梵天——汉译佛经中的天文学源流》，上海交通大学出版社，2004。

——《天文学史——一部人类认识宇宙和自身的历史》，上海交通大学出版社，2011。

欧阳修、宋祁（北宋）撰《新唐书》（全二十册），中华书局，1975。

钱穆：《国史大纲》，商务印书馆，1994。

邱树森主编《中国历代职官辞典》，江西教育出版社，1991。

邱永辉：《古代印度首陀罗的性质》，《南亚研究》1986 年第 1 期，第 74~78 页。

——《印度教概论》，社会科学文献出版社，2012。

沈起炜、徐光烈编著《中国历代职官词典》，上海辞书出版社，1992。

[加]W. C. 史密斯：《宗教的意义与终结》，董江阳译，中国人民大学出版社，2005。

释道世（唐）著，周叔迦、苏晋仁 校注《法苑珠林校注》（全六册），中华书局，2003。

司马光（北宋）著，《资治通鉴》，中华书局，1956 年，北京。

孙修身：《唐初中国和尼泊尔王国的交通》，《敦煌研究》1999 年第 1 期。

——《王玄策事迹钩沉》，新疆人民出版社，1998。

孙毓棠等点校，慧立（唐）等著《大慈恩寺三藏法师传》，中华书局，2000。（《慈恩传》）

谭中、耿引曾：《印度与中国——两大文明的交往和激荡》，商务印书馆，2006。

田余庆：《拓跋史探》，三联书店，2003。

王邦维校注，义净（唐）著《大唐西域求法高僧传校注》，中华书局，1988。（《求法传》）

——校注，义净（唐）著《南海寄归内法传校注》，中华书局，2000。（《寄归传》）

——《书评：〈王玄策事迹钩沉〉》，《唐研究》（第六卷），北京大学出版社，2000，第 491~495 页。

王溥撰《唐会要》（全三册），中华书局，1955。

王钦若（北宋）等编《册府元龟》，中华书局，1960。

——等编《宋本册府元龟》（全四册），中华书局，1989。

——等编纂、周勋初等校订《册府元龟》（校订本）（全十二册），凤凰出版社，2006。

王忠：《新唐书吐蕃传笺证》，科学出版社，1958。

魏征、令狐德棻撰，《隋书》（全六册），中华书局，1973。

薛克翘：《从〈酉阳杂俎〉看中印文化交流》，《南亚研究》1992 年第 2 期，第 31~40 页。

——撰《中国与南亚文化交流志》，上海人民出版社，1998。

——《〈五卷书〉与东方民间故事》，《北京大学学报（哲学社会科学版）》2006 年第 4 期，第 75~83 页。

——《中国印度文化交流史》，昆仑出版社，2008。

杨伯峻译注《〈论语〉译注》，中华书局，1980。

杨廷福：《玄奘年谱》，中华书局，1988。

杨宪益：《秦王〈破阵乐〉的来源》，《寻根》2000 年第 1 期。

袁行霈主编《中国文学史》（全四册），高等教育出版社，2003。

张双棣撰《淮南子校释》（全二册），北京大学出版社，1997。

章巽校注，法显（东晋）撰《法显传校注》，上海古籍出版社，1986。（《法显传》）

——校注，（东晋）法显《法显传校注》，中华书局，2008。

（唐）张彦远撰《历代名画记》，明刻津逮秘书本。

张毅笺释，（唐）慧超原著《往五天竺国传笺释》，中华书局，2000。

张远：《〈秦王破阵乐〉是否传入印度及其他——兼与宁梵夫教授商榷》，《南亚研究》2013 年第 2 期，第 140~156 页。

——《戒日王与中国：一位印度名王的故事》，《文史知识》2013 年第 11 期，第 16~21 页。

——《曲女城法会中的宝台失火与幻戏》，《文史知识》2014 年第 9 期，第 114~119 页。

——《印度曲女城传说源流考辨》，载穆宏燕主编《东方学刊 2014》，河南大学出版社，2014，第 235~252 页。

——《印度设赏迦王生平考述——〈大唐西域记〉批判研究的一个实例》，《佛学研究》2014 年第 1 期，第 1~11 页。

——《三次遣使中国的印度戒日王》，《光明日报》2015 年 2 月 16 日第 16 版（国学版）。

—— "Harṣa and China: The Six Diplomatic Missions in the Early 7th Century". *The Delhi University Journal of the Humanities & the Social Sciences*. Vol. 2, 2015, pp. 1~24.

——《梵剧〈龙喜记〉的宗教倾向——佛陀、湿婆和蛇崇拜的杂糅》，《外国文学研究》2015 年第 3 期，第 143~151 页。

——《梵语文学研究现状及前景展望》，《外国文学动态研究》2016 年第 2 期，第 101~112 页。

——《唐初印中遣使若干细节考辨——取熬糖法、献菩提树、破阿罗那顺和翻老子为梵言》，《中国典籍与文化》2016 年第 2 期，第 61~66 页。

——《古代丝绸之路上的中印交流——以唐初六次遣使时间及唐使官阶为重心的回顾》，《甘肃社会科学》2016 年第 5 期，第 140~144 页。

——《戒日王三部梵剧的套式结构——产生及消解距离之审美特征解读》,《外国文学》2016 年第 6 期，第 82~92 页。

中国音乐研究所编《信西古乐图》，音乐出版社，1959。

中华书局编辑部点校《全唐诗》(增订本)(全十五册)，中华书局，1999。

朱光潜:《朱光潜全集》(全二十卷)，安徽教育出版社，1987。

（三）英语文献

Agrawala, Vasudeva S., *The Deeds of Harsha: Being a Cultural Study of Bāṇa's Harshacharita*. Varanasi (India): Prithivi Prakashan, 1969.

Barker, W. Burckhardt, *The Baitāl Pachīsī; or, Twenty-Five Tales of a Demon*. Hertford (U. K.): Stephen Austin, 1855.

Belvalkar, Shripad Krishna, [*Harvard Oriental Series Vol. 21*] *Rama's Later History, or Uttara-Rama-Charita, an Ancient Hindu Drama by Bhavabhuti*. Cambridge (U. S.): Harvard University Press, 1915.

Bhadri, K. M., *A Cultural History of Northern India: Based on Epigraphical Sources from the 3rd Century B.C. to 7th Century A.D.*. Delhi (India): Book India Publishing Co., 2006.

Bāṇabhaṭṭa, auth., Cowell, E. B., & F. W. Thomas, trans., [Oriental Translation Fund. New Series II] *The Harṣa-carita of Bāṇa*. London: Royal Asiatic Society, 1897. [1st Ed.]; 1929. (《戒日王传》考威尔英译本)

——, auth., Kane, Pandurang Vaman, *The Harshacharita of Bāṇabhaṭṭa (Uchchhvāsas I-VIII) Edited with an Introduction and Notes*. Bombay (India): Nirnaya-Sagar Press, 1918 [1st Ed.]; 1986. (《戒日王传》Kane 本)

Bhattacharyya, Asutosh, *The Sun and the Serpent Lore of Bengal*. Calcutta (India): Firma KLM Private Limited, 1977.

Chattopadhyaya, Sudhakar, *Early History of North India: From the Fall of the Mauryas to the Death of Harṣa, 200 BC-650 AD*. Calcutta (India): Progressive Publishers, 1958.

Cunningham, Alexander, *The Ancient Geography of India Vol. I. The Buddhist Period, Including the Campaigns of Alexander, and the Travels of Hwen-Thsang*. London: Trübner, 1871.

——, *Book of Indian Eras, with Tables for Calculating Indian Dates*. Calcutta (India): Thacker, Spink and Co., 1883.

——, *Coins of Mediaeval India: From the Seventh Century down to the Muhammadan Conquests*. London: Piccadilly, 1894.

Davids, T. W. Rhys, & Hermann Oldenberg. *Vinaya Texts Part I: The Pātimokkha, The Mahāvagga, I-IV*. Oxford: Clarendon Press, 1881.

Davis, Richard H., *Ritual in an Oscillating Universe: Worshiping Śiva in Medieval India*. Princeton (U.S.): Princeton University Press, 1991.

Deeg, Max, "Has Xuanzang Really Been in Mathurā? Interpretatio Sinica or Interpretatio Occidentalia--How to Critically Read the Records of the Chinese Pilgrim" , In: Wittern, Christian, & Shi Lishan, ed., *Essays on East Asian Religion and Culture: Festschrift in Honour of Nishiwaki Tsuneki on the Occasion of His 65th Birthday*. Kyoto (Japan): Editorial Committee for the Festschrift in Honour of Nishiwaki Tsuneki, 2007, pp.35~73.

Devahuti, D., *Harsha: A Political Study*. London (U. K.) /Delhi (India): Oxford University Press, 1970. [1st Ed.]; 1998. [3rd Rev. Ed.]

Doniger, Wendy, *Śiva: the Erotic Ascetic*. London: Oxford University Press, 1973.

——, trans., [Clay Sanskrit Library] *"The Lady of the Jeweled Necklace"(Ratnāvalī) ; and, "The Lady Who Shows Her Love"(Priyadarśikā)*. New York: New York University Press, JJC Foundation, 2006. [1st Ed.] (Doniger 本)

Duff, C. Mabel, *The Chronology of India: From the Earliest Times to the Beginning of the Sixteenth Century*. Westminster (U. K.): Archibald Constable & Co., 1899.

Epigraphia Indica (IE).

Fleet, John Fithfull, *Corpus Inscriptionum Indicarum. Vol.III. Inscrip-*

tions of the Early Gupta Kings and Their Successors. Varanasi (India): Indological Book House, 1970, pp.230~233.

Gangal, V. D., *Harsha*. New Delhi (India): National Book Trust, 1968.

Ghosh, Nagendra Nath, *Early History of India*. Allahabad (India): Indian Press, 1948. [2nd Rev. Ed.]

Ghosh, Suchandra, "Review to Shankar Goyal's *Harsha: A Multidisciplinary Political Study*", In: *Journal of the Asiatic Society Vol. 53*. Calcutta (India), 2011, pp.143~144.

Goyal, Śrī Rāma, *Harsha and Buddhism*. Meerut (India): Kusumanjali Prakashan, 1986.

——, *Ancient Indian Inscriptions: Recent Finds and New Interpretations*. Jodhpur (India): Kusumanjali Book World, 2005. (*AII*)

Goyal, Shankar, *History and Historiography of the Age of Harsha*. Jodhpur (India): Kusumanjali Book World, 1992.

——, *Harsha: A Multidisciplinary Political Study*. Jodhpur (India): Kusumanjali Book World, 2006.

Hall, Fitzedward, *The Vāsavadattā: A Romance*. Lightning Source Incorporated, 1859. [1st Ed.]; 2009.

Hahn, Michael, *Joy for the World: A Buddhist Play by Candragomin*. Berkeley (U. S.): Dharma Publishing, 1987.

Harṣavardhana, auth., *Nāgānandanāṭakam (With Introduction, English and Kannada Translations, etc.)*. Mysore (India): Saṃskṛta Sāhitya Sadana, 1952. (《龙喜记》坎那达译本)

——, auth., Bae, Bak Kun, trans., *Śri Harṣa's Plays [Nāgānanda, Ratnāvalī and Priyadarśikā]*. New Delhi (India): Indian Council for Cultural Relations; New York: Asia Pub. House, 1964. (Bae 本)

——, auth., Bose, Bela, trans., *The Dramas of Shri Harsha [Ratnāvalī, Priyādarśikā and Nāgānanda]*. Allahabad (India): Ketabistan, 1948. (Bose 英译本)

——, auth., Boyd, Palmer, trans. & comm., E. B. Cowell, intro.,

Nāgānada, or, the Joy of the Snake-World: A Buddhist Drama in Five Acts. London: Trübner, 1872. [1st Ed.] ; London: Kessinger Public, 2009. (《龙喜记》Boyd 英译本)

——, auth., Chakravarti, Sris Chandra (Srīsachandra Chakravartī), ed., trans. & comm., *The Ratnavali: a Sanskrit Drama by Sriharsha*. Bengal: Hari Ram Dhar, 1902. (《璎珞传》Chakravartī 孟加拉英梵本)

——, auth., Devadhar, C. R., & N. G. Suru, ed., [SAMP Early 20th-Century Indian Books Project] *Ratnāvalī/Harṣadevaviracitā nāṭikā*. Poona (India): C. R. Devadhar, 1925. (《璎珞传》Devadhar 本)

——, auth., Doniger, Wendy, trans., [Clay Sanskrit Library] *"The Lady of the Jeweled Necklace"(Ratnāvalī) ; and, "The Lady Who Shows Her Love"(Priyadarśikā)*. New York: New York University Press, JJC Foundation, 2006. [1st Ed.] (Doniger 本)

——, auth., Ghoṣa, Mādhava Candra, & Kṛṣṇa Kamala Bhaṭṭācārya, ed., Roland Steiner, trans., *The Recensions of the Nāgānanda by Harṣadeva Vol. I: The North Indian Recension*. New Delhi (India): Aditya Prakashan, 1864. [1st Ed.] (《龙喜记》Ghoṣa 本) ; Michael Hahn, intro., 1991. [Critical Ed., Reprinted with General Introduction by Michael Hahn, Preface and Bibliography by Roland Steiner]. (《龙喜记》北方本)

——, auth., Goswami, Bidhu Bhushan, ed., comm. & trans., *The Ratnavali of Sriharsha Deva*. Calcutta (India): Kedarnath Bose, 1902. [1st Ed.] (《璎珞传》Goswami 英译本)

——, auth., Goswami, Bijoya, ed., trans. & comm., *Priyadarśikā and Ratnāvali*. Calcutta (India): Sanskrit Pustak Bhandar, 1998. (Goswami 本)

——, auth., Joglekar, K. M., ed. & trans., *Ratnāvalī*. Vidyashrama (India): Hedvi, 1907., NSP, 1913. (《璎珞传》Joglekar 本)

——, auth., Kale, M. R., ed., intro., San. comm., trans. & app., [SAMP Early 20th-Century Indian Books Project] *The Nagananda of Sri Harsha Deva, Edited with an Exhaustive Introduction, a New Sanskrit Comm., Various Readings, a Literal English Translation, Copious Notes and*

Useful Appendices by M. R. Kale. Bombay (India): Standard Pub. Co., 1919. [1st Ed.] (《龙喜记》Kale 本)

——, auth., Kale, M. R., ed., *The Ratnavali of Sri Harsha-Deva: Edited with an Exhaustive Introduction, a New Sanskrit Commentary, Various Readings, a Literal English Translation, Copious Notes and Useful Appendices*. Bombay (India): Standard Publishing Company, 1921. [1st Ed.]; 1925. [2nd Ed.]; Booksellers' Publishing Company, 1964. [3rd Ed.]; Delhi (India): Motilal Banarsidass, 1984, 1995, 2002. (《璎珞传》Kale 本)

——, auth., Kale, M. R., ed., *Priyadarśikā of Śrīharṣadeva (Edited with an Exhaustive Introduction, a Short Sanskrit Commentary, Various Readings, a Literal English Translation, Copious Notes and Useful Appendices by M. R. Kale)*. Bombay (India): Gopal Narayana & Co., 1928. [1st Ed.]; Delhi (India): Motilal Banarsidass Publishers, Private Ltd., 1977, 1999. (《妙容传》Kale 本)

——, auth., Kangle, R. P., ed., trans., comm. & intro., [SAMP Early 20th-Century Indian Books Project] *Priyadarśikā of Śrī Harsha*. Ahmedabad (India): C. M. Parikh, 1928. (《妙容传》Kangle 本)

——, auth., Karmarkar, R. D., *Nāgānanda of Śrīharṣa: Edited with a Complete Translation into English, Notes (Critical and Explanatory), Introduciton and Appendices*. Poona (India): Aryabhushan Press, 1953. [3rd Ed.].

——, auth., Nariman, G. K., & A.V. Williams Jackson & Charles J. Ogden, trans., [*Columbia University Indo-Iranian Series*] *Priyadarśikā: a Sanskrit Drama (with an introduction notes by the two latter, together with the text in transliteration)*. New York: Columbia University Press, 1923. (《妙容传》Nariman 本)

——, auth., Ramachandra Aiyar, T. K., ed., trans., comm.& intro., *Nāgānandam Harṣadevapraṇītaṃ Nāṭakam/Naganandam of Sri Harsha Deva: A Sanskrit Drama with English Translaton, Notes and Introdution*. Kalpathy-Palghat (India): R. S. Vadhyar & Sons, 2000.《龙喜记》卡尔

帕提本（Ramachandra Aiyar 本）

——, auth., Ramanujaswami, P. V., ed., [SAMP Early 20th-Century Indian Books Project] *Sri Harsha's Priyadarsika*. Madras (India): V. Ramaswamy Sastrulu & Sons, 1935.（《妙容传》Ramanujaswami 本）

——, auth., Ray, Saradaranjan, ed., comm. & trans., *Sriharsha's Ratnavali: With an Original Commentary, Translations, Notes etc.*. Calcutta (India): S. Ray, 1919. [1st Ed.]; Calcutta (India): Manoranjan Ray, 1922. [2nd Ed.]（《璎珞传》Ray 本）

——, auth., Sastri, C. Sankararama (Sī Śaṅkararāma Śāstrī), trans. & comm., [Sri Balamanorama Series 18] *Nāgānanda: a Sanskrit Play*. Mylapore, Madras (India): Sri Balamanorama Press, 1932; 1967. [6th Ed.]（《龙喜记》C・Śāstrī 本）

——, auth., Sastri, C. Sankararama (Sī Śaṅkararāma Śāstrī), trans. & comm., [Sri Balamanorama Series 22] *Ratnāvalī/Harṣadevapraṇītā nāṭikā*. Mylapore, Madras (India): Sri Balamanorama Press, 1935.（《璎珞传》C・Śāstrī 本）

——etc., auth.,Skilton, Andrew, ed. & trans., [Clay Sanskrit library 39] *"How the Nāgas Were Pleased" by Harṣa & "The Shattered Thighs" by Bhāsa*. New York: New York University Press: JJC Foundation, 2009, [1st Ed.]（《龙喜记》Skilton 本）

——, auth., Śukla, Rāmacandra, trans., Tāriṇīśa Jhā, comm., *Ratnāvalī-nāṭikā: sarala saṃskṛtavyākhyā, anvaya, hindī anuvāda, aṅgrejī anuvāda, vyākaraṇādika upayogī ṭippaṇī tathā vistṛta bhūmikā sahita*. Ilāhābāda (India): Benīmādhava, 1969. [1st Ed.]（《璎珞传》Śukla 印地英梵本）

——, auth., Suru, N. G., ed., *Priyadarśikā*. Poona (India): N. G. Suru, 1928.（《妙容传》Suru 本）

——, auth., Thakur, Ramji, ed. & trans., [Global Sanskrit Literature Series in English 4] *Ratnāvali*. Delhi (India): Global Vision Publ. House, 2004.（《璎珞传》Thakur 英译本）

——, auth., Vidyābhūṣaṇa, Satīśa Chandra, comm. & trans., *Notes on Ratnāvalí*. Calcutta (India): Brajendralāl Mitra, 1903.(《璎珞传》Vidyābhūṣaṇa 孟加拉英译本)

——, & Somadeva Bhaṭṭa (11th AD), auth., Wortham, B. Hale, trans. fr. San., *The Buddhist Legend of Jīmūtavāhana from the Kathā-sarit-sāgara〈The Ocean-river of Story〉Dramatized in the Nāgānanda〈The Joy of the World of Serpents〉a Buddhist Drama by Śrī Harsha Deva*. London: G. Routledge & Sons, Limited; New York, E. P. Dutton & Co., 1911.(《龙喜记》Wortham 英译本)

Ingalls, Daniel H. H., trans., *Sanskrit Poetry from Vidyākara's "Treasury"*. Cambridge, MA (U. S.); London (U. K.): Harvard University Press, 1979.

Jayaswal, K. P., *An Imperial History of India in a Sanskrit Text, c. 700B.C.-c. 770A.D.: With a Special Commentary on Later Gupta Period*. Patna/New Delhi (India): Eastern Book House, 1988. [Lahore (Pakistan): Motilal Banarsidass, 1934.1st Ed.]

Journal of the Royal Asiatic Society of Great Britain and Ireland. London.

Lal, P., ed. & trans., [New Directions Book] *Great Sanskrit Plays, in New English Transcreations ("Shakuntala" by Kalidasa, "The Toy Cart" by Shudraka, "The Signet Ring of Rakshasa" by Vishakadatta, "The Dream of Vasavadatta" by Bhasa, "The Later Story of Rama" by Bhavabhuti, and "Ratnavali" by Harsha)*. New York: New Directions, 1957, 1964.(《璎珞传》Lal 英译本)

Law, Bimala Churn, *Historical Geography of Ancient India*. Delhi (India): Ess Ess Publications, 1976.

Majumdar, R. C., ed., *The History of Bengal*. Vol. I, Dacca (Bengal): The University of Dacca, 1943. [1st Ed.]

——, ed., *The History and Culture of the Indian People Vol. III The Classical Age*. Bombay (India): Bharatiya Vidya Bhavan, 1954.

Menon, K. P. A., *Complete Plays of Bhāsa (Text with English Translation & Notes)*. 3 Vols. Delhi (India): Nag Publishers, 1996.

Monier-Williams, M., *A Sanskrit-English Dictionary*, 2008. [Rev. Online] (*MW*)

Mookerji, Radhakumud, *Men and Thought in Ancient India*. London: MacMillan & Co. Ltd., 1924.

——, *Harsha: Calcutta University Readership Lectures, 1925*. London: Oxford University Press, 1926.

Oldham, C. F., *The Sun and the Serpent: A Contribution to the History of Serpent-Worship*. New Delhi/Madras (India): Asian Educational Services, 1905.

Padmavathy, N., *Influence of Kālidāsa on Harṣhavardhana*. Khairatabad, Hyderabad, A. P. (India): Dakshina Bharata Press, 1990. [1st Ed.]

Panikkar, K. M., *Sri Harsha of Kanauj: A Monograph on the History of India in the First Half of the 7th Century A.D.*. Bombay (India): D. B. Taraporevala Sons & Co., 1922.

Parashar, Sadhana, *Kāvyamīmāṃsā of Rājaśekhara: Original Text in Sanskrit and Translation with Explanatory Notes*. New Delhi (India): D. K. Printworld Ltd., 2000.

Pathak, Vishwambhar Sharan, *Ancient Historians of India: A Study in Historical Biographies*. London: Asia Publishing House, 1966. [1st Ed.]

Peterson, Peter, ed., [Bombay Sanskrit Series XXIV] *Kādambarī*. Government Central Book Depôt, 1883.

Rao, Shanta Rameshwar, *In Worship of Shiva*. Bashir Bagh (Hyderabad, India): Sangam Books, 1986.

Robb, Peter, *A History of India*. New York: Palgrave MacMillan, 2011. [2nd Ed.]

Scharpé, A., *Corpus Topographicum Indiae Antiquae: A sodalibus Universitatis Gandavensis et Universitatis Lovaniensis editum Part I Epigraphical Find-spots*. Gent (Belgium): N.F.W.O., 1974.

Scharpé, A., *Corpus Topographicum Indiae Antiquae: A sodalibus Universitatis Gandavensis et Universitatis Lovaniensis editum Part II Archaeological Sites*. Leuven (Belgium): Departement Orientalistiek,

1990.

Sen, Tansen, *Buddhism, Diplomacy, and Trade: The Realignment of Sino-Indian Relations, 600~1400*. Honolulu (U. S.): Association for Asian Studies & University of Hawaii Press, 2003.

Shamasastry, R., trans., *Kauṭilīya's Arthaśāstra. Bangalore* (India):Government Press, 1915.

Sharma, Baijnath, *Harṣa and His Times: Thesis Approved for the Degree of Doctor of Philosophy by the University of Jobalpur*. Varanasi (India): Sushma Prakashan, 1970.

Sharma, Ram, *Brāhmī Script: Development in North-Western India and Central Asia*. Delhi (India): BRPC, 2002.

Singh, Upinder, *A History of Ancient and Early Medieval India: From the Stone Age to the 12th Century*. Delhi (India): Pearson Longman, 2008.

Sinha, Binod Chandra, *Serpent Worship in Ancient India*. Cornwall (Ontario, Canada): Vesta Publications Ltd., 1980.

Sircar, Dines Chandra, *Indian Epigraphical Glossary*. Delhi (India): Motilal Banarsidass, 1966. [1st Ed.] (*IEG*)

——, *Selected Inscriptions Bearing on Indian History and Civilization Vol. II: From the Sixth to the Eighteenth Century A.D.*. Delhi/Varanasi/Patna (India): Motilal Banarsidass, 1983.

Smith, Vincent Arthur, *The Early History of India: From 600 B.C. to the Muhammadan Conquest Including the Invasion of Alexander the Great*. Oxford (U. K.): Clarendon Press, 1908. [2nd Rev. Ed.]; 1924. [4th Ed.]

Srivastava, Anupama, *The Development of Imperial Gupta Brāhmī Script*. New Delhi (India): Ramanand Vidya Bhawan, 1998.

Srivastava, Bireshwar Nath, *Harsha and His Times, A Glimpse of Political History During the Seventh Century A.D.*. Varanasi (India): The Chowkhamba Sanskrit Series Office, 1976.

Thaplyal, Kiran Kumar, *Inscriptions of the Maukharīs, Later Guptas, Puṣpabhūtis and Yaśovarman of Kanauj*. New Delhi (India): Indian Council of Historical Research, 1985.

Tripathi, Rama Shankar, *History of Kanauj: To the Moslem Conquest*. Delhi/Varanasi/Patna (India): Motilal Banarsidass, 1964. [1st Ed. 1937.]

Vaidya, C. V., *History of Mediaeval Hindu India Vol. I. Rise of Hindu Kingdoms*. New Delhi (India): Cosmo Publications, 1921; 1979.

Vidyābhūshana, Satīśa Chandra, ed., *Notes on Ratnāvalī, with English and Bengali Translations*. Calcutta (India): Girisa-Vidyāratna Press, 1903.

Vogel, J. Ph, *Indian Serpent-Lore or the Nāgas in Hindu Legend and Art*. Varanasi (India): Prithivi Prakashan, 1972.

Wang, Bangwei, "New Evidence on Wang Xuance's Missions to India." In: N. N. Vohra, ed., *India and East Asia: Culture and Society*. Delhi (India): Shipra Publications, 2002, pp.41~46.

Wells, Henry Willis, ed. & trans., *Classical Triptych: Sakuntala, The Little Clay Cart [and] Nagananda; New Renderings into English Verse*. Mysore (India): Literary Half-yearly, University of Mysore, 1970. (《龙喜记》Wells 英译本)

Wilson, Horace Hayman, trans., *Select Specimens of the Theatre of the Hindus (2 Volumes, Vol.I-- Mudrārākṣasa, or, The Signet of the Minister; Vol.II--Ratnāvalī, or, The Necklace)*. London: Tübner, 1827. [1st Ed.]; 1871. [3rd Ed.]; London: Society for the Renunciation of Indian Literature, 1901. (《璎珞传》Wilson 英译本)

——, trans., *Malati and Madhava; or the Stolen Marriage: A Drama, Translated from the Original Sanskrit*. Calcutta (India): The Society for the Resucitation of Indian Literature, 1901.

Winternitz, Maurice, *History of Indian Literature Vol. III*. New Delhi (India): Perrl Offset Press, 1972. [2nd Ed.]; [1st Ed. 1927.]

Woolner, Alfred C., *Introduction to Prakrit*. Varanasi (India): Bharatiya Vidya Prakashan, 1972.

（四）法语文献

Bansat-Boudon, L., & N. Balbir, ed., [Bibliothèque de la Pléiade

523] *Théâtre de l'Inde Ancienne*. Paris (France): Gallimard, 2006. (Bansat-Boudon 法译本)

Brocquet, Sylvain, *Théâtre de l'Inde ancienne*. Paris (France) : Gallimard, 2006.

Ettinghausen, Maurice L., *Harṣa Vardhana: Empereur et Poète de L'Inde Septentrionale (606~648 A.D.), Étude sur Sa Vie et Son Temps*. Paris (France) : Louvain, 1906.

Harṣavardhana, auth., Bergaigne, Abel, trans., [Bibliothèque orientale elzévirienne 27] *Nāgānanda, la joie des serpents: drame bouddhique attribué au roi Crî-Harcha-Deva*. Paris: E. Leroux, 1879. [1st Ed.]; 1897. (《龙喜记》法译本)

——, auth., Daniélou, Alain, trans., *Trois Pièces de Théâtre*. Paris: Buchet-Chastel, 1977. (Daniélou 法译本)

——, auth., Lehot, Maurice, trans., [Collection Émile Senart 2] *Ratnāvalī*. Paris: les Belles Lettres, 1933. [1st Ed.] ; 1967. [2nd Ed.] (《瓔珞传》Lehot 法文梵本)

——, auth., Strehly, G., trans., [Bibliothèque orientale elzévirienne 58] *Priyadarsika, pièce attribuée au roi Sriharchadéva, en quatre actes, précédes d'un prologue et d'une introduction trans. du sanskrit et du prakrit sur l'édition de vichnou Daji Gadré par G. Strehly*. Paris: E. Leroux, 1888. (《妙容传》Strehly 法译本)

Lévi, Sylvain, *Le théatre indien Vol. I*. Paris (France): 1963.

——, "Une Poésie Inconnue du Roi Harṣa Çīlāditya: L'AṢṬA-MAHĀ-ÇRĪ-CAITYA-STOTRA" in Eli Franco ed., *Mémorial Sylvain Lévi*. Delhi (India): Motilal Banarsidass Publishers, 1996, pp.244~256.

（五）德语文献

Harṣavardhana, auth., Cappeller, Carl, ed., Richard Garbe, published. *Otto Böhtlingk's Sanskrit-Chrestomathie*. Leipzig (Germany): H. Haessel, 1909 [3rd Rev. Ed.], pp. 326~382. (《瓔珞传》Cappeller 本) (《瓔珞传》哥廷根电子版)

——, auth., Fritze, Ludwig, trans., [Indisches Theater 2] *Ratnavali, oder, Die Perlenschnur: ein indisches Schauspiel*. Chemnitz (Germany): E. Schmeitzner; London: F. Wohlauer, 1878.（《瓔珞传》Fritze 德译本）

——, auth., Melzig, Herbert, trans., *Retnavali: Ein romantisches Schauspiel des indischen Königs Sri Herscha*. Stuttgart (Germany): Stuttgart Verlag für Orientalische Literatur, 1928.（《瓔珞传》Melzig 德译本）

Steiner, Roland, [Indica et Tibetica] *Untersuchungen zu Harṣadevas Nāgānanda und zum indischen Schauspiel*. Swisttal-Odendorf (Germany): Indica et Tibetica-Verlag, 1997.

（六）日语文献

荻原云来编纂《梵和大辞典》（全二卷），新文丰出版公司，1979，台北。

戒日王著，高楠顺次郎译 [世界文库第 17]《龍王の喜び ナーガ・アーナンダム：印度佛教戲曲》，世界文库刊行会，1923 年 11 月，东京。（《龙喜记》高楠日译本）

水谷真成 校注，《大唐西域记》（全三卷），平凡社，1999，东京。

正宗敦夫 编，《信西古乐图》，日本古典全集刊行会，昭和二年（1927 年）12 月，东京。

（七）印地语文献

Bāṇabhaṭṭa, auth., Mohanadevapanta, comm., *Harṣacaritam: "Chātratoṣiṇī" Saṃskṛta-Hindī-vyākhyābhyāṃ ṭippaṇyā ca samalaṅkṛtam*. Dillī (India): Motilāla Banārasīdāsa, 1985. [1st Ed.]（《戒日王传》全本印地梵本）

——, auth., Śrībaṭukanāthaśāstri, ed., *Bāṇabhaṭṭagrathitam Harṣacaritam: Prathamocchvāsamātram*. Vārāṇasi (India): Masṭara Khelāḍīlāla aiṇḍa Sans, 1943.（《戒日王传》第一章印地梵本）

——, auth., Śukla, Brahmānanda, trans., *Harṣacaritasāra-taraṅgiṇī: arthāt Harṣacaritasāra kā Hindī anuvāda*. Vārāṇasi (India): Masṭara Khelāḍīlāla aiṇḍa Sans, 1950.（《戒日王传》印地梵文摘要本）

——, auth., Śukla, Kṛṣṇakānta, trans., Brahmānanda Śukla, comm., *Śrībāṇabhaṭṭa-praṇīte Harṣacarite caturtha-ucchvāsaḥ: 'Śrīpriyam-vadā'khya (Saṃskṛta-Hindī) ṭīkayā sahitaḥ*. Vārāṇasi (India): Masṭara Khelāḍīlāla aiṇḍa Sans, 1956.（《戒日王传》第四章印地梵本）

Harṣavardhana, auth., *Śrī harṣadevapraṇītam Nāgānandam-nāṭakam*. Delhi (India): Munshiram Manohar Lal, 1958. [1st Ed.]（《龙喜记》德里本）

——, auth., Manorañjanī, trans. & comm., Rāmeśvarabhaṭṭa, ed., *Ratnāvalī nāṭikā Harṣadevaviracitā*. Mumbayyāṃ (India): Srīveṅkaṭeśvara Mudraṇālaye, 1895/1896.（《璎珞传》Manorañjanī 印地梵本）

——, auth., Miśra, Śrīrāmacandra, ed., [Vidyā Bhavana Saṃskṛta Granthamālā 18] *Śrīharṣadevapraṇītā Priyadarśikā nāma nāṭikā: Prakāśa saṃskṛta-hindīṭīkopetā*. Banāras (India): Caukhambā Vidyā Bhavana, 1955.（《妙容传》Miśra 本）

——, auth., Sītārāma, LāLā, trans., [SAMP 19th-Century Hindi Project] *Nāgānanda*. Benares (India): Chandra Prabha Press, 1887.（《龙喜记》印地译本）

——, auth., Śukla, Rāmacandra, trans., Tāriṇīśa Jhā, comm., *Ratnāvalī-nāṭikā: sarala saṃskṛtavyākhyā, anvaya, hindī anuvāda, aṅgrejī anuvāda, vyākaraṇādika upayogī ṭippaṇī tathā vistṛta bhūmikā sahita*. Ilāhābāda (India): Benīmādhava, 1969. [1st Ed.]（《璎珞传》Śukla 印地英梵本）

——, auth., Tivārī, Devadatta, trans., [SAMP 19th-Century Hindi Project] *Ratnāvalī*. Allahabad (India): Govt. Press, 1872. [1st Ed.]（《璎珞传》印地译本）

——, auth., Upadhyaya, Baldeva, ed. & Hin. comm., & Bhāvārthadīpikā, San. comm., [Kashi Sanskrit 87] *Śrīharṣadevapraṇītaṃ Nāgānanda-nāṭakam: Bhāvārthadīpikā Saṃskṛta-Hindīvyākhyopetam*. Vārāṇasī (India): Caukhambā Saṃskṛta Sīrīja Āphisa, 1947.（《龙喜记》Upadhyaya 印地梵本）

（八）孟加拉语文献

Harṣavardhana, auth., Bhattacharya, Ashokanath & Maheshwar Das, ed., *Ratnavali of Emperor Shri Harsha*. Calcutta (India): Modern Book Agency, 1967.（《璎珞传》Bhattacharya 孟加拉梵本）

——, auth., Chakravarti, Sris Chandra (Srīsachandra Chakravartī), ed., trans. & comm., *The Ratnavali: a Sanskrit Drama by Sriharsha*. Bengal: Hari Ram Dhar, 1902.（《璎珞传》Chakravartī 孟加拉英梵本）

——, auth., Vidyābhūṣaṇa, Satīśa Chandra, comm. & trans., *Notes on Ratnāvalī*. Calcutta (India): Brajendralāl Mitra, 1903.（《璎珞传》Vidyābhūṣaṇa 孟加拉英译本）

Shastri, Gaurinath Bhattacharyya, ed., Prasūna Basu, trans., *Saṃskṛta Sāhityasambhāra*. Kalikātā (India): Nabapatra, 1981. [2nd Ed.]（《璎珞传》Shastri 孟加拉梵本）

（九）其他语种文献

[古吉拉特]Harṣavardhana, auth., Dalāla, Ramaṇīkalāla Jayacandabhāī, trans., [SAMP Early 20th-Century Indian Books Project] *Nāgānanda*. Amadāvāda (India): Ādityamudraṇālaya, 1927. [1st Ed.]（《龙喜记》古吉拉特译本）

[古吉拉特]Harṣavardhana, auth., Paṇḍyā, Ratipatirāma Udyamarāma, trans., [SAMP Early 20th-Century Indian Books Project] *Ratnāvalī nāṭikā*. Amadāvāda (India): Jīvanalāla Amaraśī Mahetā, 1921. [1st Ed.]（《璎珞传》古吉拉特译本）

[坎那达]Harṣavardhana, auth., *Nāgānandanāṭakam (With Introduction, English and Kannada Translations, etc.)*. Mysore (India): Saṃskṛta Sāhitya Sadana, 1952.（《龙喜记》坎那达译本）

[马拉提]Khare, Shivaram Shastri, trans., Krishna Shastri Chiplonkar, rev., *Ratnavali, a Sanscrit Drama in 4 Acts*. Bombay (India): Bombay Oriental Press, 1864.（《璎珞传》马拉提译本）

[马拉提]Islāmapurakara, Vāmanaśarmā, auth., Waman Shastri Islampurkar, trans., [Potdar's Moral and Interesting Book Series No. 2] [SAMP Early 20th-Century Indian Books Project] *Lalitawatsarāja*. Bombay (India): Wasudeva Moreshwar Potadar, 1889. [1st Ed.] (《妙容传》马拉提改译本)

[马拉雅拉姆]Harṣavardhana, auth., Rāmavarma Rājā, Eṃ, trans., [SAMP Early 20th-Century Indian Books Project] *Ratnāvali: oru navīna bhāṣānāṭikā*. Tiruvanantapuraṃ (India): Kṛṣavilāsaṃ Pṟass, 1923. (《璎珞传》马拉雅拉姆译本)

[尼泊尔]Harṣavardhana, auth., Mādhavaprasāda, trans., *Nāgānanda*. Kathmandu (Nepal): Ne. Bhā. Pra. Samiti, 2002. [1945/1946. 1st Ed.] (《龙喜记》尼泊尔译本)

[尼泊尔]Harṣavardhana, auth., Pahalamāna Siṃha Svāra, trans., *Ratnāvalī nāṭikā: Mahārājā Śrī Harsha kṛta Saṃskṛta Ratnāvalī ko Gorakhā bhāshāntara*. Kāṭhamāḍauṃ (Nepal): Urmilā Svāra, 1977. [1st Ed.] (《璎珞传》尼泊尔译本)

[僧伽罗]Harṣavardhana, auth., Silva, John de, trans., *Ratnavali or the Necklace / Ratnāvalī nāṭakaya*. Colombo (Sri Lanka): P. L. Livēris Silvā, 1926. [2nd Ed.] (《璎珞传》Silva 僧伽罗译本)

[僧伽罗]Harṣavardhana, auth., Niśśanka, Piyadāsa, trans., *Ratnāvalī*. Koḷamba (Sri Lanka): Ăs. Goḍagē Saha Sahōdarayō, 1995. (《璎珞传》Niśśanka 僧伽罗译本)

[泰卢固]Harṣavardhana, auth., Sarma, D. Chinnikrishna, trans., *Nāgānamdaṃ*. [1968]. (《龙喜记》泰卢固译本)

[泰卢固]Harṣavardhana, auth., Sarma, D. Chinnikrishna, trans., *Vacana Ratnāvaḷi*. 1968. (《璎珞传》泰卢固译本)

[泰卢固]Harṣavardhana, auth., Shastri, Vedam Venkataraya, trans., [SAMP Early 20th-Century Indian Books Project] *Priyadarśikānāṭika, Śrīharṣakṛta Saṃskṛtanāṭikaku sarigā Vēdamu Vēṅkaṭarāyaśāstricē Tenuguna racimpam̐baḍinadi*. Madarāsu (India): Jyōtiṣmatī Mudrākṣaraśāla, 1910. (《妙容传》泰卢固译本)

[西]Harṣavardhana, auth., Pedro Urbano González de la Calle, trans., Mario Daza de Campos, intro., [Biblioteca Española de Divulgación Científica 13] *Ratnāvalī, o el Collar de Perlas*. Madrid/Góngora (Spain):

Victoriano Suárez, 1934.（《璎珞传》西班牙译本）

（藏）Dgaḥ–baḥi lha (Harṣadeva, 戒日王), auth., Śon–ston（雄敦）（藏）and Lakṣmīkara(师多杰坚）[印], trans., ཀླུ་ཀུན་ཏུ་དགའ་བ་ཞེས་བྱ་བའི་ཟློས་གར (Klu kun–du dgaḥ–ba shes–bya–baḥi zlos–gar)（龙欢喜舞踊）, 本生部通帙第271U, No.4154. 北京：民族出版社，1984。(《龙喜记》甘珠尔藏译本）

（藏）Harṣavardhana, auth., Bhattacharya, Vidhushekhara, ed., intro. & comm., [Bibliotheca Indica, Work No. 281] *Nāgānanda (Gya gar skad tu Nā-gā-nanda-nāṭaka, dpal dga' ba'i lhas mdzad pa-Bad skad tu ku Kun tu dga'ba źes bya ba'i zlos gar)*. Calcutta (India): Asiatic Society, 1957.（《龙喜记》Bhattacharya 藏译本）

（藏）Pathak, Suniti Kumar, [Bibliotheca Indica, Work No. 281] *A Bilingual Glossary of the Nāgānanda*. Calcutta (India): Asiatic Society, 1968.

（藏）Steiner, Roland, [Indica et Tibetica] *Untersuchungen zu Harṣadevas Nāgānanda and zum indischen Schauspiel*. Swisttsal–Odendorf (Germany): Indica et Tibetica–Verlag, 1997.

专名索引

后　记

本书在我的博士论文《戒日王研究》的基础之上修改而成。我从2009年开始在北京大学南亚系攻读博士学位并确定论文选题，到2013年毕业，该论文忝列2013年度北京大学优秀博士学位论文，至今又过去四年有余。我的25岁到33岁的黄金年华，摸爬滚打又精益求精的青春，都与这位印度君王朝夕相伴。而今交上的这份答卷，记录了八年来的求索，虽难称完美，却已尽了我最大的努力。书中如有错讹之处，也恳请各位专家学者批评指正。

中国国家留学基金委“高水平”项目奖学金资助我首次赴美国哈佛大学交流访问（2011~2012），极大地鼓励和支持了本书初稿的写作。2014年3月，我开始承担国家社科基金特别委托项目“梵文研究及人才队伍建设”课题《戒日王戏剧翻译与研究》，进一步充实了本书第八章《戒日王的文学创作》。2015年，在国家社科基金和美国新校大学印度中国研究所的联合资助下，我再次赴哈佛大学南亚系访学，对本书各章节都进行了较大幅度的修改和完善。例如第三章《戒日王即位》将戒日王二重即位与唐太宗“玄武门之变”对比研究，扩充了戒日王即位过程中杀戮亲族的内容；第四章《戒日王的战争》扩充了对《大唐西域记》中记载的印度设赏迦王生平的考证；第六章《戒日王的王权信仰》拓展了对戒日王蛇崇拜倾向的研究；第七章《戒日王与中国》校订了唐太宗遣使取熬糖法的时间，并特别指出在王玄策大破阿罗那顺之役中吐蕃（中国西藏）和泥婆罗（尼泊尔）军队扮演的特殊角色。

本书在北京大学起步，在哈佛大学初成，在中国社科院复经雕琢、打磨，历时八载，终于形成现在的规模。在撰写和修改的过程中，诸位师友的支持与帮助，让我受益终身，永难忘怀！

首先要感谢我的导师、恩师王邦维教授！每当嗅到银杏果子独特的味道，每次看到紫藤熟悉的花簇，我就会想到静园一院，想到第一次，以及之后的无数次，我怀着紧张而激动的心情走进这里，聆听导师王邦维先生的谆谆教诲。王老师对学生的爱护如同父爱，沉默而有力。在王老师学术精神的影响下，我对戒日王朝产生了浓厚兴趣，鼓起勇气挑战这个原本并不熟知的领域。我热爱文学，这一点从未改变。然而跨学科的视角，让我对文学有了一种全新的认识，从而使我的研究触摸到了文本背后厚重的文化底蕴。是王老师激发了我学术研究的潜力，让我对学术无尽热爱；是王老师高洁的德行感染了我，让我自信而不自满，敢于怀疑却不浮夸，勤勤恳恳做踏实的学问；师母冯丹老师也用她的勤劳、朴实、真诚和热情，给了我细致入微的关爱和如沐春风的温暖。在这里，我把最诚挚和最深沉的崇敬与感激献给日夜辛劳的王邦维老师和冯丹老师！

我的恩师黄宝生老师的栽培之情，我时刻铭记于心！2007 年夏天，当我还徘徊在梵语的门槛之外，是黄宝生先生不嫌弃我的愚钝，将我领进大门，为我展现了梵语文学这片神奇而广阔的天地。在黄老师诲人不倦和循循善诱的教导下，我奠定了扎实的梵语基础，并决心以梵文研究作为毕生志业。黄老师热爱梵学研究，乐在其中。无论在皇城脚下还是偏远山村，无论在办公室还是家中，无论有没有经费，也无论有成千上万还是几十几个人可以读懂，黄老师像一头雄狮，充满勇气，庄重威仪；像一株菩提，不畏风雨，播撒绿荫；像一盏明灯，无私地照亮我的心！每当我遇到困难和困惑，黄老师和师母郭良鋆老师都会不遗余力慨然相助。十二年来，黄老师虚怀若谷的品行和严谨认真的治学态度熏陶着我，郭老师的聪慧、善良和正直打动着我。每每与两位老师交谈，都令我无比愉悦。此时，我将最热烈和最纯粹的崇敬与感激献给敬爱的黄宝生老师和郭良鋆老师！

还要特别感谢我在美国哈佛大学的联合培养导师、美国艺术与科学院院士 Michael Witzel 教授！Witzel 教授学识渊博，精通吠陀梵语等各类语言，集德国学者的严谨细致和美国学者的开放自由于一身。我于 2011 年 8 月至 2012 年 9 月在哈佛大学南亚系访学期间，Witzel 教授不仅亲自讲授梵语铭文的研究方法，让我第一次接触到梵语铭文原件，还为我提供戒日王研究的相关线索，帮我校订德文和法文资料的英译。

2015 年，Witzel 教授再次邀请我赴哈佛大学访学，对我的研究工作给予了巨大支持。Witzel 教授对我的关怀无微不至，对我的帮助不胜枚举，我的感激之情，实在难以言表！

此外，感谢北京大学耿引曾老师、段晴老师、陈明老师、高鸿老师、萨尔吉老师、叶少勇老师、史阳老师！感谢中国社会科学院葛维钧老师、薛克翘老师、刘建老师、李南老师、周广荣老师、王达敏老师、吴光兴老师、郑永晓老师、陈君老师、朱渊寿老师、郑国栋老师、常蕾老师、党素萍师姐、唐卉师姐！感谢青岛大学侯传文老师，华中师范大学杨建老师，浙江大学孙英刚老师，清华大学圣凯法师、姚国武老师，暨南大学张春晓老师、刘新中老师，上海外国语大学张煜老师，武汉大学徐斌老师，四川大学邱永辉老师、尹锡南师兄！感谢印度德里大学 Harish Trivedi 教授，加尔各答 Netaji Research Bureau 的 Krishna Bose 夫人，德国汉堡大学 Harunaga 教授，英国卡迪夫大学宁梵夫（Max Deeg）教授，美国新校大学 Ashok Gurung 教授，纽约城市大学沈丹森（Sen Tansen）教授，哈佛大学 Sugata Bose 教授、Parimal Patil 教授、Caley Smith 博士！感谢志远、雪杉、怀瑾、利群！参加工作以来，社科院的同事每每与我交流心得，如切如磋，如琢如磨，令我日日精勤，不至独学而无友。帮助过我的人太多太多，难以一一列举，在此一并致谢！

书中部分章节、段落、史料和论证，经过修改、扩充、拓展和延伸，曾在国内外以中英文论文等形式发表（以发表时间为序）：

[1]《〈秦王破阵乐〉是否传入印度及其他——兼与宁梵夫教授商榷》，《南亚研究》2013 年第 2 期，第 140~156 页。（第七章）

[2]《戒日王与中国：一位印度名王的故事》，《文史知识》2013 年第 11 期，第 16~21 页。（第七章）

[3] 中印联合编审委员会，《中印文化交流百科全书》，中国大百科全书出版社，2014 年 6 月，北京，戒日王、《龙喜记》、波那、《戒日王传》、《秦王破阵乐》、唐太宗、唐高宗、武则天、王玄策、李义表等词条，第 295、315~316、352~353、442~445、452~453 页。（第一、二、七、八章）

[4]《曲女城法会中的宝台失火与幻戏》，《文史知识》2014 年第 9

期，第 114~119 页。（第八章）

[5]《印度曲女城传说源流考辨》，载穆宏燕主编《东方学刊 2014》，河南大学出版社，2014 年 12 月，郑州，第 235~252 页。（第二章）

[6]《印度设赏迦王生平考述——〈大唐西域记〉批判研究的一个实例》，《佛学研究》2014 年第 1 期，第 1~11 页。（第三、四章）

[7]《三次遣使中国的印度戒日王》，《光明日报》2015 年 2 月 16 日第 16 版（国学版）。（第二、七章及全书结论）

[8] "Harṣa and China: The Six Diplomatic Missions in the Early 7th Century" . *The Delhi University Journal of the Humanities & the Social Sciences*. Vol. 2, 2015, pp. 1~24.（第七章）

[9]《梵剧〈龙喜记〉的宗教倾向——佛陀、湿婆和蛇崇拜的杂糅》，《外国文学研究》2015 年第 3 期，第 143~151 页。（第六、八章）

[10]《唐初印中遣使若干细节考辨——取熬糖法、献菩提树、破阿罗那顺和翻老子为梵言》，《中国典籍与文化》2016 年第 2 期，第 61~66 页。（第七章）

[11]《古代丝绸之路上的中印交流——以唐初六次遣使时间及唐使官阶为重心的回顾》，《甘肃社会科学》2016 年第 5 期，第 140~144 页。（第七章）

[12]《戒日王三部梵剧的套式结构——产生及消解距离之审美特征解读》，《外国文学》2016 年第 6 期，第 82~92 页。（第八章）

感谢上述期刊、报社、出版社的编辑老师！

本书通过中国社会科学院外国文学研究所学术委员会及中国社会科学院学术委员会评审，获得中国社会科学院出版基金资助，特此致谢！

感谢我的父母！感谢我朴实而聪颖的爱人！你们是我学术道路上最强大的支持！

2018 年 2 月 28 日于陶然亭

图书在版编目(CIP)数据

戒日王研究 / 张远著. -- 北京 : 社会科学文献出版社, 2018.4

(中国社会科学院青年学者文库. 文学系列)

ISBN 978 - 7 - 5201 - 2564 - 2

Ⅰ.①戒… Ⅱ.①张… Ⅲ.①戒日王 - 人物研究 Ⅳ.①K833.515.6

中国版本图书馆 CIP 数据核字(2018)第 074298 号

中国社会科学院青年学者文库·文学系列

戒日王研究

著　　者 / 张　远

出 版 人 / 谢寿光
项目统筹 / 宋月华　范　迎
责任编辑 / 刘　丹　范　迎

出　　版 / 社会科学文献出版社·人文分社（010）59367215
地址：北京市北三环中路甲 29 号院华龙大厦　邮编：100029
网址：www.ssap.com.cn
发　　行 / 市场营销中心（010）59367081　59367018
印　　装 / 三河市龙林印务有限公司

规　　格 / 开 本：787mm × 1092mm　1/16
印 张：32.75　字 数：501 千字
版　　次 / 2018 年 4 月第 1 版　2018 年 4 月第 1 次印刷
书　　号 / ISBN 978 - 7 - 5201 - 2564 - 2
定　　价 / 149.00 元

本书如有印装质量问题，请与读者服务中心（010 - 59367028）联系